湖北省社科基金一般项目（后期资助项目）成果

劳动法前沿策论

问清泓 著

FRONTIER STRATEGY
OF
LABOR LAW

武汉大学出版社

图书在版编目(CIP)数据

劳动法前沿策论/问清泓著.—武汉:武汉大学出版社,2021.11
(2022.9 重印)
ISBN 978-7-307-22620-3

Ⅰ.劳…　Ⅱ.问…　Ⅲ.劳动法—研究—中国　Ⅳ.D922.504

中国版本图书馆 CIP 数据核字(2021)第 196453 号

责任编辑:胡　荣　　责任校对:李孟潇　　整体设计:马　佳

出版发行:武汉大学出版社　(430072　武昌　珞珈山)
（电子邮箱:cbs22@whu.edu.cn　网址:www.wdp.com.cn)
印刷:武汉邮科印务有限公司
开本:720×1000　1/16　印张:29.75　字数:534 千字　插页:2
版次:2021 年 11 月第 1 版　　2022 年 9 月第 2 次印刷
ISBN 978-7-307-22620-3　　定价:98.00 元

版权所有,不得翻印;凡购我社的图书,如有质量问题,请与当地图书销售部门联系调换。

作者简介

问清泓，1965年生，男，汉族，湖北荆州人，法学博士，二级教授，博士研究生导师。 主要从事劳动关系、劳动法与社会保障法、高等教育法制教学与研究。

本科、硕士和博士分别毕业于华中师范大学、中南财经政法大学和武汉大学，并分获文学学士、法学硕士和法学博士学位。现为武汉科技大学文法与经济学院教授（二级教授），博士研究生导师；并任武汉科技大学学术委员会常务副秘书长、委员，政策法规研究室副主任。

本人长期从事劳动关系、劳动法与社会保障法的教学与研究，是我国研究劳动合同法的主要学者之一，在中国知网的"CNKI概念知识元库"之"劳动合同法"统计中的研究劳动合同法的主要学者中排名第四。另外，自入高校工作以来公开发表学术论文80余篇。

2020年入选中国哲学社会科学最有影响力学者排行榜（2020版）：管理学"劳动+"学科排行榜200强；管理学二级学科"人才学与劳动科学"全国排名第38位。

2014年由中国劳动社会保障出版社出版的《不当劳动论衡》是我国首部研究不当劳动的学术专著。

已出版学术专著六部（全部为独著）：《劳动合同法制度与实践研究》（湖北人民出版社2011年版）、《劳动关系和谐论》（湖北人民出版社2012年版）、《体面劳动调控论》（武汉大学出版社2013年版）、《经济法纵论》（湖北人民出版社2013年版）、《不当劳动论衡》（中国劳动社会保障出版社2014年版）、《劳动合同制度研究——以期限"三分法"为视野》（OmniScriptum Marketing SGP Pte.Ltd.,2016）。

前　言

《劳动法前沿策论》是笔者在劳动法教学与研究中寻理觅论之所思所想、所感所悟之长期学术积淀，虽不敢冠用"思想"和"理论"字眼，但实为笔者对劳动法之历史、现状和未来思与想、理和论、感并悟。

本书采用书名《劳动法前沿策论》，并非标新立异，实因三层内涵。其一，是因为本书是笔者对我国劳动关系与劳动法前沿性或边缘性十大问题的尝试性研究，并试图为这十大疑难问题提供较为可行的对策方案。其二，本书的研究主旨是"双前沿性"，除了研究劳动法十大边缘性、前沿性新问题外，还竭力使自己的研究成果也具有一定的前沿性（创新性与前瞻性），概要之，本书是研究劳动法前沿性问题并力争使研究成果也具有一定的前沿性。其三，策论是我国古代一种比较流行的文体形式，是指古代文人墨客对当时时政与社会的评论及建议，策即政策、对策也，乃方法论范畴；策论就是观点之论述与论证；策论文是以政策、时事为写作内容的议论文，主要针对某一具体问题立论而论述，其论证过程必须包含解决问题的具体办法与措施即对策。本书借用策论一词，是笔者试图能够为劳动关系与劳动法新问题之立法或修法提供一定的对策参考，故此命名为我国劳动法新策论。笔者妄自称之为劳动法边缘性前沿性十大问题之对策理论，概括简称为本书名之《劳动法前沿策论》，此即本书名之因由。如不妥，敬请各位专家、同仁和读者指正！

我国劳动法一直非常弱小，按照国家法定学科分类，它还不是法学一级学科下的独立二级学科（极少数高校自主设立为二级学科）；学理分类上则都将其与社会保障法一起划归于所谓第三法域"社会法"。笔者一直认为如此分类并不妥当，社会法之称谓实在太大，包罗万象，边界模糊，并易于与"社会管理法""社会组织法""社会工作法"等混淆，现实中也让人迷惑不清、琢磨不透，湮没了劳动法与社会保障法之已经被普遍认同的名称，也不利于劳动法与社会保障法的学科定位与发展，因此，依笔者拙见，学科名称上还是不要用"社会法"为宜①，而应当直接将劳动法与社会保障法或二者分开界定为独立的法学二级学科。

劳动关系因法律调整而成为劳动法律关系，劳动关系属于社会经济关系（经济基础范畴），而劳动法律关系则是法律关系（上层建筑范畴），二者紧密关联，突显了劳动法与政治学、社会学、经济学、管理学等学科的交叉与融合。在法学一级学科下劳动法与其他二级学科如民法、行政法、经济法等也是相互交织，导致了劳动法之尴尬处境。特别是我国劳动关系调整采"二分法"模式——民法与劳动法都调整劳动关系：劳动法之劳动关系为狭义的劳动关系即标准劳动关系，属于传统的体制内之典型劳动关系，其最大特征是社会保险的"强制性"与"捆绑性"、争议处理的"先裁后审"（少数个体劳动争议"一裁终局"、集体劳动争议应当"一调终局"）；而民法之劳动关系是劳务关系、雇佣关系、承揽关系等，其保险关系具有"非强制性"与"任意性"、争议处理的"或裁或审"。另外，劳动法与社会保障法不可分离性，也拓展了劳动法的边界，但同时也加大了劳动法研究的难度与社会认可度。由于法律关系永远都是滞后于社会关系的，因此，劳动法之劳动法律关系往往落后于劳动关系或经济关系的发展，许多劳动关系之前沿性问题还没有被纳入劳动法的范畴，更没有形成劳动法范式，这些都再正常不过了，完全不必诧异与诟病。只要劳动法研究者和实践者紧跟时代发展步伐，不断研究发展中的边缘性、前沿性新问题，并努力探寻相应的可操作性对策，为制度构建和立法规制提供科学、可行性的理论支撑，为司法实践提供参考路径，我国劳动法之发展与发达必将到来。此亦笔者长期关注劳动法边缘性与前沿性问题而成就此书的基本旨要。

《劳动法前沿策论》包括十章。

第一章"公序良俗原则"。我国《民法总则》最先正式确认了公序良俗原则，《民法典》完全承继了这一原则，这必将对劳动法及其实践产生新的影响。劳动法是否可以借鉴民法公序良俗原则还是一个有待破解的前沿性问题。笔者认为，目前总体上，我国劳动法应当非常谨慎地对待公序良俗原则。因为，第一，民法公序良俗原则不符合劳动法之一般原则；第二，民法公序良俗

---

① 关于社会法之名称问题，笔者曾于2018年6月9日在青海民族大学召开的"第八届全国劳动法实践教学研讨会"上与谈发言时，专门探讨了我国社会法之基础理论构建问题，特别批判了社会法名称之失当性问题，中国并不适合采用域外之社会法概念。笔者长期持此观点。

原则不符合劳动规章制度明确性原则与比例原则；第三，民法公序良俗原则不符合产业行动一般原理，在我国目前实然法没有明确界定产业行动合法性情况下，公序良俗原则可以暂时适用，即可以用违反公序良俗之理由认定产业行动之非法性，而今后，如果我国宪法或法律明确规定了产业行动之合法性，则不能再适用公序良俗原则；第四，公序良俗原则在劳动仲裁或司法实践中还难以证成。

第二章"四方机制原理"。四方机制是劳动关系特别是集体劳动关系之新生事物，还没有进入我国劳动关系与劳动法的视野，理论研究非常罕见，立法更是空白。因此，研究四方机制具有一定的理论价值和实践意义，笔者认为，四方机制应当成为我国集体劳动法不可或缺的前瞻性制度构架。四方机制第四方应当如何构建，是研究中的难点。笔者创新性认为"公共舆论""公民个人"都不能作为第四方；合法正当的劳工NGO，具有替代政府和工会部分职能的特别价值，应当成为第四方。四方机制的特别职能主要包括：劳动规章制度协商谈判；惩戒权执行的协商与调处；群体"罢工事件"的调处等。

第三章"多重劳动关系"。我国学界对多重劳动关系（含兼职）的研究比较薄弱，多重劳动关系特别是兼职还没有被明确纳入劳动法的范畴，法律规范与运行范式亟待创建。多重劳动关系的界定和形态都还没有定论，笔者将多重劳动关系的形态分为："主职+兼职"与"兼职+兼职"，"劳动关系+劳务关系或雇佣关系"与"劳务关系或雇佣关系+劳务关系或雇佣关系"。多重劳动关系的特征比较复杂，笔者通过国内与国外的理论和实践比较研究，将其概括为：一是雇员身份之高端与低端、强势与弱势两极分化；二是全日制劳动用工与非全日制劳动用工相互交织；三是无固定期限劳动合同与固定期限劳动合同相辅相成；四是社会保险的任意性与捆绑性互为矛盾；五是民事合同（协议）、劳动合同与集体合同交相交融；六是民事争议之或裁或审与劳动争议之先裁后审互不兼容。多重劳动关系包含双重劳动关系或兼职劳动关系。本章重点是创新性探寻了多重劳动关系的规制对策：一是多重劳动关系与过度劳动结合规制；二是多重劳动关系与工资集体协商谈判归并整治；三是多重劳动关系与重复保险、自愿弃保组合治理。

第四章"限制高薪制度"。限制高薪简称限薪，我国学界对限薪制度的研究几乎是空白，限薪一直没有被纳入法律范畴。本章重点解构了"阴阳合同"，不能将其两个合同分离开来，应当从整体上认定；有效治理"阴阳合同"的法律主要是民法、行政法和劳动法。限制高薪立法，首先是立法模式的选择与确定问题，我国限薪立法可以结合短期目标与长远目标分两步走：第一步，先实行分散立法，分散立法有两种选择：一是在拟出台的新法如《工资法》或《集体合同法》中增加一个章节，专门规定限薪问题；二是在拟修改的《劳动合同法》中增补有关限薪的章节或条文。第二步，长远立法还是应当采取单独立法模式，最终单独出台《限薪法》。最后，笔者创新性提出并阐述了规制不当高薪的四大具体对策：创构高薪申报制度，构筑薪酬协商制度，完善税收体制机制，加大限薪之处罚力度。

第五章"劳动规章制度"。第一节研究了用人单位劳动规章制度的效力问题，劳动规章制度效力位阶是指劳动规章制度与劳动基准法、劳动合同与集体合同三者之强制拘束力的层级关系。四者效力位阶错综复杂，呈现多维状态，难以厘清。笔者创设性提出了劳动规章制度"效力二分说"，主要包括：拘束力与基准线两种位阶；还包括一般效力与特别效力两种之"二分"。第二节研究并构建了劳动规章制度的效力模型，劳动规章制度效力位阶是指劳动基准法、劳动规章制度、劳动合同与集体合同四者之拘束力层级关系，劳动规章制度效力模型可分为一般效力模型与特别效力模型二种。第三节比较全面地论述了劳动规章制度形式正义问题，劳动规章制度形式正义之宏观表象是：第一，民主程序正义；第二，公示程序正义。劳动规章制度形式正义还有三个具体微观表象：一是通知形式正义，二是协商形式正义，三是举证形式正义。我国现行立法之通知形式正义非常欠缺，通知程序中缺乏协商程序；协商形式正义严重缺失，"劳资共决"模式值得推行；举证形式正义略为合理，但依附于劳动规章制度的惩戒权之举证责任分配缺失。第四节分析了新形势下劳动规章制度异变及规制，共享经济对劳动法与劳动关系带来了极大冲击和挑战。新形态下劳动规章制度的性质更加具有"格式化"表征，"集体合意"性质更加丧失殆尽；劳动规章制度的载体变化主要是："边缘化"与"碎片化"严重、"无纸化"与"模糊化"加剧、"捆绑化"与"默认化"普遍。新型监管理念是：统治与分层同举、严管与宽容并济和政策与法律兼容。劳动规章制度监管路径新构想是：坚持原则、矫正正义、解构载体、松绑程序和分配责任。

第六章"劳动纪律制度"。劳动纪律无论是现有立法，还是理论研究都比较薄弱，实践中有关劳动纪律的争议却是越来越多。劳动纪律是用人单位意识自治、用工自主权的体现。我国劳动纪律已被立法严重边缘化，不属于独立法律范畴。本章重点研究了劳动纪律与劳动规章制度的区别，劳动纪律与劳动规章制度具有天然联系，但是二者区别明显，并不能等同。劳动纪律只能是对劳动者否定性不利后果之惩戒规则，而不应当包含肯定性有利后果之奖励规则。

第七章"惩戒权新构架"。惩戒权还不是真正的法律范畴，我国对惩戒权的研究还非常薄弱。笔者从惩戒权的法源和性质、惩戒权的边界和惩戒权的类型化三大方面审视和研判惩戒权。第二节研究了惩戒权的一般类型化，惩戒权一般包括经济罚和非经济罚两类。第三节研究了惩戒权的特殊类型化。第四节重点分析了惩戒权的适用对象，惩戒权的适用对象应当受到严格限制：一是非职业行为即私人行为不能纳入惩戒权的范畴；二是惩戒不能妨碍社会保障权的实现。惩戒权的适用对象，应当特别注意区分党员劳动者与非党员劳动者，对党员劳动者非职业行为惩戒应当实行单罚，而不能实行双罚。

第八章"'末位淘汰'制度"。"末位淘汰"还不属于法律范畴，它是人力资源管理的基本手段。许多用人单位都将"末位"与"不能胜任工作"同等看待，这是非常有害的误读。我国"末位淘汰"指导案例之参照效力与《纪要》之内部效力基础都特别薄弱，并不能解决"末位淘汰"的根本问题。克服缺陷应当从劳动立法与劳动政策上进行，构建我国劳动法"劳动政策+劳动立法"模式。

第九章"社会保险新论"。共享经济依托互联网，创新了灵活劳动用工新形式，对传统的社会保障制度带来了新的挑战，社会保险中的一些历史问题和现实矛盾日益显现，亟待加强理论与实践研究，探寻新的办法以破解新的困局。本章分五个部分：一是社会保险与劳动关系捆绑、脱钩与分层的总体构想；二是多重劳动关系或兼职之保险；三是重复保险；四是社会保险账户构建与管控；五是自愿弃保或协议弃保问题与对策。我国现行社会保险与体制内传统典型劳动关系完全"捆绑"的制度设计已经难以适应新时代共享经济的新形势，应当脱钩，实现分层设计与分层治理。多重劳动关系或兼职之合法性认定与社会保险义务与责任分配亟待破解。社会保险之重复保险问题也更加凸显，社会保险应当坚持否定重复保险为一般原则，养老保险和失业保险不能有重复保险，而工伤保险、医疗保险和生育保险可以容许重复保险。社会保险账户构建与管控，应当处理好统筹账户与个人账户的关系；可以借助国家"企业年金"或"职业年金"网络信息平台，整合与构建全国统一的个人账户新系统。

第十章"争议调裁新策"。第一节"集体劳动争议"主要研究了集体劳动争议一般类型化和集体劳动争议特殊类型化。第二节重点阐释了劳动争议小调解制度，笔者创新性地将劳动争议调解分为：小调解和大调解。我国立法、学界和实践中常常忽视了劳动争议之调解程序，"调解为主"或"着重调解"的原则长期处于"休眠"状态，亟待"唤醒"。劳动争议小调解之前瞻性改革应当是：借鉴域外的经验，新设调解之强制性和前置性必经程序。我国现行立法和实践一直将劳动争议调解与协商分离成了两个独立的程序，实在不妥，应当将协商、协调统一整合为调解即"小调解"。实行调解免费制度，但恢复仲裁收费制，可以有效抑制劳动争议仲裁和诉讼之膨胀。我国调解的法律效力非常低下，新对策是将调解设置为强制性和前置性程序，实行"先调后裁审"。第三节"劳动争议大调解制度"，大调解分为一般"大调解"和特殊"大调解"。现阶段调整劳动争议应当是"大调解"与"小调解"并存。"大调解"的法理基础主要还只是在劳动政策层面，其法定性问题分歧严重。实践中已经出现了一些劳动争议之特殊"大调解"成功模式如"山东模式"与"天津模式"，为"大调解"之合理性提供了有力的证明和支撑，也为"大调解"在集体劳动争议中广泛实施，提供了可行性的实践范式。第四节"换位调解之制度创建"提出了我国"换位调解"的制度构建，我国工会在三方机制或四方机制中具有巨大潜力，"换位调解"是尝试性的新改革。"换位调解"具体适用范围是个体劳动争议处理、集体协商谈判和集体劳动争议处理三大方面。第五节"一裁终局制度重塑"，我国"一裁终局"制度之仲裁"终难终局"困局明显，亟待修正。集体劳动争议不能适用"一裁终局"；个体劳动争议完全可以适用"一裁终局"，但其程序应当重塑：拓展"一裁终局"适用范围；厘清小额争议认定标准；均衡劳动者与用人单位权益；有效防止不良或恶意诉讼；纠正裁决生效时间。

本书的主要学术创新点。我国新时代劳动关系的转型、发展与变化迅猛，而劳动法的法律规制还非常滞后，本书研究我国目前劳动法存在的十大前沿性与边缘化性疑难问题，并探寻有效的对策和规制路径，具有一定的总体创新性。

关于"公序良俗原则"。劳动法是否可以借鉴民法公序良俗原则是一个有待破解的前沿问题，笔者认为总体上，我国劳动法应当非常谨慎地对待公序良俗原则，即劳动法还不能适用此原则。

关于"四方机制原理"。四方机制是劳动关系特别是集体劳动关系之新生事物，还没有进入我国劳动法的视野，四方机制应当成为我国集体劳动法不可或缺的前瞻性制度构架。劳动关系四方机制源于三方机制，四方机制的构建包括劳、资、政三方和第四方劳工 NGO（正当合法的劳工 NGO）。

关于"多重劳动关系"。我国学界对多重劳动关系（含兼职）的研究非常薄弱，多重劳动关系还没有被真正纳入劳动法的范畴。多重劳动关系的界定和形态还没有达成共识，笔者将多重劳动关系的形态分为："主职+兼职"与"兼职+兼职"，"劳动关系+劳务关系或雇佣关系"与"劳务关系或雇佣关系+

劳务关系或雇佣关系"。笔者认为，多重劳动关系的规制路径主要有三：一是多重劳动关系与过度劳动结合规制；二是多重劳动关系与工资集体协商谈判归并整治；三是多重劳动关系与重复保险、自愿弃保组合治理。

关于"限制高薪制度"。限薪制度的重点和难点是治理"阴阳合同"，不能将其两个合同分离开来，应当从整体上界定；有效治理"阴阳合同"的法律主要是民法、行政法和劳动法。笔者认为我国限薪立法可以分两步走：先实行分散立法；再单独出台《限薪法》。笔者创新性地提出了规制不当高薪的四大对策：创构高薪申报制度；构筑薪酬协商制度；完善税收体制机制；加大限薪之处罚力度。

关于"劳动规章制度"。用人单位劳动规章制度是我国劳动法的边缘化问题，成为用人单位规避劳动法的博弈手段。笔者提出的劳动规章制度"效力二分说"主要包括：拘束力与基准线两种位阶，并据此构建"拘束力模型"与"基准线模型"两大体系。劳动规章制度的宏观形式正义的主要缺漏是没有明确规定民主程序与公示程序的关系。新形态下劳动规章制度的性质更加具有"格式化"表征，"集体合意"性质更加丧失殆尽。劳动规章制度的载体变化主要是"边缘化"与"碎片化"严重，"无纸化"与"模糊化"加剧，"捆绑化"与"默认化"普遍。

关于"劳动纪律制度"。我国劳动纪律已被立法边缘化，应当修正。劳动纪律与劳动规章制度具有天然联系，但不能混同。劳动纪律只能是对劳动者否定性不利后果之告诫与惩戒，而不应当包含肯定性有利后果之奖励规则。

关于"惩戒权新构架"。笔者认为惩戒权的一般类型化，包括经济罚和非经济罚两类。惩戒权之特殊类型化主要有类刑罚、秩序罚、解约罚与违约罚、赔偿罚和调岗罚五大类。惩戒权应当受到严格限制：一是非职业行为即私人行为不能被纳入惩戒的范畴；二是惩戒不能妨碍社会保障权的实现。

关于"'末位淘汰'制度"。"末位淘汰"不属于法律范畴，不能等同"不能胜任工作"。

关于"社会保险新论"。共享经济下灵活劳动用工新形式，对社会保障制度带来了极大挑战，社会保险的一些历史问题和新的前沿性问题日益显现。我国现行社会保险与劳动关系完全"捆绑"的制度设计，应当脱钩，实现分层设计与分层治理。社会保险应当坚持否定重复保险为一般原则，特别是养老保险和失业保险不能有重复保险。

关于"争议调裁新策"。我国劳动争议处理制度没有区分个体劳动争议和集体劳动争议，应当修正。集体劳动争议类型化问题、处理机制和立法亟待创建，应当实行"调解终局"新制度。笔者将劳动争议调解分为小调解和大调解，我国调解制度之前瞻性改革应当是：个体劳动争议设置调解之强制性和前置性必经程序；集体劳动争议应当实行"一调终局"制度；调解制度可以尝试工会主导的"换位调解"新制度。集体劳动争议不能适用"一裁终局"制度；个体劳动争议虽然可以适用，但其程序应当重塑。

  本专著是笔者教学与科研的长期积淀，经过六年多的潜心与艰苦写作而成。本专著对劳动法十大前沿性或边缘性问题的研究具有一定的学术创新，并可以为立法或修法提供一定的参考，为实践提供一定的对策路径。虽然笔者尽了最大努力，也花费了大量精力，但由于资料和笔者水平的限制，书中不当或谬误之处在所难免，恳请各位专家、同仁和读者批判指正为谢！

问清泓

2021年1月于武汉科技大学科大雅苑"素问斋"

目 录

第一章 公序良俗原则 …………………………………………… 1
第一节 公序良俗原则与劳动法一般原则 …………………… 3
一、法域归属特性不同 …………………………………… 5
二、权益保护原则不同 …………………………………… 7
三、争议解决程序不同 …………………………………… 8
四、原则属性难以兼容 …………………………………… 9
五、实践范式难以证成 …………………………………… 9
第二节 公序良俗原则与劳动规章一般原则 ………………… 11
一、公序良俗原则不符合明确性原则 …………………… 11
二、公序良俗原则不符合比例性原则 …………………… 12
三、公序良俗原则违背处罚吸收原理 …………………… 16
四、公序良俗原则超出惩戒边界范围 …………………… 17
第三节 公序良俗原则与产业行动比较 ……………………… 19
一、产业行动的一般原理 ………………………………… 19
二、产业行动合法性博弈 ………………………………… 21
第四节 公序良俗原则与劳动司法实践 ……………………… 23
一、价值判断不一致 ……………………………………… 24
二、实践类型未固化 ……………………………………… 25

第二章 四方机制原理 …………………………………………… 28
第一节 四方机制的渊源 ……………………………………… 28
第二节 四方机制第四方 ……………………………………… 29
一、第四方是"公共舆论"之检讨 ……………………… 30
二、第四方是"公民个人"之检视 ……………………… 32
三、第四方应为社会组织劳工NGO ……………………… 35
第三节 四方机制价值判断 …………………………………… 39

  一、四方机制不是三方机制的替代物 …………………… 39
  二、四方机制不是工会制度的替代物 …………………… 40
  三、社会治理需要多方参与合作共赢 …………………… 41
 第四节　四方机制的特别职能 ……………………………… 44
  一、劳动规章协商谈判 …………………………………… 44
  二、惩戒权的协商调处 …………………………………… 46
  三、群体罢工事件调处 …………………………………… 47
  四、劳工 NGO 替代职能 ………………………………… 51

第三章　多重劳动关系 ……………………………………… 54
 第一节　多重劳动关系的定义 ……………………………… 54
 第二节　多重劳动关系的形态 ……………………………… 58
 第三节　多重劳动关系的特征 ……………………………… 61
  一、雇员身份之高端与低端、强势与弱势两极分化 …… 61
  二、全日制劳动用工与非全日制劳动用工相互交织 …… 64
  三、无固定期限劳动合同与固定期限劳动合同并存 …… 66
  四、民事合同（协议）劳动合同与集体合同相混杂 …… 69
  五、社会保险规范之任意性与强制捆绑性互相冲突 …… 73
  六、民事争议或裁或审与劳动争议先裁后审不兼容 …… 76
 第四节　多重劳动关系价值判断 …………………………… 78
  一、价值理念上的包容性 ………………………………… 78
  二、权益保护上的倾斜性 ………………………………… 83
 第五节　多重劳动关系合法与否之考辨 …………………… 87
  一、多重劳动关系之合法性考评 ………………………… 87
  二、多重劳动关系保险义务辨判 ………………………… 95
 第六节　多重劳动关系规制路径 …………………………… 100
  一、多重劳动关系与过度劳动结合规制 ………………… 100
  二、多重劳动关系与工资协商谈判并治 ………………… 106
  三、多重劳动关系与重复保险规制治理 ………………… 109
  四、多重劳动关系与自愿弃保归并防治 ………………… 111

第四章　限制高薪制度 ……………………………………… 116
 第一节　问题提出的时代背景 ……………………………… 116

第二节　限制高薪的理论基础 ………………………………… 118
一、限薪之概念界定 ………………………………………… 118
二、限薪之法理依据 ………………………………………… 124

第三节　立法沿革与成败得失 ………………………………… 128
一、央企高管限薪令 ………………………………………… 128
二、中国足协限薪令 ………………………………………… 130
三、综艺演艺限薪令 ………………………………………… 133

第四节　"阴阳合同"之解构 …………………………………… 136
一、"阴阳合同"概念界定 …………………………………… 136
二、"阴阳合同"法律属性 …………………………………… 138
三、"阴阳合同"立法梳整 …………………………………… 140

第五节　限制高薪立法构想 …………………………………… 146
一、立法模式之选择 ………………………………………… 146
二、《工资法》之限薪 ……………………………………… 147
三、《集体合同法》之限薪 ………………………………… 149
四、《劳动合同法》之限薪 ………………………………… 151

第六节　不当高薪规制对策 …………………………………… 153
一、创构高薪申报制度 ……………………………………… 153
二、构筑薪酬协商制度 ……………………………………… 158
三、完善税收体制机制 ……………………………………… 162
四、加大限薪处罚力度 ……………………………………… 166

第五章　劳动规章制度 ……………………………………………… 172
第一节　劳动规章制度效力论争 ……………………………… 172
一、观点之博弈背景 ………………………………………… 172
二、效力代表说评读 ………………………………………… 176
三、效力二分说创构 ………………………………………… 184
四、结语与展望 ……………………………………………… 188

第二节　劳动规章制度效力模型 ……………………………… 189
一、效力原则判读 …………………………………………… 190
二、效力模型构建 …………………………………………… 196
三、基准模型构建 …………………………………………… 199
四、余论 ……………………………………………………… 202

第三节 劳动规章制度形式正义 …… 203
一、劳动规章制度一般形式正义 …… 204
二、劳动规章制度特殊形式正义 …… 210
三、形式正义与实质正义的关系 …… 222
四、结语与展望 …… 227

第四节 共享经济下劳动规章制度异变 …… 228
一、共享经济劳动用工变化 …… 228
二、劳动规章制度性质嬗变 …… 231
三、劳动规章制度载体变异 …… 234
四、违规违纪之惩戒权新异状 …… 238
五、规制与监管路径新策论 …… 244

第六章 劳动纪律制度 …… 254
第一节 劳动纪律的特征 …… 255
第二节 劳动纪律的内容 …… 257
第三节 劳动纪律与劳动规章制度比较 …… 259
一、权利和义务不同 …… 259
二、外延与内涵不同 …… 260
三、制定或变更不同 …… 260
四、实施后果之不同 …… 260

第四节 劳动纪律立法比较 …… 260
一、我国劳动纪律立法 …… 260
二、俄罗斯劳动纪律立法 …… 262
三、日本劳动纪律立法 …… 264

第五节 劳动纪律典型案例评析 …… 266

第七章 惩戒权新构架 …… 269
第一节 惩戒权法源与性质 …… 270
一、契约说 …… 271
二、法规说 …… 272
三、否定说 …… 273
四、固有权限说 …… 273
五、集体合意说 …… 274

六、企业秩序说…………………………………………………… 275
　　七、根据二分说…………………………………………………… 276
　第二节　惩戒权一般类型化…………………………………………… 278
　　一、经济罚总概览………………………………………………… 278
　　二、罚款"肯定说"………………………………………………… 280
　　三、罚款"否定说"………………………………………………… 282
　　四、罚款"替代说"——减薪……………………………………… 285
　第三节　惩戒权特殊类型化…………………………………………… 288
　　一、类刑罚………………………………………………………… 289
　　二、秩序罚………………………………………………………… 290
　　三、解约罚………………………………………………………… 292
　　四、赔偿罚………………………………………………………… 293
　　五、调岗罚——不利变更………………………………………… 294
　第四节　惩戒权的适用对象…………………………………………… 298
　　一、基本适用对象………………………………………………… 299
　　二、适用对象非职业行为惩戒…………………………………… 301
　　三、适用对象社会保障之惩戒…………………………………… 308
　第五节　惩戒权的时效制度…………………………………………… 311

第八章　"末位淘汰"制度………………………………………………… 313
　第一节　问题导因——经典案例到指导案例………………………… 313
　第二节　历史因应——管理制度与法理基础………………………… 315
　　一、"末位淘汰"语境界定………………………………………… 315
　　二、"末位淘汰"盛行因由………………………………………… 316
　　三、"末位淘汰"影响因子………………………………………… 318
　第三节　隐性立法——指导案例到《纪要》规定…………………… 320
　第四节　博弈方式——"不能胜任"到合同解除……………………… 323
　第五节　效力基础——参照效力到实际效果………………………… 326
　第六节　升华路径——判例案例与劳动政策………………………… 329
　　一、"指导案例"升华为"判例案例"……………………………… 329
　　二、构建"劳动政策+劳动立法"模式…………………………… 330

第九章　社会保险新论 ·········· 333
第一节　社会保险制度重塑总体思路 ·········· 333
第二节　多重劳动关系或兼职之保险 ·········· 335
　　一、合法与否认定 ·········· 335
　　二、义务责任分配 ·········· 339
第三节　重复保险 ·········· 341
　　一、重复保险的一般法理 ·········· 341
　　二、重复保险的义务责任 ·········· 343
　　三、重复保险之工伤保险 ·········· 345
第四节　社会保险账户构建与管控 ·········· 347
　　一、统筹账户与个人账户的关系 ·········· 347
　　二、个人账户整合问题 ·········· 348
　　三、账户信息共享问题 ·········· 349
　　四、账户转移接续问题 ·········· 349
第五节　自愿弃保或协议弃保 ·········· 350
　　一、问题因由 ·········· 350
　　二、对策建议 ·········· 354

第十章　争议调裁新策 ·········· 358
第一节　集体劳动争议 ·········· 358
　　一、集体劳动争议一般类型化 ·········· 358
　　二、集体劳动争议特殊类型化——群体劳动争议 ·········· 360
第二节　劳动争议小调解制度 ·········· 375
　　一、调解程序被忽略成因 ·········· 377
　　二、调解原则的重新审视 ·········· 378
　　三、调解前置的创新构想 ·········· 379
　　四、协商协调重整为调解 ·········· 383
　　五、小调解抑裁审之功能 ·········· 387
　　六、小调解法律效力重构 ·········· 388
　　七、小调解时效制度设置 ·········· 390
第三节　劳动争议大调解制度 ·········· 391
　　一、大调解之一般界分 ·········· 391
　　二、大调解之制度基础 ·········· 392

三、大调解之理论博弈 ……………………………………… 403
　　四、大调解之实践范式 ……………………………………… 408
  第四节　换位调解之制度创建 …………………………………… 413
　　一、工会介入调解的必然 …………………………………… 413
　　二、换位调解的一般构想 …………………………………… 414
　　三、换位调解的价值判断 …………………………………… 416
  第五节　"一裁终局"制度重塑 …………………………………… 419
　　一、我国劳动争议"一裁终局"立法缺陷 …………………… 420
　　二、集体劳动争议应排斥适用"一裁终局" ………………… 423
　　三、个体劳动争议"一裁终局"重塑路径 …………………… 430
　　四、小结与展望 ……………………………………………… 437

参考文献 ……………………………………………………………… 439

第一章　公序良俗原则

【本章概要】 我国《民法总则》正式确认了公序良俗原则，《民法典》也完全承继了这一原则，这必将对劳动法及实践产生新的影响。劳动法是否可以借鉴民法公序良俗原则还是一个有待破解的前沿问题。总体上，我国目前劳动法应当非常谨慎地对待公序良俗原则。因为，第一，民法公序良俗原则不符合劳动法之一般原则；第二，公序良俗原则与劳动规章一般原则比较，民法公序良俗原则不符合劳动规章制度明确性原则与比例原则；第三，公序良俗原则不符合产业行动一般原理，在我国目前之实然法没有明确界定产业行动（含罢工）之合法性情况下，可以用违反公序良俗认定产业行动之非法性，而今后，如果我国宪法或法律明确规定了产业行动之合法性，则不能再适用公序良俗原则；第四，公序良俗原则与劳动仲裁或司法实践相对撞，主要表象是价值判断不一致和实践类型未固化。因此，民法公序良俗原则适用劳动法的理论基础和实践证成都还非常不充分，应当谨慎适用。

民法之公序良俗原则起源于古罗马法，多国民法都吸收和运用了这一原则。但是，在现代民法理论中一直存在较大争议，在具体适用中也是分歧巨大，反对之声不绝于耳。

在我国，公序良俗原则开始并没有得到认同，如我国 1987 年的《民法通则》就没有明确规定公序良俗原则，而仅仅是在其第 7 条提出了一个所谓的"遵守社会公德"。2017 年 10 月 1 日开始实施的《民法总则》多处涉及公序良俗原则①，基本完成了公序良俗原则的正式入法程序，充分表明了我国民法对

---

① 《民法总则》第 1 章"基本规定"第 8 条明确规定："民事主体从事民事活动，不得违反法律，不得违背公序良俗。"第 10 条规定："处理民事纠纷，应当依照法律；法律没有规定的，可以适用习惯，但是不得违背公序良俗。"《民法总则》第 143 条第 3 项还明确规定了公序良俗的法律效力问题："不违反法律、行政法规的强制性规定，不违背公序良俗"的民事法律行为才有效。第 153 条第 2 款规定："违背公序良俗的民事法律行为无效。"

公序良俗原则持完全肯定态度,并对公序良俗原则之长期争论"定分止争"①。我国民法之公序良俗原则直至《民法总则》才正式被立法所承认,并为2021年1月1日实施的《民法典》完全承继,相关的四个条文和内容一字未改,完全照搬了原《民法总则》的相关规定。② 至此,传统公序良俗原则成为我国现行民法的重要原则之一,其立法价值与司法实践意义巨大,我国公序良俗原则适用之长期"失衡"问题将得到有效矫正。其价值还不仅仅限于民法,此原则还势必影响到我国其他部门法特别是劳动法,民法公序良俗原则适用问题也将成为我国劳动法之前沿性新课题。

民法公序良俗原则在学界具有很高的评价,正如杨立新教授所言,《民法总则》将公序良俗作为民法的基本原则,是当代法治精神的体现。③

公序良俗是公共秩序与善良风俗的简称,是大陆法系民法普遍认可的一项基本原则。④ 公序良俗原则起到维护国家和社会一般利益和基本道德的职能,故被称为现代民法至高无上的基本原则。⑤

公序良俗原则的主要表现之一是:私法意思自治原则必须在不违背公序良俗原则之下才为适法行为。如果违反公序良俗原则,那法律就会强制认定这种民事法律行为是无效的。只要有私法自治原则,就应当有公序良俗原则。这两个原则共同适用,体现了当代法治精神。⑥

公序良俗原则最为明显的特征就是其高度的抽象性和适用的广泛性。公序良俗原则的高度抽象性表现在"连可能的文义也都缺乏",导致其司法适用成

---

① 我国古代著名思想家管仲曰:"法者,所以兴功惧暴也;律者,所以定分止争也;令者,所以令人知事也。"

② 《民法典》第8条规定:"民事主体从事民事活动,不得违反法律,不得违背公序良俗。"《民法典》第10条规定:"处理民事纠纷,应当依照法律;法律没有规定的,可以适用习惯,但是不得违背公序良俗。"《民法典》第143条第3项规定,不违反法律、行政法规的强制性规定,不违背公序良俗的民事法律行为才有效。《民法典》第153条第2款规定:"违背公序良俗的民事法律行为无效。"

③ 杨立新:《把公序良俗作为民法基本原则体现了当代法治精神》,载《中国司法》2017年第4期,第4页。

④ 李双元、杨德群:《论公序良俗原则的司法适用》,载《法商研究》2014年第3期,第63页。

⑤ 郑玉波著:《民法总则》,台湾三民书局1979年版,第338页。

⑥ 杨立新:《把公序良俗作为民法基本原则体现了当代法治精神》,载《中国司法》2017年第4期,第4页。

为了长期的实践与理论难题。① 公序良俗的原则是一个高度概括性的条款，它没有统一的界定范围和标准。②

民法是母法，劳动法起源于传统民法，但是劳动法又与民法有许多不同，劳动法对私法意思自治有很大的限制，劳动法调整之狭义劳动关系与民法调整的劳务关系或雇佣关系具有显著的不同，在我国《民法典》已经明确在公序良俗原则的背景下，劳动法是否也应当将公序良俗原则作为一项基本原则？公序良俗原则与劳动法其他原则的关系如何？公序良俗原则与劳动规章制度的关系如何？公序良俗原则与违规违纪之惩戒权的关系如何？公序良俗原则的适用边界如何？民法公序良俗原则是否可以作为我国认定产业行动如罢工属于违法行为的依据？劳动仲裁与司法实践中又如何构建公序良俗原则的适用规则和范式？这些问题都是亟待破解的前沿性新课题。总言之，新时代背景下民法公序良俗原则在劳动法适用中的诸多问题将具有新的理论与实践价值，并将带来我国劳动法之新改革。

本章将对民法公序良俗原则与劳动法之相对关系展开创新性比较研究，主要包括以下四大方面研究：第一，民法公序良俗原则与劳动法一般原则相对比；第二，公序良俗原则与劳动规章制度比较；第三，公序良俗原则与产业行动比较；第四，公序良俗原则与劳动司法实践比对。

第一节 公序良俗原则与劳动法一般原则

我国劳动法包括劳动合同法之原则一直还没有完全令人信服的说法，其争议比较大。

关怀教授很早就认为我国劳动法的基本原则主要包括：劳动权利和义务原则、提高劳动生产率原则、按劳分配原则、提高劳动报酬和福利待遇原则、休息和劳动保护原则、组织工会和民主参与原则、男女平等原则、劳动纪律义务原则等。③ 还有学者认为劳动法的基本原则包括：劳动权利与劳动义务原则、保护劳动者合法权益原则、劳动力资源合理配置原则。④ 还有学者认为包括劳

---

① 李双元、杨德群：《论公序良俗原则的司法适用》，载《法商研究》2014年第3期，第63页。
② 郑显文：《公序良俗原则在中国近代民法转型中的价值》，载《法学》2017年第11期，第91页。
③ 关怀主编：《劳动法学》，群众出版社1992年版，第94页。
④ 王全兴主编：《劳动法学》，高等教育出版社2004年版，第68~70页。

动自由原则、劳动协调原则和劳动保障原则。① 有学者认为三方原则也是我国劳动法的一项基本原则。② 《劳动合同法》是劳动法的下位法,其基本原则完全受到劳动法的影响,我国台湾劳动法专家黄越钦则认为是工资续付原则、劳动不得强制原则和雇主责任原则。③

还有一些学者认为我国劳动法或劳动合同法的主要原则是劳动者倾斜保护原则。倾斜保护作为劳动法基本原则,是通过倾斜保护对失衡的劳动关系进行必要的矫正以缓和实质上的不平等。④ 世界各国劳动立法之对劳动者实施倾斜保护是一项基本共识,但是我国的《劳动合同法》偏离了倾斜保护原则的基本要义。⑤ 曹艳春教授认为今后我国《劳动合同法》修改仍应坚持的六原则之一就是继续坚持倾斜保护劳动者原则。《劳动合同法》之倾斜保护劳动者是现代文明社会的一般要义。但是,基于比例原则之精神,在倾斜保护劳动者的同时,也不能掩蔽和淡化对用人单位合法利益的保护。⑥ 劳动法以倾斜保护为基本原则,以实现社会正义之诉求。⑦

我们不管劳动法或劳动合同法的基本原则有多大差异,但是基本共同点是:一般都还没有将民法之公序良俗原则纳入《劳动法》或《劳动合同法》的范畴,即公序良俗原则还不是劳动法或劳动合同法的基本原则。那么,在我国《民法典》已经将公序良俗原则纳入民法基本原则的新背景下,我们到底要不要将民法公序良俗原则纳入《劳动法》或《劳动合同法》的基本范畴?

在我国现阶段实然法之劳动关系采用"二分法"调整模式下⑧,劳务关

---

① 冯彦君:《论劳动法的基本原则》,载《法制与社会发展》2000年第2期,第27~29页。
② 周长征:《企业误读了〈劳动合同法〉吗?——兼论劳动立法中的三方合作原则》,载《政法论丛》2010年第5期,第14页。
③ 黄越钦著:《劳动法新论》,中国政法大学出版社2002年版,第91~92页。
④ 董保华著:《劳动合同立法的争鸣与思考》,上海人民出版社2011年版,第153页。
⑤ 章惠琴、郭文龙:《从倾斜保护原则审视〈劳动合同法〉之修改》,载《学术界》2017年第1期,第44页。
⑥ 曹艳春:《劳动合同法修改应坚持六个原则》,载《检察日报》2016年11月16日,第003版。
⑦ 穆随心:《我国劳动法"倾斜保护原则":辨识、内涵及理据》,载《学术界》2012年第12期,第95页。
⑧ 劳动关系"二分法"调整模式是指我国劳动关系分别由民法和劳动法两个不同的部门法调整,民法调整劳务关系、雇佣关系、合伙关系或承揽关系等平等之劳动关系,而劳动法含劳动合同法仅仅调整具有从属性之狭义体制内的传统劳动关系。

系或雇佣关系调整中适用公序良俗原则应当是没有任何异议的，因为其本身就是属于民法的范畴而不属于劳动法范畴。但是，笔者认为，将民法公序良俗原则纳入劳动法或劳动合同法的范畴，还是应当谨慎行事，劳动法不能全面实行公序良俗原则，或者至少应当严格限制公序良俗原则的适用边界。其理由如下：

一、法域归属特性不同

民法属于私法，意识自治和契约自由是其精髓，民法以任意性规范为调整范式；而劳动法属于公法或社会法，意识自治和契约自由都受到严格限制，以强制性规范为主要调整范式。《劳动合同法》兼有管制与意识自治相结合的特性，与完全意思自治的民事合同区别巨大，其原因是用人单位与劳动者形式上平等，而实质上劳资不平等。① 公序良俗原则完全可以适用于民法之劳动关系如劳务关系或雇佣关系，并不能完全适用于劳动法之狭义劳动关系。

有学者认为公序良俗原则性质上属于一般性的授权性条款，是对强行性规范的补充，因此，公序良俗不应当被包括在强行性规范中，司法实践中不能将公序良俗原则与其他强行性规则一起使用。② 劳动法虽然来源于民法，但是，经过发展演变，具有了显著的不同特征。劳动法主要是强制性规范，为了实现对劳动者这一弱者的特别保护（有的更是倾斜保护），劳动法规范对民法意思自治进行了许多限制，从而使得劳动法成为社会公法的范畴；而以任意性规范为主导或至多是弥补强制规范不足的民法之公序良俗原则将与劳动法难以"兼容"。因此，民法中可以广泛适用的公序良俗原则，因不同法域属性不同，并不能推定可以同样适用。

美国公认是劳动合同非常自由的判例法法域国家，特别是在其他国家一般都普遍强力限制解雇自由、实行解雇保护之劳动法原则的背景下③，美国劳动法仍然坚守着将"任意雇佣原则"（有人称之为"随意性雇佣原则"）作为美国劳动关系与劳资关系的基础性原则。

---

① 曹艳春：《劳动合同法修改应坚持六个原则》，载《检察日报》2016 年 11 月 16 日，第 003 版。
② 蔡唱：《公序良俗在我国的司法适用研究》，载《中国法学》2016 年第 6 期，第 250 页。
③ 德国的《民法典》《解雇保护法》《企业组织法》《非全日制用工和固定期限劳动合同法》《劳务派遣法》《就业促进法》等多个法律都有非常严格的劳动解雇规则，解雇都被严格限制。

在美国劳动合同法中，即使是普遍的无固定期限劳动合同，各合同当事人无论在什么时候，也无论有无正当理由，甚至即便是有道德上应该被谴责的事由，也照样可以随意终止合同。英美法普通法系上的"随意雇佣原则"到了20世纪70年代后半期，虽然通过被认为相对于违反了公序良俗的判例法的发展，其随意解雇原则在一定程度上被不断修正，但在修正过程中，依然维持和贯彻着解雇自由的基本合同原则，此点是美国雇佣体系的最大特色。①

美国判例法用公序良俗对劳动法之"任意雇佣原则"有所修正，采取的具体办法是：确认违反公序的解雇劳动合同属于违法行为。美国确认解雇违反公序的主要类型有四：一是以劳动者拒绝雇主的违法行为要求为理由的解雇是对公序的违反；二是以举报违法行为为理由的解雇；三是以履行公共义务为理由的解雇；四是以劳动者行使制定法上的权利为理由的解雇。对于这些违反公序的非法解雇，雇主还应当支付工资损失和其他经济损失，并给予精神损害赔偿、惩罚性赔偿；而惩罚性赔偿将可能是十分巨大的赔偿额度。② 在少数情况下，在解雇及解雇过程中，如果雇主的行为属于欺诈、损害名誉、侵害隐私、故意引起精神痛苦等非法行为也可以援引违反公序而认定解雇之违法。③

由上可见，非常崇尚劳动合同自由特别是雇佣自由的美国，在其判例法法域背景下，普遍存在着公序良俗原则"生长"之任意性规范的"土壤"，但是，却并没有将公序良俗原则作为劳动法的一般性原则。

成文法系的代表国家德国劳动法之实体法与程序法非常发达，德国虽然没有采用劳动法典式立法模式，但是，其多个分散的劳动立法确立了一些被广泛认同并接受的劳动法原则，如解雇保护原则、共决原则、比例原则等，德国劳动法的许多制度都值得我国借鉴与移植。笔者总观德国劳动法，民法之公序良俗原则在劳动法适用中并不多见，少有公序良俗原则适用的案例。在德国有一个有关适用公序良俗的案例，联邦法院认为，如果解雇"严重违反了必要的礼仪感，出于卑鄙的动机，比如报复或者打击别人"，则法院可以认定解雇违

---

① [日] 荒木尚志著：《雇佣体系与劳动条件变更法理》，田思路译，上海人民出版社2016年版，第14页。

② [日] 荒木尚志著：《雇佣体系与劳动条件变更法理》，田思路译，上海人民出版社2016年版，第19页。

③ [日] 荒木尚志著：《雇佣体系与劳动条件变更法理》，田思路译，上海人民出版社2016年版，第19页。

反了善良风俗。① 这样的公序良俗适用案件非常少，其适用事由也有非常具体的限定范围，并不能普遍适用，且其适用依据仍然还是《德国民法典》第138条第1款，因此，我们不能就此而认定德国法之公序良俗原则在劳动法中可以普遍适用，即德国法之民法公序良俗原则并不是德国劳动法的一项基本原则。

我国与美国法制背景与传统完全不同，劳动法之成文法的普遍性强制规范，更加不适合公序良俗原则的"生长"；我国虽然与德国法一样属于成文法系，但是，德国也还没有在劳动法中确立公序良俗原则。因此，参照美国和德国的经验，无论是判例法法域，还是成文法，民法之公序良俗原则都不适合劳动法。

二、权益保护原则不同

民法是公民私权利保护的基本法，其保护原则是平等主体的平等保护；而劳动法则是弱者保护法，其保护原则是不平等的保护，即对劳动者实施"单保护"或倾斜保护。即使理论上不主张倾斜保护而实施"双保护"，劳动司法实践中也往往是倾斜保护劳动者。

我国劳动法学界是非常赞同对劳动者实施倾斜保护原则的，在《劳动合同法》草案制定、征求意见稿的讨论过程中，平等保护与倾斜保护已经经过了理论界的"论战"，最终立法者还是选择了倾斜保护的立法理念，这表明了我国劳动法含劳动合同法还是非常认同倾斜保护原则的，这样就与民法之平等保护完成不同。新时代背景下，中国特色劳动关系决定了中国劳动法仍然还是需要倾斜保护原则，此原则是中国特色社会主义实践的社会正义之目标追求，倾斜保护原则就是我国劳动法对正义的诉求。②

无论是"单保护""双保护"抑或是倾斜保护，也无论是国外还是中国，都是劳动法重点保护劳动者的原则体现，而民法与劳动法特别保护原则不同，就要求不能统一实行公序良俗原则。笔者认为，如果劳动法可以借鉴民法公序良俗原则，也只能是例外形式，而不能是普遍性的适用原则；例外适用也只能是在公序良俗原则适用时符合倾斜保护劳动者精神——有利原则，才能在劳动法中实施，否则就有违反劳动法法理之嫌。

---

① [德] 沃尔夫冈·多伊普勒著：《德国劳动法》（第11版），王倩译，上海人民出版社2016年版，第257页。

② 穆随心：《当代中国劳动法"倾斜保护原则"正义价值的实现与超越——基于马克思主义正义观视域》，载《山东社会科学》2016年第10期，第143页。

三、争议解决程序不同

我国民事争议的处理与域外基本相同，采取的一般模式是或裁或审、二审终审制，举证原则为"谁主张谁举证"；而我国劳动争议与民事争议完全不同，一般模式是"先裁后审"、部分小额争议实行"一裁终局"，劳动争议之仲裁属于前置性强制程序，其仲裁职能属于非司法机关之行政机关即各级劳动人事院（或劳动仲裁委员会）。

虽然劳动争议与民事争议之举证一般原则相同，都为"谁主张谁举证"，但是也有一定的区别，并不能完全等同。我国部分劳动争议实行举证责任倒置，其目的是倾斜保护劳动者权益，这表现了劳动争议与民事争议解决程序的差异性，也说明民法之公序良俗原则不能直接移植到劳动法。

在域外发达劳动法中，劳动争议与民事争议的不同，还有一个非常重要的表象就是劳动争议还采取"二分法"而类型化为一般个体争议和集体劳动争议（有的称为群体劳动争议）。二者争议调处程序也不完全相同，如集体劳动争议一般将调解作为基本原则，并实施集体劳动争议"一调终局"制度。我国现行实然法虽然还没有区分一般个体争议和集体劳动争议，也没有重视调解原则（集体劳动争议"调解为主"或"着重调解"或"调解终局"原则），但是，在将来的应然劳动法中，特别是集体劳动法，必将吸收域外集体劳动法之调解制度这一先进与成熟的立法经验。

民法公序良俗原则主要适用于争议审理阶段，是法官之审判权的一种，基本属于"法官造法"模式，即公序良俗原则是民事争议在诉讼过程中的法官审判权之自由裁量权，当事人是否违反公序良俗原则只能由法官审查决定，其他机构或人员包括当事人不能自由认定。

由于我国劳动争议与民事争议调处程序差别巨大，因此，如果在劳动争议中也全面实行公序良俗原则，必然造成极大的不兼容，因为绝大多数劳动争议因为"先裁后审""一裁终局"或集体劳动争议之"调解为主"或"调解终局"，而不能直接进入司法程序，是否违反公序良俗原则的认定就不可能与民事争议一样由司法部门决断，劳动调解、仲裁机构并不具有司法审判权，即使如果将公序良俗原则之司法审判权赋予劳动调解仲裁机构，也势必有可能造成司法审判权的滥用，将直接影响到公序良俗原则"泛化"与滥用，直接破坏成文法之强制法规范的法制精神。即使是特殊情况下借用民法公序良俗原则，也应当进行严格的适用边界之限定，并以有利于劳动者为基本原则，如果不利于劳动者权益保护，则不能适用民法公序良俗原则。

四、原则属性难以兼容

从法律原则之基本法理上看，民法公序良俗原则并不适合劳动法，即不能将公序良俗原则作为劳动法的基本原则之一。

笔者认为，公序良俗原则在劳动法中运用应当特别谨慎，至少不能够将公序良俗作为劳动法之基本原则，因为法律原则必须在该部门法中具有相当的普遍性和一般性，特殊性的规范只能是具体的规则或准则，而不能视为法律的基本原则。

在我国法律原则研究中，经常引用第一种规则模式，德沃金同阿列克西都认为，规则是以"完全有效或者完全无效的方式"① 来适用；而原则是通过将案件结果朝向一个方向吸引来影响裁判结论②。可见，法律原则还具有同一性的特性，只有具有同一性的规范，才能够普遍适用，而公序良俗在劳动法中却缺乏普遍性与同一性。正如张守文教授所述：法律基本原则的确立，如果缺乏一定的标准或要求就可能比较混乱和随意，就会丧失法律原则应有的基础性、本原性与准则性，进而失去其应有的指导力和准据力。③

公序良俗原则的基础性应当具有广泛伦理基础和法律基础，劳动法的伦理基础和法律基础都远远弱于民法，公序良俗原则的本原性源于民法意识自治与诚实信用原则，而不是劳动法的公权力之强制干预，公序良俗原则的准则性具有私法自由约定性，也不同于劳动法之公法法定性。因此，民法公序良俗原则在我国劳动法不成熟与不发达的现状下，并不具备成为我国劳动法基本原则的必备条件。

五、实践范式难以证成

从原则之司法实践范式看，民法公序良俗原则的司法实践经验比较丰富，而劳动法还非常欠缺公序良俗适用的司法实践范式。

---

① Ronald M. Dworkin, The Model of Rules, The University of Chicago Law Review, Vol. 35, No. 1 (Autumn, 1967), p. 25. 转引自王琳：《论法律原则的性质及其适用——权衡说之批判与诠释说之辩护》，载《法制与社会发展》2017年第2期，第95页。

② Ronald M. Dworkin, The Model of Rules, The University of Chicago Law Review, Vol. 35, No. 1 (Autumn, 1967), p. 26. 转引自王琳：《论法律原则的性质及其适用——权衡说之批判与诠释说之辩护》，载《法制与社会发展》2017年第2期，第95页。

③ 张守文主编：《经济法学》（第6版）北京大学出版社2014版，第41页。

法律原则不仅要经过长期的理论与实践积淀，还应当是人们能普遍接受的合理价值的体现，诚信原则、公序良俗原则等都是如此。法律原则的司法适用取决于找寻到适用该原则的生活事实，两大法系有关原则的司法实践都是这样。① 我国民法公序良俗原则的逐步确立并入法，就是在长期的司法实践中长期积淀而形成的比较成熟的实践范式。

笔者在"中国裁判文书网"之民事案件中以"公序良俗"为"全文检索"的"判决书"共21692份②，其中按照关键词"劳动合同"筛选仅仅为398件，"劳动争议"仅仅291件，二者合计689件，占比0.3%，对此"大数据"分析可以得出结论：公序良俗在一般民事案件中适用非常多，而在有关劳动合同或劳动争议中却适用得非常少，这表明我国劳动法对公序良俗原则的实践运用还非常不成熟，不像民法中的适用已经有长期的经验积淀。蔡唱教授在2016年的实证研究中已经得出结论：我国司法实践中运用公序良俗解决纠纷的类型广泛，涉及民法各领域。③ 民法中最为典型的公序良俗第一案——四川泸州"张某英与蒋某芳遗赠纠纷案"④，"张某青与张某方合同纠纷案"等，因为已经有长期的司法积淀，为公序良俗原则适用奠定了非常厚实的实践积淀。公序良俗理念在裁判中的运用集中在对民事法律行为的判断之上，而对劳动关系的适用非常少见，司法积淀极其薄弱。"现代法治社会已经由立法主导型走向司法主导型，司法塑造着人们的法律观念。"⑤ 没有公序良俗原则适用于劳动法的司法实践累积与效果检验，就难以形成劳动法中的公序良俗之法制观念。

我国《民法总则》将公序良俗确立为民法基本原则之一，完全符合法律原则形成的实践范式和考验，但是，公序良俗在我国劳动法司法实践中并没有其原则形成的基础，更没有该原则适用的广泛生活事实，因此，民法公序良俗原则并不能成为我国劳动法的基本原则之一。

---

① 彭诚信：《从法律原则到个案规范——阿列克西原则理论的民法应用》，载《法学研究》2014年第4期，第103页。
② 搜索截止时间为2018年3月20日13：30。
③ 蔡唱：《公序良俗在我国的司法适用研究》，载《中国法学》2016年第6期，第238页。
④ 参见四川省泸州市中级人民法院（2002）泸民终字第461号民事判决书。
⑤ 郑鹏程、聂长建：《以司法公正塑造现代法治下的法律观》，载《中南民族大学学报（人文社会科学版）》2014年第5期，第24页。

第二节 公序良俗原则与劳动规章一般原则

用人单位劳动规章制度通常被简称为劳动规章,又称之为工作规则或内部劳动规则,是用人单位(不仅仅是企业)内部普遍采用的自治管理与治理的制度,也是现代人力资源管理的常见手段。在劳动法中它是用人单位用工自主权的体现,其权利属性为形成权,是用人单位或雇主单方面意志的体现。为了均衡用人单位与劳动者双方利益,限制劳动规章制度之"膨胀"趋势与"失衡"态势,劳动法对劳动规章制度进行了严格的程序与内容规定,劳动行政主管部门有权对劳动规章制度进行审查和监督,特别是涉及劳动者权益的重大问题还必须经过工会组织或职工代表大会的讨论通过,否则劳动规章制度就不具有正当性与合法性,就不能作为惩戒劳动者的有效依据。可见,用人单位并不能像其他民事权利那样随意行使此形成权,即劳动规章制度之形成权与民法之一般形成权有一定的差异,这体现的是社会法的国家强制干预性。因此,如果将民法公序良俗原则纳入劳动法之劳动规章制度或"嵌入"违规违纪之惩戒权的范畴,当然会受到用人单位单方面的热烈"追捧",但是却会对劳动者带来极不确定的"束缚",因为公序良俗本身就是极具有不确定性的道德规范,将公序良俗原则纳入或"嵌入"劳动规章制度,必然会造成劳动规章制度的更加"泛化"与不确定性,并将引起不确定的道德规范与明确法律规范的冲突,且此冲突的结果往往主要是对劳动者不利,此与劳动法之特别倾斜保护劳动者的基本理念相背离且渐行渐远,因而,劳动规章制度是否应当将民法公序良俗原则纳入自己的调整范畴,是否能够依据民法公序良俗原则行使对劳动者之惩戒权?劳动者违反民法公序良俗是否可以被解除劳动合同?用人单位是否能够以劳动者违反公序良俗为由而停止履行社会保险义务?诸如此类问题都还有待进一步的理论研究与实践检验。

笔者认为,民法公序良俗原则总体上不能全面纳入劳动规章制度或"嵌入"违规违纪之惩戒权范畴;即使纳入劳动规章制度中,或者因劳动者违反有公序良俗原则的劳动规章制度,用人单位也不能行使合同解除权即解雇权,当然可以依据合法的劳动规章制度行使除解雇之外的其他惩戒权。主要理由如下:

一、公序良俗原则不符合明确性原则

从用人单位劳动规章制度的一般原理上看,公序良俗原则不符合劳动规章

制度之明确性原则。

在我国劳动法领域内，有很多学者都认为，用人单位在制定、执行劳动规章制度时都应当遵循和体现明确性原则，此即劳动规章制度之明确性原则。劳动规章制度之规定必须是明确而具体的，而不能是一般意义上的倡导性的规定。[1] 抽象性、倡导性的劳动规章制度不能作为解雇的正当理由，其原因是抽象性或倡导性的劳动规章制度具有不可预知性，有利于用人单位而不利于劳动者，限制了劳动者的行为自由，因此，只有具有明确性规范的劳动规章制度才能作为用人单位惩戒劳动者的正当依据。[2]

劳动规章制度之明确性原则是指劳动规章制度应当具有明确而具体的条文规定，如果劳动规章制度没有明确规定劳动者之禁止性规范，用人单位就不能依据该劳动规章制度惩戒劳动者。劳动规章制度之明确性原则要求的基本价值目标是对用人单位制定或变更规章制度可以起到严格规范作用，防止用人单位之自主用工权的滥用，是对惩戒权进行有效限制防止用人单位借劳动规章制度侵犯劳动者权益的制度保障。劳动规章制度之明确性原则要求用人单位在行使惩戒权时，应当有非常明确的规定而不是倡导性或概括性的抽象规定，即惩戒权之惩戒事由应当是事先在劳动规章制度中已经有明确规定的，在劳动争议仲裁或诉讼中应当审查劳动者的违规违纪行为在劳动规章制度中是否有明确性禁止性规定，否则，用人单位行使解除权之惩戒理由就不正当。而公序良俗原则与此明确性原则明显不符，民法之公序良俗本身就具有高度抽象性、概括性和倡导性特征，不具备劳动规章制度之明确性一般特征，因此，民法公序良俗原则与劳动法之明确性原则对立面与冲突性极其明显，二者难以兼容，不宜作为劳动规章制度或惩戒权的范畴。

二、公序良俗原则不符合比例性原则

从劳动规章制度的一般原理上看，公序良俗原则不符合用人单位劳动规章制度之比例原则。

在用人单位劳动规章制度及其"附生物"违规违纪惩戒权中，还有一个重要原则就是比例原则。劳动规章制度之比例原则又称为谦抑性原则，它

---

[1] 肖唯：《用人单位以劳动者违反倡导性规章制度为由解除劳动合同系违法解除》，载《中国劳动》2015年第1期，第59页。

[2] 肖唯：《用人单位以劳动者违反倡导性规章制度为由解除劳动合同系违法解除》，载《中国劳动》2015年第1期，第59页。

属于违规违纪之惩戒权的基本范畴。它是指用人单位在行使自己的惩戒权时,应当充分考量劳动者主观善恶、违规违纪程度轻重、次数多寡、影响程度等情节,而分别予以不同程度或比例的适当处罚措施,且实行能轻则轻即"就轻避重"处罚原则,不能动辄就实施惩戒,更不能任意行使劳动合同解雇权。

有许多学者都认为,用人单位的劳动规章制度在制定、修改和适用时都应当坚持比例原则,即能够适用较轻的惩戒措施时,用人单位就不能采取较重的处罚方式。用人单位的惩罚形式或程度应当与劳动者的过错行为之间存在比较合理的比例或阶梯,具体而言,因劳动权属于劳动者的基本生存权,是劳动者之基本人权和宪法性权利,除在确有必要情形下,一般不应选择解除劳动合同之严厉措施。[1]

笔者认为,此比例原则或谦抑性原则还是比较合理的,也符合一般法理,应当成为用人单位依据劳动规章制度而行使惩戒权的一般规则。

比例原则不是我国劳动法之特有制度,域外许多国家的劳动法都有比例原则且具有普遍适用性,其价值不容忽视,值得我国反思与借鉴。

法国的劳动法比较发达,在立法上对解雇理由要求比较严格,根据司法判例,在雇员被解雇案例中,雇员过错程度分为一般轻微过错、严肃过错、严重过错和重大过错多个层级。只有严重过错和重大过错,才是解雇的正当理由。[2] 任何劳动合同的合法解除都应当具有"实际的严肃理由",并且解雇理由是否属于法定的"实际的严肃理由"不是由用人单位决定,而必须由法官判断。一般性的"轻微过错"不能构成解雇的正当理由、只有"严重过错"和"重大过错"才构成解雇的合法理由。[3]

日本劳动法规定:因劳动者不适当的过错行为而遭受解雇,受到判例法[4]的严格限制。习惯上,对于劳动者的不适当过错行为,不采取解雇劳动合同之

---

[1] 肖唯:《用人单位以劳动者违反倡导性规章制度为由解除劳动合同系违法解除》,载《中国劳动》2015年第1期,第59页。

[2] 董保华著:《十大热点事件透视劳动合同法》,法律出版社2007年版,第354页。

[3] 郑爱青:《法国劳动合同立法的启示》,载《法学杂志》2002年第5期,第72页。

[4] 日本劳动法独具特色,既有成文法的劳动立法,也有判例法的劳动立法。日本劳动法是将成文法与判例法有机结合在一起而形成了"成文法+判例法"的立法模式,判例法也与成文法一样具有法律的效力。(详见问清泓著:《不当劳动论衡》,中国劳动社会保障出版社2014年版,第14页。)

方式。①

意大利法规定的正当理由也是有合理阶梯的,通常,通过考虑雇员以前的轻微的违纪情况来确立违纪情况的严重性,例如,低生产量;根据集体协议,在解雇之前,雇主必须书面向雇员论说该情况。②

德国法规定:如果解雇基于雇员一而再的失职行为,那么,在原则上,有必要对该雇员提前进行警告。换句话说,雇主必须很清楚地告知雇员在再三失职或继续失职的情况下将会被解雇。③ 在德国劳动法上,一般情况下,雇主在发出解雇之前必须"先对雇员发出警告",而直接解雇的,可能被认为属于"过激反应",不符合比例原则。但是,雇员犯了很"严重"的难以挽回的错误,或者雇员顽冥不化,号称自己绝不改正的,雇主才可以直接解雇。比例原则还规定雇主一旦就雇员某一行为发出警告,就对此事作出了处理,不能基于同一事由再行解雇权。④ 可见,德国法上,即时解雇也是要有合理的阶梯或比例,不是偶尔的一次违纪或没有警告就可以构成解雇的正当理由,这些也都是我国在依据劳动规章制度解雇合同时要特别注意的地方,即不能因为劳动者一次违章违纪,就实施较重的惩戒,甚至解除劳动合同,此即违规违纪之惩戒权的比例原则要求。

德国劳动法上适用公序良俗原则的一个非常重要的特色是:对雇主之违反公序良俗而解雇雇员进行了明确规定,即公序良俗原则的适用不仅仅是针对雇员,还应当包括雇主。雇主如果违反了善良风俗而解雇雇员,根据《德国民法典》第138条第1款的规定此行为是无效的。德国联邦劳动法院认为,如果解雇"严重违反了必要的礼仪感,出于卑鄙的动机,比如报复或打击别人",那么可以认定雇主之解雇违反了公序良俗原则。司法实践中如何具体认定,主要取决于审理案件的法官的价值判断。⑤ 德国联邦劳动法院对雇主违反公序良

---

① [日] 荒木尚志著:《日本劳动法》(增补版),李坤刚、牛志奎译,北京大学出版社2010年版,第149页。

② [意] T. 特雷乌著:《意大利劳动法与劳资关系》,刘艺工、刘吉明译,商务印书馆2012年版,第119页。

③ [德] 曼弗雷德·魏斯、马琳·施米特著:《德国劳动法与劳资关系》,倪裴译,商务印书馆2012年版,第135页。

④ [德] 沃尔夫冈·多伊普勒著:《德国劳动法》(第11版),王倩译,上海人民出版社2016年版,第272~273页。

⑤ [德] 沃尔夫冈·多伊普勒著:《德国劳动法》(第11版),王倩译,上海人民出版社2016年版,第257页。

俗原则的具体行为都有一个非常明确的认定标准，公序良俗并非是泛化与模糊的规则，这完全符合劳动法之明确性原则要求，这也是德国对劳动法之适用公序良俗原则的比较成熟的范式，特别值得我国适用公序良俗原则之借鉴。

在美国劳动判例法中有"逐步加重"的"逐步的"处罚制度①，类似于比例原则。对雇员违规违纪之惩戒，应当有"正当理由"。在美国"企业电线公司案"②中，明确了"正当理由"应当包括以下七大方面：一是雇员的行为结果收到预先警告；二是劳动规章与提高工作效率有合理的联系且该规则具有可执行性；三是惩罚前已经做了努力，指控雇员是否有过错；四是"调查是公平客观的"；五是"掌握了雇员有过错的确凿证据"；六是"规则公平适用，无差别对待"；七是"处罚的程度与雇员的过错和曾经的档案记录是相适应的"。③此惩戒权之"正当理由"七大规则的确立，还有许多案例，如"格里夫兄弟案"④。笔者认为，其中第七点"处罚的程度与雇员的过错和曾经的档案记录是相适应的"和"逐步加重"的"逐步的"处罚制度，就是美国劳动法在一系列判例中形成的"比例原则"。美国劳动法之劳动规章适用的比例原则具有非常强的可操作性，也充分展示了判例法的优势，尤其值得成文法系国家的参考与移植。我国在劳动规章制度及违规违纪之惩戒权制度构建中应当特别参照美国的成功经验。美国的雇主规章制度还必须是明确而固定的，并且是无差别对待的，其惩戒的"正当理由"条款"没有更多的，只是使解雇或者其他处罚的合理的实质性标准更加具体化"。⑤此惩戒的明确化与具体化标准，同公序良俗之不确定性具有根本不同，因此，笔者认为，从美国劳动法判例的实践经验来看，公序良俗原则不适合劳动规章制度及其惩戒。

概言之，劳动规章制度及违规违纪之惩戒权，虽然属于用人单位之用工自主权，但是在实际行使中，都应当受到许多严格的限制，特别是解雇权的行使更加严格。即使是劳动者"严重"违规违纪，用人单位完全可以直接依据劳

---

① [美]迈克尔·C.哈珀等著：《美国劳动法：案例、材料和问题》（下），李坤刚、闫冬、吴文芳、钟芳译，商务印书馆2015年版，第892页。

② Enterprise Wire Co. 46 Lab. Arb.（BNA）359, 362-365（1966）.

③ [美]迈克尔·C.哈珀等著：《美国劳动法：案例、材料和问题》（下），李坤刚、闫冬、吴文芳、钟芳译，商务印书馆2015年版，第884页。

④ Grief Bros. 42 Lab. Rep.（BNA）555（1964）.

⑤ [美]迈克尔·C.哈珀等著：《美国劳动法：案例、材料和问题》（下），李坤刚、闫冬、吴文芳、钟芳译，商务印书馆2015年版，第885页。

动规章制度解除劳动合同,但是,其合同解雇权的行使仍然有严格的限制,应当谨慎,更应当适用比例原则,否则,劳动规章制度的实际运行就是非法无效的,雇主还应当承担相应的雇主责任。

公序良俗原则本身属于任意性的道德规范,具有很大的不确定性,而对其违反者的处罚,也很难进行明确的程度界定或适当的比例分配;另外,公序良俗的适用对象也不能仅仅是劳动者,用人单位即雇主同样有可能违反公序良俗,这也是劳动法比例原则的另外一种分配形式。换言之,我们在谈到公序良俗原则时,不能仅仅是针对劳动者一方的单方惩戒权,用人单位同样有可能违反公序良俗,也同样应当受到因违反公序良俗而受到法律的制裁。

公序良俗原则与劳动规章制度之惩戒的比例原则难以兼容,因此,我国目前在劳动规章制度或惩戒权中还不宜引进民法公序良俗原则,只有在我国民法中公序良俗原则适用规范建立并形成有效运行范式之后,再考虑将其纳入劳动法领域内,并将违反公序良俗的适用主体扩大到用人单位,而不仅仅是针对劳动者。

三、公序良俗原则违背处罚吸收原理

从处罚吸收原理上,公序良俗原则不能被纳入劳动规章制度及惩戒权。

劳动规章制度与公序良俗原则在规则的具体适用中,应当解决好二者之规范竞合与责任竞合问题,加上公序良俗原则本身的不确定性,而劳动规章制度必须具有明确性的规定,极具矛盾的二者之同时适用于惩戒权,必然导致混乱与不正当。笔者认为,可以借用刑罚数罪并罚之吸收原理或称为吸收原则,将公序良俗之一般禁止性规范与劳动规章制度"严重"违纪之强制性规范结合起来,采取吸收办法,实施像刑罚那样的"重刑吸收轻刑"原则,在"数刑"中选择最重的处罚——解雇即解除劳动合同执行,其余的惩戒如惩戒权之经济罚与秩序罚都被最重的处罚所吸收,不再实施其他惩戒。

吸收说在将数个行为分别定罪量刑后,较轻刑罚被吸收,较重刑罚作为最后执行的刑罚。主张吸收说的学者大多基于教育刑理论,从刑罚人道主义立场考虑或是立足于现代刑罚轻缓化的趋势。① 在劳动法特别是劳动规章制度中借用此比较成熟的刑罚处罚理论,将违反公序良俗与严重违纪实行吸收说的观

---

① 张建军:《我国异种自由刑并罚原则的反思与重构》,载《法学杂志》2017年第9期,第75页。

点，严格限制公序良俗的适用，防止公序良俗原则在劳动规章制度中的泛化与滥用，完全符合保障劳动者基本人权的人道主义目标，也符合劳动法惩戒权的行使目的——教育而不仅仅是处罚。

只有当劳动者违反公序良俗而被认定为劳动法规定的"严重"违纪或被追究刑事责任时，用人单位才能依法解除劳动合同，而此时的解雇权并不属于惩戒权的范畴，惩戒权一般是不包括解雇的，因为劳动合同的解除应当遵循《劳动法》或《劳动合同法》的强制规定，不能由用人单位随意行使。劳动者严重违反公序良俗原则或造成严重后果，已经被劳动法"严重"违纪或被追究刑事责任所"吸收"，不能再因违反公序良俗而解雇劳动合同。因此，笔者认为，公序良俗原则不能作为用人单位解除劳动合同的直接的正当理由。

刑罚执行过程中应当追求以最小的司法成本实现最大的刑罚效益，而按照分别执行原则并罚，将会涉及各种刑罚手段衔接问题，执行需要投入更多的司法资源，导致司法成本的增加，即使取得了良好的刑罚效果，也会存在司法成本配置不当、刑法效益低下的不足。① 在劳动法中，如果将违反公序良俗原则的惩戒与违规违纪之惩戒实行"并罚"，也将与刑罚之并罚一样，势必导致社会成本含调解仲裁成本与司法成本的增加，影响劳动法惩戒权的社会效益。因此，在劳动法特别是劳动规章制度中借用刑罚数罪并罚之吸收原理，将违反公序良俗原则之惩戒排除于解雇权，并将其吸收到"严重"违规违纪之惩戒中，还是具有一定的价值和可行性的，毕竟成熟而发达的刑罚之数罪并罚吸收原理可以引导不够成熟与发达的劳动法。

数罪并罚采取吸收原则有利于被告，并科原则、吸收原则、限制加重原则都有其适用范围的限定，但并科处罚是对被告人最为严厉的处罚。② 如果允许在用人单位劳动规章制度中实行并科处罚，对劳动者来说是最为严厉的惩戒，对劳动者权益保护极为不利，同时对和谐劳动关系的构建也极为不利，因此，公序良俗原则不能纳入劳动规章制度或违规违纪之惩戒权的范畴。

四、公序良俗原则超出惩戒边界范围

从规制边界看，公序良俗原则不符合惩戒权一般不能规制劳动者私人行为

---

① 张建军：《我国异种自由刑并罚原则的反思与重构》，载《法学杂志》2017年第9期，第78页。

② 蒋毅：《数罪并罚中对管制宜适用吸收原则》，载《检察日报》2018年1月8日，第003版。

即非职业行为的基本原理。①

在劳动法学界普遍认为：劳动者非职业行为即私人行为不能纳入惩戒权的范畴。此观点基本达成一致，并无太大分歧。②

我国大陆地区，由于长期的历史原因，用人单位的职能具有复合性，导致许多用人单位实际上已经对劳动者的私生活全面介入。用人单位在对员工的一般考核中，除了考核工作业绩外，还往往考核包括员工的思想精神状况、生活态度、婚姻家庭、计划生育等大量非工作内容。随着我国劳动关系全面合同化改革的深入，以及劳动者权利意识的坚强，该现象已经大幅减少，但并没有完全消失。因劳动者的非工作事由，而受到用人单位惩戒的现象仍屡见不鲜。因此，我国未来的劳动立法或《劳动合同法》的修改，应当将用人单位之惩戒权的行使严格限制在工作范围之内，不得侵犯劳动者非工作关系之私人空间。笔者认为，对于非中共党员劳动者与用人单位之生产经营、业务范围等无关的非职业行为，即使是劳动者产生了刑事、民事或行政责任，用人单位一般也应当无权行使惩戒权。正如王泽鉴教授所言，企业并不是维系社会道德和社会秩序的检察官，在法治社会，维持好社会秩序是国家和社会的职责。③ 用人单位一般不得干预劳动者非职业行为即私人行为，劳动规章制度更不能将劳动者非职业行为即私人行为纳入自己的调整范畴，其违规违纪之惩戒权的行使不得涉及劳动者非职业行为。

公序良俗原则本身就属于非常宽泛的道德伦理规范，其适用范围非常广泛，适用边界没有也难以进行有效限制。如果说还有什么限制的话，那就是对意识自治的限定，即意识自治不得违反公序良俗。因此，公序良俗原则与劳动规章制度不能规制劳动者私人行为即非职业行为具有明显的边界冲突，因而，民法公序良俗原则难以适用于劳动规章制度。

---

① 笔者对劳动规章制度之惩戒权的适用对象有一个基本观点：应当注意区分一般劳动者即非党员劳动者与特殊劳动者即党员劳动者两种情形。特殊党员劳动者之非职业行为应纳入惩戒权的范围；而一般劳动者即非党员劳动者之非职业行为，则不能纳入惩戒权的范畴。前者之惩戒依据并不是单位内部的劳动规章制度或劳动纪律，而是我国全党实施的《中国共产党纪律处分条例》，否则，该惩戒权就不具有强制拘束力。此观点详见笔者之《惩戒权之适用对象相对论》，载《中国劳动关系学院学报》2017年第5期。

② 问清泓著：《惩戒权之适用对象相对论》，载《中国劳动关系学院学报》2017年第5期，第71页。

③ 王泽鉴著：《民法学说与判例研究（八）》，中国政法大学出版社1998年版，第211页。

第三节 公序良俗原则与产业行动比较

一、产业行动的一般原理

劳动法之产业行动理论属于集体劳动法的范畴，是集体产业行动权的主要内容。其中劳动者享有的罢工自由权是其集体产业行动权主要表象，属于集体劳动法上的集体劳动三权之一。

产业行动一词源自国外，也叫劳资行动、产业行动权或集体行动权。产业行动制度是许多发达国家劳动法之集体劳动关系的重要组成部分，即产业行动是其集体法的重要制度。我国长期以来重视个体劳动关系，而忽略集体劳动关系，集体劳动法（集体合同法）极不发达。我国无论是立法实践，还是法学研究，产业行动都是一个陌生的范畴，即使是现实中已经大量发生的"罢工"事件，也被普遍称为"罢工"事件或直接叫罢工，而没有从"产业行动"或"不当产业行动"的一般原理来解读和调处这些涉及集体劳动关系的事件，现实认知中也是普遍的只知罢工而不知何谓产业行动。国外非常发达的劳动法之集体劳动关系的产业行动理论和实践，在我国还非常欠缺。①

所谓产业行动，是劳资双方在利益对立关系中，在难以通过正常协商谈判达成一致的情况下，为了自身利益，而采取的保护性的、权益性、临时性行动。② 郑尚元教授用的词是"产业行为"一词，其定义是："产业行为（Industrial Action）是市场经济国家劳资关系调整过程中的一个惯用语，一般是指劳资冲突剧烈的罢工和闭厂等行为。"③

我国台湾学者黄越钦教授将产业行动称为劳动斗争权。劳动斗争权对劳方而言就是罢工权、怠工权，对资方而言为闭厂、封锁。④ 黄越钦教授非常赞同德国劳动法中所使用的"斗争"一词。他认为在劳动关系特定的历史阶段中，劳资关系不以"斗争"即不足以形容其真相。⑤

德国不称产业行动，而称之为"劳工或劳动斗争"。劳动斗争是雇主一方

---

① 问清泓著：《不当劳动论衡》，中国劳动社会保障出版社2014年版，第358页。
② 常凯著：《劳动关系学》，中国劳动社会保障出版社2005年版，第416页。
③ 郑尚元著：《劳动法与社会法理念探索》，中国政法大学出版社2008年版，第36页。
④ 黄越钦著：《劳动法新论》，中国政法大学出版社2003年版，第307页。
⑤ 黄越钦著：《劳动法新论》，中国政法大学出版社2003年版，第306页。

或者雇员一方集体为实现特定的规范目标为劳动关系设置障碍。①

英国是产业行动（Industrial Action）一词的创造者，一般翻译为劳资行动，其有关产业行动立法模式是比较早且发达的国家。

笔者总结出域外合法而正当的产业行动一般应遵循以下四个基本原则：工会引领原则、和平义务原则、集体协商原则和严格程序原则。② 只有符合这些基本原则的产业行动才具有合法性。

合法的产业行动必须有工会的领导和组织，同时这些国家的工会法一般都规定了工会的重要职责之一是参与三方对话机制，对集体劳动争议引起的产业行动，工会都有领导和组织的义务。没有工会引领的产业行动一般都是非法的，不具有正当性。如没有工会领导和组织的罢工，国外称为"野猫罢工"或自发罢工，是非法的产业行动。产业行动并不是暴力革命，不能破坏公共秩序，是和平解决集体劳动争议的集体协商手段，既然集体协商是其基本目的，集体协商和谈判是三方机制中的重要手段和目的，始终体现的价值是对话而不是暴力对抗，产业行动之对抗的目的也仅仅是为了对话，任何暴力都是非法的产业行动，带有政治目的的产业行动也是不被法律所认可的，因此，合法产业行动必须遵循和平的、非暴力的原则。产业行动之所以在许多国家都被认为是合法的手段，其主要原因之一就是其非暴力的和平方式，既实现了集体劳动争议的对话，又不会对整个社会构成实质性破坏和威胁。"对罢工最重要的限制是所谓的和平义务，它在几乎所有的欧洲国家都有，它在一份集体协议有效期限内禁止工人罢工。"③

德国法对产业行动的合法原则规定得非常具体，劳工斗争要符合集体合同上的和平义务，违反集体合同的劳工斗争是违法的，特别要考虑是否违反集体合同中的和平义务。德国法上的非常独特的比例原则，其实也是和平义务的体现。狭义的比例原则是指劳工斗争进行不能和基于斗争措施所引出的后果完全不成比例。④ 德国联邦劳动法院在1971年采用了比例原则作为罢工法的主导原则，根据这一原则，罢工必须是为了达到预定目的所必要和合理的行为，不

---

① ［德］杜茨著：《劳动法》，张国文译，法律出版社2005年版，第227页。
② 问清泓著：《不当劳动论衡》，中国劳动社会保障出版社2014年版，第370页。
③ ［德］托斯藤·舒尔腾（Thorsten Schulten）：《欧洲的争议解决机制》，载［德］鲁道夫·特劳普-梅茨、张俊华编：《劳动关系比较研究：中国、韩国、德国/欧洲》，中国社会科学出版社2010年版，第90页。
④ ［德］杜茨著：《劳动法》，张国文译，法律出版社2005年版，第238~249页。

能与预定目的不成比例。① 从比例原则中联邦劳动法院主要引申出了以下具体前提条件：罢工必须遵守和平义务；罢工必须合理；罢工必须是最后手段；罢工必须以工会成员无记名投票为前置程序。② 德国著名劳动法学家曼弗雷德·魏斯教授认为德国常规罢工的主导原则是比例原则，和平义务是比例原则的前提性条件，也就是说和平义务原则是比例原则引申出来的另一重要原则。③

德国法上著名的"比例原则"，已经对世界上的产业行动造成了非常大的影响，成为当今集体劳动法中的重要范畴。其重要表现是罢工不允许明显危害公共利益。这一原则派生出另一个原则"公平原则"，即罢工必须符合"公平原则，而且不能以消灭对方的存在为目标"。④ "在德国法中有比例原则对争议手段的内容和形式进行限制，但瑞典法中没有这样的对产业行动权的一般限制。"⑤

概览之，域外发达国家之集体产业行动权，都受到严格的限制，都必须首先遵循和平义务原则，这集中体现了集体产业行动权与公序良俗之公共秩序的"天然"关联性，即正当合法的产业行动必须遵守公共秩序，否则就属于非法的产业行动或非法罢工。

二、产业行动合法性博弈

在我国目前，产业行动含罢工还没有得到宪法或法律的明确承认，在学界也一直存在产业行动含罢工是否正当合法的争论，在我国目前《民法典》已经明确承认公序良俗原则为民法基本原则之一的现状下，产业行动含罢工是否可以适用公序良俗原则呢？因为产业行动含罢工本身就与公共秩序密切相关，民法公序良俗原则必然与产业行动发生"冲撞"。"冲撞"结果之一就是我国产业行动是否因为其违反了公共秩序而加以根本否定呢？换言之，我国产业行动或罢工虽然没有宪法或法律的明确规定，也虽然没有违反"法不禁止就可

---

① ［德］曼弗雷德·魏斯、马琳·施米特著：《德国劳动法与劳资关系》，倪裴译，商务印书馆2012年版，第226~227页。

② ［德］曼弗雷德·魏斯、马琳·施米特著：《德国劳动法与劳资关系》，倪裴译，商务印书馆2012年版，第227页。

③ 问清泓著：《不当劳动论衡》，中国劳动社会保障出版社2014年版，第377页。

④ 涂伟：《对我国产业行动的立法思考——基于德国的经验》，载《中国工人》2013年第3期，第15页。

⑤ 叶静漪、［瑞典］Ronnie Eklund主编：《瑞典劳动法导读》，北京大学出版社2008年版，第10页。

行"的一般法理,但是,因产业行动或罢工事件影响或破坏了公共秩序而是否能适用民法公序良俗原则呢?

笔者认为,在我国产业行动或罢工还没有得到宪法或法律承认的前提下,产业行动或罢工仍然不具有合法性,其仍然属于不当或非正常的产业行动。

在我国《民法典》已经明确承认公序良俗原则为民法之基本原则之一的背景下,产业行动或罢工的不当性与非法性又多了一个否定性的新"链接",即我们完全可以用涉嫌违反公序良俗原则(主要是公共秩序)之理由而否定产业行动或罢工的合法性。

笔者原来就一直坚持认为我国产业行动(含罢工)是非法的,不同意以常凯教授为代表的产业行动(含罢工)"合法论"[1]。常凯教授一直非常关注并直接参与过我国的一些重大罢工事件,他也一贯认为,我国的集体行动[2](包括罢工)是合法的。[3]

笔者也不认同以王全兴教授为代表的"折中论"[4]。其观点是:产业行动

---

[1] 常凯教授在 2005 年 11 月 22 日接受《凤凰周刊》有关大连日资企业罢工事件的采访时,认为:"不管是主动还是被动,政府答应了工人的要求,雇主也在一定程度上接受了工人的条件,这就足够了。因为,意义不在于涨了多少工资,而是政府认定了工人这种集体行动的合法性。"常凯教授在 2008 年接受《经济观察报》记者采访时说:在市场经济条件下,罢工等集体行动应该是劳动者的基本权利。他在 2012 年还说:"我国目前的法律没有关于公民享有罢工权的明确规定,但我国法律从来也没有关于禁止罢工的规定。依照基本的法理规则'法无禁止即许可',对于公民而言,只要法律没有明文禁止,便是可以作为的。所以,首先需要明确的是,中国没有禁止罢工的法律规定,所以在中国罢工并不违法。或者说,中国没有罢工罪。"常凯教授在 2005 年还说过:"由于 1982 年《宪法》取消了关于'罢工自由'的规定,有人据此认为,在中国罢工属于非法,而且,这一看法在海外广为流行。这种认识是不确切也是不正确的。所谓'非法'是指违反法律,即从事法律所禁止的行为。但中国现行法律虽然没有规定罢工是公民的基本权利,但法律也从来没有过禁止公民罢工的规定。根据一般的法律原则,对于公民而言,凡是法律所未禁止者都是可为的。"

[2] 集体行动即为产业行动——笔者注。

[3] 问清泓著:《不当劳动论衡》,中国劳动社会保障出版社 2014 年版,第 394 页。

[4] 王全兴教授在 2011 年集体谈判论坛上,总结了现阶段中国工人罢工的四大特点:"……第四,属于非法罢工,而不是合法或违法罢工。"王全兴教授认为我国的罢工,由于无明确的成文法依据,又不为成文法所明令禁止,除了罢工中出现的危害公共秩序或"打、砸"之类违法行为外,就罢工本身而言,既不合法也不违法,而是介于合法与违法之间的现象。详见王婧:《王全兴:谨慎对待罢工立法》,载《民主与法制时报》2012 年 1 月 9 日,第 A05 版。

（罢工）既不合法也不违法，而是介于合法与违法之间的现象。①

笔者的观点是：在我国目前的实然法现状下，产业行动（含罢工）是非法的，新的证据之生成完全可以借鉴民法公序良俗原则而否定产业行动（含罢工），即罢工属于非法的产业行动，应当受到公序良俗原则的约束。

此时的民法公序良俗原则与劳动法之产业行动（含罢工）才具有一定的对应关系，这也仅仅是笔者赞同公序良俗原则在劳动法中适用的特例，且这也仅仅只是我国目前的现状。

从应然法的角度和产业行动之合法性原理来看，民法公序良俗原则不能适用于产业行动。按照产业行动之一般合法性原理，产业行动虽然有可能违背了公序良俗，但是它并非违法，换言之，如果法律已经赋予了产业行动之合法性，即便是产业行动本身属于违背了公序良俗，但是，产业行动只要符合法定的程序，仍然具有合法性，或称之为适用除外，因此，不能将公序良俗原则适用于已经有法律明确的产业行动中来，因为民法公序良俗原则的适用基本前提是法无明确规定，而此时产业行动已经有法律的明确规定，因而，民法公序良俗原则不适用于产业行动。

概言之，在我国目前之实然法没有明确界定产业行动（含罢工）之合法性情况下，民法公序良俗原则可以暂时适用，即可以用违反公序良俗之理由认定产业行动之非法性；而在今后，我国宪法或法律明确立法规定产业行动之合法性情况下，不再需要适用公序良俗原则。产业行动应当遵循其一般原则即工会引领原则、和平义务原则、集体协商原则和严格程序原则，这些原则虽然与公共秩序有"天然"关联性与一致性，但是，在已经有明确法律规范情形下，不能再适用公序良俗原则。

第四节　公序良俗原则与劳动司法实践

从劳动仲裁或司法实践看，公序良俗原则适用劳动法的实践证成非常不充分，这与民法公序良俗原则适用的广泛经验积累完全相反，此即为笔者之民法公序良俗原则的实践与劳动法实践的"对撞"之所在。具体表象是：第一，价值判断不一致；第二，实践类型未固化。

---

① 问清泓著：《不当劳动论衡》，中国劳动社会保障出版社2014年版，第398页。

一、价值判断不一致

"对撞"表象之一是,劳动法司法实践中肯定公序良俗运用与否定的观点还处于非常激烈的"对撞"阶段,相关的劳动司法实践还没有形成基本一致的价值判断。

我国少有的有关违反公序良俗是否可以解除劳动合同的裁定并不一致,裁定的理由也还存在明显的逻辑悖论。劳动法实践中本身使用公序良俗原则的案例就非常少见,在这些非常少有的案例中,又依据公序良俗原则胜诉的案件更少。因此,民法公序良俗原则在劳动法实践中还没有得到实践的证成与认可。

龙卫球教授认为公序良俗其本身就是不确定的概念,它随着社会发展而不断发展,并且具有相当程度的地域性限制,通常需要在司法实践中通过类型化方式确定其具体内涵。龙卫球教授还认为公序良俗是一项民事活动的基本原则,因此适用于全部民事领域,但是,其重点是合同领域。①

劳动法不同于民法,劳动法特别是劳动规章制度中适用公序良俗原则应当在广泛的劳动司法实践中逐渐确立公序良俗的适用规范与类型化,而我国目前的劳动法司法实践还并不具备实施公序良俗的基础。在我国目前的劳动司法实践中,肯定公序良俗适用与否定公序良俗适用的案例都有,没有形成基本一致的实践范式,劳动司法实践中公序良俗原则的适用具有很大的不确定性,肯定公序良俗运用与否定的观点还处于非常激烈的"对撞"阶段。

劳动司法实践中否定公序良俗的案例有几例。比较典型的案例是2014年"张某年与某(常州)有限公司经济补偿金纠纷案"②,该案经过了二审。两审法院的法官都认为某劳动者在公共场合小便完全属于违反公序良俗之不当行为,但不属于用人单位可以据以解除劳动合同的正当理由。二审法院认为,本案中,某公司以张某年在该公司公共区域内小便,违反公序良俗,符合该公司相关劳动规章制度的规定,但根据我国劳动法有关规定,"违反公序良俗不属于用人单位可以据以解除其与劳动者的劳动合同的法定理由"。最终,二审法院否定了公序良俗作为解除劳动合同的理由。

劳动司法实践中肯定公序良俗的案例有几个。比较典型的案例是2015年

---

① 龙卫球:《准确把握"禁止违反法律和公序良俗"原则》,载《检察日报》2017年3月28日,第003版。

② 参见(2014)常民终字第430号民事判决书:"张某年与某(常州)有限公司经济补偿金纠纷二审民事判决书"。

"龙某模与伯恩光学（深圳）有限公司劳动争议纠纷"①，其判决书是"（2015）深龙法横民初字第403号民事判决书"。该案审理法院认为，该单位劳动规章制度即《员工手册》规定：打架斗殴，影响生产生活正常秩序的员工单位有权开除。该规定内容不违反法律、行政法规及政策规定，不存在明显不合理的情形。该案原告作为一个厨师，与案外人蒋某在厨房内发生持刀打架斗殴行为，违反公序良俗并严重威胁其他员工的人身安全，属于严重违反劳动纪律。因此，被告对原告作出开除决定，符合法律规定。此案中认定因劳动者违反公序良俗而解除劳动合同是合法的，并不代表一般性的违反公序良俗就可以解雇，而是此违反公序良俗属于"严重"违纪，才符合劳动法之解除劳动合同的正当理由。

还有一个肯定公序良俗的典型案例②——2016年"刘某翠与上海闸北华联吉买盛购物中心有限公司劳动合同纠纷案"。该案经过了二审，两审法院都认为：劳动者刘某翠捡到顾客丢失的手表后予以藏匿，并隐瞒捡到手表的事实，此行为违背公序良俗，并违反了其用人单位吉买盛公司之《员工手册》的规定，吉买盛公司征询工会意见后解除与刘某翠的劳动合同，符合法律规定，系合法行为。此案也是依据劳动规章制度之公序良俗而解除劳动合同的又一肯定性案例。

二、实践类型未固化

按照一般法理，公序良俗原则的适用应当具有成熟而固化的类型积累。与民法公序良俗一致之实践案例类型化相比较，我国劳动法有关公序良俗原则的实践中，还根本没有形成比较成熟而固定的实践类型，更谈不上有什么实践范式的积累与固化。另外一个类型化问题是适用对象也还没有固化，即适用主体"失衡"——在运用公序良俗原则时往往针对的是劳动者，而针对用人单位的极为罕见，即我国劳动司法实践中，严重缺失用人单位违反公序良俗的判例，这也是我国目前公序良俗原则适用的一大"对撞"而"失衡"。

按照一般法理，任何一项义务与责任的法律分配都不能仅仅是针对一方，社会关系的双方当事人都有遵守道德规范和法律规范的义务，遵守公序良俗原

---

① 参见（2015）深龙法横民初字第403号民事判决书："龙某模与伯恩光学（深圳）有限公司劳动争议纠纷一审民事判决书"。
② 参见（2016）沪02民终1028号民事判决书："刘某翠与上海闸北华联吉买盛购物中心有限公司劳动合同纠纷二审民事判决书"。

则同样如此，不能仅仅为劳动者设置义务或禁止性规范，劳动关系的另外一方重要主体即用人单位更加应当属于公序良俗原则的规制主体。

在我国目前还没有能够有效矫正此"对撞"与"失衡"的实践经验下，实施公序良俗原则既对平等保护或倾斜保护劳动者权益不利，也有违公序良俗原则适用的公平性与正义性。因此，从劳动仲裁或司法实践看，公序良俗原则适用劳动法的实践经验证成还非常不充分，公序良俗原则适用劳动法不能一蹴而就，仍然还有待时日。

我国公序良俗原则在民法领域中一直还存在很大争议，但是对其公序良俗原则之类型化上问题上比较一致。

我国对民法公序良俗原则适用的类型化，已经有许多民法学者做了大量尝试，如梁慧星先生、于飞先生等，其类型化研究对我国公序良俗的研究起了重要作用。①

蔡唱教授认为，民法公序良俗原则类型化是通过固定的类型进行价值填充，并在司法实践中实现具体化。司法实践的类型化可以使公序良俗原则的内涵和具体适用条件趋于明确化，便于法官依据"同理性"裁判。他还提出了民法公序良俗三种实践类型化方法：一是从司法实践中吸取类型化有益经验；二是从实践中提炼成熟类型，通过对实践经验和教训的总结，运用民法理论加以提炼，归纳出类型化特点和运用规则；三是已有类型优先适用。②

民法公序良俗原则的主要作用就是为了弥补法律体系的漏洞与不足，公序良俗原则具有开放性功能，当未来违背公序良俗的事由发生在司法领域时，公序良俗原则的类型化又将得到扩大和充实，公序良俗原则适用的类型化永远不会终结。③ 公序良俗原则在民法领域适用中，将会不断发展。如果在劳动法中引进民法之公序良俗原则，将有可能丰富民法公序良俗原则的类型化，同时，也将逐步形成劳动法自己的公序良俗原则适用之实践范式。

概述之，劳动法为了更加体现劳动法之明确性原则，完全可以借鉴民法公序良俗原则的类型化方法，在劳动仲裁与司法实践中逐渐形成公序良俗原则的类型化范式。但是，我国目前的劳动仲裁与司法实践还完全不具备此支撑条

---

① 李岩：《公序良俗原则的司法乱象与本相——兼论公序良俗原则适用的类型化》，载《法学》2015年第11期，第65页。

② 蔡唱：《公序良俗在我国的司法适用研究》，载《中国法学》2016年第6期，第255页。

③ 李岩：《公序良俗原则的司法乱象与本相——兼论公序良俗原则适用的类型化》，载《法学》2015年第11期，第68页。

件，劳动仲裁或司法实践中适用主体严重"失衡"，因此，在劳动法实践中还没有形成像民法适用公序良俗原则的基本类型化积淀情形下，我国劳动法适用公序良俗原则应当特别谨慎，只有在劳动仲裁与司法的长期实践积累之后，才能在劳动法中实施公序良俗原则。此亦本章之结论。

第二章 四方机制原理

【本章概要】 劳动关系四方机制源于三方机制,存在价值亟待研究掘发,我国应当正视并推行。四方机制的构建包括劳、资、政三方和第四方劳工NGO(正当合法的劳工NGO)。四方机制第四方应当如何构建,在少有的理论研究中还存在较大争议,没有定论。笔者认为"公共舆论""公民个人"作为第四方都不够妥当,应当是劳工NGO,且为合法正当的劳工NGO,任何非法组织都不能成为第四方。四方机制的特别职能主要是:劳动规章协商谈判、惩戒权执行的协商与调处、群体"罢工事件"的调处等。劳工NGO具有替代政府和工会部分职能的特别价值,应当成为我国劳动关系特别是集体劳动关系调处的第四方组织。

四方机制是劳动关系特别是集体劳动关系之新生事物,还没有进入我国劳动法的视野,理论研究还非常少见,立法更是空白,少有的实践案例也仅仅停留在非官方层面且几乎不被认可。因此,研究集体劳动关系之四方机制具有一定的理论价值和实践意义,四方机制应当成为我国集体劳动法不可或缺的前瞻性制度构架。

第一节 四方机制的渊源

四方机制的渊源是三方机制或三方原则,是传统劳动关系三方机制的新发展,应当成为我国经济新常态下调整集体劳动关系的制度创新。

三方机制又称三方协商机制,又叫三方协调机制,也称劳动关系三方原则,或三方对话机制。三方协商机制创立于1919年,是西方市场经济国家调整劳资关系特别是集体劳动关系的重要制度,也是国际上调整劳资关系的惯例和一般原则。三方机制是指政府(通常以劳动部门为代表)、雇主组织和工人组织之间,就制定和实施劳动法规和调整劳动关系而进行的所有交往和活动。其三方是政府、雇主和工会。三方机制是实现劳资关系社会对话的一种基本形式。对话协商是三方机制的核心,如果没有平等的对话协商,三方机制将成为摆设,也就不能发挥其在调整劳资关系中的重要作用。

传统三方机制在调整集体劳动关系中重要表象有两大方面:一是集体合同,二是产业行动。

传统三方机制首先是集体合同的协商和制定。西方发达国家的劳动法,个体劳动合同制度与集体合同制度同样重要,有的国家集体合同制度的作用甚至超过了个体劳动合同。集体协商与对话在劳动关系产生、履行、变更和争议的处理中都发挥着重要作用,各级各类工会在集体合同的订立中享有很大的对话权,三方机制的突出表现也主要集中表现在集体合同订立中的三方社会对话。三方机制在集体协商中对话机制非常健全。西方国家之所以非常看重集体谈判的程序,与集体协商能够减少交易成本有直接的关联。"管理者与劳动者之间的集体协议防止造成损失严重的劳动纠纷,通过集体与规则的协商程序来减少交易成本,加强透明性和可预测性等作用已被广泛接受。有协议权的双方之间平衡措施有助于保证产生对双方和社会整体均衡的结果。"[①]

其次,三方机制在产业行动中具有重要作用。产业行动一词来源于国外,也叫产业行动权或采取集体行动的权利。我国无论是立法实践,还是法学研究,产业行动都是一个陌生的范畴,国外非常发达的产业行动理论,在我国还是空白。发达国家的产业行动制度,是其集体合同法中的重要制度,也是劳资矛盾在集体协商未果之后,在工会领导下解决劳资矛盾的常用解决办法。完备的产业行动制度直接指导和引领着劳资冲突中的产业行动,产业行动中的三方机制保障了其产业行动的有序性,避免和减少了其对社会稳定与和谐所带来的负面影响。我国还没有建立起这样的制度,是我国劳动立法特别是集体劳动立法的重大缺漏,也是近期极端劳资关系事件多发的重要原因之一。

四方机制来源于三方机制,只不过是在原来的三方——劳资政即政府、雇主和工会之外,增加一方,共同组成调整集体劳动关系之四方。

第二节 四方机制第四方

四方机制第四方主体是谁,在少有的理论研究中还存在较大的争议,没有定论。立法中无论是国外还是国内,有关三方机制的立法是非常普遍的,但是

[①] [英]凯瑟琳·巴纳德:《欧盟劳动法》(第2版),付欣译,中国法制出版社2005年版,第596页。

有关四方机制的立法几乎还是空白,这样就直接导致了四方机制的法定性缺失问题,使得有关四方机制的理论研究和实际难以达成统一的共识。

一、第四方是"公共舆论"之检讨

有人认为四方机制第四方应当是"公共舆论"即劳、资、政、舆四方。以往诸多研究仅重视劳资政三方机制,劳资政三方相互博弈,劳资属于绝对主体地位,政府居于调节劳资关系的地位,三方须达到相对平衡。然而,当政府失灵或者不作为时,劳资政三方将很难达成平衡,这对于劳资关系发展极为不利。因此应当引入公共舆论这一主体,形成四方相互制衡机制。[1]

笔者认为,公共舆论、舆情或新闻媒体作为第四方并不妥当。公共舆论、舆情或新闻媒体的主要职能是如实报道新闻人物或事件,并有权进行社会监督,但是,其作为四方机制之中立的第四方就不恰当了,其主要原因有:

第一,"第四权"说理论运用并不可行。笔者认为,公共舆论、舆情或新闻媒体作为四方机制之第四方的理论基础应当是西方所谓的"第四权"说理论。第四权又称第四权力,是指在"行政权、立法权、司法权"三权之外的第四种权力。但是,此第四权并没有进入真正的立法,第四权所指的是传媒或媒体、公共舆论或舆情。"第四种权力"的提法最早于1787年出自英国人比尔克,1974年11月2日,美国联邦最高法院大法官P.斯特瓦特正式提出具有法律意义的"第四种权力理论"。尽管把传媒奉为立法、司法、行政之外的"第四权",不免有拔高耸听之嫌,但监督与被监督者之间的一般关系模式确实能够为传媒论说和评价司法提供很大的激励。[2] 斯特瓦特在演讲中,根据新闻媒体在现代社会的重要作用,从法学角度提出了"第四权力理论"。他认为,宪法之所以保障新闻自由,其目的就是保障一个有组织的新闻媒体,使其能够成为政府三权之外的第四权力,以监督政府,防止政府滥用权力,发挥制度功能。[3] 第四权力理论的主要内容是强调新闻媒体自由和新闻媒体的社会监督职能,但是将其作为法律上的与"行政权、立法权、司法权"三权并列的权力,还没有法律依据,并不可行。在集体劳动关系之三方机制之外,借用第

---

[1] 刘容、王磊:《四方机制下的劳资权力谱系——基于购并重组整合的跨案例研究》,载《财经问题研究》2011年第7期,第95页。

[2] 顾培东:《论对司法的传媒监督》,载《法学研究》1999年第6期,第22页。

[3] 李钦:《从自然权利到制度权利——透视西方新闻法中自由观念的演进》,载《当代传播》2002年第1期,第53页。

四权力理论而成为四方机制之第四方,虽然可以在集体协商谈判及集体劳动争议处理中,发挥新闻媒体之第四权力的社会监督作用,但是,以第四权力理论作为四方机制的理论基础并不一定合理合法。公共舆论最重要的作用,一是调节并影响三方机制,促使政府发挥起主导调节的重任,当政府没有发挥作用的时候,公共舆论有时可利用其影响力直接批判劳资问题,从而对相应各方形成巨大压力;二是公共舆论的一些批判性思考会对后来的劳资博弈提供借鉴。①其实,这些观点仍然是在讲新闻媒体的社会监督作用,但是监督仍然是属于"局外"的,是不能直接参与"局内"协商谈判和调处争议的,否则,就会完全丧失媒体的基本功能,有"不务正业"之嫌,偏离了新闻媒体的基本范畴,更是没有法律的支撑。可见,将公共舆论、舆情或新闻媒体作为第四方纳入集体劳动关系之四方机制,并没有合理性和合法性,应当摒弃。

第二,不符合新闻工作的客观性要求。公共舆论、舆情或新闻媒体作为第四方参与集体协商谈判、处理集体劳动争议或参与解决集体产业行动,可能导致其既是"裁判员",又是"运动员",因为,为了增加四方机制实施的公正、公开和透明,新闻媒体往往是集体协商谈判及争议处理的报道方,其客观如实报道是基本原则,如果将其纳入第四方,必然导致报道的选择性或不具备可信性,影响了集体劳动关系的协商谈判、签订集体劳动合同和处理劳动争议的客观性和公正性。

第三,不符合司法法理。在法律界有一个不成文的规定,"舆论舆情不得影响或干预司法活动"。司法活动具有宪法规定的独立性,我国《宪法》第131条规定:"人民法院依照法律规定独立行使审判权,不受行政机关、社会团体和个人的干涉。"我国《刑事诉讼法》第5条也规定:"人民法院依照法律规定独立行使审判权,人民检察院依照法律规定独立行使检察权,不受行政机关、社会团体和个人的干涉。"这些宪法和法律条文都明确了司法的一个重要原则即司法之独立性,其他任何国家机关机构、社会团体、新闻媒体都不能以任何理由、任何方式对司法活动进行不当干涉。这就是"舆论舆情不得影响或干预司法活动"的宪法和法律精神。

传媒监督一方面可能延展和强化司法行为的社会效果,通过传媒形成道德与法律的接续,为司法建立更为扎实的社会基础;另一方面,传媒较少顾及司法过程中技术化、理性化、程序化的运作方式,一旦其道德意义上的结论形

---

① 刘容、王磊:《四方机制下的劳资权力谱系——基于购并重组整合的跨案例研究》,载《财经问题研究》2011年第7期,第95页。

成,便尽情地利用道德优势表达自己不容置疑的要求和倾向,甚而以道德标准去责难司法机关依据法律所作出的理性行为,从而把道德与法律的内在矛盾具体展示为公众与司法机构之间的现实冲突。① 尽管舆论监督使司法活动日渐透明化,能有效提升司法公信力和防止腐败方面,但媒体报道和公众舆论有时出发点与司法机关不一,甚至本身存在不公,对正常的司法活动造成不当影响。②

英国丹宁勋爵说过:"新闻自由是宪法规定的自由,报纸有——应该有——对公众感兴趣的问题发表公正意见的权利,但是这种权利必须受诽谤法和蔑视法的限制。报纸决不可发表损害公平审判的意见,如果发表了就会自找麻烦。"③ 如果不能冷静地看待传媒监督缺陷,片面且过分地渲染传媒监督的积极作用,学者们将会跌落到自设的陷阱之中。因为司法独立在本质上不仅排斥行政或其他干预和干扰,同时也不能容忍传媒自身以及传媒可能引致的其他干预和干扰。把传媒摆到不恰当的位置无疑会破坏司法独立的外部条件。④

如果将公共舆论、舆情或新闻媒体作为第四方,虽然集体协商谈判或争议调处可能还没有真正进入司法程序,但是其对后面可能进入的司法程序还是有很大影响的,因此,公共舆论、舆情或新闻媒体是不能作为第四方参与集体协商谈判或争议调处的,即使还没有进入司法程序,也有违法理。因此,将公共舆论、舆情或新闻媒体作为四方机制之第四方是非常不恰当的,公共舆论、舆情或新闻媒体职能在其职责范围内实行舆论监督,不能直接参与集体劳动关系之协商谈判、集体合同签订和集体劳动争议包括产业行动,否则,既是超越职权范围的越权行为,又是不符合宪法和法律精神的行为,还有可能是涉嫌影响司法独立的不当行为。

二、第四方是"公民个人"之检视

还有观点主张第四方是公民个人如"工人"或"企业普通职工"或"专家学者和公益人士"。

有观点认为第四方应当是"工人"或"企业普通职工"。Taylor, Chang &

---

① 顾培东:《论对司法的传媒监督》,载《法学研究》1999年第6期,第21页。
② 陈期然、杨轩:《浅谈我国司法与舆论的关系》,载《商》2014年第20期,第123页。
③ [英]丹宁勋爵著:《法律的正当程序》,李克强等译,群众出版社1984年版,第39页。
④ 顾培东:《论对司法的传媒监督》,载《法学研究》1999年第6期,第25页。

Li 认为，中国的工会与工人之间存在着很大的距离（Taylor, Chang &Li, 2003），中国在处理罢工时采用的是四方处理机制，即政府、工会、资方和工人。① 此观点认为，工人、工会组织应当是四方中的并列二方。有人将"工人"这一方界定为"普通职工"。"劳动关系四方指企业经营者、企业普通职工、政府以及工会。"②

陈峰认为，尽管政府已经宣称要建立"三方机制"来解决劳资矛盾和劳资冲突，但实际上在企业不公正的利益冲突解决过程中很大程度上是一种"四方机制"，即除了政府和企业外，工会和工人是彼此分离的参与者。在中国，工人罢工总是由无组织性的工人们发动而不是工会，工会的任务是化解工人罢工。这种"四方机制"是由政府决定的，工会只是在工人和政府之间、工人和企业主之间起到一个协调作用，"四方机制"反映了现阶段中国劳资关系的低度组织化。③

还有人认为第四方应当是"公共组织"或"专家学者和公益人士"。将一些影响较好的公共组织，包括 NGO 组织以及有关劳动法方面的专家学者和一些有关的公益人士吸收到四方机制里来，参与处理劳资纠纷，根据目前中国的现实情况，在这个四方机制中，政府机构还是作为召集者，行使的职责更多的是保证法律法规的监督执行，尽量不涉及谈判的具体事务，让劳资双方自由谈判，公共组织或专家个人从中斡旋，形成这么一种在法律框架下既有博弈，又有调解的良好机制和体制。④

我国有关三方机制的单独立法非常少见，我国《广州市劳动关系三方协商规定》第 11 条规定，三方协商会议根据议题涉及的具体内容，经三方协商会议中的两方以上同意，可以邀请相关行政管理部门、社会团体或者研究机构等方面的人员列席会议。商会、行业（产业）协会等社会团体认为会议议题

---

① 徐世勇、张丽华、许春燕、Xiaoyu Huang、Anil Verma：《中国工人罢工的四方层级解决机制：基于案例研究的一种新诠释》，载《管理世界》2014 年第 4 期，第 61 页。

② 易江、谭红：《劳动关系协调机制研究——基于劳动关系四方的思考》，载《中国劳动关系学院学报》2012 年第 3 期，第 6 页。

③ Feng Chen, Trade Unions and the Quadripartite Interactions in Strike Settlement in China, The China Quarterly, 2010, Doi: 10.1017/S0305741009991093. 转引自杨文伟、吴忠民：《劳资矛盾研究的进展及问题——近年来学术界劳资矛盾问题研究述评》，载《东岳论丛》2012 年第 4 期，第 59 页。

④ 闫彭：《中国企业工资集体谈判关系研究》，西南财经大学 2014 年博士学位论文，第 201 页。

与自身有重大利害关系的,可以申请列席三方协商会议,经三方协商会议中的两方以上同意,可以列席会议。这是我国地方立法第一次将三方机制之外的"第四方"包括社会团体纳入了进来,具有一定的创新价值,但是,这些"第四方"包括社会团体仅仅只有"列席"旁听之权,并无实质性参与协商谈判之权。

关于"公共组织"特别是劳工 NGO 作为四方机制之第四方,应当成为最佳选择。社会组织的力量是巨大的,也是个体所不能比拟的,因此,将"专家学者和公益人士"直接作为第四方,还是显得力量单薄。笔者认为,即使是将"专家学者和公益人士"作为第四方,也只能是某一组织内的参与人员,而单独作为第四方,还是非常不可取的。虽然,我国已经有专家学者作为第四方参与协调劳资争议的成功案例,但是,这毕竟也只是个案,还有很多障碍。

我国专家学者直接作为第四方参与劳资冲突调整的第一个案例是本田罢工事件的谈判。在我国 2010 年本田罢工事件中,中国人民大学的劳动人事专家常凯教授作为第四方直接参与了谈判,他以工人法律顾问的身份参加劳资谈判。经过谈判,双方达成协议,厂方同意在工人现行工资的基础上提高 35%,约增加 500 元。这场劳资纠纷终于得到解决。当地各级政府在处理过程中体现了依法行政、劳资协商自治的理念。罢工发生后,当地政府把它定性为劳资纠纷,而不是违法事件;当地劳动、工会等部门迅速介入,指导劳资双方开展谈判;当谈判陷入僵局时,又及时联系对双方有影响力的人士居中调停。① 本田罢工事件的有效处理,是我国专家学者直接作为第四方参与劳资谈判第一个成功案例,得到了社会的好评。"业内认为,他的介入推进了南海本田事件的顺利解决。"②

我国专家学者直接作为法庭证人的第一个案例是"深圳市斯维尔科技有限公司诉广东省教育厅涉嫌行政垄断案"。该案是《反垄断法》实施 6 年多来,首次进入实质诉讼程序的案件。该案审理颇有特色的地方在于首次在行政垄断诉讼中引入专家证人出庭这一环节。由于这是司法领域第一次受理行政垄断的行政诉讼,涉及的专业问题很多,广州中院为了高水平审理,允许反垄断法领域和行政诉讼法领域的知名专家发表专家证言。反垄断法领域的专家证人

---

① 谢强:《论我国集体谈判中的博弈——以南海本田罢工事件为例》,载《攀枝花学院学报》2013 年第 1 期,第 29 页。

② 王羚:《南海本田停工事件再反思》,载《第一财经日报》2010 年 9 月 20 日。

是北京大学法学院盛杰民教授，行政诉讼法领域专家证人是北京大学法学院湛中乐教授。经过审理，广州中院于2015年2月2日作出一审判决，确认广东省教育厅指定在2014年工程造价基本技能省级选拔赛中，独家使用广联达公司的相关软件行为违法。

三、第四方应为社会组织劳工NGO

有不同于上面两种观点的人认为，四方机制之第四方应当是社会组织，特别是劳工NGO（劳工非政府组织），且为正当非法的劳工NGO。笔者认为，此观点比较合理。

在西方，四方机制之第四方一般是社会力量或社会组织。随着西方传统集体谈判机制对于解决劳资冲突发挥的作用逐渐式微，劳、资、政三方主体之外另一外部因素，即社会力量，在实践中逐步对劳资争议的调解作用凸显出来（Frege & Kelly，2012）。[①]

我国，集体劳动关系还处于生成到发展的初级阶段，劳、资、政三方主体并不成熟，跨地区以及跨行业的劳方、资方主体更是还未真正形成，民间组织作为中立方介入劳资争议具有必要性，因此我们似乎可以把社会组织作为集体劳动关系中的"第四方"加以考量。[②] 我国由于企业工会组织在劳资关系中尚不能有效发挥作用，工人群体的大量维权诉求则为劳工NGO的产生与发展提供了生长土壤。[③]

在我国将社会力量或社会组织作为四方机制之第四方的理论基础非常缺乏，还没有学界的共识，因为学界对此问题的研究本身就还是"稀缺资源"，更遑论理论支撑和共识；法律法规的支撑更是没有；实践中虽然有一些劳工NGO的存在并运行，但是其并未被国家、社会认可，甚至遭到"打压"，因此，谈四方机制或社会力量或社会组织作为四方机制之第四方的合理性，就非常困难。但是，笔者认为，社会力量或社会组织或劳工NGO作为四方机制之第四方，是具有存在的价值，并具有合理性的。

虽然目前，从学界和法律法规中还找不到社会力量或社会组织或劳工

[①] 何远程：《社会组织介入与集体劳动关系运行——一种劳动争议调处的探索性模式》，载《中国人力资源开发》2015年第15期，第93页。

[②] 何远程：《社会组织介入与集体劳动关系运行——一种劳动争议调处的探索性模式》，载《中国人力资源开发》2015年第15期，第93～94页。

[③] 闻效仪著：《转型期中国集体协商的类型化与制度构建》，社会科学文献出版社2016年版，第37页。

NGO作为四方机制之第四方的合理合法依据,但是,从国家政策层面上还是可以找到支撑的。

我国党中央和国务院在关于"全面深化改革"和"构建和谐劳动关系"的文件中已经把"激发社会组织活力""推进社会组织发挥作用"明确列入工作范围,并且把"社会力量""党政力量""群团力量""企业力量",一并列为构建和谐劳动关系协调机制的力量来源。①2013年中共十八届三中全会《中共中央关于全面深化改革若干重大问题的决定》第48点专门规定:"激发社会组织活力。正确处理政府和社会关系,加快实施政社分开,推进社会组织明确权责、依法自治、发挥作用。适合由社会组织提供的公共服务和解决的事项,交由社会组织承担。支持和发展志愿服务组织。限期实现行业协会商会与行政机关真正脱钩,重点培育和优先发展行业协会商会类、科技类、公益慈善类、城乡社区服务类社会组织,成立时直接依法申请登记。加强对社会组织和在华境外非政府组织的管理,引导它们依法开展活动。"2015年3月21日《中共中央国务院关于构建和谐劳动关系的意见》第22点规定:"进一步加强领导,形成合力。各级党委和政府要建立健全构建和谐劳动关系的领导协调机制,形成全社会协同参与的工作合力。各级党委要统揽全局,把握方向,及时研究和解决劳动关系中的重大问题,把党政力量、群团力量、企业力量、社会力量统一起来。"因此,社会力量或社会组织或劳工NGO作为四方机制之第四方,是有合理存在依据的,也是响应我国党中央和国务院之治国方略的具体要求。

社会组织有多种不同的称谓,有的称非政府组织、非营利组织、公民社会、第三部门或独立部门、志愿者组织、慈善组织、免税组织。它们与政府、企业相区别,社会组织具有非营利性、非政府性、独立性、志愿性、公益性等基本特征。美国约翰—霍普金斯大学的莱斯特·萨拉蒙教授在《全球公民社会》一书中提出的:全球范围内NGO兴起意味着一场"全球社团革命",这场社团革命的爆发既是一国之内经济发展和民主改革的要求,也有公众对政府失灵和市场失灵的反思(萨拉蒙,2000)。

我国目前的劳工NGO发育还非常不成熟,数量还非常少,主要集中在珠江三角洲,其主要功能是维护农民工的权益。有学者认为我国劳工NGO的出现是劳工权益恶化的结果。"劳工NGO的出现不仅是中国政治空间松动的一

---

① 何远程:《社会组织介入与集体劳动关系运行——一种劳动争议调处的探索性模式》,载《中国人力资源开发》2015年第15期,第94页。

个反映,更是劳工权益恶化后的一种反应。"① 我国劳工 NGO 的发展层次较低,但他们面向广大农民工提供法律咨询、职业健康宣传、文化教育培训、职业教育培训等服务,在保护员工利益同时,促进了企业发展,有效化解劳资冲突,对社会和谐稳定发展起到了催化剂作用。②

我国现在的劳工 NGO 基本上都无法找到挂靠的业务主管单位,找不到接纳他们的组织,于是采取注册商业公司甚至根本就不注册的方式运行,资金也几乎来自境外组织,呈现出一种不合法和违规的"半地下"状态,劳工 NGO 发展异常艰难。③

我国劳工 NGO 在中国的社会民间组织极不发达的大背景下,其发育是极其不成熟的,可以说我国劳工 NGO 是在夹缝中求生存。我国目前还没有出台有关规范劳工 NGO 的法律法规,这就使得劳工 NGO 的发展和规制处于一种无序的状态,出现了"鱼龙混杂"的局面,特别是一些非法组织打着免费为劳工维权的幌子,借助境外非法资金,实施扰乱社会秩序的非法活动,严重妨碍了合法劳工 NGO 的正常发展。

劳工 NGO 职能的多样性。我国目前的劳工 NGO 基本上都是维权型的组织,劳工 NGO 凭借一件件维权事件的介入,不断扩展了其自身的组织基础,实现了其自身的组织化④,且多数为没有注册的并可以认定为非法的组织。这些问题也就造成了社会上对劳工 NGO 的错误认识,都以为劳工 NGO 就是一种民间的劳动维权组织,劳工 NGO 的职能也被错误地界定为维护劳动者权益,这种对劳工 NGO 的误读非常有害,大大压缩了我国合法劳工 NGO 的生存空间,严重妨碍了我国劳工 NGO 的发展和壮大,应当及时修正这种对劳工 NGO 的偏见。

对我国劳工 NGO 进行制度创新是新常态和 TPP 的迫切要求。其制度上的创新应当首先体现在它对三方机制的重要补充,使得"三方"变成"四方"

---

① 黄岩:《创制公民权:劳工 NGO 的混合策略》,载《国家行政学院学报》2012 年第 4 期,第 100 页。

② 陆佳:《构建和谐劳工 NGO,促进我国劳动关系健康发展》,载《职业》2011 年第 2 期,第 124 页。

③ 闻效仪:《转型期中国集体协商的类型化与制度构建》,社会科学文献出版社 2016 年版,第 37 页。

④ 闻效仪:《转型期中国集体协商的类型化与制度构建》,社会科学文献出版社 2016 年版,第 38 页。

即原来的劳、资、政和NGO，使得集体劳动关系协商谈判之三方机制转换成了"四方机制"，更有利于集体劳动关系的和谐，更有利于集体谈判的公正性。

合法正当的劳工NGO在三方机制中的参与，即形成了四方机制，它有权平等参与整个集体协商谈判，直至集体合同的签订；在集体劳动关系出现争议后，劳工NGO同样也享有平等参与调处的权利，劳工NGO是集体劳动争议中三方机制之转换成为四方机制的重要一方，在集体产业行动中也享有一定的话语权。香港社会保障协会梁宝霖先生一直关注公益事业，专职从事劳动者权益的维护工作已经有30年了。他认为，社会对话是解决社会问题尤其是劳工问题的有效途径。而目前社会对话也发生了一些变化：以往的对话是三方即老板、政府、工会，现在是四方对话，又加上关注劳工问题的民间力量——非政府组织（NGO）。由民间组织出面与公司老板谈判，可以在不打官司的情况下，维护劳工的权益；而公司也不会因长期的诉讼，而带来数额巨大的赔偿和诉讼成本。[①] 劳工NGO的协商谈判优势地位非常明显，不仅是维护劳动者合法权益的需要，还可以为雇主方带来非常好的经济效益，劳工NGO对用人单位来说，同样是有益处的，并不是人们误认为的劳工NGO仅仅是劳动者的维权组织。

在新常态下，我国经济下行压力明显，经济增长放缓，就业形势严峻，无论是资本方即财产权拥有者（用人单位），还是劳方，其追求效率最大化的目标更加难以实现，财产权与劳动权、效率与公平的矛盾将会更加突出，寻求二者的平衡也将更加困难，为了破解这些难题，平衡这些矛盾，就需要国家或社会之中立的第三方站出来，用"有形之手"来平衡劳资关系，逐渐形成三方机制向"四方机制"的转换，而最能代表社会力量的劳工NGO，正好可以发挥集体劳动关系平衡之中立第四方的作用，在新常态下，我国劳工NGO应当实时填补劳资关系平衡中所缺失的第四方。

我国劳工NGO是工会之社会监督的最为有效的社会力量，是克服工会职能异化的有力保障。劳工NGO不仅可以在三方机制中与工会组织一道"并肩战斗"，参与集体协商谈判的博弈，重要的一点是还可以在整个协商谈判的博弈中，对工会组织进行有效的监督，督促工会职能的真正发挥，并能够有效防止工会的不作为或滥作为。

---

① 双齐：《NGO为劳工争取一种权利》，载《中国劳动保障报》2003年11月26日。

第三节 四方机制价值判断

四方机制具有合理的存在价值，我国应当推行四方机制，但是，对四方机制的价值判断必须纠正几种误判：一是将四方机制作为三方机制的制度替代物；二是将四方机制作为工会制度的替代物；三是培养社会组织、实现社会共同治理需要多方合作共赢。

一、四方机制不是三方机制的替代物

三方机制已经成为劳动关系调整，特别是集体劳动关系调处之重要制度和机制，它已经被国际社会普遍认同，并为许多国家和地区的劳动立法和实践所接受，这一点已经没有任何异议。但是，作为还不被广泛认同的四方机制，还存在较大的认识偏差，尤其是在我国。为什么有了三方机制还需要四方机制呢？四方机制是不是作为三方机制的制度替代物？有观点认为，四方机制就是三方机制的制度替代，特别是我国由于工会制度的缺陷而直接导致我国的三方机制形同虚设，寻求制度替代物就为四方机制的提出，产生了需求。现在很多学者都已经认识到由于国情的不同，中国工人罢工的处理机制不同于西方的三方谈判机制；其中一种观点认为，由于中国工会本身的力量较弱（Cooke & Lee，2011）以及工会不能很好地代表工人利益（Clarke & Lee，2002），中国的罢工通常是由无组织的工人为了改善状况而发动的，而非工会发起的。因此除了政府和雇主外，工人和工会是两个相互独立的主体，即一个四方的模型能更好地解释中国目前罢工事件的处理机制（Taylor，Chang & Li，2003；Chen，2010）。[①] 对我国三方机制的批判，尤其是对工会职能、独立性等的批判，早已司空见惯，且也是无可奈何！这也是我国三方机制实施的最大制度障碍，也普遍被认为是"无法改变"的制度设计，许多人也对此不再抱有任何幻想。

笔者并不认同上述观点，其理由是：我国三方机制和四方机制都有存在的必要，完全不能将四方机制作为是三方机制的替代物，不能因为我国工会制度的缺陷，而推崇和推行四方机制。

有些发达国家在三方机制比较成熟的情况下，为什么还要探寻四方机制呢？即三方机制与四方机制都具有存在的合理价值，并不是说用新的四方机制

[①] 徐世勇、张丽华、许春燕、Xiaoyu Huang、Anil Verma：《中国工人罢工的四方层级解决机制：基于案例研究的一种新诠释》，载《管理世界》2014年第4期，第60页。

来取代三方机制,更何况四方机制还完全是理论研究和立法之空白,现行立法认可的也仅仅是三方机制,在四方机制还没有入法的情况下,三方机制的法定性仍然是不能摒弃的,否则就是对现行法制的不尊重,甚至是践踏,四方机制只能是对三方机制的进一步的完善和提高,在我国目前,三方机制与四方机制的关系应当就是实然法与应然法的关系。

在英国,独立的第三方机构介入帮助劳资双方达成协议,在英国已经成为主要的劳资矛盾解决方式。剑桥大学达尔文学院院长威廉·布朗(William Brown)介绍说,这种方式主要是由外部调解人帮助劳资双方界定授权的调查范围,并且帮争议双方达成共识,它同时还提供这种独立的仲裁人。布朗表示:"英国的事实证明这种方式是非常有效的,基本上100%的争议都能够通过这种仲裁来进行解决。"① 一些国家由于非工会化部门所占比重越来越大,需要吸收NGO组织以及其他一些利益群体,例如妇女组织、青年和失业者组织的参与。一些国家已经把农民(例如比利时、印度、西班牙)、小企业的业主或是从事某些职业的人员(如比利时、荷兰)、自由职业者(如法国)、合作社的代表(如丹麦、葡萄牙)、社会团体的人员(如澳大利亚)、消费群体(如丹麦、西班牙)、环境协会(如葡萄牙)以及家庭协会的人员(如法国、葡萄牙)等吸收到三方会议中。和"三方"合作相比,这种经济和社会机构更应该称为"多方"合作。② 这些国家的"多方",可以概括为笔者所言的四方机制之第四方。

二、四方机制不是工会制度的替代物

四方机制并不是工会制度的替代物,无论我国工会的独立性如何,工会在集体劳动协商谈判和集体劳动争议调处中都有巨大作用,工会都是三方机制或四方机制中不可或缺的一方。那种认为四方机制是工会弱化之替代物的认识,是对四方机制的误读,应当纠正。

在不能对我国现行工会制度进行顶层改革设计的大前提下,我国的工会制度并不是"无可奈何"和无法改变的,而是具有"可塑性"的,即我国现行工会制度仍然具有改革的巨大空间,在现行制度框架下仍然是可以改造的,工

---

① 王羚:《南海本田停工事件再反思》,载《第一财经日报》2010年9月20日。

② Ishikawa, Junko, Key Features of National Social Dialogue: A Social Dialogue Resource Book, ILO-Geneva, 2003. 转引自李丽林、袁青川:《国际比较视野下的中国劳动关系三方协商机制:现状与问题》,载《中国人民大学学报》2011年第5期,第21页。

会在三方机制中还是有巨大潜力的，我们千万不能因为工会制度的诟病，而不去思量新的改革路径。笔者认为，无论是在三方机制中，还是四方机制中，我国工会制度的作用都是非常重要的，我们推崇和将来推行四方机制，并不是因为我国工会制度的不可塑造。笔者经过多年的思寻，认为其重塑路径是：

第一种路径是"国退民进"。这需要对我国工会组织进行制度性变革，即将工会从用人单位独立出来，参照和借鉴我国的国企改革的成功经验，实行"国退民进"，将工会从官方中剥离出来，成为纯民间组织。此路径的难度比较大，短时间内难以实现。

第二种路径是"换位调解"①。在工会现行体制不变的情况下，为了将工会真正纳入三方机制或四方机制的范畴，可以考虑在统一地方总工会的领导下，对其下属工会，在调处劳动关系时，进行"对调"处理，即由甲单位的工会参与乙单位的集体协商谈判和调处劳动争议，乙单位工会参与丙单位。在"换位调处"中，可以实行"平行原则"即不"跨行业"，以便保证工会对领导关系调处的熟悉性。即根据不同性质的工会，而选择同行业工会。

笔者认为，在三方机制和四方机制中实行"换位调解"，正是一种非常具有针对性、前瞻性、突破性的路径，应当在我国当下的工会制度改革中进行全面的试点，积极创造可复制可推广的经验，试点之后再全面推行。

三、社会治理需要多方参与合作共赢

有学者认为中国的三方机制植根于国家的历史和文化背景之中。历史地看，中国传统要求对抗或争议应通过社会中一些地位尊贵崇高的权威人物或组织的磋商来解决，从后来对社会稳定和政治稳定越来越高的要求来看，它也防止了公民社会兴起后一些独立的劳工机构的渗入和参与。② 我国"现阶段国家协调劳动关系三方机制是一种来自国家权力体系内部的政府机构与准政府机构之间的功能性协调机制，它们的终极目标是通过劳动关系的协调来维持政治稳定和社会稳定，防止独立的、替代性的社会利益组织的发育"。③

这种"四方机制"是由政府决定的，工会只是在工人和政府之间、工人

---

① "换位调解"是笔者拙见。因本书后面第十章有专节详细阐释，此处仅作简述。
② 乔健：《中国特色的三方协调机制：走向三方协商与社会对话的第一步》，载《广东社会科学》2010年第2期，第33页。
③ 乔健：《中国特色的三方协调机制：走向三方协商与社会对话的第一步》，载《广东社会科学》2010年第2期，第37页。

和企业主之间起到一个协调作用,"四方机制"反映了现阶段中国劳资关系的低度组织化。①

笔者非常赞同这种从我国历史政治传统分析我国社会组织为什么不发达的根本原因,这也是我国劳工 NGO 极不成熟、发展缓慢,四方机制难以成就的重要原因之一。

在经济全球化和政治民主化大背景下,传统的国家管理方式发生变化,社会治理概念被日益广泛提及。社会治理是一个多元参与、理性协商的过程,是一个不断建构和积累友好、尊重、欣赏等积极元素的过程,而在此过程中社会组织的参与十分重要。② 四方机制既是多元参与社会治理的有效途径,又可以实现四方理性协商的价值取向。

现代民主社会的治理与发展,需要市民社会享有基本的话语权,并具有广泛参与权,能够与政党和政府平等对话,共同治理共同的家园。社会组织也已经由工业革命时期的对立和对抗逐渐转变为对话与合作,实现国家和社会的民主治理和共同繁荣,已经成为人类社会的共同价值追求,为社会组织加入社会治理提供了巨大的生存空间。但是,我们应当看到,我国现阶段由于历史文化的原因,社会组织参与国家和社会治理,实现社会对话与多方合作共赢,还有许多思想和制度障碍,还有很长的路要走。培育、发展和壮大社会组织并不是一朝一夕就能够实现的,我们要有足够的信心和耐心,逐渐和分层实现社会组织的话语权和社会治理中的合作共赢。

党的十八届三中全会通过的《中共中央关于全面深化改革若干重大问题的决定》中首次提出"创新社会治理体制"和"激发社会组织活力"的英明决策。党的十八届四中全会通过的《中共中央关于全面推进依法治国若干重大问题的决定》,首次明确提出"加强社会组织立法",明确提出积极发挥社会组织在立法协商、普法和守法、推进法治社会建设等方面的作用。这些中央决策为社会组织参与国家与社会治理提供了最高的政策支撑,必将给我国社会组织参与社会治理带来革命性的改变,而作为四方机制之劳工 NGO 也将迎来发展壮大的新局面,为治理集体劳动关系将发挥重要作用。

---

① Feng Chen, Trade Unions and the Quadripartite Interactions in Strike Settlement in China, The China Quarterly, 2010, Doi: 10.1017/S0305741009991093. 转引自杨文伟、吴忠民:《劳资矛盾研究的进展及问题——近年来学术界劳资矛盾问题研究述评》,载《东岳论丛》2012 年第 4 期,第 59 页。

② 杨丽、赵小平、游斐:《社会组织参与社会治理:理论、问题与政策选择》,载《北京师范大学学报(社会科学版)》2015 年第 6 期,第 6 页。

"NGO是公民参与政策过程的一个合理、有效的途径。在现代多元化社会,具有较高的自律性、中立性的NGO参与政策过程时,NGO对政策能够行使更大的影响力。"① 我国劳工NGO在国家强大政策的支撑下,具有存在和发展的价值;反过来,劳工NGO又可以对现行的劳工政策产生影响力,即劳工NGO与国家政策是一种协商互动的过程,不能将劳工NGO与国家政策对立起来,它们是可以和谐共处的,实现合作共赢的。

劳工NGO是社会组织中重要一员,我国四方机制之劳工NGO的培养和发展壮大,受制于社会组织的极不发达,社会组织的诸多巨大障碍也成为劳工NGO在短时间内极难逾越的"鸿沟"。让劳工NGO在四方机制中培养成长,在国家和社会进行改革攻坚战中"先行先试",是完全符合党中央之改革方略的,我们要从思想认识和劳动关系改革之大局上,正确评判四方机制特别是劳工NGO的价值。

从"能动社会"理论上看,社会力量和社会组织包括四方机制之劳工NGO在国家和社会治理中具有不可或缺的价值。郭于华、沈原、潘毅、卢晖临曾经共同呼吁:"转变'低人权优势'的发展模式,更要靠工人自组织的力量和社会的力量,这需要波兰尼(Karl Polanyi)意义上的'能动社会'(Active Society)的建设。"② "能动社会"是指与市场扩张相抗衡的社会的自我保护运动,面对市场的侵蚀和资本的膨胀,社会本身展开动员,产生出各种社会规范和制度安排,诸如工会、合作社、争取减少工作时间的工厂运动组织、争取扩大政治权利的宪章运动,以及政党的初步发展等,以此来抵御和规制市场。③ "能动社会的建设还应着眼于整个社会对于劳工权益的关注和支持,劳工NGO的健康发展、对资本形成制约的消费者运动都应成为社会建设的内容。"④ 四方机制之第四方劳工NGO,在"能动社会"建设中,对抵御资本侵蚀、规制市场和保障权益等都有很大的作用,在我国劳动关系调处中,应当充分发挥其四方协商谈判和抵御强资本的价值功能。

---

① 郑准镐:《非政府组织的政策参与及影响模式》,载《中国行政管理》2004年第5期,第32页。

② 郭于华、沈原、潘毅、卢晖临:《当代农民工的抗争与中国劳资关系转型》,载香港《二十一世纪》2011年4月号。

③ [英]卡尔·波兰尼著:《大转型:我们时代的政治与经济起源》,冯钢、刘阳译,浙江人民出版社2007年版,第112页。

④ 郭于华、沈原、潘毅、卢晖临:《当代农民工的抗争与中国劳资关系转型》,载香港《二十一世纪》2011年4月号。

第四节 四方机制的特别职能

四方机制与三方机制的职能基本相似，但是四方机制有着特别的职能，特别是在我国三方机制还不够发达的情况下，在一些传统制度限制和制约之下，西方发达的三方机制在我国现阶段还有非常大的缺陷，因此，在界定四方机制的职能时，应当结合我国现行制度特色，比照三方机制，界定四方机制的新职能，尤其在还没有《集体劳动法》、集体劳动三权还有很大制度障碍的背景下，研究和探寻四方机制的职能，并不断将理论研究与实践紧密结合起来，为今后我国适时出台《集体劳动法》或《集体劳动合同法》积累有益经验并提供理论支撑。

界定四方机制的职能，最为重要的基础是：首先要破除四方机制第四方即社会组织劳工 NGO 仅仅是"维权"的观念，彻底摆脱劳工 NGO 就是"维权"主要是农民工"维权"的社会窠臼。劳工 NGO 要从我国目前仅仅是劳动者（主要是农民工）"维权"的单一职能中拓展开来，否则就仍然难以有正当合法合理的"身份"，也很难得到国家和社会的认可，更难以摆脱用人单位的"藐视"和打压。

其次，要从三方机制的职能中"浴火重生"，不能将四方机制等同于三方机制，否则四方机制就丧失了存在的逻辑基础，四方机制与三方机制有着一些相同的职能，更有着不同于三方机制的独特职能。

四方机制不同于三方机制的特别职能主要包括：劳动规章制度的协商谈判；惩戒权的协商与调处；群体"罢工事件"的调处等。

一、劳动规章协商谈判

我国《劳动法》包括《劳动合同法》对用人单位之劳动规章制度或劳动纪律的立法非常薄弱，给用人单位留下了巨大的自主空间，为用人单位行使合同解除权和扣减劳动者工资奖金等预留了过大的权力，这也是劳动者权益经常受到侵犯且难以维权的"法外之地"。

笔者一直以来都不赞同所谓的我国《劳动合同法》过度或倾斜保护了劳动者，并加大了用工成本，而恰恰是相反，留给了用人单位过多的自由空间，特别是在劳动规章制度或劳动纪律的立法上尤其如此。用人单位之惩戒权的没有法律明确限制地行使，往往造成了劳动者合法权益的被惩戒权所"掩埋"，在立法出现这样的缺漏时，最为有效也是最为经济的办法就是四方机制。

　　劳动规章制度是用人单位依法制定的并仅在本单位实施的组织劳动和进行管理的内部规则。它不是法律，也不是法规①，但是合法的劳动规章制度具有法律效力，并可以作为解决劳动争议的"法律"依据，也可以作为用人单位解除劳动关系的重要"合法"手段之一。《劳动合同法》第4条第2款规定："用人单位在制定、修改或者决定有关劳动报酬、工作时间、休息休假、劳动安全卫生、保险福利、职工培训、劳动纪律以及劳动定额管理等直接涉及劳动者切身利益的规章制度或者重大事项时，应当经职工代表大会或者全体职工讨论，提出方案和意见，与工会或者职工代表平等协商确定。"法律明文规定了"直接涉及劳动者切身利益的"劳动规章制度制定时必须经过"职工代表大会或者全体职工讨论，提出方案和意见，与工会或者职工代表平等协商确定"的民主程序。但是，该规定还有很大的缺陷，该条文仅正面规定了在制定规章制度时应经过讨论、提出意见、平等协商的程序，但并未明确以下两点：其一，如未经历该程序对规章制度的影响如何；其二，如经历了该程序，但用人单位与工会或者职工代表未能"确定"，无法达成一致意见，对规章制度的影响如何；工会或者职工代表是否有否决权。② 劳动规章制度的制度或变更应当依法履行民主程序，即民主程序是劳动规章制度是否合法有效的第一要素，否则，劳动规章制度就不具备法律效力。

　　《劳动合同法》第4条第4款规定："用人单位应当将直接涉及劳动者切身利益的规章制度和重大事项决定公示，或者告知劳动者。"另外，《最高人民法院关于审理劳动争议案件适用法律若干问题的解释（一）》第19条规定："用人单位根据《劳动法》第4条之规定，通过民主程序制定的规章制度，不违反国家法律、行政法规及政策规定，并已向劳动者公示的，可以作为人民法院审理劳动争议案件的依据。"据此可知，公示程序是劳动规章制度有效的必经程序，不可或缺。有学者认为"民主程序制定""内容合法""事先公示"是劳动规章制度具有约束力的三个基本前提。③ 有人将此公示程序细分成"全体公示"和"个别公示"并要根据劳动规章制度的不同而进行区分：

---

　　① 关于劳动规章制度的法律性质的争议比较大，虽然有"法规说"之一种，但是，认可度并不是很高，笔者也不赞同"法规说"。
　　② 郑尚元、王艺非：《用人单位劳动规章制度形成理性及法制重构》，载《现代法学》2013年第6期，第78页。
　　③ 许建宇：《再谈规章制度、集体合同与劳动基准的关系》，载《中国劳动》2015年第3期，第52页。

其一，对于劳动合同订立时已经存在的劳动规章制度，应当作为劳动合同的附件，以"个别公示"的方式告知单个劳动者；其二，对于劳动合同履行期间新制定的劳动规章制度，为兼顾制定效率与劳动者知情权，可以采取全体公示的方式来完成其程序。① 此公示程序比较可取，既涉及了一般劳动规章制度的公示，又有关于劳动规章制度变更的公示程序，比较全面。

以上两个程序规定的主要问题是：没有明确规定民主程序与公示程序的关系，即没有明确规定二者缺一不可，形式正义还不够。

用人单位之劳动规章制度或劳动纪律的协商、谈判、制定和修改，在没有明确的法律规制下，为了保障其程序正当性，必须要有多方的介入，不能完全由雇主一方任意制定和修改，并强加于劳动者，四方机制特别是劳工 NGO 的参与，就可以弥补法律对劳动规章制度或劳动纪律的放任自由，以便保障劳动规章制度或劳动纪律的正当合理性，从劳动规章制度或劳动纪律之内容和程序上保障劳资双方的正当权益，在此四方博弈中，就可以充分体现多方利益的衡平，克服我国《劳动合同法》对劳动者保护"倾斜"或"过度"之嫌疑，真正实现劳资"共赢"之和谐局面，预防和化解集体劳动争议，避免"罢工事件"的出现，促进社会的公平和正义、和谐和稳定。

二、惩戒权的协商调处

惩戒权，一般意义上的惩戒权即为用人单位之惩戒权。狭义的解除权不应当包括合同解除权即解雇权；广义惩戒权包括解雇。

惩戒权与解雇权的基本关系是：广义上的惩戒权包括解雇，其解雇是受到非常严格的法律限制的，不能直接由劳动规章制度或劳动纪律规定，应当是受到劳动合同法和集体合同法的限制，或者解雇须有正当合理的理由，且由公权力机构予以审查。概言之，即使是认为解除权包括解雇，解雇也是应当受到公权力的严格制约的，主要适用"严重违纪"或"不能胜任工作"，解雇权是由有权机关授权给予用人单位的，属于授权之范畴，是不能由用人单位与劳动者约定的，是"私法公法化"的结果。"纪律处分是法律授予用人单位在劳动者违反劳动纪律时的自力救济手段，属于行使形成权的行为。"② 王全兴教授也

---

① 陈龙帝：《劳动规章制度立法比较研究》，2011 年华东政法大学博士学位论文，第 42~43 页。

② 黄昆、王全兴、孙瑞玺：《惩戒争议应纳入劳动争议受案范围》，载《中国劳动》2008 年第 4 期，第 50 页。

是认同惩戒权是属于法律授权的救济手段。

惩戒权还不是真正的法律范畴，我国对惩戒权尤其是从法律的视角进行研究的非常罕见。劳动规章制度或劳动纪律一直都是用人单位实施管理的一种非常普遍的制度，几乎每个单位都有劳动规章制度或劳动纪律，在用人单位如企业更是如此，因此，研究惩戒权具有极高的学术价值。

惩戒权的种类即为惩戒措施的种类，其存在的前提条件是劳动者违反了合法有效的纪律或规章制度，按违纪的程度可分为一般违纪和严重违纪。惩戒权行使的主体是用人单位，且是合法的用人单位，不是非法的用人单位，包括企业、行政事业单位等。惩戒权的边界是有严格限制的，不能由用人单位随便行使，此即笔者所谓的惩戒权之"私法公法化"。我国现行立法自从废除《企业职工奖惩条例》后，使得劳动纪律成为立法空白，相应的违纪惩戒权也就失去了法定载体，惩戒权的边界和种类都被边缘化了。笔者认为，惩戒权的边界为：一是非职业行为即私人行为不能被纳入惩戒权的范畴；二是社会保障权不能被纳入惩戒权的范畴。

不管惩戒权的争议和立法缺陷如何，用人单位在行使惩戒权时必须要有程序上的正当性，这是法治社会的基本理念的价值追求，而四方机制对惩戒权的限制和矫正，正好回应了这一要求，这也是四方机制具有合理价值之又一所在。四方机制不仅可以从程序上弥补惩戒权之不足，即可以克服惩戒权之雇主对雇员之单方性，第四方的介入必然使得劳方的话语权有了保障；还可以从内容上对惩戒权进行有效规范，防止用人单位惩戒权之滥用。因此，在我国目前的现状下，在考虑节约立法成本和实施之可行性上，四方机制都具有独特的优势，不使用这么好的制度和机制，而别寻它径，是对好制度的浪费，也可能是"缘木求鱼"，因此，在惩戒权中纳入四方机制具有形式正义和实质正义的双重价值，在惩戒权还没有法律规范的情况下，急需四方机制介入，即使是将来惩戒权有了法律的直接规制，四方机制仍然具有不可替代的价值和作用。

三、群体罢工事件调处

我国目前有关"罢工"的集体劳资冲突事件即产业行动频发，由于这些集体劳动争议事件具有罢工的表象，在实际中一般都普遍称之为"罢工或罢工事件"。在法理和法律上还不能称之为罢工，也不能称之为产业行动，因为它们与产业行动或罢工的一般原理不相符合。因此，对独具中国特色的"罢工"，如果按照世界各国有关产业行动的一般原理来对待，显然是行不通的，其有效而又正义的调处机制一直都是学界和各级政府、劳动管理部门、工会等研究和寻觅的重要问题。四方机制在调处这些群体"罢工事件"时，具有独特的优势：

第一，我国三方机制对"罢工事件"调处的失职和失范，急需新机制有力和有效之介入，而四方机制正好可以填补这一缺漏。我国三方机制的职能过窄，一些重要的劳动关系问题并没有列入其中，例如就业问题、群体性事件的处理等。① "在我国，依然存在一种强权政府、掌权雇主、弱势劳工的局面，这导致了三方主体在实际运作过程中所承担的角色出现政府越位、雇主错位、工会缺位等功能不适问题。"② 我国现行法律规定的三方机制之"劳动关系方面的重大问题"，并没有将群体"罢工事件"作为劳动关系的重大问题，具有严重的不足；部门规制和许多地区有关三方机制的条例，也一般都沿袭了这一规定，没有将群体"罢工事件"纳入三方机制的视野，在实际调处群体"罢工事件"时，三方机制的巨大作用在我国却难见踪影。有实证研究指出，以往诸多研究仅重视劳资政三方机制，劳资政三方相互博弈，劳资属于绝对主体地位，政府居于调节劳资关系的地位，三方须达到相对平衡。然而，当政府失灵或者不作为时，劳资政三方将很难达成平衡，这对于劳资关系发展极为不利。因此应当引入公共舆论这一主体，形成四方相互制衡机制。公共舆论这一非实体对劳资政三方均可以形成有力的影响力，促使三方能够协商达成平衡。③ 虽然，笔者并不赞同第四方为"公共舆论"，但是三方机制之外的四方介入，而形成对劳资政三方都有适当制衡的四方机制还是具有重要价值的，在劳资冲突激化后形成的"罢工"，尤其需要四方的共同参与与相互制衡，共同构建和谐的集体劳动关系。

第二，四方的博弈，改变了劳资力量的对比，比三方更加均衡。

马克思主义经典文献认为，劳资关系的实质就是资方与劳方基于经济利益的支配与被支配关系，劳资冲突的根源就是劳资双方的利益对立性。④ 劳资关系的矛盾与冲突在于利益的对立，而化解其矛盾和冲突，取决于劳资各方在利益上的权衡，实则为力量上的较量与博弈。

---

① 李丽林、袁青川：《国际比较视野下的中国劳动关系三方协商机制：现状与问题》，载《中国人民大学学报》2011年第5期，第24页。
② 朱海龙：《论美国劳动关系三方协调法律机制及其对中国的启示》，载《政治与法律》2014年第2期，第145页。
③ 刘容、王磊：《四方机制下的劳资权力谱系——基于购并重组整合的跨案例研究》，载《财经问题研究》2011年第7期，第95页。
④ 《马克思恩格斯全集》（第24卷），人民出版社1972年版，第44页。

第四节 四方机制的特别职能

由于员工个人的力量单薄，不足以与企业进行对等谈判，因此需要第三方的介入。但是，市场体系内，在劳资双方的博弈过程中，作为第三方的工会比政府权力直接介入更符合市场运行的规律。① 在三方机制中工会扮演着均衡劳资力量的重要一方，但是我国现行工会制度由于其独立性之缺失，加上工会之职能职责定位的不够准确，导致了其力量均衡作用不够巨大。笔者认为，如果加入第四方之劳工 NGO，实现工会与劳工 NGO 共同参与劳资力量的均衡，就基本可以达到平衡劳资力量的效果，为协商对话创造条件。

"劳资关系的本质是由劳资力量对比决定的，并受到雇主、工人、各自集体组织以及政府之间相互关系的影响。"② "事实表明，建立和谐劳动关系是企业、职工、政府与工会四方的共同愿望。经验证明，和谐劳动关系不在于劳动关系多么协调，而在于如何处理劳动关系的不协调。"③ 第四方劳工 NGO 的介入，正好可以有效改变劳资力量的对比，在劳动关系的不协调中，特别是对"罢工事件"的处理可以保障四方力量的均衡，最终到达有效并及时化解劳资冲突的目的，使劳资关系在社会和谐的轨道上有序运行。

第三，四方机制公信力强，社会认可度高。"罢工事件"有第四方劳工 NGO 的介入，群众认为其才真正是劳方的代言人，具有可信赖性，对事件的协商和平和处理就带来了可能性。

劳工 NGO 具有社会组织的基本属性，其公信力是其在调处"罢工事件"的基础和重要价值目标，没有强大公信力的第四方介入集体"罢工事件"，是难以有效发挥四方机制的作用的。在劳工 NGO 调处"罢工事件"时，必须首先获取广大劳动者的信任与支持，才能与其他三方一道共同化解集体劳动争议。

四方机制之公信力的建设，不能仅仅只是劳工 NGO 一方的任务，而应当是整个四方的价值目标。在我国目前对"罢工事件"的调处中，对公信力最为严重的破坏是用"维稳"思维模式处理"罢工事件"。"如果地方政府采用

---

① 朱芝洲：《工会组织：劳资博弈中的均衡力量》，载《人力资源》2007 年第 1 期，第 57~61 页。

② Cooke, F. L. Ownership Change and Reshaping of Employment Relations in China: A Study of Two Mannfacturing Companies, The Joumal of Industrial Relations, 2002, 44 (1): 19-39. 转引自刘容、王磊：《四方机制下的劳资权力谱系——基于购并重组整合的跨案例研究》，载《财经问题研究》2011 年第 7 期，第 91 页。

③ 易江、谭红：《劳动关系协调机制研究——基于劳动关系四方的思考》，载《中国劳动关系学院学报》2012 年第 3 期，第 6 页。

不问是非、强行压制工人合理诉求的强硬手段，把劳资矛盾转化为官民矛盾，不仅会影响地方政府的公信力和合法性，还可能造成其它不良结局。"① "维稳"当然是国家和社会的大事，无可厚非，但是，"罢工事件"往往只是劳动者利益诉求的反应，并不会影响社会的稳定，如果将"罢工事件"用破坏"维稳"来处理，其效果往往是适得其反，甚至是激化矛盾，难以到达稳定的目标。

实践中，我国深圳在调处"罢工事件"中已经积累了大量经验，其中劳工NGO发挥了重要作用，在实际调处中其公信力、社会认可度都得到了不断提升。劳工NGO成为积极推动劳资双方集体谈判的重要"推手"。有实证研究表明：深圳有不少外资企业员工通过"先罢工、后谈判"的形式迫使企业与一线工人进行集体谈判，探索出一条用"工人代表制"推动企业层面的集体谈判的新路径。先端精密集体谈判、冠星精密表链厂集体谈判、奇利田集体谈判、哥士比集体谈判是实践"工人代表制"的典型个案。用"工人代表制"推动企业层面的集体谈判在珠三角地区已成为一股潮流。在这股潮流中，劳工NGO和律师起着重要的推动作用。② 目前，珠三角地区的劳工NGO已成为推动企业层面的集体谈判发展的重要力量。③ 珠三角地区外来务工人员密集，劳工NGO有着较好的发展土壤，但组织数量、活动资金与服务的人数、规模都比较小，资源动员能力较弱。劳工NGO虽然打破了这一地区工人权益保护领域长期的民间力量缺位，但劳工NGO身份的尴尬、经济的窘迫等因素都导致其规模难以做大、知名度难以提高。

深圳的实践是我国劳工NGO发展过程的典型缩影，其经验表明劳工NGO在集体劳动关系的调处中大有可为，也只有在集体劳动关系中劳工NGO才有可能发展壮大，也只有在集体劳动关系调处中才能真正获得社会和劳动者的信任和认可。十余家深圳劳工NGO的被"逼迁"问题，也从反面表明，我国劳工NGO如果要做大做强，必须得到国家和社会的广泛信任，没有社会公信力的社会组织都是难以发展壮大的，目前我国劳工NGO就是因为还缺乏国家和社会的广泛信任，暂时遇到很大困难，但是，随着我国劳工NGO加入四方机

---

① 温松、刘剑：《社会治理视阈下和谐劳动关系的构建——以深圳市的政策实践为例》，载《广东行政学院学报》2015年第2期，第57页。

② 温松、刘剑：《社会治理视阈下和谐劳动关系的构建——以深圳市的政策实践为例》，载《广东行政学院学报》2015年第2期，第55页。

③ 温松、刘剑：《社会治理视阈下和谐劳动关系的构建——以深圳市的政策实践为例》，载《广东行政学院学报》2015年第2期，第57页。

制,从起初的农民工维权中走向社会,积极参与四方机制的民主协商谈判,将实现社会公信力与自身发展的良性互动。

四、劳工 NGO 替代职能

劳工 NGO 具有替代政府和工会部分职能的功能。寻求政府和工会职能的替代品,是法治国家之小政府大社会的基本要求。"从社会责任来说,劳工 NGO 在法律规定的范围内向劳工普及法律知识,为劳工代理诉讼,监督雇主劳保事务,实际上是替代政府过去的很多职责,对此,政府没有理由不去保护。"[1] 在市场经济和社会发展到一定阶段时,随着政府"守夜人"色彩的日益浓厚,更多在过去由政府承担的社会和经济事务,必将被众多 NGO 职能所替代。从某种程度上讲,一个社会内 NGO 的发达程度,既是那个社会民主程度的标尺,也是衡量政府、公民和社会各类组织和谐程度的重要指标。[2] 如果政府培育和扶持好了劳工 NGO,是政府简政放权的重要手段之一,也是完成政府职能转变的改革之需。

我国的工会一直以来都遭到诟病,但是,由于目前工会组织的制度设计是符合中国国情的,在相当一段时间内是无法改变工会的制度性问题的,即我国工会制度的顶层设计短期内不会有实质性的变化,在此背景下寻求其替代产品,才是比较实用的有效路径。笔者认为,这条有效的替代路径可以由劳动 NGO 来完成。

目前,一种普遍的观点是:三方机制中的三方即工会、雇主和政府,在理论上分别代表职工、雇主和公共利益,三者是国家社会经济建设的重要角色,前些年,中国工会的性质更像是中立的政府第三方,其不仅要考虑职工的利益,更要考虑社会公众的整体利益,工会就代表着两方,三方协商机制都很勉强。[3] 我国目前的三方机制因为工会职能的异化,实际上工会也是代表着国家政府的利益,根本不能像域外那样代表劳动者的利益,这样三方机制中的三方实则只有两方,即雇主与社会整体利益的代表方工会和政府,我国目前的三方机制实则为"两方",这与目前发达国家之三方机制已经开始向"四方"或

---

[1] 陈杰人:《保护劳工 NGO 是政府义不容辞的责任》,载《南方日报》2007 年 12 月 17 日,第 A02 版。

[2] 陈杰人:《保护劳工 NGO 是政府义不容辞的责任》,载《南方日报》2007 年 12 月 17 日,第 A02 版。

[3] 李英、王棣、瞿彬彬著:《中外工会法比较研究》,知识产权出版社 2011 年版,第 172 页。

"多方"发展的基本规律相违背,我们应当高度警惕这种三方机制的倒退,我们应当努力寻求三方机制中真正的既符合中国国情,又可以借鉴发达国家成功经验的三方,并向"四方"或"多方"机制发展,而劳工NGO正好可以及时有效地填补这一空白方,不过这需要我们国家和社会对劳工NGO的重新认识和认同,需对劳工NGO的大力培育和改造,使劳工NGO等待官方的认同和法律的扶持。

国外许多工会在三方机制中都是雇员即劳动者的代言人,其代表的一方就是劳工一方,其职能和作用与政府方是完全不同的,这也是工会之所以会得到广大劳动者拥护的原因所在。如英国的工会从一开始就是会员职工的代言人,其在劳资双方发生纠纷的时候,代表会员职工的利益,是站在雇主对立处的一方,工会的最重要的工作就是追求会员职工利益的最大化,它是一个拥有私利、并不中立的组织,其有可能为了争取职工会员的更多利益,而忽视了社会公益,这就需要政府、工会和雇主三方建立并坚持运用好三方协商机制,通过和平手段协调好劳资双方和社会公众之间的利益,从而保证社会的安全与和谐,促进国家的稳定与发展。① "美国视工会组织同雇主组织一样,是一个追求自己利益最大化的组织,工会只是纯粹代表工人的组织,其宗旨和目的是争取并维护工人的合理合法权益。"② 著名的美国明尼苏达大学劳工关系教授约翰·W. 巴德的研究指出:"在许多国家中雇员集体发言权的首要机制就是工会。"③ "不管在以职业为核心的职业工会还是以行业为核心的行业工会的背景下,工会都强调集体谈判的作用,以此来赢得合理的利润分享以及体面的工作条件。"④ 这不仅是英国和美国的做法,也是西方发达国家之三方机制长期存在并有效发挥积极作用,不断克服工会组织职能仅仅是雇员代言人而忽视国家公共利益缺陷的基本经验,工会在不同三方利益的博弈中才发挥了真正的作用,而不像我国目前工会与政府是同一利益的代言人,三方机制实则是两方的博弈,这与西方发达国家之三方机制的一般规律完全是背道而驰的,与借鉴和

---

① 李英、王棣、瞿彬彬著:《中外工会法比较研究》,知识产权出版社2011年版,第172页。

② 李英、王棣、瞿彬彬著:《中外工会法比较研究》,知识产权出版社2011年版,第145页。

③ [美]约翰·W. 巴德著:《人性化的雇佣关系:效率、公平与发言权之间的平衡》,解格先、马振英译,北京大学出版社2007年版,第197页。

④ [美]约翰·W. 巴德著:《人性化的雇佣关系:效率、公平与发言权之间的平衡》,解格先、马振英译,北京大学出版社2007年版,第197页。

移植西方发达国家劳动法的精神也是不相符的,"而中国的工会是一个偏中立的机构,法律规定其在维护全体人民利益的前提下,维护职工的合法权益,所以工会在采取行动之前会先考虑到国家和人民的整体利益,因此不存在工会采取忽视国家和公众利益的不理智行为维护职工合法权益的情况,所以中国的工会法律体系中并没有规定设置专门的第三方来协调劳资双方之间的关系"。①因此,我国当前急需"吃透"和借鉴并移植三方机制的实质内涵,而不是为了三方而三方,在暂时还不能改变三方机制之顶层制度设计的大前提下,最好也是最为有效的捷径就是赋予我国劳工 NGO 以三方之替代职能,让劳工 NGO 真正成为四方机制中的一方,达到制衡雇主和政府方并替代政府与工会部分职能的新一方,成为构建和谐劳动关系之中立一方,以实行四方机制的价值追求。

---

① 李英、王棣、瞿彬彬著:《中外工会法比较研究》,知识产权出版社 2011 年版,第 145 页。

第三章 多重劳动关系

【本章概要】 我国学界对多重劳动关系的研究比较薄弱，多重劳动关系特别是兼职基本上还没有被纳入劳动法的范畴。多重劳动关系的界定和形态还没有达成共识，笔者将多重劳动关系的形态分为："主职+兼职"与"兼职+兼职"，"劳动关系+劳务关系或雇佣关系"与"劳务关系或雇佣关系+劳务关系或雇佣关系"。多重劳动关系的特征有六：一是雇员身份之高端与低端、强势与弱势两极分化；二是全日制劳动用工与非全日制劳动用工相互交织；三是无固定期限劳动合同与固定期限劳动合同相辅相成；四是社会保险的任意性与捆绑性互为矛盾；五是民事合同（协议）、劳动合同与集体合同交相交融；六是民事争议之或裁或审与劳动争议之先裁后审互不兼容。

第一节 多重劳动关系的定义

在互联网共享经济迅猛发展的新时代，灵活多样的新型劳动用工也随之获得"新生"，多重劳动关系也呈现"野蛮"式发展态势，这些都对劳动关系及劳动法与社会保障法带来了新的巨大挑战。

由于我国目前对多重劳动关系的理论研究不够，现行劳动法对多重劳动关系也是严重边缘化，使得多重劳动关系更加具有争议性。学理与立法的缺失就使得多重劳动关系的界定更加具有不确定性，实践中已经大量存在的有关多重劳动关系争议的裁定也是纷杂不堪，特别是在当今互联网共享经济下，多重劳动关系已经成为新型非标准劳动用工之不容回避的客观存在，因此，多重劳动关系的理论研究与立法跟进已经是一个非常迫切的前沿性课题。

笔者认为，多重劳动关系包括二重或双重劳动关系，一般可以将其与"兼职"等同。多重劳动关系的定义一般是指狭义的劳动关系即仅仅是指劳动法（包括《劳动合同法》）所调整的劳动关系，不包括由民法调整的劳

第一节 多重劳动关系的定义

务关系或雇佣关系，这与我国学界对劳动关系之"二分法"的一般性认定特色基本吻合。

多重劳动关系还没有一个比较统一的定义。我国台湾学者黄越钦认为，双重劳动关系是指劳动者同时从事两个以上时间上并不冲突之工作，即俗称之兼差。①

多重劳动关系是指劳动者与两个或两个以上用人单位所建立的供给、使用和实现劳动过程的社会关系。②

多重劳动关系是指劳动者同时与两个或两个以上的用人单位建立了劳动关系。③

双重劳动关系是劳动关系下的一个子概念，指同一个劳动者基于各种原因在同一时期与两个或两个以上的用人单位建立并保持的劳动关系。④

兼职是指劳动者在某一时期内，同时受雇于两个以上用人单位而从事双重或者多重的有报酬的职业劳动。⑤

《俄罗斯劳动法典》第 44 章特别具体地规定了有关兼职的法律规范，其第 282 条第 1 款规定：兼职是指员工在主要工作之余按照劳动合同条件完成其他定期有偿的工作。⑥

在德国多重劳动关系也是指兼职，德国专门调整兼职劳动关系的法律是《非全日制和固定期限劳动合同法》，其第 2 条第 1 款规定：兼职工作是指每周正常工作时间短于可比性之全日制雇员工作时间的工作。⑦ 在德国将全日制劳动关系即主职之外的兼职工作称为"迷你工"（mini job），德国《社会保险法典（第四部）》第 8 条第 1 款规定"迷你工"是指那些月工资不超过 450

---

① 黄越钦著：《劳动法新论》，中国政法大学出版社 2002 年版，第 87 页。
② 石克春：《多重劳动关系及其业余兼职的演进与意义》，载《改革与战略》2008 年第 11 期，第 35 页。
③ 李培智：《建立多重劳动关系的管理与责任》，载《中国劳动》2011 年第 6 期，第 49 页。
④ 王怀新：《依法治国视阈下的双重劳动关系法律问题探究》，载《中国集体经济》2018 年第 10 期，第 115 页。
⑤ 蒋月：《论兼职劳动关系的劳动法律规制》，载《福建政法管理干部学院学报》2007 年第 3 期，第 10 页。
⑥ 蒋璐宇译：《俄罗斯联邦劳动法典》，北京大学出版社 2009 年版，第 164 页。
⑦ [德] 曼弗雷德·魏斯、马琳·施米特著：《德国劳动法与劳资关系》，倪裴译，商务印书馆 2012 年版，第 56 页。

欧元的工作。① 原来规定的"迷你工"工作时间是每周工作时间少于 15 个小时，后来的《最低工资法》规定的工作时间是不超过 12 小时。德国《社会保险法典（第四部）》第 8 条第 1 款规定"临时性迷你工"是指那些一年内的工作时间不超过 2 个月或 50 个工作日的工作，而且雇员往往不是持续在同一个雇主那里工作。"临时性迷你工"完全不用缴纳社会保险费，如此规定和以前的规定保持一致。② 可见，德国法对兼职劳动关系的调整是非常明确而具体的，对兼职即"迷你工"的劳动报酬、劳动时间和社会保险等都有相当明确的法律界定标准。德国法之"迷你工"的有关立法经验值得我国今后借鉴。

欧盟的《兼职工作集体协议》规定："兼职工作劳动者"是指一名受雇者其正常工作小时数以周为计算基准或者其一年雇佣时间的平均工作小时数，少于一名可对比的专职劳动者的正常小时数。③

标准雇佣关系通常以全职连续就业为特征，直接雇主为雇主，在雇主的前提下，在雇主的直接监督下进行工作。而"非标准就业"也常被称为"非典型"或"非正规就业"，并没有固定的含义。非标准就业形式包括临时工、兼职和三角形的就业。非标准就业在工作时间即兼职工作中偏离"标准"模式的工作安排；工作地点偏离"标准"模式的工作地点，例如家庭作业或外出工作；劳动参与人（无论是直接或通过中介）在雇佣关系中（即他们是独立的承包人、半独立的工人或依赖的承包人）或雇佣关系的存在不明确或变相的方式。④

在印度尼西亚，没有明确定义非标准工作的概念。非标准的就业形式往往被忽视，然而，在最近几年里，在劳工组织努力衡量该国体面工作的情况下，

---

① ［德］沃尔夫冈·多伊普勒著：《德国劳动法》（第 11 版），王倩译，上海人民出版社 2016 年版，第 355 页。

② ［德］沃尔夫冈·多伊普勒著：《德国劳动法》（第 11 版），王倩译，上海人民出版社 2016 年版，第 357 页。

③ ［比］罗杰·布兰潘著：《欧洲劳动法》（第二册），付欣等译，商务印书馆 2017 年版，第 224 页。

④ Ingrid Landau, Petra Mahy, Richard Mitchell, The Regulation of Non-standard Forms of Employment in India, Indonesia and Viet Nam Ingrid Landau, Petra Mahy, Richard Mitchell International Labour Office, Inclusive Labour Markets, Labour Relations and Working Conditions Branch. - Geneva: ILO, 2015 Conditions of Work and Employment Series No. 63, p. 2.

更多地关注非标准就业问题。①

在越南，兼职工作被定义为有雇员比劳动法规定的每日或每周平均工作时间短的工作，或者是由集体合同或雇佣规则确定。②

我国目前的立法并没有对多重劳动关系或兼职有明确的法律界定，笔者将学界的传统定义概括为：一般是指同一劳动者在主职（或称专职）劳动关系之外的非全日制有偿劳动，即标准劳动关系（狭义之劳动法调整的劳动关系）之外的非标准劳动关系即其他民事劳动关系如劳务关系或雇佣关系。这样的定义是将多重劳动关系或兼职的形态仅仅限制为标准劳动关系+非标准劳动关系即劳务关系或雇佣关系，主要不足是将纯粹的两个或多个非标准劳动关系遗漏在外。

笔者认为，界定多重劳动关系应当特别注意四点：第一，应当将多重劳动关系与兼职区别开来，兼职本身并不是多重劳动关系，只能将一个兼职与专职一起视为多重劳动关系，或数个兼职才构成多重劳动关系，且多重劳动关系之兼职皆为有偿兼职，无偿性的社会兼职如学术兼职并不是多重劳动关系的范畴。第二，应当突破劳动关系为狭义劳动关系即劳动法调整之劳动关系的限制，将民法调整之劳务关系和雇佣关系都纳入多重劳动关系的范畴。第三，应当考虑多重劳动关系形态之多样性，不应当仅仅局限于非全日制劳动，还应当"与时俱进"地考量互联网共享经济下的各种新型劳动用工。第四，界定多重劳动关系不能局限于社会保险关系，在我国由于主职劳动关系即标准劳动关系与社会保险是完全"捆绑"的，而大量多重劳动关系为非标准劳动关系，这就造成多重劳动关系以有无社会保险为区分尺度的误解。第五，不能将多重劳动关系的主体仅仅限于在岗在职的劳动者即离退休人员，还应当将已经离退休的人员纳入进来，因为在人口老龄化与退休年龄设置太低的基本情况下，大量的多重劳动关系的主体为离退休人员，他们并无主职，全部是非主职的多重劳动关系，此劳动关系一般都视之为由民法调整的劳务关系或雇佣关系，不属于

---

① Ingrid Landau, Petra Mahy, Richard Mitchell, The Regulation of Non-standard Forms of Employment in India, Indonesia and Viet Nam Ingrid Landau, Petra Mahy, Richard Mitchell International Labour Office, Inclusive Labour Markets, Labour Relations and Working Conditions Branch. - Geneva: ILO, 2015 Conditions of Work and Employment Series No. 63, p. 6.

② Ingrid Landau, Petra Mahy, Richard Mitchell, The Regulation of Non-standard Forms of Employment in India, Indonesia and Viet Nam Ingrid Landau, Petra Mahy, Richard Mitchell International Labour Office, Inclusive Labour Markets, Labour Relations and Working Conditions Branch. - Geneva: ILO, 2015 Conditions of Work and Employment Series No. 63, p. 41.

劳动法与社会保障法的调整范畴。

多重劳动关系不但应当包括兼职——主职标准劳动关系之外的非标准劳动关系即主职+兼职，还应当包括没有主职、纯粹都是两个或多个非全日制劳动关系。概言之，笔者认为，多重劳动关系是指同一劳动者在主职标准劳动关系之外还具有的其他非标准有偿劳动关系，或者是指同一劳动者在不同用人单位从事两个或以上都是非标准有偿劳动关系的工作。

第二节 多重劳动关系的形态

多重劳动关系是非常复杂的社会关系，其法律规制后，此社会关系就变成了多重劳动法律关系，仍然简称多重劳动关系。多重劳动关系的表现形态也是非常复杂的，并呈现交叉之复合形态。多重劳动关系的形态划分还没有统一的标准和定式，笔者通过多国内外有关多重劳动关系的比较分析，在文献资料非常欠缺的情况下，初步梳理出了多重劳动关系的各种形态。

多重劳动关系的主要形态有：

第一，主从划分。即从两个或多个劳动关系的主从地位关系划分，可以分为"主职+兼职"与"兼职+兼职"，主职为标准或典型劳动关系，而兼职为非标准或非典型劳动关系，主职是全日制劳动，兼职为非全日制。

第二，从属划分。即从两个或多个劳动关系的法律属性是劳动法上的狭义劳动关系，还是民法之劳务关系或雇佣关系，可以分为"劳动关系+劳务关系或雇佣关系"与"劳务关系或雇佣关系+劳务关系或雇佣关系"，其中的劳动法意义上的劳动关系仅仅只能有一个，而民法之劳务关系或雇佣关系可以是两个或多个，另外，民法意义上的劳务关系或雇佣关系还包括所谓的劳动之"合作关系"或"经营关系"或"服务关系"或"交易关系"[①] 等非法律俗

[①] 董保华教授在研究非标准劳动关系的特征时提出了"三分"与"三合"说，其中劳动关系的"三合"是指劳动关系与经营关系重合、劳动关系与服务关系重合、劳动关系与劳动关系重合。参见董保华：《论非标准劳动关系》，载《学术研究》2008年第8期，第53~54页；董保华著：《十大热点事件透视劳动合同法》，法律出版社2007年版，第508~510页。陈乃新和梁中鑫认为，调整劳动关系，应当包括调整交易关系与合作关系：交易关系指用人单位提供财产，劳动者提供劳动力，两者按照劳动力的价值进行交易的物化劳动关系；合作关系是用人单位为了获得财产增值的利益而接受投资者投入的财产，形成以用人单位整体的财产值为媒介的同创共享关系。陈乃新、梁中鑫：《双重劳动关系及其法律调整研究》，载《中国劳动》2016年第8期，第40~41页。

语之称谓。

兼职具有多重形态,第一,从是否获取劳动报酬可分为有偿兼职与无偿兼职,因劳动法仅仅调整有偿劳动,所以有偿兼职才是劳动法的调整范畴。第二,从主体上可分为低端兼职与高端兼职,低端兼职是指中低收入者为生活所迫而进行的劳动,其主体多为没有固定收入来源或收入水平偏低的人群,此类兼职为一般性的普遍兼职,此类群体属于社会弱势群体的范畴;而高端兼职是指有固定收入来源即有一份标准劳动关系,因为其身份或影响力的特殊性,另外从事主职工作以外的工作如学术讲座等,此类兼职为少数的社会精英,如院士或科学家、法学家、医学家等具有高级头衔的"金领",还包括高校的兼职教授、特聘教授或客座教授,还有企业的顾问、名誉董事或独立董事等,此等人才属于社会高端阶层,与社会弱势群体无关。第三,从是否合法合规上可以分为合法兼职、非法兼职与不当兼职,合法兼职与非法兼职由法律法规明确规定,如公务员就不能从事营利性活动如有此兼职工作,否则就是非法兼职;而不当兼职是指没有法律法规明确禁止的兼职,属于合法与非法之间的"灰色"或空白地带,如院士的兼职和特聘教授的兼职,这些精英属于社会"稀缺资源",其兼职往往是收入非常高的兼职,且往往是真正的"身兼数职",有的仅仅挂个虚名就有高额的报酬,有的是一年几十万元,有的甚至是数百万元之巨,这些高端兼职严重破坏了公平和分配正义,正如俗话"外来的和尚好念经",这些高端兼职具有很大的争议性,合法与非法很难界定,笔者将之划归为不当兼职。

董保华教授很早就将多个劳动关系分为三种衔接形态:并列衔接——两个或以上的劳动关系以钟点工的形式并列衔接;主从衔接——两个或以上的劳动关系以主职与兼职的形式衔接;虚实衔接——虚者为隐性失业,实者为隐性就业。① 依据上述三种多重劳动关系的衔接方式可以将多重劳动关系相对应地划分为主从型、并列型和虚实型。

许建宇教授将多重劳动关系划分为并列形态和主从形态。"并列形态",是指一个劳动者同时存在数个互不交叉的非全日制劳动关系;"主从形态"是指一个劳动者既有体制内主职劳动关系又有体制外兼职劳动关系。②

---

① 董保华:《试析劳动关系的多重性》,载《工会理论研究》1999年第4期,第28页。

② 周国良、许建宇、朱涛:《多重劳动关系认定及其权利义务适用》,载《中国劳动》2013年第8期,第50页。

上海市劳动人事争议仲裁院的周国良认为，除了上述两种状态的多重劳动关系外还存在第三种即"共同雇佣"型。他认为，实践总还存在无法在时间和用工上具体进行区分的共同雇用形态。① 笔者认为，将多重劳动关系划分为"主从形态""并列形态"两种形态比较合理，而"共同雇佣"属于"并列形态"之一种。时下的所谓共享经济下新型劳动用工也不外乎这两种基本兼职形态，加上共享经济平台之少数的"一重"典型劳动关系，此劳动关系仍然属于传统标准典型劳动关系的范畴，因此，可以将共享经济下新型劳动用工形态分为三种：主从形态劳动关系、并列形态劳动关系和典型劳动关系，与传统劳动关系的区分并无特别明显之处，只不过是主从形态与并列形态占主导地位罢了。

有学者和法官将多重劳动关系分为"被动型"与"主动型"、"虚实并存"与"实实并存"两大类型。被动型即停薪留职、提前退休、下岗以及企业停产的四类人员又与其他用人单位建立劳动关系的情形；主动型双重劳动关系是不定时工作制、非全日制用工、全日制用工形式下的劳动者利用工作时间到其他单位兼职劳动的情形；根据各个劳动关系的实际履行状况不同，又分为虚实并存与实实并存两种基本情形。② 此类被动型与前文董保华教授的"虚实型"相似。

有人将多重劳动关系分为隐性和显性劳动关系两种形态：前者为两个劳动关系都是事实劳动关系，或者一个是事实劳动关系，另一个完全符合劳动关系要件；后者是指前后两个劳动关系都满足法定条件。③

在欧洲有一个划分为"垂直—循环型兼职"（Vertical-cyclical part-time）与"水平型兼职"。考虑"垂直—循环型兼职"劳动者的养老金时，可以忽略该劳动者有无劳动期限；而"水平型兼职"与那些专职劳动者的工作时间却不受此类规则制约。④

我国还有人将多重劳动关系界定为同一劳动者在同一时期与两个不同的用

---

① 周国良、许建宇、朱涛：《多重劳动关系认定及其权利义务适用》，载《中国劳动》2013年第8期，第51页。

② 宋宗宇、陈丹、李勇：《双重劳动关系司法认定的理念与方法》，载《湖南社会科学》2013年第2期，第79页。

③ 翁玉玲：《由双重劳动关系引起的过错辞退：立法、缺失与完善》，载《中国劳动》2014年第7期，第21页。

④ ［比］罗杰·布兰潘著：《欧洲劳动法》（第二册），付欣等译，商务印书馆2017年版，第228~229页。

人单位建立或形成均符合劳动关系构成要件的用工关系。此劳动关系为劳动法之狭义劳动关系。其基本形态应当为"劳动关系+劳动关系",如果其中一个符合劳动关系的构成要件,另一个不符合劳动关系的构成要件,则不能形成双重劳动关系,如"劳动关系+劳务关系"就不能认定为多重劳动关系。① 笔者完全不赞同如此狭义地划分多重劳动关系的形态。"劳动关系+劳动关系"只能算是多重劳动关系形态之一种,"劳动关系+劳务关系""劳动关系+雇佣关系""劳务关系+劳务关系""劳务关系+雇佣关系""雇佣关系+雇佣关系"等形态都应当认定为多重劳动关系,尤其在当今共享经济的灵活劳动用工形式更具有多样性特征,我们应当充分包容与承认这些纷繁的劳动用工形态,特别是在分配不同用人单位之社会保险义务与责任时,更是应当都将其纳入相对应的体系中来,不能让任何用人单位有任何借口排除自己应当履行的法定义务与责任,逐步实现共享经济下社会保险的分层设计与分层治理的改革目标。

多重劳动关系的形态划分目前还只能是学理上的研究,由于我国有关多重劳动关系立法的缺漏,多重劳动关系的形态还很难达成一致并完成其法定类型化,因此,迫切需要立法的及时跟进与回应。

第三节 多重劳动关系的特征

多重劳动关系的特征比较复杂,学界的研究比较罕见。笔者创新性将多重劳动关系的一般特征概括为"一同五不同"。"一同"指同一劳动者或雇员;"五不同"指用人单位或雇主不同、劳动时间不同、劳动报酬不同、社会保险不同和争议处理不同。

多重劳动关系还具有一些非常独有的特征,笔者通过中外对比,认为多重劳动关系具有六大特征:第一,雇员身份之高端与低端、强势与弱势两极分化;第二,全日制劳动用工与非全日制劳动用工相互交织;第三,无固定期限劳动合同与固定期限劳动合同相辅相成;第四,社会保险的任意性与捆绑性互为矛盾;第五,民事合同(协议)、劳动合同与集体合同交相交融;第六,民事争议之或裁或审与劳动争议之先裁后审互不兼容。下文详述之。

一、雇员身份之高端与低端、强势与弱势两极分化

多重劳动之法律关系主体特征是"两极化"———一极是中低收入群体,

---

① 杨会山:《谈规范双重劳动关系》,载《中国劳动》2011年第7期,第19页。

此类群体为多重劳动关系的主要部分；另外一极是高收入者，主要是社会精英或有很大影响力的大家或"大咖"，此类人员为社会稀缺资源，其体制内的主职劳动关系之收入本身就是非常高的，其多重劳动关系的表象主要是主职+兼职（有偿兼职），其兼职往往为数个，如院士或科学家、法学家、医学家等。

从事多重劳动关系的劳动者一般都是社会的中低收入群体，他们需要从事多个有偿劳动以获取更多的收入，具有较高收入的中产阶级或所谓"白领""金领"一般是不会从事多重劳动的。从事多重劳动关系的劳动者一般是女性居多。如英国，80%的兼职工作者是女性。① 在德国，大约有20%的雇员从事的是非全日制工作，而从事非全日制工作的超过90%为女性，虽然非全日制工作的雇员也受到劳动法的保护，但是非全日制雇员在许多方面都处于弱势地位。② 在2000年，日本有1053万名非全日制雇员，女性占71.6%。③ 依据2005年意大利的统计，在意大利有214万名兼职雇员，其中178万名是女性。④

在印度、印度尼西亚和越南这三个国家中，有相当一部分工人从事临时工作。在印度，临时工占工人的比例仅略低于1/3（32.79%），大部分工人是自由职业者（50.58%）。在印度尼西亚，总体而言，临时工占总就业人数的比例从2001年的6.7%上升至2009年的11%。⑤ 越南在2009—2013年期间有高水平的临时就业，尽管不能确切地说这是否属于临时雇用或定期雇用（或两者兼而有之），从他们对社会保障数据的分析来看，估计短期就业（持续3个月）代表了平均水平。世界银行报告说，越南私营部门35.8%的工人从事临

---

① ［英］史蒂芬·哈迪著：《英国劳动法与劳资关系》，陈融译，商务印书馆2012年版，第104页。

② ［德］沃尔夫冈·多伊普勒著：《德国劳动法》（第11版），王倩译，上海人民出版社2016年版，第348页。

③ ［日］荒木尚志著：《日本劳动法》（增补版），李坤刚、牛志奎译，北京大学出版社2010年版，第29页。

④ ［意］T. 特雷乌著：《意大利劳动法与劳资关系》，刘艺工、刘吉明译，商务印书馆2012年版，第45页。

⑤ Ingrid Landau, Petra Mahy, Richard Mitchell, The Regulation of Non-standard Forms of Employment in India, Indonesia and Viet Nam Ingrid Landau, Petra Mahy, Richard Mitchell International Labour Office, Inclusive Labour Markets, Labour Relations and Working Conditions Branch. - Geneva：ILO, 2015 Conditions of Work and Employment Series No. 63, p. 8.

时工作，这远远高于区域平均数之 9.7%。①

在印度尼西亚，有数据表明大约有 22%的工人从事兼职工作（定义为小于每周 35 小时的工作），这种类型的工作是最常见的女性员工。兼职工作比例最高的行业包括农业、贸易和社区/个人服务行业。在越南，2007 年约有 11%的在职人员从事非全职工作（定义为每周工作时间少于 35 小时）。②

因此，多重劳动关系的一方主体就是社会中低层劳动者，女性占比较高，属于社会弱势群体的范畴。多重劳动关系雇员特别是女性被歧视的现象非常普遍，他们从事多重劳动，被社会严重"边缘化"，他们更加需要国家和社会的认同与特别扶持，更加特别需要法律与政策的倾斜保护。他们用自己的辛苦劳动获得劳动报酬，既为社会创造了财富，又减轻了国家财政负担和社会救助的压力，从另外一个层面增加了社会公共福祉，应当得到国家和全社会的认同，并应当得到法律和政策的支撑与保护，法律应当承担起保护弱者的职责，法律不仅要承认多重劳动关系的合法性与正当性，还要特别保护多重劳动关系之劳动者的合法权益。

多重劳动关系中高端人群与一般低端人群完全不同，高端兼职人员一般为社会精英或知名人士，笔者称之为高端兼职，他们并不像低端兼职者那样属于社会的弱势群体，而是出于强势地位。高端兼职分为有偿兼职和无偿兼职，笔者在本书中所指的仅仅是有偿兼职，因为劳动法调整的是有偿劳动，无偿劳动不属于劳动法的范畴。高端兼职的目的虽然不是为了基本生活之被迫，对其有偿兼职的薪酬是比较高的，有的往往超过或远远超过其主职的收入，成为社会高收入人群的主要一族，这些都是低端兼职劳动者所难以达到的高度。高端兼职根本不需要兼职单位提供社会保险，否则就可能造成社会公共资源的浪费；而低端兼职之社会保险问题一直是有争议的问题，有的国家规定享有社会保险，有的则规定兼职不享有社会保险，在我国社会保险与劳动关系基本捆绑，兼职之社会保险问题成为多重劳动关系中最具争议的问题。

---

① Ingrid Landau, Petra Mahy, Richard Mitchell, The Regulation of Non-standard Forms of Employment in India, Indonesia and Viet Nam Ingrid Landau, Petra Mahy, Richard Mitchell International Labour Office, Inclusive Labour Markets, Labour Relations and Working Conditions Branch. - Geneva: ILO, 2015 Conditions of Work and Employment Series No. 63, p. 9.

② Ingrid Landau, Petra Mahy, Richard Mitchell, The Regulation of Non-standard Forms of Employment in India, Indonesia and Viet Nam Ingrid Landau, Petra Mahy, Richard Mitchell International Labour Office, Inclusive Labour Markets, Labour Relations and Working Conditions Branch. - Geneva: ILO, 2015 Conditions of Work and Employment Series No. 63, p. 12.

高端兼职的纳税问题更加隐蔽，更加不易控制，其主要弊端是造成社会收入分配的再次不正义，更加加剧了贫富两极分化，产生了新的社会不公平问题。因此，如何有效规制高端兼职，衡平其与低端兼职的关系，成为多重劳动关系理论研究和立法中亟待破解的课题。

二、全日制劳动用工与非全日制劳动用工相互交织

多重劳动关系的第二个特征是：在多重劳动关系中，全日制劳动用工与非全日制劳动用工相互交织。

多重劳动关系之劳动者的主职或称专职一般就是全日制标准劳动关系，在我国属于体制内即有正式编制的标准劳动关系。在我国计划经济的时代，这样的用人单位就是劳动者唯一的依托，也是劳动者的终身依靠。在市场经济中，特别是当今互联网共享经济迅猛发展，新型多重劳动关系"野蛮式"生长，劳动者在主职标准劳动关系之外，为了获得更多收入，大量从事灵活的非标准劳动及非全日制劳动，因此，多重劳动关系就呈现出全日制劳动用工与非全日制劳动用工相互交织的特征，即使是没有主职之全日制标准劳动关系的多重劳动关系（多重劳动关系都是非全日制劳动用工），今后能够有一份标准的全日制劳动关系，也成为这些劳动者的目标追求。

国外许多国家一般都是将多重劳动关系含兼职划归为非全日制劳动用工。德国调整多重劳动关系的专门法律主要是《非全日制和固定期限劳动合同法》。《非全日制和固定期限劳动合同法》确立了非全日制用工的一项基本原则——与全日制雇员平等原则，这一原则也成为多重劳动关系中如何处理全日制与非全日制关系的基本原则。其第4条第1款明确规定"雇主不得因为雇员从事非全日制工作"而"亏待"他，即非全日制雇员应该得到与全日制雇员平等的待遇，只有存在"客观理由"时，才容许区别对待。[①] 在德国，兼职工作权适用于任何类型的雇员，不管雇员是全职、兼职；也不管雇员是临时工还是固定期限合同工。[②]

由于许多非全日制雇员为女性，因此，为了有效防止性别歧视，许多国家的法律都明令禁止对女性的间接歧视，以保障女性之非全日制劳动的权益。基

[①] ［德］沃尔夫冈·多伊普勒著：《德国劳动法》（第11版），王倩译，上海人民出版社2016年版，第351页。

[②] ［德］曼弗雷德·魏斯、马琳·施米特著：《德国劳动法与劳资关系》，倪裴译，商务印书馆2012年版，第58页。

于德国从事非全日制工作的90%是女性,德国法还特别明确规定了"禁止基于性别的间接歧视",此间接歧视包括被排除于集体合同之外、福利待遇方面的差异、加班报酬的差异和企业组织法方面的地位差异。① 间接歧视是指与某些完全中性的特征相联系,但是结果特别造成了对某些特征的人的不利影响,最为典型的例子就是非全日制工作。②

英国2000年的《兼职工作(防止差别对待)条例》实施了欧盟兼职工作者指令,该条例赋予兼职工作者享有等同于全职工作者待遇的权利。③ 意大利2000年第61号法令确定了一个基本原则就是给予兼职雇员不少于同级别的全职雇员的待遇。④

在日本,雇佣工人终身不需要合同。大多数大型日本公司雇佣了许多类型的工人,包括全职、兼职和临时工以及分包商。⑤ 日本有许多非正规工人即非典型工人,例如兼职工人和派遣工人,这些工人与普通工人在晋升、支付和就业保障方面有区别。因此,日本的劳动力市场具有双重性质,即由普通工人组成的市场部分内在化,而非正规工人则参与外部的现货市场,并从事更频繁的职业事务。日本企业在招聘时明确区分普通员工和非固定员工。⑥ 实行终身雇佣的日本,全日制劳动关系与非全日制劳动也是相互并存,多重劳动关系也就呈现出全日制劳动用工与非全日制劳动用工相互交织的特征。

越南《劳动法典》第34条规定,雇员可以与雇主达成协议,签订兼职工作协议。并规定兼职员工在工资、权利和义务、平等机会、非歧视和职业安全

---

① [德]沃尔夫冈·多伊普勒著:《德国劳动法》(第11版),王倩译,上海人民出版社2016年版,第352~354页。

② [德]沃尔夫冈·多伊普勒著:《德国雇员权益的维护》,唐伦亿、谢立斌译,中国工人出版社2009年版,第151页。

③ [英]史蒂芬·哈迪著:《英国劳动法与劳资关系》,陈融译,商务印书馆2012年版,第105页。

④ [意] T. 特雷乌著:《意大利劳动法与劳资关系》,刘艺工、刘吉明译,商务印书馆2012年版,第46页。

⑤ Derek H. Wilson, Labor Relations in The United States and Japan: The Role of the Enterprise in Labor-Management Relations, Loyola of Los Angeles International and Comparative Law Review, 1987, Vol. 9, p. 589.

⑥ Atsushi Tsuneki, Manabu Matsunaka, Labor Relations and Labor Law in Japan, Washington International Law Journal, 2011, 20 (3), pp. 48-50.

与卫生等方面应享有与全职员工同等的待遇。①

自20世纪90年代初以来，韩国的就业市场出现了两种截然相反的情况：标准和非标准就业现象。非标准的工人，也被称为临时工、日工、钟点工或者是短期合同工，在当下这种方式已广泛传播，从而成为一种普遍的就业模式，这使得非标准工人越来越重要。非标准工人的就业正在增加，而且增长速度很快，1995年占整个劳动力市场的41.9%，1996年为43.4%，1997年为46%，1998年为49%，1999年为53%，2000年为52%，人们可以看到在临时间歇工人与永久标准工人的比率每年增加2%~3%。非标准就业人数上升的主要原因之一是公司一般都赞成使用非标准的工人，因为这会导致裁员在人员开支方面以及在重新安排员工时更加轻松。② 在韩国也呈现出标准劳动用工与非标准劳动用工相互交织的特征。

我国《劳动合同法》专门规定了非全日制用工的法律规范，其第68条明确界定了非全日制用工的定义，即以小时计酬为主，劳动者在同一用人单位一般平均每日工作时间不超过4小时，每周工作时间累计不超过24小时的用工形式。第69条明确规定："从事非全日制用工的劳动者可以与一个或者一个以上用人单位订立劳动合同；但是，后订立的劳动合同不得影响先订立的劳动合同的履行。"我国劳动法没有明确规定非全日制用工之禁止歧视原则，只能援引宪法一般性规定，这对保障多重劳动关系之劳动者的合法权益不是十分有利，有待改进。

三、无固定期限劳动合同与固定期限劳动合同并存

许多劳动法比较发达的国家或地区，劳动合同的常态与主流形式一般都是无固定期限劳动合同（又称不定期劳动合同），而有期限的固定期限劳动合同（又称定期劳动合同）只能是例外，且固定期限劳动合同一般只能适用于临时性、季节性和替代性的短期工作。因此，雇员的标准劳动关系一般都是无固定期限劳动合同，例如德国、法国、瑞典、意大利、日本等。

在欧洲，1999年3月18日生效的《固定期限合同协议》明确规定，"强

---

① Ingrid Landau, Petra Mahy, Richard Mitchell, The Regulation of Non-standard Forms of Employment in India, Indonesia and Viet Nam Ingrid Landau, Petra Mahy, Richard Mitchell International Labour Office, Inclusive Labour Markets, Labour Relations and Working Conditions Branch. - Geneva: ILO, 2015 Conditions of Work and Employment Series No. 63, p. 41.

② Kyungbae Cho, Legal Problems and Assignments of Non-Standard Workers, Journal of Korean Law, Vol. 2, No. 2, 2002, p. 133.

调无固定期限的劳动合同并继续把它作为雇主与雇员之间劳动关系的一般形式具有非常重要的意义"。此为框架协议包含并承认的基本原则。① 无固定期限劳动合同属于一般规则,有固定期限的劳动合同"必须被视为例外情形",且这一例外"必须予以严格解释",并且"必须能够基于客观原因证明其正当性"。"因此,只有存在客观原因时,雇主与劳动者之间才可以签订有固定期限的劳动合同。"②

日本的终身雇佣制度非常有特色。长期雇佣关系是一种没有固定期限的劳动合同,与每隔几年重新协商和更新的一系列合同在法律上的区别。根据日本民法规定,雇主和雇员可以在两周内提前终止后一类劳动合同,在这一规则下,雇主有解雇员工的自由,工人有辞职的自由。然而,这种解雇的自由在判例法所形成的滥用解雇原则下受到严格限制,只有在有合理和客观的理由的情况下,雇主才可以解雇工人。③

在日本,长期雇员享有长期就业、工厂培训、资历工资、附带福利和雇员福利计划等方面的许多好处,这是以牺牲短期雇员为代价的,临时工不能享有这些权利。④

在韩国,非标准就业与标准就业不同就在雇佣合同之期限的不同。大多数非标准工作,如每日就业、合约雇佣、兼职及季节性工作,就是按照固定期限就业分类。固定期限劳动通常存在于日常工作人员的形式(合同期限不到1个月),季节性工人(合同期超过1个月,但少于1年)。⑤ 在大多数情况下,非标准就业要么是隐式的,要么是明确地采用有固定期限的劳动合同形式,因此,合同的终止不被视为解雇,这就使得失业风险不公平地落在雇员身上。雇主可以很容易地控制就业,并避免支付退休费、解雇费、社会保障费或其他费

---

① [比]罗杰·布兰潘著:《欧洲劳动法》(第二册),付欣等译,商务印书馆2017年版,第242页。

② [比]罗杰·布兰潘著:《欧洲劳动法》(第二册),付欣等译,商务印书馆2017年版,第243页。

③ Atsushi Tsuneki, Manabu Matsunaka, Labor Relations and Labor Law in Japan, Washington International Law Journal, 2011, 20 (3), pp. 48-50.

④ Derek H. Wilson, Labor Relations in The United States and Japan: The Role of the Enterprise in Labor-Management Relations, Loyola of Los Angeles International and Comparative Law Review, 1987, Vol. 9, p. 585.

⑤ Kyungbae Cho, Legal Problems and Assignments of Non-Standard Workers, Journal of Korean Law, Vol. 2, No. 2, 2002, p. 116.

用的责任。①

雇主持续使用非标准劳动形式，意味着用人单位在固定期限内重复订立非标准就业合同。② 在韩国，非全日制劳动合同比较自由，其采用的固定期限劳动合同之主动权基本上属于雇主控制，劳动者并无多少话语权。

在韩国，雇佣合同的形成是基于自由的合同规则，由工人和雇主决定。除了法律和集体协议的限制，雇主通常没有有关雇佣合同内容的任何限制，如目的、合同成立的期限、手段和程序。其法律和集体协议的限制主要针对标准工人。雇主在雇用非标准工人方面享有广泛的自由。根据现行法律，不存在规范非标准工人使用的一整套规则，其使用很少受到限制。③

在韩国，一般来说，非标准雇佣合同的期限是预先确定的。关于劳动合同期限，《劳动标准法》第23条规定："即使某一段时期为完成某项任务而非固定期限，也不能超过一年。"④

在多重劳动关系中，主职劳动关系也就相应的以无固定期限劳动合同为主流形态，兼职的劳动关系则一般为临时性的固定期限劳动合同。如果多重劳动关系皆为非全日制，则多重劳动关系为数个固定期限劳动合同，此时的固定期限劳动合同属于多重劳动关系的基本形态，多重劳动关系则呈现出固定期限劳动合同的基本特征即只能是"三性岗位"：临时性、季节性和替代性的短期工作。

多重劳动关系中劳动者之主职劳动合同为无固定期限劳动合同具有极大的好处，因为无固定期限劳动合同的稳定性，必然能为劳动者提供稳定而可靠的收入来源，加上以无固定期限劳动合同为主流形态的标准劳动关系一般都有非常完备的社会保险，能为劳动者退休后的生活提供稳定而可靠的社会保障。如果兼职劳动者有一份这样的主职工作，其临时性的兼职工作只是其收入补充来源，兼职工作的失去并不会对劳动者造成明显的伤害，因此，非全日制临时工作之固定期限劳动合同的短板如解雇的灵活性、社会保险的非强制性等都对多

---

① Kyungbae Cho, Legal Problems and Assignments of Non-Standard Workers, Journal of Korean Law, Vol. 2, No. 2, 2002, p. 125.

② Kyungbae Cho, Legal Problems and Assignments of Non-Standard Workers, Journal of Korean Law, Vol. 2, No. 2, 2002, p. 125.

③ Kyungbae Cho, Legal Problems and Assignments of Non-Standard Workers, Journal of Korean Law, Vol. 2, No. 2, 2002, pp. 118-119.

④ Kyungbae Cho, Legal Problems and Assignments of Non-Standard Workers, Journal of Korean Law, Vol. 2, No. 2, 2002, p. 121.

重劳动关系中的兼职者并不会像无固定期限劳动合同那样影响巨大,这也为多重劳动关系的繁荣提供了供给与需求,成为用人单位与劳动者都比较乐意的用工方式,在互联网共享经济下更是如此。

我国劳动合同的基本形态与上述不同,无固定期限劳动合同并不是主流劳动合同,大量的没有期限长短和"三性"限制的固定期限劳动合同,反而成为我国目前劳动合同的主流与常态,因此,在我国多重劳动关系中,无论是劳动者的主职劳动关系,还是兼职劳动关系,固定期限劳动合同都成为主流合同,固定期限劳动合同的特征普遍和明显,多重劳动关系的短期化与不稳定性更加突出。如果多重劳动关系中没有一份稳定的以无固定期限劳动合同为依托的主职标准劳动关系,兼职劳动者只能将兼职之临时性的非全日制劳动作为其基本生活来源,在非全日制劳动非常容易失业的情况下,在没有社会保险的保障下,多重劳动关系之兼职劳动者就成为社会的"漂流一族",其今后的社会保险问题也将成为社会的难题,其社会弱者身份将更加明显。正如德国著名劳动法专家所言:"雇主使用这些雇员的成本要比全日制雇员低很多,这些雇员却要在生病或者年老时承担更大的风险。"① 多重劳动关系劳动者之安全感、获得感和幸福感基本难以实现,与国家的新时代大政方略将相去甚远。因此,如何结合我国实际,借鉴域外先进经验,破解我国无固定期限劳动合同与固定期限劳动合同的难题,实现多重劳动关系的有效治理,将是一个迫切需要研究的新课题。

四、民事合同(协议)劳动合同与集体合同相混杂

契约和契约精神是人们一直以来追求自由、平等、公平和法治的重要体现,现代法制社会和治理更加注重契约即合同或协议。我国标准劳动关系的主要载体就是个体劳动合同与集体合同,而非标准劳动关系之民事劳动关系即劳务关系或雇佣关系则是民事合同或协议,我国这种调整广义劳动关系的"二分法"必然导致多重劳动关系之合同的相互混杂,相对应的社会保险也随之而不同。

新时代互联网共享经济下新型劳动用工使得灵活劳动用工异常繁荣,无纸化的电子合同或协议成为非全日制用工的主流。共享经济下新型劳动关系呈现出多元化和复杂化趋势,但是,传统典型劳动关系并没有也不会消失,劳动关

---

① [德] 沃尔夫冈·多伊普勒著:《德国劳动法》(第11版),王倩译,上海人民出版社2016年版,第348页。

系也并没有都转变为劳务关系或商务关系或服务关系,而是,典型劳动关系与非典型劳动关系并存,劳动法上的劳动关系、民法上的劳务关系或雇佣关系三者并存,经济平台管理者多为劳动法意义上的正式劳动关系;而多数平台参与者为民法上的劳务关系或雇佣关系。① 劳动关系的复杂性也就相应导致新时代多重劳动关系之合同或协议相互混杂,民事劳动合同或协议与劳动法意义上的劳动合同和集体合同相互交融。新型互联网劳动关系"去"劳动合同与"泛"劳务合同或雇佣合同更加普遍。②

我国劳动关系的调制特色是"重个体轻集体",比较注重个人劳动合同,而普遍忽略集体合同,立法上有《劳动合同法》,而没有《集体合同法》,集体协商谈判与集体劳动法或集体合同法严重缺失。这些特色必然会影响多重劳动关系中的契约关系,按照《劳动合同法》的规定标准劳动关系应当签订书面的劳动合同,而非全日制劳动则不用签订书面合同。③《劳动合同法》明确规定了多个非全日制劳动合同的关系是:后订立的劳动合同不得影响先订立劳动合同的履行,否则,后订立的劳动合同无效。此规定具有较大的"定纷止争"作用,但遗憾的是并没有规定多重劳动关系含兼职。

我国有关互联网共享经济之新型劳动关系如网约车之劳动合同的首个法规是《网络预约出租汽车经营服务管理暂行办法》,它是我国第一部有关共享经济平台的部门规章,此办法首次"宽容"了非劳动合同即劳动协议④,具有较高的立法价值。⑤ 该办法明确容许了网约车司机之劳动合同的多样性,首次明确规定了民事劳动协议与劳动合同的并存,并完全可以推定如果合同属于民事协议就没有社会保险的"绑定",这对新时代新型劳动关系和多重劳动关系的

---

① 问清泓:《共享经济下劳动规章制度异变及规制》,载《社会科学研究》2018年第3期,第87页。

② 问清泓:《共享经济下劳动规章制度异变及规制》,载《社会科学研究》2018年第3期,第91页。

③ 我国《劳动合同法》第69条规定:"非全日制用工双方当事人可以订立口头协议。从事非全日制用工的劳动者可以与一个或者一个以上用人单位订立劳动合同;但是,后订立的劳动合同不得影响先订立的劳动合同的履行。"

④ 《网络预约出租汽车经营服务管理暂行办法》于2016年11月1日起施行,它由交通运输部主导,并经工业和信息化部、公安部、商务部、工商总局、质检总局、国家网信办同意,它是我国第一部有关共享经济平台的部门规章。其第18条明确规定:网约车平台公司应当与驾驶员签订多种形式的劳动合同或者协议,明确双方的权利和义务。

⑤ 问清泓:《共享经济下劳动规章制度异变及规制》,载《社会科学研究》2018年第3期,第97页。

规制都具有较大的立法价值。

德国集体劳动法比较发达,即使是非全日制劳动关系,也不能排除集体合同的规制。如果非全日制劳动关系被排除于集体合同之外,则属于间接歧视的第一种情形。这样做既违反了德国《非全日制用工和固定期限劳动合同法》,又违反了《一般平等待遇法》,虽然集体合同的双方有权自主确定集体合同的适用主体范围,但是同时必须受到歧视禁令的限制。①

德国劳动判例法通过雇员个体劳动合同与集体合同的相互比较,对非全日制的工作时间进行了特别规定,明确了个体劳动合同与集体合同的相互交织关系。德国哈姆州劳动法院认为,如果非全日制雇员的劳动合同明确援引了集体合同,例如约定的工作时间为"集体合同约定的每周的工作时间的50%",则非全日制雇员的工作时间也应当相应地减少,但是非全日制雇员的劳动合同中约定的是固定的工作时间,则不能发生任何改变。② 德国著名劳动法学家沃尔夫冈·多伊普勒对上述规定有异议,他认为,没有客观理由就不应该改变已有的非全日制雇员工作时间和全日制雇员工作时间的比例;如果不相应地减少非全日制雇员的工作时间,那么就应当按照比例提高其工资待遇。③ 虽然对全日制与非全日制工作时间的比例分配有不同的意见,但是德国对个体劳动关系与集团合同法之关系的梳理,对多重劳动关系之劳动权益的保障还是非常具有借鉴意义的。

欧盟有专门的《兼职工作集体协议》,集体协议即我国所说的集体合同,该协议于1997年6月6日通过,由欧洲委员会联盟委员会第97/81EC号指令实施,获得法律约束力。④ 该集体协议的目的是:消除对兼职劳动者的相关歧视行为并提高兼职工作的质量;促进兼职工作在自愿的基础上得以发展,并促使劳动时间的弹性安排符合雇主与雇员的需求。该集体协议对兼职下了一个权威性的定义:兼职是指一名受雇者其正常工作小时数以周为计算基准或者其一年雇佣时间的平均工作小时数,少于一名可对比的专职劳动者的正常小时数。

---

① [德] 沃尔夫冈·多伊普勒著:《德国劳动法》(第11版),王倩译,上海人民出版社2016年版,第352~353页。

② [德] 沃尔夫冈·多伊普勒著:《德国劳动法》(第11版),王倩译,上海人民出版社2016年版,第352页。

③ [德] 沃尔夫冈·多伊普勒著:《德国劳动法》(第11版),王倩译,上海人民出版社2016年版,第352页。

④ [比] 罗杰·布兰潘著:《欧洲劳动法》(第二册),付欣等译,商务印书馆2017年版,第224页。

此定义的优点是并没有统一规定兼职的非全日制劳动时间，而是采取与雇员之主职工作相对比而灵活确认，如果同一机构内并无可对比的专职劳动者，则应当参考可适用的集体协议进行比较；如果没有可适用的集体协议，则应当依照成员国法律、集体协议或惯例规定来规定兼职劳动者与专职劳动者之可比性规定。[1] 该《兼职工作集体协议》还有一个突出的特色，规定了全职工作与兼职工作的转换问题，规定劳动者拒绝从全职工作转化为兼职工作或者是由兼职工作转为全职工作，此行为本身并不能构成雇主终止劳动关系的有效理由。[2]

欧盟的《兼职工作集体协议》很好地明确了主职劳动关系与兼职劳动的关系，也就相对应地明确了多重劳动关系中个体劳动合同与集体协议的交融关系，而我国目前还没有关于多重劳动关系的立法，个体劳动合同与集体合同还处于严重的"分列式"，我国个体劳动合同已经深入人心，而集体协商谈判与集体合同严重"虚无化"，欧盟的经验值得移植。

在日本，企业工会是日本劳资关系的"三大支柱"之一，它是工会组织的主导形式，这种形式的工会组织占90%以上。[3] 会员资格仅限于某一特定企业的永久性雇员与专职雇员。在同一企业或公司中，临时工和兼职工作人员都是不符合资格。[4] 在日本，临时工和兼职工作人员被排除在企业工会组织之外，对他们是非常不公平的，没有自己的工会组织，也就使得非全日制劳动者如临时工和兼职人员难以参与企业的集体协商谈判，集体合同也离他们很远。

在韩国，法律和集体协议的限制主要涉及标准劳动关系，雇主对非标准工人的工作条件享有很大的自由决定权。[5]

在韩国，虽然一个非标准劳动关系的工人属于工会法律管辖下的范畴，但

---

[1] [比] 罗杰·布兰潘著：《欧洲劳动法》（第二册），付欣等译，商务印书馆2017年版，第224页。

[2] [比] 罗杰·布兰潘著：《欧洲劳动法》（第二册），付欣等译，商务印书馆2017年版，第239页。

[3] Derek H. Wilson, Labor Relations in The United States and Japan: The Role of the Enterprise in Labor-Management Relations, Loyola of Los Angeles International and Comparative Law Review, 1987, Vol. 9, p. 579.

[4] Derek H. Wilson, Labor Relations in The United States and Japan: The Role of the Enterprise in Labor-Management Relations, Loyola of Los Angeles International and Comparative Law Review, 1987, Vol. 9, p. 579.

[5] Kyungbae Cho, Legal Problems and Assignments of Non-Standard Workers, Journal of Korean Law, Vol. 2, No. 2, 2002, p. 118.

是，这并不代表他享有集体行动权。非标准工人的集体行动权由于雇主和工人之间的权利不平衡，由于就业本身的不稳定、时间和地点的限制以及与标准工人的冲突，因此很难或不可能行使集体行动权。① 可见，在韩国，非标准劳动关系劳动者之集体协商谈判与集体合同、产业行动权与标准劳动关系劳动者还存在较大的差别性规定。

五、社会保险规范之任意性与强制捆绑性互相冲突

社会保险制度是一项有关劳动者基本人权的制度，也是我国老百姓实现安全感、获得感和幸福感的重要制度保障之一。在劳动关系中，我国体制内标准劳动关系的重要特征之一就是社会保险与之捆绑，退休后的社会保障问题是非常可靠的。但是，对于没有体制内标准劳动关系的多重劳动关系之兼职劳动者来说，却是一个巨大的社会"隐性"问题和安全"隐患"。

互联网共享经济下的新型劳动用工即灵活性的非全日制劳动用工已经呈现出"野蛮式"生长态势，在此背景下的多重劳动关系也是异常繁荣。在我国，伴随着人口老龄化的不断加剧，劳动者法定退休年龄设置得过低，人们寿命的不断提高，大量的退休人员将二次"就业"，他们将成为我国多重劳动关系中的重要部分，凸显多重劳动关系之中国特色，多重劳动关系已经不仅仅是增加收入的一种渠道，还将成为退休大军的价值目标，"因为劳动所以劳动"将是一个简单而复杂的命题。这些对我国劳动法与社会保障法都将带来新的挑战，对多重劳动关系的治理不能小觑之更不能忽略之。

域外对多重劳动关系含兼职的社会保险问题一直以来都是非常重视的，其立法也是明确规制的，成功经验值得我们学习与借鉴。

对多重劳动关系规制比较发达的德国，对非全日制劳动用工特别是"迷你工"社会保险问题的关注与立法经历了一个从无到有的长期博弈过程。

在德国，直到1999年，雇员每周工作时间少于15小时且工资不高于630马克的非全日制劳动，都不用参加社会保险，雇主和雇员都不用缴纳社会保险费。但是，1999年之后，雇员在主职工作之外兼职的"迷你工"，同样应当缴纳社会保险和正常纳税。② 根据德国现行规定，雇主必须按照约定报酬的15%

---

① Kyungbae Cho, Legal Problems and Assignments of Non-Standard Workers, Journal of Korean Law, Vol. 2, No. 2, 2002, p. 129.
② ［德］沃尔夫冈·多伊普勒著：《德国劳动法》（第11版），王倩译，上海人民出版社2016年版，第354页。

为雇员缴纳养老保险,雇主无须缴费。雇员缴费属于自愿行为,如果雇员自己缴费4%,则今后在丧失或部分丧失劳动能力时,可以享受养老保险之康复待遇。在2013年前是雇佣自己主动缴纳,2013年之后这4%是自动从其工资中扣除,但是雇员可以申请退出。另外,德国还非常具体地规定了不同身份非全日制劳动者的社会保险缴费规则。如特别规定了退休人员从事"迷你工"的,也应当缴纳上述保险费。在德国医疗保险中,雇主应当为"迷你工"按照报酬的13%缴纳医疗保险费,而雇员不用缴费。公务员和其未就业的配偶从事"迷你工"的,雇主不用缴纳13%的医疗保险费。① 德国还规定"迷你工"无须参加失业保险。

德国《社会保险费法典第四部》第8a条,还特别规定在家政领域从事"迷你工"的社会保险费更低,养老保险和养老保险缴费为约定报酬的5%。该法还规定了多重劳动关系为多份"迷你工"的情形,如果多份"迷你工"的总收入超过了450欧元,则应当正常缴纳社会保险费。雇员收入在450.01欧元~850欧元,雇主和雇员应当共同缴纳社会保险费,此时不论雇员的收入是一份还是多份。②

德国《社会保险费法典第四部》第8条第1款还规定了"临时性迷你工"完全不用缴纳社会保险费。③

德国法对"迷你工"之社会保险的详细规定具有非常强的可操作性,值得我国借鉴。

另外,德国法还有一个非常值得借鉴的地方是明确规定了商业保险与社会保险的关系,如果"迷你工"购买了商业医疗保险,则雇主可以不再缴纳13%的医疗保险费。这些既保障了非全日制劳动者的社会保障权,还可以减少重复保险的发生,避免了社会公共资源的浪费。

欧盟劳动法对兼职劳动者的报酬及社会保险实施在"非歧视原则"的前提下,实施"比例原则"。"非歧视原则"即从事兼职工作的劳动者不应因其兼职工作而遭受低于可比性的专职劳动者的待遇,除非此差别待遇基于客观事

---

① [德]沃尔夫冈·多伊普勒著:《德国劳动法》(第11版),王倩译,上海人民出版社2016年版,第355页。
② [德]沃尔夫冈·多伊普勒著:《德国劳动法》(第11版),王倩译,上海人民出版社2016年版,第356页。
③ [德]沃尔夫冈·多伊普勒著:《德国劳动法》(第11版),王倩译,上海人民出版社2016年版,第357页。

实或理由作出。① 对于兼职情形，将兼职劳动者在其职业中的实际工作时间考虑在内，与专职劳动者在整个职业生涯中实际工作时间两相比较，允许兼职者养老金按照比例减少。②

韩国《就业保险法》明确规定，临时工、断断续续的劳动不到3个月、季节性工人或短期工人都不能成为劳动工会的成员，也不能成为国家养老金法或国家健康保险法的受益人。以时间为基础的工人和临时工都没有获得《就业保险法》规定的失业救济金。③

在我国传统体制内的标准劳动关系中，由于劳动关系与社会保险关系的紧密"捆绑"，用人单位负有为本单位体制内劳动者购买社会保险的法定义务，社会保险已经是用人单位当然的法定责任，否则，就是违法，要承担相应的法律责任。但是，我国劳动法并没有具体规定体制外非典型劳动关系特别是兼职劳动关系的社会保险义务与责任问题，这就造成了大量劳动者兼职的用人单位没有履行社会保险义务是否合法的争论，特别是在共享经济下的新型劳动用工主要特征就是非典型劳动关系和多重劳动关系"野蛮式"生长，社会保险问题也作为"副产品"随之而来。我国目前的基本现状是新型劳动用工中的劳动者之社会保险严重缺失，尤其是工伤保险的问题最为突出，有关工伤保险的劳动争议不断出现，相关的劳动仲裁或劳动诉讼成为仲裁或诉讼的"困局"，亟待理论研究与实践的有效破解。

我国《劳动合同法》对非全日制劳动关系并没有规定社会保险问题，我国《社会保险法》第10条第2款规定："未在用人单位参加基本养老保险的非全日制从业人员以及其他灵活就业人员可以参加基本养老保险，由个人缴纳基本养老保险费。"其第23条第2款规定："未在用人单位参加职工基本医疗保险的非全日制从业人员以及其他灵活就业人员可以参加职工基本医疗保险，由个人按照国家规定缴纳基本医疗保险费。"其第58条第2款规定："自愿参加社会保险的无雇工的个体工商户、未在用人单位参加社会保险的非全日制从业人员以及其他灵活就业人员，应当向社会保险经办机构申请办理社会保险登记。"以上的规定仅仅针对了非全日制劳动的劳动者个人，并不是针对用人单

---

① ［比］罗杰·布兰潘著：《欧洲劳动法》（第二册），付欣等译，商务印书馆2017年版，第224页。

② ［比］罗杰·布兰潘著：《欧洲劳动法》（第二册），付欣等译，商务印书馆2017年版，第235页。

③ Kyungbae Cho, Legal Problems and Assignments of Non-Standard Workers, Journal of Korean Law, Vol. 2, No. 2, 2002, p. 125.

位的,即用人单位仍然没有为非全日制劳动者购买社会保险的义务;上述对劳动者个人的规定也仅仅体现的是自愿原则,并非体现社会保险的强制性本质特征。可见,我国有关非全日制劳动者之社会保险规定具有非常大的缺陷,让多重劳动关系之兼职仍然游离于法律之外。

但实际上,上述有关法律规定还没有原劳动和社会保障部《关于实施〈工伤保险条例〉若干问题的意见》中的有关规定合理。我国原劳动和社会保障部《关于实施〈工伤保险条例〉若干问题的意见》的规定是:职工在两个或两个以上用人单位同时就业的,各用人单位应当分别为职工缴纳工伤保险费;职工发生工伤,由职工受到伤害时其工作的单位依法承担工伤保险责任。此意见虽然不属于真正的法律,强制性效力不够,但是,其明确规定了多重劳动关系之社会保险义务的分配问题,并成为我国明确承认多重劳动关系的依据,这样比较先进的法规,竟然被后来的《劳动合同法》和《社会保险法》完全抛弃了,真是遗憾。

六、民事争议或裁或审与劳动争议先裁后审不兼容

我国劳动争议调处模式与程序的互不兼容主要表现在三大方面:第一,民事劳动争议或裁或审与狭义劳动争议之先裁后审的不兼容;第二,劳动争议与社会保险争议的不兼容;第三,集体劳动争议与个体劳动争议的不兼容。

我国有关劳动关系的争议采取的是"二分法"调处模式,其一是民事劳动关系包括劳务关系与雇佣关系,其争议调处模式为民事争议之一般或裁或审模式;其二是劳动争议与一般民事争议不同,一般采用先裁后审模式,即一般的劳动争议必须经过劳动仲裁之前置性强制程序,劳动争议如果未经仲裁,一般是不能直接起诉的。我国劳动争议之先裁后审,一直遭到学界和实践的诟病,但是,这一制度仍然还是我国劳动争议调处的基本制度,无论是早期的《劳动法》,还是后来的《劳动合同法》和《劳动争议调解仲裁法》,都一直沿袭和承继了这一制度,其中国特色仍然明显,与世界上其他国家或地区完全不同。

在多重劳动关系中,有的属于劳动法意义上的标准劳动关系即主职劳动关系,其争议有权调处机构为非司法机构的行政机构如各级劳动人事仲裁院或仲裁委员会。而有的兼职则属于非标准劳动关系,一般是非全日制临时性劳动关系,有的多重劳动关系都是两个或多个非标准劳动关系即民法意义上的劳务关系或雇佣关系,此类劳动关系之争议就属于民事争议,应当是或裁或审,其争议诉讼机关为司法机关即各级人民法院,这与标准劳动关系之先裁后审模式与

调处机构完全不兼容。另外，多重劳动关系争议中，有的争议属于社会保险争议，而社会保险争议并不完全属于狭义的劳动争议，有的社会保险争议如涉及社保费发放的争议就属于行政争议，此类社会保险争议就不能实行狭义劳动争议之先裁后审模式。这些都使得我国广义的劳动争议的调处变得非常复杂，也使得我国多重劳动关系争议的仲裁与诉讼非常难以衔接和兼容，这也就成为我国多重劳动关系的又一特征。

我国民事劳动争议之或裁或审与狭义劳动争议之先裁后审的不兼容，还表现在劳动争议与社会保险争议的不兼容。除了这两大不兼容之外，还表现在集体劳动争议与个体劳动争议的不兼容。集体劳动争议与个体劳动争议的区别，不仅仅是体现在人数与诉求的不同，还主要集中反映在集体劳动争议一般分为权利争议与利益争议，而我国有关集体劳动争议的立法非常不发达，更没有区分权利争议与利益争议，也没有突显争议调解的主要价值，笔者之创新性观点——集体劳动争议的调处应当以调解为主和"先调后裁审"，即调解应当是集体劳动争议处理的强制性前置程序。劳动争议之二分法是将劳动争议分为集体劳动争议与个体劳动争议两种基本类别。这是国际上通行的劳动法原理，具有广泛的适用价值。相对于个体劳动争议之"一裁终局"制度，在集体劳动争议中实行"调解终局"制度具有创新性价值。[①] 对于集体劳动争议的处理，域外的成功经验是以调解为主，将矛盾和冲突尽量解决在调解之中，而不一定要进行仲裁或诉讼。[②]

在日本，绝大多数争议都是通过"共同协商"来解决的，共同协商和集体谈判被认为是最重要的劳动管理工具。[③]

日本处理劳动争议的机构还有专门的第三方机构，协商与谈判仍然是基本手段。日本最重要的第三方争端解决机构是劳动关系委员会，它有两个主要职能：确保工会和管理层公平地进行沟通交流和防止劳资纠纷的升级，预防劳动争议升级对社会的危害。劳动关系委员会的主要职责是对不公平的劳动实践案件进行裁决，并调整解决劳资纠纷。这两项责任的程序旨在协助双方制定自己

[①] 问清泓：《劳动争议"一裁终局"制度改良路径新探》，载《湖北警官学院学报》2017年第5期，第109页。

[②] 问清泓：《劳动争议"一裁终局"制度改良路径新探》，载《湖北警官学院学报》2017年第5期，第111页。

[③] Derek H. Wilson, Labor Relations in The United States and Japan: The Role of the Enterprise in Labor-Management Relations, Loyola of Los Angeles International and Comparative Law Review, 1987, Vol. 9, p. 604.

的规则，以通过相互协商解决个人和集体争议。①

笔者将劳动争议含集体劳动争议之调解分为小调解与大调解（"小调解"为笔者之见，学界并无此说）。"大调解"是指劳动争议之"小调解"即由专门的劳动争议调解委员会调解之外的调解，包括劳动仲裁和劳动诉讼中的调解，还包括其他形式如民间组织的调解。我国现阶段劳动争议调解是"大调解"与"小调解"并存。②

概要之，在多重劳动关系中，劳动争议的调解、仲裁和诉讼应当有效衔接和相互兼容的"节点"比较复杂，体现了多重劳动关系的又一特征。

第四节 多重劳动关系价值判断

一、价值理念上的包容性

多重劳动关系之合法性问题一直还没有确定的定论，多重劳动关系中各用工单位之社会保险义务与责任如何分配才是正当合法的等问题也是争论不休，我国有关多重劳动关系的立法非常滞后。但是在当今互联网共享经济下，多重劳动关系已经呈现出异常繁荣的景象，既有积极意义，也有不利影响，这在社会经济关系中是极其正常的；而法律或法律关系属于上层建筑，是对社会经济关系的强制性规范与调整，法律或法律关系必然是滞后于经济关系，也只能是在经济关系之后的事后跟进。以此理解和包容新形势下的多重劳动关系，并对多重劳动关系之劳动者持倾斜性保护理念，就应当成为我们探寻规制多重劳动关系有效路径的基本理念。

（一）从马克思主义基本原理上看，多重劳动关系符合马克思主义劳动观

多重劳动关系不仅创造了社会财富，符合马克思主义劳动价值论，还是实现劳动者个人劳动幸福的重要途径。

---

① Derek H. Wilson. Labor Relations in The United States and Japan: The Role of the Enterprise in Labor-Management Relations, Loyola of Los Angeles International and Comparative Law Review, 1987, Vol. 9, p. 607.
② 问清泓：《"末位淘汰"之司法与政策应对——以最高法"指导案例号18号"和第8次〈纪要〉为视野》，载《中国人力资源开发》2017年第10期，第161页。

第四节　多重劳动关系价值判断

"马克思将劳动视为人的本质性的活动，是人及人类社会生存和发展的基础。"① 劳动价值论是马克思主义理论的基石，发展马克思主义就必须坚持劳动价值论；发展马克思主义就必须发展劳动价值论，也就是需要改善和拓展劳动价值论的解释力，对于我国改革开放实践活动和阐释新时代中国特色社会主义具有理论价值和现实意义。② "坚持按劳分配原则，完善按要素分配的体制机制，促进收入分配更合理、更有序"③，拓展劳动价值论之解释力之一就是坚持劳动贡献归劳动者所有，坚持按劳分配原则。劳动者参加劳动生产的劳动力价值，或者由延长劳动时间和增加劳动强度生产的绝对剩余价值，都属于劳动的贡献，当然应当归劳动者所有。④

多重劳动不但提高了劳动者收入水平，还是按劳分配原则的体现，是劳动者实现美好生活需要的劳动途径。从劳动价值论上看，对多重劳动关系应当包容。大多数从事多重劳动的劳动者都是社会上的中低收入者，他们为了自己与家人的生活所需，从事繁重的劳动，甚至是过度劳动，从个体本位上，他们是为自己劳动，但是，从社会本位上看，他们的劳动又为社会的稳定与和谐作出了贡献，是"劳动创造价值""劳动最光荣"的践行者，理应得到全社会的尊重与承认，传统劳动关系理应包容多重劳动关系。

有研究者将马克思主义劳动幸福与劳动人权关联起来，并对"劳动人权马克思主义"理论进行深入研究，其研究成果认为："劳动人权马克思主义"的核心就是劳动幸福，劳动幸福权利是每个公民都不可转让的初始权利；保障劳动幸福应该被看作是社会善治与社会发展的最高标准；社会治理和社会发展的基本任务就是保障每个人最大限度的劳动幸福。"劳动幸福既是人最高的和初始的权利，也是一种价值判断标准。"⑤

劳动人权马克思主义应当坚持四个核心主张：尊重劳动，强调维护人的劳

---

① 种项谭：《坚持和发展马克思劳动价值论：基于对价值源泉争论的思考》，载《中国社会科学院研究生院学报》2018 年第 5 期，第 32 页。

② 李松龄：《发展马克思主义必须坚持和发展劳动价值论》，载《经济问题》2018 年第 9 期，第 22 页。

③ 习近平：《决胜全面建成小康社会，夺取新时代中国特色社会主义伟大胜利》，人民出版社 2017 年版，第 46 页。

④ 李松龄：《发展马克思主义必须坚持和发展劳动价值论》，载《经济问题》2018 年第 9 期，第 28 页。

⑤ 何云峰：《马克思劳动幸福理论的当代诠释和时代价值——再论劳动人权马克思主义》，载《上海师范大学学报（哲学社会科学版）》2018 年第 5 期，第 30 页。

动尊严；关爱底层，即强调人民主体性，保障每个人都能实现劳动幸福；缩小差别，竭力消除各种人为的不合理差别，让每个人都有获得感和幸福感；人类联合，强调合作和公共意识。①

劳动幸福不仅仅是人类的普遍价值观，亦是人类法制社会之权利体系中的重要组成部分。正如何云峰教授所言之"人的一切活动都是围绕劳动幸福权而展开的。一切衍生的权利或者新兴的权利也都不过是劳动幸福权这一初始权利的镜像而已"；"万变不离其宗，所有权利的演变都围绕劳动幸福权而展开"；"一切治理之策略和方法皆围绕劳动幸福权保障这一最高和最终目的而进行"。② 从法制的角度规制与治理多重劳动关系，就应当以保障劳动者劳动幸福权为最高目标，而不是仅仅停留在多重劳动关系是否合法之争论上，应当首先从广泛的社会包容性上接纳多重劳动关系，再寻求社会治理之法制精神。虽然，这里所言之"劳动幸福权"并不是具体的法学概念，但是它是劳动法之多个劳动权利的复合与概称，可以说是具体的劳动权利与权益的"归宿"，因此，规制和治理多重劳动关系不能抛开"劳动幸福权"，基本原因就是多重劳动关系是互联网共享经济下新型劳动之实现"劳动幸福权"的重要社会关系。

（二）从习近平新时代中国特色社会主义思想上看，多重劳动关系符合习主席的人民观

从政治高度上看，无论是市场经济还是时下的共享经济，也不论是发达国家还是发展中国家，改革将是人类发展的基本规律，而包容性是改革的基本价值取向，在我国目前之社会主义新时代下，为了人类命运共同体的构建，包容性是不可或缺的价值导向，对多重劳动关系的包容符合习近平新时代思想和我国改革之基本方略。

从多重劳动关系之给广大劳动者带来获得感和幸福感上看，完全符合习近平总书记新时代中国特色社会主义基本思想。党的十九大报告已经明确指出："我们要牢记人民对美好生活的向往就是我们的奋斗目标，坚持以人民为中心的发展思想，努力抓好保障和改善民生各项工作，不断增强人民的获得感、幸

---

① 何云峰：《马克思劳动幸福理论的当代诠释和时代价值——再论劳动人权马克思主义》，载《上海师范大学学报（哲学社会科学版）》2018年第5期，第30~31页。

② 何云峰：《马克思劳动幸福理论的当代诠释和时代价值——再论劳动人权马克思主义》，载《上海师范大学学报（哲学社会科学版）》2018年第5期，第37页。

福感、安全感，不断推进全体人民共同富裕。"习近平总书记之系列讲话中多次提到要注重增强人民群众的获得感，他说，"人民对美好生活的向往，就是我们的奋斗目标"。根据实践调查显示，"收入分配"是民众对于"获得感"的首要诉求，其背后反映的恰恰是民众对于现行收入分配的不满，以及对未来收入分配改革的期待。①

对多重劳动关系予以包容与认可，就是具体践行在以人民为中心的思想目标下，不断提高劳动人民的收入水平，增强劳动人民的获得感与幸福感。

"让人民群众有更多的获得感"的一个重要价值目标是：要使国家经济发展带来的利益和好处、效益和财富惠及国内所有人民，特别是要惠及弱势群体和贫困地区。②

习近平总书记曾指出："无论时代条件如何变化，我们始终都要崇尚劳动、尊重劳动者，始终重视发挥工人阶级和广大劳动群众的主力军作用。"

习近平总书记指出，抓民生要抓住人民最关心最直接最现实的利益问题，"就业是民生之本""加强对灵活就业、新就业形态的扶持，促进劳动者自主就业"。③ 多重劳动关系特别是兼职工作就属于灵活就业的形态之一，是劳动利益的获得手段，应当得到国家和社会的认可与积极扶持，甚至还可以将其纳入国家"精准扶贫"的范畴，因为多重劳动关系之重要诱因之一就是为了获得更多的收入而提高生活水平，并满足劳动者的获得感与幸福感。

多重劳动关系在当今共享经济下大量存在，可以实现劳动人民对改革开放成果的共享，同时也是由劳动创造了财富，更是广大弱势群体以自己的劳动实现脱贫致富的重要手段，因此，不仅用工单位应当包容与尊重多重劳动者，全社会都应当是这样。

（三）从政治学与经济学的关系上看，多重劳动关系符合经济关系与法律关系的相互作用原理

经济关系与法律关系相互作用与相互促进，多重劳动关系毕竟是社会经济关系之一种，它是法律关系的基础和前提，即经济关系是基础；而法律关系对

---

① 郑风田：《获得感是社会发展最优衡量标准——兼评其与幸福感、包容性发展的区别与联系》，载《人民论坛·学术前沿》2017年第2期，第10页。

② 郑风田：《获得感是社会发展最优衡量标准——兼评其与幸福感、包容性发展的区别与联系》，载《人民论坛·学术前沿》2017年第2期，第8~9页。

③ 中共中央宣传部：《习近平总书记系列重要讲话读本》，学习出版社、人民出版社2016年版，第215~216页。

经济关系的介入与调整是第二位的，必然具有滞后性特征，但是，法律关系属于上层建筑的范畴，对经济关系又有巨大的反作用力，是经济关系健康与持续发展的保障。多重劳动关系首先是社会经济关系的一种表象，对多重劳动关系的法律调整而形成多重劳动法律关系，其基础与前提就是首先存在的多重劳动关系，多重劳动法律关系的滞后性也就属于正常的，我们对之不应当视而不见，也不必"大惊小怪"加以排斥。

我国目前在共享经济下，新型劳动用工大量"野蛮式生长"如多重劳动关系大量涌现，属于社会改革、发展与进步的正常现象，这不但不是"洪水猛兽"，对现有的劳动法也不构成强调"冲击"，即互联网共享经济下，我国劳动法并没有完全"过失"，只是法律的调整与规制需要关注并考量这些新生事物。只有我们首先对多重劳动关系持包容性之价值判断，随后才能探究对其法律关系规制和社会善治问题。

（四）从社会学与哲学的一般原理上看，多重劳动关系符合"存在就是合理的"哲学命题

众所周知，哲学家黑格尔的无可争辩的哲理命题："凡是现实的都是合理的，凡是合理的都是现实的。"此即所谓"凡是存在的就是合理的"命题，它表明存在就是必然性的社会现实。黑格尔认为：现实不是"偶然的存在"，而是具有必然性的东西，发展了的现实性就具有必然性。

黑格尔曾经说过：人们要辨识"什么东西只是飘忽即逝、没有意义的现象，什么东西是本身真实够得上冠以现实的名义"，"一个偶然的存在不配享受现实的美名。因为所谓偶然的存在，只是一个没有什么价值的、可能的存在，亦即可有可无的存在"。① 多重劳动关系含兼职劳动关系已经是一种较为普遍的存在，即使它没有被法律明确认可，它并不是"偶然的存在"，多重劳动关系创造了价值和财富，是获得感、幸福感与安全感的重要来源之一，是历史的一种必然存在，此存在就属于合理的社会存在，因此，从社会学与哲学上看，应当包容性地承认多重劳动关系。

我国现实中大量存在多重劳动关系包括双重劳动关系和兼职劳动关系，顺应和满足了社会经济改革和发展的需要，既符合马克思主义劳资价值观，是劳动创造价值的再次表现；还符合习近平新时代中国特色社会主义理论，多重劳动关系是人民获得感与幸福感的重要劳动保障，是"幸福是奋斗来的"具体

---

① ［德］黑格尔著：《小逻辑》，贺麟译，商务印书馆1980年版，第44页。

实现途径之一。这些都证明了多重劳动关系是社会现实的、必然的、合理的存在。

多重劳动关系已经被许多人广为接纳,如果我们仍然停留在其合法性的争论中,而罔顾现实存在,就将不符合"存在就是合理的"一般哲学命题。

概言之,从价值理念上应当极大地包容多重劳动关系,承认多重劳动关系的合理性与正当性。国家社会要包容多重劳动关系,但是,对多重劳动关系的包容不仅是制度设计者的一般价值判断,还应当是广大用人单位和劳动仲裁与劳动司法实践者的共同价值判断,此即用人单位和权力机关都要承认多重劳动关系的合理性与正当性,在之后国家出台规制多重劳动关系的政策法规后,再实现对多重劳动关系的合法性判断与规制。

二、权益保护上的倾斜性

对多重劳动关系的包容性,除了价值判断外,还应当体现在对多重劳动关系劳动者之劳动权益的倾斜保护上。

(一)形成平等保护、非歧视性保护和倾斜保护"三位一体"理念

从一般法理上看,平等保护、非歧视性保护和倾斜保护三者并非对立关系,而是具有同质性。我国在《劳动合同法》颁布实施前后以及时下要求修改热议中,一直都争论不休的一个命题是:是否应当对劳动者实施"倾斜保护"?即"单保护"与"双保护"之争。

"单保护"是指"保护劳动者合法权益","双保护"是指"保护劳动者和用人单位合法权益"。① "单保护"还是"双保护"之间的争议,早在《劳动合同法》立法之初就曾出现。② 十几年来,"单保护"与"双保护"之争仍然没有解决,成为一个"悬而未决"的历史疑题。

早在《劳动合同法》立法之初,"单保护"或"倾斜保护"观点普遍,应当坚持"毫不动摇"。一些德高望重的前辈学者,也以"义无反顾"的坚定姿态支持"单保护"。③ 关怀、常凯、王全兴、姜颖等都持"单保护"或"倾

---

① 董保华:《论劳动合同法的立法宗旨》,载《现代法学》2007年第6期,第69页。
② 辛夷、雷广臣:《"单保护"与"双保护"之辩》,载《中国人力资源社会保障》2016年第5期,第39页。
③ 董保华:《论劳动合同法的立法宗旨》,载《现代法学》2007年第6期,第70页。

斜保护"态度。

但是,也有一部分专家学者与立法者(人大代表)极力反对实施"单保护",主张对劳动者与用人单位实施"平等保护"即"双保护",并对《劳动合同法》之"倾斜保护"立法态度大力批判。"双保护"观点是学者对立法过程中全国人大常委会观点的概括,如曾宪梓、倪岳峰、厉无畏等。① 当然了,用人单位出于自身的利益,基本上都反对"倾斜保护"或"单保护"。

第三种观点是"倾斜保护"与"单保护"并不相同,代表学者是董保华教授,他认同劳动法之倾斜保护原则,反对所谓的"单保护",但是,他认为倾斜保护并不等同于"单保护"。劳动法的立法宗旨是倾斜保护,但绝不是"单保护";倾斜保护作为劳动法的基本原则由"倾斜立法"和"保护弱者"两方面构成。② 董保华教授非常赞同劳动法之倾斜保护原则,但是不认可"单保护"。他认为"单保护"极其有害,当把劳动法的倾斜立法原则改造成"单保护"原则时,则否定了双方当事人以协商的方式对劳动关系的某些内容的安排;当立法将私法规范从劳动关系全部或者部分地抽走时,我们看到的实际上是一个完全公法化了的劳动关系。③

笔者的观点是:第一,不论是"单保护"还是"双保护",都不能偏离劳动法"倾斜保护"之基本理念,倾斜保护原则是劳动法的基石。

第二,从立法上,我国劳动法(包括《劳动合同法》)之"倾斜保护"还非常不够,不但不能修改,还应当进一步加强。笔者认为"倾斜保护"不够之处主要表现在:我国劳动者不享有罢工权;用人单位享有的单向惩戒权太大且难以规制;用人单位之解雇权太大,解雇保护制度基本缺失;用人单位享有绝对的劳动规章制度制定权、变更权与实施权;集体劳动法或集体合同法缺失,集体协商谈判特别是工资集体协商谈判形式化严重而导致劳动者基本上没有话语权;权利救济中劳动者举证困难等。正如下言:世界各国劳动立法之倾斜保护是基本共识,但是我国《劳动合同法》却偏离了倾斜保护原则的基本理论要义。④ 因此,笔者一直都不认为我国劳动法对劳动者实施了所谓过度"倾斜保护"而导致劳动关系失衡,而恰恰相反,对劳动者"倾斜保护"力度

---

① 董保华:《论劳动合同法的立法宗旨》,载《现代法学》2007年第6期,第69~70页。
② 董保华:《社会法原论》,中国政法大学出版社2001年版,第143页。
③ 董保华:《论劳动合同法的立法宗旨》,载《现代法学》2007年第6期,第74页。
④ 章惠琴、郭文龙:《从倾斜保护原则审视〈劳动合同法〉之修改》,载《学术界》2017年第1期,第44页。

应当不断加大，笔者认为对《劳动合同法》的修改应当是加大"倾斜"力度而不是减弱。

第三，从劳动仲裁与司法实践上，也应当将"倾斜保护"之立法理念落实到具体的劳动争议案件中去，以充分体现与实现对弱者之权益保障的价值目标。

第四，"单保护"实质上就是"倾斜保护"，"双保护"是指对雇主和雇员都保护，只能算是形式上的平等或平等保护。"单保护"或"倾斜保护"并不是不属于平等保护，而是实质上的平等保护，其蕴涵的法理基础是实质上的平等。

第五，应当一直坚持与坚守劳动法之倾斜保护原则，在多重劳动关系中应当形成平等保护、非歧视性保护和倾斜保护"三位一体"的理念，以便更好地保障多重劳动者的权益。

当代中国劳动法"倾斜保护原则"体现的是中国特色社会主义正义，比自由主义正义，实质性更强，更有利于实现真正的平等和自由。①

倾斜保护原则就是倾斜立法和保护劳动者，该原则决定了我国劳动法的基本立场，是维持劳动者和用人单位之间平衡关系的重要原则。② 林嘉教授认为，倾斜保护是劳动法的一项基本原则，倾斜保护原则是指劳动法倾斜保护劳动者合法权益。③

对多重劳动关系劳动者劳动权益保护之"倾斜性"保护的基础是平等保护，法律面前人人平等的观点毋庸置疑，不论劳动者是什么身份，他们都应当得到宪法和法律的平等对待；不论劳动者是体制内的标准劳动关系，还是非全日制劳动关系；也无论是一重劳动关系，还是多重劳动关系；也无论是一般普通劳动者的兼职，还是高端特殊稀缺人才的兼职，劳动者都应当得到非歧视性之平等待遇。

欧盟不仅有关于多重劳动关系（兼职）的直接立法，还在立法中从理念到条款确立了"非歧视原则"。

欧盟1997年通过相当艰难协商过程最终达成一致，形成《关于兼职工作

---

① 穆随心：《当代中国劳动法"倾斜保护原则"正义价值的实现与超越——基于马克思主义正义观视域》，载《山东社会科学》2016年第10期，第147页。
② 聂婵芳：《劳动法为什么要倾斜保护弱势群体》，载《人民论坛》2017年第14期，第110页。
③ 林嘉：《劳动法的原理、体系与问题》，法律出版社2016年版，第52页。

的集体协议》。该协议通过理事会指令的形式,获得了法律约束力。① 该协议第1条就是协议的基本目的:首先是消除针对兼职工作劳动者的相关歧视行为,并提供兼职工作的质量。该协议确立的基本原则就是"非歧视原则":在就业与劳动条件等方面,从事兼职工作的劳动者不应当因其兼职而遭受低于可比性的专职劳动者的待遇,除非此差别待遇基于客观事实或理由作出。② 此差别待遇必须有客观理由来证明其正当性,"在该规定中,禁止歧视仅是欧洲联盟法基本原则之一的具体表达,即一般平等原则"。③ 可见在欧盟法中,非歧视原则与平等原则具有一致性,因此,对多重劳动关系含兼职劳动者的非歧视性保护,与平等保护之一般原则具有同质性,换言之,对多重劳动关系含兼职劳动者之非歧视性保护,也就是平等保护的范畴。

我国目前,多重劳动者多是社会中低收入者,其占比较高,基本属于社会弱者的范畴(社会名家或特别稀缺人才之兼职劳动除外),而国家和社会对弱者权益的倾斜保护是现代法治与社会治理的基本要义,因此,对多重劳动关系的包容性与倾斜性保护是规制多重劳动关系的基本前提。

(二)形成个体劳动法与集体劳动法"双重"规制与倾斜理念

劳动法比较发达的欧洲,其实质上就是集体劳动法的发达,而我国目前是"重个体轻集体",集体劳动法含集体合同法极其欠缺,与发达国家劳动法的差距较大。欧洲有关多重劳动关系特别是有关兼职劳动关系的立法也是比较发达的。笔者对其特色之观察是:欧洲独特的立法规制模式是将多重劳动关系含兼职纳入"集体劳动法"的范畴,通过发达的集体协商谈判而成为集体协议不可或缺的基本内容。因此,笔者认为,对多重劳动关系之倾斜保护,抑或平等保护或非歧视性保护,不能仅仅限于个体劳动关系之法律调整的范畴,而应当借鉴域外发达国家之成功经验,将倾斜保护、平等保护与非歧视性保护三者统一起来;并将多重劳动关系从形式到实质一概纳入集体劳动法的范畴;特别是应当树立将多重劳动关系纳入集体协商谈判(主要是工资之集体协商谈判)进行治理与规制的理念。因笔者另有专门研究"多重劳动关系与工资集体协

---

① [比]罗杰·布兰潘著:《欧洲劳动法》(第二册),付欣等译,商务印书馆2017年版,第223页。

② [比]罗杰·布兰潘著:《欧洲劳动法》(第二册),付欣等译,商务印书馆2017年版,第224页。

③ [比]罗杰·布兰潘著:《欧洲劳动法》(第二册),付欣等译,商务印书馆2017年版,第234页。

商谈判",本书不繁赘。

(三)形成多重劳动关系之法律救济上倾斜救济理念

对多重劳动关系之倾斜保护,除了达成价值判断与理念之基本共识外,还应当体现在对多重劳动关系争议发生后的事后救济上。此即"有权利必有救济"在多重劳动关系争议上的践行。多重劳动关系争议比一般的劳动争议更加复杂,加上由于我国对多重劳动关系立法的缺失,多重劳动关系争议调处之难题还一直无法破解,特别是多重劳动关系之社会保险问题,如多重保险问题、社会保险赔付问题等,无论劳动调解仲裁,还是诉讼,对多重劳动者权益之特别倾斜保护应当成为一种基本价值取向,例如,即使多重劳动者在兼职劳动单位或雇主,没有工伤保险,在多重劳动者工伤后,仍然应当裁定劳动单位或雇主负有一定的赔偿义务,这也可以视为我国新实施《民法总则》之"公序良俗"原则之特殊情形,当然了,这与笔者并不赞同民法之"公序良俗"原则在劳动法中普遍实施之基本观点并不矛盾。

第五节 多重劳动关系合法与否之考辨

多重劳动关系包含双重劳动关系或兼职劳动关系,多重劳动关系还没有真正纳入我国劳动法的调整范畴,实践中也还没有形成一定的运行范式。对多重劳动关系的理论研究还非常薄弱,立法跟进亦无从谈起。

多重劳动关系含兼职劳动关系其本身就是劳动法上一个比较复杂且有很大争议的未解难题,共享经济下新型劳动用工之"野蛮式"增长再次对其提出了新的挑战。多重劳动关系之合法性认定问题是法治社会中规制劳动关系的基本要义。

多重劳动关系合法性认定主要包括两大内容:一是多重劳动关系中主职与兼职的合法性;二是用人单位(劳动法语境下之雇主)用工单位(民法语境下雇主)之社会保险义务缺失的合法性。

一、多重劳动关系之合法性考评

(一)肯定说(含有条件肯定说)

国外许多国家都是明确承认多重劳动关系或兼职劳动关系的合法性,相关立法与判例对多重劳动关系都有非常明确的肯定态度。而我国则不同,对多重劳动关系既有肯定的，还有否定的；肯定中还有部分肯定即有条件认可多重劳动关系。肯定与否定二者根本对立，这就使得我国多重劳动关系之合法性问题一直以来没有达成共识，立法也缺失明确的态度，导致学界与实践中的纷争不断，相关劳动争议的调处也是无所适从而非常被动。

我国学界对多重劳动关系的态度基本上是肯定的，认为多重劳动关系具有合法性。肯定观点中还包括有条件的承认多重劳动关系的合法性。

兼职是指在社会需要且可能的条件下，劳动者与两个或两个以上用人单位所建立的供给、使用和实现劳动过程的社会关系。我国在《劳动合同法》颁布之前，一般认为我国是不承认多重劳动关系的，但《劳动合同法》使非全日制用工中的多重劳动关系合法化了。[1] 至少可以说我国劳动法是承认了非全日制劳动的合法性并设定了一些主要义务。兼职劳动者同样要遵循现行劳动法有关兼职所规定之法定义务，如竞业限制义务、保密义务、遵守劳动规章制度或劳动纪律等，还要特别遵守《劳动合同法》有关兼职的特别规定。《劳动合同法》第39条第4项明确规定，如果劳动者同时与其他用人单位建立劳动关系，对完成本单位的工作任务造成严重影响，或者经用人单位提出，拒不改正的，用人单位可以解除劳动合同。《劳动合同法》第69条规定，从事非全日制用工的劳动者可以与一个或者一个以上用人单位订立劳动合同；但是，后订立的劳动合同不得影响先订立的劳动合同的履行。许多人都就此立法规定认为，我国劳动法是承认多重劳动关系包括双重劳动关系或兼职劳动关系的，"双重劳动关系不论是在立法上还是在实践中都获得了认可"。[2]

我国目前还没有真正法律意义上有关多重劳动关系的立法，《劳动合同法》的上述有关规定也仅仅是具体针对非全日制劳动的，并非直接针对多重劳动关系兼职劳动关系，更无有关多重劳动关系之多种不同形态的具体规定。我国集体劳动法或集体合同法的缺失，也使得多重劳动关系不能得到集体协商谈判与集体合同的有效规制。这应当成为我国今后《劳动合同法》修改和《集体劳动法》或《集体合同法》立法之不可或缺的内容。

虽然我国目前对多重劳动关系的立法缺失，但是有一个新的国家政策值得关注。2016年11月的中共中央办公厅和国务院办公厅印发了《关于实行以增

---

[1] 问清泓、何飞：《论非全日制用工中的多重劳动关系》，载《当代经济》2011年第4期，第29页。

[2] 张荣芳、郭凤郡：《职工双重基本养老保险关系之处理规则》，载《湖北警官学院学报》2018年第4期，第88页。

加知识价值为导向分配政策的若干意见》,从某种意义上说,它是我国目前有关多重劳动关系之兼职的最高效力和最权威的文件。其目的是"激发广大科研人员的积极性、主动性和创造性,鼓励多出成果、快出成果、出好成果,推动科技成果加快向现实生产力转化"。该文件针对的适用主体是科研人员和高校教师,对科研人员之多重劳动关系持基本肯定态度。该意见第六部分特别规定了"允许科研人员和教师依法依规适度兼职兼薪",其有两个明确准许:第一"允许科研人员从事兼职工作获得合法收入";第二"允许高校教师从事多点教学获得合法收入"。意见明确规定,科研人员在履行好岗位职责、完成本职工作的前提下,经所在单位同意,可以到企业和其他科研机构、高校、社会组织等兼职并取得合法报酬。该意见还明确规定:科研机构、高校应当规定或与科研人员约定兼职的权利和义务,实行兼职公示制度,兼职不得泄露本单位技术秘密,损害或侵占本单位合法权益,违反承担的社会责任。

该意见出台后,各地纷纷出细则落地。比如,江苏发布了21条人才新政,允许科研人员兼职兼薪。黑龙江省科学院、农科院,东北农业大学,黑龙江大学,被黑龙江省选为4家试点单位。[1]

此文件对兼职劳动关系的规制,完全符合劳动法之政策规范调制劳动关系的基本原理,从另外一个方面凸显了国际上"劳动法+劳动政策"的模式与范式,并无不可,也没有任何疑义。但是,其不足是:一是效力层级偏低,其还不属于基本的法律规范;二是适用主体范围太小,主要是针对高端劳动者即兼职劳动关系之高端兼职,仅仅是科研人员和高校教师等专业人才,而不是针对极为普遍的低端兼职即普通劳动者兼职,这样的规定将普通劳动者兼职排除在外,极不周延,虽然对科技人员或专业人才兼职有利,但是,不符合法律法规调整对象之普遍性原理;三是主要是原则性的规定,具体可操作性不强,没有体现劳动政策之灵活性与可操作性强的优势;四是兼职与主职关系没有厘清,科研人员利用主职单位公共资源而实现个人利益最大化,容易引起矛盾,且"能去兼职的都是顶尖人才或单位领导,兼职兼薪的实施会造成内部人际关系恶化"。[2]

我国科技人员兼职政策规定之主要问题是:一是兼职政策零散不成体系;

---

[1] 刘垠、李丽云:《兼职兼薪:让科研人员生财有道》,载《科技日报》2018年5月17日,第003版。

[2] 刘垠、李丽云:《兼职兼薪:让科研人员生财有道》,载《科技日报》2018年5月17日,第003版。

二是法律层次不高，出现纠纷很难得到法律救济；三是鼓励兼职对象混乱，一般是科技人员，但是科研人员与专业技术人员边界不清；四是政策普及不力；五是政策执行存在随意性；六是科技人员兼职的法律体系下健全，对科技人员兼职的规范性文件以党委政府的"红头"文件为主。①

在我国还有一种介于肯定与否定之间的"有条件肯定说"。有学者认为我国法律对多重劳动关系的承认是有条件的，即新建立的劳动关系不能对已先建立的劳动关系产生损害，一旦产生损害，后建立的劳动关系就不合法，劳动者就要承担相应的法律责任。② 我国目前对劳动者在同一时期分别与不同用人单位建立劳动关系的行为给予一定的认可，同时有条件地加以限制。③

最高人民法院2018年编写的劳动争议案件审判指导中明确指出："目前国家没有禁止双重劳动关系的规定。"④

有主审过有关多重劳动关系案件的法官认为：如果前一用人单位认为后一用人单位的劳动关系有损于本单位的利益，则可以解除与劳动者本单位的劳动关系而非直接否认后一用人单位劳动关系的合法性。多重劳动关系中，"后一劳动关系并不当然无效，而且双重劳动关系也并不直接导致劳动合同无效，承认了双重劳动关系的合法性"。⑤

笔者认为，"有条件肯定说"应当属于肯定说的观点，只不过多重劳动关系的合法性认定有一定的条件限制。有一定的限制条件并不能就代表其观点是否定的，因为，任何肯定的观点都不是绝对的肯定，也都是有条件的肯定。多重劳动关系之合法性构成要件当然是有条件限制的，如主体限制、劳动合同限制、非歧视性要件、平等待遇、工作时间限制、集体协商谈判与集体合同要求、社会保险限制等。即使对多重劳动关系持肯定立法态度的欧洲，许多国家对多重劳动关系都有一定的限制条件，并不是放任自由。在多重劳动关系的主

---

① 吴寿仁：《科技成果转化若干热点问题解析（十八）——科技人员兼职政策要点解读》，载《科技中国》2018年第11期，第54~55页。

② 沈佳、周洪宾、陈敏：《建立多重劳动关系的风险防范》，载《中国劳动》2014年第3期，第42页。

③ 翁玉玲：《由双重劳动关系引起的过错辞退：立法、缺失与完善》，载《中国劳动》2014年第7期，第20页。

④ 最高人民法院民事审判第一庭：《劳动争议案件审判指导》，法律出版社2018年版，第479页。

⑤ 王金山：《法院审理劳动争议案件观点集成》，中国法制出版社2016年版，第45页。

体限制上,"国际上通行的做法是禁止国家公务部门的公务员、工作人员与工人,公共机构和公营部门的正式编制人员从事有报酬的私人性质的工作,或以私人名义从事领取报酬的工作"。① 自由职业者和非全日制劳动者从事多重劳动其主体身份合法性是没有限制的。

(二) 否定说

我国学界有一些人认为,因劳动法并没有明确肯定多重劳动关系的立法及态度,因此,多重劳动关系特别是兼职在我国并不具有合法性。

否定多重劳动关系含双重劳动关系或兼职劳动关系是中国劳动法学传统的主流观点,否定说在我国一直以来都是具有"正统"身份的观点,并指导司法实践,影响巨大。其主要因由是传统计划经济的"铁饭碗",劳动者(通常称之为职工,现仍然有此称谓,特别是在社会保险法中仍然称之为职工)只能与一个用人单位建立所谓"正式"劳动关系,即所谓"正式工",属于体制内"吃皇粮"的身份,其他的兼职等都属于不务正业。即便在我国《劳动法》与《劳动合同法》的先后出台后,也仍然没有真正突破传统思维模式,立法仍然没有明确多重劳动关系的合法性,多重劳动关系之合法性与否的争论仍无定论。

中华人民共和国成立以来的劳动法学,长期坚持一个劳动者只能形成一种劳动法律关系的观点。② 一般情况下公民已经参加了一个劳动法律关系,如果要参加另一个劳动法律关系,就必须依法终止前一个劳动法律关系,不允许一个公民同时存在两个以上的劳动法律关系。③ 我国劳动法开创者关怀先生之否定多重劳动关系的观点,一直是主流观点。

我国法律明确否定兼职的,只有《公务员法》,我国《公务员法》明确规定,公务员不得私自兼职并获取报酬。④ 其规制对象为公务员,并不是针对一

---

① 郑爱青:《劳动合同法十大热点评析》,中国劳动社会保障出版社 2008 年版,第 221 页。

② 蒋月:《论兼职劳动关系的劳动法律规制》,载《福建政法管理干部学院学报》2007 年第 3 期,第 11 页。

③ 关怀:《劳动法》(第 2 版),中国人民大学出版社 2005 年版,第 83 页。

④ 2018 新修订的《中华人民共和国公务员法》第 44 条规定:"公务员因工作需要在机关外兼职,应当经有关机关批准,并不得领取兼职报酬。"第 59 条规定:"公务员应当遵守纪律,不得有下列行为:……(十六)违反有关规定从事或者参与营利性活动,在企业或者其他营利性组织中兼任职务;……"

般劳动者之兼职劳动关系。因此,《公务员法》对兼职劳动关系之立法否定,并不能代表我国立法对具有普遍性的普通兼职劳动关系之否定,一般性的兼职劳动关系或多重劳动关系仍然没有明确的立法态度。

有人从有关双重劳动关系的52例实践案件分析中,得出结论:我国实务界对双重劳动关系仍持基本否定态度。我国各地裁判机关对双重劳动关系持否定态度的占80%;从20%的肯定占比来看,只有少数法院赞同并在判决时认可双重劳动关系。① 可见,在我国劳动司法实践中对多重劳动关系之合法性还不是完全认可的,否定的案例占有相当高的比例。

也有从事劳动司法实践工作的法官持反对多重劳动关系的态度,即认为多重劳动关系不具有合法性。北京市第二中级人民法院法官朱涛认为,从我国法律上看,劳动法律法规为保护社会成员的充分就业权,一般并不认可双重或多重劳动关系。他还认为,仅从《劳动合同法》法条上理解,似乎该法并"不倡导"多重劳动关系。② 我国劳动立法"不倡导"多重劳动关系并不意味着多重劳动关系就是违法的,因为"法不禁止就可为"是法律的基本原理。

有法官认为,我国法律不鼓励双重劳动关系;立法对双重劳动关系绝不是放任态度,有时还持否定态度,限制某些双重劳动关系的发生。③

上海市静安区劳动人事争议仲裁院的仲裁员许冬艳,结合上海的劳动仲裁实践,分析得出结论:"目前的司法实践的主流倾向是并不认同双重劳动关系。"④ 上海的司法行政部门基于下面两个原因,不轻易承认双重劳动关系:第一,双重(多重)劳动关系将导致各用工单位权利义务责任难以分配,最终造成混乱;第二,如果承认双重劳动关系的合法性,则其用工单位的知识产权、商业秘密将处于极不安全的状态,无法保护自己企业的重要无形资产,与法制经济原则相悖。因此,承认双重劳动关系都是弊大于利,现阶段应当避免

---

① 张强南:《试论我国双重劳动关系法律制度的完善——基于整合52个判例》,载《法制与社会》2016年第17期,第26页。
② 周国良、许建宇、朱涛:《多重劳动关系认定及其权利义务适用》,载《中国劳动》2013年第8期,第50~51页。
③ 兰世民:《双重劳动关系中未签订劳动合同不应支付二倍工资》,载《人民司法》2014年第2期,第41页。
④ 许冬艳:《"互联网+"时代的双重劳动关系认定》,载《中国劳动》2018年第4期,第71页。

双重劳动关系的出现。①

从上面近期上海的实践中，仍然可以肯定在我国劳动司法实践中对多重劳动关系（含双重劳动关系）之合法性还是持否定态度。

笔者认为，我国《劳动合同法》从总体原则上还是认可多重劳动关系之兼职的，所谓"有条件的认可"也应当划归肯定说之内。只要后建立的劳动关系不影响先前的劳动关系，就应当认定为合法有效。其立法缺陷是并没有明确规定"影响"的基本外延与内涵，没有界定"影响"的程度及其多个用人单位之法律义务与责任的分配问题。

(三) 域外态度

国外有许多立法是明确承认多重劳动关系包括双重劳动关系和兼职的。"双重劳动关系已经成为世界各国劳动关系发展的一个重要趋势"。②

因双重劳动关系是增加就业机会和促进经济发展的一个重要途径，"双重劳动关系在世界各国成为一种普遍现象，一些经济发达国家都确认了双重劳动关系的合法地位，并且在法律中明确双重劳动关系的待遇平等"。③

《俄罗斯劳动法典》第 44 章专门规定了调整兼职工作人员劳动的特别规定，立法基本上是承认兼职劳动关系的合法性的，其第 282 条第 2 款规定"允许与不限数量的雇主签订兼职工作劳动合同，联邦法另有规定的除外"。④

德国有多部法律都是明确承认多重劳动关系含兼职之合法性的，如《非全日制和固定期限劳动合同法》《最低工资法》《社会保险法典（第四部）》《就业促进法》等。1985 年的《就业促进法》鼓励全职工作与兼职工作之间的职业流动。⑤

美国《公平劳动标准法案》规定，一个雇员可能有一个以上的雇主。这一点与中国劳动法之一个劳动者只能同一个用人单位形成劳动关系的原则是截

---

① 许冬艳：《"互联网+"时代的双重劳动关系认定》，载《中国劳动》2018 年第 4 期，第 71 页。

② 王怀新：《依法治国视阈下的双重劳动关系法律问题探究》，载《中国集体经济》2018 年第 10 期，第 115 页。

③ 水波、郭征海：《境内外双重劳动关系问题探析》，载《人民法院报》2017 年 6 月 7 日，第 007 版。

④ 蒋璐宇译：《俄罗斯联邦劳动法典》，北京大学出版社 2009 年版，第 164 页。

⑤ 郑爱青：《劳动合同法十大热点评析》，中国劳动社会保障出版社 2008 年版，第 220 页。

然不同的。① 在美国将多重劳动关系称为"联合雇佣",具有合法性。

比利时和芬兰不仅承认多重劳动关系的合法性,还有一个非常有价值的特色是设置了优先权,赋予了兼职雇员享有填补本公司全职工作岗位空缺的优先权。比利时于1989年12月修订的《计划法》赋予兼职劳动者享有多项优先权,还明确规定了雇员形式优先权的具体程序、雇主义务、监督措施,还规定了雇主不履行法定义务的行政责任和刑事责任。芬兰还要求雇主承担培训兼职劳动者转为全职劳动者的义务,并规定兼职雇员享有如下法定权利:现有的兼职雇员有权优先获得工作机会,雇员享有相关工作机会的优先培训权。②

对于兼职工作的待遇,大多数欧盟成员国的法律都有明确规定。在比利时、丹麦、希腊、西班牙、法国、意大利、卢森堡、葡萄牙、芬兰和爱尔兰,兼职劳动者与全职劳动者在雇佣合同的基本条款、劳动条件、遣散费等方面依法享有平等待遇权。③

欧盟1997年通过相当艰难协商过程最终达成一致,形成《关于兼职工作的集体协议》。该协议通过理事会指令的形式,获得了法律约束力。④ 该协议第1条就是协议的基本目的:首先是消除针对兼职工作劳动者的相关歧视行为,并保障兼职工作的质量。该协议确立的基本原则就是"非歧视原则":在就业与劳动条件等方面,从事兼职工作的劳动者不应当因其兼职而遭受低于可比性的专职劳动者的待遇,除非此差别待遇基于客观事实或理由作出。⑤ 此差别待遇必须有客观理由来证明其正当性,"在该规定中,禁止歧视仅是欧洲联盟法基本原则之一的具体表达,即一般平等原则"。⑥ 可见在欧盟法中,不仅明确承认多重劳动关系含兼职劳动关系的合法性与正当性,还特别确立了非歧视原则。

---

① 林晓云:《美国劳动雇佣法》,法律出版社2007年版,第23页。
② 郑爱青:《劳动合同法十大热点评析》,中国劳动社会保障出版社2008年版,第220~221页。
③ 郑爱青:《劳动合同法十大热点评析》,中国劳动社会保障出版社2008年版,第221页。
④ [比]罗杰·布兰潘著:《欧洲劳动法》(第二册),付欣等译,商务印书馆2017年版,第223页。
⑤ [比]罗杰·布兰潘著:《欧洲劳动法》(第二册),付欣等译,商务印书馆2017年版,第224页。
⑥ [比]罗杰·布兰潘著:《欧洲劳动法》(第二册),付欣等译,商务印书馆2017年版,第234页。

欧盟成员国的法律都明确认可了多重劳动关系之合法性,并明确规定了许多禁止歧视的条款,要求雇主给予兼职劳动者之与主职劳动者相比的非歧视待遇。欧盟成员国之有关多重劳动关系的立法,特别是其兼职与主职之相互关系的立法具有非常大的价值,这也应当是我国今后对多重劳动关系进行立法时,应当参考和借鉴的地方。

概要之,我国法律对多重劳动关系(含双重劳动关系)之兼职劳动关系还是持认可态度的,原则上兼职具有合法性,即同一劳动者可以与多家用工单位建立多重劳动关系或多重劳务关系或雇佣关系。在这一基本前提条件下,新时代共享经济下多重劳动关系或兼职其本质上仍然是符合现行劳动法规定的,现行劳动法仍然没有全面过时,只不过现行法律的调整还有待进一步完善而已。

二、多重劳动关系保险义务辨判

在我国传统典型劳动关系中,由于劳动关系与社会保险关系之紧密"捆绑"模式,用人单位(不是所有用工单位)负有为本单位体制内正式劳动者购买社会保险的法定义务,社会保险已经是用人单位当然的法定责任。否则,就具有违法性,要承担相应的法律责任。但是,劳动法并没有具体规定体制外非典型劳动关系特别是兼职劳动关系的社会保险义务与责任分配问题,这就造成了大量劳动者兼职的用工单位没有履行社会保险义务是否合法的争论,特别是在共享经济下,新型劳动用工的主要特征就是非典型劳动关系和多重劳动关系"野蛮式"生长,社会保险问题也作为"副产品"伴之而来。目前的基本现状是新型劳动用工中的劳动者之社会保险严重缺失,尤其是工伤保险的问题最为突出。有关工伤保险的劳动争议不断出现,相关的劳动仲裁或劳动诉讼成为仲裁或诉讼的"困局",亟待理论研究与实践的有效破解。

有对共享经济下劳动用工的实践调研表明:我国当前的共享经济平台企业或用工企业很少有主动地为灵活就业劳动者提供或要求其购买社会保险或商业保险的,劳动法律规定的建立劳动关系情形下应缴纳的社会保险"五险一金"并没有适用于共享经济下的灵活就业劳动者。目前灵活就业劳动者社会保险参保率较低,调查样本中仅15%的劳动者参加了社会保险。[1] 共享经济下劳动用

---

[1] 何勤、邹雄、李晓宇:《共享经济平台型灵活就业人员的人力资源服务创新研究——基于某劳务平台型网站的调查分析》,载《中国人力资源开发》2017年第12期,第151页。

工的实证研究表明大多数灵活就业劳动者没有社会保险,非强制性的自愿的商业保险也没有。共享经济下社会保险的严重缺失已经是一个非常普遍的现状,主要原因是供给侧之制度设计的缺失和需求侧之劳资双方诉求的异变,供给侧之制度设计即法律强制性规范的缺失仍然是主要的法律原因。

理论和实践中对共享经济中新型劳动用工之社会保险的主要争议概括起来就是用工单位是否应当承担劳动者社会保险的义务,笔者将主要争论划分为三种:全面肯定说、部分肯定说与全面否定说。

(一) 全面肯定说

全面肯定说,是指无论是劳动法语境下的用人单位,还是民法意义上的用工单位,都应当无条件地承担社会保险义务,无论是属于劳动法上的狭义劳动关系还是民事劳动关系即劳务关系或雇佣关系,社会保险义务都是雇主的法定义务。

最高人民法院编写的劳动争议案件审判指导在有关双重劳动关系的某典型案例之"案例要旨"中明确认为:"'双重劳动关系'对是否应认定为工伤不产生影响。"[1] 在存在双重或多重劳动关系时,审判实践中不能断然认定劳动合同无效,从而免除用人单位之提供工伤保险义务;同时,即使是劳动者在双重劳动关系中存在过错,用人单位也仅仅享有一定的合同解除权,但是,不能免除其应承担为劳动者提供劳动保险(社会保险)的义务。[2] 以上最高人民法院编写的劳动争议案件审判指导意见,是结合具体的劳动争议案件[3]之司法审判实践而得出的有关多重劳动关系的意见,也是我国目前非常少见的直接有关双重劳动关系之社会保险的典型案例,其意义较大。虽然我国不是判例法国家,"有判例而无判例法",但是,最高人民法院编纂的指导案例还是具有相当高的指导价值,可以为司法实践"定分止争",笔者将此案例之审判观点划归到"全面肯定说"。

我国目前有关多重劳动关系之社会保险的立法总体缺失,但是有部分法规条文可以作为多重劳动关系之社会保险立法的依据。我国原劳动和社会保障部

---

[1] 最高人民法院民事审判第一庭:《劳动争议案件审判指导》,法律出版社2018年版,第478页。

[2] 最高人民法院民事审判第一庭:《劳动争议案件审判指导》,法律出版社2018年版,第479页。

[3] 此案例是"北京金网络物业管理有限公司诉北京市怀柔区人力资源和社会保障局工伤责任认定纠纷案",此案经过了一审和二审程序。

2004年颁布实施的《关于实施〈工伤保险条例〉若干问题的意见》（劳社部函〔2004〕256号）规定，职工在两个或两个以上用人单位同时就业的，各用人单位应当分别为职工缴纳工伤保险费。职工发生工伤，由职工受到伤害时其工作的单位依法承担工伤保险责任。这种分配办法已经成为我国现实中的一般操作程序，具有一定的合理性，也可以成为我国多重劳动关系之社会保险义务分配的基本规则，此规则在理论上基本没有异议，但是，其缺陷主要是：一是立法层次偏低，强制性的拘束力不够；二是"同时就业"的界定模糊，没有明确是什么形式的劳动关系，即没有明确是劳动法意义上的狭义劳动关系，还是民法语境下的劳务关系或雇佣关系，抑或是不区分部门的全部劳动关系；三是适用范围狭小，其规定仅仅是指"工伤保险"，而工伤保险仅仅是社会保险之一种，并不能表明其他社会保险也可依次而行。

司法实践中，有一种较为现实的观点和做法是：不论劳动关系之区分，也不顾劳动关系与社会保险是否"捆绑"，基于"维稳"思维或人道主义精神，强制性地一律要求用工单位有工伤保险之缴费义务和赔偿责任。笔者将此划归为一种特殊的"全面肯定说"。

此观点和做法的主要原因有三：一是出于人道主义精神，二是出于保护弱者，三是出于"维稳"需要，最终结果一般都裁定用人单位支付劳动者工伤保险费用或承担相应的赔偿责任。这样的裁审结果都"倾斜保护"了劳动者，但是争议较大。由于法定性严重不足，缺乏权威性和说服力，对用人单位来说显然是不公平的，违背了社会保险之社会公平的价值追求。正如林嘉教授所言：社会保险本身就是以实现社会公平为价值目标，其本身就具有浓厚的公平色彩。[①] 有些学者认为，如此仲裁或诉讼显然违背了法治精神，属于"有法不依"，即没有劳动关系（狭义）就应当没有社会保险义务与责任的存在。笔者也认为，这样的裁定具有破坏法之精神的巨大嫌疑，正当性、合法性天生不足，应当摒弃。

(二) 部分肯定说

部分肯定说，是指如果属于传统体制内的典型劳动关系即劳动法语境下的狭义劳动关系，用人单位就应当承担社会保险义务，即社会保险关系仍然按照我国现行法律的"捆绑"规定，不能"松绑"；而体制外的劳务关系或雇佣关

---

① 林嘉：《公平可持续的社会保险制度研究》，载《武汉大学学报（哲学社会科学版）》2017年第4期，第20页。

系则无须遵循这样的规定，用工单位并无法定社会保险义务。此观点可以归并于当今比较"新潮"的社会保险与劳动关系"松绑"与"脱钩"，实现新型的"分层设计"与"分层治理"。

王全兴教授提出了我国目前劳动关系和社会保险之捆绑应该适当脱钩；另外，劳动基准和劳动关系也要脱钩。新型劳动用工即使不纳入劳动法，也应该纳入民法的范畴。① 此两个"脱钩"理念实则为新型劳动用工的另外一种分层治理模式，价值与可行性都较高，笔者非常赞同将劳动关系与社会保障关系"松绑"与"脱钩"的分层模式，将劳动合同与社会保险分离。② 在多重劳动关系之社会保险问题上，实行"松绑"与"脱钩""分层"设计与治理比较切合新时代新型劳动关系，比较可行。

多重劳动关系之社会保险"分层"设计与治理中，还有一种观点认为，应当根据多重劳动关系的不同形态而区别对待。笔者将此观点划归部分肯定说。有人认为"并列衔接"型双重劳动关系，即两个劳动关系都是非全日制劳动关系，不存在用人单位有法定义务为劳动者缴纳社会保险费的问题；但是，劳动者可以自愿以个体工商户的身份自行缴纳养老保险费，也可以自愿以个人身份参加医疗保险。如果是"主从衔接"型的双重劳动关系，则建立了全日制劳动关系的用人单位自然负有缴纳社会保险的法定义务，而非全日制用工单位不负有缴纳社保的法定义务。③ 这种对双重劳动关系因主从关系不同而区别对待的方式比较可行，但是，实质上，其观点仍然是属于传统的"捆绑"模式。

即使认可多重劳动关系，无论是全面肯定，还是部分肯定，但是其各个不同用人单位或用工单位之缴费义务并不容易实现。我国现行社会保险之缴费规则，是在原来单一劳动关系模式下设计的，多重劳动关系难以与之"兼容"。

按照我国现行相关规定，社会保险之一般缴费规则是不能由两个或两个以上的用人单位同时为同一个劳动者缴纳社会保险费，否则就会造成社会公共资源的浪费和不公。在多重劳动关系中也是应当遵循社会保险这一基本规则的。

---

① 朱鸣：《"网约工权益保障研讨会"综述》，载《工会理论研究》2017 年第 3 期，第 13 页。

② 问清泓：《共享经济下劳动规章制度异变及规制》，载《社会科学研究》2018 年第 3 期，第 95 页。

③ 王怀新：《依法治国视阈下的双重劳动关系法律问题探究》，载《中国集体经济》2018 年第 10 期，第 117 页。

但是，在多重劳动关系中的新困惑是：到底由哪一个用工单位来为劳动者缴纳社会保险费呢？两家或多家社会保险义务单位之间如何信息共享？如何相互配合而不是相互"推诿"或"扯皮"呢？实践中，有一种观点认为，在一个用人单位为劳动者缴纳社会保险的前提下，第二用人单位只需要为劳动者缴纳工伤保险就可以了。但问题是目前多数地方实行的社会保险五种保险"一票征缴"制，用人单位很难只为劳动者购买一种社会保险。如何解决这些矛盾是劳动保障部门需要切实面对的问题。①

(三) 全面否定说

全面否定说的基本观点可以归纳为：共享经济平台下的用工单位没有社会保险强制义务，法律不应当强制干预，一切都应当遵循市场规律和契约自由，社会保险不应当成为强制义务，否则，就限制了共享经济的发展，不利于新型劳动用工的繁荣。此观点与我国目前社会保险之强制性根本对立，不具备现实可行性，全面否定说几乎是"空谈"，因此，笔者对此观点完全否定，并认为其研究价值不大，本书对之亦极简化为止。

概言之，我国目前之劳动关系与社会保险的紧密"捆绑"，其劳动关系的认定是社会保险有无的基本前提，但是，劳动关系的认定并非易事，传统劳动关系认定之"从属性"判定标准，在共享经济下已经"失灵"，因此，最近有关共享经济下劳动关系的关注焦点和热门话题就是"共享经济下新型劳动关系的确认"，此命题无论是学界，还是实务界都成为劳动关系与社会保险的一个逻辑起点。劳动关系确认的困难必然导致与之紧密"捆绑"的社会保险关系的纠结与困惑。如何破局，学界和实务界仍无定论。这也是笔者写本书企图抛砖引玉之目的。另外，多重劳动关系之社会保险问题还关联到"重复保险"与"协议弃保"或"自愿退保"这些复杂课题，因笔者另有专门针对"重复保险"与"协议弃保"或"自愿退保"问题的研究论文，本书就此不再详言。

新时代共享经济新型劳动用工情形下，多重劳动关系大量存在，相关争议也不断出现，法律对多重劳动关系以及社会保险规制的缺漏更加突现，多重劳动关系之合法性问题亟待理论研究的深入展开与立法的明确界定。

---

① 李广瑞：《双重劳动关系问题探讨》，载《山东劳动保障》2009 年第 Z1 期，第 15 页。

第六节 多重劳动关系规制路径

多重劳动关系包含双重劳动关系或兼职劳动关系。我国多重劳动关系还没有真正纳入法律的范畴,多重劳动关系的理论研究非常薄弱,法律规范与运行范式亟待加强。

笔者认为,多重劳动关系的规制路径主要有三:一是多重劳动关系与过度劳动结合规制;二是多重劳动关系与工资集体协商谈判归并整治;三是多重劳动关系与重复保险、自愿弃保组合治理。下文分述之。

一、多重劳动关系与过度劳动结合规制

过度劳动简称"过劳",过度与适度相对应,"过度劳动"对应"适度劳动","过劳"还包括"过劳死"。过度劳动已经成为社会关注的焦点,并开始逐渐纳入劳动经济与劳动关系研究的新课题,中国人力资源开发研究会还率先成立了专门的适度劳动研究会,研究队伍不断扩大。但是,过度劳动还没有纳入我国法律的视野,它还不是一个法学范畴,我国劳动法律法规或社会保障法律法规对过度劳动即"过劳"或"过劳死"的规制更是完全空白。

我国有关过度劳动问题的专门法律还是空白,就目前的法律法规来看,根本不存在"过劳"及"过劳死"等的法律概念,更没有出台有关过度劳动导致的疾病或死亡的专门法律处理规则和具体赔偿细则。[1]

在我国目前多重劳动关系的研究还非常薄弱的情况下,将其纳入过度劳动的研究范畴更是凤毛麟角,亟待加强。笔者认为,多重劳动是过度劳动产生的重要原因之一,二者的研究与规制应当有机结合起来,不可分离。

多重劳动与过度劳动虽然有许多不同,但也有许多共同点:

第一,主观上有相似之处。多重劳动关系之劳动者主观动机是自愿地超时超强度地从事多个劳动,以便获得更多的劳动报酬,高端劳动者兼职还为了实现自我价值的实现或获取更高的社会认可与知名度。而过度劳动除了此主动性劳动外,还包括非自愿性的过度劳动,如被迫强制加班,或是劳动强度比较大而导致过度劳动。

第二,多重劳动关系和过度劳动都还没有被纳入法律的范畴,法学领域对

---

[1] 孟续铎:《劳动者过度劳动的若干理论问题研究》,载《中国人力资源开发》2014年第3期,第32页。

它们的研究都还非常薄弱，都还属于法律的"盲区"。

第三，多重劳动关系和过度劳动都还没有被纳入我国社会保障或社会保险的范畴，都没有被列入我国目前的职业病清单中。

第四，多重劳动关系和过度劳动的认定都还没有统一的标准，国家之医学标准与法律标准都还没有制定出来，劳动基准也置之未理。

第五，多重劳动关系和过度劳动都还不是集体协商谈判的基本内容，特别是工资福利待遇之集体协商谈判严重缺失。

第六，多重劳动关系和过度劳动的救济都还非常困难，民事赔偿或保险理赔难以运行，少有的"过劳死"，救济也是处于非强制性救济之人道主义救济。

基于多重劳动与过度劳动之共同特征，笔者认为对其规制路径可以是：

（一）用休息权之权利属性类归多重劳动关系导致过度劳动之侵权行为

我国侵权法专家杨立新教授认为，造成过劳死的行为应认定为侵权行为，但是，强迫他人过度劳动的行为并没有剥夺他人生命的过失和故意，因此不能认为是侵害生命权的行为，造成过劳死的行为所侵害的应当属于是宪法规定的休息权。[1] 防范劳动者过度劳动或"过劳死"需要以保障劳动者休息权为重心。[2] 因此，笔者赞同过度劳动或"过劳死"之权利属性为侵害劳动者休息权之权利属性，以之相对应的就是多重劳动关系导致的过度劳动或"过劳死"也属于侵害劳动者休息权之侵权行为。

我国目前过度劳动即"过劳"与"过劳死"，同多重劳动关系一样，都还没有被纳入法律的范畴，劳动政策也没有具体规范"过劳"或"过劳死"及多重劳动关系或兼职的规定，但是，随着我国改革开放的深入与法制建设的逐渐完善，已经成为社会热点的过度劳动与多重劳动关系必将成为劳动法律与劳动政策的立法目标，而权利与义务就是法律法规的基本构架，多重劳动关系导致的过度劳动应当将之划归为休息权的基本范畴，将公民宪法之休息权从宏观权利具体化为公民之劳动权益，任何单位和个人都不得以过度劳动或多重劳动侵犯劳动者的权益，因此，在今后的制度设计上，应当将多重劳动关系导致的

---

[1] 杨立新：《"过劳死"引发纠纷——劳动者的休息权不容侵犯》，载《检察日报》2004年1月19日。

[2] 谭金可：《论过度劳动的法律治理》，载《法商研究》2017年第3期，第35页。

过度劳动定性为侵权行为之一种，依照《侵权责任法》或劳动法进行法律规制，劳动者可以依此而获得民事赔偿。

(二) 将多重劳动关系导致的过度劳动列入国家职业病目录

我国目前的立法还没有将过度劳动或"过劳死"列入国家职业病目录，2013年我国新公布的《职业病分类和目录》规定了10类132种职业病，但是并没有包含过度劳动及"过劳死"，更没有包含由多重劳动关系导致的过度劳动及"过劳死"。我国学界的观点也是众说纷纭，难以达成一致。有些学者反对将"过劳死"纳入职业病范畴，其观点认为"过劳死"都不具备纳入职业病或工伤的条件，"过劳死"不同时具备我国《工伤保险条例》规定的工作时间、工作地点和工作原因三大基本要素，因此，不能将其纳入工伤的范畴。[1]

日本、韩国和我国台湾地区的成功经验都值得借鉴。目前，韩国（2008）、日本（2001）和中国台湾地区（2010）都出台了有关"过劳死"认定的规定及章程。最早的是日本，韩国和中国台湾地区是2008年及以后才陆续开始的。[2]

笔者认为，为了有效预防和治理过度劳动，应当将过度劳动或"过劳死"列入国家职业病目录，这样也才能够将多重劳动关系导致的过度劳动或"过劳死"划归为法定的职业病。

(三) 将多重劳动关系导致的过度劳动纳入工伤保险的范畴

首先，应当从理论上将多重劳动关系导致的过度劳动纳入工伤保险的范畴。在我国目前的法定职业病目录列表是在认定是否属于职业病的前提下，由于我国目前还没有将过度劳动即"过劳"或"过劳死"及"过劳自杀"列入国家法定职业病目录，因此，难以依据《社会保险法》规定的职业病范畴进行有效救济。[3]

从日本和美国的成功经验来看，过度劳动往往被视为潜在的职业伤害加以

---

[1] 杨河清、王欣：《新常态下我国过度劳动法律规制问题研究》，载《南京大学学报（哲学人文社会科学）》2017年第5期，第74页。

[2] 杨河清、王欣：《新常态下我国过度劳动法律规制问题研究》，载《南京大学学报（哲学人文社会科学）》2017年第5期，第75页。

[3] 谭金可：《论过度劳动的法律治理》，载《法商研究》2017年第3期，第34页。

预防和规制，我国现阶段应当逐渐将过劳死纳入工伤责任法律调整的范畴。①

在将多重劳动关系导致的过度劳动或"过劳死"列入国家职业病目录的前提下，再将其纳入社会保险之工伤保险的范畴就有了法定的理论依据。

其次，在实践运行中还要研究与克服两大障碍：一是将过度劳动或"过劳死"纳入工伤保险的困局；二是将多重劳动关系纳入工伤保险的难局。

过度劳动或"过劳死"纳入工伤保险的主要困局是过度劳动或"过劳死"的认定标准如何确定。"过劳"和"过劳死"两个词都来源于日本，② 日本的经验值得我国借鉴，日本对于"过劳死"的法律认定也是逐渐形成的，国家在法律上迟迟没有作出明确的规定，虽然在1961年对心脑疾病致死的情况进行了劳灾认定规定，但其条件极其苛刻的条件是"当事人死亡前日的工作时间达到通常工作时间的3倍以上"。③ 1987年10月，日本劳动省对《劳动者灾害补偿保险法》进行了修订，将"过劳死"纳入劳灾认定的范围内，2001年12月日本厚生劳动省对"过劳死"的认定基准再次修正为"发病前1个月加班超过100小时，或者发病前2~6个月内平均每月加班超过80小时"，2014年出台并实施了《过劳死防止法（案）》。④ 可见，日本对过度劳动含"过劳死"的认定是经历了漫长而艰难的道路，日本"将'过劳死'作为劳动灾害进行认定"⑤ 并最终完成了强制立法，其积累的成功经验确实值得我国借鉴与移植，并可以节约社会资源，少走弯路，我国的理论研究和实践运行都应当重视日本的模式。

我国台湾地区对过度劳动含"过劳死"的认定标准是："发病前1个月内，加班时间超过92个小时，或发病前2~6个月，每个月平均加班时间超过72小时"，其特色是非常具体地界定了加班时间与发病时间的联系。韩国的认定标准是：除了工作时间外还将工作负荷、工作强度、工作环境等因素纳入其

---

① 崔子龙：《国外过度劳动治理经验借鉴与启示》，载《商业时代》2014年第26期，第108页。

② 孟续铎：《劳动者过度劳动的若干理论问题研究》，载《中国人力资源开发》2014年第3期，第30页。

③ 孟续铎：《劳动者过度劳动的成因研究：一般原理与中国经验》，2013年首都经济贸易大学博士学位毕业论文，第24页。

④ 杨河清、王欣：《新常态下我国过度劳动法律规制问题研究》，载《南京大学学报（哲学人文社会科学）》2017年第5期，第74页。

⑤ 孟续铎：《劳动者过度劳动的成因研究：一般原理与中国经验》，2013年首都经济贸易大学博士学位毕业论文，第23页。

中，考虑较为全面。①

多重劳动关系纳入工伤保险也有困局亟待破解。纳入工伤保险的主要障碍是因为多重劳动关系的表现形态非常复杂，呈现交叉之复合形态。多重劳动关系的形态划分还没有统一的标准和定势，笔者通过多国内外有关多重劳动关系的比较分析，在文献资料非常欠缺的情况下，初步梳理出了多重劳动关系的各种形态。一是主从划分标准：从两个或多个劳动关系的主从地位关系划分，可以分为"主职+兼职"与"兼职+兼职"，主职为标准或典型劳动关系，而兼职为非标准或非典型劳动关系，主职是全日制劳动，兼职为非全日制。二是从属划分：从两个或多个劳动关系的法律属性是劳动法上的狭义劳动关系，还是民法之劳务关系或雇佣关系，可以分为"劳动关系+劳务关系或雇佣关系"与"劳务关系或雇佣关系+劳务关系或雇佣关系"，其中的劳动法意义上的劳动关系仅仅只能有一个，而民法之劳务关系或雇佣关系可以是两个或多个，另外，民法意义上的劳务关系或雇佣关系还包括所谓的劳动之"合作关系"或"经营关系"或"服务关系"或"交易关系"② 等非法律称谓。由于我国社会保险含工伤保险是与狭义劳动关系即传统体制内的劳动关系紧密"捆绑的"，换言之，只有劳动法意义上的狭义劳动关系且只能是一个，才有享有社会保险的权利，一般民事劳动关系如劳务关系或雇佣关系是不能享有强制社会保险的，而多重劳动关系的基本形态中是既有劳动法意义上的劳动关系，又有民法意义上的广义劳动关系，因此，必将导致社会保险含工伤保险权利、义务和责任分配的复杂性，也必然导致多重劳动关系之劳动者工伤发生后的赔偿等救济问题的复杂性与不确定性。

笔者认为，解决这些问题的路径是将现行立法下的社会保险与劳动关系

---

① 杨河清、王欣：《新常态下我国过度劳动法律规制问题研究》，载《南京大学学报（哲学人文社会科学）》2017年第5期，第75页。

② 董保华教授在研究非标准劳动关系的特征时提出了"三分"与"三合"说，其中劳动关系的"三合"是指劳动关系与经营关系重合、劳动关系与服务关系重合、劳动关系与劳动关系重合。参见董保华：《论非标准劳动关系》，载《学术研究》2008年第8期，第53~54页；董保华著：《十大热点事件透视劳动合同法》，法律出版社2007年版，第508~510页。陈乃新和梁中鑫认为，调整劳动关系，应当包括调整交易关系与合作关系：交易关系是指用人单位提供财产，劳动者提供劳动力，两者按照劳动力的价值进行交易的物化劳动关系；合作关系是指用人单位为了获得财产增值的利益而接受投资者投入的财产，形成以用人单位整体的财产值为媒介的同创共享关系。参见陈乃新、梁中鑫：《双重劳动关系及其法律调整研究》，载《中国劳动》2016年第8期，第40~41页。

（狭义）之"捆绑"关系逐渐"松绑"分离，将所有的劳动关系无论是劳动法意义上的还是民法意义上劳动关系统一起来规制，实现劳动关系之保险制度的"二元化"：强制性的社会保险与任意性的商业保险。

笔者一贯主张将劳动关系与社会保障关系"松绑"与"脱钩"的分层模式，逐渐将劳动合同与社会保险分离开来，并将商业保险作为"底线"纳入所有的新型劳动形态中。分层设计的基本原则是将社会保障与劳动关系"松绑"，具体办法为对兼职者不予购买社会保险，因为他们在主职单位应当是有社会保险的，而全职劳动者应当享受社会保险待遇；无论是全职还是兼职，也无论劳动者是否愿意，都应当将其纳入商业保险的范畴，让商业保险弥补社会保险的不足，让所有劳动者都有保险。①

这不仅可以解决多重劳动关系之保险难题，还可以破解多重劳动关系导致的过度劳动或"过劳死"之工伤保险的困局。

（四）将多重劳动关系导致过度劳动之争议作为民事争议与劳动争议之特别类型

我国目前对劳动关系之争议调处模式采取的是"二分法"，即狭义劳动关系之劳动争议实行"先裁后审"模式，而劳务关系或雇佣关系之争议属于民事争议之"或裁或审"模式，劳动争议之"先裁后审"模式一直以来都遭到诟病，劳动关系、劳务关系或雇佣关系之统一"或裁或审"模式，已经基本成为劳动法学界之学理共识，但是，入法程序还遥遥无期。笔者认为，将多重劳动关系导致的过度劳动争议作为民事争议与劳动争议之特别类型对待，可以暂且为权宜之计。其特别之处是这种争议既涉及民事争议如多重劳动关系形态中之劳务关系或雇佣关系，还涉及狭义之传统劳动关系即劳动法调整之劳动关系或劳动合同关系，因此，处理这种复杂的争议就不能够按部就班地实现传统的"二分法"模式，而应当区别对待，赋予争议当事人或裁或审之选择权比较有利，劳动人事仲裁院或劳动仲裁委员会以及人民法院不得强制介入。如果当事人选择了劳动争议处理类型，则应当按照劳动争议调处模式办，适用《劳动争议调解仲裁法》实行"先裁后审"或"一裁终局"；而如果当事人选择了民事争议模式，则按照一般《民事诉讼法》"或裁或审"模式办理。

---

① 问清泓：《共享经济下劳动规章制度异变及规制》，载《社会科学研究》2018年第3期，第95页。

二、多重劳动关系与工资协商谈判并治

笔者认为，我国目前的劳动法与域外发达国家或地区的主要差距是在调整个体劳动关系与集体劳动关系上。域外发达国家或地区劳动法之所以发达的主要原因之一是其集体劳动法之发达，集体协商谈判意识强烈，集体协商谈判制度设计比较成熟，而我国目前的集体劳动法非常滞后，集体劳动法或集体合同法缺失，"重个体轻集体"之劳动关系调处意识与制度设计普遍，据笔者的不时调查或询问之"不知还有集体劳动法"的不在少数。实践中，虽然全国中华总工会牵头的"自上而下"的集体协商谈判"运动"不断，但是，集体协商谈判实际上"形式正义"非常严重，劳动者工资集体协商谈判之话语权基本为零，可以说集体协商谈判几乎"形同虚设"。

有专门从实证角度研究我国集体协商的新成果再次表明与佐证了我国工资集体协商形式化问题突出，"工资集体协商形式化现象严重。该制度以通过协商会议签订工资集体协商或集体合同为目标，推行任务以集体协商或集体合同的签订量覆盖企业和职工的数量为指标"。①

笔者在长期的劳动法教学与研究中，一直非常关注和研究集体劳动权，但是，一直以来都没有搞清楚为什么域外非常发达的集体劳动法，在我国不被重视，真正有效的集体协商谈判为什么难以实现，集体劳动法之"西法东渐"为什么难以破解？工资之集体协商谈判为什么难以"落地"？工资之集体协商谈判也为何不能成为协商谈判的基本要义？

最近笔者阅读了有关中国传统文化的经典著作，从非法律途径得到了新"发现"与新启发，可谓"豁然开朗"而"柳暗花明"！上述难解之疑问原来与中国之传统文化密切相关联。原来在中国传统文化中，集体观念与域外有着根本的不同。

国学大师梁漱溟先生的代表作《中国文化要义》，被誉为中国文化研究和西方文化比较的经典作品，1949年初版，其后多次再版，影响巨大。在该书中梁漱溟先生在书中论述了中国传统文化的多个基本特征，特别是专门在第四章中研究了"中国人缺乏集团生活"。他认为西方所长是团体，包括公共观念、纪律习惯、组织能力和法治精神四个方面之"公德"即人类为团体生活

---

① 王黎黎：《集体劳动关系法律实证研究：以集体协商为例》，法律出版社2018年版，第2页。

所必需的品德，这些恰为中国人所缺乏。① 虽然，梁漱溟先生论述的是传统中国文化，但是，即使是当下，中国人仍然缺乏团体或集体精神，这是几千年形成的传统文化积淀，改变起来当然是非常困难的了。

我国社会发展到现在的社会主义新时代，公民的集体主义精神也在不断加强，但是，集体意识仍然是一个渐进的长期构成，并非一朝一夕就能实现。首位出生于中国的白宫特别助理、曾是英特尔最年轻的董事总经理黄征宇也认为当代的华人仍然缺乏集体精神，他在其《征途美国》一书中说过：顶级企业里的华人比例并不低，尤其在美国的加州硅谷，但是地位却不是很高，顶级企业里的华人只注重个体优秀，而缺乏组织性和互助精神。② 可见，在中国人的基因中长期缺失集体观念，具体到法律中来，集体劳动法包括集体协商谈判之精神与制度的严重缺失，就很好理解了。因此，我国集体劳动法的滞后与缺失与我国传统文化紧密相关，破解路径不能仅仅停留在法律层面上，应当跳出法律的圈子，从传统文化之根深蒂固的影响上看待集体协商谈判，同时，应当意识到我国集体劳动法含集体协商谈判之制度设计与实践运行是不可能"一蹴而就"实现的，而是一个从文化到社会关系，再到法律关系的"渐进"而漫长的过程，我们应当有充分的耐心与自信对待集体协商谈判，这既是文化自信的体现，也是制度自信在劳动法上的具体化。

集体协商谈判的主要和重点内容应当是劳动者的工资待遇问题。荷兰的科伊内与匈牙利的高尔戈齐组织欧洲多个国家的27位专家学者编写了专门研究工资集体协商制度的著作《欧洲：工资和工资集体协商——自二十世纪九十年代以来的发展》，该书分析总结了17个欧洲国家的工资集体协商谈判问题，对集体谈判在工资确定中的重要性等问题进行了分析。③ 该书从第1章到第15章分别分析了奥地利、波罗的海国家、比利时、捷克、丹麦、德国、匈牙利、爱尔兰、意大利、荷兰、葡萄牙、斯洛伐克、斯洛文尼亚、西班牙和英国的工资和工资集体谈判制度与实践。笔者认为，这么多的欧洲国家的工资集体谈判制度与实践完全足够说明：劳动者工资问题是集体协商谈判核心，工资集体协商谈判作用非常重要。正如该书译者崔钰雪在"译后记"中所言"工资集体

---

① 梁漱溟：《中国文化要义》，上海人民出版社2011年版，第64页。
② ［美］黄征宇：《征途美国》，中信出版集团股份有限公司2017年版，第80页。
③ ［荷］科伊内、［匈］高尔戈齐主编：《欧洲：工资和工资集体协商——自二十世纪九十年代以来的发展》，崔钰雪译，中国工人出版社2012年版，第1页。

协商谈判在工资制定过程中发挥着重要作用"①,工资集体协商谈判已经被域外的许多国家或地区的理论与实践所认可和实施。

德国的集体协商制度非常发达,也充分表明了工资集体协商谈判的重要价值。工会与雇主经过集体协商谈判而缔结的集体协议被称为"劳资协议",协议涉及劳动与经济条件的私有方面,但是,"按照普遍的观点,报酬,即雇主支付的工资是劳资双方间缔结协议的重点对象"。②

德国劳资协议即集体合同具有高于个体劳动合同的效力,特别是有关雇员的工资规定,个体劳动合同不得低于集体合同的标准,"德国法律规定,必须在所有劳动合同中统一指出由劳资协议确定工资数额",且此标准也并不是长期规定不变的,为了防止通货膨胀或雇主不及时调整工资,德国的劳资协议的有效期通常较短,仅为一年,这样就可以在下一轮劳资谈判中对经济状况变化及时作出反应;另外,还制定所谓"指数解约条款",使工会有权在通胀率大幅上涨时解除劳资协议,并就工资调整展开新的谈判。③ 可见,德国的工作集体协商谈判已经是一种非常普遍的制度设计,几乎每年都要就工资问题进行集体协商谈判,且不受劳动者个体劳动合同之限制,其根本目的就是保障劳动者的基本工资收益。

通过集体协商谈判而到达签订劳资协议即集体协议或集体合同,是集体协商谈判的重要目标。在德国,缔结劳资协议是实现雇员平等参与与制定工资与劳动条件的方式,以克服个体职工的组织劣势,"从而实现工资与劳动条件的近乎平等协商"。④

多重劳动关系之工资集体协商谈判的功能目标仍然是集体协商谈判制度之一个重要方面,我们目前工资集体协商谈判的基本功能是协调劳动关系,特别

---

① [荷]科伊内、[匈]高尔戈齐主编:《欧洲:工资和工资集体协商——自二十世纪九十年代以来的发展》,崔钰雪译,中国工人出版社2012年版,第297页。

② [德]沃尔夫冈·多伊普勒著:《德国集体工资谈判制度》,王建斌、章晓宇译,社会科学文献出版社2014年版,第25页。

③ [德]沃尔夫冈·多伊普勒著:《德国集体工资谈判制度》,王建斌、章晓宇译,社会科学文献出版社2014年版,第83页。

④ [德]沃尔夫冈·多伊普勒著:《德国集体工资谈判制度》,王建斌、章晓宇译,社会科学文献出版社2014年版,第77~78页。

是要形成和完善工资决定机制和工资增长机制,不断实现劳资合作与劳资双赢。①

多重劳动关系的规制既要考量中国文化的影响因子,还要研究制度设计的理论基础,为多重劳动关系之和谐渐行渐近。多重劳动关系之工资集体协商谈判的意义重大,劳动者对自己的工资有了一定的话语权,其实际表现就是劳动者的收入水平得到了提高,生活质量也将得到改善,体面劳动与适度劳动的目标追求才有可能实现,劳动者之多重劳动含兼职也将从主观上得到有效治理,实现多重劳动关系规制之"自发"到"自觉"、被动到主动的飞跃。

三、多重劳动关系与重复保险规制治理

在我国社会进入社会主义时代的背景下,经济关系的多元化必将导致劳动关系的复杂化,进一步导致社会保险关系的分层性与多样性,传统狭义劳动关系与社会保险关系的相互"捆绑"的制度设计与运行已经再难以适应社会的发展与进步。多重劳动关系一直不被人们看好与接受,且一直以来还没有被国家明确认可,也没有纳入法律的范畴进行规制,使得多重劳动关系之合法性问题争论不休,也使得多重劳动关系与重复保险、自愿弃保等社会保险关系更加复杂与更加难以厘定和规制。规制多重劳动关系应当与重复保险和自愿弃保之治理结合起来。

多重劳动关系之保险问题复杂性的主要表现为:多重劳动关系与重复保险和自愿弃保的"纠缠";实践中调整与规制三者关系的"纠结"。

我国目前共享经济下的重复保险还有许多难题亟待破解,其主要未解难题是:社会保险之重复保险是否容许存在?其法理基础如何?重复保险是否会导致有限社会保险公共资源的浪费?劳动者获得重复保险之重复赔偿是否公平合理?如果一个劳动者已经有一个社会保险了(与传统体制内一个狭义劳动关系相"捆绑"),多重劳动关系含兼职之其他劳动用工单位应当如何再为劳动者购买社会保险?多重劳动关系之多个用工单位缴费比例与赔偿责任如何合理分配?多重劳动关系之多个社会保险关系如何衔接?多重劳动关系中强制性的社会保险与自愿性的商业保险如何处理?多重劳动关系中劳动者自愿弃保的效力如何?自愿弃保后再发生保险事故用工单位是否应当赔偿?这些难题都还有待理论研究的全面而深入地展开,同时并进行大量的理

---

① 王黎黎:《集体劳动关系法律实证研究:以集体协商为例》,法律出版社2018年版,第237页。

论与实践结合的实证研究,不断完善可行性方案,再将比较成熟的理论与实践经验提供给国家公权力机关参考,最终实现多重劳动关系之保险问题的正式立法。

重复保险的概念来源于商业保险,又称为多数保险,它的对称是单保险。其定义是数个保险人对被保险人同一损失的补偿责任。① 广义重复保险指投保人就同一保险标的或保险利益或同一保险事故,分别与数个不同的保险人签订保险合同即数个不同保险合同都指向同一个保险标的;而狭义的重复保险是指数个保险合同之金额总和超过保险标价值额的保险。广义重复保险除了包括狭义重复保险在内,还包括多个保险合同总额小于等于保险价值的情形。② 商业保险之重复保险一些争议与未解问题的"惯性"也直接影响了社会保险,使得社会保险之重复保险问题更加复杂化。③

在商业保险之重复保险还一直存在较大争议的前提下,社会保险之重复保险更加难以"破茧"而生。我国目前的观点是:基本上不承认重复社会保险,因为重复社会保险的后果是政府对参保者的重复性补贴,造成稀缺公共资源的浪费;重复保险待遇的享受还严重影响到社会公平与分配正义,并可能造成社会整体保险福利水平的下降。④

我国法律法规对于是否承认职工双重基本养老保险没有明确的规定,但司法实践中,普遍否认职工双重基本养老保险关系的法律地位,而只允许一个养老保险关系存在。实践中均将双重职工养老保险关系视为重复参保,并基于社会保险之唯一性原则予以禁止。⑤

多重劳动关系与重复社会保险一样,对其本身的价值判断都还存在较大争议,在这样的前提下,多重劳动关系之重复保险问题就更加缺乏理论基础与社会认可,但是,多重劳动关系无论法律是否明确承认,但是其大量存在的基本

---

① 樊启荣:《复保险中损失分摊原则之现代整合——兼论〈中华人民共和国保险法〉第56条第2、4款之完善》,载《法商研究》2012年第6期,第56页。

② 石红伟:《重复保险若干争议问题研究》,载《中国保险》2016年第9期,第53页。

③ 问清泓:《共享经济下社会保险制度创新研究》,载《社会科学研究》2019年第1期,第90页。

④ 张国栋、左停:《福利还是权利:养老保险"重复参保"现象研究》,载《社会科学战线》2015年第11期,第215页。

⑤ 张荣芳、郭凤郡:《职工双重基本养老保险关系之处理规则》,载《湖北警官学院学报》2018年第4期,第85~86页。

事实表明研究与破解多重劳动关系之重复保险问题还是具有相当大的理论价值与实践意义的。

由于多重劳动关系的形态比较复杂,有"劳动关系+劳务关系""劳动关系+雇佣关系""劳务关系+劳务关系""劳务关系+雇佣关系""雇佣关系+雇佣关系"等,因此,多重劳动关系之重复保险问题也必然涉及社会保险与商业保险的交叉与重叠,而社会保险的强制性与商业保险的任意性将共同存在于多重劳动关系中,其缴费义务的分担比例如何确定?劳动法语境的狭义劳动关系与社会保险的"捆绑"结果是社会保险是用人单位必须履行的强制性义务,那么多重劳动关系中的狭义劳动关系也就相对应地不可或缺社会保险,也无论是几个劳动关系,社会保险都是各个用工单位的强制义务;而民事劳动关系即劳务关系与雇佣关系之用工单位并没有强制性的保险缴费义务,这就使得多重劳动关系中如果有一个劳动关系属于民事劳动关系,雇主就没有强制性的保险缴费义务。在这样的劳动关系"二分法"之情形下,多重劳动关系之重复保险也就必然是社会保险的强制性只能是依附于狭义劳动关系上,而多重劳动关系中的劳务关系与雇佣关系则不能实行分摊强制性的社会保险义务,只能是自愿性的商业保险。现实中情况是多重劳动关系中的劳务关系与雇佣关系基本上不存在社会保险,商业保险也是极少,且相应的用人单位或雇主并不违法,即使有相应的保险也是用人单位或雇主的"良心发现",但是,一旦多重劳动关系之人身伤害伤亡事故特别工伤事故发生后,有社会保险的可以认定为工伤事故,劳动者就可以获得相应的保险赔偿,如果多重劳动关系中有多个社会保险还可以获得重复赔偿;而没有社会保险之工伤保险的非狭义劳动关系就难以获得社会保险之工伤保险的赔偿,甚至连民事损害赔偿也非常困难。在此种情况下,没有社会保险或商业保险的多重劳动者如果要求用工单位或雇主赔偿,即使用工单位或雇主没有法律上的强制义务,但是,实践中国家公权力机关又往往出于维护社会稳定与和谐、人道主义、保护弱者等,强制用人单位或雇主承担赔偿责任,这样的社会效果值得肯定,但是,法制与法治精神却遭到破坏或践踏。如何克服多重劳动关系中的这些问题,就"倒逼"学者们的理论研究与立法者考量多重劳动关系之重复保险制度的设计,不管今后理论如何研究及制度如何设计,规制多重劳动关系都应当与重复保险紧密结合起来,二者不能分离而治。

四、多重劳动关系与自愿弃保归并防治

自愿弃保又称为协议弃保,是我国社会保险实践运行中存在的一种非正常

现象①。自愿弃保并不是一个标准的法律用词，但是，与前文多重保险之合法性难以界定不同，我国目前的法律是已经将自愿弃保或协议弃保纳入了法律的调整范畴，法律的基本定性是：自愿弃保或协议弃保不具有法律效力。虽然自愿弃保又称为协议弃保现象时有发生，但是它还没有正式的"户籍"与定义，属于"黑户口"和非法行为。

笔者认为，自愿弃保是指被保险人为了自己的特殊诉求，而自愿、主动地要求保险人无须为自己购买社会保险即自愿放弃社会保险，保险事故发生后也不会要求保险赔偿，更不会要求用人单位或雇主进行民事损害赔偿。自愿弃保或协议弃保之被保险人的特殊诉求一般是为了获得新的劳动机会而主动减少用人单位或雇主的供给成本，使得用人单位或雇主乐意雇佣自己，增加就业机会之博弈砝码，多重劳动关系之劳动者为了获得新的用人单位或雇主的雇佣，往往在与用人单位或雇主协商中主动放弃社会保险，主动减轻或免除用人单位或雇主之雇主责任。还有的诉求是为了获得更多既得利益如劳动报酬，如农民工自愿弃保或自愿退保，就是为了眼前之利益，为了获得更多的劳动报酬，而相对方因为免除或减少了法定义务如缴费义务和赔偿责任，也是非常乐意接受这样的所谓"双赢"诉求，并最终达成一致，形成劳动合同或协议之免责条款。多重劳动关系之劳动者的自愿弃保诉求往往既有获得就业机会的诉求，也还有获取更多劳动报酬的诉求。

我国时下共享经济下灵活劳动用工和多重劳动关系普遍，传统的社会保险与劳动关系紧密捆绑的特征已经面临巨大挑战，许多用人单位并不与劳动者签订劳动合同，社会保险也随之严重"虚化"。这些问题的出现并不完全是用工单位的责任，劳动者自愿与主动放弃或让渡自己的权利，也是重要诱因。在劳资双方都是自愿并乐意放弃社会保险的情势下，共享经济下的自愿弃保或协议弃保如何克服，已经成为了迫在眉睫的难题。自愿弃保或协议弃保到底是不是一个有研究价值的真命题？自愿弃保或协议弃保是不是新型劳动用工下之真正诉求？公权力干预劳资双方自愿的弃保是否合适或是否有法定依据？是否"自作多情"？如果强制干预其实际效果又将如何？② 笔者认为，不管自愿弃保或协议弃保之理论研究如何以及制度方案如何构建，规制多重劳动关系都应

---

① 本书所指的自愿弃保或协议弃保仅仅是指社会保险，其非法性也是界定于社会保险的范围之内；而在商业保险内自愿弃保或协议弃保应属合法行为。

② 问清泓：《共享经济下社会保险制度创新研究》，载《社会科学研究》2019 年第 1 期，第 94 页。

当与自愿弃保又称为协议弃保紧密关联起来，二者应当合并而治。

自愿弃保或协议弃保不具有法律效力，属于明确的违法行为，这在理论上和立法上都没有任何争议。我国现行多个立法都明确规定了用人单位与劳动者必须依法参加社会保险。①

在有关社会保险争议的实践案例审理中，法官们的基本观点也是认为自愿弃保或协议弃保都属于无效约定，不具有法律效力。劳动者是否参加社会保险并不在其权利自由处分范围之内，劳动者与用人单位关于不缴纳社会保险的约定不仅损害了劳动者个人社会保险利益，还损害了全体社会的整体利益，违反了法律法规的强制性规定，属于无效约定。②

我国司法实践中有关自愿弃保的案例并不少见，一般都最终判定用人单位败诉即自愿弃保或协议弃保无效。这从实践中再次佐证了即便是劳动者单方弃保或劳资双方协商弃保，其自愿弃保协议或条款都是非法的，都不具有法定效力。主审过此类案例的北京一中院民六庭庭长赵悦法官认为，社会保险具有强制性，用人单位应当按时足额为劳动者缴纳社会保险，即便劳动者申请或双方协商一致不缴纳社会保险，也不能免除用人单位的依法缴纳、代扣代缴的法定义务。③自愿弃保承诺书内容违反了法律法规之强制性规范，当然应属无效约定；用人单位依据无效的承诺书，以劳动者自愿弃保为由，拒绝履行自己的缴纳社会保险费义务的行为是明显的违法行为，应当承担相应的法律责任。④

司法实践中有法官在审理有关自愿弃保案例时认为，缴纳社会保险费不仅

---

① 我国《劳动法》第72条规定："用人单位和劳动者必须依法参加社会保险，缴纳社会保险费"；《社会保险费征缴暂行条例》第4条第1款规定："缴费单位、缴费个人应当按时足额缴纳社会保险费"；《劳动合同法》第17条规定："劳动合同应当具备以下条款：……（七）社会保险"；《劳动合同法》第26条第1款规定："下列劳动合同无效或者部分无效：……（二）用人单位免除自己的法定责任、排除劳动者权利的；（三）违反法律、行政法规强制性规定的。"《社会保险法》第58条规定："用人单位应当自用工之日起三十日内为其职工向社会保险经办机构申请办理社会保险登记"；该法还明确规定了用人单位应当为职工缴纳养老保险、医疗保险、工伤保险、失业保险和生育保险，即通称的"五险"。

② 金曦、朱涛、田璐：《劳动争议法律适用解答与典型案例解析》，人民法院出版社2018年版，第299页。

③ 刘洋：《用工"任性"，企业当心自闯"雷区"》，载《工人日报》2017年8月26日，第005版。

④ 侯力强、王健：《自愿弃保又以此索赔用人单位也得认账》，载《中国人力资源社会保障》2014年第3期，第53页。

是用人单位的法定义务，同时也是劳动者的法定义务。"不能由用人单位和劳动者通过约定变更或放弃。""这类条款虽然是双方真实意思表示，但因为违反了法律法规的强制性规定，因而是无效的。"①

还有四川省华蓥市人民法院的法官刘亚平也认为，社会保险属于法律规定的强制性保险，因此，它不具有协商性和自愿性，为劳动者办理社会保险是用人单位的法定义务，"劳动关系双方不可通过协商的方式变更用人单位的此项义务"。② 自愿弃保或协议弃保应当属于用人单位之法定义务的变更，应当属于无效变更。

我国最高人民法院民事审判庭第一庭也是明确赞同自愿弃保或协议弃保没有法律效力的。他们认为，缴纳社会保险费是用人单位的法定义务，约定义务必须合法，不能以约定义务排除法定义务的适用，即使双方之间约定或者劳动者自愿放弃参加社会保险，因不符合法律的强制性规定，均属无效，用人单位还是应当履行缴费义务。③

虽然，无论是学界，还是司法实践，都一致认定在社会保险中自愿弃保或协议弃保都不具有法律效力，这已经是一个没有争议的问题了。但是，自愿弃保或协议弃保之劳动者事后"反水"而主张用人单位之经济补偿或民事损害赔偿时，却是一个非常有争议的未解难题。

对此有两种截然相反的观点：一种认为劳动者违背了诚实信用之基本原则，应当不予支持；另一种观点则认为应当支持劳动者的诉求主张，认为社会保险属于公法的调整范畴，劳动者和用人单位都无权自由处分。④ 此观点即认为用人单位应当赔偿劳动者之经济补偿或赔偿。后一种观点的主要理由是有四点：劳动者虽然违背了此前自愿弃保约定，但是该约定因其内容本身是违法的，因而应当自始无效，对协议双方当事人均无约束力；诚实信用原则之目的是保障当事人基于真实意思而形成的预期，劳动者与用人单位或雇主串通侵害社会保险之公共利益的自愿弃保或协议弃保不适用于诚实信用原则；用人单位

---

① 王金山：《法院审理劳动争议案件观点集成》，中国法制出版社 2016 年版，第 134 页。

② 国家法官学院案例开发研究中心：《中国法院 2018 年度案例：劳动纠纷（含社会保险纠纷）》，中国法制出版社 2018 年版，第 226 页。

③ 最高人民法院民事审判第一庭：《劳动争议案件审判指导》，法律出版社 2018 年版，第 634~635 页。

④ 金曦、朱涛、田璐：《劳动争议法律适用解答与典型案例解析》，人民法院出版社 2018 年版，第 300 页。

明知不缴纳社会保险费的约定违反了法律的强制性规范，仍然与劳动者弃保，存在主观上的恶意与过失，难逃法律责任；用人单位作为自愿弃保或协议弃保之违法受益主体之一，理应承担相应的法律责任。①

我国最高人民法院民事审判庭第一庭在具体的实践案例②中也认为：自愿弃保或协议弃保明显是违法行为，属于无效行为，"由此给职工造成的损失应当由公司承担"。③ 由此，笔者可以得出结论：自愿弃保或协议弃保之劳动者主张用人单位之经济补偿或民事赔偿时，应当得到法院的支持。但是，这些支持的理由和判决仍然还是学理上和法官自由裁量的体现，还没有真正入法，因此，还需要法律的明确规定，才能没有任何疑义，才能更加具有说服力。

让人非常困惑的另一个问题是：以上自愿弃保或协议弃保的法理、立法和司法实践都表明了社会保险之自愿弃保的不当性和非法性；自愿弃保或协议弃保还有另外的风险：用人单位或雇主还有承担因自愿弃保或协议弃保而赔偿给劳动者带来经济损失的风险，即使没有给劳动者带来经济损失，按照《劳动合同法》的有关规定也要承担经济补偿（费）。但是，为什么劳资双方都明知此行为的违法性，而依然都"我行我素""乐此不疲"，为什么用人单位明知法律风险之存在而仍然为之呢？这些都还有待进一步研究。

多重劳动关系中自愿弃保或协议弃保现象更加普遍和复杂，且其存在形态中常常还不仅仅只是与社会保险"捆绑"的狭义之劳动法语境下的劳动关系，还有一般意义上的民事劳动关系即劳务关系或雇佣关系或合作关系，强制性的社会保险与之没有多大关联性，即强制性的社会保险规范还无法规制这些劳动关系，社会保险的缺失必然不利于多重劳动关系之劳动者的权益保障，因此，规制多重劳动关系即便是与管制自愿弃保或协议弃保联系在一起，还要寻求非强制性的商业保险的介入，并将社会保险与狭义劳动关系逐渐"松绑"，在多重劳动关系中实现社会保险与商业保险的多重"套餐"组合，使所有的劳动关系都有保险之"靠山"，这样才能保障多重劳动关系之劳动者的合法权益。

---

① 金曦、朱涛、田璐：《劳动争议法律适用解答与典型案例解析》，人民法院出版社2018年版，第299页。

② 江苏省"张家港新东旭纺织有限公司因与员工协议不参加社会保险诉李振友劳动争议被判败诉案"。

③ 最高人民法院民事审判第一庭：《劳动争议案件审判指导》，法律出版社2018年版，第636页。

第四章 限制高薪制度

【本章概要】限制高薪制度简称限薪制度。我国学界对限薪制度立法问题的研究非常薄弱,限薪一直没有纳入劳动法的范畴。有关概念界定可以采用主体界定法、上限规定法和比例参照法。限薪的最大障碍是"阴阳合同",解构"阴阳合同",不能将其两个合同分离开来,应当从整体上认定;目前有效治理"阴阳合同"的法律主要有民法、行政法和劳动法。限制高薪立法,首先是立法模式的选择与确定问题,我国限薪立法可以结合短期目标与长远目标分两步走:第一步,先实行分散立法,第二步,单独出台《限薪法》。规制不当高薪的对策主要是:创构高薪申报制度、构筑薪酬协商制度、完善税收体制机制、加大限薪之处罚力度。

第一节 问题提出的时代背景

近来有关演员超高工资收入的新闻不断,引起社会的广泛关注与热议,也再次触动了分配不公、分配不正义的敏感的法律和社会问题。加上演艺圈"时隐时现"的偷税漏税事件不断,使得这一"老大难"问题再次成为亟待破解的课题。探讨部分劳动者超高工资收入问题,寻求规制与治理超高或不当工资收入的有效路径,就显得意义非凡,此课题的研究也并不会因超高工资收入为社会的少数群体(但是影响力巨大)而不具有普遍的研究价值。

2018年娱乐圈重大事件之一是范××偷逃税款案。2018年5月,曾经的央视主持人崔××在其微博上曝光一则轰动新闻,爆料某著名影星采用"阴阳合同"规避法律,一部分纳税,一部分则签订另外的合同,以此达到偷逃税之非法目的。同年6月,江苏省税务局接到举报说范××及其团队存在严重的偷税漏税问题,随即迅速展开调查。9月,国家税务局联合江苏省税务局联合发出公告,正式宣布范××偷税漏税案件已经彻底查明真相,范××

"阴阳合同"案件情况属实,证据确凿。证据证明范××在《大轰炸》中利用"阴阳合同"偷税漏税高达 2.5 亿元,随后决定对范××罚款 8 亿元人民币,并令范××尽快向有关部门递交罚款,接受处罚。

国家主流媒体《光明日报》于 2018 年 10 月 4 日发表了专门针对"范××事件"的评论员文章《演艺圈更须重警示守规矩立德行》。该文章指出,广大群众要求规范治理明星天价片酬、"阴阳合同"、偷逃税等问题的呼声极为强烈,多数文艺影视工作者也对圈内个别人表现出的极度拜金主义、无视道德底线和职业操守的行为感到愤慨和忧虑。有专业人士称:"有些明星太不像话,站那儿就是成本,开口就是利润,而且还不缴税。"这种状况必须得到根本扭转,"公众人物应该遵守法律法规,严守道德底线和社会规范"。①

对"范××事件"的处理结果并不能令人满意,许多人都质疑范××涉案金额如此巨大,为什么只罚款不判刑,难道是对明星人物的网开一面,抑或是"破钱消灾"?许多人认为即使范××如何道歉,全国人民也不会因她偷漏税这么巨大而原谅她。

"范××事件"引起了社会各界的巨大关注,热议焦点虽然有所不同,但是总体上可以概括为:媒体比较注重某些领域社会治理问题,广大网民特别关注社会公平正义问题。各媒体初始阶段关注的是偷逃税本身,随后转向关注娱乐圈明星天价片酬、偷税逃税等乱象及治理,最终转而思考起文娱产业的发展、监管规范、防范偷逃税等问题。而网民则主要观点是:一是仇富情绪,明星的高片酬被联系到广大科研工作者及相对低收入者;二是对明星偷税避税的愤怒,呼吁税收公平;② 三是适法问题反响强烈,范××的行为是否构成犯罪?为什么对这样数额与社会影响都特别巨大的案件不追究刑事责任?网上"范爷为何能以天价罚单躲过牢狱之灾""难道是'破钱消灾'"之疑惑普遍,老百姓对官方之解释难以理解,其涉及的刑法问题更加深奥难懂。

笔者认为,"范××事件"更加值得我们深层次反思的是法律问题,特别是从劳动法之超高或不当收入(超高工资、酬金等)的法律规制问题,此即

---

① 《光明日报》评论员:《演艺圈更须重警示守规矩立德行》,载新华网:http://www.xinhuanet.com/2018-10/03/c_129965444.htm,发表时间:2018 年 10 月 3 日,访问时间:2018 年 12 月 10 日。

② 卢霜、吴冬晴:《从崔永元怼阴阳合同看媒体和网民关注点的差异》,载《网络传播前沿》2018 年第 7 期,第 8 页。

本书之限薪问题研究的起由。

笔者采取现今流行的"大数据"分析法，截至2018年12月12日上午11时，在中国知网以"限薪法"为"主题"检索，结果为0；以"限薪法"为"篇名"检索，结果是外文文献8018条，而中文文献为0；以"限薪法"为"全文"检索，结果都是0。以"限薪令"为"篇名"检索，结果是中文文献为88篇。以"限薪制度"为"主题"检索，中文文献为8篇，外文文献为0；以"限薪制度"为"篇名"检索，中文文献仅为4篇，外文文献仍然为0；以"限薪制度"为"全文"检索1694条结果全部为中文文献。这些数据足以表明，有关限薪之制度研究特别是从法律的角度是非常欠缺，少有的研究也基本上不是以法律为视野，且主要是探讨国企高管、演艺圈明星和体育明星三大类高薪问题。因此，从法律之制度层面特别是从劳动法含工资法去探讨限薪制度，具有重要的理论创新价值。

第二节 限制高薪的理论基础

一、限薪之概念界定

"限薪"及高薪、超高工资、不当高薪等都还不是真正的法律用语，更没有明确的法律界定，也正是因为其不属于法律范畴，相应的制度供给也只能暂时称之为"限薪令"，即政府之行政"命令"而非正式的法律制度或法律渊源，与真正法律规范之正式制度"限薪法"或"限薪法案"（域外称呼）还相差甚远。

笔者认为，所谓"限薪"就是"限制高薪"之简称，高薪指超高或不当工资、酬金、奖励性收入等超高收入包括"天价片酬""天价出场费""天价奖金""天价转会费"等，非指一般普通劳动者的工资收入。

"高薪""不当收入""超高收入""天价酬金"等概念都非常难以界定，需要经济学界与法学界的共同研究以达成共识。

"高""超高""不当""天价"本身都不是一个独立存在的概念，其内涵具有极大的不确定性。只有在与相对方进行比较时，才能认定，即它们只能是与某参照物进行对比时，才能确定是否超过或不当。因此，这些概念的界定本身就具有不确定性，这与法律概念、法律属性或法律特征、法律规范之确定性普遍原理非常难以兼容。

有人认为所谓"超高"或"天价"，属于个人主观判断，是指远远超过心理预期的超高收入范畴。它是一个相对的概念,源自与心理预期(参照物)之比较。① 此界定是从心理学的角度,比较可行,但是,从正式制度的范畴仍然需要进一步提炼并明确。

我国自 2002 年至今,已先后出台过一系列关于规范与限制国有企业高管薪酬的政策性文件即"限薪令",但是,对高薪之有关概念也没有明确的界定。

我国现行"限薪令"对高薪的概念界定主要采用的是"比较参照法"(笔者语),比较之参照系是"在岗职工平均薪酬"。

并且随着货币之通货膨胀或通货紧缩,参照系的不断变化必然也影响高薪的界定。2002 年国务院规定国企高管薪酬不超过在岗职工平均薪酬的 12 倍,2005 年将这一比例上调为 14 倍。② 超过这些倍数的限制就应当属于不当高薪,并还要承担相应的责任。我国已经实施了专门针对国企的第一次"限薪令",《关于进一步规范中央企业负责人薪酬管理的指导意见》(2009)明确了企业负责人的薪酬结构主要由基本年薪、绩效年薪和中长期激励收益三部分构成。第二次"限薪令"为《中央管理企业负责人薪酬制度改革方案》(2014),此方案提出的薪酬方案没有多大变化,中央管理企业主要负责人的基本年薪根据上年度中央企业在岗职工平均工资的一定倍数确定(其他中央管理企业负责人的基本年薪依据其岗位责任和承担风险等因素,按本企业主要负责人基本年薪的合理比例确定),绩效年薪根据年度考核评价结果在不超过负责人基本年薪的一定倍数内确定,激励收入根据任期考核评价结果在不超过负责人任期内年薪总水平的一定比例内确定。③

两次企业高管限薪政策都采用了将年薪、绩效与奖励分别限制为在岗职工平均工资的若干倍,以期完善较为合理的国企高管薪酬分配机制,调节薪酬收入差距。④

我国两次企业高管"限薪令"都直接回避了高薪的概念界定,用直接简

---

① 张权、谢荻帆:《天价薪酬与限薪令——管窥我国影视行业的发展》,载《中国发展观察》2017 年第 2~3 期,第 87 页。

② 杨青、王亚男、唐跃军:《"限薪令"的政策效果:基于竞争与垄断性央企市场反应的评估》,载《金融研究》2018 年第 1 期,第 157 页。

③ 任社宣:《央企负责人薪酬改革箭在弦上——人社部副部长邱小平解答中央管理企业负责人薪酬制度改革热点问题》,载《劳动保障世界》2014 年第 10 期,第 24 页。

④ 杨青、王亚男、唐跃军:《"限薪令"的政策效果:基于竞争与垄断性央企市场反应的评估》,载《金融研究》2018 年第 1 期,第 157 页。

单而可行的方法论代替了比较复杂的一般概念，可谓是"智慧"结晶。其方法论就是"比较参照法"，参照系是"在岗职工平均薪酬"，此法虽然比较实用，且易于操作，但是，最大的难题是"倍数"的确定，到底多少倍才是合理公正的仍然需要研究。

笔者认为，一种制度的正式构建特别是法律制度，有关重要概念的界定应当是明确的和法定的，更是必不可少和不容回避的，尤其是采成文法体例的国家。由于我国限薪制度的初始化，笔者认为，我国目前可以采用主体界定法、上限规定法和比例参照法三种方法界定有关概念。

(一) 主体界定法

主体界定即为高薪者界定，是对超高或不当收入的对象界定。"限薪"及"限薪令"的规制主体主要是指超高收入者，属于法律上特殊主体的范畴，而不是一般主体。超高收入者的界定也是同"高薪""超高收入""天价酬金"等概念一样具有不确定性，也需要参照系进行比较。

我国目前的高薪者即超高收入对象主要是指四类主体人员：一类是国企高管，特别是金融业之高管；二类是演艺圈明星；三类是体育界明星，如足球界和篮球界；四类是高端兼职劳动者，如科学家、院士、各类高层次专业技术人才等。

最后第四类主体与前三类主体不同，他们因其巨大的社会影响力与资源的稀缺性，而成为多重劳动关系中的"香饽饽"，他们的收入因多重劳动关系累积起来而成为超高收入者，但是与前三类人员比较，他们的收入还是非常不成比例的，远远难及前三类人员之一二。此类高端兼职一般为社会所承认，其超高收入的合理性、正当性与合法性，一般没有太大的争议，也不会成为社会关注的焦点，毕竟因为他们的社会贡献与价值是其他普通劳动者不可比拟的。但是，对这些高管多重劳动关系即高端兼职①，也应当纳入法律规制的范畴，特别是对其纳税的申报、监管与适当范围的公开公示更是不可或缺，毕竟任何人都不能凌驾于法律之上。对此高端兼职的治理可以借鉴我国对公务员之兼职有效治理的经验，逐渐将其纳入我国未来限薪制度的规制范畴，以彰显社会主体之平等地位和分配正义。

我国第二次"限薪令"的适用主体是中央企业中由中央直接管理的负责人，包括由中央或国务院管理的企业董事长、党委书记（党组书记）、总经理

---

① "高端兼职"为笔者语。

(总裁、行长等)、监事长(监事会主席)以及其他副职负责人等。①

确定我国央企高管薪酬是否"偏高",其比较对象界定可以分为两大类:一是外延比较,即不同主体之间的比较;二是内涵比较,即薪酬数目比较。外延比较是相同或相似的职业、行业的有关高薪人员之比较。我国人社部劳动工资研究所所长刘学民将比较对象细分为四类:一是与公务员比较,将高管与相似级别的国家公务员比较,原则上以较高级别的国家公务员薪酬为比较基准。我国目前的副部级公务员的平均年薪为10万元左右,而部分央企高管年薪多达100万元,二者相差10多倍,可以由此认定央企高管属于"高薪"。二是与职业经理人比较,如2013年我国央企高管薪酬是同期沪深上市主要负责人的2~3倍,由此,也可认定为央企高管薪酬偏高。三是与在岗职工比较,近年来,央企高管薪酬是同期全国城镇劳动者平均工资51474元的二三十倍之多。四是与非国企高管比较,央企高管的业绩奖励收入也是显著偏高。②

由上可知,我国目前对央企负责人之高薪者即超高收入者的界定,具有比较科学的认定标准,并非主观臆断;有些标准还是符合国际惯例的,可行性更大。如上面第1条和第2条与公务员和上市公司为比较参照系,"借鉴了国外国有企业高管薪酬管理的有益经验",国外国有企业高管的薪酬水平主要是参照执行公务员工资水平的1~2倍来确定。③ 采用参照上市公司为基准确定高薪或薪酬是否"偏高",这是借鉴了国外的成功经验。在经济合作组织(OECD)中30多个发达市场经济国家的国企高管的薪酬通常都低于同期市场上的私营部门的高管。④ 央企高管如果超过这些比较薪酬,就可以认定为高薪或不当高薪。

(二) 上限规定法

域外有关限薪的专门法案并不多见,难以探寻相关概念的界定。有的对高薪的界定规定了明确的上限,笔者概述为"上限规定法"。

---

① 任社宣:《央企负责人薪酬改革箭在弦上——人社部副部长邱小平解答中央管理企业负责人薪酬制度改革热点问题》,载《劳动保障世界》2014年第10期,第24页。
② 刘学民:《深化收入分配制度改革的重大战略举措——浅论〈中央管理企业负责人薪酬制度改革方案〉》,载《中国劳动保障报》2014年9月13日,第003版。
③ 刘学民:《深化收入分配制度改革的重大战略举措——浅论〈中央管理企业负责人薪酬制度改革方案〉》,载《中国劳动保障报》2014年9月13日,第003版。
④ 刘学民:《深化收入分配制度改革的重大战略举措——浅论〈中央管理企业负责人薪酬制度改革方案〉》,载《中国劳动保障报》2014年9月13日,第003版。

以色列于 2016 年通过了银行高管之限薪法案，该法案明确规定，以色列银行高管年薪不得超过其所在银行员工最低薪酬的 35 倍，且每名高管年薪不得超过 250 万新谢克尔（约合 65.8 万美元）的上限。① 可见，以色列规定的高薪之参照系为"银行员工最低薪酬"，如果超过了其 35 倍即为非法或不当高薪。以色列的限薪法案还有一个特色是：对合法高薪的上限进行了明确规定即 250 万新谢克尔（约合 65.8 万美元），如果超过此上限即为非法或不当高薪。

美国前总统奥巴马曾经对美国的高管们下达过限薪指令，其高薪的界定标准也是采取与以色列类似的上限规定办法，规定高管的年薪酬上限不得高于 50 万美元。

2009 年 2 月 4 日，奥巴马与财长盖特纳专门在白宫就美国公司高管薪酬问题发表讲话，并在当日宣布一项"限薪令"，规定接受联邦政府金融救助款的银行和其他企业高管，年薪上限为 50 万美元。美国总统关注企业高管的高薪，并制定相关限薪令，这对于美国这样一个高度自由市场化的国家来说是非同寻常的。②

如此规定之上限认定标准的最大好处就是简单而明了，使得"高薪""超高收入""天价酬金"和高薪者或超高收入者等概念具有法律属性之明确性，而且可操作性极强，加大了限薪令或限薪法案之执行力度。

中国足协曾经搞过三次限薪令，也曾经采用类似于上述的上限规定法，但是，最终都是以失败告终，结局就像中国男足总是失败一样。早在十多年前，中国男足职业联赛就对球员个人转会费、年薪进行过"双限"：球员的最高转会费绝不能超过 500 万元、球员年薪最高不得超过 100 万元。上有政策，下有对策，当时几乎所有俱乐部都采取"阴阳合同"规避限薪令，这在中国足坛已经成为常态。③ 足协限薪令的失败不是界定方法有问题，关键是限薪令的执行问题，还特别缺失"阴阳合同"之有效治理的理念与法规。

---

① 杨舒怡：《以通过银行高管限薪法案 年薪上限 66 万美金》，载新华网：http://www.xinhuanet.com/world/2016-03/31/c_128848968.htm，发布时间：2016 年 3 月 31 日，访问时间：2018 年 12 月 12 日。

② 易定红：《国泰君安"天价薪酬"VS 奥巴马"限薪令"》，载《世界知识》2009 年第 6 期，第 50 页。

③ 耳东海：《中国足协史上最严"大调控"，果真是意在终结高举高打的"恒大模式"?》，载上观，https://www.shobserver.com/news/detail?id=111068#top，发表时间：2018 年 10 月 17 日，访问时间：2018 年 12 月 13 日。

（三）比例参照法

限制高薪除了上面比较简单的"上限规定法"（笔者语），还有另外一种是"比例参照法"（亦笔者语），即将高薪的确认标准为参照一定的比例来界定，参照系为单位总体收入或某个作品如电影、电视剧等之比例，超过该比例即为应当限制的高薪或称为非法高薪。

我国2017年9月22日中国广播电影电视社会组织联合会电视制片委员会等联合发布了《关于电视剧网络剧制作成本配置比例的意见》，要求全部演员的总片酬不超过制作总成本的40%，其中，主要演员不超过总片酬的70%，其他演员不低于总片酬的30%。2018年6月27日，中央宣传部、文化和旅游部、国家税务总局、国家广播电视总局、国家电影局等联合印发通知，规定了每部电影、电视剧、网络视听节目全部演员、嘉宾的总片酬不得超过制作总成本的40%，主要演员片酬不得超过总片酬的70%。

美国限薪制度的成功范例是NBA"工资帽"制度，其限薪"工资帽"包括"硬"工资帽与"软"工资帽两类。"硬"工资帽规定包括最高薪金限制、底薪限制、新秀球员工资限制、球员工资涨幅等刚性限制条款。[①] 工资帽的具体数额以NBA前一年的总收入为基本参照系，用NBA前一年的总收入的一定比例再除以球队总数，得出的平均数就是当年的工资帽，球员工资总额不得超过这个数。工资帽额度占篮球相关收入的百分比由NBA劳资协商谈判确定，并不是资方直接确认，其比例也非固定不变。例如，根据NBA最新劳资协议工资帽设定比例是51%；而NFL1997劳资协议规定工资帽比例为62%。[②]

笔者认为，美国工资限制"工资帽"制度实则为"上限规定法"与"比例参照法"的综合，兼取二者之优点，尤其值得我国参考与借鉴。

中国足协拟进行的新改革方案就将借鉴美国的"NBA工资帽"制度，拟明确规定2019年薪酬比例的限额被控制在总支出的65%，随后每个赛季以5%的幅度下降，2020赛季为60%，到2021赛季为55%。从2019年1月1日开始执行新限薪令。中超俱乐部国内球员个人最高薪酬限额标准是不得超过

[①] 吴涛、石艳波：《NBA与NFL联盟工资帽应用比较研究》，载《浙江体育科学》2008年第4期，第30页。

[②] 吴涛、石艳波：《NBA与NFL联盟工资帽应用比较研究》，载《浙江体育科学》2008年第4期，第30页。

1000万元人民币（税前），此高薪上限并不包括球员的含奖金。①

二、限薪之法理依据

我国目前，特殊人群的超高或不当工资收入问题并没有纳入法律特别是劳动法的范畴，无论是超高或不当工资，还是"天价酬金"，这些都还没有统一的法律界定，因此，我国目前无论多高的高薪基本上并不违法（如果在获得超高工资收入的情形下而偷税漏税则是明显的违法行为，严重者甚至属于犯罪行为），最多也只能是从学理上定之为"不当高薪"；同时，规避限薪之极其普遍的"良策"——"阴阳合同"争议更大，既缺乏法理上的深入研究，更无法律法规的明确治理规范。"阴阳合同"游离于强制规范的情况，更加引起了限薪之法理依据的严重不足。

我国劳动法只有最低工资限制，并不限制超高工资收入且目前还没有建立起限薪法律制度，因此，超高或不当收入本身并不违法，只有今后立法明确建立了限薪制度后，超高收入超出了法律的界定才有可能是违法行为。但是，不违法不等同于就是正当合理的，其法哲学原理是：正当性与合法性是不同的范畴，正当性不等于合法性，因此，笔者认为，超高薪酬不违法，也不能表明其具有正当性。

纵观世界上各劳动法律法规，基本上都有关于工资收入的规定，许多国家和地区都有劳动基准法，有的还有专门的《工资法》。一般立法都只有最低工资限制标准，且此最低工资限制规定已经是劳动基准法的重要而不可或缺的内容。但是，对有关超高收入或酬金等进行强制限制的立法并不多见，笔者将此现象概述为：劳动法或工资法之"就低不就高"，即法律一般只是规制属于劳动基准的最低工资标准，而不管超高工资收入，即法律一般不管"封顶"问题。

实现最低工资限制制度之基本做法已经成为国际上一直通行的立法惯例，没有任何的异议，其基本法理是为了保障劳动者基本人权之生存权，是所有不同社会制度、不同国家、不同法系的共同价值取向，是劳动法或工资法的基本内容。

最低工资限制制度已经是整个人类的共同价值判断，其法律制度的构建已

---

① 《曝足协确定工资帽等5大限额 本土球员税前年薪不超过千万》，载腾讯体育：https://new.qq.com/omn/SPO20181212O120430D，发表时间：2018年12月12日，访问时间：2018年12月13日。

经非常成熟,再不必细说。但是,有关超高工资收入是否应当进行限制的命题,还是一个有着极大争议的问题,从其价值判断、命题真伪之理论,到制度设计之体例,再到执行之实践,还都是一个全新的前沿性课题。

超高或不正当的高薪必然导致社会两极分化更加严重,必然导致社会分配不正义,与法制之公平正义渐行渐远。因此,限薪当然具有法理基础。

我国央企高管的薪酬一直以来都是明显偏高,其薪酬水平总体偏高、薪酬结构不合理等弊病,一定程度上影响着社会公平正义,改革刻不容缓。数据显示,2013年央企高管薪酬是同期沪深上市公司主要负责人的2~3倍,与一般劳动者工薪酬差距高达12倍之巨,完全属于高薪的范畴。我国央企高管身份非常特殊,其双重性表现特别:一方面属于高级经理人,另一方面是高级国家干部;其待遇也具有双重性:既拿高管工资,又享有高官待遇。① 我国国企高管的确定不是采用选举制由自下而上的市场来选择,而通常采用自上而下的行政任命制,高管的双重身份下,确保了高管的旱涝保收,但是与企业效益却没有多大关系。②

我国央企高管之"双高"即高薪与高官,已经严重破坏了公平正义。在我国市场化改革中,高管薪酬有许多非规范化问题,不仅影响了市场经济效率的发挥,而且也关乎社会公平正义。③ 中央再次下大决心进行改革,既符合时代潮流,顺应民心,又是我国社会法制建设的基本要求。其重要价值还表现在对高薪之价值判断上,此价值判断的明确将引领和带动其他高薪行业的改革,特别对治理演艺圈和体育界之高薪"顽疾"具有重要推定意义。

中国人民大学刘昕教授认为,对国企高管进行限薪完全具有合理性与正当性,应当没有任何疑义。其主要理由是:第一,国家有权力对国企高管的薪酬加以适度监控,以防止高管不当得利而侵害国家社会利益;第二,国家有义务限薪并响应社会热点问题,是国家对一些国企高管年薪过高、与普通员工差距过大之不公平不正义现象的必要回应。他认为,高管限薪已经不是是否应该限

---

① 崔丽、宋首君:《〈中央管理企业负责人薪酬制度改革方案〉正式实施》,载中国社会科学网:http://www.cssn.cn/dzyx/dzyx_jlyhz/201501/t20150104_1464858.shtml,发表时间:2015年01月04日,访问时间:2018年12月14日。

② 易定红:《国泰君安"天价薪酬"VS奥巴马"限薪令"》,载《世界知识》2009年第6期,第52页。

③ 易定红:《国泰君安"天价薪酬"VS奥巴马"限薪令"》,载《世界知识》2009年第6期,第52页。

第四章 限制高薪制度

制的问题,而是应当如何有效实现的问题。①

我国对央企高管实行限薪,无论从法理基础如产权理论,还是从道德层面,都具有合理性与正当性,也是无可置疑。但是,对另外两大主体即演艺圈明星和体育界如足球队员之限薪则不然,其价值判断具有较大争议,即限薪的合理性与正当性都值得怀疑。主要原因是这两大类高薪主体之相对方是私人性质的老板,其超高薪酬即使是"天价酬金"都属于完全的市场化自由博弈的结果,从法理基础上看,属于契约自由、意识自治的范畴,这就直接导致国家公权力机关是否有权干预的疑问。另外,如果可以强制干预,那么合理的边界如何?

对于演艺界限薪,大多数人还是持支持态度,认为限制明星的高薪是合理的,也是非常必要的。但也有人持质疑与反对态度,认为演艺圈明星薪酬高低属于市场自由调节的范畴,国家不能强制干预薪酬,而应该由市场来决定。②

赞成对演艺圈明星限薪的认为,在演员天价片酬饱受诟病的当下,"限薪令"有助于规范行业薪酬秩序,亦有助于影视业的繁荣发展。③"出于维护市场秩序、促进社会公平、推动行业发展等多方面考虑,限薪的必要性毋庸置疑。"④

强调尊重市场规律,并不是放任收入畸形的任意扩大,在市场失灵而无序的情况下,强制性限薪干预非常必要。在法治社会中,不能放任有任何领域之无政府状态。⑤

当下我国演员是全世界收入最高,但纳税最少、问题较多的一群人。他们拥有的财富越来越多,道德品质却严重滑坡,这是不争的事实。明星应该被"限价"是近年来影视行业已经达成的一般共识。⑥

---

① 刘昕:《国企高管限薪度与效》,载《中国企业报》2016年5月3日,第G01版。
② 王早霞:《"明星限薪令"这个真该有》,载《山西日报》2014年11月17日,第A04版。
③ 杨玉龙:《狙击明星天价片酬不能只靠"限薪令"》,载《中国商报》2018年11月16日,第P02版。
④ 张权、谢荻帆:《天价薪酬与限薪令——管窥我国影视行业的发展》,载《中国发展观察》2017年第2~3期,第91页。
⑤ 王早霞:《"明星限薪令"这个真该有》,载《山西日报》2014年11月17日,第A04版。
⑥ 吴为忠:《期盼明星"限薪令"尽早出台》,载《解放日报》2014年11月17日,第005版。

第二节　限制高薪的理论基础

除明星自己之外，圈里圈外对限薪基本都持拥护态度，支持相关部门对明星片酬实行"限价指导"，以规范演艺市场秩序。①

演员天价片酬有损社会公平正义，容易引发不良社会导向，对良好社会风气和社会经济发展都有潜在的危害，应当规制天价片酬。②

反对限薪者则认为，依靠行政强制力量未必能够计算出明星的合理性价值，管得过死，反而会给人以权力错位的感觉。③

明星薪酬由市场决定，任何一个行政部门都应当无权限制与干预，这是市场经济的一般常识。④

反对限薪者，质疑"限薪"底线的确认和法理依据，认为演员的薪酬最终还是应该由市场自由决定，而不应当由行政权力硬性规定。政府的职责是对竞争无序的市场进行引导与矫正，并非直接为演员的身价定价。一些影视制作公司和演员经纪人表示，"限薪"政策依据不足，演员之事还是应当坚持以市场为导向。⑤

域外也有对演艺圈明星限薪的惯例，这可以进一步佐证限薪之合理性与正当性。韩国 7 年前就有了"明星限薪令"，2007 年由各大制作公司组成的韩国电视剧制作公司协会明文规定，所有韩剧演员的酬金都不得超过每集 13 万韩元。"明星限薪令"不仅有利于优化影视圈环境，提高电影电视剧质量，也有利于促进社会收入分配公平。"明星限薪令"真该有！⑥

笔者认为，对高薪收入者，无论是央企高管，还是演艺圈明星或体育明星或足球队员，都有限薪的必要，限薪的价值判断应当具有合理性与正当性。如果出台了相关的法律法规（含政策），限薪就具有了合法性。演艺圈明星或体育明星之高薪虽然属于市场行为，国家公权力机关不应当全面干预，而是适度

---

① 何勇海：《"明星限薪"靠市场也要靠政策》，载《西安日报》2014 年 11 月 13 日，第 012 版。
② 曹改青：《执行综艺限薪令要严防"作弊"》，载《北京青年报》2018 年 11 月 13 日，第 A02 版。
③ 陈昶洁、陈力峰：《关于明星限薪令的冷思考》，载《视听》2017 年第 4 期，第 130 页。
④ 韩哲：《明星"限薪令"靠谱吗》，载《北京商报》2014 年 11 月 13 日，第 002 版。
⑤ 张玉胜：《"明星限薪"主要靠什么》，载《中国商报》2014 年 11 月 18 日，第 P02 版。
⑥ 王早霞：《"明星限薪令"这个真该有》，载《山西日报》2014 年 11 月 17 日，第 A04 版。

干预，适度干预并不是完全不干预，在市场失灵的情形下，政府干预就是必需的，这已经是市场经济的基本规律，因此，超高或不当薪酬就属于市场失灵之一种，国家公权力机关之"有形之手"的管控就是合理与正当的矫正行为，具有充分的合理性与正当性。那些认为明星高薪是市场行为、属于契约自由意识自治而政府不能干预的观点，是不符合市场经济的基本原理的，是站不住脚的，应当首先从价值判断上予以摒弃，这是探寻限薪有效规制路径的逻辑起点。

第三节　立法沿革与成败得失

我国目前有关限薪的规定虽然还没有入法，但是，也并不是对其就没有立法体验，曾经出台过多个有关限薪的规定。虽然这些限薪规定即"限薪令"，还不是立法活动之立法文件，也基本上还不属于法规类规定，有的甚至还完全属于行业自律性内部规定，拘束力与强制力非常弱，但是，这些限薪活动还是有一定的价值，为我国今后出台真正法律意义上的限薪规定，构建恰当可行的限薪之"中国方案"打下了比较良好的基础。因此，梳理我国有关限薪的立法沿革，总结其中的成败得失经验还是非常必要的。

一、央企高管限薪令

我国对央企或国企高管进行限薪规定的正式起点是 2008 年国际金融危机之后。2008 年金融危机爆发以后，美国、欧盟、日本等发达国家先后出台了针对金融机构高管的限薪措施。在此国际大背景下，我国人社部会同六部委在 2009 年联合出台了《关于进一步规范中央企业负责人薪酬管理的指导意见》，此文件明确规定了国企高管薪酬最高不得超过普通员工的 20 倍，从这开始，拉开了对国企高管限薪的序幕。随后在 2014 年中共中央出台了更为严格的薪酬管制措施，即《中央管理企业负责人薪酬制度改革方案》。①

我国央企限薪令有两次：第一次是 2009 年，以《关于进一步规范中央企业负责人薪酬管理的指导意见》为标志；第二次是 2014 年，以《中央管理企业负责人薪酬制度改革方案》为标志。

第一次限薪令主要包括三个文件：一是人力资源和社会保障部、监察部、

---

① 张宏亮、王靖宇、李慧聪：《限薪、晋升激励与国企高管风险承担》，载《现代经济探讨》2017 年第 8 期，第 34 页。

财政部、审计署、中央组织部、国资委联合下达的《关于进一步规范中央企业负责人薪酬管理的指导意见》，核心内容是国企高管年薪与职工薪酬挂钩，基本年薪必须与上年度在岗职工平均工资相联系，明确规定了国企高管薪酬不得超过普通员工平均薪酬的20倍。二是财政部的《关于金融类国有和国有控股企业负责人薪酬管理有关问题的通知》，该文明确规定了金融类国有及国有控股企业高管每年总薪酬最高不得超过280万元人民币。三是中国银行业监督管理委员会的《商业银行稳健薪酬监管指引》，该文明确规定了商业银行主要负责人绩效薪酬不得超过其基本薪酬的3倍，高管绩效薪酬的40%以上应采取延期支付的方式，且期限少于3年。①

第二次限薪令之产生规格是非常之高，可见国家对此事之重视程度。2014年8月29日，中共中央总书记习近平主持召开了中共中央政治局会议，会议审议通过了《中央管理企业负责人薪酬制度改革方案》，并于2015年1月1日起实施。此方案将央企负责人薪酬由基本年薪和绩效年薪两部分构成，调整为由基本年薪、绩效年薪、任期激励收入三部分构成。这次薪酬制度改革要遵循以下原则：一是坚持国有企业完善现代企业制度的方向，健全薪酬分配的激励和约束机制，强化负责人的责任；二是坚持分类分级管理，建立与差异化薪酬分配办法；三是坚持统筹兼顾，形成合理工资收入分配关系，合理调节不同行业企业负责人之间的薪酬差距，促进社会公平正义；四是坚持政府监管与企业自律相结合，完善中央企业薪酬监管体制机制，规范收入分配秩序。② 首批改革涉及72家央企的负责人。

高薪虽然具有激励机制，但是处理不好也会适得其反。国企高管限薪现行做法是先强调其行政级别、然后按照官员级别对其进行限薪。因为限薪令重新强化了高管的行政人的地位，弱化了经济人假设，既达不到激励，也达不到约束效果。③ 一般来说，薪酬差别可以激励员工更加努力工作，获得职位晋升等，但是高管薪酬太高的话，则会损坏薪酬的公平性，会导致员工消极怠工，工作效率下降。另外，收入分配不合理、不公平，造成两极分化，可能导致不

---

① 张楠、卢洪友：《薪酬管制会减少国有企业高管收入吗——来自政府"限薪令"的准自然实验》，载《经济学动态》2017年第3期，第27页。

② 任社宣：《央企负责人薪酬改革箭在弦上——人社部副部长邱小平解答中央管理企业负责人薪酬制度改革热点问题》，载《劳动保障世界》2014年第10期，第24页。

③ 李维安、李元祯：《国企治理改革：从企业治理到公司治理》，载《经济参考报》网站：http://dz.jjckb.cn/www/pages/webpage2009/html/2018-12/10/content_49091.htm，发布时间：2018年12月10日，访问时间：2018年12月15日。

和谐群体性事件的发生。①

回望我国对国企高管的限薪历史过程,特别是第二次限薪令职《中央管理企业负责人薪酬制度改革方案》的出台与审核程序,虽然都还没有真正纳入法律的轨道与范式,但是,这第二次限薪令已经达到了非常高的层面,这次限薪与第一次限薪之人社部会同六部委出台了限薪令即《关于进一步规范中央企业负责人薪酬管理的指导意见》,根本不可同日而语。这次限薪已经成为我国党中央的重大战略决策,其意义深远已经是不言而喻。因此,回望我国对国企高管的限薪历史,我们应当充满自信,充满制度自信。在党中央的强大号召力与引导力的作用与引领下,我国限薪制度构建之日将在不远的将来得以实现。"榜样的力量是无穷的",我国其他领域的限薪也将紧紧跟随中央的限薪步伐迈出新的一步,中国足球界和演艺界之限薪也将实现历史性的跨越。

二、中国足协限薪令

1999年、2003年、2005年,中国足协分别出台过三次限薪令,最后全都不了了之。② 2018年再次将限薪提上了日程,此即第四次限薪。

1999年,中国足协第一次发布了"限薪令"。明确规定球员的月薪不得超过1.2万元,联赛中胜一场的奖金数不得超过40万元,转会费也被控制在500万元内。2003年,足协再次起草"限薪令",将俱乐部所属球员分为三档,同时建议各俱乐部设定工资上限。但是,对于年满22周岁的国内球员,中国足协对他们的最高工资并没有作出规定。这也实际上废除了此前球员月薪不得超过1.2万元的规定。2005年,中超再次出台"限薪令":对运动员、教练员工资实行总额控制,规定运动员工资和奖金最高限额。③

此前,中国足协也曾经推出过限薪措施,但是最后各个俱乐部以"阴阳合同"作为规避对策,不仅让市场更加混乱,也让足协的"限薪令"成为一纸空文。④

目前中国男子足球的薪酬,特别是一些相对有名气的教练和球员的薪酬高

---

① 易定红:《国泰君安"天价薪酬"VS奥巴马"限薪令"》,载《世界知识》2009年第6期,第53页。
② 刘耿:《戴顶铁帽子》,载《东方体育日报》2018年10月19日,第A03版。
③ 《中国足球"工资帽"来了》,载《沧州晚报》2018年11月21日,第14版。
④ 张腾:《限薪打头阵,组合拳还在后面》,载《东方体育日报》2018年11月23日,第A09版。

得非常离谱，另外，球员转会或续约时，获取的签约费动辄高达上千万元。规范教练和球员收入，限制天价高薪是必需的，但更重要的是要建立起贡献与薪酬匹配的收入分配机制。

中国足球到底要不要借鉴域外的"工资帽"制度？对这一问题一直争论不休。笔者认为，我国体育界不仅是足球界都应当借鉴"工资帽"制度。这是限薪的必然路径，也是我国足球发展的历史必然。

有观点极力主张借鉴"工资帽"制度。我国中超球员的巨额收入与实际能力严重不符，也与国际足坛球员身价和薪酬比对严重不符。巨额的收入使他们沉浸在中超的温柔乡里，安于高薪之限制，丧失了追求和斗志。我国近几年来，去欧美著名俱乐部踢球的越来越少。高薪已经严重背离市场价格规律，不仅给俱乐部带来了巨大负担，还打消了球员的上进心，导致了国家男足队水平不佳，狂热的烧钱也烧掉了足球可持续发展力。因此，中超更应该限薪和设立工资帽制度。①

2018年年底，中国足协准备再次启动限薪令，拟从2019赛季执行。中国足协重启限薪等调控政策，2019赛季中超将设总投入"工资帽"、球员工资限额和转会费限额。虽然"工资帽"来得晚了，但总比不来好。毕竟中国职业联赛纯粹靠砸钱驱动的模式没有未来。中超俱乐部90%的薪资都用于向主帅、球员发薪水。而在欧洲俱乐部，将帅薪水投入一旦超过俱乐部总投入的60%，就被认为可能导致俱乐部破产。澳大利亚职业联赛借鉴了美国NBA模式，每家俱乐部用于球员教练的"工资帽"限定在250万澳元左右，这笔工资开销占俱乐部总投入的三分之一。②

中国足协拟借鉴域外的"工资帽"制度，限薪超过或不当足球高薪。"工资帽"包含四大内容：一是"注资帽"即限定俱乐部投资人注资；二是"工资帽"即限定球员薪酬收入；三是"奖金帽"即限定单场比赛奖金；四是"转会帽"即限定单笔转会最高费。中国足协即将施行四项限薪"帽"立即掀起了舆论热议。限薪"帽"的限额应如何确定，以往非常盛行的"阴阳合同"该如何治理，出现违规情况后该如何处罚？如何进行有效监管，才是限薪问题

---

① 葛爱平：《中超要不要限薪》，载《东方体育日报》2018年11月14日，第A03版。

② 陈华：《"工资帽"调控来得有些晚》，载《解放日报》2018年10月23日，第06版。

第四章 限制高薪制度

成败得失的关键。①

令人非常兴奋的是，2018年12月20日中国足协职业联赛总结大会在上海绿地万豪酒店举行，此前流传已久的球员"工资帽"正式公布。中国足协规定，从2019年开始，中超俱乐部薪酬比例不超过俱乐部人工总支出比例的65%，随后两年这个比例将逐年下调为60%（2020年）和55%（2021年）。国内球员个人薪酬最高（不含奖金）不得超过税前1000万元人民币，另外参加亚洲杯和世预赛的球员，在个人最高薪酬的基础上可以再上浮20%，也就是说以后本土球员的最高工资为税前1200万元人民币。而中甲中乙足球联赛暂时不设最高薪酬限额。②

许多人都对中国足协的新限薪令持肯定态度，但是，因为前三次限薪的失败结局，也不得不让人非常担心。

已经实行过限薪令政策，催生并壮大了"阴阳合同"等一系列规避乱象，中国足协这种用行政手段强行干预的管制思维，加之严重缺乏法律拘束力的限薪令，根本难以与崇尚自由竞争的市场规律兼容。规避"良策"即用"阴阳合同"规避限薪令早已是公开的秘密，中国足球职业化20年来，除长春亚泰外，大多数俱乐部从未真正执行过足协的三次限薪令，反而让"阴阳合同"大量"野蛮式生长"，足协也只能是无可奈何。③

国家花巨资的足球运动让人彻底失望，而中国足球的教练们和一些球员的薪酬是不断地上升再上升，与足球水平形成巨大的反差。中国足球之高薪问题不仅严重妨碍了中国足球的健康发展，还严重误导了人们的价值观，对中国社会的改革与发展也是有害无益。因此，大部分人都是极力主张限薪的，在一片强大的"声讨"高薪声中，中国足协限薪令是有着强大的实施基础的，关键就是要看限薪方案的可行性、执行力和监管治理力度，最后的成败所在是违规责任的认定与强制追究，离开了法律法规之强制性保障制度和严格执法，限薪

---

① 陈海翔：《四顶"帽子"虽好，执行监管却难》，载《文汇报》2018年11月26日，第6版。

② 裴力：《工资帽公布：国脚可上浮20%最高税前1200万元》，载搜狐网：http://www.sohu.com/a/283162363_463728?scm=0.0.0.0&spm=smpc.subject.column-1.1.1545285760384HaKu4LN，发布时间：2018年12月20日，访问时间：2018年12月20日。

③ 耳东海：《中国足协史上最严"大调控"，果真是意在终结高举高打的"恒大模式"?》，载上观：https://www.shobserver.com/news/detail?id=111068#top，发表时间：2018年10月17日，访问时间：2018年12月13日。

仍然难以成功。

在针对普遍的"对策"之"阴阳合同"的规制时,特别是应当"多管齐下",不仅要从道德层面,还有从法律从层面上治理;不仅要严惩签约队员,还要追究合同另外一方的法律责任,即合法双方当事人都应当承担法律责任,另外,还有追究监管方的责任;不仅要从民法和劳动法上依法整治"阴阳合同",还要从税法上出台相应的特别"高薪税"规定,类似于美国NBA之"奢侈税";除了加大对"阴阳合同"的行政处罚和民事处罚力度外,还有从我国刑法之刑事责任上修改有完善关偷税漏税罪,其修改指导思想是加大对偷税漏税的处罚力度,只有违法成本加大了,才有可能更加有效防范偷税漏税行为。这些都是我国足球限薪令多次失败而应当总结的一般教训,回顾历史是为了将来,回顾中国足协限薪之历史是为了将来限薪之成功。"失败是成功之母",我们不惧怕失败,怕的是罔顾失败而不从中吸取经验教训,怕的是形式正义的做派与作秀。

三、综艺演艺限薪令

(一) 限薪概况

我国综艺和演艺界限薪也不是一个新话题,与上面所言的国企或央企限薪和足球界限薪一样,都搞过几次,限薪效果也都极其有限。不过,其历史贡献之经验教训也还是有的,至少与足球界限薪一样,临时满足了社会舆论"口诛笔伐"之质疑与诘问,也暂时"平息"了部分人的"仇富"情绪。另外,演艺界限薪还与足球界限薪一样,具有一定的"同质性",它们限薪之合理性与正当性(没有真正的立法还不能谈合法性问题)一直是有争论的问题,主要原因是演艺界与足球界都属于私人性质"契约自由"与"意识自治"之所谓市场行为与法治精神范畴,这与国企或央企之国有资产属性是完全不同性质的产权范畴。演艺界限薪还与足球界限薪之"同质性"还表现在合同的签订与履行上,"阴阳合同"都大行其道,都成为规避限薪政策之"良策"。第三个"同质性"表现在当事人的超高高薪或"天价酬金"都与偷税漏税密切相关,即"阴阳合同"的一般目的都是所谓的"合理避税"。第四个"同质性"是限薪之后,高薪却"越限越高"。第五个"同质性"就是限薪之结果都是不了了之,即限薪令都成为摆设而以失败告终。下文分述演艺界限薪历史沿革。

我国演艺界限薪按照出台时间可以划分为两次:第一次是2017年,第二次是2018年;按照限薪令出台机构可以分为两大类:一是官方限薪令,二是民间自律限薪令或称"行业限薪令";按照限薪令之规制对象可以划分为两大类:一是演员明星限薪令,主要针对"天价酬金"的艺人;二是综艺限薪令,主要针对电视广播、网络等综合艺术栏目。

我国有关部门非常重视"天价片酬"的治理,力图遏制明星"天价片酬"。2017年9月4日,原国家新闻出版广电总局等5部委联合下发了《关于支持电视剧繁荣发展若干政策的通知》。为贯彻上述5部委文件精神,2017年9月22日,中国广播电影电视社会组织联合会电视制片委员会等4家行业协会联合发布了《关于电视剧网络剧制作成本配置比例的意见》,明确规定:全部演员的总片酬不超过制作总成本的40%,其中,主要演员不超过总片酬的70%,其他演员不低于总片酬的30%,这是首次明确了演员的限薪"红线"。[①]明星演员之70%的限薪比例还是偏高,与一般演员的薪酬差距还是太大。另外,一个重要缺漏是缺乏对"阴阳合同"等规避手段的整治方案。

央视评论认为,我国长期以来,影视明星收入过高的现象备受诟病。演员总片酬不超过制作总成本40%的严格规定,给影视明星的天价酬金泼了一盆冷水,"限酬令"有利于遏制明星天价片酬,让有限的资金用在刀刃上。[②]

这次演艺圈限薪的实际效果,仍然与足协的限薪令一样,遑论成效。不仅没有让明星"天价片酬"成为过去时,反而水涨船高。明星的高片酬早已引起很多人的不满,有的明星参演4天就有6000万元的天价片酬,这让那些兢兢业业的科学家和普通劳动者情何以堪?"限薪令"仅仅让人到了影视行业的一丝曙光,"限薪令"已经过去一年,天价片酬仍然是屡禁不止,仍然是屡禁屡败。[③]

2018年6月27日,中央宣传部、文化和旅游部、国家税务总局、国家广播电视总局、国家电影局等联合印发《通知》,要求加强对影视行业天价片酬、"阴阳合同"、偷逃税等问题的治理,控制不合理片酬,推进依法纳税,促进影视业健康发展。《通知》强调明确演员和节目嘉宾最高片酬限额,每部电影、电视剧、网络视听节目全部演员、嘉宾的总片酬不得超过制作总成本的

[①] 刘正山:《"天价片酬"及其治理的思考与建议》,载《中国电影市场》2018年第7期,第14页。

[②] 王健:《遏制电视剧行业乱象仅靠"限酬令"还不够!》,载观察者网:https://www.guancha.cn/culture/2017_09_24_428434.shtml,发布时间:2017年9月24日,访问时间:2018年12月16日。

[③] 《再见!天价片酬!国家终于出手了!》,载搜狐网:http://www.sohu.com/a/238822630_100169715,发布时间:2018年7月2日,访问时间:2018年12月16日。

40%，主要演员片酬不得超过总片酬的70%。

(二) 综艺限薪令

综艺限薪令是将对艺人天价片酬的限制延伸到综艺领域。乐正传媒研发咨询总监彭侃在接受媒体采访时表示，所谓的"综艺限薪令"已经出现了一段时间并下发到各个制作单位，业内确实存在部分明星参与综艺所获薪酬过高的情况，甚至成为行业"不堪承受之重"。①

2018年11月9日，国家广播电视总局发布了《关于进一步加强广播电视和网络视听文艺节目管理的通知》。综艺限薪令旨在对演员的薪酬进行限制，通过这种限制来重构影视界的良好发展生态，确保将更多的资金用于拍摄和制作，提升影视或者综艺节目的质量。②

综艺节目限薪令的主要限薪规定是："单期节目单人片酬不超过80万元，常驻嘉宾一季节目总片酬不超过1000万元。"③

"综艺限薪令"令众多网友直呼"大快人心"，可也有不少人担心流于形式。

综艺限薪令是希望对国内艺人高片酬的现状进行彻底整治，但是限薪令能否落实，业内也是普遍存疑。行业观察者、"冷眼看电视"创始人杨智帆表示：仅仅依靠行政指令其实很难，尤其是执行层面，到底是演员自降片酬，还是制片方不再出高价，双方往往处于拉锯战中。影视评论人"纳兰惊梦"指出："上有政策下有对策，如果不从根儿上解决，片酬下降基本没戏。"他还认为，不管是影视剧还是综艺节目，只要目前的内容生产依然是围绕明星来展开，"限薪令"就还是形式主义。④

还有业内人士指出："在薪酬明确受限的背景下，明星参与综艺节目是否存在其他的收益方式仍值得商榷，若其按要求约定'薪酬'，但同时以分成等方式补足收益，则限薪令并无实际意义。"如果不出意外，今后会有更多明星担任综艺节目的制作人，或在节目中挂上艺术总监等职能角色。因为在不少艺

---

① 龚卫锋、李依桐：《综艺也开始"限薪" 网民称"大快人心"》，载《羊城晚报》2018年10月5日，第A06版。

② 曹改青：《执行综艺限薪令要严防"作弊"》，载《北京青年报》2018年11月13日，第A02版。

③ 徐冰倩：《综艺"限薪令"剑指真人秀，明星出场费至少缩水八成》，载《南方都市报》2018年10月5日，第A15版。

④ 李夏至：《综艺不再是高片酬的避风港》，载《北京日报》2018年9月27日，第16版。

人看来，参加的性价比要高于拍戏。① 近年来因为综艺节目的薪酬节节攀升，许多演员不演戏却扎堆上综艺节目，主要原因是"钱好赚"。② 另外，规避官方演员限薪令的"良策"除了搞"阴阳合同"之外，就是参加综艺活动。

（三）行业限薪令

我国演艺界限薪令除了国家有关部委之官方限薪令外，还有一种限薪令属于民间自律性的限薪令——"行业限酬令"。2018年8月，我国优酷、爱奇艺、腾讯联合正午阳光、华策影视、柠萌影业等六大影视制作公司联合发布《关于抑制不合理片酬，抵制行业不正之风的联合声明》（人称"行业限酬令"），获得了社会的一致肯定。③ 共同抵制艺人天价片酬，要求单个演员的单集片酬（含税）不能超过100万元，总片酬（含税）不能超过5000万元。④

"行业限薪令"属于民间自律性的规定，没有强制力，完全属于一种道德自律规范。即使是在法制社会，道德规范仍然具有不可或缺性，人们不能因之其没有强制执行力，而忽视其存在价值。如何看待"行业限薪令"的价值，如何有效发挥"行业限薪令"对官方限薪令的积极补充作用，如何较大范围地推广等这些问题都还属于未来的新课题。笔者认为，发挥"行业限薪令"的重要作用，工资薪酬之集体协商谈判制度的构建非常重要，行业性的集体协商谈判的可能是"行业限薪令"的基础。

第四节 "阴阳合同"之解构

一、"阴阳合同"概念界定

"范××偷逃税事件"又称为"阴阳合同事件"，从名称上可以看出二者的关联度，即我国目前的"阴阳合同"已经成为明星们规避限薪令，并涉嫌

---

① 龚卫锋、李依桐：《综艺也开始"限薪" 网民称"大快人心"》，载《羊城晚报》2018年10月5日，第A06版。

② 徐冰倩：《综艺"限薪令"剑指真人秀，明星出场费至少缩水八成》，载《南方都市报》2018年10月5日，第A15版。

③ 曹改青：《执行综艺限薪令要严防"作弊"》，载《北京青年报》2018年11月13日，第A02版。

④ 龚卫锋、李依桐：《综艺也开始"限薪" 网民称"大快人心"》，载《羊城晚报》2018年10月5日，第A06版。

偷税漏税的常见方式，因此，落实限薪政策法规必须严厉打击"阴阳合同"。

"阴阳合同"并不是一个法律用语，也没有统一的称呼，有的称之为"黑白合同"，有的称之为"大小合同"。

我国目前还没有比较权威的概念界定。所谓"阴阳合同"是指当事人出于规避法律或谋取利益的目的而对同一宗交易签订的两份内容不一致的合同，其中一份提交给政府有关部门备案但并不实际履行（阳合同）；而另一份仅为合同当事人所掌握并照此履行（阴合同）。①

"阴阳合同"是指当事人出于规避法律或谋取利益的目的而对同一宗交易签订的两份内容不一致的合同，一份在明，一份在暗，"阳合同"提交给政府有关部门备案但选择性地履行；"阴合同"仅为合同当事人所掌握并约定照此履行交易。"阳合同"摆在明面，用来交税、过户；"阴合同"私下签订，促成交易，常见于建筑施工、二手房买卖、股权转让等合同纠纷中。②

对"阴阳合同"的学理界定也是非常不一致，有人认为"阴阳合同"中的两份合同，一份金额较低的为"阳"合同，而金额较高为"阴"合同。③

"阴阳合同"也叫"黑白合同"，是建筑市场上比较普遍的现象和行业"潜规则"。为了规避相关部门的监管，建设单位表面上和建筑企业签订一份合理的施工造价合同（白合同），背地却在压低价格后与建筑企业另签一份合同（黑合同）。④

"大小合同"就是"阴阳合同"，即交易双方签订金额不同的两份合同，一份金额较低的，用于向主管机关备案登记纳税；另一份金额较高的，则约定双方实际交易价格，目的就是逃税。⑤

还有人认为"阴阳合同"是房产交易中的潜规则，买卖双方签订两份价格不同的合同，价格高的合同为"阴合同"，用于向银行贷款，此价格一般是

---

① 郭明龙：《立法规制"阴阳合同"》，载《天津日报》2017年7月27日，第015版。

② 张树习：《"阴阳合同"的法律效力》，载《学习时报》2018年6月25日，第003版。

③ 王向明：《利用"阴阳合同"逃税会追刑责吗？》，载《北京日报》2018年6月13日，第014版。

④ 周月萍：《"阴阳合同"的法律风险》，载《施工企业管理》2011年第11期，第68页。

⑤ 徐蕾：《"阴阳合同"乱象当休矣》，载《南昌日报》2018年6月5日，第007版。

真实成交价格；而比真实价格低的合同为"阳合同"，也可以说是假合同，要提供给产权过户部门用于网签、缴纳税费等。①

"阴阳合同"是由真假两个合同构成的层叠式合同，表面上一个合同对外应付备案、鉴证或检查，规范、公平，背后暗藏着另一个合同用于实际执行。②

将"阴阳合同"以薪酬、收入和价格（房屋买卖中及招投标中等）之交易金额的大小来区分"阴阳"比较简便，具有一定的合理性。但是，实践中与"阴"与"阳"对应的"大或高"与"小或低"并不一致，使得哪是"阴合同"哪是"阳合同"并不易甄别清楚，还有待学理深入研究，更有待法律之权威界定。

二、"阴阳合同"法律属性

由于"阴阳合同"并没有明确的法律界定，更没有明确的法条规范，从而直接导致"阴阳合同"之合法性认定的困难，并产生较大争议，一时难有定论。

"阴阳合同"合法性难以认定有两大未解难题：一是"阴阳合同""阳合同""阴合同"三者本身难以界定；二是各个合同之合法性不易界定。

在工程案件的审判工作中，怎样认定"阴阳合同"的确是一个比较难的法律问题。③

"阳合同"虽然程序合法、对外公开，但通常不实际履行，因为其产生就是为了应付监管、逃避责任，其效力要视情况而定；反观"阴合同"，虽为私下签订，但其条款往往都会得到实际履行，它具有隐蔽性、不公平性，有时还具有违法性。④

有人依据《民法总则》第146条⑤认定："阴阳合同"的"阳合同"属于行为人与相对人以虚假意思表示实施的民事法律行为，应为无效合同；但根据

---

① 陈述：《不死的"阴阳合同"》，载《新财经》2011年第5期，第52页。
② 李全云：《"阴阳合同"的法律效力问题》，载《建设监理》2005年第2期，第29页。
③ 李东：《"阴阳合同"的司法认定》，载《中国招标》2012年第46期，第35页。
④ 张树习：《"阴阳合同"的法律效力》，载《学习时报》2018年6月25日，第003版。
⑤ 我国《民法总则》第146条规定："行为人与相对人以虚假的意思表示实施的民事法律行为无效。以虚假的意思表示隐藏的民事法律行为的效力，依照有关法律规定处理。"

第 2 款规定,"阴合同"反映了真实意思,符合法律规定的要件,应当按照履行。①

北京京华律师事务所刘宏辉律师认为:"根据合同法规定,'阴阳合同'中的'阳合同'因不体现当事人的真实意思而不发生效力,而'阴合同'是当事人的真实意思表示而认定为有效合同,'阴合同'只要内容合法,同样受到法律保护。然而,如果利用'阴阳合同'实施违法行为,或者以合法的形式掩盖违法的目的,则不仅伪装的'阳合同'无效,被伪装的'阴合同'也因内容违法而无效。"②

有的将"阴阳合同"成为"黑白合同",黑白合同现象违反了《招标投标法》《合同法》《建筑法》的有关规定。如果黑合同的内容与白合同相比构成了"背离合同实质性内容"变化的,则违反《招标投标法》第 46 条的强制性规定,该"黑合同"无效。但是,如果"黑合同"的内容虽然与"白合同"不一致,但是并未构成对"白合同"的实质性内容的违反或背离,只要符合当事人的真实意思表示则应认定为对"白合同"的合理变更及补充,其效力应当为法律所承认。③

阴阳合同的认定绝非现行司法解释所能完全解决的,需要具体案件具体分析,目前还属于法官自由裁量权的范畴。④

"阴阳合同"同时违反了《建筑法》《合同法》《招标投标法》这三部重要法律,应属严重违法行为。"阴阳合同"具备无效合同的认定要件,实质上属于无效合同。至少,阴阳合同链中的一部分合同是无效合同,不具有法律效力。⑤

笔者梳理目前有关"阴阳合同"合法性之主要观点,发现在认定"阴阳合同"是否合法时,一般都是将"阴阳合同"分为所谓"阳合同"与"阴合同"两大部分,分别论及其合法性问题,许多观点不但前后矛盾,还

---

① 郭明龙:《立法规制"阴阳合同"》,载《天津日报》2017 年 7 月 27 日,第 15 版。
② 陈述:《不死的"阴阳合同"》,载《新财经》2011 年第 5 期,第 53 页。
③ 周月萍:《"阴阳合同"的法律风险》,载《施工企业管理》2011 年第 11 期,第 68 页。
④ 周月萍:《"阴阳合同"的法律风险》,载《施工企业管理》2011 年第 11 期,第 69 页。
⑤ 李全云:《"阴阳合同"的法律效力问题》,载《建设监理》2005 年第 2 期,第 27 页。

让人"雾里看花"搞不清白。如此一来,让人对"阴阳合同"的合法性问题更加难以捉摸;在实践中到底如何鉴定哪是"阳合同",哪是"阴合同",更是难以界定,相对应的疑难问题是:哪个合同是合法的,哪个又是非法的?

笔者认为,认定"阴阳合同"之合法性不能将其分开认定,虽然"阳合同"与"阴合同"是两个独立存在的合同,但是因为两个合同之主体即当事人同一性、主观动机同一性(如规避限薪、规避纳税等)、合同事由同一性、内容的相似性(主要是薪酬或价格条款的不同)等,可以将"阳合同"与"阴合同"联系起来看,具体认定哪些条款是合法的,哪些条款是非法的,即将两个合同合并认定,而不是只谈某一个合同的法律效力。但这是否与合同法基本原理不符,与相关立法精神是否兼容?这些还需要进一步的理论研究。

三、"阴阳合同"立法梳整

我国目前现行法律虽然没有明确规制"阴阳合同"的立法,但是,这并不是说没有法律可用,现行立法仍然完全可以将"阴阳合同"纳入自己的规制范畴。笔者认为,采取"法条+指导案例+自由裁量"模式可以有效治理"阴阳合同"。

(一)民法与"阴阳合同"治理

治理"阴阳合同"的主要法律是民法之《民法总则》与《合同法》。

根据民法原则,诚实信用是公民民事活动应当遵循的基本原则,否则违法,当事人应当承担相应的民事责任。"阴阳合同"为了达到规避法律法规的非法目的如偷逃税,规避监管等,其行为本身就违背了诚实信用原则。笔者认为,解决上文有关"阴阳合同"不同争论,研判"阴阳合同"的效力时,首先可以确立"整体研判"原则(吾愚见),从"阴阳合同"整体上分析,而不必将"阴阳合同"分为"阴合同"与"阳合同"两个合同来区分对待,其签订两个合同的行为本身就是违背诚实信用原则的,在签订动机与目的上就是非法的,而不必细分到底签订了几个合同,即"阴阳合同"之合法性判断与合同数量无关,只要签订合同的动机或目的违背了诚实信用原则,就属于违法行为。

北京大学法学院李红海教授认为,在没有法条(即法律真空)的情况下,就是要以基本原则为指引,根据案件的具体案情为基本原则限定条件,以形成规则。① 我国目前规制"阴阳合同"的法律基本空缺，以民法之诚实信用原则来规制"阴阳合同"完全符合法理，具有充分的正当性。

根据合同法精神，如果契约不是当事人的真实意思表示，则契约无效，而没有法律效力。不论"阴阳合同"之"阴"或"阳"都可以认定为不是当事人的真实意思表示，而不具有法定效力。"阴阳合同"之"阴"或"阳"合同中即使有一个合同是当事人的真实意思表示，但是此真实意思是避税或监管，也属于非法意思，也应当无效。

根据合同法之无效合同规定，如果合同"以合法的形式掩盖非法的目的"，那么该合同就是无效的合同，这应当没有任何疑义。无效合同指虽已成立但不具备法律规定的生效条件，不发生法律效力的合同。无效合同自始无效。我国《合同法》规定的合同无效的范围包括"一方以欺诈、胁迫的手段订立合同，损害国家利益；恶意串通，损害国家、集体或者第三人利益；以合法形式掩盖非法目的；损害社会公共利益；违反法律、行政法规的强制性规定"等情形。

不管签订"阴阳合同"的数量如何，也不必细分"阴"或"阳"，其从总体上只要是为了"以合法的形式掩盖非法的目的"，"阴阳合同"就不具有合法性。至于"阴阳合同"之部分条款的效力认定问题，不影响整个"阴阳合同"的效力。另外，"阴阳合同"还因内容违法而无效。

（二）行政法与"阴阳合同"治理

治理"阴阳合同"的法律依据还有《招标投标法》和《建筑法》（劳动法、税法、刑法），主要针对特色行业如建筑领域和招标投标领域中的招"阴阳合同"。

我国《招标投标法》明确规定，确定中标人前，招标人不得与投标人就价格、投标方案等实质性内容进行谈判；确定中标人后，双方应于中标通知书发出30日内订立书面合同，"招标人和中标人不得再行订立背离合同实质性内容的其他协议"。而订立"阴阳合同"，不论订立阳合同还是阴合同的时间先后，双方事前"就价格、投标方案等实质性内容进行谈判"，或事后另行订

---

① 李红海：《裁判文书说理：激活案例指导制度之举》，载《人民法院报》2018年8月11日，第002版。

立"背离合同实质性内容的其他协议",都违反了《招标投标法》的规定。①

《建设工程价款结算暂行办法》（财建〔2004〕369号）第22条明确规定："发包人与中标的承包人不按照招标文件和中标的承包人的投标文件订立合同的，或者发包人、中标的承包人背离合同实质性内容另行订立协议，造成工程价款结算纠纷的，另行订立的协议无效，由建设行政主管部门责令改正，并按《中华人民共和国招标投标法》第59条进行处罚。"由此规章，可以认定"阴阳合同"的法律效力，"另行订立的协议无效"，此规定形式上并没有问题，但是实际操作中，有几个明显缺漏：一是，如何认定哪个合同是"另行订立的"即所谓谁为"阳"，谁是"阴"或时间先后等并不易分辨。二是，并没有说明"阴阳合同"的总体法律效力。三是，"另行订立的协议无效"的前提条件是"造成工程价款结算纠纷"，如果两个合同并没有"造成工程价款结算纠纷"，是否可以认定"另行订立的协议"有效呢？四是，涉嫌违反《立法法》。我国《立法法》的规定，第22条的规定在法理上是不成立的，合同无效的确认权应当属于人民法院。② 五是，没有明确"另行订立的协议无效"中"另行订立"的范围，是否涵盖合同的变更或补充协议？而按照一般法理，合同的变更或补充是可以的，只要协商一致并不违法或违反公序良俗原则，另外，合同的变更或补充并不一定就属于"阴阳合同"的范畴。

《最高人民法院关于审理建设工程施工合同纠纷案件适用法律问题的解释》（法释〔2004〕14号）第21条明确规定："当事人就同一建设工程另行订立的建设工程施工合同与经过备案的中标合同实质性内容不一致的，应当以备案的中标合同作为结算工程价款的根据。"按照此规定，如果出现"当事人就同一建设工程另行订立的建设工程施工合同与经过备案的中标合同实质性内容不一致的"情况，并不涉及合同的效力评判问题，只是确立了工程款的结算原则即以中标备案合同为准。③ 可见，此规定也仅仅是针对实务中工程款的结算问题，并没有明确"阴阳合同"的法律效力问题。

（三）劳动法与"阴阳合同"治理

"阴阳合同"从总体上属于无效合同，并自始就无效。这应当是确认"阴

---

① 李全云：《"阴阳合同"的法律效力问题》，载《建设监理》2005年第2期，第27页。
② 李东：《"阴阳合同"的司法认定》，载《中国招标》2012年第46期，第35页。
③ 李东：《"阴阳合同"的司法认定》，载《中国招标》2012年第46期，第35页。

阳合同"法律效力的一般原则。"有一般必有特殊",特殊情形下,"阴阳合同"中部分条款还应当认定为有效。其主要因由:一是,维护交易秩序,保障市场经济之交易安全;二是,保障当事人合法权益;三是,对劳动者权益的倾斜保护原则和有利原则要求,即使合同绝对无效,但是劳动者的付出还是应当得到相应的保障,限薪不能不顾劳动者的基本生活保障和合法薪酬,其正常的工资待遇及限薪范围内的薪酬都不能因"阴阳合同"之无效而丧失,即"阴阳合同"是无效的,但是有些条款却仍然有效,义务相对方还应当履行,这就是法律中存在的一种"悖论",此种"悖论"也是符合法理的,符合哲学之一般与特殊的关系。虽然,我们应当接受"阴阳合同"之"悖论",但是并不代表说"阴阳合同"或其"阳"或"阴"合同具有合法性和正当性,即部分条款的有效性并不能说明整个合同的有效,否则就犯了以偏概全的逻辑错误。

法学中此"悖论"精神在我国《劳动合同法》中已有明确规定,《劳动合同法》第27条规定:"劳动合同部分无效,不影响其他部分效力的,其他部分仍然有效。"第28条规定:"劳动合同被确认无效,劳动者已付出劳动的,用人单位应当向劳动者支付劳动报酬。劳动报酬的数额,参照本单位相同或者相近岗位劳动者的劳动报酬确定。"《劳动合同法》之有关合同效力的规定同样适用于"阴阳合同"或其条款中有关劳动者工资报酬的规定,"阴阳合同"的无效并不能减免相关当事人法定义务之履行。

"悖论"中还有一个问题:合同效力的认定并不是合同当事人的权利,合同部分条款对双方当事人来说有效的,但是,其"悖论"是效力的认定不是由他们来完成,而是由劳动争议仲裁机构或者人民法院确认。我国《劳动合同法》第26条最后一款明确规定:"对劳动合同的无效或者部分无效有争议的,由劳动争议仲裁机构或者人民法院确认。"因此,"阴阳合同"之无效或者部分无效之认定权为国家公权力机关劳动争议仲裁机构或者人民法院,合同当事人也不能自己确认合同的效力。这符合合同法中合同"成立"与"生效"之一般原理,仔细思量,之所以对合同的成立与生效争论不休,其实这里面仍然有"悖论"存在:成立与生效;生效与效力——"合同先成立后生效"还是"先生效后成立"?"有效力才能生效"还是"生效才有效力"?"合同先成立后有效"还是"先有效后成立"?这些问题都很纠结。但是,无论如何有两点应当确定:一是,"阴阳合同"整体无效;二是"阴阳合同"整体无效并不代表全部无效,部分条款可能还是有效的;三是,有效还是无效之认定方为国家公权力机关即劳动争议仲裁机构或者人民法院。

我国《劳动合同法》还有一项"限薪"立法规定值得治理"阴阳合同"借鉴。我国《劳动合同法》关于经济补偿（金）的立法规定了高薪之经济补偿的"封顶"条文。《劳动合同法》第47条第2款规定："劳动者月工资高于用人单位所在直辖市、设区的市级人民政府公布的本地区上年度职工月平均工资三倍的，向其支付经济补偿的标准按职工月平均工资三倍的数额支付，向其支付经济补偿的年限最高不超过十二年。"此经济补偿"封顶"规定包含两个"封顶"：一是经济补偿总数为职工月平均工资三倍；二是补偿的最高年限为十二年。

我国《劳动合同法》的有关规定，特别是有关经济补偿的立法一直以来遭到诟病，但是笔者不同意此观点。笔者认为我国《劳动合同法》还是比较先进的，比如有关"限薪"规定，是我国法律中极其少有的"限薪"立法，突破了国际劳动法之有关工资收入"限低不限高"的一般规律。虽然此"限薪"规定还不是直接针对高薪收入，而是针对经济补偿的，但是，其限制超高经济补偿之"限薪"，还是具有开创性的历史意义，特别对治理还没有入法的"阴阳合同"具有尝试性的价值。

我国今后出台限薪立法，还可以借鉴上述立法之参照系的设立为"职工月平均工资"，将高薪之变量与总量控制有机结合起来。《劳动合同法》明确界定了"职工月平均工资"："本条所称月工资是指劳动者在劳动合同解除或者终止前十二个月的平均工资。"对高薪收入者如国企高管、演艺界明星、体育界明星等限薪之参照系可以参照《劳动合同法》的设计，上限不一定是"三倍"，但是"倍数"的参照系可以是《劳动合同法》之"职工月平均工资"，这样设计，既考虑了国企高管、演艺界明星、体育界明星等薪酬差别，限制了超高薪酬或"天价酬金"；又可以实行动态平衡，因为各地的"职工月平均工资"是一个变量，考虑高薪的变量因素，更加符合社会的发展变化，比仅仅规定高薪之最高数额要科学得多，也符合法律之普遍性与稳定性原理。限薪立法当明鉴之！

（四）指导案例与"阴阳合同"治理

我国现行司法实践中，已经开始实施一项重大改革举措——"案例指导制度"。案例指导制度是将成文法与判例法结合起来，吸收两大法系的各自优势，也是司法制度国际化的一项不可或缺的制度。案例指导制度的实施将对减少"同案不同判"的现象具有实践矫正意义，也是为了让人民满意、让司法更公正。

第四节 "阴阳合同"之解构

英美法系即判例法系比较成熟,其"判例法"就是法律的重要渊源,在司法实践中,法官在审理案件中可以直接适用。我国在现阶段是"有判例而无判例法",最高人民法院发布的"指导性案例"将填补这一空白。

2010年11月26日,最高人民法院发布了《最高人民法院关于案例指导工作的规定》,标志着我国案例指导制度的正式开启。

2011年12月20日发布第一批指导性案例,标志着中国特色的案例指导制度初步建立。截至2018年,最高人民法院已经发布了18批共计96个指导性案例,在规范法官自由裁量行为、统一法律适用、指导下级法院审判方面,弘扬社会主义法治精神和核心价值观等方面都发挥了重要作用。[①]

2015年6月2日,最高人民法院公布了《最高人民法院〈关于案例指导工作的规定〉实施细则》,对案例指导工作进行了具体规定,也标志着我国案例指导制度的普遍开始。

2018年10月26日,第十三届全国人大常委会第六次会议表决通过了《中华人民共和国人民法院组织法(修订草案)》(即《人民法院组织法》),并于2019年1月1日生效。《人民法院组织法》首次确立了指导性案例制度即案例指导制度,由此,将我国案例指导制度正式完成了入法,使得案例指导制度具有了真正的法律"身份"。《人民法院组织法》首次确立了指导性案例制度,贯彻了党中央关于全面依法治国和深化司法体制改革的精神,必将有利于推动人民法院案例指导工作的发展,有利于推动中国特色社会主义司法制度的完善。[②]

新《人民法院组织法》第18条第2款明确规定:"最高人民法院可以发布指导性案例。"此条在原修订草案二审稿中的规定是:"最高人民法院可以发布指导性案例,供法官在审判案件时参考。"在审议中,对此有不同意见,认为应当明确规定,指导性案例供法官在审判案件时参照,如果仅规定为参考,不利于此项制度功能的发挥,最终审议时,删除了"供法官在审判案件时参考"的表述。[③] 从有关指导性案例的立法过程中,可以看出新《人民法院组织法》对我国"案例指导制度"之强制效力的重视。

[①] 袁春湘:《确立案例指导推动制度完善》,载《人民法院报》2018年11月18日,第002版。

[②] 袁春湘:《确立案例指导推动制度完善》,载《人民法院报》2018年11月18日,第002版。

[③] 袁春湘:《确立案例指导推动制度完善》,载《人民法院报》2018年11月18日,第002版。

我国目前有关限薪案例或"阴阳合同"的司法实践中，还没有最高人民法院发布的指导性案例，在没有明确限薪立法的背景下，指导性案例的价值就尤其显得不可或缺。因此，笔者认为，无论是限薪，还是治理"阴阳合同"都需要最高人民法院发布相关指导性案例，以及时填补学理研究及立法空白，让实践先行，在实践中探寻限薪及"阴阳合同"的有效治理路径。

《最高人民法院关于案例指导工作的规定》明确列举了指导性案例的选择范围。裁判已经发生法律效力，并符合以下条件之一的案例：（1）社会广泛关注的；（2）法律规定比较原则的；（3）具有典型性的；（4）疑难复杂或者新类型的；（5）其他具有指导作用的案例。该规定还特别明确了指导性案例的法律效力："对于最高人民法院发布的指导性案例，各级人民法院在审理类似案件时应当参照。"其用词为"应当"参照，而不是"可以"参照，[①] 可见，最高人民法院发布的指导性案例具有强制执行力。

第五节　限制高薪立法构想

限薪在法治社会中应当依法规制，这是法治社会的基本要义。我国曾经出台的"限薪令"之所以失败，其主要原因之一就是没有将限薪纳入法律的范畴，缺乏法律规范的限薪，当然没有强制执行力。有关高薪或"天价酬金"之合法性问题是限薪制度的逻辑起点，在没有有关限薪之法律明确规定下，限薪之合法性与正当性难免出现巨大纷争。限薪制度的立法首先就是解决合法性问题，其次就是设计可行且易操作的正式规范，为司法实践提供明确而直接的裁判依据，完成具有国家强制力的执法，最终实现法律的价值目标。

一、立法模式之选择

有专家在论述领导干部财产申报制度之改进路径时，特别建议：中国反腐败要从"运动反腐"转向"制度反腐"，完成反腐败立法，立法要吸收领导干部财产申报的规定，让运动积累的反腐能量沉淀为法律制度。[②] 笔者认为，此观点同样适用于限薪制度，一是因为我国国企高管之限薪本身就与领导干部财

[①] 袁春湘：《确立案例指导推动制度完善》，载《人民法院报》2018年11月18日，第002版。

[②] 何家弘：《领导干部财产申报制度之改进》，载《理论视野》2016年第2期，第34页。

产申报制度密切相关，略微不同的是国企高管限薪只是限薪的主要主体之一，但是，高薪申报必然是限薪制度的重要组成部分；二是制度功能具有同质性，反腐败制度与反高薪制度并不矛盾，限制高薪特别是对国企高管限薪本身就具有反腐败之制度功能。因此，限薪制度的立法与反腐败立法可以同时跟近。

我国启动限薪立法程序具有必要性与紧迫性，国家应当尽快启动。限薪立法首先是立法模式的选择与确定问题。一般的成文法立法模式有两种：一是分散立法，二是单独立法。二者各有优劣，需要立法者的价值判断和偏好决定。"分散立法"模式的主要优点是立法成本低廉、立法快捷、响应迅速、易于修订等，主要不足是立法系统化差、规范零散、法出多门等；"单独立法"模式主要优点是权威性高、立法完备统一、规范系统全面、易于操作等，主要不足是立法成本很高、立法程序复杂、立法时间较长等。

笔者建议，我国限薪立法可以结合短期目标与长远目标分两步走：第一，先实行分散立法，短期内实行分散立法，将限薪制度分散在不同的法律中。分散有两种具体办法：一是在拟出台的新法之中，增加有关限薪的条文，如可以在我国将要出台的《工资法》或《集体劳动法》或《集体合同法》中增加一个章节，专门规定限薪问题，并在法律责任中增加有关限薪法律责任条款；二是在拟修改的《劳动法》或《劳动合同法》中增补有关限薪的章节或条文。第二，长远立法还是应当采取单独立法模式，即吸收分散立法的经验，出台单独的《限薪法》。

笔者认为，我国目前最为可能与可行的立法选择有二：在拟出台的新法《工资法》或《集体合同法》中增加限薪专章；或者在《劳动合同法》修改中增加专门的限薪条款。

二、《工资法》之限薪

我国《工资法》"千呼万唤"还没有出台，但是，经过长期的立法准备，已经完全具备较为成熟的出台条件了，可是适时推出《工资法》。

我国比较正式的工资立法是原劳动部于1994年12月6日发布，自1995年1月1日起实施的《工资支付暂行规定》。此暂行规定到目前还没有"转正"，早就准备取而代之的《工资支付条例》一直"难产"。《工资支付条例》之立法在多年前就已经启动，原劳动和社会保障部在7年前就已经形成完整的《工资条例（草案）》，但该草案的修改工作一直被搁置，《工资支付条例》的出台还有待时日。

《工资法》更是遥遥无期。在1995年，原劳动部负责人在一次全国性会议上表示，国务院正积极抓紧制定《工资法》，① 但20多年过去了，连一个正式法律文件都还没有出台。

工资立法在域外早已完成并逐渐完善与发达。英、法、德等国在产业革命后不久就实现工资立法了，日本也有《工资安全支付法》。美国最为详尽，由一系列法案组成，比如《工资公平法案》《支付法案》《同工同酬法案》等。② 我国工资立法进程缓慢得让人不可思议。笔者认为，其中主要原因是：社会关注度不高；理论研究严重匮乏，不能为立法提供足够的理论支撑。正如对工资研究比较多的学者刘植荣所言：令人有些尴尬的是，虽然《工资法》与大众的利益密切相关，可真正关注《工资法》的人却不多，甚至不少人认为多此一举，担心这项立法对自己的工资收入不利。③

我国有关工资法的理论研究非常稀少，这可以让数据"说话"：截至2018年12月24日上午10时，在中国知网以"工资法"为"主题"检索，结果为127篇；以"工资法"为"关键词"检索，结果是72篇；以"工资法"为"全文"检索，结果是1848篇。在这些检索结果中真正属于有关"工资法"的论文更是非常少见。这些数据足以表明，有关工资法之研究还是非常欠缺，其主要因由是，在我国劳动法本身就属于非常弱小的部门法，国家对其重视程度也不够，劳动法一直还不是法学的二级学科；加上工资法与限薪制度在劳动法学界的严重"边缘化"，导致工资法与限薪法的学术研究严重不足。

笔者认为，我国今后出台《工资法》，不必先搞《工资支付条例》，而是直接出台《工资法》，因为经过这么多年的积淀，出台《工资法》已经不必再试行前期的条例了，还可以节约社会立法资源。

为了限薪制度的构建，在《工资法》立法中，可以专门规定一章为"最低工资规定"立法，而后再紧跟一个专章为"高薪限制规定"，这样从逻辑结构上比较合理可行，实现工资法对一般工资与超高工资的完整立法，克服原来立法中"就低不就高"的缺陷。主要限薪立法构想是：确立总体立法体例，具体限薪条款中可以将规制高薪的治理措施采取列举式与概括式相结合的办法，防止"挂一漏万"。条款设计之一，应当将较为普遍的规避限薪的"阴阳

---

① 《国务院正抓紧制定〈工资法〉》，载《经济研究参考》1995年第1期，第62页。

② 唐山：《刘植荣：中国需要一部〈工资法〉》，载《检察风云》2017年第2期，第28页。

③ 唐山：《刘植荣：中国需要一部〈工资法〉》，载《检察风云》2017年第2期，第28页。

合同"列为专门一个条款,并将"阴阳合同"明确定性为非法合同,以有效预防与严厉打击"阴阳合同";条款设计二,设置"奢侈税"契约制度;条款设计三,设置"工资帽"条款;条款设计四,将工资集体协商谈判列为一个专门条款;条款设计五,将高薪申报制度作为一个条款;条款设计六,设置举报奖励机制条款;在《工资法》"法律责任"中设置专门的限薪责任条款,可以分设三个条款:民事责任、行政责任和专职"转致"性的刑事责任条款。

三、《集体合同法》之限薪

集体协商谈判制度是劳动法特别是集体劳动法的不可或缺的基本制度,是集体劳动权的重要内容之一,工资集体协商谈判也是劳动者之工资话语权的重要体现。集体合同制度是全世界劳动法中普遍认同的重要制度,对保障劳动者的权益具有重要意义。集体合同又称团体协约、集体协约、劳资和约,是劳动者团体即工会与用人单位或团体经过进行集体协商,依法就劳动报酬、工作时间、休息休假、劳动安全卫生、保险福利等事项在平等协商一致基础上签订的书面协议。①

工资集体协商谈判制度时否成熟与发达,是一个国家或地位劳动法是否成熟与发达的重要标志,我国目前由于工资集体协商谈判制度的还不成熟,导致我国劳动法的积弊不减反增,其在限薪中,就是我国多次"限薪令"的多次失败。

我们纵观世界上其他国家或地区,工资集体协商谈判制度也是其限薪制度设计中不可或缺的重要内容。美国非常有名的"奢侈税"契约制度和"工资帽"制度,都与工资集体协商谈判不可分离,完全可以说没有工资集体协商谈判,就没有"奢侈税"契约制度和"工资帽"制度。另外,虽然"奢侈税"和"工资帽"已经是一项普遍制度,这种制度并不是由官方强制制定与强制施行的,它是一种民间形成并在民间推行的非正式制度,至多也只能算是非正式制度之惯例,但是,令人困惑的是其受欢迎度、执行力(非强制执行力)与效果都非常好,甚至超过官方之正式制度。笔者认为其根本原因之一就是:"奢侈税"和"工资帽"的形成与执行都是集体协商谈判制度的作用,换言之,集体协商谈判是"奢侈税"和"工资帽"的"生命"所在。反观我国,曾经在体育界(CBA)试验过"工资帽",但是没有多大效果,其根本原

---

① 问清泓:《劳动法与农民工权益保障研究——兼评〈劳动合同法(草案)〉有关规定》,载《武汉大学学报(哲学社会科学版)》2006年第5期,第627页。

因就是我们在借鉴美国此制度时,没有领悟透其精神实质,即没有发现制度背后的支撑"后台"——集体协商谈判,因此,我们今后借鉴实施"奢侈税"和"工资帽"制度时,一定要研究和领悟其内在精神,真正实行工资集体协商谈判。

集体协商谈判与工资集体协商谈判是《集体劳动法》或《集体合同法》的重要制度,我国目前还没有出台《集体劳动法》或《集体合同法》。笔者认为,我国《集体合同法》的出台时机成熟,可以启动立法程序了。一是,立法经验积淀较厚,《集体合同法》的前期准备性法规《集体合同规定》研究实行多年,并且已经有两个版本,原劳动部于1994年12月5日就颁布了《集体合同规定》,2004年进行了修改。二是,理论研究也是逐步完善,为立法可以提供一定的理论支撑。三是,实践中,在中华全国总工会的领导下,集体协商谈判与集体合同的推广比较有力,积累了实践经验。四是,我国新时代下中国特色社会主义法治建设急需集体劳动法,以构建法治社会之和谐劳动关系。五是,限薪制度急需集体协商谈判制度与《集体合同法》。

应当在《集体合同法》"集体协商内容"专章中明确增加限薪之集体协商条款,明确合法的高薪应当经过集体协商,否则就不具有正当性与合法性;可以在"集体协商代表"一章中增设规定高薪代表如演艺界和体育界明星代表;可以在"集体协商程序"中增加限薪之集体协商谈判程序;可以在"集体合同审查"一章中增设高薪之特别审查规定,劳动保障行政部门作为审查机构,有权对报送的集体合同或专项工资(或高薪)集体合同进行合法性审查,主要审查内容包括:集体协商双方的主体资格是否符合法律、法规和规章规定;集体协商程序是否违反法律、法规、规章规定;集体合同或专项工资(或高薪)集体合同内容是否与国家规定相抵触。

特别要说明的是,我国目前实行的《集体合同规定》有一个巨大的漏洞:没有专门规定法律责任。如果一项法律法规没有法律责任之规定,可以说这样的法律法规完全不符合成文法的逻辑,也不合常理,可谓"低级错误"!我国现行的《集体合同规定》就是一部没有设置"法律责任"专章的法规,今后我国出台《集体合同法》首先应当克服这一立法缺陷。

笔者建议,应当在拟出台的《集体合同法》中增加"法律责任"专章,并在该专章中明确规定有关限薪之法律责任的"负面清单",以示对限薪之集体协商谈判与集体合同签订、变更和履行之非法行为的惩处,保障限薪之集体协商谈判的有序展开,保障《集体合同法》及其限薪条款的执行力。

四、《劳动合同法》之限薪

我国《劳动合同法》颁布执行已经十余年,争议一直不断,修法的呼声非常高。在过去一年时间里,《劳动合同法》的善恶之争及其大修中修小修成为劳动学界各种研讨的焦点问题。① 近两年,《劳动合同法》修改成为学界和政府热议的话题。② 这几年《劳动合同法》在不绝于耳之批判声中,修改问题不仅在劳动劳动法学界,在政府和社会上也是一直非常热烈。

也有一部分观点是反对修改,"我们认为《劳动合同法》修改的时机并不成熟",法律的修改应建立在达成共识的基础上,法律才更容易被遵守。③

笔者认为,如果启动修法程序,可以考虑将限薪有关规定纳入其中,以降低限薪之单独立法的成本。主要可以考虑以下具体路径:

路径一是,如果《劳动合同法》不删除第 5 章第 1 节之 "集体合同",则可以将有关限薪的条款嵌入本节之中,集体条款设计可以参照上文之《集体合同法》之限薪,这在逻辑上是没有任何问题的,比较集体合同本应当就是集体合同法的基本内容。但是,这样在修改《劳动合同法》时不删除 "集体合同" 规定,与《劳动合同法》的结构还是不协调,最终还是应当在《劳动合同法》中删除 "集体合同" 规定,将其划归《集体合同法》,如此一来,限薪规定也还是要类归于《集体合同法》。

路径二是,如果《劳动合同法》删除第 5 章第 1 节之 "集体合同",而短期内《集体合同法》又难以出台,那么可以考虑在《劳动合同法》中增加有关限薪的条款。具体修改方案如下:

一是,在"总则"第 3 条基本原则中增加 1 项为特别规定:高薪双方当事人都应当遵守诚实信用原则,不得约定 "阴阳合同"。《劳动合同法》的修改任务之一就是要改变在实施中不利于诚实守信地履行合同的那些不合理条款。④ 增加不得约定 "阴阳合同" 条款,正是可以到达诚实信用地履行合同

---

① 涂永前:《〈劳动合同法〉修改要达到劳资两利》,载《社会科学报》2016 年 12 月 8 日,第 004 版。
② 谢增毅:《用工成本视角下的劳动合同法修改》,载《法学》2017 年第 11 期,第 66 页。
③ 姜颖、沈建峰:《正确评估〈劳动合同法〉适时修改〈劳动法〉》,载《中国劳动关系学院学报》2017 年第 3 期,第 56~57 页。
④ 曹艳春:《劳动合同法修改应坚持六项原则》,载《上海法治报》2016 年 11 月 30 日,第 B06 版。

的手段之一。

二是，在第 2 章"劳动合同订立"中，将限薪条款列入劳动合同之约定条款，规定明确一般劳动者之外的高薪者应当与用人单位约定高薪条款，且高薪不得隐瞒或变相隐瞒，不得超过有关部门规定的上限。

三是，在第 2 章"劳动合同订立"中第 26 条中增加 1 项为第 3 项：明确规定限薪条款的效力问题，可以是"高薪之'阴阳合同'不具有法律效力"。

四是，在第 3 章"劳动合同的履行和变更"中第 35 条增加 1 项："恶意变更劳动合同无效"，以防止高薪者借合同变更之名，行规避之实，将先后订立及变更"阴阳合同"之路堵上。

五是，在第 6 章"监督检查"中的第 74 条增加 1 项专门针对限薪的监督检查内容，可以规定为监督检查"用人单位和劳动者约定的高薪报酬和执行情况"。

六是，在第 6 章第 79 条中增加 1 项有关对限薪的奖励制度，构成限薪举报奖励机制，充分发挥人民群众的巨大作用，让高薪中的"阴阳合同"等所谓规避"对策"无处可藏。

七是，在"法律责任"专章中增加限薪之法律责任，包括民事责任、行政责任和刑事责任（"转致"条款），可以考虑在第 88 条中增加 1 项："以'阴阳合同'等手段逃避限薪的"应当依法给予行政处罚；构成犯罪的，依法追究刑事责任。

在《劳动合同法》修改中增加限薪有关条款具有较大的可行性，但是，有一个问题比较纠结。《劳动合同法》只能规制狭义劳动关系即传统体制内典型或标准劳动关系之劳动合同，而不能适用民法语境下的劳务关系与雇佣关系，由于我国目前劳动关系（劳动合同）、劳务关系（劳务合同）与雇佣关系（雇佣合同）三者之不同部门归属的立法，在这一立法缺陷没有克服的前提下，必然会产生新的道德风险即新的规避限薪手段，一些高薪合同双方当事人可能不会明确签订劳动合同，而签订劳务合同或雇佣合同，还有一种是非法律正式用语之新型劳动用工下所谓的"合作关系""合伙关系"等合同。在共享经济下，劳动关系并没有都转变为劳务关系或商务关系或服务关系，而是劳动法上的劳动关系、民法上的劳务关系或雇佣关系三者并存，其特征是非典型劳动用工"野蛮"生长。①

---

① 问清泓：《共享经济下劳动规章制度异变及规制》，载《社科学研究》2018 年第 3 期，第 87 页。

如何有效整合劳动关系、劳务关系或雇佣关系，这一直是难以破解的难题。笔者在十多年前关于《劳动合同法（草案）》讨论时，就提出过将劳动关系、劳务关系或雇佣关系三者统一立法的设想，劳动合同、劳务合同、雇佣合同三者关系密切，可以将劳动合同、雇佣合同一并纳入劳动法的调整范畴，我国立法应当将雇佣合同与劳动合同合并在一起，统一为劳动合同，统一纳入劳动法的调整范围。① 长期以来，我国民事立法与劳动立法分头进行，相互隔绝，不仅在一定程度上造成了劳动法与民法适用关系上的困境，而且导致不少劳动（雇佣）关系并未得到有效规制。②

在新时代互联网共享经济下，新型劳动用工已经呈现出"野蛮式生长"态势，虽然我国劳动法并没有完全"过时"，但是，其无能为力的"窘态"亟待修正。将新形势下的多种多样的劳动关系都纳入《劳动合同法》或《集体合同法》的调整范围已经是迫不及待，在《劳动合同法》的修改和《集体合同法》立法中都应当考量这些"前提下"问题，不能再将《劳动合同法》的范畴限定在狭义劳动关系上，这应当是我国《劳动合同法》修改中的一个重要问题即扩大适用范围，这并不仅仅是为了构建限薪制度，也是新时代我国和谐劳动关系的基本制度供给。

第六节　不当高薪规制对策

一、创构高薪申报制度

限薪制度的构建应当将被限薪者自律与国家、社会之他律结合起来，自律以诚实信用为基本原则，他律以强制与严惩为原则。我国目前的限薪对象主要包括国企高管、演艺圈明星和体育界明星，高薪申报制度的主体就是国企高管、演艺圈明星和体育界明星。高薪申报制度实行强制性原则，所有"疑似"高薪者都应当申报。

我国构建高薪申报制度，可以参照已经比较成熟的国家公务员财产申报制度，吸收其成功经验，克服存在的不足。还要注意二者的区别，设计符合限薪

---

① 问清泓：《劳动法与农民工权益保障研究——兼评《劳动合同法（草案）》有关规定》，载《武汉大学学报》（哲学社会科学版）2006年第5期，第627页。

② 刘绍宇：《劳动合同法与民法适用关系的法教义学分析——以〈劳动合同法〉修改和民法典编纂为背景》，载《法学》2018年第3期，第159页。

的申报制度。

高薪申报制度与公务员财产申报制度的比较及初步构想：

(一) 申报对象

公务员财产申报制度的对象仅仅是公务员或比照公务员的各事业单位的处级及以上干部；而高薪申报对象非常复杂，且各申报对象难以统一标准。

国企高管除了按照国家公务员财产申报制度执行外，应当单独就其每年的总薪酬（工资、奖金等）进行另外的高薪申报。

有人认为在公职人员的财产申报制度中，应当扩大申报主体即申报对象的范围，建议将选举性公职人员与非选举性公职人员共同纳入申报范围，将立法机关中的议员及一般工作人员，行政机关中的行政首脑及一般工作人员，司法机关中的法官及一般工作人员都纳入。[1]

我国国企高管的限薪申报也应当扩大申报主体，高薪申报对象应当是所有的国企主要负责人，并不局限于高管或"一把手"，还应当包括所有中层干部及以上的所有人员，将是否"高薪"的认定权交由特定机关如本单位组织部门。

我国国企高管的限薪申报对象应当扩大化，可以参照韩国关于国企高管申报对象的规定。韩国《公职人员伦理法》第2章第3条规定，由政府提供经费的机构的正、副首长，常任监事，韩国银行的总裁、副总裁以及监事，银行的监察院长，农业合作组合中央会、水产业合作组合中央会、畜产业合作组合中央会的会长以及常务监事，都应当进行申报财产。[2]

演艺圈明星的高薪申报对象比较复杂，需要国家有关公权力机关和明星所在"圈"之机构的积极配合，才能确定申报对象。

体育界高薪申报对象比较容易确定，可以实施三级认定办法：第一级是国家体育总局认定应当申报的对象；第二级是各个体育协会认定应当申报的对象；第三级是各俱乐部认定应当申报的对象。下一级将拟申报对象上报上一级核准和备案。

---

[1] 乔亚南：《我国公职人员财产申报制度的实践、困惑及其法制化路向》，载《河南财经政法大学学报》2014年第4期，第164页。

[2] Public Service Ethics Act Republic of Korea, Article 3 (9), (Persons Liable for Registration [amended by Act No. 6494 in 001]. The Version from United Nations Public Administration Network (UNPAN). 转引自乔亚南：《我国公职人员财产申报制度的实践、困惑及其法制化路向》，载《河南财经政法大学学报》2014年第4期，第165页。

(二) 申报内容

公务员财产申报内容多样性,包括公务员及其有关家属的所有财产含有形财产和无形财产。

公职人员财产申报制度实行国际上通行的做法,实行"穷尽原则",即公职人员所有的财产都应当申报,包括其一切收入、所得及任何类型的财产,任何"空白或死角"都有可能为"腐败所得"留下空间,难实现反腐、防腐之效果。①

2010年中共中央办公厅、国务院办公厅印发了《关于领导干部报告个人有关事项的规定》。该规定明确将住房、投资、配偶子女从业等情况列入了报告内容,扩大了申报内容的范围。但是,还存在申报内容不全面的问题,未涵盖财产的全部内容,未要求申报车辆、银行存款、其他投资、债权债务、无形资产等重要财产。②

高薪申报内容的不同于公务员财产申报内容,其申报内容单一,即仅仅是申报高薪者本人之薪酬(工资、奖金等),而包括高薪者有关家属的财产。

(三) 申报机构

公务员财产申报的机构简单明了,一般是本单位之有关部门(通常是本单位之组织部)。

高薪申报的机构因申报对象的不同而比较复杂,应当分门别类区别对待。笔者建议原则上应当是国家税务部门或劳动监察部门,国企高管仍然按照一般公务员财产申报机构执行,但是必须另外向国家税务部门再申报一份;体育界可以是国家体育总局或其领导的各种协会如中国篮协、中国足协等,还可以由各俱乐部具体实施,再上报协会审查与备案;演艺界因其组织部门不易界定,可以统一向国家税务部门申报,并报所在地劳动行政部门备案,由劳动监察部门监督申报。

(四) 申报公示

公务员财产申报制度具有非公开性,即使是本单位也不进行信息公开;而

---

① 乔亚南:《我国公职人员财产申报制度的实践、困惑及其法制化路向》,载《河南财经政法大学学报》2014年第4期,第164页。

② 刘晓晓:《推进公职人员财产申报制度立法》,载《中国党政干部论坛》2017年第12期,第60页。

高薪申报应当向本单位和全社会进行信息公开，以便接受本单位和全社会的监督。

财产申报制度是一项管理利益冲突的道德法律，其直接功能在于透明决策实现防止利益冲突的作用，而财产申报制度的间接功能才是反腐败。① 无论是反腐，还是防止利益冲突都离不开申报信息的公开与透明。我国申报制度做得较为成功的公务员财产申报制度，仍然存在许多不足，其信息之公开与透明已经成为重要短板之一，并导致了反腐败功能的"失能"。高薪申报制度应当吸收经验教训，实现申报信息之完全公开化与透明化。

信息公开与透明符合所谓"透明政府理论"，该理论要求政府对选民、对社会应当尽可能地做到透明、公开，原则上包括政府本身的信息和政府持有或知晓的信息等一切内容都应当公开。② 美国所有公职人员的工资标准都是透明的，都可以查得到；美国军人工资也是非常透明的，美国军人网站上都可以查到。③

不仅我国国企高管限薪之申报制度，应当实行申报信息公开与透明化，其他限薪申报也应当实行申报信息公开与透明化。

有观点认为，我国历史上的限薪令之所以失败的重要原因之一是信息的非公开性与不透明性。限薪的关键问题是：首先要做到将"限薪令"变成"透明令"。演员的薪酬不仅要如实上报，更要将相关信息完全公开。演员在哪部戏中能够拿到多少报酬应是透明的，这样既利于民众监督，利于全额纳税，还可以有效防止高薪者偷税漏税现象。④

（五）制度功能

纵观世界各国的公职人员财产申报制度，其共同价值判断是防止腐败与反腐倡廉，这也是公职人员财产申报制度的基本制度功能。

世界上许多国家和地区的经验表明，官员财产公示是行之有效的预防腐败

---

① 莫洪宪、黄鹏：《科学对待财产申报制度的反腐功能》，载《吉首大学学报（社会科学版）》2017年第1期，第61页。

② 乔亚南：《我国公职人员财产申报制度的实践、困惑及其法制化路向》，载《河南财经政法大学学报》2014年第4期，第163页。

③ 唐山：《刘植荣：中国需要一部〈工资法〉》，载《检察风云》2017年第2期，第29页。

④ 王军荣：《演员"限薪令"更要成为"透明令"》，载《城市导报》2018年11月15日，第11版。

制度，而且具有彰显执政者反腐败决心的意义。新加坡前总理李光耀曾经说过说："一个国家如果没有建立公务员财产公示制度，这个国家的反腐败就只能是镜中花、水中月。"①

我国的公职人员财产申报制度也不例外。"官员财产申报制度成为政府廉洁治理的一项重要的制度工具选择，应该说是其基本的发展趋势。"②

财产申报制度是世界公认的反腐优良制度，具有预防性、成本低的特点。我国有庞大的公职人员群体，反腐、防腐任务更为繁重和艰巨。③

公职人员财产申报制度的功能除了其主要功能是反腐之外，还有一个重要功能是提高政府公信力。有新观点认为公职人员财产申报制度主要功能不是反腐防腐功能，财产申报制度的间接功能才是反腐；财产申报制度主要功能在于促进公职人员行政伦理道德和诚信体系的建立以及巩固增强公众对政府的信心。④笔者认为，无论是主要功能还是间接功能，它们并不矛盾，都是公职人员财产申报制度功能的基本职能，反腐与提高政府公信力也是相辅相成、互相促进的。

我国构建高薪申报制度，其制度功能与公职人员财产申报制度有所不同，其主要功能是预防与监督高薪者之偷逃税，次要功能是预防与矫正收入分配两极分化之分配不正义，再次是保障企业、行业如演艺界和体育界的有序发展，并提高产品供给质量。高薪申报制度之反腐防腐功能比较淡化，主要是针对国企高管。

(六) 申报责任

纵观国内外在实行官员财产申报制度中的经验教训，切实发挥财产申报作用的关键和重点在于做好"申惩结合"，惩罚问责是重点。对不报、瞒报财产

---

① 何家弘：《领导干部财产申报制度之改进》，载《理论视野》2016年第2期，第32页。

② 孔繁斌、杨淑玲：《中国官员财产申报制度的政策分析：趋势、可行性与立法议程》，载《理论探讨》2017年第3期，第14页。

③ 乔亚南：《我国公职人员财产申报制度的实践、困惑及其法制化路向》，载《河南财经政法大学学报》2014年第4期，第167页。

④ 莫洪宪、黄鹏：《科学对待财产申报制度的反腐功能》，载《吉首大学学报（社会科学版）》2017年第1期，第61页。

的官员应有明确、详细的惩罚办法,依法依规追究责任。①

公职人员财产申报制度中有关不如实申报或隐报瞒报的不利后果主要是停职、停止提拔等,是中共党员还要按照《中国共产党纪律处分条例》执行相应处罚。公职人员财产申报之责任追究可以借鉴新加坡的经验。新加坡法律规定,新任公务员必须在其出任前将个人财产进行申报,不申报者取消其进入公务员队伍的资格;在任职期中不报或瞒报的,根据情节轻重,将面临降职、革职、停职或延迟加薪、罚款或者警告以及强制性提前退休等不同处罚。② 新加坡公职人员财产申报制度之明确的责任规定,保证了申报的质量,是新加坡被世界公认为最清正廉明的国家之一的重要原因。

高薪申报责任不同于一般的法律责任,它是指在申报过程中,申报人不如实申报,或隐报瞒报而应当受到的不利后果。限薪申报制度虽然不同于公职人员财产申报制度,但是,可以借鉴其成功经验,我国公职人员财产申报效果不够理想,其中重要原因之一就是申报责任机制不健全,限薪申报中应当加大责任追究机制,在追责时,可以根据限薪对象的不同而采取不同的措施。对国企高管可以直接适用现行的《关于领导干部报告个人有关事项的规定》;对于演艺界可以采取罚款、"黑名单"发布制度、限制演出或出场、税务部门重点监督等;对于体育界可以罚款、实施停赛、限制出场、降薪、降级(对申报监管不力的俱乐部降级,如由甲级降到乙级)等。

对后两种限薪对象还可以充分发挥合同的作用,将演员与球员之高薪申报条款规定为合同之必备条款,还可以明确规定如果演员与球员在申报中不如实申报或瞒报等不当行为时,其合同相对方可以随时解除其合同,并不用承担任何赔偿责任。

对后两种限薪对象之责任追究,特别要严厉打击"阴阳合同",对签订"阴阳合同"的双方当事人不仅要追究内部责任,还要由国家公权力机关依法追究法律责任。

二、构筑薪酬协商制度

劳动法是否成熟与发达的标志是集体劳动法是否发达,而衡量集体劳动法

---

① 龚宏龄:《发挥财产申报制度效用重在"申惩结合"》,载《中国县域经济报》2016年1月28日,第003版。
② 龚宏龄:《发挥财产申报制度效用重在"申惩结合"》,载《中国县域经济报》2016年1月28日,第003版。

的标准就是集体协商谈判制度是否发达。域外集体协商谈判制度比较成熟与发达,劳动者对自己的工资薪酬福利待遇等都有比较多的话语权,而我国目前集体协商谈判制度极不成熟,更莫谈发达与否,工资集体协商谈判亟待加强。在我国目前工资话语权之现状是两极分化严重,就像贫富差距一样。一方面,一般劳动者对自己的工资薪酬福利待遇都罕有话语权,他们的工资薪酬等普遍偏低;另一方面,少数演艺界明星和体育界明星与一般劳动者完全不同,他们的博弈空间大,高薪话语权非常人能比,高薪或"天价酬金"现象极不合理;再者,高薪或"天价酬金"者不但难以限薪,他们偷逃税事件也是时有发生,本身拿着高薪或"天价酬金"就不合理,加之,高薪或"天价酬金"者还罔顾道德和法律,经常违法偷逃税,让人情以何堪!

限薪与薪酬集体协商谈判制度紧密相关,并不是笔者之空想,而是域外有着比较成熟的经验可以佐证。回望美国职业体育界限薪之成功经验,影响特别巨大的是美国的"奢侈税"契约制度和"工资帽"制度,这两种限薪措施已经被公认为非常可行的制度创构,已经被许多国家和地区效仿。我国目前,中国足协也正在大力推进"工资帽"之改革方案,力争这次限薪能够成功。笔者通过不完全分析,总结出美国"奢侈税"和"工资帽"制度的共同特征是:

第一,二者都以劳资双方协商谈判为基础,在不断博弈中达成一致而形成集体协议或称劳资协议。

工资集体协商谈判是指工会或经过民主选举的职工代表与企业代表依据国家有关法律、法规和政策,就企业内部工资分配制度、分配形式、薪酬水平及年度增长机制、奖金和津贴分配和其他履行合同有关的权利义务等问题进行平等协商谈判,并依法签订书面集体协议即集体合同的行为。①

第二,集体协商谈判形成的集体协议或称劳资协议都是意思自治的契约,都不属于法律的范畴。

第三,"奢侈税"和"工资帽"虽然都不具有法律之国家强制力,但是,它们都被劳资双方认可,基于一种契约精神而在实践中被认可被接受,其执行力并不亚于国家法律法规。奢侈税维护了 NBA 的竞争,也维护了劳资双方的经济利益,有关限制条款是通过契约认诺的形式而具备形式合法性;实质上也符合功利主义的要求,是最佳劳资利益配比状态,符合实质正义,因此,奢侈

---

① 宋晓波、问清泓:《我国工资集体协商制度探析》,载《北京市工会干部学院学报》2011 年第 3 期,第 38 页。

第四章 限制高薪制度

税即使没有国家强制力的保障，仍然被劳资双方所遵从。①

第四，违反"奢侈税"和"工资帽"契约，都要受到非常严苛的处罚，而此等处罚主要是巨额罚款，处罚权属于民间之体育联盟组织，完全不同于我国之处罚权属于公权力机关。

回顾美国NBA"工资帽"制度的产生和发展，贯穿始终的主线是集体协商谈判及达成的劳资协议。NBA和全美篮球运动员工会经过集体协商谈判，于1983年4月率先推出了劳资协议，NBA球队工资帽定位于预设的固定数值或者占联盟总收益和依联盟球队数量分成的球员收益的53%。后来的工资帽都要经过集体协商谈判而不断变化，如《2011年NBA劳资协议》第7章规定，NBA球队工资帽脱胎于"篮球相关收入"（BRI）的预定百分比，球队工资帽是"预期BRI"减掉下赛季"预期收益"之后的48.04%，再除以联盟的球队数。在2000—2001赛季，NBA球队工资帽为3550万美元，而到了2014—2015赛季，工资帽已经上升为6306.5万美元。②

回顾美国"奢侈税"契约制度的产生和发展，贯穿始终的主线仍然是集体协商谈判及达成的劳资协议。

美国MLB（职业棒球大联盟）"奢侈税"，在历经1994—1996年的谈判后，美国MLB和MLBPA（大联盟球员工会）最终就薪金控制机制达成了协议，其中包括第一次出现在职业体育中的"奢侈税"。根据《1997年MLB劳资协议》第23章第B（3）条，该税立于可调整的触发线，其可判定哪家球队花销过度。在2002年的MLB劳资协议中，双方就奢侈税又达成协议，其第23条称其为竞争性平衡税。税收触发线在2003年只有区区11700万美元，2004年为12050万美元，2005年为12800万美元，2006年为13650万美元。2003年违规者被征税的税率是超额之上每1元征17.5%。③

美国NBA奢侈税的产生也是集体协商谈判的结果。NBA奢侈税是两轮集体劳资谈判的结果：第一轮谈判发生于1994—1995赛季，球员工会和NBA最终未能就集体薪资达成共识；NBA老板们在1997—1998赛季投票重启劳资协议，球员们于1998年7月1日举行NBA劳工史上的首次罢赛，劳资双方陷入

---

① 李帅：《非税之税：NBA奢侈税的逻辑廓清及法律移植路径》，载《中国体育科技》2018年第4期，第25页。

② 张敏：《美国职业体育奢侈税探微》，载《体育文化导刊》2015年第2期，第142~143页。

③ 张敏：《美国职业体育奢侈税探微》，载《体育文化导刊》2015年第2期，第143页。

了近一年的对峙和斗争状态，在迫不得已的情况下，劳资双方各让一步，出台了劳资双方对联赛收入的分配比例和球员限薪制度。① 双方终于在 1999 年 1 月达成劳资协议，其最大成果就是奢侈税规则，其后于 2005 年、2011 年都有适当修订。② 由此可见，与美国 NBA 奢侈税的产生与发展紧密相伴的是集体协商谈判，没有集体协商谈判的不断进行，奢侈税就将难以不断适应新的历史情形。

美国 NBA "工资帽" 和 "奢侈税" 的起征点即触发线及税率，都是集体协商谈判的结果。触发线及税率由 NBA 球员代表的 "劳方" 与球队老板代表的 "资方" 以劳资协商谈判的形式确立，最终的协商谈判结果形成劳资协议即集体协议。这意味着在奢侈税制度的建立过程中，球员可以在集体协议即集体合同中自由表达，争取利益；如果对协商谈判的结果不满意，可以拒绝在协议上签字。③

我国篮球界曾经试验性地搞过 "工资帽"，但是最终没有成功。2009 年，中国篮球协会公布《CBA 俱乐部球员和教练员工资管理办法（试行）》，其中第 2 条规定，CBA 球队的工资帽为上年度俱乐部收入的 55%，且不得低于 550 万元；而现役国家队球员或教练的工资上限为每年 100 万元，普通队员或教练的工资上限为每年 50 万元。

我国 CBA 之工资帽，其程序上没有经过充分的议价过程，各方参与程度较低，是一种 "自上而下" 的管制，而非市场与政府的和谐共治。《CBA 俱乐部球员和教练员工资管理办法（试行）》是由中国篮球协会单方面作出的，它属于行政命令之类的文件。在篮球市场化的过程中缺乏市场化的议价因素，没有篮球协会和各俱乐部、球员、教练员代表等进行集体协商谈判，是一个具有行政合同性质的管理规定。④ 我国篮球协会借鉴美国 NBA 之经验值得肯定，但是，没有参悟其精神实质，在没有集体协商谈判，也没有形成集体合同的基本情况下，由行政权力强行由上而下推行，必然是 "水土不服"。中国足协新一轮限薪方案中，在借鉴 "工资帽" 与 "奢侈税" 时，应当切记失败之教训，

---

① 王建国：《NBA 球员工资的限制制度》，载《体育学刊》2006 年第 3 期，第 27 页。
② 张敏：《美国职业体育奢侈税探微》，载《体育文化导刊》2015 年第 2 期，第 143 页。
③ 李帅：《非税之税：NBA 奢侈税的逻辑廓清及法律移植路径》，载《中国体育科技》2018 年第 4 期，第 25~26 页。
④ 李帅：《非税之税：NBA 奢侈税的逻辑廓清及法律移植路径》，载《中国体育科技》2018 年第 4 期，第 26 页。

特别是要将集体协商谈判贯穿始终。因此，我国集体劳动法或集体合同法亟待立法跟进，这一"老生常谈"的话题必须再次重提，我国限薪制度中集体协商谈判制度亟待"落地生根"，以此才能破解限薪之"工资帽"与"奢侈税"诸多难题。

三、完善税收体制机制

（一）构建奢侈税契约制度

奢侈税是对高薪收入者征收的一种特别税种，域外已经开始实施奢侈税的国家和地区主要是美国和我国台湾。但是，本书所言的奢侈税并非法律意义上的税种，它的制定主体不是国家或政府，它也不具有一般税之强制性与法定性特征，它是指由美国在体育界中由劳资双方谈判而形成的一种契约，其履行完全依靠遵从与遵守契约精神。此奢侈税在美国限薪制度中独具特色与价值，并有非常好的限薪效果，值得我国借鉴。

虽然，美国之奢侈税契约制度属于民间性质的契约自由，但是，自从它诞生以来，经过近30年的不断修正，一直为美国职业体育特别是NBA的发展发挥了非常好的作用，也成为体育界限薪制度中不可或缺的组成部分。

我国对奢侈税的理解有许多误读，有观点认为美国NBA奢侈税是一种维护体育运动竞争性的手段，但国内的理解有一些偏差，将之认为是一种特殊的税。主流观点将NBA奢侈税视为一种"税收"，这与客观事实不符。[①] NBA奢侈税从其本质而言并非一个税收种类，而是一种惩罚措施。奢侈税一词在不同的语境下有着不同的含义。从财税法的视角，奢侈税不是一个单独的税种，而是以高档烟酒、特定货物、高价奢侈品等为课税对象进行征收的税。[②]

奢侈税发端于美国三大职业体育联盟。在1994年，奢侈税的理念在MLB（美国职棒大联盟）和NHL（国家冰球联盟）的劳工谈判中被首次赋予实质内容，于1997年的MLB的劳资协议中首次落实。虽然奢侈税形式多样，但它们都具备一个特征：所征之税用来支付花费与固定门槛线间的部分差额。[③]

[①] 李帅：《非税之税：NBA奢侈税的逻辑廓清及法律移植路径》，载《中国体育科技》2018年第4期，第21页。

[②] 李帅：《非税之税：NBA奢侈税的逻辑廓清及法律移植路径》，载《中国体育科技》2018年第4期，第21页。

[③] 张敏：《美国职业体育奢侈税探微》，载《体育文化导刊》2015年第2期，第143页。

奢侈税以严厉著称，如果超过已经确定的最低门槛（触发线），将面临高额的税负。MLB 于 1997 年全队花费总额最低门槛为 5100 万美元，1998 年为 5500 万美元，1999 年涨为 5890 万美元，2005 年为 12800 万美元，2006 年为 13650 万美元。在 1997 年和 1998 年时，球队花费每超过 1 美元就被征收 35% 的税，而 1999 年增加为 34%。2003 年的税率是超额之上每 1 元征 17.5%。①

美国 NBA 奢侈税是 NBA 工资帽的惩罚性保障措施。以 NBA 工资帽为例，其内涵是将 NBA 前一年度的总收入划定一个比例线，将该比例设定为联盟球员薪金的总额，再将该数字分至每一个球队，不允许任何一支球队无偿超过该薪金限额。②

美国 NBA 自奢侈税设立以来的 13 个赛季中，有 11 个赛季适用过奢侈税；在这 11 个赛季中，24 家 NBA 特许经营公司支付了超过 10 亿美元的工资。③ 直至 2015 年，自奢侈品税设立以来的 14 个赛季中，有 12 个赛季适用，26 家 NBA 球队已经支付了超过 11 亿美元。④ 由此数据可见，美国 NBA 奢侈税之处罚力度之大，如此限薪之奢侈税不仅严厉惩罚了违法者，保障了竞争秩序，还为国家增加了收入，可谓一举多得。

中国足协拟实行新的限薪令，其中一个重要内容就是借鉴美国 NBA "工资帽"制度，而从美国奢侈税制度与"工资帽"之关系来看，二者具有紧密的关联度，如果我国实施"工资帽"制度，就必然不能离开与之对应的奢侈税制度，因为从美国的实践看，奢侈税本身就是"工资帽"的有力保障措施，因此，我国在限薪令中借鉴"工资帽"制度，就应当同时借鉴奢侈税制度，二者相辅相成，不可偏废一方。

（二）开征遗产继承税

我国是否开征遗产继承税的问题由来已久，并不是一个新课题。但是，一直还没有达成共识，立法跟进还有待时日。

---

① 张敏：《美国职业体育奢侈税探微》，载《体育文化导刊》2015 年 2 月第 2 期，第 143 页。

② 李帅：《非税之税：NBA 奢侈税的逻辑廓清及法律移植路径》，载《中国体育科技》2018 年第 4 期，第 22 页。

③ Mark Deeks, Complete History of NBA Luxury Tax Payments, 2001-2014, http://www.shamsports.com/. July 10th, 2014.

④ Mark Deeks, Complete History of NBA Luxury Tax Payments, 2001-2015, http://www.shamsports.com/. July 9th, 2015.

笔者旧话重提，是因为限薪治理高薪或"天价酬金"离不开遗产继承税，笔者认为，开征遗产继承税可以"倒逼"高薪者依法纳税，还可以大大降低偷逃税的道德风险，因为高薪者积累财富需要交纳巨额的遗产继承税，税后的财富大打折扣，再冒违反风险而偷逃税太不值得，这样就可以形成"倒逼"机制，对有效治理高薪或"天价酬金"大有益处。

开征遗产继承税的讨论已经进行过多年，其社会价值不容忽视。我们不能因为已经开征遗产继承税的国家和地区之"废存"争论，而否定其价值。即使是反对遗产继承税或主张废除遗产继承税的，也应当接受先行开征，开征以后一段时间后，时机成熟后再行废除。在我国还没有开征遗产继承税的前提下，而大谈反对或废除遗产继承税，将是脱离实际的空谈，是"无本之木"。

笔者更注重遗产税的社会效益原则，这也是笔者一直支持尽早开征遗产税的原因所在。遗产税的社会效率原则能在一定程度上缓解或平息目前国内初次分配不公、贫富悬殊的状况。[1]

(三) 创建举报奖励机制

限薪制度除了依靠国家公权力机关之强制推行与监督执行外，还要充分发挥社会与民间的巨大监督作用，为了调动社会与民间的参与监督国企高管、演艺明星、体育明星等的高薪与纳税的积极性，应当创建一种高薪与纳税举报奖励机制，让高薪与纳税在阳光下运行。

创建举报奖励机制可以借鉴我国各级纪律检察机关设立反腐举报奖励机制的成功经验，构筑起互联网之网络举报机制，发挥互联网之快捷、简便、覆盖面广等优势，像国家反腐倡廉一样让人"不能腐""不敢腐"，形成高薪者"不能逃税""不敢逃税"的新局面。

这次影响极大的"范××事件"，就是由最初的崔某元发起的，最终由国家认定范××偷逃税事实成立并予以了相应处罚。回顾整个事情的经过，还是非常艰险的，举报者虽然也是我国之名人，但也一直受到强大的舆情缠绕，甚至人身安全都不时受到威胁，可以说这是一场"名人对名人"胜负难料的博弈，最终在国家的大力支持下而获得胜利。反思此事件，如果举报者为社会一般群众，那就成为"凡人对名人"之"弱者对强者"的博弈，过程将更加艰难，结局也将难以确定。而假设有一种完善的举报机制，加上公民享有的充分

---

[1] 彭礼堂：《税宪法原则与遗产税的开征》，载《经济法研究》2018年第1期，第90页。

知情权，还有举报奖励机制，那么，举报成本就会递减，公民参与面将自然扩大，限薪与纳税机制将在市场的作用下，自动克服"政府失灵"的不足，政府的作用是调处核实举报人的线索，最终认定是否合法，并及时向社会公布处理进展和最终认定结论与执法情况，接受广大群众的监督与投诉。这也是法治社会之信息公开的应有要义。

创建高薪与纳税举报奖励机制，可以充分发挥手机的作用，创建统一的举报平台如手机 App，并将实名举报与匿名举报结合起来，对最终认定成立的给予重奖，奖金的设置可以考虑与认定的偷逃税款挂钩，给予其一定比例的奖励，"重赏之下必有勇夫"是中华民族的历史经验与传承。

创建高薪与纳税举报奖励机制，可以参考我国《消费者权益保护法》与《食品安全法》所构建的已经比较成熟的"惩罚性赔偿"制度，激励千万个"王海"同欺诈行为作斗争，并让"王海们"获得法律所明确规定的"三倍"或"十倍"的民事赔偿，让民间"打假"与政府规制"双管齐下""齐头并进"。

我国目前已经有一个临时性的奖励办法，它是 2007 年 3 月 1 日起施行的由国家税务总局、财政部审议发布的《检举纳税人税收违法行为奖励暂行办法》（以下简称《暂行办法》），它是 1998 年《税务违法案件举报奖励办法》的修订版。此《暂行办法》的主要缺陷是：

第一，立法层次偏低，其为部门规章，法律渊源位阶偏低。

第二，立法逻辑结构不合理，《暂行办法》首先（第 3 条）采取列举的体例规定了 9 种不予奖励的情形[1]，将否定事项放在"首要"位置，难免让人感觉这不是对举报人的肯定与激励，而体现的是否定之价值判断与立法态度，这属于典型的逻辑顺序之颠倒，既然是专门的奖励措施，应当体现肯定性的价值

---

[1] 《检举纳税人税收违法行为奖励暂行办法》第 3 条规定："对单位和个人实名向税务机关检举税收违法行为并经查实的，税务机关根据其贡献大小依照本办法给予奖励。但有下列情形之一的，不予奖励：（一）匿名检举税收违法行为，或者检举人无法证实其真实身份的；（二）检举人不能提供税收违法行为线索，或者采取盗窃、欺诈或者法律、行政法规禁止的其他手段获取税收违法行为证据的；（三）检举内容含糊不清、缺乏事实根据的；（四）检举人提供的线索与税务机关查处的税收违法行为无关的；（五）检举的税收违法行为税务机关已经发现或者正在查处的；（六）有税收违法行为的单位和个人在被检举前已经向税务机关报告其税收违法行为的；（七）国家机关工作人员利用工作便利获取信息用以检举税收违法行为的；（八）检举人从国家机关或者国家机关工作人员处获取税收违法行为信息检举的；（九）国家税务总局规定不予奖励的其他情形。"

判断。

第三，《暂行办法》明确排除了"匿名"举报，但是没有界定何谓"匿名"，笔者认为，不能绝对排除"匿名"举报，有些"匿名"举报还是可以提倡并奖励的，可以考虑对"匿名"举报实施较小的奖励，特别是对提供有效线索的"匿名"举报人应当适当奖励，还有的开始是"匿名"，后来变为实名者即不完全匿名更应当奖励，这些都与倡导和引导实名举报并不矛盾。

第四，最高奖励金额偏低，《暂行办法》规定的最高值是 10 万元人民币[1]，最高奖励可以提高到 100 万元，具体数额由税务部门自由裁量；另外还可以考虑按照落实之偷逃税款金额的一定比例进行奖励，上不封顶，实行真正的"重赏"。

第五，缺少有关举报人有关费用的补偿规定，应当适当考虑举报人的举报成本，对有关费用予以适当的报销；另外，笔者建议，可以考虑将举报补偿由偷逃税嫌疑人负担，即新增偷逃税嫌疑人之民事赔偿责任条款。这样的最大好处是：填补我国偷逃税处罚之民事责任的严重缺位，因为任何一种法律制度的设计，都离不开法律责任条款的设置，而法律责任包括三大类：民事责任、行政责任和刑事责任，如果一项法律制度缺乏其中任何一个，都是有违法理和不周延的，而我国有关偷逃税之法律责任的设计中却缺乏相关的民事责任条款，实践处罚中也难觅民事责任追求之踪影，此等长期被忽略，亟待修正。

四、加大限薪处罚力度

治理高薪及天价酬金离不开法律责任的追究，法律责任不仅是事后的惩戒，还由于其可预见性的处罚，可以预防违法及犯罪；加大处罚力度，可以提高违法犯罪的成本，减少违法犯罪。法律责任包括三大责任：民事责任、行政责任和刑事责任，三者共同构成完整的责任体系，三者不可偏废一二。我国目前，追究高薪之偷逃税的法律责任，还存在严重不足，对遏制和减少违法行为

---

[1] 《检举纳税人税收违法行为奖励暂行办法》第 6 条第 1 款规定："检举的税收违法行为经税务机关立案查实处理并依法将税款收缴入库后，根据本案检举时效、检举材料中提供的线索和证据翔实程度、检举内容与查实内容相符程度以及收缴入库的税款数额，按照以下标准对本案检举人计发奖金：（一）收缴入库税款数额在 1 亿元以上的，给予 10 万元以下的奖金；……"《检举纳税人税收违法行为奖励暂行办法》第 9 条第 1 款规定："检举伪造、变造、倒卖、盗窃、骗取增值税专用发票以及可用于骗取出口退税、抵扣税款的其他发票行为的，按照以下标准对检举人计发奖金：（一）查获伪造、变造、倒卖、盗窃、骗取上述发票 10000 份以上的，给予 10 万元以下的奖金；……"

还难以起到"以儆效尤"的作用,更难以达到让高薪者自觉遵守法律和敬畏法律的效果。较轻的处罚措施,增大了违法犯罪的道德风险,使得明星们之偷逃税现象屡禁不止。

回到上述的"范××事件"中来,许多人认为对范××这么严重的偷逃税事件,处罚太轻,特别是对其仅仅追究了行政责任,而没有追究任何刑事责任,感到非常困惑。虽然,我国官方媒体也进行了比较专业的界定,但是,仍然难以服众。事件虽然过去了,但影响是巨大的。人们普遍担心的是,仅有的罚款对这些明星富豪们简直是"九牛一毛"不值一提。如何限薪以及如何有效治理明星们之偷逃税,仍然是难解之题。

大众对"范××事件"之法律责任追究的失望,足以表明我国有关偷逃税法律责任的设计特别是偷逃税刑事责任的规定,存在严重不足,让民众难以理解。舆情不一定就是对的,舆情也不能干预和影响司法,但是,它可以启示我们反思立法之缺漏,它可以推定立法进步。

笔者反思后认为,我国有关偷逃税法律责任之制度设计的总体问题是:以行政责任为主导,甚至出现了以行政责任代替刑事责任的严重错误。具体问题主要有二:一是缺乏民事责任;二是刑事责任之相关罪名存在制度缺陷。我国在限薪制度设计中应当克服这两种缺陷。

(一)创设惩戒权之民事责任新机制

民事责任是民法的重要内容,其有权行使惩戒权的主体具有多样性,可以是国家公权力机关,也可以是民间组织如行业协会、体育俱乐部等。民事责任类型也有多种,不仅仅是民事赔偿责任,还包括其他类型,如赔礼道歉、罚做义工,等等。具体到限薪中,对演艺圈明星和体育界明星可以是罚款或变相罚款之降职降薪、停演、停赛等,其惩戒权属于明星所在的协会或俱乐部。

笔者比较关注惩戒权,认为惩戒权还不是法律的范畴,法律对惩戒权的调控非常薄弱,几乎无能为力。

因劳动规章制度是用人单位不可或缺的管理制度,惩戒权也就相应成为用人单位非常"青睐"的管理与处罚之基本手段;由于惩戒权还不是法律范畴,是我国法律法规的空白点,博弈空间巨大而成为用人单位"乐此不疲"之劳资博弈、法律博弈的主要方式。[1]

---

[1] 问清泓:《共享经济下劳动规章制度异变及规制》,载《社会科学研究》2018年第3期,第91页。

我国劳动法几乎将惩戒权完全交给了用人单位，赋予用人单位惩戒权之载体——劳动规章制度太大的自由权，它已经是用人单位一种非常普遍"青睐"与实施的"内部规则"，在缺乏集体协商谈判制度情形下，劳动者根本没有话语权。但是，我们不能"一刀切"，不能因此而完全否定惩戒权的合理性与正当性，合理、正当与合法的惩戒权仍然是完全有价值的，在限薪之民事责任中，惩戒权将大有"用武之地"。

在限薪中，充分发挥惩戒权的作用主要是体现在民事责任上，惩戒权因为其惩戒主体为行业协会或俱乐部等，它们是明星们的直接主管单位，行业协会或俱乐部等对明星们的情况非常了解，相应的惩戒还可以有的放矢而直击要害，并且惩戒也易于被接受，惩戒效果也将比较理想，这些都是行政处罚不具有的优势。

美国在限薪中的"奢侈税"契约与"工资帽"制度中，都有关于行业协会或俱乐部之惩戒权的规定，并且实施的是一种近乎严苛的罚款惩戒措施，这种惩戒权之罚款完全不同于我国，我国的罚款权是国家有权机关主要是行政机关所有享有，如这次对范××的罚款，美国"奢侈税"与"工资帽"之罚款权不是国家享有，而是民间组织如各种体育联盟和俱乐部享有，严厉的惩戒和巨额的罚款是"奢侈税"与"工资帽"实施的基本保障，也是美国"奢侈税"与"工资帽"得以存在与发展的重要手段。笔者将之概称为民事责任之民事处罚措施是"奢侈税"与"工资帽"的基础，这种民间之民事责任追究范式效果明显，成本低廉，甚至超过了国家公权力机关的处罚，这也应当是我国限薪中借鉴"奢侈税"与"工资帽"制度中特别需要领悟的实质，换言之，我们不能只移植"奢侈税"与"工资帽"的形式，更应当参悟其实质，实质正义更加重要。

惩戒权的行使也还有一些未破解之题，等待研究解决，特别是惩戒权之罚款问题争议较大。关于惩戒权之经济罚的观点有三种：一是肯定惩戒权包含罚款权即"肯定说"；二是"否定说"，与第一种截然相反，彻底否定罚款；三是"替代说"，此为笔者拙见，介于前两种观点之间，比较折中，是在否定直接罚款的大前提下，将降薪或减薪作为罚款的替代产品。① 不管罚款之惩戒权的争论如何，国内外之非同于国家或政府等公权力机关罚款权的普遍事实还是可以佐证惩戒权之罚款权的合理性，笔者将之类归于民事责任的新范畴，还是

---

① 问清泓：《惩戒权之经济罚博弈论研究》，载《信息与决策》2018年第6期，第82页。

比较合理的,也是限薪中比较合理的惩戒方式,我国应当在限薪中创设这一行之有效的惩戒权之民事责任追究机制。

将惩戒权纳入限薪之民事责任的范畴,借鉴美国"奢侈税"与"工资帽"之罚款机制,创新符合我国国情的限薪之民事责任有效范式,并非一日之功可以达到,但是,只要"在路上"就有希望,就会离目标渐行渐近。

(二)修正现行刑法之逃税罪

这次舆情对"范××事件"处理之失望,主要是没有追究违法者之刑事责任。疑惑的是范××涉案金额如此巨大为什么只罚款而不判刑?与此相反的是我国知名影星刘××曾经因为逃税而入狱一年多。

那么到底该不该追究范××的刑事责任?笔者的观点是,理论上应该追究范××的刑事责任,但是,我国依照现行《刑法》相关规定又可以不予追究范××的刑事责任。其基本法理是"罪刑法定"原则,任何刑事责任都必须按照"罪刑法定"具体实施,而绝对不能搞"推定",这与民事责任完全不同。

依据我国《刑法》第 201 条的规定①,此为 2009 年《中华人民共和国刑法修正案(七)》修订后的规定,其最大特色是第 3 款增加了初次违法免罪规定:行为人经税务机关依法下达追缴通知后,补缴应纳税款,缴纳滞纳金,已受行政处罚的,不予追究刑事责任。对初次实施逃避缴纳税款行为,事后能够积极补交税款与滞纳金,且接受行政处罚的行为人,虽然在刑法立法上定性为犯罪,实践中一概不追究刑事责任。②

由于范××属于首次被税务机关按偷税予以行政处罚,且此前并未因逃避缴纳税款而受过刑事处罚,上述定性为偷税的税款、滞纳金、罚款在税务机关

---

① 我国《刑法》第 201 条对"逃税罪"的规定是:"纳税人采取欺骗、隐瞒手段进行虚假纳税申报或者不申报,逃避缴纳税款数额较大并且占应纳税额百分之十以上的,处三年以下有期徒刑或者拘役,并处罚金;数额巨大并且占应纳税额百分之三十以上的,处三年以上七年以下有期徒刑,并处罚金。扣缴义务人采取前款所列手段,不缴或者少缴已扣、已收税款,数额较大的,依照前款的规定处罚。对多次实施前两款行为,未经处理的,按照累计数额计算。有第一款行为,经税务机关依法下达追缴通知后,补缴应纳税款,缴纳滞纳金,已受行政处罚的,不予追究刑事责任;但是,五年内因逃避缴纳税款受过刑事处罚或者被税务机关给予二次以上行政处罚的除外。"

② 杨高峰:《修改后刑法第 201 条的理论发展及争议问题》,载《广州大学学报(社会科学版)》2010 年第 9 期,第 33 页。

下达追缴通知后在规定期限内缴纳的,依据《刑法》将不予追究刑事责任。

有网友直言:范××是累犯,是故意逃税,"不予追究刑事责任"是把民众当法盲,是对"范××们"的庇护。国家有关部门是否有必要追究范××刑事责任,或者说对其经济处罚后还会不会再追究刑事责任,这是一个很有想象空间的问题,这或许是"深思熟虑"后一个相对周全的结果。①

中国国际政法研究院院长陈中华怒批:范××逃税案处理结果,是在侮辱公众、践踏法律。《刑法》虽然对于偷漏税做了修改,但是限于初犯,而范××不是初犯而是明知故犯。目前的《刑法》第 201 条完全是在纵容人们逃税漏税,全国人大应该尽快修法,把"首次认定"改"首次违法",重复违法不能按"首次"处理。至于有人认为因违法者不懂法而导致了重复违法,这更不能成立,懂不懂法与违不违法没有关联度。②

《刑法修正案(七)》之"逃税罪"争议较大,观点不一。"经税务机关依法下达追缴通知后,补缴应纳税款,缴纳滞纳金,已受行政处罚"规定只是处罚阻却事由;不能将"不具有处罚阻却事由"作为逃税罪的构成要件。③

有人认为,"不予追究刑事责任"的规定体现了宽严相济的刑事政策,但该规定的正当性仍有疑问。④ 该规定体现了宽严相济的刑事政策,有利于主动补缴税款、滞纳金。但是,有可能导致违法逃税行为的增多,可能导致个别人形成"先逃税,抓住了再全额补缴,反正不判刑"等投机思想。⑤ "实际上却刺激了更多的逃税行为",甚至产生"有钱人花钱免罪"的不公现象。⑥

不予追究刑事责任的规定实际上会诱导逃税行为,与立法初衷背道而驰,

---

① 江濡山:《对范××的这个"处理结果"是有关部门深思熟虑的?》,载新浪博客:http://blog.sina.com.cn/s/blog_438e96920102y1vk.html,发布时间:2018 年 10 月 5 日,访问时间:2018 年 12 月 21 日。
② 《陈中华怒批范××逃税案处理结果,是在侮辱公众践踏法律》,载新浪博客:http://blog.sina.com.cn/s/blog_59851d590102xt6o.html,发布时间:2018 年 10 月 9 日,访问时间:2018 年 12 月 21 日。
③ 张明楷:《逃税罪的处罚阻却事由》,载《法律适用》2011 年第 8 期,第 39 页。
④ 郭昌盛:《逃税罪的解构与重构——基于税收制度的整体考量和技术性规范》,载《政治与法律》2018 年第 8 期,第 65 页。
⑤ 郭勇平:《〈刑法修正案(七)〉对〈税收征管法〉第六十三条的影响》,载《税务研究》2009 年第 12 期,第 62 页。
⑥ 郭昌盛:《逃税罪的解构与重构——基于税收制度的整体考量和技术性规范》,载《政治与法律》2018 年第 8 期,第 69 页。

刑法之一般预防功能也被消弭。① 相反的观点则认为，不动用刑罚而提高纳税人的税收遵从度，使纳税人依法纳税，是逃税罪立法之最高境界。②

我国逃税罪之理论的巨大争议，必然导致实践中追究刑事责任的困惑，特别是已经进行了行政处罚之后不再追究刑事责任的规定到底是否恰当？解释的分歧也必然导致适法的争议，在"罪刑法定"的基本原则下，在该法条规定还没有修改的前提下，以行政处罚代替刑事责任还是可以认定是合法的或有法可依的，而具体到"范××事件"上，没有追究刑事责任也是可以理解的，至少依现行法律是合法的，至于是否合理与正当则是另外一个命题。

为了有效治理偷逃税，我国《刑法》之"逃税罪"条款还是应当启动修改程序。修改时，应当加大处罚力度，增加违法与犯罪的成本；还应当处理好"宽严相济"的问题，处理好行政处罚与刑事处罚的关系，不能再以行政处罚之罚款代替刑事责任；也不能以所谓"首次"为借口而免于刑事责任。修改时，应当注意协调三大责任，刑法不能因某种特殊需要而罔顾一般规律，法律责任体系之三大责任不能相互代替，依法该追究什么责任就应当追究什么责任，这也是法治社会的基本要义。

概要之，构建符合中国国情的限薪处罚制度，不仅仅是修改现行《刑法》之"逃税罪"的问题，还应当系统谋划三大责任体系，极力克服限薪处罚之"行政责任为主、民事责任空缺、刑事责任宽容"的制度弊端。

---

① 郭昌盛：《逃税罪的解构与重构——基于税收制度的整体考量和技术性规范》，载《政治与法律》2018年第8期，第65页。

② 刘荣：《刑事政策视野下的逃税罪》，载《中国刑事法杂志》2010年第12期，第46页。

第五章 劳动规章制度

【本章概要】劳动规章制度效力位阶是指劳动规章制度与劳动基准法、劳动合同与集体合同三者之强制拘束力的层级关系。四者效力位阶错综复杂，呈现出"电子纠缠"般多维状态，难以厘清。劳动规章制度效力位阶之博弈主要有四：一是合同优先说；二是规章优先说；三是有利说；四是混合说。四种观点的博弈，都没有区分效力位阶与基准位阶，缺陷明显，难以信服。笔者提出劳动规章制度"效力二分说"主要包括拘束力与基准线两种位阶；还包括一般效力与特别效力两种之"二分"。并据此构建劳动规章制度效力模型之"拘束力模型"与"基准线模型"两大体系，以解劳动规章制度效力之惑。

第一节 劳动规章制度效力论争

一、观点之博弈背景

劳动规章制度是指用人单位劳动规章制度的简称，又可称为劳动规章或劳动规则或内部劳动规则、劳动纪律。劳动规章制度是劳动法的重要组成部分，也是用人单位现代人力资源管理的重要手段。在劳资关系中无论是冲突关系，还是合作关系，劳动规章制度都已经成为用人单位与劳动法、用人单位与劳动者二者博弈的常见方式。理论与实践的不断博弈，必然使得有关劳动规章制度的争议成为博弈的"负产品"，并在劳动司法或准司法实践中越来越普遍存在，理论界与实践界都不得不重新审度劳动规章制度。我们不但应当审度传统的理论学说，还要审度时下共享经济模式下劳动规章制度的新变化，为我国劳动立法与劳动司法提供理论支撑，构建新时代中国特色社会主义之劳动关系。

第一节 劳动规章制度效力论争

我们在研究劳动规章制度之形式主义和实质主义时,首先应当界定劳动规章制度的效力位阶,审视并厘清其与劳动合同、集体合同、劳动法或劳动基准法之间的关系。在我国目前,有关劳动规章制度的理论研究非常匮乏且滞后,劳动立法对劳动规章制度的立法更是严重边缘化和碎片化。

与劳动规章制度相对应的违规违纪之惩戒权,已经非常普遍地成为用人单位之处罚或管理手段,甚至成为用人单位规避劳动法律法规的法外领地,惩戒权已经呈现"泛滥"之趋势。但是,惩戒权还一直没有被纳入法律的视野,更遑论形成惩戒权之法律范畴和实施范式。劳动规章制度与惩戒权亟待理论研究与立法、司法之积极响应与应对。

劳动基准法、劳动合同、集体合同和劳动规章制度或劳动纪律是劳动法的重要制度构建,四者缺一不可。劳动规章制度效力位阶是指劳动规章制度与劳动合同、集体合同、劳动法或基准法三者的效力层级关系。

劳动基准法、劳动合同、集体合同和劳动规章制度或劳动纪律在调整劳动关系中发挥着重要作用,四者共同构建起了劳动法的基本制度,其价值不容置疑。但是,四者的效力层级却是错综复杂,呈现出"电子纠缠"般多维状态,难以厘清和分离。

我国已经建立和不断完善着劳动关系的调处模式,主要调处模式为三个层次:宏观上,强制法调处,将劳动基准法作为调整全部劳动关系的一般基础;中观上,集体协商谈判调处,通过用人单位集体合同、劳动规章制度调整内部集体劳动关系;微观上,个体劳动合同调处,即通过劳动合同调整个别劳动关系。三层次模式的分层调处就使得劳动领域成为私域与公域之间具有广泛的弹性,体现了市场与政府之互动关系。① 在这种多层级的调处模式中,劳动法、劳动规章制度、劳动合同与集体合同的四种调整形式,因各自性质与效力位阶的不同,而多位交叉与融合,又相互不兼容甚至排斥。劳动规章制度一方面为用人单位广泛青睐,另一方面却是劳动者常常被"桎梏"。不论怎样,劳动规章制度在我国劳动关系法律规制及劳动争议处理中都占有了不可或缺性的效力位阶。

在我国当前之新时代背景下,劳动关系正在从传统型向现代型过渡与转换,劳动关系的调整模式也逐渐走向多元化,即个体自治、团体自治和政府调控三大调整模式并存并交融。相对于个体意思自治和政府调控而言,团体意思

---

① 周国良:《论规章制度、集体合同与劳动基准的关系》,载《中国劳动》2015 年第 1 期,第 52 页。

自治有更大的发展与博弈空间。劳资集体协商与谈判作为团体自治的主要方式，是社会治理的新理念，在未来我国劳动关系调整中将会发挥非常重要的作用。① 集体合同、劳动规章制度或劳动纪律正是团体意思自治的主要基本载体；劳动合同是个体意思自治的重要表象；而劳动基准法属于政府强制调整的基准线或底线，是不能逾越的"红线"，其效力层级属于法定底线层次，其基准线是最低的要求，属于最低的底线，即劳动基准法的基准低于劳动合同、集体合同和劳动规章制度，但是，其效力强制性和拘束力却是最高。可见，效力之强制拘束力的位阶与劳动基准线位阶是两种不同的调整模式，二者既统一又冲突，需要视实际情况不同而分别应对。

三种调整模式不论是宏观、中观和微观；也不管是个体自治、团体自治和政府调控，加之，劳动规章制度与劳动基法、劳动合同、集体合同之间的多维交叉，必然产生效力上的矛盾和冲突，也必然产生一些"负产品"，影响和妨碍劳动法之社会正义的实现。

其"负产品"主要有：劳动规章制度或劳动纪律常常成为资方强加给劳方的行为规则（不仅仅是劳动规则，甚至还包括非职业行为即私人行为规则）；依附于劳动规章制度的违规违纪之惩戒权，常常成为资方非法解雇的所谓正当理由，此时的劳动法律的法定规定与劳动合同的约定都丧失了其应有的效力，劳动行政监察也"失灵"了，劳动规章制度呈现出"大的无法无天"之最高位阶，惩戒权的救济也因立法空白与监管之失灵而完全丧失，致使劳动规章制度的严重泛滥而灾及劳动者。

如此冲突和"负产品"本因我国劳动规章制度的效力层次混乱不清而生，严重影响了劳动规章制度的效力正义，反过来，效力层次的混乱又产生更多的"负产品"，形成恶性循环，亟待矫正。

学界对劳动规章制度的性质之争，一直没有停止过，也难以达成一致。这种纷争其实是非常正常的学术争鸣，是通常意义上的"仁者见仁，智者见智"；也从另外一个侧面表明了劳动规章制度的复杂性。正如有学者所感慨：劳动规章制度为劳动法上"永远的难题"。②

笔者认为，劳动规章制度性质与其他制度很不一样，独具特色，比较"怪"。

---

① 林嘉：《劳动法视野下社会协商制度的构建》，载《法学家》2016年第3期，第90页。

② 转引自丁建安：《论"根据二分说"的优越性——再议企业劳动规章的法律性质及其制定、变更程序》，载《法制与社会发展》2013年第3期，第150页。

第一节 劳动规章制度效力论争

怪之一：劳动规章制度是用人单位用工自主权的表现形式之一，用人单位虽享有比较绝对的制定权和变更权，但是，其必须满足法律规定的民主程序、告知程序及通知程序，即形式必须正义，否则无效。如此一来，劳动规章制度体现的是意思"单决"，还是"共决"，边界极其模糊。

怪之二：劳动规章制度不是法规，更不是法律，但是，法律法规又赋予其可以作为解决劳动争议的依据，司法实践中（包括劳动仲裁和诉讼）也已经成为劳动仲裁机构或人民法院裁审劳动争议的不可或缺的裁审依据，实践中甚至已经大量出现"只见劳动规章制度，而不见法律法规"、"只见劳动规章制度，而不见劳动合同或集体合同"的怪相。劳动规章制度也因此变得毫无理由的"至高无上"，而劳动法律法规、劳动合同与集体合同的效力都被劳动规章制度统统"掩埋"。

怪之三：劳动规章制度、劳动合同、集体合同三者常常纠缠在一起，三者关系难于厘清，使得劳动规章制度的效力层次混乱。在一般效力位阶中，劳动规章制度最低，而在特别效力中如劳动者严重违纪等，其效力又最高，资方可以不顾劳动法律法规、劳动合同而直接依据劳动规章制度行使合同解雇权，可见，劳动规章制度的效力并不完全确定，而是"忽高忽低"，让人"恍惚"。

怪之四：劳动规章制度性质的复杂性与多元化，导致劳动规章制度、劳动合同与集体合同三者效力层级的多维"纠缠"特性，并非上文调整模式那样单向和简单。

笔者认为，劳动规章制度的性质具有多样性和复合性的特征，很难只用一个方面进行概括，否则就难免会陷入"以偏概全"的逻辑错误。笔者原来比较认同劳动规章制度之"集体合意说"①，但是，经过多年的思量，认为我原来的观点还是不够全面，有"以偏概全"之嫌。正如有学者对劳动规章制度性质的评说：任何企图将劳动规章的法律性质归结为某种单一之劳动契约说、法规说或集体合意说，进而寻求"资方单决"或"劳资共决"的做法，都难免以偏概全而无法令人信服。② 经过长期的观察与思考，笔者现今比较倾向劳

---

① 笔者在《武汉科技大学学报（社会科学版）》2009年第1期上发表了《内部劳动规则与集体合同比较研究——兼析我国〈劳动合同法〉的相关规定》，认为劳动规章制度的性质为集体合意，与集体合同具有相同的性质。

② 丁建安：《论"根据二分说"的优越性——再议企业劳动规章的法律性质及其制定、变更程序》，载《法制与社会发展》2013年第3期，第151页。

动规章制度性质之多样性和复合性观点,即劳动规章制度性质具有多方面的复合特征。

劳动规章制度性质之"契约说"或"定型化契约说",将劳动规章制度与劳动合同联系在一起,注重劳动规章制度的契约性,但也将二者的效力价位"交织"在一起,有时很难厘清。

劳动规章制度性质之"集体合意说",却又将其与集体合同联系在一起,比较重视劳动规章制度的集体协商之民主程序,但也同时将二者的效力价位"交融"在一起,有时难解难分。有学者认为,劳动规章制度虽然具有向集体合同调整方式发展的潜力,但现阶段却无法承担该重任。①"集体合意说"并不能明确区分劳动规章制度与集体合同的不同效力位阶,并不可取。

怪之五:劳动规章制度的适用边界复杂,主要包括三种情形:非职业行为是否可以纳入劳动规章制度的调整范畴?违规违纪之惩戒权的行使是否还应当区分劳动者之党员与非党员身份?劳动者享有的基本社会保障权是否可以排除适用劳动规章制度及违规违纪惩戒权?

我国劳动规章制度效力关系与劳动规章制度性质一样,比较复杂,难以定论。当前劳动规章制度之效力博弈可以概括为四种:一是合同优先说;二是规章优先说;三是有利说;四是混合说。

在评判前四种观点后,笔者另外提出了第五种观点——"效力二分说",算是一种新的博弈。下文分论之。

二、效力代表说评读

(一) 合同优先说——通说

劳动规章制度效力之合同优先说认为,无论什么情况,劳动合同的效力都应高于劳动规章制度的效力。② 姜颖教授认为,劳动规章制度之效力层次显然应当低于劳动合同。③

还有学者很早就认为,劳动规章制度作为劳动合同的附件,与集体合同效

---

① 郑尚元、王艺非:《用人单位劳动规章制度形成理性及法制重构》,载《现代法学》2013年第6期,第74页。
② 胡立峰:《劳动规章制度与劳动合同之效力冲突》,载《法学》2008年第11期,第131页。
③ 姜颖:《劳动合同法论》,法律出版社2006年版,第83页。

力的关系,同劳动合同一样。① 劳动规章制度相当于劳动合同,当劳动合同与劳动规章制度发生冲突时,应当遵守劳动合同效力优先于劳动规章制度的原则。十几年过去了,此观点仍然是主流观点。可见,合同优先说影响力之巨大。

实践中,如果劳动规章制度与劳动合同、集体合同发生冲突时,应以"合同优先"为处理原则。当劳动规章制度与合同约定不一致时即劳动合同与劳动规章制度产生了冲突,此时应当坚持"约定优先","约定优先"就是合同优先。"约定优先"的效力规则也已经为我国司法实践认可。②

在学界,"合同优先"说为处理劳动规章制度与劳动合同、集体合同效力冲突的主流观点。但是其一直没有入法,只能将其认定为学理解释。

直到2006年,才正式有了立法依据,使得此观点由学理解释进入立法,具有了法定性特征,并基本结束了长期以来的效力纷争问题。2006年10月1日起实施的《最高人民法院关于审理劳动争议案件适用法律若干问题的解释(二)》明确规定了劳动规章制度、集体合同、劳动合同相冲突时,优先适用劳动合同。③

笔者认为,此司法解释对确定劳动规章制度、劳动合同、集体合同的效力关系具有重要的立法价值,"定纷止争"效果明显。正如有学者指出的,当劳动规章制度与集体合同或劳动合同不一致时,赋予劳动者之选择适用劳动合同的权利,可以有效防止用人单位滥用劳动规章制度。④ 但是,此说还存在一些不足。

合同优先说最大缺陷有三:

第一,此"合同"通常是指劳动合同,并非包含集体合同,"合同优先"仅仅是指劳动合同优于劳动规章制度,而有关集体合同的效力仍然空缺。笔者认为,假设此观点正确,也不能包括集体合同,因为集体合同与劳动规章制度

---

① 石美遐:《对我国企业部劳动规则立法的几点初步建议》,载《中国劳动》1999年第7期,第13页。

② 许建宇:《再谈规章制度、集体合同与劳动基准的关系》,载《中国劳动》2015年第3期,第51页。

③ 《最高人民法院关于审理劳动争议案件适用法律若干问题的解释(二)》第16条规定:"用人单位制定的内部规章制度与集体合同或者劳动合同约定的内容不一致,劳动者请求优先适用合同约定的,人民法院应予支持。"

④ 胡立峰:《劳动规章制度与劳动合同之效力冲突》,载《法学》2008年第11期,第132页。

一样都属于集体意思自治的所谓"共决"范畴，如果包括集体合同，相对于表明劳动规章制度的效力具有优先性，与后文之规章优先说并无实质性区别。

第二，上述司法解释也是将劳动规章制度与集体合同或劳动合同二者并列，而非三者并列，其规定的"优先适用合同约定"歧义较大，这仅仅是劳动合同之约定，还是应当包括集体合同之约定？如果包括集体合同之约定，而集体合同与劳动合同之约定又不完全相同，因此，"优先适用合同约定"难以确定劳动规章制度、劳动合同和集体合同三者的效力位阶，仍然容易造成效力层级的混乱不堪，更遑论甄别与厘清劳动规章制度的性质与效力。

第三，合同优先说的适用并不能作为仲裁机构或法院直接适用（或主动适用）的法律依据。因为按照上面立法条文规定：适用的前提条件是"劳动者请求优先适用合同约定"，即劳动者的请求权是必要的前置性条件，而该请求权属于私权利的范畴，仲裁或诉讼不能直接行使相关的形式和内容之审查的公权。在仲裁或诉讼活动中也只能是被动适用，而不能主动适用，否则就有公权力滥用之嫌。

上述司法解释第16条虽然从劳动司法实践中规定了合同约定效力高于劳动规章制度，但它是从保护劳动者选择权的角度作出的规定，并没有客观地认定劳动合同和劳动规章制度的效力高低问题。此司法解释的适用原则是"告诉才处理"，如果劳动者没有主张优先适用劳动合同约定之请求权时，如何判定两者的效力依然难以确定。[①] 这样的司法解释，虽然比较符合民事合同之一般原理，但是与劳动合同和集体合同之社会法属性并不完全相符。这样的立法必然使得"合同优先"排除了公权的审查和行使，明显不符合法律的一般规律，劳动合同或集体合同优先于劳动规章制度的效力原则，也相应地大打折扣，形式并非真正正义。

基于上述三大问题，合同优先说，如果仅仅指劳动规章制度与劳动合同二者的效力位阶，还比较可信，如果还包括集体合同，则三者效力并不清晰，因此，此说并不可取。

（二）规章优先说

关于劳动规章制度与劳动合同效力之"规章优先说"是指劳动规章制度基于其调整集体劳动关系的广泛范围，应当得到尊重，因此劳动规章制度效力

[①] 胡立峰：《劳动规章制度与劳动合同之效力冲突》，载《法学》2008年第11期，第123页。

应当高于劳动合同。①

常凯教授认为，企业劳动规章制度的效力高于一般劳动合同的效力。劳动规章制度适用范围大于个体劳动合同，劳动规章制度适用于用人单位内部全体劳动者，在法律效力上表现为规章制度的效力高于劳动合同，劳动合同所约定的劳动条件和劳动待遇，不得低于劳动规章制度所规定的基准。②

劳动规章制度效力高于劳动合同的主要理由有以下四点：

第一，从对人适用范围的大小来看，劳动规章制度的效力应当优先于劳动合同。笔者认为，依据对人适用的范围大小，来确定劳动规章制度与劳动合同的效力高低是不妥的，即适用范围不能等同于效力高低，虽然劳动规章制度对劳动者的适用范围是用人单位之所有劳动者，同时也不分劳动者是否参与过劳动规章制度的制定或修改过程，但是不能据此适用范围之大小说明其效力高于劳动合同。

第二，根据我国《劳动法》和《劳动合同法》的有关规定，合法有效的劳动规章制度可以作为解除劳动合同的依据，如果劳动者严重违反用人单位规章制度，用人单位可以行使惩戒权之解雇权，要特别强调的是，此规定的关键词是"严重"二字，非"严重"的一般性违规违纪，是不能解除劳动合同的。笔者认为，不能依据劳动者严重违反用人单位规章制度时之特色情形下，用人单位可以解除劳动合同，而认定劳动规章制度的一般效力都是高于劳动合同的，因为这只是依据劳动规章制度解除劳动合同的特殊情况，不能用特殊取代一般，一般情况下劳动合同的效力还是高于劳动规章制度的。

第三，用人单位劳动规章制度原本发端于用人单位，从单位人力资源管理的角度，劳动规章制度在本单位当然具有优先效力，劳动规章制度具有相当大的灵活性，雇主出于自己利益的考虑，当然也多会主张其劳动规章制度具有优先效力。③ 从单方之用人单位利益角度考量，单方主张劳动规章制度效力优先劳动合同，实际上是对用人单位的倾斜保护，使得"强资本弱劳动"更加突显，违背了劳动法倾斜保护劳动者利益或均衡保护双方利益的基本原则。正如有学者之批判：如果承认劳动规章制度具有优先效力，无异于默认了用人单位

---

① 胡立峰：《劳动规章制度与劳动合同之效力冲突》，载《法学》2008年第11期，第132页。

② 常凯：《劳动关系学》，中国劳动社会保障出版社2005年版，第348页。

③ 胡立峰：《劳动规章制度与劳动合同之效力冲突》，载《法学》2008年第11期，第132页。

规避与摆脱劳动合同强制约束之企图,并将处于弱势地位的劳动者置于更加不利的境地,有悖《劳动合同法》的立法初衷。① 因此,无论是倾斜保护弱者,还是均衡保护双方正当利益,笔者都不赞同劳动规章制度效力高于劳动合同。

第四,主张劳动规章制度效力优先的理由还有域外法的立法参考。日本《劳动基准法》采用的就是劳动规章制度效力优先之立法例。其在第93条规定,劳动合同所规定的劳动条件,如果没有达到劳动规章制度所确定的基准时,该部分之劳动合同规定无效;其无效部分依据劳动规章制度的基准确定。② 日本《劳动基准法》是关于劳动基准的一般规定或最低标准规定,其规定"劳动规章优先"实则是针对劳动基准条件的设置,并不能表明劳动规章制度的效力即法律强制力或拘束力高于劳动合同,因此,不能从劳动基准条件的高低而推导出劳动规章制度的"效力优先"。日本《劳动基准法》还有其自己的特色,我国目前还难以借鉴,例如日本法在规定劳动者必须遵守劳动规章制度的同时,还非常具体地规定了用人单位所必须提供的基本劳动条件,并从制定程序、内容监管、救济等对用人单位的劳动规章制度进行了许多强制性限制,使得其劳动规章制度带有"小劳动基准法"性质。而在我国,劳动规章制度的制定、变更、救济等基本上为用人单位所主导,用人单位权利滥用的情形极为普遍,劳动者参与程度与话语权非常低,集体协商与谈判极其有限,劳动者权利救济更是茫然。在这样的实然环境中,效法日本、韩国的"劳动规章优先"模式无异于是将用人单位的"规则侵权"合法化。③ 笔者非常认同此观点,日本之劳动规章制度优先模式并不符合我国现状,目前应当摒弃。

基于以上四点,笔者认为,劳动规章制度高于劳动合同说,虽然表明了劳动规章制度与劳动合同二者的效力位阶,但是,其支撑理由并不充分,且并未包括集体合同,因此,此说是缺陷明显,并不可取。

(三) 有利说

有利说主要认为劳动法特别是劳动规章制度的适用应当坚持"有利原则",在劳动规章制度、劳动合同与集体合同之具体适用及争议产生后,这三

---

① 丁建安:《再议劳动规章与劳动合同之效力冲突》,载《法治研究》2015年第1期,第122~123页。
② 胡立峰:《劳动规章制度与劳动合同之效力冲突》,载《法学》2008年第11期,第132页。
③ 丁建安:《再议劳动规章与劳动合同之效力冲突》,载《法治研究》2015年第1期,第123~124页。

种规则中哪一个规定对劳动者更为有利，就适用哪一个，以便最大限度地保护劳动者权益。

"有利原则"是劳动法中还有一定争议的学理问题，对其研究也非常少见。由于理论研究的滞后，导致了劳动立法之空缺。

在劳动司法实践中，反倒有一些判例直接适用了"有利原则"。例如，北京市"裘某诉某投资公司经济补偿案"（一审京丰民初字第14998号，二审京二中民终字第6751号），该案经过了仲裁、一审和二审程序。此为较为典型的有关"有利原则"在劳动争议中适用的案例。"本案是劳动争议案件中适用'有利原则'裁判的一个典型案例。"①"有利原则"在劳动司法实践中的适用仍然是非常有限的，不能普遍适用。否则，虽然有利于劳动者权益的保护，但是，有可能是有法不依，破坏法制，必须非常谨慎。正如北京二中院的某法官所言："有利原则"的适用应当受限，不能广泛适用，"有利原则"只能是法官自由裁量的一个基准，如果有法律法规的明确规定，必须依法裁判，决不能置法律于不顾而随便自由发挥。② 笔者认为，"有利原则"只能是劳动司法实践中法官之自由裁量权的范畴，我国作为成文法国家，还不能作为劳动法或劳动争议处理的原则。因为，法律原则本身就应当是具有普遍意义和价值的一般规范，"有利原则"还不具备此属性，因此，"有利原则"不能作为劳动法或劳动争议处理的原则，更不能作为劳动规章制度、劳动合同与集体合同的三种效力位阶的界定原则。

在劳动法领域内直接给"有利原则"下定义的并不多见，一般都是间接地或模糊地提出来。许建宇教授认为，"有利原则"是指劳动关系双方当事人在劳动合同约定、劳动规章制度的规定、用人单位的单方承诺与劳动基准或者法律规定不一致时，应当选择对劳动者更为有利的约定或者规定；如果约定或规定的含义不清，则应当选择对劳动者更为有利的解释。③

程延园教授认为，依法制定的劳动规章制度对双方当事人都具有约束力，劳动合同不能与之相矛盾，当劳动规章制度与劳动合同内容不一致时，应当选

---

① 李馨：《"有利原则"在劳动争议案件中的适用》，载《人民司法》2015年第14期，第46页。

② 李馨：《"有利原则"在劳动争议案件中的适用》，载《人民司法》2015年第14期，第47页。

③ 许建宇：《"有利原则"的提出及其在劳动合同法中的适用》，载《法学》2006年第5期，第91页。

择适用有利于劳动者的原则。①

我国目前还没有有关"有利原则"的立法,"有利原则"还停留在少有的学理研究研究和罕见的司法判例中。虽然有关"有利原则"的中央立法空缺,但是一些地方立法却是明确肯定了"有利原则",如上海和江苏。

《上海市劳动合同条例》第27条明确规定了劳动报酬和劳动条件之"有利原则"的适用:劳动报酬和劳动条件高于用人单位劳动规章制度、集体合同规定或者法定劳动标准规定内容的,应当按照实际已经履行的内容确认;如果劳动报酬和劳动条件低于劳动规章制度、集体合同或者法定劳动标准的,则应当按照有利于劳动者的原则确认。

《江苏省劳动合同条例》第22条更加明确地规定了"有利原则",并具体规定了"有利原则"的适用条件。该条例规定了没有约定或者约定不明时,首先由劳资双方协商解决,而在协商难以达成一致时,再适用"有利原则"。②

德国《集体合同法》规定,劳动基准条款对于那些遵守集体协议的所有劳动关系均有直接和强制的效力。其基准化条款分为两种:一是严格意义上的个别雇佣关系即个人基准化条款;二是集体基准化条款。如果个人达成的安排,如果与集体协商的个人基准化条款冲突,都被视为无效,并且会被集体协商条款所取代。只有在这些与集体协议的偏离为协议允许或其中包含对雇员更为有利时,这些偏离的规定才是合法的,这就是所谓的有利原则。③虽然,德国法上有此原则,但是因为德国《集体合同法》第3条规定的适用主体是个人雇佣合同双方(雇主和雇员)都必须是集体协议的当事人,即雇员是合同工会方的成员并被作为雇主协会成员的雇主雇用时,个人基准化条款才具有法

---

① 程延园:《劳动合同立法:寻求管制与促进的平衡》,载《中国人民大学学报》2006年第5期,第81页。

② 《江苏省劳动合同条例》第22条规定:用人单位和劳动者对劳动报酬、劳动条件等没有约定或者约定不明确的,双方可以协商;协商不成的,按照下列规定确定:(一)实际劳动报酬和劳动条件高于用人单位规章制度及集体合同规定标准的,按照实际履行的内容确定;实际履行的内容低于用人单位规章制度或者集体合同规定基准的,按照其中有利于劳动者的最高标准确定;没有规章制度和集体合同,或者规章制度和集体合同未规定劳动报酬的,实行同工同酬;未规定劳动条件等标准的,适用国家有关规定。

③ [德]曼弗雷德·魏斯、马琳·施米特著:《德国劳动法与劳资关系》,倪裴译,商务印书馆2012年版,第209页。

律约束力。① 由于雇员会因为是否工会会员，而被区别对待，就使得雇主可以给予非工会成员低于集体协议要求的最低基准的工作待遇。这一做法将会违背平等待遇原则。因此，德国法上的有利原则的适用是非常有限的，不具有比较普遍的价值和意义，德国劳动法上的有利原则并不适合我国国情。

（四）混合说

有学者认为厘清劳动规章制度与劳动合同的效力位阶，可以将劳动合同优先原则和"有利原则"结合起来。此即为笔者概括之"合同优先与有利原则"混合说。

混合说基本观点是：基于合同优先原则还存在许多不足之处，劳动规章制度与劳动合同的效力关系应当同时适用劳动合同优先原则和"有利原则"。首先，一般适用的基本规则是劳动合同效力高于劳动规章制度；其次，如果适用劳动规章制度对劳动者更为有利，则基于倾斜保护劳动者之法理，应当优先适用劳动规章制度而不是劳动合同。②

此观点实则就是选择适用一般情况下的合同优先原则与特殊情况下"有利原则"，这在劳动司法实践中具有一定的可操作性，比较符合一般性与特殊性关系的哲学原理。但是，笔者认为，此混合说缺陷明显，应当摒弃。理由如下：

第一，"合同优先"与"有利原则"的混合，具有相当大的自由灵活性，适用之自由裁量权比较充分，但是并不符合法理之确定性原理，因其自由裁量权过大，非常容易导致劳动调解、仲裁或诉讼的随意性和不确定性，破坏了法制精神和法律的权威性，还难以取得劳动者的信任。

第二，不符合法律原则之范畴要求。法律原则的范畴应当是具有普遍意义和价值，不能因个案的司法适用之自由裁量，而将其上升到原则的高度。否则，无论是从形式正义还是实质正义上看，都是非正义的。

第三，此混合说使得劳动规章制度、劳动合同与集体合同三者效力位阶更加混乱，也增加了在劳动司法实践中厘清三者关系的难度。

---

① ［德］曼弗雷德·魏斯、马琳·施米特著：《德国劳动法与劳资关系》，倪裴译，商务印书馆2012年版，第209页。
② 胡立峰：《劳动规章制度与劳动合同之效力冲突》，载《法学》2008年第11期，第134页。

三、效力二分说创构

(一) 效力二分说的法理基础

法律制度的效力位阶一般是指该制度在法律系统中的效力层次。按照法理，宪法的效力位阶最高，法律次之，司法解释再次之，行政法规更次之，部门规章最低，此即通说之法律渊源效力位阶图景。

劳动法属于社会法的范畴，独具特色，劳动规章制度的效力位阶显然不能列入前面之一般法律效力位阶图，因为劳动规章制度本身就不是法律的渊源，它属于用人单位内部劳动者集体意思自治的范畴。劳动规章制度效力位阶图景是指它与劳动基准法、劳动合同与集体合同四者构建的拘束力之层级关系。此制度效力位阶图景包含两层内容：一是实然下之近景，指劳动规章制度与劳动基准法、劳动合同与集体合同四者效力关系的理论研究和实际运行规则；二是应然下之远景，指四者效力关系的应有构想蓝图。

研究效力位阶应当澄清以下两种解读：

第一，当谈及法律效力时，现实中往往用"某某高于或优于或大于某某"之说词，如宪法高于法律，法律高于法规等，在劳动法中即演绎为"劳动法高于劳动法规或劳动政策""集体合同高于劳动合同""劳动合同高于劳动规章制度"此等。从严格意义上说，这些表述都不够准确，更难以揭示效力位阶之错综而复杂的关系。劳动基准法、劳动规章制度、劳动合同与集体合同四者效力图景并不是直线似的单向关系，而是互相交错，呈现出"电子纠缠"般多维"四的"状态。

第二，当谈及法律效力时，还经常将基准层级与效力层级混为一谈。基准层级是相对于基本基准线而言的位阶比较，如人们经常言及的"法律与道德"或"法治与人治"之关系，常曰"法律高于道德"或"法治高于人治""法律高于政策"，这些概述从一般意义上没有问题，但是，从法学之专业解读，就有不妥之处。"法律高于道德"或"法治高于人治"应当是从基准的角度而论高低，即基准之高低，并不是指效力之高低，二者非常容易混淆难辨。"法律高于道德"或"法律高于政策"并非就是指"法律好于道德"或"法律好于政策"，即"高于"与"好于"并不完全一致，法律之高之好指的是其强制拘束力，法律即为一般之底线基准或不能逾越之"红线"，在现代国家和社会治理中，法律并不是最高价值追求目标，最高价值追求目标应当是高于底线基准或"红线"法律的高尚道德，道德才是人们的价值目标，因此，仅从此意义上讲,我们可以认为"道德高于或好于法律"。可见,"法律高于或好于道德"与"道德高于或好于法律"两个命题形式上是悖论即伪命题,实质上都是真命题,只是二者的视角不同,前者是效力之比较,后者是基准之相比。此原理同样适用于劳动法,在劳动法领域内,劳动基本基准即劳动基准或劳动基准法。因此,研究劳动基准法、劳动规章制度、劳动合同与集体合同四者效力图景时,应当特别注意厘清基准关系与拘束力关系之不同图景。

(二) 效力二分说的渊源

劳动规章制度之形式正义和实质正义,都要求厘清劳动规章制度、劳动合同、集体合同、劳动法或劳动基准法四者的效力关系。在我国目前的理论研究和司法实践中,主要停留在上文所述的四种观点博弈上,即所谓合同优先说、规章优先说、有利说和混合说。这些观点并不能厘清劳动规章制度的复杂效力关系,有的甚至会误导劳动司法或准司法实践。劳动法学者应当不断探究新的思路,笔者认为,"效力二分说"可能是克服上述学说缺陷的新路径。

劳动规章制度的性质一直以来就争论不休,难以达成共识,这恰恰说明了劳动规章制度的复杂性。不仅劳动规章制度的性质如此,其效力也是如此纷繁。理论研究的纷争不定,导致劳动司法或准司法实践之适法的混乱与困惑,加之,劳动立法对劳动规章制度的严重边缘化,这使得我国本来就有极大争议的劳动争议处理模式更加莫衷一是。

笔者从劳动规章制度性质传统之"根据二分说""内容二分说",并从2017年有人提出的"性质二分说"中得到启发,认为劳动规章制度的效力问题也可同样推演出劳动规章制度效力之"效力二分说"。

从语言逻辑学的角度看,如果劳动规章制度性质之"根据二分说""内容二分说""性质二分说"成立,那么劳动规章制度效力之"效力二分说"也就有了相应的存在价值,因为它们都属于劳动规章制度的二级命题。从西方经济学之善于"假设"前提得到启示,假设劳动规章制度性质之"根据二分说""内容二分说""性质二分说"具有一定的价值,那么劳动规章制度同样也具有可信性,只不过"效力二分说"是新命题,是从劳动规章制度之效力角度来看而已。

"根据二分说"来源于我国台湾地区。"根据二分说"将劳动规章制度的内容分为两大部分:一是必须经过劳动者同意的条款,如工资、工作时间等劳动条件;二是非必经劳动者同意条款,如在单位内应当遵守的行为规则,此部分属于用人单位指挥命令权的范畴,无须与劳动者协商,只需告知即可生效。① 对此观点,肯定说与否定说争论不休、莫衷一是。此说将劳动规章制度内容分为一般劳动条件与内部行为规范两部分,在实际中难以区分,另外将劳动规章制度强行区分为两部分,不仅是对劳动规章制度整体性的破坏,还将企业内部行为规范界定为独立部分,由企业单方享有决定权,实有剥夺劳动者权利之嫌。② 赞同者认为,以劳动者的切身利益为区分标准,将劳动规章制度细分为企业有自主决定权的行为规则类与需经劳动者同意的劳动条件类两个部分,这完全契合劳动法倾斜保护劳动者之基本法理精神。③

还有一种二分法观点是"性质二分说",即将劳动规章制度的性质分为实然层面的"个体自治性规范"和应然层面的"集体自治性规范"两大类,前者指在"个别劳动关系"之由劳资一方或双方基于个体自治创制的规范;后者为"集体劳动关系"之资方与劳方共决的集体自治规范。此说遵循了劳动法之"个体自治"和"集体自治"两种调整机制。④

笔者认为,劳动规章制度的"根据二分说""内容二分说""性质二分说"都具有一定的合理性,只是从不同的视角在审视劳动规章制度,反映出劳动规章制度性质之复合型特征。

(三) 效力二分说的内涵

笔者提出的劳动规章制度"效力二分说"总体上包含两大内容:一是劳动规章制度效力二分为"拘束力"与"基准线"位阶;二是劳动规章制度效力二分为一般效力与特殊效力。

效力二分说,是指劳动规章制度效力位阶从效力之强制"拘束力"与劳动基准即"基准线"两大部分研究劳动规章制度的效力。

"拘束力"位阶指劳动规章制度与劳动合同、集体合同和劳动法层级中的效力高低关系;"基准线"位阶是指劳动规章制度与劳动合同、集体合同和劳

---

① 转引自高圣平:《用人单位劳动规章制度的性质辨析——兼评〈劳动合同法(草案)〉的相关条款》,载《法学》2006年第10期,第155页。

② 高圣平:《用人单位劳动规章制度的性质辨析——兼评〈劳动合同法(草案)〉的相关条款》,载《法学》2006年第10期,第157页。

③ 丁建安:《论"根据二分说"的优越性——再议企业劳动规章的法律性质及其制定、变更程序》,载《法制与社会发展》2013年第3期,第156~157页。

④ 朱军:《论我国劳动规章制度的法律性质——"性质二分说"的提出与证成》,载《清华法学》2017年第3期,第103页。

动法层级中的劳动基准高低关系。据此，笔者将劳动规章制度效力模型之构建分为"效力双模型"——拘束力模型与基准线模型。

在劳动规章制度"拘束力"位阶中，劳动法律法规即劳动基准法的强制拘束力最高，集体合同第二，劳动合同第三，而劳动规章制度处于最低位阶。

基准线之基准为劳动基准，与效力位阶不同。基准线模型内涵是指劳动条件、劳动报酬、休息休假、社会福利等一般劳动基准条件。劳动规章制度的基准标准最高，其次是劳动合同基准，再次是集体合同、法律（劳动法或基准法），最低即为兜底条款或基本底线。劳动基准法以强制性规范为基本形式，禁止雇主低于法定标准。① 可见，集体合同虽然从效力上看应当是高于劳动合同的，但是从基准上看，集体合同的基准却是低于劳动合同的，而高于劳动法或基准法的，这就明显表明了效力模型与基准模型的显著区别，二者不能混同。

"效力二分说"还包括劳动规章制度效力之一般效力与特别效力之"二分"。一般效力是指：法律（劳动基准法）的效力位阶最高，其法定性规范最强，其次是集体合同，劳动合同再次之，劳动规章制度（含劳动纪律）效力位阶最低。

"效力二分说"之一般效力在解雇规则中的具体表象是：雇主解除劳动合同时应当遵循以下规则——解雇的正当有效理由只能是强制法的规定，而不能是自由的约定，即法定大于约定；雇主一般是不能依据劳动规章制度而行使最为严厉的惩戒，即雇主之惩戒权一般不应当包括合同解除权。

"效力二分说"之特别效力的主要表象是：虽然劳动规章制度效力位阶最低，一般不能作为用人单位解除合同的正当理由，即用人单位在一般情况下是不能依据劳动规章制度解除劳动合同的；但是，特殊情况下如果劳动者"严重"违规违纪或被追究刑事责任时，用人单位可以依据劳动规章制度，而无须依据劳动法或集体合同或劳动合同直接解除合同，并无须支付经济补偿金。此时，劳动规章制度的效力高于其他三种，此即为劳动规章制度的特别效力。

概述之，劳动规章制度"效力二分说"之位阶排序是：在劳动规章制度一般效力位阶中，劳动规章制度最低，在实践中具体运行规则就是劳动规章制度一般不能作为解除劳动合同的依据。但是，在特别效力位阶中，劳动规章制

---

① 林嘉、陈文涛：《论劳动基准法的法律效力》，载《清华法学》2014年第4期，第10页。

度却高于劳动合同等,其特别效力位阶在实践中运行规则就是,当劳动者"严重"违规违纪时,可以依据劳动规章制度,而不必遵循劳动法或劳动合同之规定解除劳动合同。

四、结语与展望

劳动规章制度效力问题,并不是简单的法理问题。学界对劳动规章制度效力问题,与劳动规章制度的性质之争一样,观点各异,主要有三种:第一种认为,无论什么情况,劳动合同的效力都应高于劳动规章制度;第二种认为,劳动规章制度效力要高于劳动合同;第三种认为,以对劳动者是否有利为效力位阶标准,即"有利原则"。[1]

劳动规章制度效力问题也并非仅仅是学者们关注与研究的问题,劳动关系双方当事人也是非常关注劳动规章制度效力问题。与学者们的观点难以达成共识一样,劳动关系双方当事人对劳动规章制度认识也同样存在较大差异。用人单位多认为其劳动规章制度是劳动合同的必然组成部分;但是,劳动者则多强调其劳动合同的效力,认为劳动规章制度的内容应当服从于劳动合同;即便是双方当事人都承认劳动规章制度的约束力,也是站在各自的角度解释劳动规章制度。[2]

劳动规章制度与劳动合同二者之效力关系还是争论不休,而要将劳动规章制度、劳动合同、集体合同与劳动法或基准法四者效力位阶和基准层级厘定清晰,更是不易。笔者将之概分为四种:一是合同优先说;二是规章优先说;三是有利说;四是混合说。此四种观点共同弊端是:都没有界分劳动规章制度效力拘束力位阶与基准线位阶。

笔者经过长期的思虑,创新提出了劳动规章制度之"效力二分说",正是试图克服上述四种观点不足的新构想。

假设笔者之"效力二分说"可以成立,相对应的就可以构建我国劳动规章制度之效力模型。劳动规章制度之效力模型可分为"效力模型"和"基准模型"或为"拘束力模型"与"基准线模型"两大体系,构建劳动规章制度效力模型,此效力模式当然为应然远景规划。

---

[1] 胡立峰:《劳动规章制度与劳动合同之效力冲突》,载《法学》2008年第11期,第131~133页。

[2] 张立新:《用人单位内部劳动规则浅析》,载《内蒙古大学学报(人文社会科学版)》1999年第6期,第103页。

"效力二分说"还包括劳动规章制度效力之一般效力与特别效力二种之"二分"。在一般"拘束力模型"中,法律(劳动法或基准法)效力最高,集体合同第二,劳动合同次之,劳动规章制度拘束力(含劳动纪律)最低。在"基准线模型"中劳动规章制度的基准标准最高,劳动合同基准次之,集体合同再次之,法律(劳动法或基准法)最低即为兜底或红线。

概言之,笔者提出的"效力二分说",只能算是笔者对劳动规章制度效力位阶的肤浅探究,可能并不完全适当,仅仅算是一种创新"讨论"而已,尚难成"定论"或"结论"。

第二节 劳动规章制度效力模型

劳动规章制度的效力原则主要有明确性原则、比例原则和除外原则。笔者认为应当摒弃明确性原则、借鉴比例原则,需要甄别除外原则。劳动规章制度效力位阶可以分为"效力模型"和"基准模型"两大体系。劳动规章制度效力模型可分为一般效力模型与特别效力模型两种。"效力模型"是指法律(劳动法或基准法)效力最高、集体合同次之、劳动合同再次之、劳动规章制度(含劳动纪律)最低;"基准模型"是指劳动规章制度的基准最高、劳动合同基准次之、集体合同再次之、法律(劳动法或基准法)最低即为兜底条款或底线。

劳动规章制度效力的博弈,主要观点有四种:"合同优先说"——劳动合同的效力高于劳动规章制度;"规章优先说"——劳动规章制度的效力高于劳动合同;"有利说"——合同与劳动规章制度哪个对劳动者有利;"混合说"——合同优先与有利原则混合。这些观点各有所长,但并不能厘清劳动规章制度之效力位阶,也不能澄清劳动规章制度与劳动合同、集体合同、劳动法或劳动基准法的关系,必然产生劳动司法实践中有关劳动规章制度之适用的许多争议。

劳动规章制度的效力原则主要有明确性原则、比例原则和除外原则。笔者认为应当摒弃明确性原则、借鉴比例原则,需要甄别除外原则。劳动规章制度除外原则是指劳动者非职业行为即私人行为和劳动者社会保障权不能适用劳动规章制度,即违规违纪惩戒之惩戒权适用除外或豁免。

笔者认为,从形式正义之要求,可以将劳动规章制度之远景分为"效力模型"和"基准模型"两大体系,构建劳动规章制度效力关系模型图景,以克服劳动规章制度之理论研究缺陷和指导劳动司法或准司法实践活动。

第五章　劳动规章制度

下文就劳动规章制度效力原则进行评析，并分别对劳动规章制度效力模型与基准模型之构建展开研究。

一、效力原则判读

（一）明确性原则之批判

我国有一些学者认为，用人单位在制定、执行规章制度时都应当遵循和体现明确性原则。认为劳动规章制度之规定必须是明确而具体规定，而不能是一般意义上的倡导性的规定。[①] 倡导性的劳动规章制度不能作为解雇的正当理由，其原因是倡导性的劳动规章制度不具有可预测性，使得劳动者行为萎缩，从而限制了劳动者的自由。因此，明确的劳动规章制度才能作为用人单位惩戒劳动者的制度依据。[②]

笔者赞同以劳动规章制度解雇劳动合同必须要有正当理由，即劳动合同不能随便以劳动规章制度为依据解除。但是，并不苟同所谓的"明确性原则"。理由如下：

1. 明确性原则不符合相关法理

劳动规章制度之明确性原则虽然对用人单位制定或变更规章制度可以起到严格规范作用，但是，这与国际上通行的法理并不相符。

许多国家要求雇主即时解雇的理由一般只作"概括性、原则性"的规定，我国也有学者赞同此规定。对于即时解雇理由，西方国家大多在立法中只是进行概括性、原则性规定，而在司法实践中，对解雇理由进行具体的解释或示例性的列举，将其付诸裁判者的自由裁量。[③]

《瑞士债法典》关于雇主解除合同的规定较原则，雇主有正当的理由就可以立即解除劳动合同。其解雇理由是否构成正当理由，必须要由法官根据诚信原则自由判定，即使雇主与雇员约定了正当理由，也不影响法官的自由判

[①] 肖唯：《用人单位以劳动者违反倡导性规章制度为由解除劳动合同系违法解除》，载《中国劳动》2015年第1期，第59页。

[②] 肖唯：《用人单位以劳动者违反倡导性规章制度为由解除劳动合同系违法解除》，载《中国劳动》2015年第1期，第59页。

[③] 钱叶芳：《劳动规章制度若干问题辨析》，载《中国劳动》2015年第4期，第55页。

断。① 可见，在瑞士，即时解雇的正当理由并不要求合同或劳动规章制度有明确的规定，甚至即使雇主与雇员有明确的约定也不会影响法官的自由判断。

法国劳动法也是一样，任何劳动合同、集体合同，乃至企业劳动规章都不得事先规定何种过错构成"严重过错"而授权雇主解雇雇员；另外，即使有这样的规定，也不得约束法官对过错的认定和判断。②

2. 明确性原则不符合"公序良俗"原则

所谓"公序良俗"是公共秩序与善良风俗的简称，是大陆法各国民法普遍认可的一项基本原则。③ 公序良俗原则起到了维护国家和社会一般利益与基本道德的职能，故被称为现代民法至高无上的基本原则。④

"公序良俗"原则也得到了我国的广泛认同，这没有任何异议，其也必将成为我国《民法典》的重要原则之一。公序良俗原则的主要表现之一是：私法意思自治原则必须在不违背公序良俗原则之下才为适法行为。如果民事行为主体违反公序良俗原则，那法律就会强制认定这种民事法律行为是无效的。只要有私法自治原则，就应当有公序良俗原则。这两个原则共同适用，体现了当代法治精神。⑤

"公序良俗"原则最为明显的特征就是其高度的抽象性和适用的广泛性。公序良俗原则的高度抽象性甚至"连可能的文义也都缺乏"，导致其司法适用成为长期困扰各国的实践与理论难题。⑥ 公序良俗的原则是一个非常概括性的条款，它没有统一的界定范围和标准。⑦

劳动法虽然与民法有所不同，劳动法对意思自治有很大的限制，但是"公序良俗"原则仍然是劳动法立法与实践应当遵循的基本规则，劳动规章制

---

① 董保华著：《十大热点事件透视劳动合同法》，法律出版社2007年版，第353~354页。
② 董保华著：《十大热点事件透视劳动合同法》，法律出版社2007年版，第354页。
③ 李双元、杨德群：《论公序良俗原则的司法适用》，载《法商研究》2014年第3期，第63页。
④ 郑玉波著：《民法总则》，台湾三民书局1979年版，第338页。
⑤ 杨立新：《把公序良俗作为民法基本原则体现了当代法治精神》，载《中国司法》2017年第4期，第4页。
⑥ 李双元、杨德群：《论公序良俗原则的司法适用》，载《法商研究》2014年第3期，第63页。
⑦ 郑显文：《公序良俗原则在中国近代民法转型中的价值》，载《法学》2017年第11期，第91页。

度仍然应当坚守"公序良俗"原则,而此原则与所谓的"明确性原则"就明显不符。笔者认为,如果劳动者违反了公序良俗,即使劳动规章制度中没有明确规定或列举具体的条文,用人单位仍然是可以行使其合法拥有的惩戒权的,即公序良俗可以成为解雇的正当理由,但是,非党员劳动者之非职业行为即私人行为不在此列。因此,从"公序良俗"原则看,劳动规章制度之"明确性"原则虽然有限制用人单位权利滥用之功效,但是,它明显与"公序良俗"本身之抽象性和概括性相违背,应当摒弃劳动规章制度所谓之明确性原则。

3. 明确性原则不符合劳动法规定

笔者不赞同此原则的理由还有:从我国劳动规章制度之形式要件的立法看,不管是《劳动法》,还是《劳动合同法》,都没有规定劳动规章制度必须是书面形式。对此,有学者认为,规章制度的内容有法定的默示部分。《劳动法》第3条第2款要求劳动者遵守劳动纪律和职业道德,这就是劳动者的一种默示义务,从法理上说,这就是劳动者的忠诚义务之一。因此,用人单位和劳动者之间达成的口头规章制度之约定条款合法合理,理应成为裁决依据。① 而口头形式的劳动规章制度,根本谈不上"明确性"规定。

由上,笔者认为,劳动规章制度作为用人单位惩戒劳动者的一种制度性依据,并不一定要求有明确而具体的规定,即明确性原则不应当是劳动规章制度的基本要件。这样,劳动规章制度之此形式要件并不重要,重要的是其实质正义。

(二) 比例原则之借鉴

劳动规章制度适用之比例原则又称为谦抑性原则,它属于违规违纪之惩戒权的行使范畴。它是指用人单位在行使自己的惩戒权时,应当考量劳动者违规违纪程度的轻重或次数的多寡等情节,而分别予以适当的处罚,且能轻则轻即就轻避重的处罚原则。

有人认为,用人单位的规章制度在制定和适用时应坚持谦抑性原则,即若适用较轻的处罚方法足以惩罚有过错的劳动者并维护正常的生产管理秩序,就不应采取较重的处罚手段。惩罚措施与劳动者的过错行为之间应存在相适应的合理阶梯或比例。具体而言,因劳动权系劳动者之宪法性基本权利,涉及劳动

---

① 钱叶芳:《劳动规章制度若干问题辨析》,载《中国劳动》2015年第4期,第57页。

者生存权,除在确有必要的情况下,一般不应选择解除劳动合同。①

笔者认为,此比例原则或谦抑性原则还是比较合理的,也符合一般法理,应当成为用人单位依据劳动规章制度而行使惩戒权的一般原则。

域外许多国家的劳动法都有比例原则,值得我国反思与借鉴。

法国劳动法在立法上对解雇要求具备严肃理由,根据司法判例,在雇员过错导致被解雇的案例中,雇员过错程度分为轻微过错、严肃过错、严重过错和重大过错多个层次。只有达到严重过错和重大过错时才会导致解雇。② 任何劳动合同的合法解除都必须具有"实际的严肃的理由"。解雇理由是否属于法定的"实际的严肃的理由",必须由法官判断。"轻微过错"不能构成解雇的合法理由、"严肃过错"才是解雇的合法理由、"严重过错"和"重大过错"则构成立即解雇的合法理由。③

日本劳动法规定,因劳动者不适当的行为而解雇劳动者,受到判例法④的严格限制。习惯上,对于劳动者的不适当行为,常采取处罚措施惩罚,而不是采取解雇劳动合同之方式。⑤

意大利法规定的正当理由也是有合理阶梯的,通常,通过考虑雇员以前的轻微的违纪情况来确立违纪情况的严重性,例如,低生产量,根据集体协议,在解雇之前,雇主必须书面向雇员论说该情况。⑥

德国法规定,如果解雇基于雇员一而再的失职行为,那么,在原则上,有必要对该雇员提前进行警告。换句话说,雇主必须很清楚地告知雇员在再三失职或继续失职的情况下将会被解雇。⑦ 可见,德国法上,即时解雇也是要有合

---

① 肖唯:《用人单位以劳动者违反倡导性规章制度为由解除劳动合同系违法解除》,载《中国劳动》2015年第1期,第59页。

② 董保华著:《十大热点事件透视劳动合同法》,法律出版社2007年版,第354页。

③ 郑爱青:《法国劳动合同立法的启示》,载《法学杂志》2002年第5期,第72页。

④ 日本劳动法独具特色,既有成文法的立法,也有判例法的立法。日本劳动法是将成文法与判例法有机结合在一起而形成了"成文法+判例法"的立法模式,判例法也与成文法一样具有法律的效力。详见问清泓著:《不当劳动论衡》,中国劳动社会保障出版社2014年版,第14页。

⑤ [日]荒木尚志著:《日本劳动法》(增补版),李坤刚、牛志奎译,北京大学出版社2010年版,第149页。

⑥ [意]T.特雷乌著:《意大利劳动法与劳资关系》,刘艺工、刘吉明译,商务印书馆2012年版,第119页。

⑦ [德]曼弗雷德·魏斯、马琳·施米特:《德国劳动法与劳资关系》,倪裴译,商务印书馆2012年版,第135页。

理的阶梯或比例，不是偶尔的一次违纪就可以构成解雇的正当理由，这些也都是我国在依据劳动规章制度解雇合同时要特别注意的地方，即不能因为劳动者一次违章违纪，就可以实施较重的惩戒，甚至解除劳动合同，此即违规违纪之惩戒权的比例原则要求。

概言之，劳动规章制度违规违纪之惩戒权，虽然属于用人单位之用工自主权，但是在实际行使中，还应当受到许多限制，特别是解雇权的行使更是有严格的限制。即使是劳动者严重违规违纪，用人单位完全可以直接依据劳动规章制度解除劳动合同，但是，其合同解雇权的行使仍然有严格限制，应当谨慎，且更应当适用比例原则，否则，劳动规章制度的实际运行就是非法无效的，雇主还应当承担相应的雇主责任。

（三）除外原则之甄分

劳动规章制度的适用应当特别注意甄别违规违纪之惩戒权的排除范围或对象，笔者认为，劳动规章制度除外原则主要包括两种：一是，指劳动者非职业行为即私人行为不能适用劳动规章制度之惩戒制度，即违规违纪之惩戒权适用除外或豁免制度；二是，劳动者之社会保障不能被纳入违规违纪之惩戒权的范畴。

1. 劳动者非职业行为即私人行为不能适用劳动规章制度

关于劳动者之非职业行为即私人行为能不能适用违规违纪之惩戒权的问题，众说纷纭，没有定论。

笔者认为，劳动者非职业行为或称私人行为一般不能由劳动规章制度来调整，但是违反刑法被追究刑事责任的除外。即如果劳动者被追究了刑事责任，用人单位完全可以即时解除劳动合同，且无须再说明理由和支付经济补偿金。

另外，在我国，劳动规章制度除外效力的适用对象还应当特别区分劳动者之身份是否为中共党员。笔者的基本观点是：党员劳动者之非职业行为应当被纳入违规违纪惩戒权的范围；而非党员劳动者之非职业行为，则不能。前者之惩戒依据不能是单位内部劳动规章制度或劳动纪律，而只能是党规党纪如《中国共产党纪律处分条例》，否则，该惩戒权就不具有强制拘束力。[①]

劳动规章制度不可涉入私人空间，此为国际惯例。但是，如果不当私人行为影响到雇主的经济利益，则雇主可以行使其内部惩戒权。各国立法对私人行

---

① 问清泓：《惩戒权之适用对象相对论》，载《中国劳动关系学院学报》2017年第5期，第70~71页。

为持非常谨慎的态度，一般只有私人行为之不当性达到严重程度，雇主才可行使即时解雇权。①

意大利劳动法规定，解雇的正当理由原则上，私人生活方面的事实通常被认为是与此不相干的，除非这些事实直接影响了雇员的职业能力或可信赖性，例如，银行雇员的盗窃行为。1970 年第 300 号法案已经间接地确认了该趋势——禁止雇主调查雇员的见解和与其职业能力无关的事实。②

俄罗斯与我国不同，《俄罗斯联邦劳动法典》和司法解释对非职业行为即私人行为问题有非常明确的立法规定。俄罗斯联邦最高法院于 2004 年 3 月 17 日第 2 号《关于俄罗斯联邦法院适用〈俄罗斯联邦劳动法典〉的决议》第 47 条规定，如果成为失去信任理由的过错行为或相应的不道德行为是员工在工作地之外实施的，或虽在工作地实施但与其履行劳动义务无关，则还可以根据《俄罗斯联邦劳动法典》第 81 条第 7 项或第 8 项的规定③与他们解除合同，但自雇主发现过错行为之日起不得超过 1 年。④ 俄罗斯有关解雇包括非职业行为的规定等都采取的是列举式加概括式立法例，明确规定了非职业行为之解雇是有限制和有条件的适用，并不是对雇员的全部非职业行为都适用的，特别的限制条件是"时效"之限制规定："自雇主发现过错行为之日起不得超过 1 年"，我国有关劳动规章制度或劳动纪律的立法规定都缺乏明确的"时效"规定，偏漏明显而有害。仅仅从雇主解雇劳动合同之"时效"和非职业行为的明确立法上，俄罗斯的做法就非常具有借鉴和移植价值。

2. 劳动者之社会保障权不能适用劳动规章制度

此劳动规章制度效力除外原则就是指劳动者之社会保障不能被纳入违规违纪之惩戒权的范畴。

从社会保障权的视角，无论劳动者是否违纪，都不能排除劳动者社会保险权和社会保障权的适用。即使劳动者严重违纪，也不必然导致劳动关系终止。

---

① 钱叶芳：《劳动规章制度若干问题辨析》，载《中国劳动》2015 年第 4 期，第 56 页。

② [意] T. 特雷乌著：《意大利劳动法与劳资关系》，刘艺工、刘吉明译，商务印书馆 2012 年版，第 119 页。

③ 《俄罗斯联邦劳动法典》第 81 条规定的是雇主解除合法合同的事项，第 7 项规定："直接保管现金或贵重商品的员工实施了过错行为，而这些行为构成雇主对其失去信任的理由。"第 8 项规定："履行培训职能的员工实施了不道德的行为，不适合继续从事该工作。"（参见蒋璐宇译：《俄罗斯联邦劳动法典》，北京大学出版社 2009 年版，第 58 页。）

④ 蒋璐宇译：《俄罗斯联邦劳动法典》，北京大学出版社 2009 年版，第 256 页。

换言之，只有在劳动者被解雇之后，社会保险关系的中断才是合法的。因为，社会保障权的范围大于社会保险，即使因劳动者被解雇而导致社会保险中断，也并不意味社会保障权的丧失。比如，被解雇的劳动者，还可以享受社会低保待遇和社会救助，只不过支付义务由原用人单位转移到了社会。

社会保障之排除劳动规章制度适用的基本理由如下：

第一，一般法理分析。劳动规章制度含劳动纪律一般认为是属于私法或"私法公法化"的范畴，其用人单位之自主经营管理权的特性比较明显，用人单位的违纪惩戒权当然还要受到公权力或公权利的审查，不能僭越公权力或公权利而设定劳动者义务，否则，就是违法的、无效的惩戒。用人单位为劳动者办理社会保险，系其公法之强制性义务。社会保障权属于典型的公法范畴，是公民（不仅仅是劳动者）的基本权利，其具体化为公民之基本生存权。任何一个法治政府，都应当尊重和保障人权，有效维护行政相对人的合法权益而不受侵犯。公民人权不受任何机关与任何政治权威侵犯，即使出于社会公共利益也是如此。从社会保障权的宪法属性和基本人权生存权看，任何单位和个人都不能随意剥夺之，用人单位无权以劳动规章制度包含劳动纪律而排除这一公权利。

第二，社会保障权的主要内容是"五险一金"，即养老保险、医疗保险、生育保险、工伤保险、失业保险和住房公积金。惩戒权既然从法理上不能排除社会保障权，那么，从逻辑上推理也可得知劳动者的工伤保险权不能被劳动规章制度或劳动纪律所剥夺，即使劳动者严重违纪甚至犯罪，基本社会保障权也仍然要得到保障，任何单位和个人都无权侵犯劳动者的这一基本人权。

总之，劳动规章制度或劳动纪律及其惩戒权都不能影响劳动者社会保障权的实现。即使依据劳动规章制度解除劳动关系，也不能影响劳动者社会保险待遇的实现，社会保障权的边界大于社会保险，社会保险待遇终止并不能等同于社会保障权的丧失。[1]

二、效力模型构建

（一）一般效力模型

劳动规章制度效力模型可分为一般效力模型与特别效力模型两种。

---

[1] 问清泓：《惩戒权之适用对象相对论》，载《中国劳动关系学院学报》2017年第5期，第74页。

第二节 劳动规章制度效力模型

一般效力模型,是指法律(劳动基准法)的效力最高,集体合同次之,劳动合同再次之,劳动规章制度(含劳动纪律)最低。

一般效力模型图(如图5.1所示):劳动法或基准法 > 集体合同 > 劳动合同 > 劳动规章制度(含劳动纪律)

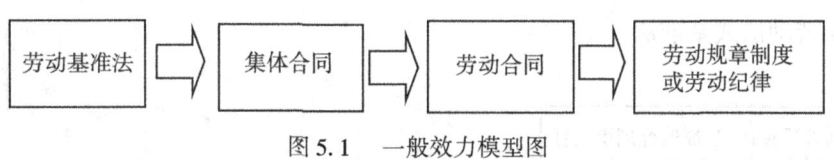

图 5.1　一般效力模型图

此效力模型在适用用人单位即雇主解除劳动关系①或劳动合同时,就是我们常说的解雇规则。此模型说明雇主解除劳动合同时必须遵循以下规则:只能是依据强制法的规定;而不能随意约定解除合同,即不能像一般的民事合同那样意思自治;不能依据劳动规章制度解除合同。例外规则是:劳动者被追究刑事责任时适用除外;劳动者严重违反劳动规章制度时也除外。在这两种情形下,用人单位都可以解除劳动合同,并无须支付经济补偿金。

劳动基准法是指有关劳动基本标准的强制性规范,一般可分为广义和狭义两种。广义劳动基准包括两种:一是劳动条件,如工资、工时、劳动安全、卫生等标准;二是劳动关系强行性运行规则。狭义劳动基准仅指劳动条件基准,即国家以劳动基准法规定的用人单位应当提供给劳动者的最低劳动条件。一般取其狭义。劳动基准作为法定最低劳动条件标准,是不容许用人单位降低的,用人单位向劳动者提供的劳动条件可以等于或高于而不得低于此强制标准。这种最低劳动条件标准不得由劳动合同或集体合同约定,也不得由内部劳动规则规定,而必须由国家法律强制规定。② 劳动基准法的强制拘束力也因此最高,劳动规章制度或劳动纪律最低。

(二) 特别效力模型

劳动规章制度特别效力,是指虽然劳动规章制度效力位阶最低,一般不能作为用人单位解除合同的正当理由,用人单位一般不能依据劳动规章制度

---

① 包括有书面劳动合同的劳动关系和没有书面劳动合同的事实劳动关系两类。
② 刘焱白:《劳动基准法权利救济程序的冲突及其协调》,载《法商研究》2010年第3期,第111页。

解除劳动合同；但是，劳动者严重违规违纪或被追究刑事责任时，用人单位可以依据劳动规章制度解除合同，而无须依据劳动法或集体合同或劳动合同。此时，劳动规章制度的效力高于其他三种，此即为劳动规章制度的特别效力。

特别效力模型图（如图5.2所示）：劳动规章制度 > 集体合同 > 劳动合同 > 劳动法或基准法

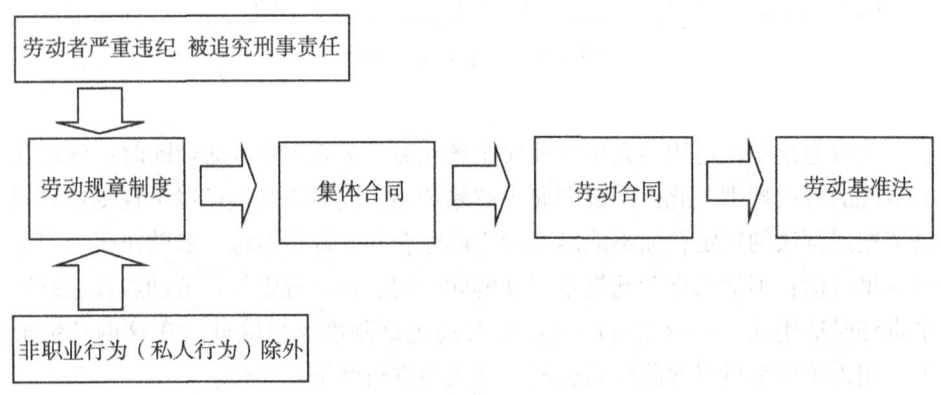

图 5.2 特别效力模型图

在劳动规章制度一般效力位阶中，劳动规章制度效力最低，在实践中具体运行规则就是劳动规章制度一般不能作为解除劳动合同的依据。但是，在特别效力位阶中，劳动规章制度却高于劳动合同等，其特别效力位阶在实践中运行规则就是，当劳动者"严重"违反时，可以依据劳动规章制度，而不必遵循劳动法或劳动合同之规定解除劳动合同。

劳动规章制度特别效力位阶的立法是我国《劳动法》第25条和《劳动合同法》第39条的授权立法。

我国《劳动法》第25条规定，劳动者有下列情形之一的，用人单位可以解除劳动合同：在试用期间被证明不符合录用条件的；严重违反劳动纪律或用人单位规章制度的；严重失职，营私舞弊，对用人单位利益造成重大损害的；被依法追究刑事责任的。我国《劳动合同法》第39条规定，劳动者有下列情形之一的，用人单位可以解除劳动合同：在试用期间被证明不符合录用条件的；严重违反用人单位的规章制度的；严重失职，营私舞弊，给用人单位造成重大损害的；劳动者同时与其他用人单位建立劳动关系，对完成本单位的工作任务造成严重影响，或者经用人单位提出，拒不改正的；因本法第26条第1

款第 1 项规定的情形致使劳动合同无效的;被依法追究的。

《劳动法》和《劳动合同法》都赋予了用人单位在劳动者严重违规违纪或被追究刑事责任时,用人单位直接享有的合同解除权。但是,此规定有两大问题没有明确,导致适用混乱,缺陷明显,亟待修正:一是,没有规定"严重"的判定方法和基准;二是,没有规定非职业行为即私人行为的适用问题。换言之,劳动者的非职业行为即私人行为严重违反劳动规章制度时,用人单位是否有权解除劳动合同?

有两点要特别注意:一是,劳动者严重违规违纪时合同解除权,属于广义上的惩戒权;二是,"严重"并不必然和必须导致解除劳动合同。

劳动规章制度特别效力位阶之运行规则即合同解除,其基本法理是国际上通行的对劳动者的解雇保护原则。我国也不例外。解除劳动合同无疑是对劳动者最为严重的惩戒,劳动者因此而失业,其生存权之基本人权可能不保,因此,世界上一般都规定解雇必须有正当合法的理由,否则即为非法解雇。因此,即使是劳动者严重违规,解雇合同也是有条件的解除,而不能授权扩大劳动规章制度的效力外延,必须考量充分理由之条件。

三、基准模型构建

基准模型之基准为劳动基准,与效力位阶不同。基准模型内涵是指劳动条件、劳动报酬、休息休假、社会福利等一般劳动基准。劳动规章制度的基准最高,劳动合同基准次之,集体合同再次之,法律(劳动法或基准法)最低即为兜底条款或底线。可见,集体合同虽然从效力上看应当是高于劳动合同的,但是从基准上看,集体合同的基准却是低于劳动合同的,而高于劳动法或基准法的,这就明显表明了效力模型与基准模型的显著区别,二者不能混同。

基准模型图(如图 5.3 所示):劳动规章制度 > 劳动合同 > 集体合同 > 劳动基准法

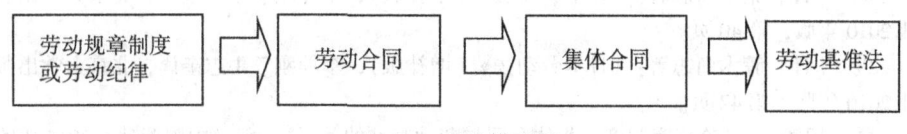

图 5.3 基准模型图

我国《劳动合同法》第 55 条明确,"用人单位与劳动者订立的劳动合同中劳动报酬和劳动条件等基准不得低于集体合同规定的标准",确定了劳动法律基准最低、集体合同基准次之、劳动合同基准最高的基本原则。① 笔者认为,此处的基准层次排序漏掉了劳动规章制度。劳动合同的基准不能是最高,最高的应当是劳动规章制度。

在日本,由劳动合同、工作规则、集体合同确定的劳动条件,低于《劳动基准法》规定基准的无效,自动以强制性的法定基准替代。同时,劳动者保护法中规定的最低基准由劳动基准监察署负责执行,此外,对这些基准的违反可施以刑事处罚。② 可见,在日本,劳动基准法的基准是最低的,劳动合同、工作规则、集体合同所规定的基准都要高于劳动基准法,对此,还有专门的监察督导程序,并可以进行刑事处罚。日本《劳动基准法》第93条还特别规定了劳动合同与劳动规章制度的关系:劳动合同中确定的工作条件,如低于工作规章的规定,应属无效,工作条件由工作规章中规定的工作条件代替。③日本法对劳动合同与劳动规章制度的基准关系问题,是非常明确的,即劳动规章制度的基准应当高于劳动合同,其规定是由法律直接明确,具有充分的法定性,这些都值得我国立法借鉴和效仿。

有学者指出,我国签订集体合同的目的是提升法定的基准,通过集体协商,通过劳动者集体与用人单位的意思自治,将法定的劳动基准提升到一个适合该单位的程度,这是集体劳动合同追求的目标,是集体协商的应有之意。但我国的集体合同中大量地在重复既有的劳动基准,这实质上是违背了通过集体协商签订集体合同所追求的目标,是徒劳无益的。更有甚者,试图通过所谓的集体协商和集体合同的名义,降低法定的基准。④ 还有人也认为:"等同于法定基准的集体合同意义不大,低于法定基准的集体合同则有害无益。"⑤ 可见,无论是立法,还是学界,都认同集体合同的基准要高于劳动法基准,即集体合

---

① 周国良:《论规章制度、集体合同与劳动基准的关系》,载《中国劳动》2015年第1期,第52页。

② [日]荒木尚志著:《日本劳动法》(增补版),李坤刚、牛志奎译,北京大学出版社2010年版,第40页。

③ [日]荒木尚志著:《日本劳动法》(增补版),李坤刚、牛志奎译,北京大学出版社2010年版,第42页。

④ 周国良:《论规章制度、集体合同与劳动基准的关系》,载《中国劳动》2015年第1期,第52页。

⑤ 周国良:《论规章制度、集体合同与劳动基准的关系》,载《中国劳动》2015年第1期,第52页。

同的基准应当高于劳动法或基准法,否则集体合同协商谈判或集体合同就是无意义的摆设,并且这还应当是集体协商谈判的重要内容之一,否则,集体协商谈判也无意义。

依法制定的劳动规章制度,其中的内容合法,一是指企业内部规章规定必须符合国家法律、法规和规章;二是企业在制定规章制度时,还不得违反集体合同的规定。即其规定的劳动者利益不得低于集体合同规定的基准;三是还要注意做到公平合理并符合实际情况。①

我国劳动法虽然没有明确规定劳动规章制度的基准应当高于集体合同或劳动合同,但是,有关司法解释确立的是劳动合同或集体合同优于劳动规章制度即"合同优先"原则。这样,就势必造成我们在厘清劳动规章制度与集体合同、劳动合同之基准层次时的困惑,实践中也就难以认定劳动规章制度、集体合同、劳动合同三者的劳动基准之高下。但是,笔者认为,劳动规章制度的基准首先是不得低于集体合同;而由《劳动合同法》第55条规定的劳动合同中劳动报酬和劳动条件等基准不得低于集体合同规定的基准。

由上述两点可以推出:劳动规章制度或劳动合同的基准高于集体合同。但是,劳动规章制度与劳动合同这二者之间的基准高下问题,就不好厘定了。如果劳动规章制度的基准高于劳动合同,则与"合同优先"相悖;如果是劳动合同的基准高于劳动规章制度,在"合同优先"的情况下,则规章制度的规定就没有意义和价值了,因此,如何确定劳动规章制度与劳动合同之基准位阶,是值得我们思量的新问题。

笔者的基本观点是劳动规章制度的基准应当高于劳动合同。但是,还有一个悖论无法解决,劳动合同属于个体方面的基准,劳动规章制度与集体合同一样属于集体方面的合意,如果劳动规章制度的基准高于个体的劳动合同,相当于由劳动规章制度制定了一个最高的基准,其他的个体劳动合同都只能低于该基准,这对用人单位来说是一个难题,也不符合劳动规章制度之普遍适用的原理。总之,劳动规章制度与劳动合同的基准位阶的确认,还有待我们进一步研究。

集体合同与基准法的关系实则也是比较纠结的。如德国,"立法与集体协议基准化部分之间的关系相当复杂。如果法律设定了一个最低基准,那么集体协议只能高于而不能低于这一基准。但是,就像后面将提到的,立法又明确规

---

① 周国良:《论规章制度、集体合同与劳动基准的关系》,载《中国劳动》2015年第1期,第51页。

定了许多例外性条款,允许某一集体协议可以低于最低基准"。① 这就使得德国劳动法之集体合同与基准法的关系,产生了冲突,也使得在实践中认定二者的适用基准时,让人比较困惑和纠结。我们在认定我国的集体合同与基准法的基准位阶时,也是一样让人困惑和纠结,因此,原则上集体合同的基准应当高于基准法的基准。

劳动规章制度效力位阶总概括如图 5.4 所示。

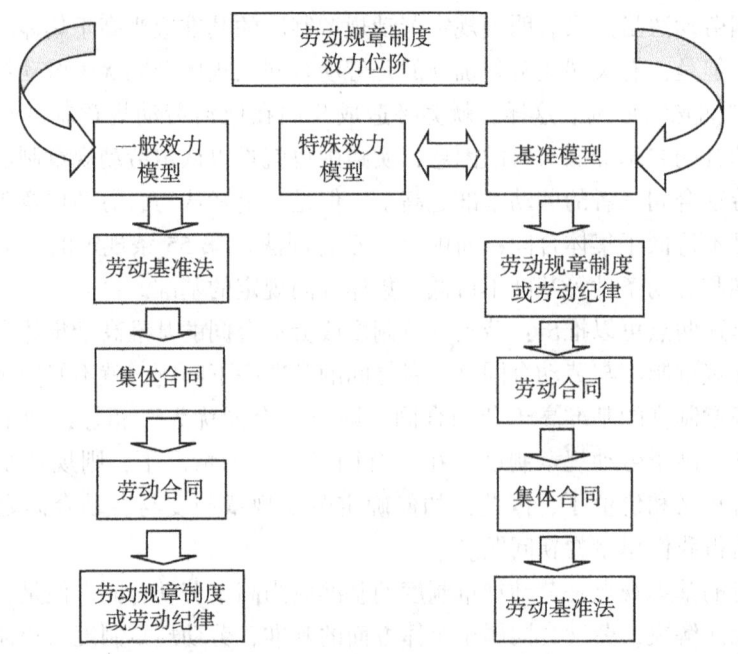

图 5.4 劳动规章制度效力位阶总图

四、余论

劳动规章制度效力是一个有极大争议的问题,理论研究的匮乏与劳动立法的缺失,使得劳动规章制度的适用还具有相当多的争论。劳动规章制度效力位阶是指劳动基准法、劳动规章制度、劳动合同与集体合同四者之拘束力层级关系。四者效力位阶呈现出"电子纠缠"般多维状态,难以厘清。效力位阶实

---

① [德] 曼弗雷德·魏斯、马琳·施米特著:《德国劳动法与劳资关系》,倪裴译,商务印书馆 2012 年版,第 32 页。

然图景主要分为四种：一是合同优先说；二是规章优先说；三是有利说；四是混合说。此四种观点共同弊端是：都没有界分效力位阶与基准位阶。

笔者认为，四者关系之应然远景可以分为"效力模型"和"基准模型"两大体系，构建四者关系模型图景，才能厘清劳动规章制度之效力位阶问题。

劳动规章制度效力模型还可分为一般效力模型与特别效力模型两种。一般"效力模型"，是指法律（劳动法或基准法）效力最高，集体合同次之，劳动合同再次之，劳动规章制度（含劳动纪律）最低。"基准模型"，是指劳动规章制度的基准最高，劳动合同基准次之，集体合同再次之，法律（劳动法或基准法）最低即为兜底条款或底线。

概言之，笔者提出的劳动规章制度"效力模型"和"基准模型"图景，只能算是笔者对劳动规章制度困惑的肤浅探究，仅仅是一种"先行先试"之改革创新性"讨论"而已，并无"结论"可言。

第三节 劳动规章制度形式正义

我国劳动规章制度形式正义之宏观表象有两个：第一，民主程序正义；第二，公示程序正义。劳动者只要没有被追究刑事责任，私人行为不能被纳入劳动规章制度的范畴，更不能将其作为解雇之理由。劳动规章制度宏观形式正义的主要缺漏是没有明确规定民主程序与公示程序的关系。劳动规章制度形式正义还有三个具体微观表象：一是通知形式正义，二是协商形式正义，三是举证形式正义。现行立法之通知形式正义非常欠缺，通知程序中缺乏协商程序；协商形式正义严重缺失，"劳资共决"模式值得推行；举证形式正义略为合理，但依附于劳动规章制度的惩戒权之举证责任分配缺失。

庞德认为，"法律的目的在于正义""我们认为正义是一种制度"[①]。正义经常变幻无常、随时呈现出不同形状，往往会令人深感迷惑。[②] 正义是法律的基本价值追求，但是正义的含义是不确定的，存在不同角度和层面的理解，一般可以将正义分为实质正义与形式正义。形式正义的内涵也有多种理解，法律必须符合形式正义，才是正当的，在我国劳动法的理论与实践中，我们也应当

---

① ［美］博西格诺著：《法律之门》，邓子滨译，华夏出版社2002年版，第92页。

② ［美］博登海默著：《法理学：法律哲学与法律方法》，邓正来译，中国政法大学出版社1999年版，第252页。

遵循正义的基本含义，使得劳动规章制度的形式正义和实质正义符合法的一般原理。在经济全球化和"互联网+"形势下，我国劳动法制度创新应当既要反思劳动规章制度形式正义之成败得失，还要特别关注劳动规章制度之形式正义与实质正义的基本关系构建。

在最近几年的劳动争议案件中，有关劳动规章制度的争议越来越多，由于学界之有关劳动规章制度若干问题的巨大分歧，加之，立法中的不明确和缺漏，直接导致了仲裁和司法实践中有关劳动规章制度争议裁决的随意性和矛盾性，严重影响了劳动关系的和谐构建，破坏了劳动法制的权威性。因此，研究劳动规章制度的形式主义，厘清劳动规章制度与劳动法、集体合同、劳动合同之复杂关系，将劳动规章制度有效纳入司法审查的范畴，具有较高的理论和实践价值。

孙笑侠教授非常看重形式正义，他认为形式正义意义重大，法治精神首先是形式正义和对形式正义的尊重。随着国家法治的倡导和推行，形式正义的重要意义应当受到更广泛、更深入的关注。[1] 在当今非常重视实质正义的中国法学界，特别是在劳动争议不断"井喷"的新常态下，研究我国劳动法之形式正义的诸多表象，及其与实质正义的关系，可以为修正形式不正义提供一定的理论和判例参考。

一、劳动规章制度一般形式正义

正义是法的基本内容和根本宗旨，与日俱进的正义观指导并且影响着法的制定和实施，博登海默认为，正义与法律概念紧密联系，原因是正义概念与权利和义务相关联，社会正义观的改变，常常是法律改革的先兆。[2]

劳动规章制度是用人单位依法制定的，并只能在本单位内部实施的劳动和管理规则。劳动规章制度不是法律范畴，也不是法规[3]，但是合法的劳动规章制度具有法律效力，并可以作为解决劳动争议的"法律"依据，也可以作为用人单位解除劳动关系的重要"合法"手段之一。

我国劳动规章制度形式正义之宏观表象有二：一是民主程序正义，二是公

---

[1] 孙笑侠：《法的形式正义与实质正义》，载《浙江大学学报（人文社会科学版）》，1999年第5期，第5页。

[2] [美] 博登海默著：《法理学—法哲学及其方法》，邓正来译，华夏出版社1987年版，第258页。

[3] 关于劳动规章制度法律性质的争议比较大，虽然有"法规说"之一说，但是，认可度并不很高，笔者也不赞同"法规说"。

示程序正义。

(一) 民主程序正义

我国劳动法对劳动规章制度的制定、变更、修改等都规定了民主程序的形式要求,虽然规定简单,但是,这毕竟是实现劳动规章制度形式正义的第一步。

我们纵观世界各国劳动立法,都十分重视用人单位劳动规章制度的程序性要件,一般都特别强调劳动规章制度之制定程序的民主化。

《法国劳动法典》规定,企业在制定和修改劳动规章制度时,应当首先民主征求各方意见,包括必须征求企业委员会及卫生、安全和劳动委员会的意见,如果企业没有委员会时,应当征求职工代表的意见;然后,还要将征求过民主意见的劳动规章制度交由劳动监察员检查;最后,交劳动争议委员会秘书处备案。《日本劳动基准法》规定,起草或修改劳动规章制度时,雇主应当征求企业中过半数工人组织的工会意见,然后将劳动规章制度呈报给行政官厅,并将征求意见的工会或者工人代表的意见一起附入。[1]

《俄罗斯联邦劳动法典》对劳动规章制度的程序要求非常细致而明确。《俄罗斯联邦劳动法典》规定了劳动规章制度的民主程序主要由代表员工利益的工会组织来行使,工会组织享有极大的话语权,此立法例具有很大的参考价值。《俄罗斯联邦劳动法典》第 190 条规定了"内部劳动规则的确认程序":"内部劳动规则由雇主在听取员工代表机关的意见后按照本法典 372 条规定的通过内部规范性文件的程序予以确认。"[2]《俄罗斯联邦劳动法典》第 372 条规定,雇主应当将劳动规章制度的草案及其依据一并邮寄单位基层工会的选举机构;如果基层工会组织提出完善意见,则雇主应当在收到工会意见后 3 日内与员工的基层工会组织选举机构,再进行协商讨论,最后达成双方都能够接受的决定。[3] 如果劳动规章制度未能达成一致而雇主又有权通过时,该条还明确赋予了基层工会组织相应的申诉权及其受理机构,受理机构是国家劳动监察机关或法院。国家劳动监察机关应当自收到申诉书之日起一个月内核查,如果发现存在违规现象,则向雇主签发撤销上述劳动规章制度的强制执行令。[4] 该条

---

[1] 林嘉著:《劳动法的原理、体系与问题》,法律出版社 2016 年版,第 227 页。
[2] 蒋璐宇译:《俄罗斯联邦劳动法典》,北京大学出版社 2009 年版,第 114 页。
[3] 蒋璐宇译:《俄罗斯联邦劳动法典》,北京大学出版社 2009 年版,第 202 页。
[4] 蒋璐宇译:《俄罗斯联邦劳动法典》,北京大学出版社 2009 年版,第 202~203 页。

还特别赋予工会组织有权启动集体劳动争议程序。

笔者认为,俄罗斯有关劳动规章制度的程序性规定最值得我国参考借鉴,其主要特色是:第一,工会组织在劳动规章制度的制定中享有很大的权力,相对应的劳动者也就享有了充分的民主话语权,其程序民主化模式是"雇主—工会—雇员";第二,工会组织对雇主之劳动规章制度享有直接的申诉权;第三,申诉机构为国家劳动监察机关;第四,国家劳动监察机关对内部劳动规则享有强制撤销权;第五,明确地将劳动规章制度之争议纳入了集体劳动争议的范畴;第六,明确规定了劳动规章制度属于"集体合同的附件",这非常有利于规制劳动规章制度。因此,笔者认为,俄罗斯对劳动规章制度的民主程序规定具有非常高的立法价值,充分的民主程序才有可能实现劳动规章制度的形式主义,进而实现实质正义。

劳动规章制度民主程序之强制性规定的基本法理,从宏观上讲是现代法治社会的基本要求和基本规则。从微观上看,民主程序是限制权力的权力,是有效防止用人单位"权力膨胀"的限制手段。"民主程序从另一角度看也是对用人单位规章制度制定权的限制。"[1] 用人单位本身就是劳资关系中的强者,加上其劳动规章制度最容易产生"膨胀"之趋势,用人单位也最"青睐"劳动规章制度之惩戒权,因为依附于劳动规章制度的惩戒权最适合于同劳动法或劳动者进行博弈,且往往成为博弈的赢家,如果法律再不强调劳动规章制度的民主程序,惩戒权以及劳动者权益的救济将更加举步维艰,劳动规章制度之形式正义将首先丧失。

我国《劳动合同法》第4条明文规定了用人单位制定、修改劳动规章制度的基本程序:"直接涉及劳动者切身利益"的内容时,必须经过"职工代表大会或者全体职工讨论,提出方案和意见,与工会或者职工代表平等协商确定"的法定民主程序。[2]

上述民主程序规定还存在严重不足,可操作性不强。该条文仅从形式上正面规定了在制定劳动规章制度时,应当经过讨论、提出意见、平等协商的一般性程序,但缺乏重要的否定性规定:一是如果没有经过此民主协商程序的劳动

---

[1] 林嘉:《劳动法的原理、体系与问题》,法律出版社2016年版,第227页。

[2] 我国《劳动合同法》第4条第2款规定:"用人单位在制定、修改或者决定有关劳动报酬、工作时间、休息休假、劳动安全卫生、保险福利、职工培训、劳动纪律以及劳动定额管理等直接涉及劳动者切身利益的规章制度或者重大事项时,应当经职工代表大会或者全体职工讨论,提出方案和意见,与工会或者职工代表平等协商确定。"

规章制度,其效力如何;二是虽然经历了该民主程序,但民主协商未果,其效力又如何,此即工会或者职工代表是否对劳动规章制度享有否决权。① 其缺陷概之,我国现行法律还没有规定有形式"瑕疵"之劳动规章制度的效力及适用问题,还缺乏对劳动规章制度之否决权的规定,亟待修正,以矫正形式非正义,保障劳动规章制度形式正义的有效实现。

劳动规章制度的制定或变更应当依法履行民主程序,即民主程序是劳动规章制度是否合法有效的第一要素,否则,劳动规章制度就不正当。

为了在劳动司法实践中进一步保障劳动规章制度之民主程序的正义性,最高人民法院颁布了有关司法解释②,其明确规定了可以作为法院解决劳动争议依据的劳动规章制度的形式要件,强调了"民主程序制定"这一基本形式构成要件,也是劳动规章制度效力的第一要素。

从此司法解释看,劳动规章制度具备审案效力的要件是必须满足民主程序、内容合法和公示或告知程序三个法定条件,缺一不可,其第一条件和第三条件都属于劳动规章制度之形式要件,第二个条件即为实质要件。

(二) 公示程序正义

我国《劳动合同法》和相关司法解释都规定了劳动规章制度的公示程序,立法已经确立了公示程序是劳动规章制度不可或缺的必经法定程序。

有学者认为,具有法定强制约束力的劳动规章制度的三个基本前提条件是:民主程序制定、事先公示与内容合法。③ 更有人将劳动规章制度之公示程序细分为"全体公示"和"个别公示"两种具体形态:第一,对于早于个体劳动合同的劳动规章制度,应当以个别公示的方式告知;第二,对于晚于个体劳动合同的新劳动规章制度,则采取全体公示的方式。④ 此两个公示程序比较

---

① 郑尚元、王艺非:《用人单位劳动规章制度形成理性及法制重构》,载《现代法学》2013年第6期,第78页。
② 《最高人民法院关于审理劳动争议案件适用法律若干问题的解释(一)》第50条规定:"用人单位根据劳动合同法第四条规定,通过民主程序制定的规章制度,不违反国家法律、行政法规及政策规定,并已向劳动者公示的,可以作为确定双方权利义务的依据。"
③ 许建宇:《再谈规章制度、集体合同与劳动基准的关系》,载《中国劳动》2015年第3期,第52页。
④ 陈龙帝:《劳动规章制度立法比较研究》,2011年华东政法大学博士学位论文,第42~43页。

具体可行，既涉及了对劳动者入职前劳动规章制度的公示，又有新入职劳动者的公示程序，比较全面。但是，还缺少对劳动规章制度变更的具体程序。

以上两个宏观程序规定的主要缺陷是：没有明确规定民主程序与公示程序的关系，即没有明确规定二者缺一不可，形式正义还不够。

我国各地司法机构对缺失民主程序的劳动规章制度的价值判断，在《劳动合同法》实施前后并无根本不同，基本都认同，未经过《劳动合同法》第4条规定的民主程序的劳动规章制度，原则上不能作为用人单位管理的依据。但在劳动规章制度内容未违法、不存在明显不合理，在已经公示或告知的情形，可以作为人民法院裁判的依据。[1] 我国司法实践中对劳动规章制度的民主程序的理解是一种比较自由的、偏离了成文法的强制规定的有违法"嫌疑"的自由裁量，与立法精神不相符。其后果是：未经过民主程序制定的劳动规章制度，有时也是具有法律效力的。如此必然导致我国劳动规章制度之形式正义的欠缺，必须得到明确地修正。我国立法者在2012年就已经注意到了这个问题的严重性，曾经试图通过立法修正，在某司法解释的草案稿中曾经明确规定：劳动规章制度如果未经《劳动合同法》第4条规定的民主程序，则不能作为法院审理劳动争议案件的依据。此草案明确了劳动规章制度之民主程序的重要性与必要性，明确了未经民主程序的劳动规章制度不具有法律拘束力，因而可以统一各地司法实践中存在的分歧和摒弃违法"嫌疑"，具有较高的理论和实践价值，但是，非常遗憾的是，此草案规定最终并未进入正式的立法中，这也从另一方面反映出各方对于劳动规章制度之民主程序的理解还没有达成一致。[2]

在互联网共享经济背景下，通过网络平台或通过电子数据形式公示的劳动规章制度的效力如何？这是一个还没有答案的新问题。

在劳动司法实践中，曾经有过用人单位把劳动规章制度挂在单位的局域网上进行公示，但是，劳动者以不经常上网、并不知悉劳动规章制度的内容为由进行抗辩，质疑劳动规章制度的合法性，劳动者的此诉求得到法院的支持。这类劳动者由于上网不便或者不会操作电脑，几乎不会留意用人单位的网站。在

---

[1] 钱叶芳：《劳动规章制度若干问题辨析》，载《中国劳动》2015年第4期，第55页。

[2] 郑尚元、王艺非：《用人单位劳动规章制度形成理性及法制重构》，载《现代法学》2013年第6期，第78页。

此情况下，劳动规章制度公示的效力就会受到一定的限制。也就是说，采取网上公示是一种手段，但要看公示的实际影响范围，公示还应当考虑劳动者是否能够知悉的可能性，因为劳动规章制度毕竟涉及劳动者的切身利益，应当采取广而告之的公示方式。① 新形态下劳动规章制度的"网上公示"应当考虑特殊劳动者的具体情形，其形式正义是必要条件，但不是充分条件，只有将形式正义与实质正义结合起来，才能实现劳动保护的公平与正义。

（三）形式正义新课题

在新时代互联网共享经济背景下，用人单位劳动规章制度的形式与内容都发生了极大变异，特别是新形势下劳动规章制度之形式要件的新变化，极易影响劳动规章制度的形式正义。通过网络平台或通过电子数据形式公示的劳动规章制度的效力如何？这是一个还没有答案的新课题。

笔者认为，互联网共享经济背景下，伴随着劳动关系的新变异，劳动规章制度形式上更加具有"格式化"表征，劳动规章制度之"集体合意"性更加丧失殆尽。劳动规章制度的载体变化明显，其形式变异显著，主要有三：一是"边缘化"与"碎片化"严重，二是"无纸化"与"模糊化"加剧，三是"捆绑化"与"默认化"普遍。②

独立的劳动规章制度文本消失，被无纸化的电子协议所"掩埋"，此即为劳动规章制度被严重"边缘化"与"碎片化"，其后果就是劳动协议（非正式劳动关系）与劳动规章制度包括劳动纪律混合成了一个无纸化电子文本，既可以说是劳动合同或协议，又可以认定是合同约定条款，或是劳动规章制度，或是劳动纪律，劳动合同与劳动规章制度或劳动纪律的边界几乎消失。粗线条式的一般规定增加，模糊化规定加重，传统典型劳动规章制度之"明确性"原则几乎完全丧失。

互联网共享经济背景下，劳动合同或协议基本上是无纸化的电子格式，用人单位劳动规章制度"捆绑化"与"默认化"现象十分严重：第一，与准入"捆绑"。劳动规章制度条款常常与准入规则"捆绑"，劳动者只有全部默认后

---

① 喻术红：《网络信息化对劳动者权益的影响及其应对——基于美国的立法与实践考察》，载《四川大学学报（哲学社会科学版）》2016年第6期，第90页。
② 问清泓：《共享经济下劳动规章制度异变及规制》，载《社会科学研究》2018年第3期，第90~91页。

才能成为平台共享者。第二,与合同"捆绑"。新型互联网劳动形态比较复杂,"去"劳动合同与"泛"劳务或雇佣合同普遍,劳动规章制度常常被"掩埋"于合同或协议中,合同或协议条款与劳动规章制度"捆绑",劳动者只能默认。第三,与企业文化"捆绑"。劳动规章制度条款还常常与所谓"公司文化"或"企业文化""捆绑",独立的劳动规章制度载体依附并"隐形"于看不清、道不明的公司文化或企业文化,劳动者也只能是被动地默认被严重泛化和"隐形"的劳动规章制度或条款。第四,与退出程序"捆绑",劳动者只能默认不正当的解雇条款,《劳动合同法》所规定的"严重"违规和"严重"失职等解雇规则被彻底颠覆,劳动者只能是无奈默认解雇规则。[①]

互联网共享经济背景下,用人单位劳动规章制度的形式变异,将直接影响到劳动规章制度的形式是否正义。如何规制新形势下的劳动规章制度,特别是如何保障新形势下劳动规章制度之形式正义的实现,还是一个有待破解的新课题。

二、劳动规章制度特殊形式正义

劳动规章制度的形式正义除了上述两个基本宏观程序表象外,还有三个形式正义的具体微观表象:通知形式正义——通告工会,协商形式正义和举证形式正义。我国现行有关劳动规章制度立法之通知形式正义非常欠缺,协商形式正义严重缺失,举证形式正义还比较合理。

(一) 通知程序正义——通告工会之形式

我国立法明确规定了用人单位劳动规章制度之特别程序即通知程序——必须经过工会同意。此形式要求并不是针对劳动规章制度之一般适用,而仅仅是指用人单位依据其劳动规章制度解除劳动合同的情形,此具体规定即为通知程序正义——通告工会之形式。

解除劳动者劳动关系(劳动合同)的特别程序即通知程序——必须经过工会的同意。我国现行实然法规定的此程序,具有程序正义性,但是,真正形式正义的实现却因法律法规之间的矛盾而变得非常困难。

下面结合实践案例具体解析"应当事先将理由通知工会"与"事先通知

[①] 问清泓:《共享经济下劳动规章制度异变及规制》,载《社会科学研究》2018年第3期,第91页。

工会"之辩争。

北京市 2014 年十大劳动争议典型案例中，排位第一的案例是"炒人未征求工会意见，被裁定违法解除合同"案。① 劳动争议仲裁委审理后认为，按照法律规定，本案举证责任是用人单位，法定理由是因用人单位作出开除、除名、辞退、解除劳动合同等产生的劳动争议，用人单位应当负举证责任；另外，用人单位对其实行的劳动规章制度是经民主程序产生及劳动者是否知晓也应当负举证责任。而本案中，用人单位并未征求工会意见，因此，用人单位解除劳动合同属于违法解除，冯某的仲裁请求得到了支持。

本劳动争议案的焦点是：用人单位因职工违反劳动规章制度而解除劳动合同，是否必须先征求工会意见，否则就构成解除程序不当，属于违法解除劳动关系或劳动合同。

本案中，用人单位某中学不能证明其劳动规章制度《学校奖惩制度》经过了民主程序与公示程序，也不能证明劳动者冯某存在违纪行为，其解除劳动合同的行为，在形式上和实体内容上皆均存在瑕疵，构成违法解除。

我国劳动法规定了用人单位可以在劳动者严重违反劳动规章制度的情况下，行使合同解除权，并无须支付经济补偿。②《劳动合同法》特别规定了用人单位单方解除劳动合同时，应当事先将解雇理由通知有关工会组织，工会有知情权和质疑权。③

我国《劳动合同法》上述规定的瑕疵是：并没有明确规定解除劳动合同必须事先征求工会意见，只是要求"应当事先将理由通知工会"，并没有明确规定：没有事先将理由通知工会就构成解除程序不当，属于违法解雇。

---

① 北京市 2014 年十大劳动争议典型案例"炒人未征求工会意见，被裁定违法解除合同"案：冯某于 2008 年 1 月 12 日进入某中学工作，担任后勤维修人员，双方签订无固定期限劳动合同。2013 年 1 月 14 日某中学以冯某违反《设备定期检修巡查制度》为由依据《学校奖惩制度》，作出《关于对冯某违纪问题的处分决定》。同年 5 月 30 日，该中学向冯某送达《关于对冯某违纪事件的处理决定》《解除劳动合同通知书》，决定与冯某解除劳动合同。冯某认为某中学系违法解除劳动合同，遂提出仲裁请求，要求继续履行劳动合同。
② 《劳动合同法》第 39 条规定，劳动者"严重违反用人单位的规章制度的"，用人单位可以解除劳动合同。
③ 《劳动合同法》第 43 条规定："用人单位单方解除劳动合同，应当事先将理由通知工会。用人单位违反法律、行政法规规定或者劳动合同约定的，工会有权要求用人单位纠正。用人单位应当研究工会的意见，并将处理结果书面通知工会。"

第五章 劳动规章制度

2013年2月1日起实施的劳动争议司法解释（四）① 明确要求用人单位行使雇权应当事先通知工会，否则，用人单位就属于违法行为，并应当支付赔偿金；同时，还规定了适用除外情形：用人单位如果在起诉前已经补正有关程序的除外。

此司法解释的要求是"事先通知工会"，这样，劳动合同法之"事先将理由通知工会"与司法解释"事先通知工会"就产生了冲突：虽然都是事先要通知工会，但是前者是将解除的"理由"通知工会；后者仅仅是"通知工会"，可能是解除的理由，或者是解除的结果，或者二者兼有。因此，这就直接造成了以劳动规章制度解除劳动关系（劳动合同）的特别程序——必须经过工会的同意的形式冲突，造成了相关劳动争议的分歧，严重影响了劳动规章制度形式正义的实现，具有明显的非正义性。

司法解释还同时规定了"事先通知工会"程序的补救时间节点——起诉前。这明确表明用人单位以劳动规章制度解除劳动关系或劳动合同即使没有事先通知工会，也还可以事后补充。这样的程序规定可能有放纵或偏袒用人单位之嫌，对保障劳动者的权益极为不利，其程序完全违背了形式正义的基本原则。另外，用人单位不管是将用规章制度解除劳动关系的理由通知工会，还是将结果通知工会，都缺乏用人单位和工会平等协商的正当程序，这样的通知程序使民主程序形同虚设，形式不正义，这样的立法规定应当修正。

本案例中仲裁认定用人单位解除劳动合同属于非法解除的主要理由就是用人单位并未征求工会意见，因此，裁定用人单位解除劳动合同不正当。这样的结果虽然在表面上有利于劳动者，本案例实属个案，但是在大量的司法实践中都是对劳动者不利的。因为，按照上面现行的相关规定，用人单位履行通知工会的义务是非常容易的，且即使没有通知工会，事后补充通知也是合法的；况且我国工会组织不具有独立性，工会就是用人单位的一个直属部门，即使今后修正了该通知程序的非正义，增加了平等民主协商的程序，从实质正义上看也是非正义的。因此，我国劳动法在真正实现以规章制度解除

---

① 《最高人民法院关于审理劳动争议案件适用法律若干问题的解释（四）》第12条规定："建立了工会组织的用人单位解除劳动合同符合劳动合同法第39条、第40条规定，但未按照劳动合同法第43条规定事先通知工会，劳动者以用人单位违法解除劳动合同为由请求用人单位支付赔偿金的，人民法院应予支持，但起诉前用人单位已经补正有关程序的除外。"

劳动合同的形式正义，还有很长的路要走，立法既要实现充分有效的通知程序，又要担负平等协商的义务，只有这样才能有效有力规制劳动规章制度，保障劳动者合法权益。

用人单位依据其劳动规章制度，解除劳动合同是用人单位对劳动者最为严厉的惩戒，此类劳动争议也是我国劳动争议中最主要的争议。因此，在设计相关法律制度时，首先要充分体现形式上正义性，既要将"通知程序"设计得合理，还要将"协商程序"列入，充分体现劳动规章制度之集体合意性的属性。

（二）协商程序正义——单决与共决之争

我国劳动法明确规定了劳动规章制度应当经过民主协商程序，即劳动规章制度首先要经过本单位职工代表大会或者全体职工讨论，征求职工意见，与工会或职工代表协商讨论。但是，此程序规定的主要立法缺陷是：没有规定当劳资双方对用人单位草拟的劳动规章制度或部分条款难以协商一致时，劳动规章制度之制定权或决定权如何分配；而在实践中，用人单位实际上完全享有了劳动规章制度的最终制定权与实施权，所谓协商程序只是"形式"。此协商程序使得劳动规章制度之彰显意志仍然只是雇主之单方意志即单决，难觅劳动者之意志或劳资双方之合意即共决。正如许建宇教授所言：劳动规章制度所彰显的主要是雇主一方意志，而其劳方意志则是非常有限的。[1]

我国劳动法学者对劳动规章制度之协商程序的批判，可以概之为单决（资方单方面决定权）与共决（劳资双方决定权）之争。

一方认为，劳动规章制度之协商程序是劳动者在劳动规章制定、变更中只有表达权，至于其表达意见是否被采纳吸收，决定权在资方；另外一方则认为，劳动规章制度"与工会或职工代表平等协商确定"之要义却是"平等协商确定"即劳资共决。"劳资共决"与"共议单决"之争也就由此展开。[2]

我国对劳动规章制度之"平等协商确定"理解分歧，学界一直有两种截然相反的观点：一是董保华、程延园等认为这是共决；而王全兴、信春鹰等则

---

[1] 许建宇：《再谈规章制度、集体合同与劳动基准的关系》，载《中国劳动》2015年第3期，第51页。

[2] 丁建安：《论企业劳动规章不利变更法律制度的完善》，载《东方法学》2014年第1期，第78页。

认为该规定仍然是单决。①

我国劳动规章制度单决或共决在形式上都存在与《公司法》的冲突,其形式正义需要矫正。《公司法》的规定②属于单决,此规定仅授予了劳动者参与劳动规章制度的制定过程并提出建议的权利,是一种"共议单决"的程序规定,"不宜理解为劳资共决"。有观点认为,我国劳动规章制度只应授予用人单位单方制定权,但是,劳动者一定程度上的建议权也有必要。③ 其观点是倾向劳动规章制度由用人单位"单决",不过还要附加上劳动者的"建议权",即"用人单位制定,劳动者建议"的程序设计最为合理。笔者认同劳动法与公司法的相关规定确实存在形式上冲突,应当修正,但是并不苟同"单决"或"单决+建议权"模式,"单决+建议权"实际仍然是"单决"或"单决共议"制。

对如何改造协商程序之单决抑或共决,我国有许多学者建议学习借鉴德国法的"劳资共决"模式。

德国是"劳资共决"模式的典范。我国《劳动合同法》在制定前后,我国很多学者就曾力主采此模式。此模式下,劳动规章制度的制定、变更都需由劳资双方通过集体协商共同决定,劳动者享有与企业同等的决定权;如果未经集体协商,劳动规章制度则没有法律效力。④"劳资共决"模式是德国劳动法的成功经验之一,其实质就是充分追求劳动法之形式正义。

劳资共决是德国劳资合作机制的核心,劳资共决不仅表现在劳动规章制度中,还反映在劳动争议处理中。当发生劳资冲突时,先由劳资双方进行协商谈判,再由国家确认。其主要原则是由劳资双方共同决定企业事务,只有在劳资双方无法达成一致时,国家才会介入调解和仲裁。⑤ 共决即"共同决定",是

---

① 丁建安:《论企业劳动规章不利变更法律制度的完善》,载《东方法学》2014年第1期,第78页。

② 《公司法》第18条规定:"公司研究决定改制以及经营方面的重大问题、制定重要的规章制度时,应当听取公司工会的意见,并通过职工代表大会或者其他形式听取职工的意见和建议。"

③ 陈龙帝:《劳动规章制度立法比较研究》,2011年华东政法大学博士学位论文,第40~41页。

④ 丁建安:《论企业劳动规章不利变更法律制度的完善》,载《东方法学》2014年第1期,第82页。

⑤ 岳伟、邢来顺:《劳资共决与联邦德国的现代社会安全管理体制》,载《武汉大学学报(人文社科版)》2014年第2期,第79页。

指由企业职工委员会和雇主共同决定,如果雇主撇开企业职工委员会单独行动,那么雇主作出的决定是无效的。在一般情况下,雇主会先向企业职工委员会提出一个建议,希望得到委员会的同意;同样委员会也可以在拥有公决权的领域提出意见,雇主必须与其谈判,即所谓的"动议权"。①

德国典型的"劳资共决"模式具有非常强的民主性,其形式正义较强,既符合社会治理的法治精神,又完全符合劳动关系的发展趋势。"劳资共决"模式的实现必须有强大的工会、企业职工委员会和职工监事制度。

我国也有学者认为德国的"劳资共决"模式并不适合中国借鉴。② 笔者并不认同此观点,不直接照搬模式,并不等于不吸收其机制之精神实质,虽然"劳资共决"模式虽然有一定的不足,但是,其积极面是主要的。其产生的积极作用是带来了德国战后经济的持续平稳快速发展,该制度被视为国际劳动法中的"德国模式",此模式已经成为许多国家在企业治理和民主管理中重点借鉴的制度。③

笔者也非常赞同德国的"劳资共决"模式,虽然其实现的条件比较高,特别是工会制度和企业职工委员会制度要求非常发达,但是,为了我国劳动法之发达,为了今后对我国工会制度的再设计,为了劳动关系集体协商的真正实现,也为了与国际劳动法接轨,这种共决模式还是非常值得借鉴和移植的。我国虽然没有发达的企业职工委员会,但是我国有强大的工会组织和用人单位职工代表大会,借鉴不是照搬,至少在劳动规章制度中借鉴德国"劳资共决"之精神实质,还是比较可行的。

十年后回顾我国《劳动合同法》制定之初有关劳动规章制度之民主程序"单决"与"共决"博弈之争,结合德国经验,可以从形式正义上反思我国劳动规章制度立法之得失。

---

① [德] 沃尔夫冈·多依普勒著:《德国劳动法》(第11版),王倩译,上海人民出版社2016年版,第86页。

② 丁建安认为,德国之所以基本实现劳资关系之"劳资共决",与其较高的经济发展水平、文化传统、劳动者素质、工会体制,特别是其发达的企业职工委员会制度是分不开的。离开这些基本前提,要求企业劳动规章制度都必须通过集体协商程序,将不可避免地僵化企业的人力资源管理和灵活用工自治权,这也是迄今为止除德国外鲜有国家采"劳资共决"模式的最主要原因。丁建安:《论企业劳动规章不利变更法律制度的完善》,载《东方法学》2014年第1期,第83页。

③ 徐志强、吴芳:《德国劳资共决制度立法及对我国建构和谐劳动关系的启示》,载《中国劳动》2015年第4期,第33页。

我国《劳动合同法草案二次审议稿》①中曾经规定了劳动规章制度必须经过工会或职工代表大会讨论通过才具有正当性，其精神实质类似于劳资共决。此规定要求劳资双方"共决"，资方并没有直接的决定权。但是，此规定获得了工会与劳动者的极大好评，但是却遭到雇主方代表的强烈反对。②

令人非常遗憾的是，立法者在最终出台的《劳动合同法》中听取了资方的反对意见，没有使"应当经工会、职工大会或者职工代表大会讨论通过"之"共决"入法。

取而代之的仅仅是平等协商确定之过程性规定，劳方即工会与职工代表并无决定权，属于典型的资方"单决"，而劳方仅仅享有所谓的"提议"或建议权，程序正义难以实现。

我国劳动规章制度之民主程序的立法还有一个特色：将劳动规章制度按照是否直接涉及劳动者切身利益划分为"单决"与"共决"：直接涉及劳动者切身利益的事项，由劳资双方共决；不直接涉及劳动者切身利益的如纯属生产经营、生产技术规范之类的则由资方单决。但是，根本问题仍然是即使是经过了工会或者职工代表平等协商，最后还是由用人单位单方决定，即不管是否涉及劳动者切身利益，任何事项最终都还是由资方单决。这样的立法没有解决"单决"与"共决"，只能说是迎合了资方的观点，使得民主协商异化为咨询程序，"征求了你的意见，但是最终还是由我拍板"。③

还有一种观点认为，如果事事必经劳方同意，形成所谓"共决"机制，将会导致很多劳动规章制度无法制定或制定成本增加。曾参与《劳动合同法》起草论证的中国劳动关系学院王向前认为，企业制定的劳动规章制度，如果涉及劳动者切身利益，劳动者约定拥有当然的话语权，而平等协商程序的目的就是要保证利益分配的正当性与公平性。劳动规章制度之共决或单决，还应当考

---

① 《劳动合同法草案二次审议稿》规定："用人单位的规章制度直接涉及劳动者切身利益的，应当经工会、职工大会或者职工代表大会讨论通过。"

② 上海中美商会等资方代表针对这一规定曾向中国立法机关提出了修改意见，他们认为此规定不符合国际通行做法，并与现代企业制度背道而驰，如果企业没有用工自主权和经营管理自主权，企业将会陷入"民主陷阱"。而工会和劳方代表则认为，实践中很多企业利用自己制定的规章制度限制、剥夺劳动者合法权益，免除和减轻自己的法律义务和责任，就是因为用人单位可以单方决定即"单决"。因此，必须对此进行限制和约束即"共决"。

③ 陈默：《用人单位制定规章能否劳资共决》，载《21世纪经济报道》2007年12月12日，第005版。

量劳动规章制度与劳动合同、集体合同三方的边界,许多涉及劳动者切身利益的事项如工作时间、劳动报酬、休息休假、劳动卫生、劳动保险、社会福利、职工培训等,其原本就应当属于劳动合同、集体合同的范畴,当然是劳资双方的合意即共决才能达成一致而形成有效条款,这是根本不能实行单决的。实践中,很多用人单位试图把原本属于协商讨论而共决的事项,通过单方制定的劳动规章制度确定下来,其目的就是想规避法律对劳动合同或集体合同的强制规定,这也是很多用人单位"霸王"规章出台的原因。①

我国《劳动合同法》实施十年以来,也已经印证了许多用人单位特别"青睐"劳动规章制度的根本原因或企图,立法直接导致了我国用人单位劳动规章制度之特别强大,劳动规章制度几乎可以完全惩戒劳动者,法律之保护劳动者的规定都可以被劳动规章制度"合理"地"掩埋"掉。更有甚者,用人单位可以任意与任性地依据劳动规章制度而不是法律的强制规范,而随意解除劳动合同,劳动规章制度俨然成为用工自主权的最好载体,劳动法之解雇保护的基本法理已经难以存在,劳动规章制度之形式不正义,必然导致实质非正义。这也是笔者历来反对所谓"《劳动合同法》加大了用工成本""倾斜保护了劳动者""《劳动合同法》亟待修改"等说法,如果要修改《劳动合同法》,重点是修改劳动规章制度的立法,在单决与共决上选择更加民主化的程序,以保障形式正义并通过形式正义实现实质正义。

"劳资共决"的实质就是集体协商谈判,而协商谈判又离不开工会。我国的工会制度还存在很多问题,但是不能坐等对工会制度的顶层改革,我们完全应当着眼现实,并按照党中央与人力资源和社会保障部的有关集体协商的政策文件要求,全面有效实施集体协商谈判,在劳动规章制度的制定变更和执行中尤其要真正实行集体协商谈判。

我国由中华全国总工会统一领导的一元化的工会制度,劳动者在自由组建和参加工会方面是有限制的。② 中国工会制度的国际化改造,还要特别注意赋予国内工会组织同国际性工会组织联合的权利。③ 改造和重塑我国的工会制

---

① 陈默:《用人单位制定规章能否劳资共决》,载《21世纪经济报道》2007年12月12日,第005版。

② 郑丽珍:《TPP劳动标准议题的后续谈判与中国的选择》,载《国际经贸探索》2014年第3期,第114页。

③ 郑丽珍:《TPP劳动标准议题的后续谈判与中国的选择》,载《国际经贸探索》2014年第3期,第115页。

度,既是我国国内集体协商之必需,也是我国劳动法国际化接轨之应对之策。当然了,借鉴移植德国的"劳资共决"模式,要特别注意其在德国的成功经验和教训,立足于我国的基本国情,克服其"水土不服"问题,让"劳资共决"模式之精神真正进入我国劳动法和立法司法中。

2015年3月,中共中央国务院第一次以最高规格的形式发布了《中共中央国务院关于构建和谐劳动关系的意见》。第9条明确要求:"推行集体协商和集体合同制度。"该文件还具体规定了集体协商的突破重点是非公有制企业,并要求不断扩大覆盖面、增强实效性。① 这些规定基本上就是劳动规章制度的主要内容,因此,笔者认为,可以将之视为我国开展劳动规章制度集体协商谈判的"法定"依据和实施细则,这也是劳动规章制度之"劳资共决"精神与形式正义的具体表象。

2015年4月,人力资源和社会保障部、中华全国总工会、中国企业联合会、中华全国工商业联合会联合发文要求推进实施集体合同制度攻坚计划。②

党的十九大提出的"坚持人民当家作主"的新思想,要求发展社会主义协商民主,健全民主制度,丰富民主形式,拓宽民主渠道。报告特别指出"健全人民当家作主制度体系,发展社会主义民主政治"。其具体精神之一就是"发挥社会主义协商民主重要作用",习总书记的报告指出:"有事好商量,众人的事情由众人商量,是人民民主的真谛。"习总书记要求加强协商民主制度建设,形成完整的制度程序和参与实践。习总书记的这些宏观论断,具体落实到劳动关系或劳动法中来,可以将劳动规章制度之集体协商谈判视为"众人的事情由众人商量"之一种。

不容置疑,我国集体协商制度正在有力有序地按照党中央的全面部署,大力推进之中。在习近平新时代中国特色社会主义思想指引下,我国和谐劳动关

---

① 《中共中央国务院关于构建和谐劳动关系的意见》特别规定了工资领域之集体协商制度的具体实施办法:完善工资指导线制度,加快建立统一规范的企业薪酬调查和信息发布制度,为开展工资集体协商提供参考。该文件还要求:应当推动企业与职工就工作条件、劳动定额、女职工特殊保护等开展集体协商,订立集体合同;提高协商水平;督促企业和职工认真履行集体合同。第10条再次明确要求"健全协调劳动关系三方机制"。

② 《关于推进实施集体合同制度攻坚计划的通知》明确指出:"为贯彻落实党的十八大和十八届三中全会精神,进一步推进集体协商和集体合同工作,构建和谐劳动关系,国家协调劳动关系三方会议研究决定,从2014年至2016年,在全国范围内推进实施集体合同制度攻坚计划。"

系的构建将更加有望实现。具体到劳资关系集体协商之"劳资共决"至少有望首先在劳动规章制度中取得实质性的突破。《集体合同法》的出台也是指日可待。宏观上,集体劳动法之平等协商的民主程序将有实质性的改变,微观上的劳动规章制度之集体协商程序也将更加公平与正义。

我们应当依据上述文件精神,全面检视我国的集体协商制度,对我国现行的集体协商机制、集体合同和劳动规章制度之民主协商程序进行矫正,实现集体协商包括劳动规章制度之"劳资共决"。

(三) 举证程序的形式正义

我国现行劳动法的实体法和程序法都并没有规定用人单位解除劳动合同的举证责任分配形式,更没有规定用人单位以劳动规章制度行使惩戒权之举证责任分配形式,成为劳动法学界和司法实践的困局,劳动争议举证程序形式不正义亟待矫正。

1. 现行规定

"谁主张、谁举证"是我国民事诉讼法的一般原则。① 在我国司法实践中,劳动争议案件也普遍采用这一基本举证原则。由于劳动关系之"强资本弱劳动",劳动者在维护自己的合法权益时,往往还是摆脱不了不利地位,很难提供有效证据,如果在劳动争议的处理中完全采用"谁主张、谁举证"原则,是非常不公的。

我国立法者已经注意到了劳动争议之举证问题,并出台了司法解释,开始关注并思量这一程序正义问题。这也是我国劳动立法中值得肯定的地方,具有一定的价值。

劳动争议仲裁或诉讼的实践表明,完全让劳动者举证显然是不公平的,2002 年 4 月 1 日起施行《最高人民法院关于民事诉讼证据的若干规定》率先实行部分劳动争议"举证责任倒置"。② 这仅仅是关于劳动争议诉讼的规定,

---

① 我国《民事诉讼法》第 64 条规定:"当事人对自己提出的主张,有责任提供证据。"

② 2002 年 4 月 1 日起施行的《最高人民法院关于民事诉讼证据的若干规定》率先就用人单位承担举证责任做了突破性的规定,其意义深远。其第 6 条规定,因用人单位作出开除、除名、辞退、解除劳动合同、减少劳动报酬、计算劳动者工作年限等决定而发生的劳动争议,由用人单位负举证责任。这是对传统的民事诉讼之"谁主张、谁举证"的突破,符合劳动争议的特征。

而没有规定劳动争议仲裁之情形，实践中也只能是推定而行。

2002年4月16日起施行的司法解释①明确了用人单位负举证责任的范围，该条规定属于劳动争议中"举证责任倒置"范围的法律界定，明确界定了用人单位举证义务的范围。

2008年的《劳动争议调解仲裁法》明确了用人单位的举证义务②，原则上仍然属于"谁主张谁举证"，举证例外的倒置仅仅是：与争议事项有关的证据属于用人单位掌握管理的，才由用人单位提供。这些规定比较合理，明确了用人单位的举证责任，这些规定并没有加重用人单位的举证责任，而是规定了用人单位的举证之法定义务。

2. 缺漏矫正

上述三个有关劳动争议举证责任分配的文件中，一个属于法律的是《劳动争议调解仲裁法》，另外两个都属于司法解释。三者虽然都比较明确规定了部分劳动争议之"举证责任倒置"，为保障劳动者权益也已经发挥了重要作用，部分修正了我劳动争议中举证责任的非正义问题，但是还有缺漏亟待修正。

第一，形式混乱，劳动仲裁与诉讼界限不明。上述有关劳动争议调处的两个司法解释都是直接针对劳动争议之诉讼的，是否能够直接适用劳动争议之仲裁？只能是推定而行，举证责任倒置之法定性"天生"不足。虽然《劳动争议调解仲裁法》是针对劳动争议调解与仲裁的，但是，其规定具有两大缺陷：一是举证责任倒置仅仅是"与争议事项有关的证据属于用人单位掌握管理的"，才由用人单位负责提供，其"与争议事项有关"难以界定；二是，没有规定劳动争议调解之举证问题，虽然劳动争议调解不是必经的法定程序，但是劳动争议的调解同样涉及举证问题，不可偏废。因此，我国劳动争议仲裁与诉讼的举证问题应当统一立法，以便克服形式混乱问题。

第二，类别混同，个体争议与集体争议不分。我国劳动争议的调处一直以

---

① 《最高人民法院关于审理劳动争议案件适用法律若干问题的解释（一）》第13条规定："因用人单位作出的开除、除名、辞退、解除劳动合同、减少劳动报酬、计算劳动者工作年限等决定而发生的劳动争议，由用人单位负举证责任。"

② 《劳动争议调解仲裁法》第6条规定了用人单位的举证义务：当事人对自己提出的主张，有责任提供证据。与争议事项有关的证据属于用人单位掌握管理的，用人单位应当提供，用人单位不提供就应当承担不利后果。第39条规定了用人单位的举证义务：如果劳动者无法提供由用人单位掌握管理的与仲裁请求有关的证据，仲裁庭可以要求用人单位在指定期限内提供。否则，如果用人单位在指定期限内不提供证据，将承担不利后果。

来都没有区分个体争议与集体争议,在举证责任分配上也是如此,劳动争议调处的思维模式仍然是"重个体轻集体",无论是立法还是仲裁或司法实践,都将集体劳动争议严重"边缘化",都似乎在极力"回避"集体劳动争议。实践中将集体劳动争议与"群体事件"混同,并将其调处完全推给了政府部门,而政府部门只能是用"维稳"和"消防"思维或方法处理,直接造成了集体劳动争议的处置不当或矛盾上升,甚至导致非法"罢工事件"的不断发生,影响了和谐劳动关系。个体争议与集体争议不分,既不利于劳动争议的有效处理,也不符合世界趋势,世界上许多国家或地区都细分了集体劳动争议,且集体劳动争议的调处与个体争议调处的程序完全不同,集体劳动争议一般是以"调解"为基本原则,并不是我国目前"先裁后审"模式。笔者也是一贯呼吁应该将调解程序作为集体劳动争议之仲裁或诉讼的前置性程序,甚至应当将"调解终局"作为集体劳动争议调处的基本原则。只有在此原则统领下,才能解决劳动争议特别是集体劳动争议之举证责任分配问题,以实现集体劳动争议之举证正义。

第三,惩戒权缺失,劳动规章制度太过"强大"。我国目前用人单位的劳动规章制度由于立法原因,间接地赋予了用人单位极大的自主权;另外由于依附于违规违纪之惩戒权的立法空白,劳动规章制度已经成为用人单位之"杀手锏",成为用人单位与法律博弈的最佳手段,在他们看来,劳动规章制度是"无所不包""无所不能",任何对劳动者之惩戒都可以纳入劳动规章制度的范畴,尤其是解雇这样的最为严厉的惩戒,也已经成为劳动规章制度的基本范畴,法律规定的解雇条件和解雇保护都被劳动规章制度之任意性规范"掩埋"了法定的强制性规范,劳动者基本话语权也被"隐形"剥夺,更遑论公平和正义。

为了平衡惩戒权,实现与矫正形式正义,应当限制劳动规章制度,特别应当从举证上实行举证责任倒置,即规定凡是涉及以劳动规章制度为依据而惩戒劳动者的争议,都要由用人单位负举证责任。

之所以要对有关惩戒权的劳动争议实行举证责任倒置,主要有以下理由:一是,有利于劳动者。惩戒权本身具有单向性特征,即惩戒权是用人单位单方享有的因劳动者违规违纪而实施的处罚,其惩戒依据就是用人单位的劳动规章制度,用人单位对惩戒权进行举证更加方便,这样既有利于劳动争议的调处,又有利于劳动者权益的保障,有效抑制劳动规章制度之"膨胀",平衡劳资双方的强弱地位。二是,有利于用人单位。实行惩戒权之举证责任倒置对用人单位自身也是大有益处,惩戒权虽然是对劳动者违规违纪之惩处,但是如果用人单位使用不当，极易产生争议，如果用人单位对自己的行为举证，可以证明自己行使惩戒权的正当性，使惩戒有理有据，让劳动者心服口服，可以达到"定纷止争"的效果，既有利于用人单位合法正当地行使用工自主权，又可以实现劳资"双赢"。三是，有利于争议调处程序的优化。用人单位对惩戒权举证，可以让劳动者明确惩戒权之依据所在，更有利于与劳动者协商或调解解决争议，让劳动争议在非仲裁或诉讼前能够得到有效解决，避免劳动争议之"调而不决"或"裁而不决"。四是，有利于集体劳动争议之调解机制的实现。发生集体劳动争议后，由于用人单位惩戒的范围和人数比较多，容易导致群体性"抗争"（西方称为产业行动），争议调解部门要求用人单位进行举证，可以让实施惩戒者与被惩戒者都明确惩戒的合法和正当与否，劳动争议调解部门的依法调解和依理调解更加容易实现，可以预防劳动争议之转化为群体性事件或非法罢工事件。

举证责任倒置适用于劳动规章制度的具体内容主要包括：劳动者存在违规违纪或严重违反劳动规章制度的事实；用人单位以劳动规章制度实施惩戒的具体规定；劳动规章制度是否合法的程序要件，包括劳动规章制度是否已经向劳动者明示、在解除劳动合同前是否征求了工会意见等形式要求。如果用人单位不能提供上述证据，就应当认定惩戒权行使之违法或不当。对于解雇之举证，更应当严格遵循《劳动合同法》的强制性规定，而不能依据劳动规章制度之任意性规范。

三、形式正义与实质正义的关系

（一）学理概览

劳动规章制度的制定或变更应当依法履行民主程序和公示程序，此即为劳动规章制度形式主义之基本表象。民主程序是劳动规章制度是否合法正当有效的第一要素，公示程序为第二要素。如果劳动规章制度缺乏这些形式正义之要求，劳动规章制度则不具备正当性与合法性，更谈不上其法律效力。

但是，此真命题的逆命题即只要是经过了民主与公示程序之形式主义的规章制度是否成立呢？这却是劳动规章制度中的一个重要命题——形式正义与实质正义的关系。

我国现阶段过于注重实质正义而忽略形式正义，"重实体轻程序"现象仍然十分普遍。偏重实质正义表面上似乎抬高了正义的地位，而实际上是严重威胁了正义的实现。罔顾形式正义之所谓实质正义，将可能使得非法律因素渗透

第三节　劳动规章制度形式正义

到法律实施中，容易加深权力因素、利益因素对法律实施的影响，严重伤害法治精神。①

形式正义与实质正义关系复杂，难论主次，二者辩证地统一才能实现法治的公平和正义。有学者指出，形式正义是前提条件，是实质正义的"拐杖"。只有在充分注重形式正义的前提下，才能有效制约实质正义。形式正义就好比是实质正义的"拐杖"，实质正义如果丢开"拐杖"就可能会跌倒，更不谈走远。②

有专家很早就指出：在一定限度内形式正义可以高于实质正义。"我们应当在一定限度内允许法律背离实质正义。在法治的要求下，某些实质正义在不得已的情况下是允许舍弃，甚至可能是必须进行妥协的。"③ 可见，形式正义与实质正义的关系确实不易理清，二者的关系需要结合具体的实践来甄别。有时，形式正义可能是第一位的，有时实质正义却是第一位的，但是，不论如何，形式正义与实质正义都应当是为了社会公平和正义服务的，二者都是法治的应有要义。

劳动规章制度之形式正义与实质正义应当辩证地看待，一方面，如果劳动规章制度缺乏形式要件，此规章制度则原则上无效，即"形式不正义则实质也不正义"。但是，其中对劳动者有利的内容却应当认定为有效，此即为劳动法"有利原则"之具体适用之一，这就是说，此时劳动规章制度的形式不正义，并不完全影响其实质正义。另一方面，如果劳动规章制度内容不正当即实质不正义，即便符合法定程序即形式是正义的，此劳动规章制度也应当明确为整体无效，此即为"实质不正义、形式正义也无效"。

细而举例言之，"员工上下班途中不能乘坐黑车""违反交通规章责任自负""用人单位免除社会保险义务"等类似规定，已经远远超出了企业劳动规章制度的边界，企业对此类行为通过内部制定的劳动规章制度进行规范时，即便是完全履行了形式上的民主程序，也会因为其内容不合法而应当被仲裁院、法院认定为无效。还有如"当年带薪年休假未休的作废""试用期内禁止休假"等规定也是如此。合法有效的劳动规章制度不仅需要依照法定程序制定，

---

① 江必新：《严格依法办事：经由形式正义的实质法治观》，载《法学研究》2013年第6期，第33页。

② 江必新：《严格依法办事：经由形式正义的实质法治观》，载《法学研究》2013年第6期，第34页。

③ 孙笑侠：《法的形式正义与实质正义》，载《浙江大学学报（人文社会科学版）》1999年第5期，第11页。

同时还需要内容合法合理，两者缺一不可。① 此逆命题的本质其实已经由原命题的形式正义转向了实质正义即劳动规章制度之内容是否合法的问题。这也是劳动规章制度之民主程序形式正义与实质正义的关系问题，实质不正义的劳动规章制度即使形式上是正义的，也是无效的，属于伪命题的范畴。

（二）实践困局

关于劳动规章制度形式正义与实质正义的关系问题，实践中有一个非常纠结的困局是：劳动者非职业行为即私人行为是否可以纳入劳动规章制度规制的范畴？或者是否可以纳入用人单位惩戒权的范畴？即劳动规章制度是否可以涉足工作之外或工作场所之外或劳动者非工作性质的私人场合即私人行为？

对此问题的学理研究并不多见，而实际争议却比较多见。将此问题上升到抽象的法理的高度，可以这样表述为：既符合形式要件，又符合实质要件的某些劳动规章制度或其条款，是否就一定是正义和公平的呢？是否就一定具有强制拘束力呢？此时的实质要件即内容因为没有法律的明确规定，其内容也没有违背强制的法律规范，其合法性问题难以界定。按照一般法理之"法无明文规定即可行"来看，其内容可以认定为合法正当，内容符合实质正义；但是，从保护劳动者权益的角度，其内容规定又容易侵犯劳动者权益，并不真正具备实质正义。

有学者根据劳动规章制度的"内部性"和"职业性"之属性，认为劳动规章制度不能规制劳动者的非职业性行为。劳动规章制度具有"内部性"和"职业性"两大特征。"职业性"将用人单位的内部规则和其他社会规则区别开来，也使得劳动者的职业行为和其他行为区别开来。规范劳动者履行劳动义务的行为和道德行为，应当都只能是发生在工作场所之内。② 该学者还进一步将劳动者私人行为之合同解雇问题依据私人行为之不当性的严重程度细分为几种情形：一是劳动者触犯了刑法的行为，此类行为当然可以解除劳动合同。世界各国一般都对非职业行为持非常谨慎的态度，只有私人行为之不当性达到严重程度，雇主才有权解雇，其衡量尺度为私人行为是否触犯了刑律。③。对此

---

① 李永超：《企业劳动规章制度中的八大误区》，载《人力资源》2015年第11期，第53页。

② 钱叶芳：《劳动规章制度若干问题辨析》，载《中国劳动》2015年第4期，第55页。

③ 钱叶芳：《劳动规章制度若干问题辨析》，载《中国劳动》2015年第4期，第56页。

问题，我国劳动法已经明文规定，只要是劳动者被追究刑事责任，不管是职业行为还是其他私人行为，用人单位都享有合同的即时解除权，且无须支付经济补偿金。二是触犯刑法之外的私人行为，雇主不能依据劳动规章制度行使合同解除权。劳动规章制度可以规制犯罪之外的其他不当私人行为，但不可解雇。私人行为与劳动者忠诚义务无关，劳动者之忠诚仅限于其职业范围之内。①

上述学理研究成果具有一定的合理性，但是，司法实践与之却并不一致，存在较大争议。例如，2014年全国十大劳动争议案中"上海某公司解雇'咸猪手'案"。案件中某公司职工王某因在公共场所猥亵女性的不当行为（属私人行为），被市公安局城市轨道交通分局予以行政拘留的处罚，其用人单位则依据公司劳动规章制度即《企业员工手册》行使惩戒权，解除了王某的劳动合同。由此，引发了不同的争议。一种观点认为，即使王某的私人行为没有违反刑法，也可以其严重违反劳动规章制度为由，解除其劳动关系；另外一种观点正好相反，认为公司不能以其严重违反劳动规章制度为由解除合同，因为职工王某的不良行为属于职业行为之外的私人行为，用人单位无权处罚劳动者的非职业性私人行为。② 笔者认为，像本案中王某的非职业行为即私人行为，在其行为不违反刑法的情况下，用人单位是不能依据劳动规章制度解除劳动合同的，这完全无须依据劳动规章制度中有无相关规定，即劳动规章制度不能规制私人行为，更不能因此而解除劳动合同，否则就属于违法解雇。

对此结论，可以从国外的相关立法或判例中得到佐证。如日本《劳动基准法》对解雇理由有明确的列举立法，除"犯罪或不当行为"外，只有劳动

---

① 钱叶芳：《劳动规章制度若干问题辨析》，载《中国劳动》2015年第4期，第56页。

② 有人认为本案"事情发生在非工作期间，属于员工的私人生活范围，已经超出企业的管理范畴，企业不应当过多干涉员工的私人生活，如果因此与员工解除劳动合同显然有失偏颇"。也有人认为，"既然是法律禁止的行为，公司给予相应的处分也是理所当然"。还有一种观点认为，要具体情况具体对待，不能一概而论。第一，要看企业依法制定的规章制度中对严重违纪范围的界定，如果明确规定了员工因违法行为被行政处罚的属于严重违纪行为，企业依据规章制度与员工解除劳动合同通常也是被仲裁机构认可。第二，对于员工严重违反公序良俗和法律法规、严重破坏正常工作秩序的行为，即使规章制度中未将此列入严重违纪的行为，企业因此解除劳动合同，也会得到法律的支持。参见李永超：《2014年十大劳动争议案件点评（上）》，载《人力资源》2015年第2期，第63页。

者之职业行为可以成为解雇之正当理由。① 可见，在日本，除"犯罪或不当行为"或指私人行为外，解雇理由皆为职务行为。② 因此，劳动者职业行为之外的其他非职业行为，只要没有被追究刑事责任，不论劳动规章制度中有无规定，都不能作为用人单位解除劳动合同的正当而合法的理由。当然，用人单位可以依据合法的劳动规章制度实行其他的惩戒措施，这是国际上比较通行的雇员"解雇保护"法理之必然要求，也是劳动规章制度之形式正义又一重要表象。

（三）立法简析

我国现行劳动法并没有关于劳动规章制度之形式与实质正义关系的立法，2008年的《劳动合同法》也没有明确规定。现行立法对劳动规章制度效力问题规定得最为明确的是《最高人民法院关于审理劳动争议案件适用法律若干问题的解释（一）》③，它是我国目前劳动规章制度之形式正义与实质正义之基本关系的最好诠释。此规定不仅已经成为劳动司法或准司法实践中的法定判案依据，解决了实践中大量的有关劳动规章制度的效力问题，还从法理上构建起了矫正劳动规章制度之形式正义与实质正义的基本框架。

从此司法解释看，劳动规章制度可以具备审案的法律效力，但是需要满足"民主程序、内容合法和向劳动者公示或告知"三个基本条件，缺一不可，其第一个条件和第三个条件都属于劳动规章制度之形式要件，第二个条件即为实质要件，三个基本条件实则就是劳动规章制度之形式正义与实质正义的关系。

此规定虽然具有重要理论与实践价值，但是缺陷也是不容忽视的。江苏省

---

① 日本《劳动基准法》只在原则上将其"归因于雇员的原因"，法院判例据此做了进一步解释，对解雇的合法原因做了例示性规定，具体包括：对个人经历的虚假陈述；无合理原因旷工；拒绝服从雇主指令；挪用、侵占或盗窃；犯罪或不当行为；工作中故意偷懒或故意迟到；对其他雇员有暴力行为或进行威胁；向雇主同业竞争者或未经允许披露公司秘密；擅用职权牟取个人利益；轻微过错频繁且经多次处罚等。参见程延园、王甫希：《日韩解雇制度比较分析——解雇中的法律和经济问题》，载《北京行政学院学报》2008年第6期，第79页。

② 钱叶芳：《劳动规章制度若干问题辨析》，载《中国劳动》2015年第4期，第56页。

③ 此司法解释就是《最高人民法院关于审理劳动争议案件适用法律若干问题的解释（一）》。其第50条规定："用人单位根据劳动合同法第四条规定，通过民主程序制定的规章制度，不违反国家法律、行政法规及政策规定，并已向劳动者公示的，可以作为确定双方权利义务的依据。"

扬州市中级人民法院的法官王勇和陈建志认为，其主要缺陷是：司法解释中的规定是"可以"作为审判依据，但不是"应"作为审理依据；且也未明确否定程序瑕疵的劳动规章制度的法律效力，因此，符合"民主程序、内容合法和向劳动者公示或告知"三个条件的劳动规章制度"也并非一定有效"，民主或公示程序有瑕疵的劳动规章制度"也并非一定无效"。劳动规章制度是否具备审理依据的法律效力，仍然还需要法官在具体案件审理中自己判断，此即为法官自由裁量权的范畴，其关键在于劳动规章制度之"合理性审查"。此"合理性审查"包含两大内容：一是对劳动规章制度本身之合理性审查；二是对用人单位之解除劳动合同决定之合理性审查。如果劳动规章制度之解除规定具有合理性，则可以直接作为裁判依据；否则，则需要对单个具体的劳动关系解除之决定进行合理性分析。[1] 笔者认为，此"合理性审查"属于劳动规章制度的实质要件即内容审查是第一位的，而劳动规章制度之形式要件是第二位的，笔者认为，劳动规章制度形式要件与实质要件缺一不可，"合理性审查"还应当包括对劳动规章制度之形式要件的审查，不能"重内容轻形式或重实体轻程序"，形式正义与实质正义都不可或缺，当然了，这也是我国目前之实然现状下，由于劳动法律对劳动规章制度的立法"边缘化"，法官们不得不采取的还算合适的做法，只能期盼今后劳动立法克服不足之后，立法明确规定没有瑕疵的劳动规章制度和有瑕疵的劳动规章制度的不同效力，将法官的自由裁量明确化，以防止自由裁量的随意性，更好地规范劳动规章制度的形式与实质要件，实现劳动规章制度形式与实质正义。

四、结语与展望

我国劳动规章制度立法之严重缺失，少有的原则性的规定也难以体现形式主义，进而影响实质正义的实现。劳动规章制度形式正义之宏观表象包括民主程序和公示程序。我国现行劳动规章制度之边界形式模糊，特别缺乏关于职业行为之外的其他私人行为的明确规定。笔者认为，劳动者只要没有被追究刑事责任，不论劳动规章制度中有无规定，私人行为都不能被纳入劳动规章制度的范畴，更不能将其作为解雇之理由。劳动规章制度宏观形式正义的主要缺漏是没有明确规定民主程序与公示程序的关系。

劳动规章制度形式正义还有三个具体微观表象：一是通知形式正义，二是

---

[1] 国家法官学院案例开发研究中心编：《中国法院2017年案例·劳动纠纷》，中国法制出版社2017年版，第138~139页。

协商形式正义,三是举证形式正义。现行立法之通知形式正义非常欠缺,通知程序中缺乏协商程序;协商形式正义严重缺失,"劳资共决"协商模式值得推行;举证形式正义亟待矫正,依附劳动规章制度之惩戒权的举证责任分配缺失。

劳动规章制度形式正义的薄弱,必然导致劳动规章制度实质正义之"无本之木"。我国现行劳动法立法上虽然对形式正义比较偏好,即立法上比较注重劳动规章制度的程序性规定,但是,对有关劳动规章制度实质内容审查之实质正义更是严重缺失。立法上的问题必然导致司法实践的困惑,司法实践中偏重形式审查,即主要审查劳动规章制度的程序是否正当合法,内容审查几乎是空白,至于劳动规章制度变更之审查更是罕有。因此,如何构建劳动规章制度的形式正义与实质正义之制度规范,如何在处理有关劳动规章制度争议的实践运行中,实现公平和正义,应当成为构建新时代和谐劳动关系理论研究的新课题。

第四节 共享经济下劳动规章制度异变

共享经济给劳动法与劳动关系带来了极大冲击和挑战,用人单位之劳动规章制度发生了重大异变。新形态下劳动规章制度的性质更加具有"格式化"表征,"集体合意"性质更加丧失殆尽。劳动规章制度的载体变化主要是:"边缘化"与"碎片化"严重,"无纸化"与"模糊化"加剧,"捆绑化"与"默认化"普遍。惩戒权的变异表现在惩戒依据、惩戒方式、经济罚和救济四大方面。新型劳动关系监管理念是:统治与分层同举、严管与宽容并济和政策与法律兼容。劳动规章制度监管路径新构想是:坚持原则、矫正正义、解构载体、松绑程序和分配责任。

一、共享经济劳动用工变化

共享经济是一种全新的经济模式,它依托急速发展的互联网,彻底打破了传统的典型劳动用工形式,灵活的非典型劳动关系迅猛发展,给传统的劳动法与劳动关系带来了极大冲击,劳动法已经非常难以适用新的变化,劳动法律的滞后性更加突出,亟待我们寻求新的办法以积极响应和应对。

在共享经济条件下,劳动关系之"雇佣"关系已经逐渐变为"交易型服务",劳动"合同"转变为"协议"。传统劳动关系已经不适用于共享经济的新业态,传统的劳动法律也需要重新调整。劳动者转向共享经济,也就意味着他们从国家构建的劳动保护网中脱离,不再享受劳动法律规定的各种保护劳动者的权利。劳动关系转变为劳务关系或商务关系,以"自雇"的个体经济方式出现,这不仅是劳动者权益的一种损失,也使得劳动者面临更大的市场风险。① 笔者认为,共享经济下新型劳动关系中,劳动关系呈现出多元化和复杂化趋势,但是,传统典型劳动关系并没有也将不会消失,劳动关系也并没有都转变为劳务关系或商务关系或服务关系,而是,典型劳动关系与非典型劳动关系并存,即劳动法上的劳动关系、民法上的劳务关系或雇佣关系三者并存,其特征是非典型劳动用工"野蛮"生长,似乎有掩埋传统劳动用工之势,其经济平台管理者多为劳动法意义上的正式劳动关系;而多数平台参与者多为民法上的劳务关系或雇佣关系。多元化和复杂化的劳动关系对传统单一劳动关系之调整模式具有新的挑战。

如何比较恰当地看待共享经济平台下之劳动关系与劳动法,并作出积极响应?这一新课题已经成为近来劳动关系与社会法含劳动法学界的研讨主题,且争论不断,仁者智者各异。王全兴教授认为,影响并没有想象中那么大,也并没有颠覆传统的劳动法原理和劳动用工规律,现有的传统劳动法分析框架和工具,仍然可以分析和解决"互联网+"背景下的劳动用工问题。② 而有学者认为我国《劳动法》特别是《劳动合同法》本身已经"失衡",《劳动合同法》对劳动力市场灵活性的不当干预与过度限制③,对新型劳动关系几乎无能为力,修法迫不及待。修法导向应当是加强劳动合同当事人协商自治,提高企业用工灵活性。董保华教授认为《劳动合同法》的修改应当修正该法过于强化国家管制而弱化当事人自治的弊端,赋予合同当事人一定的自由度,以加强灵活用工的方式适应日益变化的市场经济。④ 笔者认为,无论《劳动合同法》如何修改,传统典型劳动关系的法律规制仍然是基础,新型非典型劳动关系的灵活用工规制应当入法,二者不可偏废。

共享经济平台下劳动关系的新变化首先体现在对劳动关系的认定上。劳动

---

① 闻效仪:《正确认识和把握共享经济对劳动关系的影响》,载《工人日报》2017年8月29日,第007版。

② 王全兴:《"互联网+"背景下劳动用工形式和劳动关系问题的初步思考》,载《中国劳动》2017年第8期,第7页。

③ 董保华:《〈劳动合同法〉的十大失衡问题》,载《探索与争鸣》2016年第4期,第10页。

④ 董保华:《我国劳动关系解雇制度的自治与管制之辨》,载《政治与法律》2017年第4期,第113页。

者之从属性关系的基本要素发生了新变化,从属性再难以界定,由此,就导致了我国劳动法一直没有有效解决劳动关系、劳务关系与雇佣关系,共享经济平台下劳动关系更加复杂化,劳动关系更加难以认定。广州滴滴平台有两种不同类型的驾驶员,分别为使用平台提供车辆的驾驶员(自营车司机)和使用自有车辆的驾驶员(兼职司机),两者劳动关系具有显著不同:使用平台车辆的驾驶员之雇佣关系明显;自有车辆驾驶员之雇佣关系不受认可,无论是兼职还是全职,自有车辆驾驶员都没有签订劳动合同,滴滴公司也不承认与驾驶员之间存在雇佣关系,认为只是民事合作关系。①

共享经济平台下劳动关系的新变化还主要集中在:工作时间及加班时间难以确定,相应的加班工资问题不易解决;休息休假问题因工作时间的新变化,使得劳动者休息权难以得到保障;社会保障特别是社会保险衔接问题更加突出。

新型劳动用工之新变化,可以暂时归纳为客观与主观两大方面,客观上的新变化主要是:有劳动无劳动关系;有单位无社保;有报酬无最低工资;有劳动协议无劳动合同;有行业规定无集体合同;有合同无协商;有惩戒无救济;有争议无调处依据等。

共享经济平台下劳动关系的新变化还表现在劳动者主观诉求的变化。特别是相当一部分灵活就业者并没有也不愿意签订劳动合同,对社会保险也没有特别的诉求,甚至一些劳动者主动反对劳动法的干预,特别不需要将其纳入劳动法的调整范畴,只要有钱就行,其诉求"短视化"现象严重,社会公权力机关的介入反而得不到劳动者的支持,呈现出"热脸贴在冷屁股"上的怪相。

有劳动法学者专门调查过共享经济平台下的新型劳动者如网约车司机、外卖小哥等,他们自我感觉幸福感与获得感还不错,社会的关注与公权力的介入基本属于"杞人忧天",他们并不欢迎,劳动法学者的特别关注与反思属于"庸人自扰",多此一举。董保华教授于2017年11月25日在由中国政法大学举办的"互联网时代新型劳动形态对劳动法的挑战"学术研讨会上,特别讲述了他调查网约车司机的一些情况,指出网约车司机的诉求和社会要求与学者们观点存在极大差异,呼吁学者们要真正了解互联网时代新型劳动者的诉求,不要坐在室内搞"一厢情愿"式的研究,此观点引起了会议的热烈讨论。笔者也参加了此会,但是,笔者并不完成赞同此观点。劳动法学者们关注并研究

---

① 甘春华、周志宁:《共享经济模式下劳动关系的变异、影响及规制——以广州滴滴出行公司为例》,载《工会理论研究》2017年第6期,第20页。

新型劳动关系并不是为了"迎合"一些人，况且如网约车司机的诉求大多是"短视"，并不可取。从长远和法制的角度看，他们的"短视"诉求应当被摒弃。大量的事实表明：在没有发生工作事故如工伤时，他们是不需要社会保险的，但是，一旦事故发生后，情况就完全变了，此时的社会保险诉求就变得极其强烈，甚至以前主动放弃的社会保险，反而变成了他们的最大诉求，使得用人单位非常无奈。劳动争议仲裁与诉讼机关基于社会稳定与倾斜保护弱者权益的原则，将本来不应当依法享有的社会保险，不得不判定给这些人，使得用人单位无可奈何，同时也使得仲裁员和法官们遭受了有法不依的"恶名"，因此，对共享经济平台下的新型劳动关系的研究，还是有非常高的理论和实践价值的，只不过在探寻破解之策时，不能仅仅停留在传统的典型劳动关系上，应当正视和宽容新型劳动关系或劳务关系或雇佣关系，劳动立法更应当考量这些新出现的劳动关系，及时作出立法响应。

新型劳动用工形式的出现，使得劳动法上狭义的劳动关系与劳务关系、雇佣关系三者之间的边界变得更加模糊不清，亟待立法的积极响应。另外，劳动关系与社会保障的关系及劳动法与社会保障法的关系，也需要重新思量与制度重构。

共享经济平台下劳动关系的新变化还集中体现在劳动规章制度中，传统一般劳动规章制度的形式要件与实质要件都发生或正在发生新的变化，劳动规章制度的学理研究与司法或准司法都要适应新变化。

二、劳动规章制度性质嬗变

劳动规章制度的性质之争，一直没有停止过，也难以达成共识。这种纷争是通常意义上的"仁者见仁，智者见智"，这也从另外一个侧面表明了劳动规章制度的复杂性。正如有学者感慨：劳动规章制度是劳动法上"永远的难题"。[1] 共享经济平台下劳动规章制度的性质如何界定，在传统意义上的劳动规章制度本身还存在巨大分歧的前提下，更是困难重重。笔者认为，劳动规章制度性质具有多重性与复合性，目前的观点多是从某一个角度诠释其特征，只见树木不见森林，具有片面性。共享经济平台下劳动规章制度的性质又具有什么新特征，这还是一个罕有研究的新课题。

笔者认为，共享经济平台下劳动规章制度的性质与传统典型劳动关系之复

---

[1] 转引自丁建安：《论"根据二分说"的优越性——再议企业劳动规章的法律性质及其制定、变更程序》，载《法制与社会发展》2013年第3期，第150页。

第五章 劳动规章制度

合性不同，具有新的表象，主要是更加具有"格式条款说"的表征。传统典型之"集体合意说"不断被淡化，不论是劳动规章制度的形式要件还是实质要件，集体协商与谈判的集体意思自治都在不断减弱，用人单位之互联网或共享平台的单方意思自治基本"吞噬"了集体意思，即"单决"逐步代替了"共决"。

传统劳动关系下劳动规章制度性质之"格式条款"（我国台湾称之为"定型化契约"）具有一定的价值。格式条款说认为，就内部劳动规则的形式而言，规格化和定型化是其特点，与格式条款的形式相合。格式条款是指当事人为了重复使用而预先拟定，并在订立合同时未与对方协商的条款。格式条款具有由一方当事人预先拟定、重复使用拟定、相对人居于附从地位三个特征。对于格式条款的内容，相对人只能表示完全同意或拒绝，而不能对之加以修改、更正。其内容不是由劳资关系双方当事人平等协商确定。[①] 劳动规章制度实质是由用人单位单方拟定，劳动者对劳动规章制度的形成并无磋商交涉机会，只能接受或不接受，不能对其内容作增删修改，与格式条款之实质相同。[②]

"集体合意说"认为劳动规章制度是针对劳动者集体统一设定的规范，基于劳动者的集体合意而产生法律的约束力。[③] 劳动合同的内容、劳动条件固应由劳资双方合意加以决定，未有劳动者集体意思之同意，劳动规章不发生法的效力。[④] 当前，德国的劳动法采用"集体合意说"[⑤]，在该种模式下，劳动规章的制定、变更必须经由集体协商，由劳资双方共同决定。"集体合意说"要求规章制度生效须经劳工集体同意，其具体瑕疵是违背现行法的个体自治价值取向。[⑥]

共享经济平台下的劳动规章制度之"集体合意"性质更加丧失殆尽，劳

[①] 胡立峰：《劳动规章制度与劳动合同之效力冲突》，载《法学》2008年第11期，第125页。

[②] 问清泓：《内部劳动规则与集体合同比较研究——兼析我国〈劳动合同法〉的相关规定》，载《武汉科技大学学报（社会科学版）》2009年第1期，第70页。

[③] 问清泓：《内部劳动规则与集体合同比较研究——兼析我国〈劳动合同法〉的相关规定》，载《武汉科技大学学报（社会科学版）》2009年第1期，第70页。

[④] 黄程贯：《劳动法》，台湾新学林出版股份有限公司2009年版，第343页。

[⑤] 丁建安：《论"根据二分说"的优越性——再议企业劳动规章的法律性质及其制定、变更程序》，载《法制与社会发展》2013年第3期，第155页。

[⑥] 朱军：《论我国劳动规章制度的法律性质——"性质二分说"的提出与证成》，载《清华法学》2017年第3期，第99页。

动规章制度所规定的劳动内容、劳动条件、工资报酬、休息休假、社会保险等，完全由共享平台单方规定，没有任何的集体协商谈判、职工讨论、公示公告等程序，劳动规章制度的集体合意根本无从谈起。

共享经济平台下的劳动规章制度之"格式条款"性质更加明显，劳动者只能被动接受，根本没有任何话语权，否则，如果不接受既定的条款，也就不能作为其用工者即只能退出。如网约车司机只能全盘接受用人单位的规定，否则就成为不了其共享者。因此，在互联网背景下的新型劳动规章制度的性质更具有"格式条款"之性质，但是，此"格式条款"又不是完全的民事合同如劳务合同或雇佣合同，它同时还具有劳动法所规定的劳动关系的部分属性，可以说它兼具民法与劳动法的属性，按照劳动法的规定来规制它，比较困难。笔者认为，共享经济平台下的劳动规章制度之"格式条款"性质比较可信，但是，不能一刀切，还应当分层考量：对纯粹属于劳动法之劳动关系的，适用劳动法有关规定；对属于一般民事劳务关系或雇佣关系的，适用民法规定。

如何评价共享经济平台下的劳动规章制度之"单决"逐步代替"共决"，这是不是一种倒退？

答案从表面上看似乎很简单，但实际上并不简单。从一般法理上看，劳资关系的博弈应当充分体现集体意思自治，这样才符合现代民主与公平正义之法治精神，才符合劳资冲突关系向合作关系渐变的历史必然发展趋势，这一点应当没有任何疑义，但是，由于劳动规章制度性质本身的复合性，加之，共享经济平台的新时代特色，共享经济平台下劳动规章制度的"单决"强而"共决"退化现象，还是具有一定合理因素的，我们不能一刀切式地断然否决，"非此即彼""非白即黑"的思维定式应当改变，毕竟"存在就是合理的"哲学思维方式还是具有存在价值的。在用人单位社会责任不断加强、社会监督不断完善、法制环境不断改善、社会主义核心价值观不断深入人心的新时代下，用人单位之"单决"与传统意义上的"单决"已经明显不同，新的"单决"不一定就不好，不一定就容易侵犯劳动者权益，这种新的"单决"其实已经包含着许多"共决"因素，只不过原来的被动性"共决"正逐步被用人单位之主动性所融合，"共赢"已经从无形中迫使用人单位必须考量劳动者的权益，任何"独裁"式的"单决"都可能会被用人单位直接而主动地抛弃。我们应当相信，如果用人单位仍然采用传统的"单决"模式制定、变更和适用劳动规章制度，劳动者将会"用脚投票"，用人单位也将会得不偿失，当然了，笔者不是说法律就无用了，而是说法律只是最低的底线或红线。因此，共享经济平台下的劳动规章制度之"单决"代替"共决"之"格式化"新特征，我们应当正确面对,而不是急忙否定。

三、劳动规章制度载体变异

在互联网共享经济下新型劳动关系,既有少数具备劳动法之劳动关系的平台管理者,又有大量的非劳动关系的劳动者;少部分劳动者有书面的纸质劳动合同,而大部非劳动关系劳动者没有劳动合同,只是非纸质的电子协议,基本上可以划归为劳务合同或雇佣合同,其有关劳动规章制度的规定基本上散见于协议中,并没有像劳动法所规定的单独的劳动规章制度文本。

我国《劳动法》和《劳动合同法》都没有明确规定劳动规章制度必须形成书面文字。然而,根据《劳动合同法》之"用人单位应当将直接涉及劳动者切身利益的规章制度和重大决定公示,或者告知劳动者"的规定,可以推导出规章制度通常情况下应该以书面形式记载。当然,也不排除少数雇主采取口头的"约法三章"。"告知"可以口头形式,亦可以书面形式;但公示的目的是让劳动者了解公示内容,一般应采取书面形式。① 笔者认为,劳动规章制度的有效载体应当是书面文件,至于书面文本的公示与公告形式并不影响劳动规章制度的书面要件。当然,这些都是我国传统劳动关系下的劳动规章制度,共享经济平台下的劳动规章制度还是要另当别论。

概言之,互联网共享经济下新型劳动规章制度的载体变化主要有:

(一)"边缘化"与"碎片化"严重

独立的劳动规章制度文本消失,被无纸化的电子协议所"掩埋",此即为劳动规章制度被严重"边缘化"与"碎片化",其后果就是劳动协议(非正式劳动关系)与劳动规章制度包括劳动纪律混合成了一个无纸化电子文本,既可以说是劳动合同或协议,又可以认定是合同约定条款,或是劳动规章制度,或是劳动纪律,劳动合同与劳动规章制度或劳动纪律的边界几乎消失。

(二)"无纸化"与"模糊化"加剧

粗线条式的一般规定增加,模糊化规定加重,传统典型劳动规章制度之"明确性"原则几乎完全丧失。

我国有一些学者认为,用人单位在制定、执行规章制度时都应当遵循和体

---

① 喻术红:《网络信息化对劳动者权益的影响及其应对——基于美国的立法与实践考察》,载《四川大学学报(哲学社会科学版)》2016年第6期,第90页。

现明确性原则。认为劳动规章制度之规定必须是明确而具体规定，而不能是倡导性的规定。① 倡导性劳动的规章制度不能作为解雇的正当理由：其原因是倡导性的劳动规章制度不具有可预测性，使得劳动者行为萎缩，从而限制了劳动者的自由。因此，明确的劳动规章制度才能作为用人单位惩戒劳动者的制度依据。② 笔者赞同以劳动规章制度解雇劳动合同必须要有正当理由，即劳动合同不能随便由劳动规章制度为依据解除。但是，并不苟同所谓的"明确性原则"。笔者认为，劳动规章制度作为用人单位惩戒劳动者的一种制度性依据，并不一定要求有明确而具体的规定，即明确性原则不应当是劳动规章制度的基本要件。以上有关劳动规章制度是否要求具有"明确性原则"，都是针对传统典型劳动关系的，即在传统典型劳动关系中可以不要"明确性原则"，但是，在共享经济平台下的新型劳动关系中，却要区别对待，非正式劳动关系可以要求劳动规章制度应当具有明确性，以便适应无纸化劳动协议的趋势，更好地保障劳动者的权益。笔者认为，可以暂时放弃劳动规章制度之"明确性原则"的争议，而至少要求劳动规章制度的载体应当是明确的，以有效防止因为无纸化电子协议之有关劳动规章制度条款的"隐蔽性"，而让劳动者更加捉摸不定，影响劳动规章制度之可预见性特征。

共享经济下，有的平台就简单而抽象规定，"劳动者不得违反公司文化，否则开除"，"劳动者不得违规违纪，否则罚款或开除"，至于什么情况为违规违纪、什么情况下罚款、什么情况下解雇等没有具体规定，有的规定"司机不得故意绕行，否则罚款或开除"，至于什么是公司文化？什么是故意绕行？绕行程度、罚款标准又如何？这些都是模糊不清的，没有具体而明确的规定，劳动者根本不享有知情权。总之，劳动规章制度的载体变化更加有利于资方，劳方话语权与知情权逐渐丧失。

现代企业都盛行所谓"公司文化"或"企业文化"，抽象而模糊不清的"公司文化"或"企业文化"还"隐蔽"包含了老板的所谓"禁忌"或"逆鳞"，它常常也成为劳动规章制度之模糊条款，并常常成为用人单位惩戒劳动者的"正当"理由。

有一个非常有趣的例子是2018年1月4日的中央人民广播电台"经济之

---

① 肖唯：《用人单位以劳动者违反倡导性规章制度为由解除劳动合同系违法解除》，载《中国劳动》2015年第1期，第59页。

② 肖唯：《用人单位以劳动者违反倡导性规章制度为由解除劳动合同系违法解除》，载《中国劳动》2015年第1期，第59页。

声"的"那些年"专栏节目中,讨论主题是"老板的'逆鳞'摸不得!"①。老板的"逆鳞"完全可以被认定为"公司文化"或"企业文化"之重要组成部分,其中讲到联想公司的老板柳传志有一个"逆鳞"——不喜欢别人当着他的面玩手机,他公开说过:"年轻人不要总是玩手机,看看几本好书,以后少走点弯路。"在联想工作过的人说,柳总绝不会因为你摆弄手机而当面怒斥你,但恐怕在他心里,你已经被狠狠扣分了。讨论的结果是:领导的"逆鳞",有大有小,有明显的有隐匿的,有的触碰了可能会埋下一颗"定时炸弹",当员工的,最好不要触碰。

笔者认为,老板的"逆鳞"可能就是该企业的重要"企业文化"之一,属于"隐形"的劳动规章制度条款,如果员工违反了此"禁忌",就极有可能被惩戒或"穿小鞋",严重的甚至会被解雇。共享经济下劳动规章制度的"无纸化"与"模糊化",更加加大了这些所谓"企业文化"的影响力,极易直接侵犯或间接侵犯劳动者权益,且救济非常困难,劳动者只能是默默忍受或"用脚投票"。笔者认为,"公司文化"或"企业文化"因其抽象性和不明确性,不具有劳动规章制度的属性,"公司文化"或"企业文化"不能作为劳动规章制度的一部分即"隐形条款",更不能作为惩戒或解雇劳动者的正当理由。同时,也因为其"溢出"了其不能干预劳动者私人生活或非职业行为的边界,而导致由此而行使的惩戒权是非法的和不正当的。因此,笔者认为,无论是传统典型劳动关系,还是共享经济新型劳动关系,其"公司文化"或"企业文化"都不能纳入劳动规章制度的范畴。

概要之,在新型劳动关系中应当将劳动规章制度从模糊不清中显现出来,独立成为一个单独的管理制度,即使是无纸化的电子文本,也应当是独立的、明确的、公开的劳动规章制度的载体,让劳动者和监管者随时可以查阅或下载自己用人单位的劳动规章制度。

(三)"捆绑化"与"默认化"普遍

在互联网共享经济下,劳动合同或协议基本上是无纸化的电子格式,劳动规章制度"捆绑化"与"默认化"现象严重。

第一,与准入规则"捆绑"。劳动规章制度条款常常与准入规则"捆绑",劳动者只有全部默认格式化的全部内容,才能成为平台共享者。

---

① 瑞格格:《老板的"逆鳞"摸不得!》,载中央人民广播电台"经济之声"之"那些年"微信公众号,2018年1月4日。

第二,与合同或协议"捆绑"。新型互联网劳动形态比较复杂,"去"劳动合同与"泛"劳务合同或雇佣合同普遍,劳动规章制度之独立载体渐失,常常"掩埋"于合同或协议中,合同或协议条款与劳动规章制度"捆绑",劳动者只能默认非常不明确的规章或纪律或其条款。

第三,与企业文化"捆绑"。劳动规章制度条款还常常与所谓"公司文化"或"企业文化""捆绑",独立的劳动规章制度载体依附并"隐形"于看不清、道不明的公司文化或企业文化,劳动者也只能是被动地默认被严重泛化和"隐形"的劳动规章制度或条款。

第四,与退出程序"捆绑"。劳动规章制度条款与退出程序"捆绑",劳动者只能默认不正当的解雇条款,《劳动合同法》第39条所规定的只有在劳动者"严重"违反用人单位规章制度和"严重"失职、营私舞弊,给用人单位造成重大损害情形下的解雇规则被彻底颠覆,劳动者只能是默认退出机制,实则是默认解雇规则。

按照一般法理,合同或协议是可以有默认情形的,即合同的默认条款并不一定就是不正当的。合同当事人默认条款的前提是合同的"默示"条款的存在,合同"默示条款制度"起源于英美法系国家。默示条款是指合同本身没有明确规定,但在纠纷发生时由法院确认的、合同中应当包括的条款。主要有三种:一是事实上的默示条款,指合同中未明确规定,但根据当事人的意图而包含在内的条款;二是法律上的默示条款;三是习惯性默示条款,指根据习惯或惯例应包括在内的条款。[1] 这些惯例性的、成文法规定的以及在司法过程中确定的默示条款都应当是合同的组成部分,与合同的明示条款同等重要。明示条款是构成合同的基础,而默示条款从效力上来讲,不应当超越明示条款之上。[2] 明示条款是默示条款的基础,单独存在的默示合同是违背法理的,而我国目前在共享经济平台下的劳动用工中,书面劳动合同或协议严重异化,默示条款泛滥,与传统意义上的合同默示条款存在较大差异,泛化默示条款无疑不利于对劳动权益的保护,劳动规章制度条款的"捆绑化"与"默认化"应当矫治,应当强制要求各个互联网用人单位必须有独立存在的劳动规章制度,不能实行无明示载体之劳动规章制度的"捆绑化"与"默认化"。

---

[1] 杨圣坤:《合同法上的默示条款制度研究》,载《北方法学》2010年第2期,第133页。

[2] 苏号朋、朱家贤:《论英国法中的合同默示条款》,载《法商研究》1996年第5期,第92页。

四、违规违纪之惩戒权新异状

(一) 惩戒权一般原理

谈劳动规章制度或劳动纪律必然离不开违规违纪之惩戒权,第一,在制度构建与实践中惩戒权与劳动规章制度天然不可分离,相辅相成;第二,因劳动规章制度普遍是用人单位不可或缺的管理制度,惩戒权也就相应成为用人单位非常"青睐"的管理与处罚之基本手段;第三,由于惩戒权还不是法律范畴,是我国法律法规的空白点,博弈空间这边"独好",它就成为用人单位"乐此不疲"之劳资博弈、自主用工与法律博弈的主要方式;第四,惩戒权已经成为用人单位侵犯劳动者权益的"重灾区",而法律法规还是视而不见而没有任何反应。

笔者一直不赞同关于我国《劳动合同法》增加了企业用工成本并倾斜保护劳动者的观点,仅仅从法律对劳动规章制度的粗线条立法模式,且没有将惩戒权纳入法律范畴来看,用人单位已经享有了多么大的自主权,劳动者权益常常被惩戒权所"吞噬",并且非常难以救济,用人单位之"单决"大有取代集体"共决"趋势,劳动规章制度之集体合意性逐渐消失。惩戒权的立法规制已经迫不及待。《劳动合同法》最大的"失衡"① 就是对劳动规章制度的放任自由和惩戒权的立法缺失,如果要修改《劳动合同法》,最为迫切的问题之一就是要解决此问题。

惩戒权一般指的是狭义惩戒权,是不包括劳动合同解除权即解雇权的惩戒。其定义是用人单位享有的对劳动者违规违纪而实施处罚的权利。惩戒权是用人单位依法享有的针对本单位劳动者的一种内部处罚权,是用人单位用工自主权的体现之一。② 惩戒权虽然在形式上被界定为一种权利,但不属于真正的

---

① 董保华教授认为,我国《劳动合同法》的"十大失衡"包括:严格限制用人单位解雇权利与过度放任劳动者辞职自由的失衡;全面静态书面化的法律要求与用人单位动态调整的失衡;标准劳动关系与非标准劳动关系的失衡;劳动力成本市场调节与政府调控的失衡;劳动关系调整中经营成本与摩擦成本的失衡;用人单位与劳动者争议解决成本的失衡;用人单位照顾义务与劳动者忠诚义务的失衡;劳动者奖勤与惩懒的失衡;法律保护一刀切与分层分类适用的失衡;刚性调整与弹性引导的失衡。此论述仍然没有专门谈及劳动规章制度与惩戒权问题,笔者认为,此"失衡"不可遗漏。

② 问清泓:《惩戒权之特殊类型化评判》,载《决策与信息》2017年第4期,第77页。

法律范畴，也没有形成普遍的法律范式。一般意义上的惩戒权即为用人单位之惩戒权或企业惩戒权，它具有形成权的形式属性。①

惩戒权是用人单位针对劳动者单向的处罚措施，其基本依据就是用人单位的劳动规章制度或劳动纪律，即违规违纪之惩戒权，一般不在劳动合同中约定。一般来说，违规违纪惩戒权是不包括合同解雇权的，只是在特殊情况下如劳动者严重违规违纪、劳动者被追究刑事责任等少数情况下，用人单位才能行使解雇权。

在传统典型劳动关系中，惩戒权的惩戒方式比较多。惩戒权一般类型化是指经济罚和非经济罚两种基本类别；惩戒权特殊类型化是指除了一般类型化之经济罚和非经济罚两种基本类型之外，学界或实践中存在的典型分类。惩戒权之特殊类型化主要有类刑罚、秩序罚、解约罚与违约罚、赔偿责任罚和调岗罚五大类。② 惩戒权主要包括经济罚和非经济罚。经济罚主要是罚款、变相罚款如降薪等方式；非经济罚类型较复杂，主要有荣誉罚如警告、记过、记大过、留党察看等。经济罚与非经济罚的边界并不是特别清晰，二者具有交叉和重叠性。有些惩戒形式兼有经济处罚和非经济处罚的双重属性，如降岗、降职、降低工资级别、撤职等。

在国外，对一般性惩戒措施的认定非常宽泛。以法国为例，除口头批评外，雇主针对雇员的、在其看来是错误行为而采取的任何措施，不论是否直接影响到雇员的出勤、职务、报酬或职业，都构成对雇员的惩戒。它既包括那些传统的惩罚措施，如书面批评、警告、停职、调动岗位、降职、辞退，也包括一些对雇员而言具有惩罚性的职业上的不利变化，如推迟晋升、改变工作时间、不准参加某些会议、扣除奖金、取消免费停车车位等。

但是，惩戒权之经济罚却被非常严格地加以限制，不能任由权利人随便行使。经济性惩戒必须被限制在合理的限度内。经济性惩戒关涉劳动者的核心利益，劳动者的薪酬收入往往与劳动者本人及其家庭成员的生存、生活密切相关，因此各国劳动立法一直对于经济性惩戒都予以严格限制，尤其是对劳动者采取扣减、降低薪酬的惩戒限制更为明显。

在我国，现实生活中，除惩戒性解雇外，引发劳动争议最多、争议也最大

---

① 问清泓：《惩戒权之适用对象相对论》，载《中国劳动关系学院学报》2017年第5期，第69页。
② 问清泓：《惩戒权之特殊类型化评判》，载《决策与信息》2017年第4期，第78页。

的惩戒措施主要有两种,即罚款(含扣工资)、调岗。① 其中,争议最大的是惩戒权是否包含罚款权。

(二) 惩戒权的变异

互联网共享经济下新型劳动关系的变化,必然导致惩戒权的改变。惩戒权的新变化主要是:惩戒依据、惩戒方式、经济罚和救济四大方面。

1. 依据之变

惩戒权的依据不再是依托劳动规章制度。因为共享经济平台下,劳动关系的淡化与多元化,导致劳动规章制度的载体已经发生了变化,劳动规章制度的独立性逐渐丧失,协议之约定成为惩戒权的主要依据,劳动法有关劳动规章制度的形式与内容要件之强制规定,都已经"失效",劳动行政监管几乎"失灵",个体意思自治非常强大,由于劳资双方的合作关系不断加强,摆脱劳动法所谓"束缚"不但为资方青睐,劳方也是非常愿意,即摒弃传统劳动关系,成为劳资双方的需求,第三方再介入已经没有市场并不受待见,如此一来,惩戒权之载体——劳动规章制度或劳动纪律逐渐"隐形",即使没有任何惩戒依据,资方仍然可以凭借现代互联网技术实施处罚,如直接将处罚对象踢出、屏蔽、拉黑、降低信用等级、限制登录等,最为严厉的处罚就是直接解雇,解雇理由也不再受传统解雇规制之正当理由与解雇保护的限制,依据的自由性直接导致解雇的任意性和无因性。

2. 方式之变

共享经济新型惩戒权不像传统典型劳动关系那样,惩戒手段具有多样性,而且一般是不包括合同解除权的,即解雇并不是常见的惩戒手段,解雇应当按照《劳动合同法》的强制规定而不能是约定解除,这也是劳动合同与劳务合同或雇佣合同最大的区别之一。而在新型劳动形态下,惩戒权之处罚方式的极其单一化,最为常见的是解雇和罚款。解雇已经异化为主要处罚手段,且不论是真正意义上的劳动合同,还是民事劳务合同或雇佣合同(协议),这与传统惩戒权一般不包括解雇恰恰是完全相反,几乎从实质上颠覆了惩戒权的基本属性和运行规则。

解雇规则是劳动法、劳动合同法、集体劳动法或集体协议之强制性规定的重要内容之一,不能由用人单位自由行使。即便是劳动者"严重"违规违纪,

---

① 丁建安、张秋华:《企业惩戒权的法律规制》,载《社会科学战线》2013年第10期,第193页。

给用人单位带来"重大"损失，用人单位可以依法行使合同解除权，解除劳动关系或劳动合同，但是，这也必须有正当的理由，并要受到公共权力机关的严格审查，用人单位并没有"单决"之自治权。合同解除即解雇权，其适用条件是非常严格的，一般是"严重违纪"和"违反刑法"两个基本条件。①

传统典型劳动关系之惩戒权，还要遵循惩戒权的边界限制，最为主要的限制规则是：第一，惩戒权不能涉及非职业行为或私人行为；第二，惩戒权不能排除劳动者之社会保障权。

在共享经济下的新型劳动形态，典型劳动与非典型劳动并存，劳动合同与劳务或雇佣合同或协议混杂，劳动关系比较复杂，解雇权的行使不能按照传统典型劳动关系"一刀切"，应当分不同的劳动用工形态而区别对待。如果劳动用工属于典型劳动关系，就应当完全适用现行《劳动法》或《劳动合同法》的法定规则，惩戒权的主要方式不应当包括解雇和罚款。如果是非典型用工，则应当适用民事法律的约定规则，惩戒权的主要方式可以包括解雇和罚款，但是解雇还是要有正当合理的理由并告知劳动者；罚款也不能随意而为，应当按照原劳动合同或协议的约定处罚，而不能是事后确定，没有事先约定的，应当协商解决，协商不成的就不能实施罚款。不论什么样的劳动用工，都应当遵循惩戒权的解雇规则和边界限制，行使解雇权应当有合理正当的理由，且不能涉及非职业行为或私人行为和剥夺劳动者的社会保障权。

3. 经济罚之变

经济罚之罚款盛行，非经济罚比较少见。经济罚之罚款在惩戒权中本身就是一个非常有争议的问题，在一般正式即传统劳动关系中笔者力主反对罚款（含变相罚款或减薪，下同），但是在时下之共享经济平台下罚款之大行其道，笔者深感困惑与无奈。

在传统劳动关系中，惩戒权之罚款"否定说"盛行于学界，尤其是在劳动法学界。原《企业职工奖惩条例》允许企业罚款的规定是计划经济体制下政企合一、劳动力终身制的产物，在市场经济和劳动关系契约化的今天，企业无权对员工罚款。② 沈同仙教授亦持此观点，认为"罚款是一种行政处罚方

---

① 问清泓：《惩戒权之特殊类型化评判》，载《决策与信息》2017 年第 4 期，第 79 页。

② 丁建安、张秋华：《企业惩戒权的法律规制》，载《社会科学战线》2013 年第 10 期，第 193 页。

式，用人单位不是国家行政机关，无权对员工进行罚款处罚"。① 归纳反对者的理由，主要认为罚款本质上是一方对另一方经济资源的单方剥夺，而根据现代法律的一般原则，以及《立法法》《行政处罚法》等相关规定，只有公权力才能创设、行使财产剥夺权，企业作为一个社会主体，没有资格和权力剥夺劳动者的私有财产。② 罚款"否定说"不仅在学界比较普遍，在司法实践中，也逐渐被法院采信。最近，有学者指出："《企业职工奖惩条例》认可罚款。该条例被废止后，企业的'罚款'行为常常不被法院认可。"③ 例如，在北京一中院 2015 年在审判"北京安控科技股份有限公司与郑淮丽劳动争议案"中，用人单位根据本单位规章制度中有关违规"罚款"的规定，对劳动者实施了"罚款"，劳动者不服，二审法院最后支持了劳动者的主张，否定了用人单位的罚款。一审法官指出："就罚款行为本身，通常系司法、行政等部门依法进行的一项惩戒行为。用人单位对劳动者具备用工自主管理权，但应限于合法合理的范畴内，现行法律法规并未赋予用人单位对劳动者的罚款权，则安控公司依据规章制度对郑淮丽进行罚款 600 元并自工资中扣除的行为并无法律依据。"二审法官最后也还是支持了一审法官的审判，否定了企业罚款之惩戒。④ 我国原《企业职工奖惩条例》是认可罚款的，但是，该条例被废止后，企业的"罚款"行为常常不被法院认可⑤，主要理由是现行法律法规并未赋予用人单位对劳动者的罚款权。

在共享经济平台下，对这一新生事物之惩戒权的研究与立法几乎还完全是一片空白的情况下，惩戒权之经济罚与非经济罚将如何进行与发展，实难确定。

4. 救济之变

"有权利有救济"，没有救济的权利不是真正的权利，在传统劳动关系中

---

① 沈同仙主编：《劳动法》，北京大学出版社 2009 年版，第 122 页。

② 丁建安、张秋华：《企业惩戒权的法律规制》，载《社会科学战线》2013 年第 10 期，第 193~194 页。

③ 谢增毅：《用人单位惩戒权的法理基础与法律规制》，载《比较法研究》2016 年第 1 期，第 7 页。

④ "北京安控科技股份有限公司与郑淮丽劳动争议案"（〔2015〕一中民终字第 4723 号），载北京法院审判信息网：http：//www.bjcourt.gov.cn/cpws/paperView.htm? id = 100208588953，发布日期：2015 年 6 月 12 日，访问时间：2017 年 1 月 16 日。

⑤ 谢增毅：《用人单位惩戒权的法理基础与法律规制》，载《比较法研究》2016 年第 1 期，第 7 页。

惩戒权的救济还是一个空白，再面对互联网共享经济时代，惩戒权的救济将是一个全新的课题。

传统劳动关系下，劳动权利的救济途径还是比较畅通的。我国劳动争议实施"先裁后审"的基本原则，后来的司法解释又规定了小额标的劳动争议之"一裁终局"制度，在全面倡导与实施三方机制的模式下，劳动权利的救济还是比较充分和有效的。

有共享经济的实证研究表明：共享经济是一把双刃剑，它既带来更多更灵活的就业机会，也可能将劳动者置于有理说不清的境地；即使生产资料（汽车）归劳动者所有，共享经济模式也没有改变劳动者的弱势地位。①

在共享经济模式下，平台控制者或生产资料所有者之管控力，不但没有因卖家或买家数量庞大分散而减弱，也没有因劳动者之从属性淡化而降低，反而是管控力比传统之单一而垂直的劳动关系更加不易被公权力监管。平台对买方和卖方的违约处罚权均可通过内部规制实现补救、处罚甚至事后救济，对交易的违约责任具有强控制力。② 共享经济平台下，劳动者被惩戒的救济与强大的平台相比，弱者地位更加突出，救济更加困难。

惩戒权与个人隐私保护的关系也应当纳入救济的范畴，由于互联网的巨大覆盖面和信息传播的急速化，劳动者被惩戒后，常常被雇主（网络平台）"曝光"，以"以儆效尤"，这极易侵犯劳动者的隐私权，因此，如何对其进行救济，也是惩戒权之"后遗症"问题。

有学者认为，对处罚结果的公布，应当视违纪情节而定。对于违纪情节轻微的，口头或者内部批评警告即可，不可在网上公布。只有严重违反劳动规章制度时，才有可能在人单位内部（包括网上）公布。③ 笔者非常赞同此观点，但是，还应当加上被追究刑事责任，可以在网上公示，即一般情况下，对劳动者之惩戒不应当进行网上公示。

惩戒权救济中工会作用的发挥问题。在传统典型劳动关系中，劳动者权利的救济有一个强大的工会组织支撑，但是，在新型的共享经济下，工会已经变得非常分散和弱小，劳动者很难求救于工会组织进行救济。因此，为了适用共

---

① 甘春华、周志宁：《共享经济模式下劳动关系的变异、影响及规制——以广州滴滴出行公司为例》，载《工会理论研究》2017年第6期，第23页。

② 蒋大兴、王首杰：《共享经济的法律规制》，载《中国社会科学》2017年第9期，第153页。

③ 喻术红：《网络信息化对劳动者权益的影响及其应对——基于美国的立法与实践考察》，载《四川大学学报（哲学社会科学版）》2016年第6期，第91页。

享经济平台下的新型劳动关系,我国的工会组织应当寻求新的组织形态,以发挥工会在劳动关系调处中的巨大作用。有人建议,在新形势下,可以大力构建行业工会组织,要强化行业工会治理能力,应对新型劳动关系,重塑工会对劳方的代表性地位。可以利用网络平台对行业内不具备组建工会的小微企业、创业企业和灵活就业的劳动者推行工会服务;同时,利用互联大数据研究制定行业集体协议、行业劳动标准,推行行业工资集体协商机制。① 行业工会是由同一更适应于分散的、易流动的网约工个体,通过扁平化管理机制将其组织起来,推动行业性集体协商、完善行业工时及行业劳动保护标准等。② 在共享经济平台下大力发展行业工会,对惩戒权进行有效的救济,应当说是一个有效的途径,但是,由于行业工会之跨地区跨行业的特征,既需要国家层面的中华总工会牵头组织,还需要三方机制构建起真正的集体协商谈判机制,可谓任重道远。

共享经济平台下劳动关系的法律救济还是一个新课题,对此的研究还极其少见。有学者建议:建立专门的网络劳动关系救济机构;完善网络劳动关系"自治"机制;建立劳动保障监察网络化与网格化,构建官方网络投诉机制,建立专门的动法院或者劳动审判庭。③

五、规制与监管路径新策论

(一)新型劳动关系监管理念

劳动关系监管有不同的名称,我国的一般官方称呼为劳动监察,现多称为劳动保障监察。我国现行法律法规并未明确界定"劳动监察"这一概念,同时还有监督管理、监督检查等概念,它们被交替使用,没有严格区分,1998年以后,随着国家机构更名为"劳动和社会保障部",劳动监察也相应地变为了"劳动保障监察"。④ 笔者认为,采用"劳动关系监管"或"劳动监管"比

---

① 纪雯雯、赖德胜:《从创业到就业:新业态对劳动关系的重塑与挑战——以网络预约出租车为例》,载《中国劳动关系学院学报》2016年第2期,第28页。
② 朱鸣:《"网约工权益保障研讨会"综述》,载《工会理论研究》2017年第3期,第14页。
③ 朱海龙、唐辰明:《互联网环境下的劳动关系法律问题研究》,载《社会科学》2017年第8期,第93~94页。
④ 岳经纶、庄文嘉:《转型中的当代中国劳动监察体制:基于治理视角的一项整体性研究》,载《公共行政评论》2009年第5期,第93页。

较恰当。

劳动监察制度起源于英国，现今已经成为世界上非常普遍的制度。劳动监察的重要性正如前国际劳工局长勃朗夏所说："没有监察，劳动立法只是一种道德运用，而不是有约束力的社会纪律。"① 劳动监察并没有明确的法律定义，是政府劳动行政部门依法对用人单位（含雇主）遵守劳动法律情况进行的监督监察，以保证劳动法律得到有效实施。② 劳动监察属于公共行政的范畴，是对劳资双方力量不均衡进行干预的行政执法手段。③

对新型互联网共享经济劳动关系的监管，在法治背景下，主要是法律监督和规制，还包括其他监督如社会监管、舆论监督等。对新生事物的监管应当转变监管理念，首先，应当充分梳理现有法律法规，以节约立法成本和增强监管的可行性。其次，从前瞻性考量修法或立法，修法主要是指修改现行《劳动法》或《劳动合同法》；立法应当考量出台《劳动保障监察法》（将2004年12月实施的《劳动保障监察条例》修改升级为法律）、《集体合同法》、《网络监管法》，只有有法可依，监管才具有权威性和正当性。

笔者认为，新型劳动关系监管理念转变主要是：第一，统治与分层同举；第二，严管与宽容并济；第三，政策与法律兼容。下文分述之。

1. 统治与分层同举

新型劳动监管理念应当随着共享经济的迅猛发展而实时转变，首先可以是统治与分层同举。此统治是统一治理的简称，是指将全部劳动新形态不论是典型劳动关系还是民事劳务关系或雇佣关系，都统统纳入法律的监管范畴，并不局限于传统典型劳动关系之劳动法上的监督与规制，而是实现劳动法和民法多部门的统一治理。

如何正确认识新型劳动关系，如何评价现有劳动法律法规。王全兴教授认为，"互联网+"对劳动领域的影响并没有想象中那么大，更没有颠覆传统的劳动法原理和劳动用工规律，现有劳动法分析框架和工具，还可以分析和解决"互联网+"背景下的劳动用工问题。④ 现今立法，基本上都是按法律关系类

---

① 陈玉萍：《国外的劳动监察制度》，载《中国劳动保障》2007年第9期，第61页。
② 岳经纶、庄文嘉：《转型中的当代中国劳动监察体制：基于治理视角的一项整体性研究》，载《公共行政评论》2009年第5期，第93页。
③ 翟玉娟：《中国劳动监察的困境与挑战——以劳动行政部门的屡屡败诉为例》，载《行政与法》2008年第8期，第75页。
④ 王全兴：《"互联网+"背景下劳动用工形式和劳动关系问题的初步思考》，载《中国劳动》2017年第8期，第7页。

型设计,该路径符合法律调整社会关系的习惯,监管成本较小。① 共享经济平台下新型劳动关系的法律监管,现有劳动法仍然具有重要价值,仍然是监管的法律依据,我们不能抛弃现有法律而坐等修法或新法的出台,我们应当充分利用现有劳动法进行监管。

对于共享经济的监管,有学者认为应当包括合法性、共享平台、行业冲击和雇佣关系四个方面。共享经济之新雇佣关系是共享经济的社会和组织基础,政府如果要规制这种新的雇佣关系,就要关注共享经济的相关利益者并考虑新规制与现有法律的融合问题。② 笔者认为,共享经济并不仅仅是雇佣关系的变化,而是包括雇佣关系、劳务关系和劳动关系三者的交叉与融合,劳动规章制度在共享经济下的新型劳动关系中扮演着重要角色,对新型劳动规章制度监管的目的之一就是为了治理新型劳动关系,保障共享经济合法有序地发展。

有学者通过研究美国共享经济之劳动关系规制经验,认为,对共享经济劳动关系进行法律规制,可以考量分层级不同而实施不同的规制:第一个层级位阶是区分平台与卖家的不同责任:平台对卖家负有监督义务;责任大小要区分卖家参与度之高低而不同,对参与度高的应采取类似劳动保护之措施,为其提供一定的社会福利;对参与度低的卖家,则豁免;提供社会保障时,应当考虑卖家是否在其他单位拥有社会保障,避免社会保障之公共资源滥用。第二个层级是区分劳动者的不同类别,增加一种新类型即非独立自我雇佣者,分为承包商、非独立自我雇佣和工人三种类型分别规制。③

美国这种共享经济平台下的劳动或劳务规制方式,具有一定的移植价值,我国也有一些学者提出了类似美国的分层治理模式。如王全兴教授多次提出的"三元框架",构建像德国"类似劳动者"、意大利"准从属性劳动"那样的在倾斜保护与不倾斜保护之间给予一定程度倾斜保护的三元框架模式:一是社会保险尤其是工伤保险优先,实现社会保险与劳动关系相对脱钩;二是有选择地适用劳动基准;三是有条件地赋予平台企业连带赔偿责任。④ 王全兴教授还

---

① 蒋大兴、王首杰:《共享经济的法律规制》,载《中国社会科学》2017年第9期,第151页。

② 谢新水、刘晓天:《共享经济的迷雾:丛生、真假及规制分歧》,载《江苏大学学报(社科版)》2017年第4期,第6~7页。

③ 蒋大兴、王首杰:《共享经济的法律规制》,载《中国社会科学》2017年第9期,第154页。

④ 王全兴:《"互联网+"背景下劳动用工形式和劳动关系问题的初步思考》,载《中国劳动》2017年第8期,第8页。

提出了两个"脱钩",我国目前,劳动关系和社会保险是捆绑在一起的,应该适当脱钩;劳动基准和劳动关系也要脱钩。新型劳动关系即使不纳入《劳动法》,也应该纳入民法的范畴。① 此两个"脱钩"理念实则为新型劳动关系的另外一种分层治理模式,价值与可行性都较高。

笔者非常赞同其中将劳动关系与社会保障关系"松绑"与"脱钩"的分层模式,将劳动合同与社会保险分离,并将商业保险作为"底线"纳入所有的新型劳动形态中。

我国在共享经济平台下进行公权力监管,可以实施分层监管模式,分层中一是要多互联网平台进行分层设计,分别分配不同的法律义务与法律责任;二是对新型劳动者进行分层,即劳动法之劳动者与民法之劳务者或被雇佣者;三是对社会保障分层设计,基本原则是将社会保障与劳动关系"松绑",具体办法为对兼职者不予购买社会保险,因为他们在主职单位应当是有社会保险的,而全职劳动者应当享受社会保险待遇;四是,共享经济下的劳动者无论是全职还是兼职,也无论劳动者是否愿意,都应当将其纳入商业保险的范畴,让商业保险弥补社会保险的不足,让所有劳动者都有保险。

2. 严管与宽容并剂

面对新型劳动关系,我们还要秉承对创新创业之新生事物大力支持的宽容理念,改变传统"非白即黑""非此即彼"的理念,特别是在劳动关系的认定上要摆脱传统的简单认定办法,分门别类地实行不同模式的社会保险制度。由于共享经济具备创新属性,对创新的规制,应秉持创新友好的理念②。另外,还应当严格约束其不利一面。在市场准入阶段,应当放松市场准入限制和资格限制;同时要防止创新者以创新之名行违法之实。在鼓励创新的同时,既应揭开假创新的面纱,也应对真创新进行一定约束性规制,以保护消费者、公共利益和公共秩序。③

新型共享经济劳动关系的规制尤其是员工法律地位问题,在美国引发了大

---

① 朱鸣:《"网约工权益保障研讨会"综述》,载《工会理论研究》2017年第3期,第13页。

② Sofia Ranchordás, Innovation-Friendly Regulation: The Sunset of Regulation, the Sunrise of Innovation, November 1, 2014, http://ssrn.com/abstract=2544291, accessed June 28, 2015. 转引自蒋大兴、王首杰:《共享经济的法律规制》,载《中国社会科学》2017年第9期,第146页。

③ 蒋大兴、王首杰:《共享经济的法律规制》,载《中国社会科学》2017年第9期,第146页。

量讨论。有些学者批评指出：共享经济侵害了劳动者权益，劳动者在获取劳动自由的同时，也伴随着不确定性，工人（卖家）缺失健康保险、培训等福利。① 经济最为发达的美国是这样，我国正处于中国特色社会主义新时代，法治建设还"永远在路上"，我们应当正视新型劳动关系的负面影响，但是不能视新生事物为"洪水猛兽"。

任何事情都是一分为二的辩证存在，共享经济也有消极的一面，共享经济下新型劳动关系已经开始成为侵犯劳动者权益的新"领地"，但是，法治社会中没有无法之地，任何形态的劳动关系都应当接受法律的监管。在监管中，不论是什么样的用工形态，无论是典型劳动关系，还是非典型的劳务关系或雇佣关系，只要是侵犯劳动者合法权益的行为，就应当坚决予以查处，并不能仅仅局限于现行劳动法的框架，劳动监管并不仅仅是劳动法一个部门法的监管，监管与惩处的依据也不一定就是单一的劳动法，民法之《合同法》《侵权责任法》等都是劳动监管的强制法依据。

3. 政策与法律兼容

共享经济下新型劳动关系的监管，还要正确处理劳动法律与劳动政策的关系，树立劳动政策监管也是法律监管的有机组成部分的理念。互联网共享经济下新型劳动形态具有较大灵活性的特征，而劳动政策同样具有较强的灵活性，正好可以及时应对灵活多变的新型劳动关系。另外，世界上发达的劳动法一般都包含了劳动政策，劳动政策也是劳动法的重要渊源之一。

笔者纵观世界上发达国家劳动法，发现一个特别规律，劳动法不同于其他部门法的一个重要区别就是：劳动政策是劳动法的基本，劳动政策与劳动立法天然不能分离也不可分离。如何安排好劳动政策与劳动立法的制度关系，并不仅仅是所谓法理学之政策与法关系的简单原理，而是直接关系到一个劳动法之发达与否。研究劳动政策与劳动立法的互动关系，并为合法正当的劳动政策出台提供理论支撑，具有较大的理论价值和实际运用意义。笔者认为"劳动政策+劳动立法"是劳动法改革的一般方案，也是共享经济形态下各种新型劳动关系监管的理念创新。时下我国有关《劳动合同法》的修改提议在舆论界与

---

① Robert Sprague, Worker (Mis) Classification in the Sharing Economy: Square Pegs Trying to Fit in Round Holes, May 15, 2015, http://ssrn.com/abstract = 2606600, accessed September 27, 2015; B. E. Stafford, Riding the Line Between "Employee" and "Independent Contractor" in the Modern Sharing Economy, Wake Forest Law Review, Vol. 51, No. 5, 2016, pp. 1223-1254. 转引自蒋大兴、王首杰：《共享经济的法律规制》，载《中国社会科学》2017年第9期，第153页。

学界已经是轰轰烈烈,但是还并没有为立法者所动,修法确实要相当非常谨慎。笔者认为,克服我国目前劳动法之立法缺陷最实际的办法不是修法,而是加大劳动政策的规制力度,尤其是互联网共享经济下新型劳动关系的监管。因此,笔者提出的"劳动政策+劳动立法"模式具有一定的"用武之地"。劳动政策由于其充分的灵活性和实际可操作性强的特色,更加适用新型非典型劳动关系,应当被纳入广义劳动法范畴之劳动政策不仅是中央政府和地方政府工作的重点之一,还成为广大劳动者和用人单位共同关注的热点和焦点。学界的理论和实践研究,不能限制在政策与法律关系的博弈上,特别是对法定性问题的纠结上。况且即使是从基本的法理上看,法律与政策的关系也不一定就是根本对立的;从国家和社会治理的角度,法律和政策也是具有同一性的。因此,应当将二者共同纳入研究的视野,特别是集体劳动法,更是应当将劳动法规与劳动政策一起纳入集体劳动法的基本范畴,共同形成劳动法与劳动政策、集体劳动争议调处之有效范式,构建集体劳动法之劳动政策新模式。①

共享经济下劳动关系的监管仍然需要"劳动政策+劳动立法"模式的理念转变,有了这一思想的指导,中央政府及职能部门以及各地政府应当研究并及时出台共享经济下劳动关系监管政策,以应对新时代劳动关系的新变化。

(二) 劳动规章制度监管路径

在转变共享经济平台下劳动监管的理念之后,劳动规章制度的监管就有了思想基础和理论保障。在法制社会下,无论是传统的典型劳动关系,还是互联网共享经济下的新型劳动关系,劳动监管都还要有明确的法律依据,具体而言,对用人单位劳动规章制度的监管还应当有法可依,这样依法而为的劳动监管才具有权威性、强制性和可信性。

我国目前,专门的劳动监管法律还没有,但是有 2004 年 12 月实施的《劳动保障监察条例》,此法规是现行劳动监管的专门法定依据。其第 11 条第 1 款就首先明确规定:劳动保障行政部门对"用人单位制定内部劳动保障规章制度的情况"进行监察,此条例将用人单位劳动规章制度列为九大劳动监察内容之首,足以说明我国对劳动规章制度的高度重视,同时,这一规定也成为监管劳动规章制度的基本依据,今后如果将其修改并升格为法律即《劳动保障

---

① 问清泓:《"末位淘汰"之司法与政策应对——以最高法"指导案例号 18 号"和第 8 次〈纪要〉为视野》,载《中国人力资源开发》2017 年第 10 期,第 159~160 页。

监察法》就更加理想了，我们翘首以待。

　　劳动规章制度的具体监管路径构想是：坚持原则；矫正正义；解构载体；松绑程序；分配责任。

1. 坚持原则

　　劳动规章制度应当成为所有共享经济平台下的用人单位的基本制度，都应当依据劳动法的法定规定制定、变更与执行，这是一条基本原则，不能因为是新型劳动关系而借故丢弃或打折，劳动监管首先要对这一原则的贯彻落实情况进行监察。

　　有人指出规制边界型民事雇佣关系，不能简单地将其毫无差别地转化为传统标准劳动关系，规制应当兼顾灵活与安全、管制与放松、刚性与弹性平衡三大原则，有条件地将其纳入劳动法律规制范畴。[①] 此三大原则同样可以适用于共享经济下劳动规章制度，无论是什么样的劳动，不管是"去"劳动关系或"泛"劳动关系，劳动规章制度都是用人单位人力资源管理的重要手段，在法治社会中都应当接受政府部门的监管，共享经济平台不是法外之地。

2. 矫正正义

　　按照一般法理，劳动规章制度虽然属于劳动用工单位之自主用工权的范畴，但是，它又具有"集体合意"的性质，集体意志"共决"不可缺少，否则就是非法无效的。在传统典型劳动关系中，劳动规章制度的形式要件和实质要件都有劳动法之强制性规定，劳动规章制度形式正义与实质正义都有国家的强力监管，以保障劳动者合法权益，构建公平正义与和谐的劳动关系。

　　第一，矫正形式正义。劳动规章制度形式正义之宏观表象有二：一是民主程序正义，二是公示程序正义。我国《劳动合同法》第4条第2款规定："用人单位在制定、修改或者决定有关劳动报酬、工作时间、休息休假、劳动安全卫生、保险福利、职工培训、劳动纪律以及劳动定额管理等直接涉及劳动者切身利益的规章制度或者重大事项时，应当经职工代表大会或者全体职工讨论，提出方案和意见，与工会或者职工代表平等协商确定。"法律明文规定了"直接涉及劳动者切身利益"的劳动规章制度制定时必须经过"职工代表大会或者全体职工讨论，提出方案和意见，与工会或者职工代表平等协商确定"的民主程序。同时，公示程序是劳动规章制度有效的必经程序，不可或缺。"民主程序制定""内容合法""事先公示"是劳动规章制度具有约束力的三个基

[①] 江峰、刘文华：《边界型民事雇佣劳动法律规制研究》，载《中国劳动》2017年第7期，第20页。

本前提。① 劳动规章制度的民主程序和公示程序都应当接受公权力机关的监督和管理，没有不受监督的权利，在传统典型劳动关系中，公权力机关的监管还是非常有效的，在构建和谐劳动关系和调处劳动争议中发挥了重要作用。

第二，矫正实质正义。劳动监管中对新形态下的劳动规章制度"格式化"趋势要"宽容"，但是，对"格式化"之劳动规章制度内容不能放任自由，仍然要进行内容之合法性审查，矫正实质内容之正义，以确保劳动者合法权益，实现法治社会下治理劳动关系的社会公平与正义。

2016年11月1日起施行的由交通运输部主导，并经工业和信息化部、公安部、商务部、工商总局、质检总局、国家网信办同意的《网络预约出租汽车经营服务管理暂行办法》是我国第一部有关共享经济平台的部门规章。其第18条明确规定，网约车平台公司应当与驾驶员签订多种形式的劳动合同或者协议，明确双方的权利和义务。此条规定首次明确地"宽容"了非劳动合同即协议，具有较高的立法价值。此办法对有关网约车平台公司资格规定中，虽然并没有明确要求必须有劳动规章制度，但是其第5条第4款规定了应当"有健全的经营管理制度、安全生产管理制度和服务质量保障制度"，笔者认为，劳动规章制度应当被划归为"经营管理制度"的范畴，如果用人单位没有劳动规章制度，可以推定为网约车平台公司不具备法定的成立条件，形式正义与实质正义就应当得到矫正。

3. 解构载体

共享经济下劳动规章制度的载体已经变异为无纸化的电子文本，且独立的劳动规章制度文本逐渐被劳动合同、劳务协议、劳务合同或集体合同条款所"吞噬"，此两大载体之变，直接导致新形态下劳动规章制度监管的"无的放矢"，这就需要对劳动规章制度的载体进行解构，实现监管之"有的"而放。

对劳动规章制度载体进行"解构"，可以允许部分初次创业者之劳动规章制度"碎片化"于个体协议或劳动合同或集体合同中，但是，劳动协议或合同规定应当非常明确，不能是一般性的原则规定或倡导性条款，否则，劳动规章制度或劳动纪律无效，更不能作为惩戒权实施的正当依据。

4. 松绑程序

互联网共享经济下的新型劳动规章制度有别于传统单一的典型劳动关系，

---

① 许建宇：《再谈规章制度、集体合同与劳动基准的关系》，载《中国劳动》2015年第3期，第52页。

我国现行劳动法规定的制定程序、变更程序、公示程序都是建立在传统典型劳动关系基础之上的,其本身还存在非典型劳动用工被严重"边缘化"的缺陷,更是难以适应新的时代要求,对劳动规章制度的传统一般程序进行"松绑"就显得非常必要。

对初次创业者之劳动规章制度的制定程序,排除适用劳动法之有关程序性规定,即排除适用《劳动合同法》"职工代表大会或者全体职工讨论,提出方案和意见,与工会或者职工代表平等协商确定"之民主与公示程序,但是,劳动者与用人单位之平等协商不能省略,只不过是改集体协商谈判为个人协商而已。

5. 分配责任

在共享经济平台下,劳动用工发生了新变化,总体上,劳动规章制度无论是形式还是内容都已经被严重"边缘化"与"碎片化",公权力机关对其监管更是困难重重。我国传统意义上的监管机构比较单一明了,主要是指劳动行政监管(劳动监察)部门,原来主要是劳动局,现在是人力资源与社会保障厅、局、所,下面还有特别的劳动监察大队。在共享经济平台下,由于互联网成为主要载体,网络使用者极其复杂多变,单一的用人单位对劳动者的模式已经被颠覆。在网络监管本身还不完善的前提下,对劳动监管更是"难上加难"。这需要转变劳动监管的理念,逐步实现多法、多个部门的统治与分层治理,监管难度和成本都大大高于传统监管模式,共享经济平台之劳动监管确实成为一个亟待破解的新难题。

第一,在监管博弈中,要充分发挥我国工会的强大作用,对各级工会组织都要分配劳动监管的责任。由行业工会牵头组织集体协商谈判,以充分昭示劳动规章制度之"集体合意"性,对新型劳动规章制度的"宽容"与"松绑"并不是削弱与放弃集体协商谈判,反而应当不断思量并重塑三方机制中工会的制度创新。

第二,监管中由劳动监察部门牵头,实行多部门联动监管机制,并明确分配各自的责任,使其各负其责。由于互联网技术的复杂性,加上新型劳动用工的多元化与隐蔽性,对劳动关系包括劳动规章制度的监管,仅仅依靠劳动行政部门是无能为力的,需要多个部门的联合行动,才能实施有效而全面的监管。

《网络预约出租汽车经营服务管理暂行办法》就明确了监管的联动机制,其第31条规定:"发展改革、价格、通信、公安、人力资源社会保障、商务、人民银行、税务、市场监管、网信等部门按照各自职责,对网约车经营行为实施相关监督检查,并对违法行为依法处理。"此规定虽然是针对网约车的,但对整个共享经济平台都有参考价值,在具体对劳动关系及劳动规章制度的监管中,还要特别注意各个联动机构的职责划分,劳动规章制度应当由劳动行政主管部门牵头,涉及哪方面的内容就由哪个部门负责,共同完成对劳动规章制度的监管。

  概览之,劳动路径只是手段而不是目的,对劳动规章制度的监管要克服"不管就乱、一管就死"的窠臼,劳动监管是为新时代创新创业服务的,是为实现新时代劳动人民之安全感、获得感保驾护航的,劳动监管应当与时俱进地不断转变监管理念,不断创新监管机制。法律规制共享经济的目的旨在实现鼓励创新、保护消费者及追求市场效率等多重目标之间的平衡,其核心是政府权力和市场权力的博弈。① 在新形态下的劳动监管博弈中,其路径构想是:明确监管目的,坚持一般原则,兼顾灵活性;监管中要不断矫正形式正义与实质正义;监管中要适当解构劳动规章制度的载体;监管中还要松绑原来劳动法所规定的强制程序;监管中要实现多法、多部门的联动机制,并完善责任分配制度。

---

  ① Sandeep Vaheesan, What Iron Pipefittings Can Teach Us about Public and Private Power in the Market, Indiana Law Journal Supplement, Vol. 91, 2015, pp. 15-23. 转引自蒋大兴、王首杰:《共享经济的法律规制》,载《中国社会科学》2017 年第 9 期,第 161 页。

第六章 劳动纪律制度

【本章概要】 劳动纪律是用人单位意思自治、用工自主权的体现。我国劳动纪律已被立法边缘化,不属于独立法律范畴。劳动纪律与劳动规章制度具有天然联系,但是二者区别明显,劳动纪律只能是对劳动者否定性不利后果之惩戒规则,而不应当包含肯定性有利后果之奖励规则。劳动纪律主要内容之非常不恰当的惯例是涵盖了奖励和处罚制度两大方面;其奖励制度不应当为劳动纪律的内容,而应当将其划归为劳动规章制度。党纪与用人单位之一般劳动纪律竞合时,惩戒权比较复杂。《俄罗斯联邦劳动法典》对劳动纪律立法详尽,价值独特,值得重读和移植。在劳动纪律争议实践中争论最大的是用人单位能否以劳动者严重违纪解除劳动合同。

针对劳动纪律,无论是现有立法,还是理论研究都比较薄弱,实践中有关劳动纪律的争议却是越来越多。立法与理论研究的不足,必然影响到劳动仲裁和劳动司法之形式正义和实质正义。劳动纪律制度创新与实践研究实有必要。

我国劳动纪律具有一定的宪法渊源。现行《宪法》原则性规定了劳动纪律,其第53条规定:"中华人民共和国公民必须遵守宪法和法律,保守国家秘密,爱护公共财产,遵守劳动纪律,遵守公共秩序,尊重社会公德。"因此,劳动纪律可以视为一种基本宪法规范,属于义务规范之列,是公民的一种基本义务。那种认为劳动纪律可有可无、应当由用人单位自由掌控、法律不应当强制规定等观点都是不符合宪法精神的,应当摒弃。现代法治精神要求提升和加强劳动纪律的法律地位,并要在具体的立法上重视劳动纪律,而不能像时下的做法而严重边缘化劳动纪律。虽然,我国劳动纪律立法特别不被重视,但是,仅从劳动纪律是用人单位最为普遍的制度、与劳动者关系也最为紧密来看,研究劳动纪律并不过时,实际价值和意义是不言而喻的。抛开劳动纪律之宪法或法律精神不说,仅从"存在就是合理的"哲学范畴上讲,劳动纪律之极其普遍性特性,就应当成为有理论和实践价值目标的"原命题"和"真命题"。因此,笔者认为,无论是从劳动纪律之宪法或法律精神,还是从普遍性之哲学命题，还是从实际中与广大劳动者普遍关联上，重视并研究劳动纪律具有相当大的理论和实践意义。

第一节　劳动纪律的特征

劳动纪律是用人单位意思自治、用工自主权的体现。我国劳动纪律还不是单独的法律范畴，已被立法边缘化。

劳动纪律与劳动规章制度具有天然联系，即"劳动规章制度天然是劳动纪律，但劳动纪律天然不是劳动规章制度"。二者区别明显，劳动纪律只能是对劳动者否定性的不利后果之惩戒规则，而不应当包含肯定性的有利后果之奖励规则。由此，劳动纪律的基本内容，应当仅仅是对劳动者否定性的不利后果之惩戒规则，即惩戒制度；而不能包括应当由劳动规章制度规定的肯定性有利后果之奖励规制，即奖励制度。此即为我国目前劳动纪律理论研究与立法司法实践中，亟待修正之不当观点。

关于劳动纪律的定义，由于研究的薄弱和立法的边缘化，还没有比较科学而权威的界定和立法规定。

劳动纪律是指用人单位依法制定的，全体职工在劳动过程中必须遵守的行为规则。[1] 劳动纪律通常是指劳动者在劳动过程中所应共同遵守的劳动规则和秩序。[2] 由于我国有关劳动纪律立法的缺失，有关劳动纪律的定义也就缺乏法定性界定，劳动纪律的界定只能是停留在学界层面，其法定性与权威性无从言及。

我国有关劳动纪律的定义有一个共同的缺陷，即没有区分对劳动者的肯定性或否定性评价及有利后果或不利后果之奖励与惩戒，因此，将劳动纪律的界定与劳动规章制度的界定混为一谈，都称之为内部行为规则或准则。笔者认为，劳动纪律的定义，应当去除劳动过程和劳动结果中对劳动者的肯定性评价及奖励，劳动纪律只能是对劳动者否定性的评价与不利后果如惩戒，即可以将劳动纪律定义为：由用人单位依法制定的，单位内部劳动者如果违背应当承担的否定性评价与不利后果及相应的惩戒规则。劳动规章制度应当比劳动纪律的外延及内涵都大，既包括肯定性的有利后果之奖励，还包括否定性不利后果之惩戒；而劳动纪律仅仅只能是否定性的惩戒规则。否则，劳动纪律与劳动规章

---

[1]　王全兴主编：《劳动法学》，高等教育出版社2004年版，第218页。
[2]　丁华：《劳动纪律及惩戒问题的思考》，载《中国劳动》2011年第7期，第14页。

制度就没有明晰的边界了。

我国在《企业职工奖惩条例》被废止后，劳动纪律便失去了可参照的法定依据。由于现行立法对劳动纪律规章制度缺乏具体规范，这在一定程度上影响了对劳动纪律的概念、性质、范围和惩戒的方式、权限、程序等问题的认识，从而直接导致企业管理和仲裁、司法实践的偏差。[1]

我国从2008年实施《劳动合同法》及废除《企业职工奖惩条例》后，劳动纪律就不再是劳动合同的必备条款了，使得劳动纪律近乎成为劳动规章制度的内容之一，在现行实然状况下，劳动纪律不再是一个独立的法律范畴。

笔者认为，我国劳动纪律具有以下特征：

第一，劳动纪律不是单独的法律范畴，其法律规范之属性不断弱化，目前已被立法所抛弃，使得劳动纪律的管理范式严重自由化，特别强于法律规范。

第二，劳动纪律主要是用人单位意思自治的体现，是用人单位用工管理、过程控制和绩效评估考核等自主经营管理权的体现。

第三，劳动纪律与劳动规章制度或劳动规则或内部劳动及集体合同天然相关联，二者"纠缠不清"，劳动纪律天然具有劳动规章制度的特性。

劳动纪律被劳动规章制度所吸收和包含，具有一些劳动规章制度的特征，又有自己的特征，特别是在内容上被劳动规章制度挤入了非常狭小的空间，一般不能就劳动规章制度主要规制的劳动报酬、工作时间、休息休假、劳动安全卫生、保险福利、职工培训等，再作规定。

第四，劳动纪律边界模糊。边界模糊性主要反映在四大方面：其一，有关劳动者非职业行为或私人行为是否可以纳入劳动纪律及惩戒权的范畴。其二，有关劳动者社会保障权的惩戒权是否适用、如何适用等问题模糊不清。其三，有关党员劳动者惩戒权的适用边界严重冲突。党员劳动者劳动纪律与党纪党规之关系，非常难以厘清，党员劳动者在违反单位劳动纪律时，往往又属于违反党纪党规的行为，二者竞合问题突出，用人单位或党组织的惩戒权如何分配？是依据用人单位之劳动纪律或是国家层面的党员条例实施二者其一的"单罚"，还是"双罚"？"双罚"是否还应当包括行政处罚？制度规定的缺失，必然导致实践中的诸多问题。其四，惩戒权是否应当包括解雇权？劳动者"严重"违纪如何界定？这些问题比较模糊，非常纠结。其五，难以界定劳动者"不能胜任工作"，造成了用人单位据此规定而实施惩戒权之滥用。

第五，"末位淘汰"争议较大。人力资源管理上普遍使用的"末位淘汰"

---

[1] 丁华：《劳动纪律及惩戒问题的思考》，载《中国劳动》2011年第7期，第14页。

制，是否应当是劳动纪律的内容？"末位淘汰"是否合法？"末位淘汰"是否应当"淘汰"？这些问题都具有很大争议。此问题一直得到立法界的关注，博弈不断。2012年的《最高人民法院关于审理劳动争议案件适用法律若干问题的解释（四）（征求意见稿）》第一次正式将"末位淘汰"纳入法律的范畴，但是，后来的正式文本还是删除了有关"末位淘汰"的规定，使得"末位淘汰"最终还是未能入法。2016年11月30日，最高人民法院公布了《第八次全国法院民事商事审判工作会议（民事部分）纪要》（简称《纪要》），第一次明确规定用人单位以"末位淘汰"单方面解除劳动合同属于违法。此规定还算不上真正意义上的立法，但其意义巨大。但是，由于这还算不上真正意义上的立法，其实践效果如何，还有待检验，因为《纪要》毕竟不是法律渊源，效力及强制拘束力还不够。

第二节 劳动纪律的内容

笔者认为，我国目前无论是理论研究，还是立法及实践，有关劳动纪律和劳动规章制度之最大缺陷是没有区分劳动纪律与劳动规章制度的根本不同，将二者混为一谈。即一直以来，都没有严格界分劳动纪律与劳动规章制度之不同，将劳动者承担的否则性不利后果之惩戒规则与肯定性有利后果之奖励规则，都不恰当地划归到劳动纪律的内容范畴，因此，我国有关劳动纪律的基本内容总是包括两大方面的内容：奖励规则与处罚规则。笔者的基本观点是，应当将奖励规则从劳动纪律中剔除，将奖励划归到劳动规章制度中去。笔者希望这应当引起学界与立法界的特别关注！

由于劳动纪律属于用人单位用工自主权的范畴，加上我国有关劳动纪律理论研究的贫乏与立法的缺失，导致我国劳动纪律的内容比较复杂，且没有统一规定。

长期以来，有关劳动纪律内容的思维范式都是认为，劳动纪律最为重要的内容是奖惩制度，即包括奖励纪律和处罚纪律两大方面。除此之外还包括履约纪律、工作纪律、休假纪律、保密纪律、安全卫生纪律等。

履约纪律，是指劳动者应当严格履行集体合同、劳动合同和劳动规章制度约定的义务；休假纪律，指劳动者应当按规定时间、地点到岗，并按要求请休事假、病假、年休假、探亲假等；工作纪律，主要是指劳动者应当根据用人单位生产、工作岗位职责及规则，保质保量完成工作任务；安全卫生纪律，是指劳动者遵守劳动安全规制和安全卫生制度；保密纪律，是指劳动者应当保守用人单位的商业秘密和技术秘密；奖惩制度，是指遵纪奖励与违规违纪惩罚规则；其他纪律，包括与劳动、工作紧密相关的其他规章制度及其他规则。

我国《企业职工奖惩条例》第5条规定的奖励纪律非常详细。具体包括：在完成生产任务或者工作任务、提高产品质量或者服务质量、节约国家资财和能源等方面，作出显著成绩的；在生产、科学研究、工艺设计、产品设计、改善劳动条件等方面，有发明、技术改进或者提出合理化建议，取得重大成果或者显著成绩的；在改进企业经营管理，提高经济效益方面作出显著成绩，对国家贡献较大的；保护公共财产，防止或者挽救事故有功，使国家和人民利益免受重大损失的；同坏人、坏事作斗争，对维护正常的生产秩序和工作秩序、维持社会治安，有显著功绩的；维护财经纪律、抵制歪风邪气，事迹突出的；一贯忠于职守，积极负责，廉洁奉公，舍己为人，事迹突出的；其他应当给予奖励的。

我国《企业职工奖惩条例》第11条规定了劳动纪律处罚内容的7大方面，包括违反劳动纪律，经常迟到、早退，旷工，消极怠工，没有完成生产任务或者工作任务的；无正当理由不服从工作分配和调动、指挥，或者无理取闹，聚众闹事，打架斗殴，影响生产秩序、工作秩序和社会秩序的；玩忽职守，违反技术操作规程和安全规程，或者违章指挥，造成事故，使人民生命、财产遭受损失的；工作不负责任，经常产生废品，损坏设备工具，浪费原材料、能源，造成经济损失的；滥用职权，违反政策法令、财经纪律，偷税漏税，截留上缴利润，滥发奖金，挥霍浪费国家资财，损公肥私，使国家和企业在经济上遭受损失的；有贪污盗窃、投机倒把、走私贩私、行贿受贿、敲诈勒索以及其他违法乱纪行为的；犯有其他严重错误的。职工有上述行为，情节严重，触犯刑律的，由司法机关依法惩处。

我国党的纪律一般从内容上可分为党的政治纪律、组织纪律、群众纪律、经济纪律、保密纪律、宣传纪律、人事纪律和外事纪律，共计八大项。《中国共产党纪律处分条例》修订为六大纪律：政治纪律、组织纪律、廉洁纪律、群众纪律、工作纪律和生活纪律。此六大纪律的规定科学而全面，是最为详细的纪律内容规定。

我国《事业单位人事管理条例》第25条规定的奖励制度有：长期服务基层，爱岗敬业，表现突出的；在执行国家重要任务、应对重大突发事件中表现突出的；在工作中有重大发明创造、技术革新的；在培养人才、传播先进文化中作出突出贡献的；有其他突出贡献的。第28条规定的处罚纪律包括：损害国家声誉和利益的；失职渎职的；利用工作之便谋取不正当利益的；挥霍、浪费国家资财的;严重违反职业道德、社会公德的;其他严重违反纪律的。

第三节 劳动纪律与劳动规章制度比较

劳动纪律虽然与劳动规章制度具有"天然"之联系,但是,主要区别明显,笔者将二者关系概括为一句话:"劳动规章制度天然是劳动纪律,但劳动纪律天然不是劳动规章制度。"二者宏观上的区别是:劳动纪律仅仅是对劳动者否定性的不利后果之处罚;而劳动规章制度既可以是否定性的不利后果之处罚,还包括肯定性后果之奖励。

一、权利和义务不同

劳动纪律有关权利和义务的规定与劳动规章制度明显不同。劳动规章制度偏重于劳动者权利规范,而劳动纪律偏重于劳动者义务规范;劳动规章制度之权利规范具有较强的法的特性,一般都要纳入民主程序和法律审查的强制范畴,其形式和内容都有严格的法律审查程序;而劳动纪律之义务规范,几乎不具备法的特性,可以说就是一种道德规范,即道德义务。概言之,劳动规章制度属于法与道德之间的范畴,但是,其劳动者权利规范要大于道德,程序性的规范具有显著的法的特性;劳动纪律属于道德的范畴,其劳动者义务规范就是一种道德规范。从权利和义务的角度解读劳动规章制度和劳动纪律,在理论研究中非常罕见。有学者认为:"《劳动合同法》将劳动规章制度中劳动者权利事项(劳动报酬、工作时间、休息休假、劳动安全卫生、保险福利、职工培训等)与义务事项(劳动纪律)并列,更加突出了权利义务的相对性。""包含劳动纪律在内的劳动规章制度是作为劳动合同之附件而存在的。劳动纪律作为用人单位所有劳动者都必须遵守的劳动义务,没有必要出现在充满个性的单个劳动合同之中。"[①] 还有人认为:"劳动纪律是用人单位制定的单方面约束劳动者履行劳动义务的行为规则,而规章制度的制定既包含劳动者应履行的劳动义务,还包括享有的劳动权利。"[②] 这些观点对劳动规章中的劳动纪律之劳动权利和劳动义务的分类,确实比较合理。但是,笔者认为,其权利和义务之

[①] 钱叶芳:《劳动规章制度若干问题辨析》,载《中国劳动》2015年第4期,第57页。

[②] 张爽:《劳动纪律和规章制度竞合的处理》,载《中国劳动》2015年第10期,第61页。

分类，还需要从法律与道德之权利义务进行甄别，劳动纪律的道德性义务更强于劳动规章制度，而劳动规章制度的法律性权利更强于劳动纪律。

二、外延与内涵不同

用人单位之惩戒权和劳动纪律与劳动规章制度天然密不可分，但是，二者还是有各自的不同外延与内涵的，第一，二者的规定对劳动者肯定性有利后果与否定性不利后果不同，只有否定性不利后果如惩戒，才是劳动纪律的范畴，即劳动纪律仅仅只能是否定性的、对劳动者不利的处罚规则。第二，违规违纪之不利后果都是划归惩戒权的范畴，违规违纪的边界大于违背劳动纪律，即违规违纪还应当包含党纪与党规。

三、制定或变更不同

劳动纪律的制定程序完全属于用人单位意思自治的范畴，法律没有规定，随意性极大。这也是劳动纪律与劳动规章制度的重要区别之一。劳动规章制度在《劳动合同法》中有非常明确的制定和生效程序，而劳动纪律的制定和生效程序没有明确规定。一般都普遍认为，劳动规章制度的制定和有效程序都比劳动纪律更严格和规范；而劳动纪律的制定程序完全由用人单位自由把握，劳动者毫无话语权可言，体现了劳动纪律的弱法性。

四、实施后果之不同

劳动纪律只能是劳动者承担的否定性不利后果之处罚，而不能是肯定性有利后果之奖励；劳动规章制度则既可以是肯定性的奖励规则，又可以是否定性的处罚规则。

第四节 劳动纪律立法比较

一、我国劳动纪律立法

我国有关劳动纪律规定的法规是 1982 年的《企业职工奖惩条例》，此条例已经于 2008 年被废除。《企业职工奖惩条例》第 11 条第 1 款规定，对违反劳动纪律，经常迟到、早退，旷工，消极怠工，没有完成生产任务或者工作任务的，经批评教育不改的，应当分别情况给予行政处分或者经济处罚。特别是第 14 条规定，对职工给予留用察看处分的，留用察看期满以后，表现好的，恢复为正式职工，重新评定工资；表现不好的，予以开除。这样的规定表明：企业除了享有对违纪职工的经济处罚权外，还享有对职工来说最为严重的处罚即解除劳动关系。这样的"双罚"制度，严重侵犯了劳动者的基本生存权。另外，由法规规定劳动关系之解除权，明显僭越了劳动法的规定，既不合理，更不合法，早就应当废除，却施行了20多年，长期的不良"惯性"对后来的劳动纪律之适用也带来了无穷之后患。

我国《劳动法》第3条第2款规定："劳动者应当完成劳动任务，提高职业技能，执行劳动安全卫生规程，遵守劳动纪律和职业道德。"劳动者应当履行包括遵守劳动纪律在内的劳动义务的规定。《劳动法》第4条规定，用人单位应当依法建立和完善规章制度，保障劳动者享有劳动的权利和履行劳动的义务。这表明，规章制度的内容包括遵守劳动纪律在内的劳动义务，用人单位应当将之明确化以方便劳动者履行。《劳动法》第19条将劳动纪律规定为劳动合同的必备条款之一。《劳动法》第25条第1款第2项规定，严重违反劳动纪律或用人单位规章制度的，用人单位可以解除劳动合同。在《劳动法》中，劳动纪律和规章制度为平等并存关系。

《劳动合同法》第4条规定，用人单位在制定、修改或者决定直接涉及劳动者切身利益的劳动报酬、工作时间、休息休假、劳动安全卫生、保险福利、职工培训、劳动纪律以及劳动定额管理等规章制度或者重大事项时，应当经职工代表大会或者全体职工讨论，提出方案和意见，与工会或者职工代表平等协商确定。直接涉及劳动者切身利益的规章制度应当公示，或者告知劳动者。第39条规定，劳动者严重违反用人单位规章制度的，用人单位可以解除劳动合同。

《劳动合同法》将劳动规章制度中劳动者权利事项（劳动报酬、工作时间、休息休假、劳动安全卫生、保险福利、职工培训等）与义务事项（劳动纪律）并列，更加突出了权利义务的相对性。而第17条所规定的劳动合同应当具备的条款中删除了"劳动纪律"这也是立法技术成熟性的表现。[①] 我国《劳动合同法》将劳动纪律的规定纳入劳动规章制度的范畴，并不再是劳动合同的必备条款，使得劳动纪律在劳动规章制度的框架内，必须符合劳动规章制度的合法程序，这些都比《劳动法》的规定要合理得多。

我国《劳动合同法》已经将劳动纪律纳入规章制度的范畴，劳动纪律成

---

① 钱叶芳：《劳动规章制度若干问题辨析》，载《中国劳动》2015年第4期，第57页。

为规章制度的一部分，不再单独存在于法律规定之中。这种吸收立法例，可以推定劳动纪律与劳动规章制度并无实质区别，二者可以属于同一制度类型，这是我国有关劳动纪律立法的最新动向，其是非功过还值得仔细思量。但是，现行实然法如此，学理研究与评判只能对应然的劳动纪律和劳动规章制度有意义。

二、俄罗斯劳动纪律立法

俄罗斯有关劳动纪律的立法很有特色，值得我国借鉴和移植。

《俄罗斯联邦劳动法典》（2002年2月1日施行）对劳动纪律采单独立法例。《俄罗斯联邦劳动法典》第8编为"劳动规章和劳动纪律"，第30章为"劳动纪律"①。其立法和司法解释都有许多有关劳动纪律和劳动规章的适用问题的明确规定，其权威性和可操作性是我国和其他国家都不具备的，借鉴和移植价值都很大，问题是这与我国有关劳动纪律的立法完全不同，并且与我国学界有关劳动规章和劳动纪律立法之"广泛的好评"相悖，笔者是人微言轻，但是作为一个研究劳动法的学者有责任和义务进行学术探究和"大声疾呼"。

俄罗斯立法将劳动纪律分为"劳动奖励"和"纪律处分"两个方面，表明劳动纪律的法定内容是"劳动奖励"和"纪律处分"，而我国无论是立法，还是司法实践都没有对劳动纪律内容的明确界定。《俄罗斯联邦劳动法典》第8编第30章为"劳动纪律"专章规定，第192条规定了"纪律处分"的具体种类，包括三种："批评；训诫；根据相应的理由解雇。"② 之后，在2006年补充规定，"在实行纪律处分时，应考虑违纪的严重程度和实施违纪行为的情境"，③ 第193条规定了"适用纪律处分法人程序"：（1）在给予纪律处分之前，雇主应向员工索要书面解释；并规定，员工未提交解释不妨碍纪律处分的适用。（2）自发现违纪行为之日起的1个月内适用纪律处分，员工生病、休假的时间以及征询员工代表机关意见所需的时间不计算在内。自实施违纪行为之日起超过6个月的，根据财务活动稽查、检查或审计检查的结果自其实施之日起超过2年的，不得适用纪律处分。刑事案件例外。（3）对每种违纪行为只适用一种纪律处分；（4）对于纪律处分，员工可以向国家劳动监察局和审理个体劳动争议的机关申诉。

---

① 蒋璐宇译：《俄罗斯联邦劳动法典》，北京大学出版社2009年版，第113~116页。
② 蒋璐宇译：《俄罗斯联邦劳动法典》，北京大学出版社2009年版，第114页。
③ 蒋璐宇译：《俄罗斯联邦劳动法典》，北京大学出版社2009年版，第115页。

《俄罗斯联邦劳动法典》对有关劳动纪律的规定除了对劳动纪律的形式、内容、违纪处分的种类、时效、申诉等都进行了明确的规定，还规定了劳动纪律处分之事后救济的"撤销"条款，价值独特，值得借鉴和移植。其劳动纪律救济分为两种。第一种救济是："如果自适用纪律处分之日起1年内员工未受到新的纪律处分，则视为其未受纪律处分。"第二种救济是："自适用纪律处分之日起1年期限届满前，雇主有权根据自己的决定、员工直接领导或员工代表机关的申请撤销纪律处分。"① 笔者将第一种称为纪律处分的"自我救济"，第二种称为"他人救济"，包括雇主、员工的直接领导或代表机关。这样两种不同的救济方式，使得纪律处分更加人性化，对违纪不仅具有处罚意义，还有预防功能。

　　《俄罗斯联邦劳动法典》规定的纪律处分还有一个特点：法律直接对违纪处分的连带责任进行规定。"根据员工代表机关的要求追究单位负责人、单位分支机构及其副职的纪律责任。""如违法事实成立，雇主必须对单位负责人、单位分支机构及其副职给予纪律处分，直至解雇。"② 可见，俄罗斯对违纪处分实施连带责任，甚至可以连带到非常重的处罚——解雇，这种非常严厉的纪律处分是其他国家立法包括我国所完全没有的，这对违纪之关联责任人虽然显得太过严厉，但是，对防止关联责任人的失职是有好处的，还可以引导关联责任人对违纪人加大监督和预防的力度，表明纪律处分不是目的，也不是结果，凸显了劳动纪律在用人单位中的积极作用。

　　从《俄罗斯联邦劳动法典》对劳动纪律的一些特色规定来看，笔者可以推断出：劳动纪律的效力位阶处于一个比较高的水平，并不比劳动规章制度的效力差多少。比较而言，我国立法对劳动纪律现状是不闻不问，几乎就是放任自由的态度。如此，毫无疑问是加大了用人单位的自主权，但是，对规范和规制劳动纪律是非常不利的，也不利于劳资关系的和谐和稳定，我们应当多研究俄罗斯的经验，为今后争取重新将劳动纪律纳入法律的视野积累理论成果和理论支撑。

　　俄罗斯法对劳动纪律的规定，还有一个重要的立法特征：除了《俄罗斯联邦劳动法典》的明确规定外，还采取司法解释来规制劳动纪律，其司法解

---

① 《俄罗斯联邦劳动法典》第194条。蒋璐宇译：《俄罗斯联邦劳动法典》，北京大学出版社2009年版，第116页。

② 《俄罗斯联邦劳动法典》第195条。蒋璐宇译：《俄罗斯联邦劳动法典》，北京大学出版社2009年版，第116页。

释的详细程度，恐怕让人难以想象！

俄罗斯联邦最高法院2004年3月17日《关于俄罗斯联邦法院适用〈俄罗斯联邦劳动法典〉的决议》，于2006年12月28日俄罗斯联邦最高法院全体会议决议修订，其中有关纪律处分的规定是第28~53条，共计26条，翻译过来也达十一页之巨①，而《俄罗斯联邦劳动法典》有5条（第191~195条），占此司法解释总条文64条的41%，对劳动纪律进行如此规模的解释，简直让人叹为观止。用此司法解释基本可以处理好实践中的绝大多数的劳动纪律争议，也无须各地再出台关于劳动纪律的实施细则了，其宏观和微观价值意义就不言而喻了。而我国现在，针对劳动纪律根本就没有什么立法或司法解释，劳动纪律已经成为"不屑"之"鸡肋"和"弃儿"。

在苏联宪法中，明确规定了每位公民都必须遵守劳动纪律，诚恳地履行社会义务和劳动义务，对于违反劳动纪律者也有明确的责任承担和处分办法。苏联在社会主义建设过程中，总是把劳动纪律问题、监督劳动标准问题、违反劳动纪律的惩戒问题等放在重要的位置上。②

从我国劳动纪律最初的立法渊源，与其他法律制度一样，都深受苏联计划经济的影响，随着我国改革开放、实行市场经济以来，法制建设不断完善和进步，在当代"言法必欧美"的情势下，我国原来之"言法必苏联"已经被彻底抛弃，几乎遗忘了苏联法的影响力。这种法学学界研究中的"不良"思潮，严重"湮没"了苏联法和现在俄罗斯法的价值与借鉴移植，在坚持我国四项基本原则的前提下，法学研究应当广泛吸取各国的好经验，摒弃"不良"思潮对法律的影响。

我们应当重读俄罗斯法（苏联法），重新研究劳动纪律、重塑劳动纪律制度，学界、立法界和司法界都应当重新审视劳动纪律。此亦笔者写本节的重要初衷和价值追求。

三、日本劳动纪律立法

在日本，对雇主为何有权对违反合同性义务的劳动者施以纪律处分，而不是采取传统的追究民事责任的方式，如撤销合同，寻求赔偿救济？这是一个存

---

① 蒋璐宇译：《俄罗斯联邦劳动法典》，北京大学出版社2009年版，第248~259页。
② 田毅鹏、余敏：《单位制形成早期国企的劳动纪律问题》，载《江海学刊》2015年第4期，第97页。

在争议的问题。日本学者有两种相反的观点①：第一种是经营权理论，认为纪律处分来自雇主固有的经营权，因此，处分员工不需要由合同约定；第二种理论是合同理论，认为处分的基础是双方之间的协议为雇主提供了处分员工的权利。按照合同理论，雇主在没有特定的合同条款或工作规则的情况下，不能给员工以纪律处分。②

可见，在日本，对于劳动纪律处分权研究，有两种不同观点："雇主自治经营权说"和"合同来源说"。雇主在没有特定合同的约定下或工作规则的规定情况下，都不能给员工以纪律处分。笔者认为，第二种即"合同来源说"比较准确地反映了劳动纪律的特性。劳动纪律的行使即使是非解雇的处罚，都是要受到一定的限制的，往往需要有约定或劳动规章制度的规定。这也就表明，劳动纪律效力是非常低的，低于约定和劳动规章制度。雇主以低效力的劳动纪律为由来解雇劳动合同是不合理的，应当摒弃。

日本关于劳动纪律的问题，除了上述两种学理观点外，实践中，法院实行的是不同于学界的另外一种观点。日本最高法院没有接受学者的上述观点，而是创设了独立的理论——"企业秩序说"，雇主拥有建立和维持企业秩序的固有权利，这是对企业生存和顺畅管理均十分重要的特点。日本最高法院从雇主的维持企业秩序的固有权利中，直接得出雇主有处罚劳动者的权利的结论。然而，在一个案例中却认为，雇主能够"按照规则和规章"处分劳动者。因此，在没有合同条款和工作规则的情况下，最高法院是否认为雇主可以行使处分权，这一问题在日本尚不明确。③

在我国，有关劳动规章制度和劳动纪律的研究中，一般也是认为其权利基础为用人单位之自主经营权，与日本的"企业秩序说"并无二致，这都可以表明一个问题——劳动规章和劳动纪律体现的是用人单位的合法团体意思自治。同时，令人困惑难解的是：劳动纪律在没有合同约定或没有劳动规章制度的前提下，雇主是否可以行使处分权即惩戒权？或者说雇主行使处分权是否正当？这也是我国在研究和适用劳动纪律时的困惑，有待深入研究。

---

① ［日］荒木尚志著：《日本劳动法》（增补版），李坤刚、牛志奎译，北京大学出版社 2010 年版，第 115 页。

② Kazuo Sugeno, Japanese Employment and Labor Law, The University of Tokyo Press 2002, p. 419. 转引自 ［日］荒木尚志著：《日本劳动法》（增补版），李坤刚、牛志奎译，北京大学出版社 2010 年版，第 115 页。

③ ［日］荒木尚志著：《日本劳动法》（增补版），李坤刚、牛志奎译，北京大学出版社 2010 年版，第 115~116 页。

第五节 劳动纪律典型案例评析

案例一:

近日,一份由长沙某家公司拟定的"员工行为规范"引发了巨大争议,其中规定:员工就餐时插队或留残渣在餐桌上,第一次处罚100元并公开批评,第二次罚款2000元并解聘。不少员工因为觉得"规范"过于严苛而拒绝签字,但公司规定:不签字视为自动离职。目前,长沙市劳动部门已经明确表示:这种"罚款"规定违法。对此,舆论出现严重分歧,有人认为:明确劳动纪律,奖勤罚懒,是企业的自主经营权;也有人认为,用人单位设置如此苛刻的"劳动纪律",并且逼迫劳动者签订承诺书,本身就是损害劳动者的合法权益。①

案例二:

2012年陈某应聘到一家外贸企业担任销售主管工作,双方签订了五年期限劳动合同。2014年9月10日,陈某向公司人事部门递交了带薪年休假的报告,假期自9月12日起算。9月12日早上,公司秘书通知陈某,因临时性工作需要,总经理不批准其休假申请。但此时陈某已经准备登机与家人一起外出旅游,故未理会公司的意见而自行休假7天。待其休假结束回公司上班时,该公司以陈某擅自离岗无故旷工已严重违反公司劳动纪律为由,与其解除了劳动合同。陈某认为,该公司与其解除劳动合同不符合法律规定,一方面,按《劳动合同法》的规定,劳动者只有在严重违反用人单位的规章制度的情况下,用人单位才可以解除劳动合同。该公司从未制定过诸如此类规章制度并告知陈某本人,因此,该公司以并不存在的规章制度与其解除劳动合同没有法律依据;另一方面,陈某已履行请假手续,但因临时性工作需要,公司在未与其协商的情况下,取消其休假的权利,过错方为公司而非本人,其仅休假7天,并非恶意严重违反劳动纪律,不应解除双方订立的劳动合同。该公司答辩称,虽然公司没有制定过相应的规章制度,但是陈某在休假申请尚未得到公司批准的情况下就擅自离岗自行休假,其行为已严重影响了公司的正常工作秩序并造成不良后果,因此,公司根据《劳动法》第25条第1款第2项的规定,以陈

---

① 沈彬:《劳动纪律要以法律为边界》,载《深圳特区报》2015年11月23日,第A02版。

某严重违反劳动纪律为由与其解除劳动合同是符合法律规定的。①

以上两个案例争议的焦点都是：用人单位能否以劳动者严重违反劳动纪律为由解除劳动合同？

"严重违反纪律""造成重大损害"的标准，一般应当从严掌握，以避免个别用人单位揪住劳动者的"小错误"将之开除。就像上面案例一中，员工留残渣在餐桌上，当然是不文明的行为，但它首先不属于员工的岗位工作内容，而且显然不会对企业的正常经营"造成重大损害"，企业就不能通过严苛的劳动纪律或劳动规章制度，施以2000元罚款与解聘的重罚，否则就是僭越了劳动法规，是企业一方利用其优势剥夺了劳动者的基本权利。② 按照劳动法一般原理，无论是中国，还是国外，雇主解雇劳动合同，都要受到法律的严格限制，雇员的权利都要受到明确的解雇保护，解除劳动合同必须要求有非常充分的正当理由。例如，在日本，"违纪的有效性会受到更严格的司法审查"③。用劳动规章制度解雇合同更是严格，即只有劳动者"严重"违反用人单位的规章制度、"严重"失职、给用人单位造成"重大"损害时，才能解除劳动合同。

董保华教授认为，《劳动合同法》只保留了"严重违反用人单位的规章制度"的规定，而除去了"严重违反劳动纪律"的规定，用人单位只能依据规章制度解除劳动合同，在没有规章制度或规章制度没有规定的情况下，无论劳动者过错的严重程度，均可能导致无法解除的结果。他还说："如果用人单位没有一个详尽的规章制度，哪怕员工有极其严重的过错行为，依然不能解除劳动合同。劳动合同法对于严重违纪的员工，也加强了解雇保护。"④ 可见，董保华教授是反对用人单位之违纪解除权的，即便是"严重"违纪或"极其严重"违纪。

《劳动合同法》已明确将劳动纪律纳入了用人单位的规章制度范畴中，而非独立于规章制度之外，违反劳动纪律与违反规章制度不再为同一层面的法律概念，违反劳动纪律只能作为劳动者存在过错的事实依据；而违反规章制度既

---

① 张爽：《劳动纪律和规章制度竞合的处理》，载《中国劳动》2015年第10期，第61页。

② 沈彬：《劳动纪律要以法律为边界》，载《深圳特区报》2015年11月23日，第A02版。

③ [日] 荒木尚志著：《日本劳动法》（增补版），李坤刚、牛志奎译，北京大学出版社2010年版，第115~118页。

④ 董保华著：《十大热点事件透视劳动合同法》，法律出版社2007年版，第348页。

可为事实依据,又可为解除劳动合同的法律依据。因此,在《劳动合同法》实施后,用人单位应当按法律的规定,重新更新、制定包括劳动纪律内容在内的规章制度,并使其依法定程序制定及生效。如果劳动者存在严重违反劳动纪律的行为,用人单位应该以劳动者违反规章制度为由解除劳动合同。本案中公司未在《劳动合同法》出台后按照法律规定更新、制定相应的规章制度,也就无法通过合法的规章制度对劳动者进行有效管理,更不能在未向劳动者明确告知必须遵守的劳动纪律具体内容的情形下,以劳动者严重违反劳动纪律为由解除劳动合同。[①] 笔者比较认同上述结论,即单独制定的劳动纪律是不能作为用人单位解除劳动关系的正当理由的,即使是将劳动纪律"整合"到劳动规章制度中去,也必须遵循劳动规章制度的民主程序和公示程序,并不仅仅是"明确告知"一个程序,同时,即使是"严重"违纪,也不必然就导致解雇之最为严重不利后果的产生,解雇只能是最后的惩戒,不能随便行使,以彰显对劳动者"解雇保护"之法理和基本人权理论。

[①] 张爽:《劳动纪律和规章制度竞合的处理》,载《中国劳动》2015年第10期,第61页。

第七章 惩戒权新构架

【本章概要】 惩戒权已经被我国劳动法严重边缘化，一直还不属于真正的法律范畴，我国对惩戒权的研究特别薄弱，权威教科书也鲜有论及。第一节从惩戒权的法源和性质、惩戒权的边界、惩戒权的类型化和惩戒权的时效四大方面审视和研判惩戒权。第二节研究了惩戒权的一般类型化，惩戒权一般包括经济罚和非经济罚两类。第三节分析了惩戒权的特殊类型化。第四节阐述了惩戒权的边界即适用对象，惩戒权的适用对象应当受到严格限制：一是非职业行为即私人行为不能纳入惩戒权的范畴；二是惩戒不能妨碍社会保障权的实现。

惩戒权还不属于真正的法律范畴，它是我国劳动法严重边缘化的疑难问题，理论研究严重滞后，劳动法权威教科书也鲜有涉及。

惩戒权，一般意义上的惩戒权即为用人单位之惩戒权。狭义的解除权不应当包括合同解除权即解雇权；广义惩戒权包括解雇。本书之惩戒权是指一般意义上的狭义惩戒权，主要是用人单位享有的因劳动者违反劳动规章制度或劳动纪律即违规违纪而受到处分的权利。本书的重点又是劳动纪律之惩戒权。

惩戒权与解雇权的基本关系是：广义上的惩戒权包括解雇，其解雇是受到法律非常严格限制的，不能直接由劳动规章制度或劳动纪律规定，应当是受到劳动合同法和集体合同法的限制，或者解雇须有正当合理的理由，且由公权力机构予以审查。概言之，即使是认为解除权包括解雇，解雇也是应当受到公权力的严格制约的，主要适用"严重违纪"或"不能胜任工作"，解雇权是由有权机关授权给用人单位的，属于授权之范畴，是不能由用人单位与劳动者约定的，是"私法公法化"的结果。"纪律处分是法律授予用人单位在劳动者违反劳动纪律时的自力救济手段，属于行使形成权的行为。"[1] 王全兴教授也认同

---

[1] 黄昆、王全兴、孙瑞玺：《惩戒争议应纳入劳动争议受案范围》，载《中国劳动》2008年第4期，第50页。

惩戒权是属于法律授权的救济手段。

我国对惩戒权的理论研究还非常薄弱，笔者在中国知网以"惩戒权"为篇名检索，截至2015年12月31日，仅仅只有240篇论文，且绝大多数都是有关教育或教师之惩戒权的，关于用人单位或企业之惩戒权的文章仅有几篇，可见，我国对惩戒权尤其是从法律的视角进行研究非常罕见。劳动规章制度和劳动纪律一直都是用人单位实施管理的一种非常普遍的制度，几乎每个单位都有劳动规章制度或劳动纪律，在企业更是如此，因此，研究惩戒权具有学术价值和实际应用意义。笔者将从惩戒权的法源和性质、惩戒权的边界和惩戒权的类型化三大方面审视和研判惩戒权。其中包含惩戒权的立法比较分析、惩戒权与社会保障权、惩戒权与合同解除权的关系、惩戒权之罚款与调职等方面的解构，以企能够抛砖引玉。

第一节　惩戒权法源与性质

惩戒权缺乏法律的明确界定，学界有关惩戒权的法源与性质更是众说纷纭。

有一种观点认为，企业惩戒权"是企业基于与劳工之个别劳动契约，或以工作规则所规定之条款为基础而成立之合意"[1]。

还有一种观点认为，惩戒权的性质应当为私法性质的权益或权限。[2] 该观点是参照德国、法国和日本的一些规定而得出的结论。在德国，通常认为企业惩戒是一种企业自治的刑罚权力，具有权力的属性。[3] 法国，通常认为是企业存在一种惩戒权，其中的"权"具有权力的含义，但是在法国也有不少学者倡导使用权利的概念。应当注意的是，虽然在德国和法国的法理中认为惩戒权是一种"权力"，但是并非承认其属于公法上的权力，更多是指具有社会学意义的一种团体自治权。[4] 日本大部分学者都认为惩戒权是一种"权限"或者是"权能"。在"雀巢日本案"中，最高法院的判决使用了"权能"一词。

---

[1] 吕荣海：《劳动法法源及其适用关系之研究》，台湾蔚理法律出版公司2002年版，第370页。

[2] 黎建飞、董泽华：《企业惩戒制度研究——以德、法、日三国为借鉴》，载《天津师范大学学报（社会科学版）》2014年第3期，第37页。

[3] 黄程贯：《企业惩罚权》，载《台湾社会研究季刊》1989年第2期，第3~4页。

[4] 黎建飞、董泽华：《企业惩戒制度研究——以德、法、日三国为借鉴》，载《天津师范大学学报（社会科学版）》2014年第3期，第37页。

2007 年的《劳动契约法》中对惩戒权滥用的规定，也在一定程度上确认了惩戒权具有"权利"方面的属性。不能够否认惩戒权是一种私法上的权利或者权限。惩戒权在我国还是一种私法上或者说是劳动合同中的一种权限，具有形成权的性质。①

国内还有一种与上面相反的观点，认为惩戒权属于公权力的范畴。"惩戒权是指用人单位对违反劳动纪律的劳动者实施惩戒的权力。""从法律上对企业的惩戒权进行规范，既要肯定这一权力，又不能让它随意地扩大和滥用。"② "企业惩戒权源自企业的规章制度制定权，与其经营管理权密不可分，是企业对违反劳动纪律的劳动者进行制裁，强迫劳动者承受某种不利益的权利，具有权力的特点。"③

关于惩戒权还有一种观点为"授权说"（笔者总结）：企业惩戒权的来源实际上是与用人单位制定规章制度的权利密切相关的。《劳动法》和《劳动合同法》均赋予用人单位制定规章制度的权利。那么，为了保障企业劳动规章制度能够切实得到实施，就需要赋予其强制力，即要授予用人单位对违反规章制度的劳动者给予处罚的权利。由于劳动规章制度是企业行使惩戒权的直接依据，因此企业劳动规章制度的有效与否会直接影响到惩戒权的合法性。④ 此"授权说"实则也是说惩戒权属于公权力的范畴。

我国对惩戒权之性质的研究非常罕见，笔者归纳梳理出惩戒权性质和法源的观点主要可以分为七类，其中前五种观点主要是参考我国台湾学者黄越钦先生之概述。⑤

一、契约说

惩戒权之契约说观点一般认为：雇用人（雇主）对受雇人（雇员）享有所谓劳务指挥权，由于雇主对受雇人适切统合的必要，对不服从其指挥权之受雇人乃发生一种特别的制裁权。

黄越钦先生是明确反对此观点的，他认为，以不平等的关系为前提的惩戒

---

① 黎建飞、董泽华：《企业惩戒制度研究——以德、法、日三国为借鉴》，载《天津师范大学学报（社会科学版）》2014 年第 3 期，第 37 页。
② 丁华：《劳动纪律及惩戒问题的思考》，载《中国劳动》2011 年第 7 期，第 15 页。
③ 夏雪：《论企业惩戒权的完善》，载《金陵科技学院学报（社会科学版）》2013 年第 4 期，第 34 页。
④ 黄昆：《谁享有对王某的惩戒权》，载《中国劳动》2008 年第 2 期，第 48 页。
⑤ 黄越钦著：《劳动法新论》，中国政法大学出版社 2003 年版，第 182~184 页。

权,大大违反了近代法律秩序中个人自由平等的基本原则,故除非有法规上的授权、契约同意外,无从产生惩戒权。① "契约说主张劳动契约上责任乃惩戒事由之发生原因,将惩戒界定为雇主契约上权利之行使,可使企业惩戒局限于涉及劳动契约义务之企业内行为,而不致过于扩张,其以劳工意思参与作为惩戒制度得以存在之正当依据,符合私法自治以及保护劳工之要求,但其对于实务上存有诸多非个别劳动契约所预定之企业惩戒措施,则难以合理说明。"② "契约说认为,惩戒规定应当由双方制定,惩戒就是违约责任的一种。非契约说在由谁来制定惩戒规定的问题上并不统一,但是都认为惩戒与违约责任是不同的。"③

日本在2007年《劳动契约法》出台前后,契约说逐渐成为比较有说服力的学说。但是相关的学说与判例认为,企业秩序与违约并不排斥,而且持契约说的学者也认为,惩戒不同于一般的契约手段。④ 我国也有大陆学者比较认同此说:契约说强调的是劳资双方的合意,只有基于双方的同意,企业对职工的处罚才是合法有据的,契约说是企业对职工进行惩戒合法性的阐释。此学说基于合意,强调民主,更有利于保护劳动者的权利,因为能够防止单方的随意惩处,最终能够较好地保护职工的人权。若从法律价值角度分析,契约说的法律价值取向是人权。此学说侧重合意与民主,从企业管理角度,用另外一个概念来说就是发言权。可以说,契约说强调的是职工的发言权。⑤

二、法规说

"此说乃根据劳动基准法之规定,依其规定,法律认许者限于以具备劳基法所定要件之工作规则所定之使用者惩戒权。"该说认为,惩戒权不是"一方对他方进行私的制裁""结果成为国家授权之一种存在于经营体的司法权"⑥。

---

① 黄越钦著:《劳动法新论》,中国政法大学出版社2003年版,第183页。
② 陈建文:《企业惩戒》,载台湾劳动法学会编:《"劳动基准法"释义——施行二十年之回顾与展望》,台湾新学林出版股份有限公司2005年版,第352页。
③ 黎建飞、董泽华:《企业惩戒制度研究——以德、法、日三国为借鉴》,载《天津师范大学学报(社会科学版)》2014年第3期,第37页。
④ 黎建飞、董泽华:《企业惩戒制度研究——以德、法、日三国为借鉴》,载《天津师范大学学报(社会科学版)》2014年第3期,第37页。
⑤ 王小凯、徐道稳:《企业罚款惩戒之第三条道路》,载《中国劳动》2015年第2期,第59页。
⑥ 黄越钦著:《劳动法新论》,中国政法大学出版社2003年版,第183页。

笔者认为，此说的合理性是：从一个方面揭示了惩戒权之公法授权性质，具有"私法公法化"的特征，这对探究劳动规章制度、劳动纪律及惩戒权还是非常有益的，也是违规违纪惩戒权之行使为何都有很严格限制的法理依据。但是，法规之制定、变更、颁布实施等毕竟是政府公权力机关才能享有的，其他私权利组织一般无法现有，即使是获得授权，也不够正当；况且，惩戒权是完全属于各个用人单位（含企业）内部的惩戒手段，与具有社会公共性质的较为普遍意义的法规差别巨大，因此，惩戒权之法规说难以处理。笔者认为，研究惩戒权的法律性质，不能"只见森林不见树木"，应当紧密结合惩戒权的来源——用人单位之内部劳动规章制度来研究与判别，惩戒权和用人单位之劳动规章制度一样，具有复合性的性质，并不仅仅是某一个方面。

三、否定说

我国台湾学者认为："因此雇主一方决定之惩戒其事由及法的效力完全依民法及其他法律决定之，从而否定雇主对受雇人之惩戒权。"①

笔者认为，此说与法规说类似，只是明确否定雇主对雇员享有法定的惩戒权，换言之，此说将惩戒权几乎完全从雇主之私权中拿出来，使得惩戒权的公法性质更为明显，这对限制雇主的权利滥用、保障劳动者的权益比较有利。但是比较偏激，没有考量惩戒权之私法或"私法与公法化"的问题，此说难以说明惩戒权之施权主体，因为，违规违纪之惩戒权的行使主体毕竟是用人单位即雇主，而不是公权力机关，公权力机关只是享有一定的审查权和限制权，即公权力机关并不是惩戒权之法律关系的直接主体。我们不能因为惩戒权是雇主对雇员的制裁，为了保障劳动者权益而完全否定惩戒权的合理性，毕竟惩戒权是用人单位之经营自主权的体现，保障劳动者合法权益，并不是说完全否定用人单位的经营自主权，而是要求公权力机关对惩戒权进行适当的限制、审查和救济，比如应当对惩戒权的行使范围进行明确界定，明确规定惩戒权的"负面清单"如惩戒权不能包括合同解除权即解雇权等，因此，惩戒权之否定说应当摒弃，只能作为研判惩戒权之限制与救济的一个理论依据，而不能成为法律性质。

四、固有权限说

此说认为，"企业乃为共同目的而组织之活动团体，基于组织体制度之形

---

① 黄越钦著：《劳动法新论》，中国政法大学出版社2003年版，第183页。

成，当然即有统治力"，此观点将惩戒权看成是企业单位当然存在的一种固有（本来的）权能或固有权限，即惩戒权是企业自身本来就具有的对违规违纪之劳动者的惩罚权限，因此不论采取何种惩戒手段都是合法的，但是，如此一来的结果不啻对基本人权的否认。亦有从同一组织体之基础上寻求惩戒权之依据者，其基本主张是：惩戒解雇权者是基于企业所固有的经营权，是企业所有权产之下产生的另外一种权限。此说是将惩戒权的来源认定为企业基本"所有权"，表现在法律效力上即为对劳动者管理的天然支配权。

在我国台湾，此惩戒权的"固有权限说"遭到了严厉批判。"在法治国基本原则下，无任何人得拥有处罚他人的权限，除非有合宪之法律明文授权，且此一明文之法律授权亦应受相当性基本原则之严格审查。"① 固有权限说"形同承认雇主对与其处于平等地位之劳工得由其财产延伸出控制权力，有违现代法律精神"。② "固有权限说"虽然偏重于用人单位的经营自主权，但是，其放大了自主权，因为，在法治社会下，行使权力和权利都必须经过法律的授权或审定等法定程序，才具有法律的效力，否则就有违宪或违法嫌疑，"固有权限说"并不可取。

五、集体合意说

集体合意说观点认为，惩戒应当严守民法法人之契约精神，即契约必须以当事人的合意为基础，惩戒权只有体现团体的合意时，才能够成立。

笔者认为，此说从另外一面解释了惩戒权的来源是用人单位内部的劳动规章制度，表明了惩戒权与劳动规章制度的基本关系，即劳动规章制度是惩戒权存在的基础和载体，没有劳动规章制度就没有惩戒权，惩戒权本身就是因劳动者违反了用人单位内部的劳动规章制度——违规而应当接受的惩罚，或者是因劳动者违反了用人单位内部的劳动纪律——违纪而应当接受的惩罚，二者相辅相成而不可分离。

此说还揭示了惩戒权与用人单位劳动规章制度性质之集体合意说的极其类似性，无论程序上，还是内容上都要充分体现二者之内容合法、程序正当的基本要求，而集体协商谈判是二者达成协议的必经途径，因此，惩戒权之集体合

---

① 黄程贯：《企业惩罚权》，载《台湾社会研究季刊》1989年第3、4期，第9页。
② 陈建文：《企业惩戒》，载台湾劳动法学会编：《"劳动基准法"释义——施行二十年之回顾与展望》，台北新学林出版股份有限公司2005年版，第352页。

意说充分展示了惩戒权与劳动规章制度的同一性即集体意志性，此说还表明了集体协商的民主精神，具有较大价值，这也是我国有关集体协商谈判即集体劳动关系调整中存在的主要缺陷之一。

六、企业秩序说

企业秩序说主要是日本学界和判例法的观点。

黄越钦先生的观点是：惩戒权属于经营体之司法权，应当区分为两种：一是一般惩戒权，二是特别惩戒权。一般惩戒权"指依据法律规定在具备法定要件时，雇主得对之为惩戒者加以惩戒，例如解雇，或依民法之规定劳动者对雇主之生产设备等予以破坏，雇主得对之主张损害赔偿者是"。特别惩戒权指"则其惩戒权之基础在法律规定之外，而系事业主之特别规定，在学理上称之为秩序罚，此种惩戒在本质上是一种违约处罚，其方式例如罚钱、罚扣薪水、罚加班、降级、延长试用时间等"。① "以企业秩序作为企业惩戒之法律依据者，认为雇主系企业所有者，享有将构成企业之人的要素及物的设施两者加以统合，作合理配置组织的权限，故其得就维持企业秩序之必要事项订定一般性规则（建立企业秩序之权限），调查违反企业秩序行为之内容、样态与程度，作出回复企业秩序所必须之业务上指示（维持企业秩序之权限），进而依其所定规则对违犯者施加惩戒以为制裁（惩戒权限）。劳工既因缔结劳动契约而被纳入企业组织服务，其即负有遵守该企业营运所需维持之企业秩序的劳动契约上附随义务。"②

荒木尚志认为，日本最高法院创设了独立的理论——"企业秩序论"。按照日本最高法院的观点，雇主拥有建立和维护企业秩序的固有权利，劳动者和企业签订了劳动合同，就有尊重企业秩序履行工作任务的附随义务。③ 很明显，最高法院从雇主固有的维持企业秩序权利中，直接得出雇主有处罚劳动者的权利的结论。然而，在一个案例中最高法院认为，雇主能"按照规则和规章"处分劳动者。因此，在没有合同条款和雇主规则的情况下最高法院是否

---

① 黄越钦著：《劳动法新论》，中国政法大学出版社2003年版，第184页。
② 陈建文：《企业惩戒》，载台湾劳动法学会编：《"劳动基准法"释义——施行二十年之回顾与展望》，台湾新学林出版股份有限公司2005年版，第352页。转引自熊晖：《解雇保护制度研究》，西南政法大学2010年博士学位论文，第85页。
③ ［日］荒木尚志著：《日本劳动法》（增补版），李坤刚、牛志奎译，北京大学出版社2010年版，第115~116页。

认为雇主可以行使处分权,这一问题在日本尚不明确。① 可见,日本的"企业秩序论"是判例法之违纪处分的观点和做法,并不是由日本劳动法直接得出的结论,其依据是必须有劳动合同的条款,或者是必须有劳动规章或规则的规定,否则,雇主是否可以行使惩戒权还是不确定的,此说的前提是合同或规章的约定,与前文之"契约说"有许多共同之处。

"企业秩序说"的主要缺陷:"是以所谓企业秩序之名义,将应由雇主与个别劳工本于其自己责任,自行调整、解决之水平冲突关系,转化为经营组织整体与劳工私人间之垂直冲突关系……益发突显劳工与雇主在企业组织中的地位差距以及企业惩戒具有类化行政统治关系之高权色彩。"② 我国也有学者比较认同"企业秩序说",其观点肯定了将雇主权利限于维持企业秩序的范围内,可以强化惩戒须与维持秩序目的之间的客观合理关联,借此排除雇主之恣意行为。他还认为值得肯定的是,这既为劳动者民主参与其制定、施行开辟了空间,也能将之纳入整体法律秩序之内予以妥当性考量,防止其成为规避法律秩序的脱法行为。③

黄越钦先生所谓的一般惩戒权主要就是解雇权,其必须是依据法律的规定实施。特别惩戒权则是用人单位的自主经营权的体现,相对于本书笔者所言违规违纪之惩戒权,也就是狭义惩戒权的范畴。"秩序罚"应当是指惩戒权之类型化,但是比较狭窄,因为惩戒权之类型化一般分为经济罚与非经济罚,"秩序罚"将这两种都包含在内,比较笼统,并不可取。

七、根据二分说

我国还有一些人持此观点。根据二分说认为,企业工作规则的内容大概可以分为两个部分:工资、工时等劳动条件部分是劳动合同的固有内容,因此,此部分应经过职工的同意方能生效。关于职工在企业内遵守劳动纪律部分,这是企业基于对职工之指示权而所为之部分,所以,此部分无须经过职工的同意即可生效。二分说把企业工作规则进行区分,分为劳动纪律部分和狭义的劳动条件部分。这里区分的一个重要标准就是是否直接涉及劳动者切身利益。二分

---

① [日]荒木尚志著:《日本劳动法》(增补版),李坤刚、牛志奎译,北京大学出版社2010年版,第115~116页。

② 陈建文:《企业惩戒》,载台湾劳动法学会编《"劳动基准法"释义——施行二十年之回顾与展望》,台湾新学林出版股份有限公司2005年版,第352页。转引自熊晖:《解雇保护制度研究》,西南政法大学2010年博士学位论文,第85页。

③ 熊晖:《解雇保护制度研究》,西南政法大学2010年博士学位论文,第85~86页。

说可以说是固有权说与契约说二者的折中、妥协，劳资利益的平衡之说。我国似乎大体上也采纳了二分说，即对直接涉及劳动者切身利益的规章制度，应当经过民主程序或协商程序制定，方可生效。此亦吸收了契约说的部分内容，保证企业生产管理劳工对企业工作规则的有效服从。对未直接涉及劳动者切身利益的规章制度，雇主可以直接制定，即直接对职工具有约束力。此亦采纳了固有权说的部分内容，保证企业生产管理的效率。可以这么说，二分说强调的是公平，是效率与发言权的平衡，是固有权说与契约说的折中与妥协。① 此说实则来源于劳动规章制度性质之"根据二分说"，在我国，"契约说""法规说""集体合意说"的支持者都甚多，唯独"根据二分说"因被视为缺乏技术上的可操作性而支持者寥寥无几。② 但是，我国也有学者是赞同此观点的，更有极力推荐者，除了上面的王小凯、徐道稳外，还有丁建安，他仍坚持认为"根据二分说"的见解、观点更为可取。③

将在学界本身就有争议的劳动规章制度的性质，直接应用在劳动纪律上，并不恰当，毕竟劳动纪律与劳动规章制度还是有区别的。"我国似乎大体上也采纳了二分说"④ 并不准确，很多学者并不赞同此看法，如高圣平、常凯等。笔者也不赞同此观点。

概言之，劳动规章制度和劳动纪律性质争议之繁杂，必将导致惩戒权的更大争议。笔者将惩戒权的法源和性质之争概括分为：公法说和私法说两类。

笔者认为，上述不同的规定各有其理，见仁见智，它们都是从惩戒权之某一方面来强调惩戒权的属性，有以偏概全之嫌，要全面把握惩戒权的性质，应当从多个视角透视其属性，不能"一叶障目不见泰山"。笔者认为惩戒权兼具公法和私法的属性，恰恰是"私法公法化"和"私法公法化"融合之表象之一。惩戒权的公法性使其受到严格的限制，以防止权力的滥用，此即惩戒权之"公法私法化"；私法性的契约性又使其具有一定的可协商性，但是，它又不是劳动合同的必备条款，惩戒权的行使不能超过公法的范围，此即惩戒权之

---

① 王小凯、徐道稳：《企业罚款惩戒之第三条道路》，载《中国劳动》2015年第2期，第59~60页。

② 丁建安：《论"根据二分说"的优越性——再议企业劳动规章的法律性质及其制定、变更程序》，载《法制与社会发展》2013年第3期，第151页。

③ 丁建安：《论"根据二分说"的优越性——再议企业劳动规章的法律性质及其制定、变更程序》，载《法制与社会发展》2013年第3期，第151页。

④ 王小凯、徐道稳：《企业罚款惩戒之第三条道路》，载《中国劳动》2015年第2期，第59~60页。

"私法公法化"也。

第二节 惩戒权一般类型化

惩戒权一般包括经济罚和非经济罚两类。惩戒权之经济罚博弈不断：一是罚款"肯定说"，二是罚款"否定说"，三是罚款"替代说"。其中罚款"替代说"，比较合理而可行，应当成为惩戒权之经济罚的主要内容。罚款"替代说"介于罚款"肯定说"与罚款"否定说"之间，是在否定罚款的大前提下，将减薪或降薪作为罚款的替代产品。三种观点的博弈，难以形成定论，需要理论研究的支撑和立法之规范。

惩戒权类型化是指惩戒权的外在表象，即有权处罚单位或授权单位对违规违纪进行处分的形式范式或种类。

惩戒权的类型化从广义上主要有：解约罚即解除合同罚（广义之惩戒权）、经济罚（主要是罚款、变相罚款如降薪等）和非经济罚三类。一般都是狭义上的类型化，是不包括解约罚的经济罚与非经济罚两种。非经济罚类型较复杂，例如荣誉罚（警告、记过、记大过、留党察看等）。有些惩戒形式兼有经济处罚和非经济处罚的双重属性，如降岗、降职、降低工资级别、撤职等。[①] 笔者认为，惩戒权之一般类型化主要包括经济罚（主要是罚款、变相罚款如降薪等）和非经济罚两类。

一、经济罚总概览

我国有关用人单位惩戒权的类型，广义上主要包括：解约罚即解除合同罚（广义之惩戒权）、经济罚（主要是罚款、变相罚款如降薪等）和非经济罚三类。一般从狭义上分类，不包括解约罚，只分为经济罚与非经济罚两种。非经济罚类型较复杂，例如荣誉罚（警告、记过、记大过、留党察看等）。经济罚与非经济罚的边界并不是特别清晰，二者具有交叉和重叠性。有些惩戒形式兼有经济处罚和非经济处罚的双重属性，如降岗、降职、降低工资级别、撤职等。[②] 笔者认为，惩戒权之一般类型化主要包括经济罚和非经济罚。

对惩戒权分类比较认同的是分为经济处罚和非经济处罚两类。"总的来讲，惩戒措施依其是否直接具有经济利益为内容，可大致分为经济处罚和非经

---

① 丁华：《劳动纪律及惩戒问题的思考》，载《中国劳动》2011年第7期，第15页。
② 丁华：《劳动纪律及惩戒问题的思考》，载《中国劳动》2011年第7期，第15页。

济处罚两类。"① 经济处罚是直接使违纪劳动者承受经济利益方面不利后果的处罚，或者表现为强制劳动者支付一定的财产，如罚款、赔偿经济损失等。非经济处罚是直接使违纪劳动者承受精神上的谴责和惩戒，但不直接表现为财产的丧失或减少，如警告、记过等。有些惩戒形式兼有经济处罚和非经济处罚的双重属性，如降岗、降职、降低工资级别、撤职等，它们间接地使违纪者的经济利益受损。②

在国外，对一般性惩戒措施的认定非常宽泛。以法国为例，除口头批评外，雇主针对雇员的、在其看来是错误行为而采取的任何措施，不论是否直接影响到雇员的出勤、职务、报酬或职业，都构成对雇员的惩戒。它既包括那些传统的惩罚措施，如书面批评、警告、停职、调动岗位、降职、辞退，也包括一些对雇员而言具有惩罚性的职业上的不利变化，如推迟晋升、改变工作时间、不准参加某些会议、扣除奖金、取消免费停车车位等。

但是，惩戒权之经济罚却被非常严格地加以限制，不能任由权利人随便行使。经济性惩戒必须被限制在合理的限度内。经济性惩戒关涉劳动者的核心利益，劳动者的薪酬收入往往与劳动者本人及其家庭成员的生存、生活密切相关，因此各国劳动立法一直对于经济性惩戒都予以严格限制，尤其是对劳动者采取扣减、降低薪酬的惩戒限制更为明显。③

在我国，现实生活中，除惩戒性解雇外，引发劳动争议最多、争议也最大的惩戒措施主要有两种，即罚款（含扣工资）、调岗。④ 其中，争议最大的是惩戒权是否包含罚款权。

本书之用人单位惩戒权之惩戒措施的博弈论是：第一种观点是肯定惩戒权包含罚款权即"肯定说"；第二种为"否定说"，与第一种截然相反，彻底否定罚款；第三种是"替代说"。"替代说"是笔者之拙见，介于前面两种观点之间，比较折中，是在否定直接罚款的大前提下，将降薪或减薪作为罚款的替代产品。三种观点的博弈，虽然难以形成定论，但是，如此之博弈对惩戒权之经济罚具有一定的理论价值和实践运用意义，还可以为将来惩戒权之立法跟

---

① 黄昆、王全兴、孙瑞玺：《惩戒争议应纳入劳动争议受案范围》，载《中国劳动》2008年第4期，第49页。

② 丁华：《劳动纪律及惩戒问题的思考》，载《中国劳动》2011年第7期，第15页。

③ 王林清：《劳务派遣用工单位惩戒权问题探讨》，载《现代法学》2016年第4期，第91页。

④ 丁建安、张秋华：《企业惩戒权的法律规制》，载《社会科学战线》2013年第10期，第193页。

进，提供一定的理论支撑和借鉴范式。

二、罚款"肯定说"

此观点被企业普遍认同，并长期以来在实践中经常被采用，体现的是劳动规章或劳动纪律惩戒权之企业自主权的一般法理。特别值得注意的是，对罚款持肯定态度的并不仅仅是用人单位，实务中许多劳动者也是赞同的。另外，在学界，也有许多学者认同此观点。"肯定说"因其得到三方，即用人单位、劳动者和学界的普遍认同，而比较盛行。

有些学者认为，《立法法》和《行政处罚法》对财产罚所做的限制，我们要从立法的目的去理解，而不应一概而论。其立法目的是防止行政主体滥用行政处罚，所以，对处罚权作出了比较严格的限制。而企业作为一个社会组织，是能够完全自治的，只要不违反法律法规的强制性规定，国家不应过多地直接予以禁止。我们还是要尊重劳动契约的契约自由、意思自治的精神，而不应该以国家的权威禁止用人单位罚款惩戒。他们还认为，国家未禁止即可为。《企业职工奖惩条例》被废除，并不代表国家反对罚款。他们还从国家惯例进行了求证：从国际上看，即使在市场经济比较发达的国家，企业也可以对其职工行使罚款权，但应受到严格的限制，而不是禁止。①他们还从现行法没有规定罚款问题，而认定"现行法规也并未禁止罚款惩戒的设置，并且现行法规恰恰为罚款的惩戒提供了法律依据"。②

笔者认为，现行法即实然法的规定并不能代表应然法也应当是这样，而现行法的缺陷只有应然法将对之纠正，我们不能因为实然法的规定而肯定罚款的长期合理性，更何况实然规定是有一定缺陷。

企业界人士大多赞同罚款权，早在 2008 年我国废除《企业职工奖惩条例》时，《中国劳动》杂志社特别邀请到了知名企业界高管人士、专家学者和法律实务工作者，对企业劳动纪律和奖惩制度在制定和实施中的有关问题进行了一场深入的大讨论。这场讨论虽然已过去了几年，但是，现在的情形并无多大改观，这场讨论的价值和意义仍然值得肯定和反思。

我国原《企业职工奖惩条例》第 11 条明确规定了"经批评教育不改的，

---

① 王小凯、徐道稳：《企业罚款惩戒之第三条道路》，载《中国劳动》2015 年第 2 期，第 60 页。

② 王小凯、徐道稳：《企业罚款惩戒之第三条道路》，载《中国劳动》2015 年第 2 期，第 60 页。

应当分别情况给予行政处分或者经济处罚"。第 12 条规定:"对职工的行政处分分为:警告,记过,记大过,降级,撤职,留用察看,开除。在给予上述行政处分的同时,可以给予一次性罚款。"

《企业职工奖惩条例》明确规定了惩戒措施之经济罚,特别是对罚款进行了直接肯定。其规定的惩戒措施有 8 种:警告、记过、记大过、降级、撤职、留用察看、开除和罚款。2008 年该条例被废止后,除惩戒性解除劳动合同外,现行立法对惩戒权没有任何规定,使得我国惩戒权的种类和适用不再具有法定性,惩戒权之"公法"不见了,完全"私法"化了,劳动纪律及其惩戒权也相应被边缘化了。

我国 2008 年废除的《企业职工奖惩条例》,虽然有许多规定符合中国现有的国情,但是,仅仅从劳动纪律的规制上看,立法价值并没有完全随着社会的进步和发展而消失。对《企业职工奖惩条例》实施多年以来的贡献也应当进行合理的评估,其成功的经验应当吸取,不能一概否定,尤其是在没有后续对接立法的情况下,就彻底抛弃之,是违背一般法理的,更不是实事求是的,劳动司法实践也已经证明《劳动合同法》粗线条规制劳动规章制度和劳动纪律,对解决劳动争议极为不利,这对实现《劳动合同法》之倾斜保护劳动者的价值目标,也是渐行渐远。我们应当重新审视这部法规,重新将劳动纪律、惩戒权等纳入法制的轨道,而不是让劳动纪律和惩戒权游离于法律之外。这也应当成为我们法学界尤其是劳动法学界,贯彻落实十八大精神和习近平总书记依法治国之治国理政的具体行动争议。

由于我国中央立法的缺位,有地方立法对罚款持肯定态度。如《深圳市经济特区和谐关系促进条例》第 16 条规定,用人单位依照规章制度对劳动者实施经济处分,单项和当月累计处分金额不得超过该劳动者当月工资的 30%,且对同一违纪行为不得处分。深圳市的立法直接赋予企业罚款的权限,可以说,深圳市的立法在此方面的态度是肯定的,只是在其基础之上加以数额的限制。[1]

域外立法也有肯定罚款权的。对罚款权的规定,各国也不尽一致。瑞士、日本等则肯定企业罚款权,瑞士不但允许企业罚款,也存在保证金制度。[2] 日本《劳动基准法》则允许企业在内部劳动规章中设定对劳动者的处罚措施,

---

[1] 王小凯、徐道稳:《企业罚款惩戒之第三条道路》,载《中国劳动》2015 年第 2 期,第 58 页。

[2] 秦文献:《也谈企业罚款权》,载《中国劳动》2005 年第 4 期,第 19 页。

其第 91 条规定:"在以就业规则对工人减薪的制裁场合,其减薪一次额不得超过平均工资一日份的半额,总额不得超过一个工资支付期的工资总额的十分之一。"① 意大利法律的规定更加严格,雇主对雇员的罚款不得超过 4 小时的工资。② 我国原《企业职工奖惩条例》规定的是"对职工罚款的金额由企业决定,一般不要超过本人月标准工资的20%","相比之下,日本的规定较为合理可行,可资借鉴"。③

三、罚款"否定说"

此观点盛行于学界。尤其是在劳动法学界,几乎是一边倒地反对,认为原《企业职工奖惩条例》允许企业罚款的规定是计划经济体制下政企合一、劳动力终身制的产物,在市场经济和劳动关系契约化的今天,企业无权对员工罚款。④ 沈同仙教授亦持此观点,认为"罚款是一种行政处罚方式,用人单位不是国家行政机关,无权对员工进行罚款处罚"。⑤

归纳反对者的理由,主要认为罚款本质上是一方对另一方经济资源的单方剥夺,而根据现代法律的一般原则,以及《立法法》《行政处罚法》等相关规定,只有公权力才能创设、行使财产剥夺权,企业作为一个社会主体,没有资格和权力剥夺劳动者的私有财产。⑥

罚款"否定说"不仅在学界比较普遍,在司法实践中,也逐渐被法院采信。

最近,有学者指出:"《企业职工奖惩条例》认可罚款。该条例被废止后,企业的'罚款'行为常常不被法院认可。"⑦

---

① 丁建安、张秋华:《企业惩戒权的法律规制》,载《社会科学战线》2013 年第 10 期,第 193 页。

② [意] T. 特雷乌著:《意大利劳动法与劳资关系》,刘艺工、刘吉明译,商务印书馆 2012 年版,第 74 页。

③ 谢增毅:《用人单位惩戒权的法理基础与法律规制》,载《比较法研究》2016 年第 1 期,第 8 页。

④ 丁建安、张秋华:《企业惩戒权的法律规制》,载《社会科学战线》2013 年第 10 期,第 193 页。

⑤ 沈同仙著:《劳动法学》,北京大学出版社 2009 年版,第 122 页。

⑥ 丁建安、张秋华:《企业惩戒权的法律规制》,载《社会科学战线》2013 年第 10 期,第 193~194 页。

⑦ 谢增毅:《用人单位惩戒权的法理基础与法律规制》,载《比较法研究》2016 年第 1 期,第 7 页。

例如，北京一中院 2015 年在审判"北京安控科技股份有限公司与郑某丽劳动争议案"中，用人单位根据本单位规章制度中有关违规"罚款"的规定，对劳动者实施了"罚款"，劳动者不服，二审法院最后支持了劳动者的主张，否定了用人单位的罚款。一审法官指出："就罚款行为本身，通常系司法、行政等部门依法进行的一项惩戒行为。用人单位对劳动者具备用工自主管理权，但应限于合法合理的范畴内，现行法律法规并未赋予用人单位对劳动者的罚款权，则安控公司依据规章制度对郑某丽进行罚款 600 元并自工资中扣除的行为并无法律依据。"二审法官最后也还是支持了一审法官的审判，否定了企业罚款之惩戒。①

（一）我国立法

我国反对罚款权的地方立法是广东省。广东省《劳动保障监察条例》第 51 条明确规定，用人单位的规章制度规定了罚款内容，或者其扣减工资的规定没有法律、法规依据的，由人力资源社会保障行政部门责令改正，给予警告。

2015 年 10 月新修订的《中国共产党纪律处分条例》第 10 条规定了对党员的纪律处分种类，有警告、严重警告、撤销党内职务、留党察看和开除党籍五种。上述都属于非经济罚，并没有经济罚，即对党员违纪的惩戒是不能进行经济处罚的。虽然党员之惩戒与一般意义上的用人单位不同，特别是与企业单位不同，但是，在我国，中国共产党是唯一的执政党，中国共产党是领导一切的，党员数量是非常庞大的，因此，在研究和实施违纪惩戒权时，是不可能也是不能排除党员的。另外，从平等的角度看，党员违纪与一般群众违纪是不能够区别对待，且对党员的要求包括违纪处罚也是只能高于一般群众，而不是低于一般群众。既然对党员需要高标准严要求，那么，对党员惩戒又没有经济罚，对一般的普通群众反而实施经济处罚即罚款，就难以说服群众，罚款的合理性也就没有了。当然了，《中国共产党纪律处分条例》与一般用人单位特别是企业的规章制度和劳动纪律有一定的区别，但是，在对违纪惩戒时，还是具有一定的参照价值的，对党员劳动者来说更是如此。

2014 年 7 月 1 日起实施的《事业单位人事管理条例》第 28 条规定了应当

---

① "北京安控科技股份有限公司与郑淮丽劳动争议案"，(2015) 一中民终字第 4723 号，载北京法院审判信息网：http://www.bjcourt.gov.cn/cpws/paperView.htm? id = 100208588953，发布日期：2015 年 6 月 12 日，访问时间：2017 年 1 月 16 日。

给予处分的情形有 6 种：损害国家声誉和利益的；失职渎职的；利用工作之便谋取不正当利益的；挥霍、浪费国家资财的；严重违反职业道德、社会公德的；其他严重违反纪律的。其中就有关于劳动者严重违反职业道德和严重违反纪律的惩戒规定。第 29 条明确规定了处分的 5 个种类：警告、记过、降低岗位等级或者撤职、开除。受处分的期间为：警告，6 个月；记过，12 个月；降低岗位等级或者撤职，24 个月。可见，《事业单位人事管理条例》中对违纪之惩戒，也是没有规定经济罚。罚款之惩戒，不具有合法性。但是，让人纠结的是"降低岗位等级"是不是属于"变相"罚款？或者说是罚款的"替代产品"？

我国的《事业单位人事管理条例》只能适用于事业单位。事业单位是与企业不同性质的单位，两者具有明显的区别：社会职能不同、组织目标不同、经费来源不同，特别是人力资源管理受政府干预不同，事业单位受政府干预较多，如工作人员的违法违纪行为按照国家规定给予处分等，相对而言，企业在人力资源管理方面拥有较大自主权。①

笔者认为，企业虽然拥有较大自主权，但同为劳动者，就应当有同等的权利和义务，不能因为是国家事业单位的劳动者就与一般的企业劳动者的违纪处分而不同，虽然"不同情况不同对待"也是平等之另外一面，但是，在惩戒上是平等的，这是人类社会之法制精神的一般要求，不能区别对待。因此，在我国目前法律还没有明确规定惩戒权之罚款时，不论是事业单位还是企业，违纪惩戒之罚款都不具有合法性，惩戒权之罚款应当被禁止。

（二）域外立法

域外立法，明确反对罚款权的国家是法国。《法国劳动法典》就明文规定，"禁止罚款或其他金钱性处罚；任何相反之规定或条款均视为未订立"。②

笔者通过对比分析，认为世界上对劳动纪律最为详尽的中央立法，非俄罗斯莫属。因此，笔者认为，虽然现在不再是"言法必苏俄"的时代，但是，我们必须"重读俄罗斯法"，特别是在劳动法领域内，应当多多研读俄罗斯法，移植和借鉴还是非常有必要的。《俄罗斯联邦劳动法典》和相关的司法解释对劳动纪律都有极其具体的规定，可操作性也是其他国家和地区立法所没有

---

① 汪敏著：《〈事业单位人事管理条例〉理解与适用》，法律出版社 2014 年版，第 3 页。

② 罗结珍译：《法国劳动法典》，国际文化出版公司 1996 年版，第 58 页。

的。《俄罗斯联邦劳动法典》第8编第30章为"劳动纪律"专章规定，第192条规定了"纪律处分"的具体种类有3种："批评，训诫，根据相应的理由解雇"①，这里没有关于违纪处分之罚款的明确规定。

俄罗斯联邦最高法院之2004年3月17日《关于俄罗斯联邦法院适用〈俄罗斯联邦劳动法典〉的决议》，于2006年12月28日俄罗斯联邦最高法院全体会议决议修订，其中有关纪律处分的规定是第28～53条，共计26条。从《俄罗斯联邦劳动法典》及其司法解释上看，惩戒权之罚款，在俄罗斯立法中都难觅其"踪影"。可以说，俄罗斯劳动法对惩戒权之罚款是持否定立法态度的。

因此，法国和俄罗斯对惩戒权之罚款的反对立法，应当值得我国借鉴。

四、罚款"替代说"——减薪

罚款"替代说"是笔者之拙见，是一种中庸之道，介于罚款"肯定说"与罚款"否定说"之间，比较折中。这是在否定直接罚款的大前提下，将降薪或减薪作为罚款的替代产品。

罚款"替代说"的基本观点是：第一，罚款"替代说"是对惩戒权之罚款的否定。第二，罚款"替代说"不是"变相"罚款。第三，罚款"替代说"之替代产品具有严格的边界限制，一般只能是减薪，而不能是广义的手段。第四，罚款"替代说"之替代产品应当受到公权力机构的严格审查，而不能由用人单位任意而为。第五，罚款"替代物"减薪，应当严格遵循"比例原则"，减薪只能以被处罚的相对人即雇员之工资为参照系，并明确规定具体的比例。

笔者之罚款"替代说"，并不是"空穴来风"，笔者是受到两方面的启发而成：一是，我国《企业职工奖惩条例》对罚款的立法规定；二是，有关专家的启发。

罚款"替代说"启发之一，是我国《企业职工奖惩条例》对罚款的立法。《企业职工奖惩条例》虽然已经被废除，但是，其有关惩戒之罚款的规定仍然值得我们"重读"。笔者认为，《企业职工奖惩条例》对罚款的立法态度，不能直接将之划归于罚款之"肯定说"，而彻底抛弃罚款。仔细研究《企业职工奖惩条例》多个条文，就会发现其对罚款的规定，应当属于笔者之罚款"替代说"的范畴。《企业职工奖惩条例》第12条对罚款进行了原则性规定，对

---

① 蒋璐宇译：《俄罗斯联邦劳动法典》，北京大学出版社2009年版，第114页。

职工的行政处分分为：警告、记过、记大过、降级、撤职、留用察看、开除。在给予上述行政处分的同时，可以给予一次性罚款。但是，第16条还规定："对职工罚款的金额由企业决定，一般不要超过本人月标准工资的20%。"第17条规定："对于有第十一条第（三）项和第（四）项行为的职工，应责令其赔偿经济损失。赔偿经济损失的金额，由企业根据具体情况确定，从职工本人的工资中扣降，但每月扣除的金额一般不要超过本人月标准工资的20%。如果能够迅速改正错误，表现良好的，赔偿金额可以酌情减少。"此规定将罚款限定为"双20%"："一般不要超过本人月标准工资的20%"和"每月扣除的金额一般不要超过本人月标准工资的20%"。"双20%"的限制性规定，非常合理和可行，本质上还与罚款"肯定说"区别开来，这应当就是我国罚款"替代"说的早期观点和立法表象，与罚款之替代产品——减薪，实有异曲同工之妙处，对笔者罚款之"替代说"启发甚大。

罚款"替代说"启发之二，是有关专家之讨论。2008年，《中国劳动》组织的知名企业界高管、专家学者和法律实务工作者，对企业劳动纪律和奖惩制度在制定和实施中的有关问题进行了一场深入的大讨论。

在此讨论中主持人湖南省劳动保障厅仲裁处处长刘文华在讨论中提出了一种介于罚款"肯定说"和罚款"否定说"之间的观点，笔者称之为罚款"替代说"。

有关惩戒权之罚款措施，刘文华提出了一条新通道，可以解决罚款的替代性问题。他主张把违纪违规行为作为一种全面的绩效考核，各种违纪违规行为同时是不胜任工作的行为，也是没有正常履行劳动合同的行为，整体上来讲都是没有正常提供劳动的行为。企业通过建立起全面的薪酬调整和变更制度，把罚款转变成绩效考核中的一种负向激励，和我们正常的、起正向激励作用的绩效考核是相辅相成的，这样对员工的违纪行为进行罚款就说得过去了。[①] 中国石化工程建设公司人力资源部副处长冷洪海认为："用人力资源管理中的绩效考核替代罚款是一个很好的办法，但是这种替代方法只适用于人力资源管理水平非常高的企业。"[②] 他结合我国的国情认为，如果管理水平跟不上，绩效考核可能产生的后果就是滥用，对收入的影响可能比直接罚款还要多。但是

[①] 刘文华：《专家热议劳动纪律和惩戒制度》，载《中国劳动》2008年第9期，第13页。

[②] 刘文华：《专家热议劳动纪律和惩戒制度》，载《中国劳动》2008年第9期，第13页。

如果不罚款，直接进入解除劳动合同的程序，劳动者就失去了工作机会，在目前，还是罚款更能让劳动者接受。可见，罚款"替代说"之绩效管理，实则不能认为就是对罚款的肯定。因为，替代措施之减薪，与罚款还是有根本区别的，二者并不等同，因此将减薪与"变相"罚款等同是不妥当的。

自《劳动合同法》生效以来，各企业纷纷寻找罚款的替代措施。有企业从合同履行的角度，将劳动者的违纪行为视为劳动合同履行的瑕疵，同时制定各种减薪办法，将违纪罚款变成劳动合同履行瑕疵导致的降薪。更多的企业则是将惩戒制度引入绩效管理，作为对罚款的替代。因为一般而言，企业员工的薪酬构成都包括固定与不固定两部分，固定的一部分是基本工资，不固定的一部分是奖金、津贴、提成等收入，通过将对员工的行为规范要求列入奖金等不固定工资发放的考评体系，再辅之以绩效考核和绩效工资制度，将违纪考核纳入绩效考核体系，同样很容易实现减损违纪劳动者收入的目的。[①] 罚款的替代措施主要有两种：一是绩效管理之惩戒，二是合同履行瑕疵违约之惩戒。

最近，有学者认为：企业所谓的"罚款"实为"扣薪"行为，不必完全拘泥于其表面的用语而一概加以禁止。"扣薪"作为惩戒措施有其合理性和便利性。理由在于：第一，扣薪符合合同法原理；第二，扣薪是一种比较柔性而务实的惩戒措施，相比调岗、解雇，扣薪对劳动者的影响较小，容易被雇员接受；第三，扣薪通常规则明确，容易实施，不易引起纠纷。因此，我国对于用人单位规定的"罚款"不应简单地给予否定，如果名为"罚款"实为"扣薪"，则不应一概否定。[②] 此观点，实则与罚款"替代说"类似，赞同惩戒之"扣薪"即减薪，且三条理由比较恰当，但是，没有将其类型化到罚款"替代说"。

许多国家是反对惩戒权之罚款的，但是，对惩戒权之经济罚又是认同的，处理直接罚款与经济罚的矛盾是用"减薪"替代罚款，如德国、日本、瑞典、意大利等。其立法智慧在于：在反对惩戒权之罚款的基本前提下，寻找出了一种替代直接罚款的"替代品"即"减薪"处罚，对违规违纪之雇员的惩戒：一般是以雇员的工资为基数，实行"减薪"之处罚。这些立法经验，可以认

---

① 丁建安、张秋华：《企业惩戒权的法律规制》，载《社会科学战线》2013年第10期，第194页。

② 谢增毅：《用人单位惩戒权的法理基础与法律规制》，载《比较法研究》2016年第1期，第8页。

为是肯定罚款"替代说"的有力佐证。

笔者认为，上述有关用减薪替代罚款的立法，非常明智，值得我国移植。

罚款"替代说"比较可行，但是，应当厘清其与"变相"罚款的边界。笔者认为，"替代说"虽然从字面上看，是对员工的经济处罚，使得员工因违规违纪而付出经济代价，这与罚款肯定说类似，但是，其与罚款还是不同的。罚款"替代说"一般都是将惩戒措施与被处罚员工的工资相挂钩，将"替代产品"仅仅限制在"减薪"上，并按照一定的比例实施扣减；而罚款根本不是以工资为参照系，更不必遵循"比例原则"，即罚款就是违反了此原则，不具有合法性。另外，"变相"罚款，仍然是罚款的范畴，其范围具有不确定性，只不过是手段之变化而已；而罚款"替代说"，范围具体明确，一般只能是"减薪"，边界非常明晰，不能扩大解释。还有一个根本区别是：罚款完全由权利人即雇主掌控，雇员完全没有话语权，丧失了作为法之范畴的可预见性；而罚款"替代"之"减薪"，虽然处罚仍是由雇主实施，但是雇员还具有一定的可预见性，尤其是"减薪"还必须规定一定的比例，更是加大了可预见性，使得"减薪"更加具有广义法之范畴，也更加容易为相对人所接受。

因此，罚款"替代说"——"减薪"不属于"变相"罚款的范畴，具有合理性与合法性。

概要之，经济罚之罚款"肯定说"，应当彻底抛弃。罚款"否定说"比较可取的是：否定了用人单位享有的罚款权，但是，这与用人单位惩戒之自主权难以统一。罚款"替代说"可以是最佳选择，其主要替代措施之"减薪"合理可行。这就是本书研究惩戒权经济罚"抛砖引玉"之所在。

在将来应然的层面上，惩戒权立法态度是：在否定罚款的同时，可以考虑采用罚款"替代产品"之减薪。该惩戒措施在国内外都有"大行其道"之趋势，符合"存在的就是合理的"哲学原理，值得研究和试行。学界之理论研究，特别是对罚款"替代说"的深入研究，将为我国今后惩戒权制度的构建提供一定的支撑，为用人单位依法行使惩戒权提供有益而可行的支持，以均衡保障用人单位与劳动者双方的合法权益。

第三节 惩戒权特殊类型化

惩戒权一般类型化是指经济罚和非经济罚两种基本类别。特殊类型化，是指惩戒权除了一般类型化之经济罚和非经济罚两种基本类型之外，学界或实践中存在的典型分类。由于惩戒权之私权性和自治性，直接导致惩戒手段的"五花八门"，对惩戒权类型化和合理合法性之评判，带来了极大困难。加上各种惩戒措施的交叉或重叠，造成了一般类型化与特殊类型化之边界的模糊不清，评判难度更是较大。为了研究的方便，笔者将不考虑惩戒权类型化之交叉与重合。

惩戒权一般类型化与特殊类型化的共同的基本原则是：二者都不应当包括劳动关系或劳动合同之解除即解雇，即惩戒权不能包括解雇权。

惩戒权因为是各个用人单位内部规定的对违规违纪员工的处罚，主要是用人单位一种私权利的体现，是用人单位之自由用工权的一种，法律对其规制非常薄弱。公权力对惩戒权的介入，一般只是形式审查，即合法性审查。惩戒权不得违背强制法特别是不得违反劳动法、劳动合同法和集体劳动法或集体协议的一般规定，否则，惩戒权就是不具有合法性。正是基于惩戒权如此之特征，惩戒手段必须受到公权力机构的严格规制和审查。因此，惩戒权的类型化也就应当相应地排除对劳动者解雇之惩戒类型，即用人单位之惩戒权应当排除劳动合同解除权即解雇权，与解雇权相似的所谓"解约罚"和"违约罚"，也同样都应当摒弃。

惩戒权之特殊类型化主要有类刑罚、秩序罚、解约罚、赔偿罚和调岗罚五大类。下面分而评判。

一、类刑罚

"类刑罚"之说来源于国外，主要是德国、法国。

德国在涉及企业惩戒程序中的劳动者保护措施时，往往关注企业惩戒类刑罚的特征，并在惩戒程序中类推适用刑事政策上的保护措施。在德国理论中一直以来都认为，惩戒权具有刑罚或者类刑罚的特征，这一点在战后西德的劳动法院中也得到了认可。[1]

法国劳动法院以法治国原则为基础引入了类似刑法的实体和程序保护措施，包括一事不再罚原则、适当性原则、罪刑法定原则、正当程序原则等。在法国，尽管认为劳动惩戒不同于刑罚，但是认为惩戒作为维持内部集团秩序的制裁手段，与刑罚类似，而且与刑法受同一原则的支配（但是制度说不支持罪刑法定原则）。从上述法国制度的介绍中可以看到对于劳动者程序保障的这

---

[1] 黄程贯：《企业惩罚权》，载《台湾社会研究季刊》1989年第2期，第3~4页。

种强制性规定。①

将企业惩戒罚看作刑罚的观点，因为不符合现代劳动合同当事人地位平等的观念，已经不被提倡。但是在比喻的意义上或者从类推适用以及更高层次的宪法保障方面，仍能够将刑事政策的一些保护性原则运用到企业惩戒程序当中，这是各国目前普遍存在的做法。由于劳动者在劳动惩戒中处于弱势的地位，而刑事法律政策的目的，也正是为了保障在程序中处于劣势的一方当事人，因此，在这一点上，如果能够将刑事原则类推适用到惩戒程序中，将会很好地保障劳动者的合法权益。② 黎建飞、董泽华还是比较认同"类刑罚"说的，其对保障劳动者的权益非常有利，因此，此惩戒权类型化还是值得研判。

笔者认为，此说实则为惩戒权广义上的分类，广义的惩戒权包括解雇权，劳动关系或劳动合同的解除。此分类本身就应当被摒弃，"类刑罚"的观点应当检讨。

第一，解雇权是劳动法、劳动合同法、集体劳动法或集体协议之强制性规定的重要内容之一，不能由用人单位自由享有，即使是劳动者"严重违纪"，用人单位可以依法行使惩戒权，解除劳动关系或劳动合同，但是，这也必须受到公权力机关的严格审查，用人单位没有自治权。

第二，合同解除即解雇权，其适用条件是非常严格的，一般是"严重违纪"和"违反刑法"两个基本条件，况且，我国刑法已经实施了刑法基本原则之"罪刑法定"原则，而不是类推，即使类推也仅仅是指"无罪推定"，而不能是"有罪推定"。因此，"类刑罚"说在我国完全不合法理。

第三，公民之刑事处罚，完全是国家审判机关的范畴，任何单位或个人都无权实施，这也是惩戒权受到严格限制之法理的表象之一。因此，"类刑罚"既不符合劳动法的基本原理，又不符合刑法，应当直接否定和摒弃"类刑罚"。

二、秩序罚

有关惩戒权的性质之说，有一种是日本学界和判例法形成的"维护企业秩序说"。据此，秩序罚的来源就是"维护企业秩序说"，惩戒权的类型化就

---

① 黎建飞、董泽华：《企业惩戒制度研究——以德、法、日三国为借鉴》，载《天津师范大学学报（社会科学版）》2014年第3期，第38页。

② 黎建飞、董泽华：《企业惩戒制度研究——以德、法、日三国为借鉴》，载《天津师范大学学报（社会科学版）》2014年第3期，第38页。

相应地有了"秩序罚"一说。

我国有学者称之为"维护企业秩序说",并认为维护企业秩序说是借鉴日本最高法院对惩戒问题之理解及一些日本学者之研究。① 如日本学者菅野和夫教授认为:"为了维护服务经委等企业秩序及利益,企业会对规则违反及利益侵害者予以制裁之惩戒处分措施。"②

荒木尚志认为,日本最高法院创设了独立的理论——"企业秩序论"。按照日本最高法院的观点,雇主拥有固有的建立和维护企业秩序的权利,这是对企业生存和顺畅管理均十分重要的要素。依照企业领导关系的特点,最高法院认为,劳动者和企业签订了劳动合同,就有尊重企业秩序履行工作任务的附随义务。③ 很明显,最高法院从雇主固有的维持企业秩序权利中,直接得出雇主有处罚劳动者的权利的结论。然而,在一个案例中最高法院认为,雇主能"按照规则和规章"处分劳动者。因此,在没有合同条款和雇主规则的情况下最高法院是否认为雇主可以行使处分权,这一问题在日本尚不明确。④ 可见,日本的"企业秩序论"是判例法之违纪处分的观点和做法,并不是由日本狭义劳动法⑤直接立法的结果,其依据是必须有劳动合同的条款,或者是必须有劳动规章或规则的规定,否则,雇主是否可以行使惩戒权还是不确定的,此说的前提是合同或规章的约定,与惩戒权之"契约说"性质有许多共同之处。

日本劳动纪律处分的情形有三种:一是,对主要工作义务的违反。劳动者未全部完成其主要工作任务。二是,违反附属义务。劳动者未完成与工作义务有关的附随性工作义务。三是,违反企业秩序。劳动者的行为违反了工作场所或企业秩序,如举行工会会议,或未经许可在工厂区域发放传单。⑥ "由于违反企业秩序是一个宽泛的违纪处分概念,未履行主要义务或附属义务也可被认

---

① 熊晖:《解雇保护制度研究》,西南政法大学 2010 年博士学位论文,第 85 页。
② 周兆星:《劳动关系中雇主惩戒权行使界限之研究》,1998 年台湾文化大学硕士学位论文,第 21 页。转引自熊晖:《解雇保护制度研究》,西南政法大学 2010 年博士学位论文,第 85 页。
③ [日] 荒木尚志著:《日本劳动法》(增补版),李坤刚、牛志奎译,北京大学出版社 2010 年版,第 115~116 页。
④ [日] 荒木尚志著:《日本劳动法》(增补版),李坤刚、牛志奎译,北京大学出版社 2010 年版,第 115~116 页。
⑤ 日本劳动法的特色之一就是,成文法与判例法共同构成了日本广义劳动法。
⑥ [日] 荒木尚志著:《日本劳动法》(增补版),李坤刚、牛志奎译,北京大学出版社 2010 年版,第 115~118 页。

为是违反了企业秩序,在公司范围内未经许可不遵守政治活动和工会活动的禁令,是典型的违反企业秩序的例子。"①

可见,在日本,违纪惩戒权之秩序罚是一个比较抽象的概念,甚至可以包括前面两种处罚,即对主要工作义务的违反和违反附属义务都可以定性为"违反企业秩序",因此,秩序罚是非常笼统的处罚,其惩戒权之话语权几乎完全属于雇主,劳动者没有话语权,这对劳动者权益的保护极为不利,也是有违劳动法之倾斜保护弱者之法义嫌疑的,在我国法系不属于判例法之下,我国借鉴实须谨慎。

我国台湾学者黄越钦先生将惩戒权分为一般惩戒权和特别惩戒权两种,其中特别惩戒权在学理上称之为秩序罚,此种惩戒在本质上是一种违约处罚,其方式例如罚钱、罚扣薪水、罚加班、降级、延长试用时间等。② 秩序罚之类型化,比较混乱,因为惩戒权之类型化一般是分为经济罚与非经济罚,"秩序罚"将这两种都包含在内,如此分类将解雇之外的惩戒方式(解雇属于一般惩戒权),都归为秩序罚,没有细分,比较笼统,并不可取。

三、解约罚

有学者将惩戒权分为三种:即时解约罚、经济罚(如罚款)和荣誉罚(如警告、记过等)。对于即时解约的处罚来讲,应当符合《劳动法》和《劳动合同法》中关于即时辞退的规定,处罚权的行使不得比法律规定的情形更为严厉;对于荣誉罚而言,原则上不鼓励采用会对劳动者的职业生涯产生根本性影响的处罚方式。我国在之前的立法中对经济处罚采取了认可并加以限制的态度。③ 该学者将合同解除权(解雇权)纳入惩戒权的第一种,值得商榷。

惩戒权之"解约罚"即时解约罚即为合同解除权(解雇权),他认为对劳动者是非常严厉的处罚,其"应当符合《劳动法》和《劳动合同法》中关于即时辞退的规定,处罚权的行使不得比法律规定的情形更为严厉",该观点可以接受,其实此观点表明了惩戒权具有公法之性质,属于惩戒权之公法性质说。其理由是:在市场经济条件下,劳动关系实现契约化,"企业内部规章制

---

① [日] 荒木尚志著:《日本劳动法》(增补版),李坤刚、牛志奎译,北京大学出版社2010年版,第119~120页。
② 黄越钦著:《劳动法新论》,中国政法大学出版社2003年版,第184页。
③ 黄昆:《谁享有对王某的惩戒权》,载《中国劳动》2008年第2期,第50页。

度已成为劳动合同内容的组成部分，违反劳动纪律也就是违反劳动合同。因此，惩戒权的行使应当以承担违约责任的方式为主，例如用人单位可以解除劳动合同或依法要求劳动者赔偿损失"。①

笔者认为，不能将"解约罚"列入惩戒权的种类，劳动法对解雇或违约解雇都是有非常明确的规定的，也就是说对解雇权是有明确的法定性限制的，体现了"私法公法化"理念。

我国还有主张惩戒权之"违约罚"的学者。"很多学者认为违约罚（将惩戒视为违约责任）的请求权，在发生违约行为时则当然发生。"② "违约罚"的观点还是需要细细研判，结论还值得仔细斟酌，笔者也并不苟同。劳动纪律并不是劳动合同的组成部分，即使是劳动规章制度也不是劳动合同的组成部分，作为惩戒权的下位概念，惩戒权当然是不能按照《劳动合同法》和劳动合同约定来行使的；进一步，不能以违约责任来惩戒违纪者，不能将违约与违纪混为一谈。

劳动法对解雇或违约解雇都是有非常明确的规定的，也就是说对解雇权是有明确的法定性限制的，体现了"私法公法化"理念。而属于用人单位用工自主权范畴的惩戒权，不能再违背法律的强制规范。因此，笔者认为，不能将"违约罚"列入惩戒权的范畴，以有效防止用人单位权利之滥用而不利于保护劳动者的权益。

四、赔偿罚

惩戒权经济罚的特殊类型是违纪赔偿责任罚，简称赔偿罚。

关于惩戒权的类型化，还有一种认为违纪惩戒属于"赔偿责任"的范畴。"劳动者违纪赔偿责任，泛指劳动者因实施了违反用人单位各项劳动规章制度的行为，给用人单位造成经济损失，而应承担的一种赔偿责任。"③

关于劳动者违纪赔偿责任的研究比较少见，有学者认为其法律属性有两种："民事责任说"和"内部纪律责任说"或"用人单位惩戒说"。"民事责任说"是指劳动者既然违纪实施了损害用人单位财产权益的行为，自应承担赔偿用人单位经济损失的责任，故劳动者违纪赔偿责任本质上是一种民事赔偿

---

① 黄昆：《谁享有对王某的惩戒权》，载《中国劳动》2008年第2期，第50页。
② 黎建飞、董泽华：《企业惩戒制度研究——以德、法、日三国为借鉴》，载《天津师范大学学报（社会科学版）》2014年第3期，第37页。
③ 许建宇：《论劳动者违纪赔偿责任》，载《中国劳动》2014年第3期，第13页。

责任。这种责任主要表现为一种侵权责任，在有些情形下也可能表现为侵权责任与违反劳动合同责任二者的竞合；"内部纪律责任说"或曰"用人单位惩戒说"，是指劳动者因个人原因给用人单位造成经济损失的，即构成了违反本单位劳动规章制度的行为，用人单位当可行使惩戒权，追究其相应的内部纪律责任。① 正如该学者现在的观点，"民事责任说"无法解释用人单位享有责令赔偿权的正当性来源。

违纪赔偿责任之请求权与违纪惩戒权的关系是违纪惩戒权包括违纪赔偿责任之请求权，即惩戒权的边界大于违纪赔偿请求权。二者虽然是包含与被包含的关系，但是，也还是有一定的区别的。

笔者认为，第二种比较可取，违纪赔偿责任应当属于惩戒权的范畴，属于用人单位追究违纪人员之经济赔偿责任的请求权，属于一般经济罚的具体内容之一，即赔偿责任罚是惩戒权的一种具体的经济惩戒形式，应当是经济罚的特殊类型。

五、调岗罚——不利变更

调岗，就是换岗，亦被称为调职。就是雇主变更劳动者的职务内容与工作场所。调岗是我国台湾地区认可的惩戒手段之一；② 也是日本允许的雇主对劳动者的一种惩戒手段。③ 在我国司法实践中，法官也在一些案例中认可用人单位对劳动者进行调岗。④

所谓岗位是指事业单位根据其社会功能、职责任务和工作需要设置的工作岗位，每个岗位应当具有明确的岗位名称、职责任务、工作标准和任职条件。⑤

---

① 许建宇：《论劳动者违纪赔偿责任》，载《中国劳动》2014 年第 3 期，第 13~14 页。

② 焦兴铠等：《"劳动基准法"释义——施行二十年之回顾与展望》，台湾新学林出版股份有限公司 2009 年版，第 524 页。转引自谢增毅：《用人单位惩戒权的法理基础与法律规制》，载《比较法研究》2016 年第 1 期，第 8 页。

③ Takashi Araki, Labor and Employment Law in Japan 154 (the Japan Institute of Labor 2002). 转引自谢增毅：《用人单位惩戒权的法理基础与法律规制》，载《比较法研究》2016 年第 1 期，第 8 页。

④ 谢增毅：《用人单位惩戒权的法理基础与法律规制》，载《比较法研究》2016 年第 1 期，第 8 页。

⑤ 汪敏著：《〈事业单位人事管理条例〉理解与适用》，法律出版社 2014 年版，第 24 页。

调岗或换岗就是变更劳动者的工作岗位和职责，法律属性上属于合同变更，可分为合法变更和非法变更；从劳动者的视角包括有利变更和不利变更。

从形式与程序上，调岗有两种：一是企业与劳动者自愿达成调岗协议，二是企业单方面调整劳动者的工作岗位。由于调岗对劳动者影响甚巨，因此常伴随着争议的发生。从劳动者的角度，企业单方调岗又可分为两种情形：一是有利调岗，至少无不利变更；二是不利调岗，涉及劳动者某种既得利益的下降。不利调岗，包括降岗、待岗（停职）、降级、降职、撤职、工作地点不利变动等情形。① 如此，对调岗的详细分类，难能可贵。

调岗（换岗）或调职还可以分为：一般调岗（换岗）或调职和特殊调岗（换岗）或调职，前者指用人单位一般正常情况下，雇主根据单位的实际变化情形，对雇员工作岗位或职责的变更，属于主动变更；后者是雇员因违规违纪而应当接受惩戒处分的工作岗位或职责的变更，属于被动变更。

德国立法对调岗（换岗）或调职的规定是非常具体而明确的，是其他国家所并不具备的，具有很高的借鉴和移植价值。

《德国民法典》第611条规定，雇员的主要义务就是完成雇主和雇佣合同中约定的工作。《商业法》第106条规定，雇主有权通过发布指令详细说明雇员的合同义务。这意味着雇佣合同规定的工作义务不能通过单方命令加以改变，而只能经过双方合意或特定类型的解雇（例如为改变工作条件的解雇）。"根据个别劳动法，只有被认为属于劳动合同变更的换岗行为才是法律意义上的换岗。"② 这说明不属于劳动合同变更的换岗，不为法律所承认。但是，德国《企业组织法》第99条规定："如果一个在雇员人数超过20人的机构中工作的雇员要换岗，需要经过企业委员会的同意。"这样两个法律对"换岗"的规定就发生了冲突，即个别劳动法意义上的"换岗"概念不同于《企业组织法》中"换岗"的含义，这使得情况变得极为复杂。个别劳动法意义上的"换岗"指的是劳动合同的变更。而《企业组织法》中的"换岗"还包括个别劳动法不认为是换岗的情形。《企业组织法》第95条中的"换岗"是指"每一种可能持续一个月以上的工作变动或意味着工作条件大幅地改变"。③

---

① 丁建安、张秋华：《企业惩戒权的法律规制》，载《社会科学战线》2013年第10期，第194页。

② ［德］曼弗雷德·魏斯、马琳·施米特著：《德国劳动法与劳资关系》，倪斐译，商务印书馆2012年版，第94页。

③ ［德］曼弗雷德·魏斯、马琳·施米特著：《德国劳动法与劳资关系》，倪斐译，商务印书馆2012年版，第94~95页。

第七章 惩戒权新构架

这样,在德国,不管是向更好的工作条件还是向更差的工作条件换岗,也不管雇员是否同意换岗,企业委员会都要参与其中。这表明了德国企业委员会的权力之大,也反映了德国所谓的"共决制"在"换岗"上的集体协商性的特征。这样的好处,是对雇主的权利进行了有效的限制,更有利于保护雇员的权益;其不足是雇主的经营管理权被限制得太紧,不利于企业自主权的实现。

德国对雇员违纪(违约)行为的处罚,同上面的"换岗"规定类似。"在有企业委员会的地方,处罚措施只能在企业委员会的同意下才能强制实行。如果没有取得企业委员会的同意,那么仲裁委员会将再次成为决定主体。"[①]可见,违纪惩戒权的行使必须经过企业委员会的同意,否则雇主的处分无效,因此,违规违纪之"换岗"与一般"换岗"一样,雇主的权利都要受到企业委员会的限制。此外,联邦劳动法院对雇主的纪律处分权力设置了范围广泛的限制:一是处罚措施只有在提前以书面形式公布并以告知雇员的情况下才具有正当性;二是必须说明何种违反规定的行为对应何种处罚;三是在处罚之前,必须设有雇员陈述和寻求法律援助的程序;四是企业委员会也必须参与该程序;五是处罚不得超过一定金额(不得超过一天的工资)。[②]在德国无论是一般之换岗,还是违纪处分之换岗,都要遵循非常严格的程序,除了企业委员会必须参与之外,还须遵循法院有关纪律处分的强制性五大程序,这些虽然程序比较复杂,但是,程序上的正义才不够实现实质上的正义,对实现有效保障劳动者的权益还是非常有必要的,值得我们研判和借鉴。

在国外,有的国家是禁止惩戒权之调岗或调职的。意大利第300号法案第7条明确禁止实行可引起"劳动关系实质变更"的处罚,即调动工作或改变工作内容。[③]意大利容许罚款和停薪,既有直接的罚款,也许可变相的罚款如停薪,但是,不许可"劳动关系实质变更"调岗,这属于典型的不利变更。

我国目前关于调岗之实然法规定并不多见,主要是2014年7月1日起实施的《事业单位人事管理条例》。《事业单位人事管理条例》第29条明确规定

[①] [德]曼弗雷德·魏斯、马琳·施米特著:《德国劳动法与劳资关系》,倪裴译,商务印书馆2012年版,第96页。

[②] [德]曼弗雷德·魏斯、马琳·施米特著:《德国劳动法与劳资关系》,倪裴译,商务印书馆2012年版,第96~97页。

[③] [意]T. 特雷乌著:《意大利劳动法与劳资关系》,刘艺工、刘吉明译,商务印书馆2012年版,第74页。

了处分的种类为5种：警告、记过、降低岗位等级或者撤职、开除。其"降低岗位等级"即是事业单位之调岗。

由于通常情况下都是"薪随岗变"，故调岗往往伴随着调薪。调岗有两种：一是企业与劳动者自愿达成调岗协议，对此，基于意思自治的基本原则，只要协议符合《劳动合同法》《合同法》等有关规定，法律自无禁止的必要；二是企业单方面调整劳动者的工作岗位。由于调岗直接关系到劳动者的工作内容、工作条件、工资待遇、职业前景、家庭生活等方面，影响甚巨，因此常伴随着争议的发生。① 该学者还将调岗分为两种：一种是有利调岗，至少无不利变更；另一种则是不利调岗，涉及劳动者某种既得利益的下降。有利调岗发生劳动争议的可能性几乎可以排除，可能发生争议的、也是可以作为惩戒措施使用的调岗只能是后一种，即不利调岗。② 笔者认为，这种分类比较具体，但是，违纪惩戒对劳动者是否有利，不能仅仅从争议上看，不能因为发生争议少，就推断为有利，因为，毕竟在实体法和程序法所规定的权利和义务是有区别的。另外，惩戒权对劳动者来说几乎没有"有利"可言，谈有利变更之调岗没有实际意义。

笔者认为，惩戒权之调岗从法律性质上界定应当为合同之变更，调岗或调职应当纳入劳动规章制度或劳动纪律之"不利变更"的范畴，即调岗或调职即为"不利变更"。

有关劳动规章制度或劳动纪律之"不利变更"，在理论研究上还非常匮乏，在立法上更是空白。与劳动规章制度或劳动纪律之"不利变更"相对应的就是"合理变更"，二者的关系并不是完全对立之非此即彼关系，它们是互为补充的关系，即"不利变更"可能是"合理变更"，也可能是"不合理变更"；合理的不一定有利，不合理的不一定不利；对劳动者合理的有利的，可能对用人单位不合理也不利；对用人单位合理的有利的，可能对劳动者不利或不合理。二者关系需要具体情况具体对待，不能一概而论。

基于上述分析，惩戒权之调岗或调职，应当属于用人单位的自主用工权的范畴，用人单位享有充分的自决权。但是，调岗或调职应当符合合同变更的一般法理，特别是要符合劳动合同、集体合同与劳动规章集体协商之要义，要审

---

① 丁建安、张秋华：《企业惩戒权的法律规制》，载《社会科学战线》2013年第10期，第194页。

② 丁建安、张秋华：《企业惩戒权的法律规制》，载《社会科学战线》2013年第10期，第194页。

视"合理变更"与"不利变更"的复杂关系和界分,使调岗或调职合理合法。

概览之,惩戒权之特殊类型化主要有类刑罚、秩序罚、解约罚、赔偿罚和调岗罚五大类。笔者对其具体评判是:第一,类刑罚不合法理,应当直接否定;第二,秩序罚比较笼统、边界模糊,与经济罚竞合,也不可取;第三,解约罚在本质上属于解雇权的范畴,惩戒权介入不当;第四,赔偿罚是经济罚之一种,具有一定的合理性;第五,调岗罚属于自主用工权的范畴,合理合法,但是,调岗应当符合合同变更之不利变更的一般法理。

第四节 惩戒权的适用对象

惩戒权的适用对象应当受到严格限制:一是非职业行为即私人行为不能纳入惩戒权的范畴;二是惩戒不能妨碍社会保障权的实现。惩戒权的适用对象,应当特别注意区分党员劳动者与非党员劳动者:党员劳动者之非职业行为应纳入惩戒的范围;而非党员劳动者之非职业行为则不能。党员劳动者非职业行为之惩戒依据不能是单位内部规章或纪律,而只能是党规党纪如《中国共产党纪律处分条例》。对党员劳动者非职业行为惩戒应当实行单罚,而不能实行双罚。用人单位行使惩戒权,不得剥夺或减少劳动者之社会保障待遇。

惩戒权虽然在形式上被界定为一种权利,但是,其并不属于真正的法律范畴,也没有形成普遍的法律范式。一般意义上的惩戒权即为用人单位之惩戒权或企业惩戒权。我国现阶段一般是指非常狭义的所谓教育惩戒权或学校惩戒权。惩戒权为用人单位特别是企业和学校单方面所独享,具有形成权的形式属性。但是,惩戒权还没有真正纳入法律权利体系中来,因此,笔者认为,惩戒权具有相对性特征,它是一种相对于法律权利的权利,其适用对象更是具有特别的相对性。

相对而言,用人单位含企业惩戒权的适用对象为违规违纪之劳动者,而教育惩戒权或学校惩戒权之适用对象与一般惩戒权不同,其包括两大方面:一是违规违纪之教师及学校其他人员,二是学生。相对于一般惩戒权或一般劳动者,教育惩戒权或学校惩戒权更是一个有争议的问题。笔者认为,教育或学校惩戒权适用对象为教师或其他工作人员时,属于一般惩戒权的范畴,即为本书研究惩戒权的范畴;而针对学生的教育惩戒权不属于一般意义上的惩戒权,更不具备法律之属性,也不是笔者研究惩戒权的范围。

一般意义上惩戒权的适用特点是以强制性、不利性和单方性,并且不以劳动者是否同意为前提。① 广义惩戒权包括合同解雇即解除劳动关系；狭义的解除权不应当包括劳动合同解除权即解雇权。本书之惩戒权是指一般意义上的狭义惩戒权，不包括劳动合同解除权即解雇权，主要是用人单位享有的因劳动者违规违纪即违反劳动规章制度或劳动纪律即违规违纪而受到处分的权利。惩戒权是劳动用工单位依法享有的针对本单位劳动者的一种内部处罚权，是用人单位用工自主权的体现之一。惩戒权之行使主体为用人单位，被惩戒相对人为劳动者即本单位员工。

惩戒权虽然在形式上被界定为一种权利，但是，其并不是真正的法律术语，法律权利体系中并没有惩戒权。我国对惩戒权的研究还非常薄弱。借用当今非常流行的"大数据分析法"，笔者在中国知网上以"惩戒权"为"篇名"进行"文献"检索：截至2015年12月31日，仅仅只有240篇，且绝大多数都是有关教师或教育之惩戒权的，关于用人单位或企业之惩戒权的文献仅有3篇；截至2017年1月14日，仅仅只有267篇，总数比2015年仅仅增加27篇，但是，仅有3篇论文和2篇硕士论文是关于用人单位之惩戒权的，占比仅仅为1.9%，其他仍然绝大多数是教师或有关教育或直接针对学生的惩戒权，笔者称之为教育惩戒权或学校惩戒权。此几年的检索大数据表明：我国对用人单位惩戒权尤其是从法律特别是劳动法视角进行研究的非常罕见，对一般惩戒权之适用对象的研究更是凤毛麟角。

劳动规章制度或劳动纪律一直都是用人单位实施管理的一种非常普遍的制度，几乎每个单位都有自己的劳动规章制度或劳动纪律，在用人单位如企业更是如此。惩戒权的根本基础一般就是劳动规章制度或劳动纪律，因此，惩戒权不属于真正的法律范畴，也没有构筑起有效的法律范式，但是，由于其广泛存在于用人单位，因此，研究惩戒权适用对象也就相应地具有了广泛的学术价值和实际应用意义。

一、基本适用对象

惩戒权之适用对象包括以下几对关系：劳动规章或劳动纪律与违规违纪；一般劳动者即非党员劳动者与特殊劳动者即党员劳动者；劳动者职业行为与非职业行为；形式正义与实质正义；单罚对双罚；内部规章或纪律与外部党规或党纪；惩戒权与社会保障权。

---

① 王林清：《劳务派遣用工单位惩戒权问题探讨》，载《现代法学》2016年第4期，第92页。

第七章 惩戒权新构架

惩戒权的基本适用对象是本单位内部或内部劳动者，其不属于法律救济的范畴，只能是某一个用人单位的内部自力救济手段。因此，惩戒权的适用范围只能是用人单位内部，对本单位之外的公民没有任何效力，惩戒权的基本边界只能是单位内部，其效力与劳动规章或劳动纪律类似，因为，惩戒权本身就来源于劳动规章或劳动纪律，这就决定了惩戒权与劳动规章或劳动纪律天然相伴相随，没有权利相对人即本单位员工之违规违纪即违反本单位劳动规章或劳动纪律，就没有惩戒权的存在。

惩戒权与合同解除权即解雇权的基本关系是：广义上的惩戒权包括解雇。其解雇是受到法律非常严格限制的，不能直接由劳动规章制度或劳动纪律规定，也不能由当事人双方自由约定，应当是受到劳动合同法和集体合同法的限制；或者解雇须有正当合理的理由，且由公权力机构予以审查。概言之，即使是认为解除权包括解雇，解雇也是应当受到公权力的严格制约的，主要适用"严重违纪"或"不能胜任工作"。解雇权是由有权机关授权给予用人单位的，属于授权之范畴，不能由用人单位与劳动者自由约定，是"私法公法化"的结果。

有学者指出，惩戒权之惩戒事由和惩戒措施，主要只能由用人单位通过规章制度制定，体现了用人单位之用工自主权。①

有学者认为违章或违纪惩戒是用人单位的一种自力救济手段，其权利属性应当划归为形成权。② 王全兴教授将惩戒权划归为法律授权的救济手段，说明惩戒权不属于法律救济之属性，只能是内部自力救济手段，因此，惩戒权的适用范围只能是用人单位内部，只能针对内部劳动者，对外没有任何拘束力。

惩戒权的种类即为惩戒措施的种类，其存在的前提条件是劳动者违反了本单位合法有效的纪律或规章制度，按违纪的程度可分为一般违纪和严重违纪。惩戒权行使的主体是用人单位，且是合法的用人单位，而不是非法的用人单位，包括企业、行政事业单位等。

惩戒权虽然为用人单位单方所独享，但是惩戒应当有严格的限制，不能由用人单位随便行使，且仅仅是在本单位内部有效，对外并无拘束力。此即笔者所谓的惩戒权之"私法公法化"。虽然，惩戒权还不属于法的范畴，但因其为

---

① 谢增毅：《用人单位惩戒权的法理基础与法律规制》，载《比较法研究》2016年第1期，第14页。

② 黄昆、王全兴、孙瑞玺：《惩戒争议应纳入劳动争议受案范围》，载《中国劳动》2008年第4期，第50页。

单位内部自力救济手段，具有一定的私法性质，又受到法律的严重限制即惩戒权不能超出法律的范畴而违法实施，因此，可以将惩戒权划归是"私法公法化"的产物。

《劳动合同法》将劳动纪律严重边缘化了，改变了《劳动法》将劳动纪律作为劳动合同之必备条款的规定，基本上将劳动纪律视为劳动规章的范畴，由于劳动规章立法的淡化，劳动纪律相应地被劳动规章所"湮没"，直接导致了惩戒权存在基础之规章制度或纪律立法之严重缺失。

我国现行立法自从废除《企业职工奖惩条例》后，使得劳动纪律成为立法空白。相应的违纪惩戒权也就失去了法定载体，惩戒权的边界和种类都被边缘化了。虽然，《中国共产党纪律处分条例》是面向全国，但是只能对中共党员，也只能是党员劳动者之惩戒依据，仍然改变不了惩戒权立法之空白的现状。

笔者认为，惩戒权的适用对象：宏观上，惩戒权只能是本单位内部员工即内部劳动者；微观上，惩戒权的适用还应当具体排除两种情况：一是劳动者非职业行为即私人行为不能纳入惩戒权的范畴；二是劳动者之社会保障不能纳入惩戒权的范畴。此为笔者基本观点。

惩戒权的具体适用，还特别应当注意区分党员劳动者与非党员劳动者两种对象。依据劳动者身份不同，用人单位劳动者分为党员劳动者与非党员劳动者两种类别，笔者的基本观点是：党员劳动者之非职业行为应当纳入惩戒权的范围；而非党员劳动者之非职业行为，则不能。前者之惩戒依据不能是单位内部规章或纪律，而只能是我国全党实施的《中国共产党纪律处分条例》，否则，该惩戒权就不具有强制拘束力。

二、适用对象非职业行为惩戒

（一）一般劳动者之惩戒——非党员之非职业行为

在学界，普遍认为，劳动者非职业行为即私人行为不能被纳入惩戒权的范畴。此观点基本达成一致，并无太大分歧。

最近，有学者认为，惩戒权源于劳动关系和劳动合同，因此，雇主惩戒的雇员行为必须与劳动合同有关，即与工作相关。我国台湾相关案例曾指出：劳工业务之外的行为，属于劳工的私人范围，不能由雇主随意支配，只有在劳工的行为与用人单位有直接的关系，且损害了用人单位的社会评价，为了维护企业秩序，此时的违规违纪之劳动者才可以成为惩戒之对象。①

但是，笔者认为，其最大的不足是：没有区分被惩戒之不同主体即使用对象。笔者将被惩戒主体分为：一般主体即一般劳动者与特殊主体即特殊劳动者。一般劳动者是指非党员劳动者，特殊劳动者是指党员劳动者。另外，学界观点都没有得到立法的认同。

由于我国长期以来的用人单位职能的复合性，导致了用人单位实际上已经对员工私生活的全面介入。用人单位对员工的考核，除工作业绩外，往往还包括思想状况、生活态度、婚姻家庭、计划生育等非工作内容。

随着我国劳动关系全面合同化改革的实施，该种现象已大幅减少，但并未完全消失。因劳动者工作之外的事项，而受到受单位惩戒的现象仍屡见不鲜。因此，我国未来的劳动立法必须将惩戒事由明确限制在用人单位生产经营、业务活动范围之内，不得侵犯劳动者独立人格及私生活空间。对于劳动者与用人单位之生产经营、业务范围等无关的非职业行为，即使是劳动者发生了刑事、民事或行政责任，用人单位一般也应当无权惩戒。其原因很简单，维继劳动者与用人单位法律关系的基础是劳动合同，劳动者对用人单位仅负有劳动给付义务及相关附随义务。② 企业并不是维系社会道德和社会秩序的检察官，在法治社会，维持好社会秩序是国家和社会的职责。③

我国《企业职工奖惩条例》被废止后，用人单位之惩戒权也就成为法律规制的空白点。虽然，劳动法赋予用人单位在其内部劳动规章制度中规定劳动者之违规违纪之惩戒的权利，但是，按照一般法理要求，任何权力或权利都应当受到一定的限制，对惩戒权加以限定也应当是不可或缺的。此惩戒权的限制应当包括劳动者工作时间、工作场所之外的其他非职业行为不受惩戒权的管辖，非职业行为在没有妨碍或损害用人单位名誉或利益时，用人单位无权干预劳动者的非职业行为④，否则就构成惩戒权之滥用。

惩戒权之行使目的是维持企业用人单位正常工作秩序，预防并矫正劳动者

---

① 焦兴铠等：《"劳动基准法"释义——施行二十年之回顾与展望》，台湾新学林出版股份有限公司2009年版，第420页。转引自谢增毅：《用人单位惩戒权的法理基础与法律规制》，载《比较法研究》2016年第1期，第5页。

② 丁建安、张秋华：《企业惩戒权的法律规制》，载《社会科学战线》2013年第10期，第192页。

③ 王泽鉴著：《民法学说与判例研究（八）》，中国政法大学出版社1998年版，第211页。

④ 丁华：《劳动纪律及惩戒问题的思考》，载《中国劳动》2011年第7期，第15页。

违规违纪行为。惩戒权的范围应当限制在其合法利益之内，特别不能任意扩大或扩大解释。劳动者在工作时间和工作场所之外的非职业行为，属于劳动者私人生活，这就构成了违规违纪惩戒的"职务限定原则"①。该学者提出的惩戒权之限制性原则，具有一定的参考价值。

（二）特殊劳动者之惩戒——党员之非职业行为

我国自从废除《企业职工奖惩条例》后，现行劳动立法没有惩戒权的规定。虽然，我国立法没有关于惩戒权的明确规定，但是，《中国共产党纪律处分条例》和《事业单位人事管理条例》却都有关于违规违纪之惩戒权的明确规定，而它们却都是将劳动者（党员劳动者和事业单位劳动者）之非职业行为即私人行为纳入了自己的调整范畴。

2014年7月1日起施行的《事业单位人事管理条例》第28条已经明确规定了事业单位工作人员有下列六种行为之一的，给予处分：第一，损害国家声誉和利益的；第二，失职渎职的；第三，利用工作之便谋取不正当利益的；第四，挥霍、浪费国家资财的；第五，严重违反职业道德、社会公德的；第六，其他严重违反纪律的。其中第六种为处分的兜底条款。该条例规定的许多违纪行为与职业行为并无多大关系，都是要受到违纪处分。此条例违规违纪之处分，虽然没有直接采用惩戒或惩戒权之词，但是，实则为本书之惩戒权的范畴。

2016年1月1日起施行的新《中国共产党纪律处分条例》第6条明确规定，中共党员如果违反党章和其他党内法规、违反国家法律法规、违反党和国家政策、违反社会主义道德和危害党、国家和人民利益，都应当被给予纪律处理或者处分。此条例明确规定了党员如果违反六大纪律即政治纪律、组织纪律、廉洁纪律、群众纪律、工作纪律和生活纪律，都应当受到违纪处分。此六大党员违纪之处分，也没有直接采用惩戒或惩戒权之说，但实则仍然属于惩戒权的范畴。细观此条例之规制党员的违纪行为，许多都与职业行为无关，其适用范围都非常广泛。这样的规定，对从严治党、依法治国都具有重大的政治意义和实践意义，也是不容置疑的。

我国党员违规违纪之惩戒权除了要遵循一般的用人单位之惩戒权的规定外，还必须适用《中国共产党纪律处分条例》，二者缺一不可。党员劳动者之

---

① 夏雪：《论企业惩戒权的完善》，载《金陵科技学院学报（社会科学版）》2013年第4期，第37页。

非职业行为即私人行为也应当被纳入惩戒权的范畴内，而不能像一般劳动者那样，将非职业行为即私人行为排除在外。

这两个法规之违纪惩戒权的规定，所要规范的行为都不是直接针对用人单位特别是企业的。《中国共产党纪律处分条例》适用的主体是中共党员，《事业单位人事管理条例》适用的主体是事业单位的工作人员。但是，由于企业劳动者、中共党员和事业单位劳动者三种的关系有可能是一种交叉关系，比较复杂。例如有的企业劳动者是中共党员、事业单位劳动者是中共党员，那么对这种多重身份的劳动者之违规违纪的惩戒权如何适用？违纪责任如何合理分配，是按照一般劳动者实行单罚，还是既要按照一般劳动者处罚，又要按照《中国共产党纪律处分条例》或《事业单位人事管理条例》处罚即"双罚"？特别是劳动者非职业行为即私人行为之违规违纪惩戒权如何适用？这些都是亟待厘清的问题。

如何处理"此惩戒权"与"彼惩戒权"的关系，就成为一个非常令人棘手的难题，特别是惩戒是否非职业行为，是单罚还是双罚？由于立法的缺失，这些问题就比较纠结了。

虽然此二法规与企业劳动者有一定范围的交叉，但是，其有关违纪惩戒权的规定并不是针对企业一般劳动者的。许多用人单位出于自己的利益考虑，加上任何权力和权利之"膨胀"欲望，当然是已经或试图将劳动者非职业行为即私人行为统统都纳入劳动规章和劳动纪律的范畴，这势必造成惩戒权之滥用。

（三）惩戒之单罚抑或双罚

对党员劳动者之非职业行为的惩戒，还有一个非常令人纠结和困惑的问题：单罚与双罚之博弈。

对党员劳动者违规违纪之惩戒，应当考量单罚与双罚。单罚是依据单位内部规章或纪律，或是依据党规党纪，选择其一进行处罚；还包括惩戒程度的选择，即如果二者处罚程度不同，是选择重的还是轻的实行处罚。双罚则是既按照单位内部规章或纪律处罚，又按照党规党纪之规定处罚，如《中国共产党纪律处分条例》。这些争议在理论和实践中并没有答案，笔者认为，单罚比双罚更加合适。理由如下：

第一，从一般法理上，公民享有的权利和应当履行的义务应当平等，法律面前人人平等，如果在惩戒权上，对党员劳动者与非党员劳动者实行不同的惩戒，就是实行了差别待遇，有违宪之嫌，更无平等可言。因此，在对待违规违纪问题上，也应当坚持平等原则，不能因为劳动者身份之不同，而惩戒也不同。相同身份的人应当相同对待，是法治社会的基本要求。双罚因不同的身份而实施了不同的处罚，不符合基本法理，应当摒弃。

第二，形式比较正义，但是实质不正义。

从形式上看，劳动者违规违纪是应当受到用人单位惩戒的，如果劳动者同时是中共党员，还应当要受到党纪的处分，即党员劳动者除了要受到党纪的规制外，还要受到用人单位的劳动规章和劳动纪律的拘束；如果事业单位的党员劳动者也是一样实行双罚。这样的处分规则应当就是一般的适用原则。其基本理由是对党员的要求高于一般的非党员劳动者的，实行双罚也是合情合理的，至于是否合法，因为目前实然法的缺漏，也可以推断是合理的。由此，对党员劳动者违规（用人单位劳动规章）违纪（用人单位劳动纪律）之惩戒外，还要依据《中国共产党纪律处分条例》相关规定予以处分，这里的违纪就具有了双重含义：一是违反了用人单位之劳动规章或劳动纪律；二是违背了党的纪律即违反了《中国共产党纪律处分条例》。实行双罚也就是顺理成章的事了，如果从对非职业行为即私人行为的规范上看，也都是要规制的，只要劳动者是中共党员，其违纪不管是单位之纪律，还是党员之纪律，就不存在职业行为与非职业行为，都应当属于惩戒权的范畴。

虽然从形式上看，这样的双罚是正义和公平的，具有形式正义之特征；但是，从实质上看，对党员劳动者的双罚是不正义和不公平的，实质正义缺乏。

第三，双罚违背了禁止双重处罚原则。禁止双重处罚是我国行政法基本原则之一，我国劳动法（含《劳动合同法》）虽然没有明确提出这一基本原则，但是劳动法完全应当借鉴并适用这一原则，其目的是体现劳动法之特别或倾斜保护处于弱势地位劳动者之基本法治精神，以便衡平劳资双方非对等地位。① 禁止双重处罚原则已经是法制社会的一项基本原则，私权利的行使不能违背公法的基本原则。双罚毫无疑问是加大了党员违纪者的惩戒力度，有违反惩戒权之"一事不二罚"即"禁止双重处罚"原则。

第四，双罚违背了"相当性原则"即"比例原则"，缺乏合理性。行政法之"比例原则"，值得劳动法特别是惩戒权借鉴。比例原则一般是指行政机关实施行政行为时，应当兼顾行政目标的实现和保护相对人的合法权益，如果有可能对行政相对人的合法权益造成不利影响时，应当将此不利影响限制在最小

---

① 夏雪：《论企业惩戒权的完善》，载《金陵科技学院学报（社会科学版）》2013年第4期，第37页。

范围和限度之内，保持适度比例。行政机关在实施行政行为时，应当在多种方案中选择成本最小的一种方案实施。①

比例原则之基本要求是以权利为本位，而对公共利益至上进行否定，其一般规范逻辑是追求公平而实现权利与公共利益的衡平，越来越多的国家已经认可和接受此原则。通过比例原则，可以有效限制公权力，指引与规范立法与行政自由裁量，以有效防止人权之不当侵犯。②

有专家认为，在我国现实社会中，用人单位有各种各样的内部规则，惩戒规则也是非常复杂多样，因此，应当对惩戒规则进行合法性和合理性两大方面之审查。用人单位惩戒权之惩戒事由和惩戒措施都应当符合"比例原则"，惩戒轻重适度合理。③ 这是我国目前少有的关于行政法"比例原则"直接适用于惩戒权的论述，具有重要价值。

"比例原则"要求惩戒措施与其违规违纪性质和情节轻重相对应，要求惩戒措施以教育为基本目的；同时，用人单位还应当选择对劳动者利益侵害最小的惩戒措施，以实现劳资双方利益之有效平衡，防止极端不相称的惩戒情形。④ 现实社会中，一些用人单位往往以劳动者是党员为由，对其非职业行为也进行惩戒，甚至采取了对劳动者来说是最为严厉的解除劳动关系即解雇的处罚，如2014年的上海"咸猪手"一案⑤，就是典型案例，这些都是有违法治社会之"禁止双重处罚"原则的，且企业惩戒权一般是不包括解雇权的，以党员身份为由实施解雇，更是违背了惩戒权的一般原理。

（四）域外相关立法启示

意大利1970年的第300号法案禁止雇主审查雇员个人观点和与他们职业

---

① 姜明安：《行政法基本原则新探》，载《湖南社会科学》2005年第2期，第52页。
② 刘权：《论比例原则的规范逻辑》，载《广东行政学院学报》2004年第2期，第57页。
③ 谢增毅：《用人单位惩戒权的法理基础与法律规制》，载《比较法研究》2016年第1期，第13页。
④ 夏雪：《论企业惩戒权的完善》，载《金陵科技学院学报（社会科学版）》2013年第4期，第37页。
⑤ 2014年上海地铁"咸猪手"事件演变成为2014年下半年上海首个具有全国影响力的网络舆情事件。"咸猪手"王某，因为6月29日晚"一时手痒"引发的蝴蝶效应，工作和生活会被彻底打乱；不仅自己沦为了"人肉搜索"的当事人，而且在被警方行政拘留后，还被所在单位开除党籍并解除公职。

态度不相关的问题。意大利对雇主管理权和处分权的限制，还有《意大利民法典》第2106条的原则性规定，其规定的通用原则是雇主可以对违反基本义务（勤奋、服从管理、忠诚）的雇员进行处罚。这些权利的行使——原来很大程度上任意行使——已经通过集体协商和法律得到了限制和管理。① 在意大利，对非职业行为的处罚是受到民法、劳动法和集体协议三方面的严格限制的，其倾向是惩戒权一般不应当涉及雇员的非职业性行为即私人行为。

日本对非职业行为即私人行为的规定，与许多国家不同，值得关注。日本的很多公司在其内部劳动规则中往往都有如此规定：如果劳动者的行为损害了公司声誉和公众信任，可以将其列为纪律惩戒的事由。依据如此规定，在日本，劳动者因私人生活中的某些过错是可能会遭到雇主的违纪处分的即违规违纪惩戒。但是，对劳动者私人生活中的行为给予纪律处分的规定，一般来说，会受到法院的严格解释。② 日本如此规定，虽然表明，违纪惩戒权可以涉及劳动者的非职业行为即私人行为，但是，必须受到法院的严格审查，雇主的权利受到了严格的限制，这样的规定与日本劳动法之特色有关。日本劳动法的立法模式极为特别，笔者归纳为"成文法+判例法"模式③，惩戒权再次凸显了日本劳动法的特色，值得我们理论探究和移植借鉴。

日本对劳动者私人生活行为给予纪律处分，受到法院的严格管控。例如"日本钢管案"④，某劳动者参加了抗议美国军事基地扩张的游行而被拘捕和罚款，日本最高法院认为，该劳动者仅是公司3万名员工之一，其行为并未损害公司声誉。⑤ 此判例否定了纪律惩戒对劳动者私人生活行为的适用。

"然而，当劳动者散发有害的传单和文字，故意毁损公司声誉，法院倾向

---

① ［意］T. 特雷乌著：《意大利劳动法与劳资关系》，刘艺工、刘吉明译，商务印书馆2012年版，第72页。

② ［日］荒木尚志著：《日本劳动法》（增补版），李坤刚、牛志奎译，北京大学出版社2010年版，第115~119页。

③ 关于此模式的研究，笔者在拙著《不当劳动论衡》一书中有较为详细的论述。在有关劳动规章和劳动纪律的立法和司法实践中，再次印证了日本劳动法的"成文法+判例法"模式。

④ 《日本钢管案》，最高法院（1974年3月15日），《民卷》28卷，第265号。转引自［日］荒木尚志著：《日本劳动法》（增补版），李坤刚、牛志奎译，北京大学出版社2010年版，第119页。

⑤ ［日］荒木尚志著：《日本劳动法》（增补版），李坤刚、牛志奎译，北京大学出版社2010年版，第115~119页。

于认定这些行为违反了忠诚义务。"① "关西电力案"中,劳动者利用非工作时间,并且在非工作场所,散发了有损公司声誉的传单,如果散发的传单不符合事实,构成歪曲诽谤,日本最高法院就可以认定此劳动者非职业行为仍然违反了劳动者之忠实义务。② 同样,向律师协会发送诽谤性文字,也构成解雇劳动者的正当理由。③ 被惩戒劳动者批评公司惩戒行为的事实,如果受到质疑,其惩戒将仍然认定为有效。④ 可见,在日本无论是地方法院,还是最高法院,都有许多关于纪律处分的判例,法院对劳动者之非职业行为的惩戒权,都要严格审查,并不是完全放任雇主任意行使惩戒权,概言之,雇主虽然享有的对劳动者非职业行为的惩戒权,但是,都受到法院的严格审查。

三、适用对象社会保障之惩戒

用人单位行使惩戒权,如果涉及剥夺或减少劳动者之社会保障待遇时,应当如何处理?这是本书所谓的惩戒权与社会保障权之重要内容之一。

用人单位之惩戒权与劳动者之社会保障权的案例,在当今呈上升态势,因为社会保障权不仅是部门法的范畴,还是整个社会之基本人权的重要内容。

先从以下典型案例说起,让实践来检验和证明惩戒权与社会保障权的关系。

典型案例:江苏镇江某企业一名职工许某,擅自离岗去超市购物,途中被汽车撞伤。镇江市人社局依据该企业认定的申请书,最终判断许某为工伤。2013年4月,该企业提起行政诉讼,状告镇江人社局,请求撤销人社局对许某为工伤的认定。近日,镇江市润州区法院审理了这一诉讼案件。法院审判结果是:劳动者下班途中受伤应当属于工伤。法院理由是:许某在下班途中因交

---

① [日]荒木尚志著:《日本劳动法》(增补版),李坤刚、牛志奎译,北京大学出版社2010年版,第115~119页。
② 《关西电力案》,最高法院(1983年9月8日),《判时》1904号,第121页。转引自[日]荒木尚志著:《日本劳动法》(增补版),李坤刚、牛志奎译,北京大学出版社2010年版,第119页。
③ 《敬爱学园案》,最高法院(1994年9月8日),《劳判》657号,第12页。转引自[日]荒木尚志著:《日本劳动法》(增补版),李坤刚、牛志奎译,北京大学出版社2010年版,第119页。
④ 《首都高速道路公团案》,东京地方法院(1997年5月22日),《劳判》657号,第17页。转引自[日]荒木尚志著:《日本劳动法》(增补版),李坤刚、牛志奎译,北京大学出版社2010年版,第119页。

通事故受伤，被认定为因工负伤，并无不当。因此，法院驳回原告诉讼请求。①

本案例的焦点是：劳动者违纪行为导致的工伤，是否应当享受工伤待遇？本案的价值和意义应当是违纪是否导致社会保障权的丧失？

笔者非常赞同法院的判决，许某虽然违纪提前下班了，但是，仍然属于"下班途中"，只要劳动者是在上下班的路上，并且路线是合理的，途中的意外交通事故而导致劳动者的伤害都应当认定是工伤。符合现行立法有关工伤的认定，至于违纪即早退，是否可以认定为工伤，则立法没有明确规定，必然带来较大的争议。

笔者的基本观点是，从社会保障权的视角，无论劳动者是否违纪，也不论是否严重，都应当不能排除劳动者社会保险权和社会保障权的适用。

劳动关系终止包括合法解除劳动合同即解雇，用人单位是可以终止劳动者的社会保险缴费义务的。但是，即使是劳动者严重违纪，也并不必然就导致劳动关系的终止。换言之，只有在劳动者被解雇之后，社会保险关系的中断才是合法的。因为，社会保障权的范围大于社会保险，即使因劳动者被解雇而导致社会保险的中断，也并不意味着社会保障权的丧失。比如，被解雇的劳动者，还可以享受社会低保待遇和社会救助，只不过是支付义务由用人单位转移到了社会。

第一，一般法理分析：劳动纪律一般认为是属于私法或"私法公法化"的范畴，其用人单位之自主经营管理权的特性比较明显，用人单位的违纪惩戒权当然还要受到公权力或公权利的审查，不能僭越公权力或公权利而设定劳动者义务，否则，就是违法的、无效的惩戒。用人单位为劳动者办理社会保险，系其公法之强制性义务。② 从社会保障权分析，社会保障权属于典型的公法范畴，是公民（不仅仅是劳动者）的基本宪法性权利，更是公民基本人权最为直接和最为重要的权利，其具体化为公民之基本生存权，世界各国都是极力保障社会保障权之基本人权和生存权的，我国也不例外，公民的社会保障权已经是宪法性权利，没有任何异议。任何一个法治政府，都应当尊重和保障人权，

---

① 《违反劳动纪律不影响工伤认定》，载《法制时报》2013年7月23日。
② 罗培新：《论劳动者损害赔偿请求权中的特殊法律问题——兼谈我国相关劳动立法之完善》，载《天津市政法管理干部学院学报》2000年第1期，第19页。

有效维护行政相对人的合法权益而不受侵犯。① 有美国学者认为：人权并非恩赐，且人权先于政府而存在，政府有义务保护公民之先在的权利。公民人权是不受任何机关与任何政治权威侵犯，即使出于为社会公共利益也是如此。② 从社会保障权的宪法属性和基本人权生存权看，人权都是不能随意剥夺的，用人单位更是无权以内部劳动规章或劳动纪律排除这一公权利，否则，不仅是违法的，还是违宪的。因此，从社会保障权的属性分析，违规违纪惩戒权根本是不能以任何理由和任何借口对劳动者实施的，否则违宪。

第二，社会保障权的主要内容是"五险一金"，即养老保险、医疗保险、生育保险、工伤保险、失业保险和住房公积金。惩戒权既然从法理上是不能排除的社会保障权，那么，从逻辑上推理也可得出劳动者的工伤保险权完全是不能被劳动纪律所剥夺的，即使劳动者严重违纪，甚至是犯罪了，基本社会保障权也是要保障的，任何单位和任何个人都无权侵犯劳动者的这一基本人权。即便是公民在服刑期间也照样享有基本人权，这是全世界的普遍真理，不容置疑和践踏。至于严重违纪甚至被解雇或是违反刑法被追究责任后，社会保障权如何具体落实和操作，是另外一个实务问题，本书不作探讨。

总之，惩戒权的适用对象应当受到严格限制，即使部分特殊劳动者如党员之非职业行为可以纳入惩戒的范畴，但是，要受到有关部门的严格审查。为了保障公民的基本人权，惩戒权不能介入社会保障范围内。在我国，此边界虽然没有法律的明确规定，但是，宪法对社会保障权是有明确规定，用人单位根本无权因任何理由、任何形式而排除适用的；否则，就违背了宪法。即使今后，我国立法明确规定劳动规章或劳动纪律及其违规或违纪惩戒权，也要特别注意惩戒权的边界，不能模糊。笔者的结论是：劳动规章制度、劳动纪律和惩戒权三者的价值目标和追求，不论其作为公法，还是私法，或二者兼具之争论如何，都不能影响社会保障权的实现。简言之，惩戒权不能侵犯公民的社会保障权，即使是广义的惩戒权包括解除劳动关系即解雇，此时用人单位因解雇而终止对劳动者社会保险的缴费义务，但是，也不能影响到劳动者应当享有的社会保险待遇。特别要注意的是社会保障权的边界大于社会保险，社会保险待遇终

---

① 姜明安：《行政法基本原则新探》，载《湖南社会科学》2005年第2期，第50页。
② [美] 路易斯·亨金等：《宪政与权利》，郑戈等译，三联书店1996年版，第3～12页。转引自姜明安：《行政法基本原则新探》，载《湖南社会科学》2005年第2期，第50页。

止并不能等同于社会保障权的丧失。

第五节 惩戒权的时效制度

时效制度是法律领域内的重要制度之一,通俗地讲就是"有权不用过期作废",此权包括权力和权利。任何一种法律责任的追究和承担都是有一定时效限制的,只是时限不同而已,除刑事责任外的其他责任尤为如此。因此,遵循法律的一般原理,惩戒权也是一定有明确的时效的,不能由权利行使者任意妄为。任何权利的行使都要受到一定的限制,这也是构建法治社会的一般要求。

我国《企业职工奖惩条例》被废止后,劳动纪律几乎再无法律法规直接调整了,惩戒权之时效更是处于虚无状态。用人单位又少了一道限制,使得惩戒权的行使成为用人单位的经常性手段,惩戒权大有无效"膨胀"之势,严重违反了劳动者的合法权益。

对惩戒权时间的限制即惩戒权的时效,是指企业对违纪行为给予惩戒的有效时间,如果超过这一期限,则不能再追究;于员工来说就是免除惩戒的期限。实施惩戒应当及时,否则惩戒将失去意义;同时惩戒权也不能无期限使用,对是否处罚、何时处罚不能随心所欲。[①]

企业惩戒应在发现劳动者违纪行为发生后的合理期限内作出;劳动者的违纪行为持续经过相当期限企业仍未发现的,除非劳动者在此期间有新的违纪行为,否则企业将丧失惩戒的权利。毕竟,惩戒本身不是目的,而是维持企业生产经营秩序的一种手段,劳动者在实施违纪行为后相当一段时间内未再次违纪,惩戒也就没有意义了。[②]

瑞典《公共雇佣法》第17条规定:"只有在雇员玩忽职守的行为发生之日起两年内对其进行书面起诉,方可适用纪律制裁。"[③] 由此可见,瑞典有关惩戒权的时效为2年。

在法国,首先,规定了惩戒权的行使期间,在雇主得知劳动者实施不正当

[①] 丁华:《劳动纪律及惩戒问题的思考》,载《中国劳动》2011年第7期,第15页。
[②] 丁建安、张秋华:《企业惩戒权的法律规制》,载《社会科学战线》2013年第10期,第195页。
[③] 叶静漪、(瑞典)Ronnie Eklund 主编:《瑞典劳动法导读》,北京大学出版社2008年版,第163页。

行为之日起 2 个月后就不能再以该行为作为理由对劳动者进行惩戒。可是，如果该行为已受到刑事追诉则不在此限。其次，规定了行使惩戒处分的失效期间，从追究惩戒责任开始 3 年之后，不能作为新的制裁的补强（加重）理由援用。① 法国对惩戒权的规定不仅规定了 2 个月的时效，还特别规定了惩戒权的 3 年失效期间，有效防止了雇主的重复惩戒或加重惩戒。

《俄罗斯联邦劳动法典》第 193 条明确规定，自发现违纪行为之日起的 1 个月内适用纪律处分，员工生病、休假的时间以及征询员工代表机关意见所必需的时间不计算在内。自实施违纪行为之日起超过 6 个月的，而根据财务活动稽查、检查或审计检查的结果自其实施之日起超过 2 年的，不得适用纪律处分。刑事案件的审理时间不列入上述的期限之内。对每种违纪行为只适用一种纪律处分。② 于 2006 年 12 月 28 日俄罗斯联邦最高法院全体会议决议修订的司法解释，对有关劳动纪律处分的时效问题，更为详尽，可操作性极强。

意大利第 300 号法案第 7 条规定，处罚适用后两年不得再考虑，即雇主不能为了处罚经常违规的雇员而考虑两年之前或更早适用的处罚，而且所以对限制的违规适用更加严重的处罚。第 7 条并没有规定雇主作出处罚措施决定的期间；而许多集体协议指出，如果雇主自雇员为自己辩护后的短时间内（例如 10 天）没有提出适用处罚措施的类别，该雇员的辩护视为已被接受。③

有法官认为，企业惩戒员工的违纪行为应当设立时效限制。最佳方案当然是企业规章制度中自行规定了。其次是建议劳动行政部门对本地区同类性质的企业给出一个指导性意见，如果企业没有规定的，可以适用。再次是由地方性法规出台一个合理的时效底限，可以参考劳动争议申请仲裁的 60 天时效。最后，有特殊情况，交由劳动仲裁机构和司法机关通过行使自由裁量权认定。④

---

① 黎建飞、董泽华：《企业惩戒制度研究——以德、法、日三国为借鉴》，载《天津师范大学学报（社会科学版）》2014 年第 3 期，第 35 页。
② 蒋璐宇译：《俄罗斯联邦劳动法典》，北京大学出版社 2009 年版，第 115 页。
③ [意] T. 特雷乌著：《意大利劳动法与劳资关系》，刘艺工、刘吉明译，商务印书馆 2012 年版，第 74~75 页。
④ 刘文华：《专家热议劳动纪律和惩戒制度》，载《中国劳动》2008 年第 9 期，第 15 页。

第八章 "末位淘汰"制度

【本章概要】"末位淘汰"不属于法律范畴,它是人力资源管理的基本手段。许多用人单位都将"末位"与"不能胜任工作"同等看待,这是非常有害的误读。我国"末位淘汰"指导案例之参照效力与《第八次全国法院民事商事审判工作会议(民事部分)纪要》(以下简称《纪要》)之内部效力基础都特别薄弱,并不能解决"末位淘汰"的根本问题。克服缺陷应当从劳动立法与劳动政策上进行,"末位淘汰"指导案例与《纪要》"升华"之路径是:第一,构建我国劳动法之"成文法+判例法"模式,将指导案例"升华"为"判例案例",实现成文法与判例法之融合;第二,构建我国劳动法"劳动政策+劳动立法"模式,合法有效地解决实践中各种不同而复杂的"末位淘汰"案件。

第一节 问题导因——经典案例到指导案例

我国目前"末位淘汰"经典案例当属"中兴通讯(杭州)有限责任公司诉王某劳动合同纠纷案"。2013年,该经典案例被最高人民法院列为指导案例18号,由最高人民法院审判委员会讨论通过,2013年11月8日发布。这样就使得该案例由经典案例到指导案例之"豪华转身",并由此使得我国"末位淘汰"之法律规制在没有立法之现状下,有了一个比较权威的案例解释(还算不上司法解释)。

2005年7月,被告王某进入原告中兴通讯(杭州)有限责任公司(以下简称中兴通讯)工作,劳动合同约定王某从事销售工作,基本工资每月3840元。该公司的《员工绩效管理办法》规定:员工半年、年度绩效考核分别为S、A、C1、C2四个等级,分别代表优秀、良好、价值观不符、业绩待改进;S、A、C(C1、C2)等级的比例分别为20%、70%、10%;不胜任工作原则上考核为 C2。王某原在该公司分销科从事销售工作，2009 年 1 月后因分销科解散等原因，转岗至华东区从事销售工作。2008 年下半年、2009 年上半年及 2010 年下半年，王某的考核结果均为 C2。中兴通讯认为，王某不能胜任工作，经转岗后，仍不能胜任工作，故在支付了部分经济补偿金的情况下解除了劳动合同。

2011 年 7 月 27 日，王某提起劳动仲裁。同年 10 月 8 日，仲裁委作出裁决：中兴通讯支付王某违法解除劳动合同的赔偿金余额 36596.28 元。中兴通讯认为其不存在违法解除劳动合同的行为，故于同年 11 月 1 日诉至法院，请求判令不予支付解除劳动合同赔偿金余额。

裁判结果——浙江省杭州市滨江区人民法院于 2011 年 12 月 6 日作出（2011）杭滨民初字第 885 号民事判决：原告中兴通讯（杭州）有限责任公司于本判决生效之日起 15 日内一次性支付被告王某违法解除劳动合同的赔偿金余额 36596.28 元。宣判后，双方均未上诉，判决已发生法律效力。

裁判理由——法院生效裁判认为，为了保护劳动者的合法权益，构建和发展和谐稳定的劳动关系，《中华人民共和国劳动法》《中华人民共和国劳动合同法》对用人单位单方解除劳动合同的条件进行了明确限定。原告中兴通讯以被告王某不胜任工作，经转岗后仍不胜任工作为由，解除劳动合同，对此应负举证责任。根据《员工绩效管理办法》的规定，"C（C1、C2）考核等级的比例为 10%"，虽然王某曾经考核结果为 C2，但是 C2 等级并不完全等同于"不能胜任工作"，中兴通讯仅凭该限定考核等级比例的考核结果，不能证明劳动者不能胜任工作，不符合据此单方解除劳动合同的法定条件。虽然 2009 年 1 月王某从分销科转岗，但是转岗前后均从事销售工作，并存在分销科解散导致王某转岗这一根本原因，故不能证明王某系因不能胜任工作而转岗。因此，中兴通讯主张王某不胜任工作，经转岗后仍然不胜任工作的依据不足，存在违法解除劳动合同的情形，应当依法向王某支付经济补偿标准 2 倍的赔偿金。

裁判要点——劳动者在用人单位等级考核中居于末位等次，不等同于"不能胜任工作"，不符合单方解除劳动合同的法定条件，用人单位不能据此单方解除劳动合同。

此案例再次引起社会各界的特别关注，其关注焦点仍然是我国极具争议"末位淘汰"。

第二节 历史因应——管理制度与法理基础

一、"末位淘汰"语境界定

"末位淘汰"首先发端于西方人力资源管理中,是一种"奖勤罚懒"的激励机制,且偏重于处罚,以罚倒逼"奖勤"即通过淘汰末位者,倒逼而激发劳动者积极性。将位于考核结果最末端的员工予以淘汰,从劳动法语境上讲就是域外劳动法之"解雇",我国则称之为解除或终止劳动合同即劳动关系。

"末位淘汰"是指用人单位根据其内部管理目标,结合具体岗位实际情况,制定的绩效考核指标体系,并以此作为标准对员工进行考核,经考核排名,对相对落后的人员予以淘汰、辞退的一种管理办法。① "末位淘汰"指的是工作单位根据自身总体目的和具体岗位目标,设定一定的考核指标体系,以此为标准对员工进行考核,根据考核结果先后次序淘汰位于末端的员工。最早由美国通用电气公司前 CEO 杰克·韦尔奇提出。② "末位淘汰"是指用人单位根据工作目标,设定具体的考核指标,并以该考核指标对各岗位员工进行考核,根据考核的结果淘汰得分靠后的员工的一种绩效管理制度。③

"末位淘汰"属于人力资源管理的范畴,无论是其语义界定,还是属性,都没有太大的争议,其合理合法性就也不是问题。但是,"末位淘汰"并非法学术语,在劳动法(含《劳动合同法》)也没有"末位淘汰"一说。我国《劳动法》或《劳动合同法》有关劳动合同的解除和终止条款中,都没有将"末位淘汰"列为一种合法解雇理由或手段,这就直接造成了长期以来的巨大争议,使得"末位淘汰"之合法性问题一直争论不下。

笔者将"末位淘汰"界定为用人单位之惩戒权的范畴。惩戒权即为违规违纪之惩戒权,是指用人单位享有的对劳动者违规违纪而实施处罚的权利。惩戒权是用人单位依法享有的针对本单位劳动者的一种内部处罚权,是用人单位用工自主权的体现之一。惩戒权之行使主体为用人单位,相对人为被惩戒劳动

---

① 吴欢:《能否以"末位淘汰制"解除劳动合同》,载《江苏法制报》2015 年 11 月 3 日,第 00C 版。

② 施经:《"末位淘汰"为何不合法?》,载《南方日报》2016 年 12 月 6 日,第 F02 版。

③ 苏静:《末位淘汰制合法化思考》,载《合作经济与科技》2017 年第 2 期,第 191 页。

者即本单位员工。笔者认为惩戒权虽然在名称上被界定为权利,但其并不属于真正的法律范畴。①"末位淘汰"之惩戒权属性应当属于广义的惩戒权即包含解除或终止劳动合同的惩戒。

二、"末位淘汰"盛行因由

用人单位在人力资源管理过程中,为什么都非常偏好"末位淘汰",其主要原因可以从管理学和法学两大方面览概。

第一,"末位淘汰"是用人单位一种非常有效的"奖勤罚懒"的激励机制。"末位淘汰"作为用人单位一种绩效管理手段,能够有助于提高单位劳动生产力和工作效率,实现奖优罚劣,并对提升单位竞争力大有益处。也正因如此,"末位淘汰"一直被不少用人单位特别是企业视为绩效管理的最有效手段之一。

我国著名企业华为,在管理中也采用了"末位淘汰制"长达16年。华为对员工管理的办法,包括对每个员工制定"完成额度",年终绩效考核评估,剔除考评最差的5%员工和5%管理层等,这基本沿用了美国"财富500强"公司过去几十年普遍使用的"活力曲线"管理法。任正非认为,"末位淘汰制是永不停止的,只有淘汰不优秀的员工,才能把整个组织激活"。"末位淘汰"的国内拥趸者还包括阿里、腾讯、顺丰、滴滴、德邦等大批企业。②

在"末位淘汰"制度遍地开花的这个时代,已然在企业界形成了一种风尚——海尔在用它,联想在用它,华为也在用它,并逐步由大企业过渡到很多中小企业,就连在公务员和高校教师的考核机制中,"末位淘汰"的身影也已不再陌生。③

第二,"末位淘汰"可以降低用工成本,特别是可以降低解雇成本如解除劳动合同的经济补偿、社会保险费的支付等。

"末位淘汰"作为用人单位一种绩效管理手段,能够有助于提高工作效率,实现奖优罚劣。也正因如此,"末位淘汰"一直被不少用人单位视为绩效

---

① 问清泓:《惩戒权之特殊类型化评判》,载《决策与信息》2017年第4期,第77~78页。

② 魏浩征:《如何正确运用"末位淘汰"?》,载中国劳动法律网:http://www.laborlaw.com.cn/archives/7680.html,发布时间:2017年8月9日,访问时间:2017年8月21日。

③ 郑晓珊:《从"末位淘汰"看解雇语境下的"不能胜任"——以"指导案例18号"为背景》,载《法学》2014年第11期,第34页。

管理的最有效手段之一。然而,"末位淘汰"作用的发挥本身就具有"双刃剑"效应,容易被滥用。特别是在现实中,一些用人单位为了降低用工成本,动辄挥舞"末位淘汰"的大棒,任性地单方解除劳动合同,以致在司法实践中引发的这类纠纷日益增多。①

第三,"末位淘汰"可以降低法律风险,规避法律的干预。"末位淘汰"并非法学术语,在劳动法中也没有"末位淘汰"一说。我国《劳动法》或《劳动合同法》目前都没有关于"末位淘汰"的法律规定,对其合法性问题争议较大。

用人单位之所以无比认同"末位淘汰",除了其管理效应特别明显外,主要还是"末位淘汰"是用人单位最为有效的规避法律的手段。

用人单位实施"末位淘汰"解雇合同的普遍理念和一般做法:认定其既是合法的,又是合规的;无论从强制法之规范,还是从用人单位之任意规范,都是可行的。

实务中,"末位淘汰"基本法理是用工自主权的体现、属于正当的违规违纪之惩戒权的范畴。一般理由主要是:一是《劳动法》和《劳动合同法》之"不胜任工作";二是严重违反劳动规章制度;三是违纪即违反劳动纪律。有的用人单位为了增强其以"末位淘汰"解雇劳动合同的说服力,甚至经常是将三者综合起来,认定劳动者因为违反劳动法、劳动规章制度和劳动纪律的有关规定,"末位淘汰"就是违规违纪之惩戒权的合法行使,既是合法的,又是合规、合理的,从而认定以"末位淘汰"解雇劳动合同具有合法性,无可置疑。

这种理念,不仅是雇主的实际理念和一般做法,在劳动仲裁和劳动司法实践中也是非常认同此理的。这样,必然导致用人单位之"末位淘汰"的"泛滥",很多单位的劳动规章制度和劳动纪律中都有关于"末位淘汰"或类似的规定,而且很多单位还将"末位淘汰"作为一种基本人力资源管理的重要手段。不仅用来处罚或解雇劳动关系,还经常以"末位淘汰"为管理之重要激励手段,给"末位淘汰"穿上了合法正当的"外衣",实则可以说是套在劳动者脖子上的"紧箍咒",甚至就是"枷锁"。我国现实中已经大量出现了"末位淘汰"的争议,严重影响了劳动关系的和谐与稳定。而劳动法学界、劳动仲裁和司法实践中对此问题,重视都不够,几乎是一种放任自由之态度,更无

---

① 张智全:《让法治缰绳套牢"末位淘汰"》,载《人民法院报》2016年12月14日,第002版。

警惕和防范可言。

现实社会中,大量单位都一直非常青睐这种制度,甚至已经成为企业文化的重要组成部分,造成了"存在就是合理的"的既定"哲学"事实,于是乎,"末位淘汰"合法性问题被现实所湮没,学界或劳动者之反对声音当然也就无足轻重和无所谓了。

三、"末位淘汰"影响因子

"末位淘汰"直接涉及被淘汰者谋生饭碗,对劳动者影响巨大,被解雇劳动者当然要据理力争,依法维权,这必然导致劳资关系的紧张与冲突,增加劳动争议仲裁与诉讼之累,影响和谐劳动关系。

"末位淘汰"对劳资关系的影响可以从管理学和法学两个维度,分为积极影响和消极影响两大因子。

"末位淘汰"的积极影响:提高人力资源管理的绩效,实现优胜劣汰。一方面可以充分调动员工工作积极性,另一方面可以不断提高企业竞争力。

"末位淘汰"制的确有教育员工、激发活力和优化组合等的积极作用。[1]"末位淘汰"可以激发积极性与创造力,避免人浮于事;"末位淘汰"在一定的范围之内既兼顾了公平,又实现了用人单位资源的合理有效利用;有益于用人单位更好地引入人才,促进精英团队的形成。[2]

"末位淘汰"消极影响:不利于建立以人为本的和谐劳动关系,影响和谐企业文化;影响劳动者安全感,时刻担心解雇问题。"末位淘汰"漠视人格尊严、罔顾职工权益,极易导致员工惶恐、同事猜忌、团队精神差等负面效应。[3]"末位淘汰"破坏团队合作;降低企业忠诚度;损害个人尊严,给家庭和社会安定和谐埋下隐患;缺乏可行性,末位淘汰制有时会陷入缺乏科学依据的局面。[4]

"末位淘汰"的消极影响是往往会带来团队内的恶性竞争,这种极端的不

---

[1] 张玉胜:《叫停"末位淘汰"是一种理性纠偏》,载《工会信息》2017年第5期,第23页。
[2] 赵新:《劳动者因"末位淘汰"解除合同之维权研究》,载《法制与社会》2017年第6期,第67页。
[3] 张玉胜:《叫停"末位淘汰"是一种理性纠偏》,载《工会信息》2017年第5期,第23页。
[4] 高艳红、迈克尔·毕肖普:《论末位淘汰制与企业竞争力的关系》,载《中国商论》2017年第16期,第158页。

第二节 历史因应——管理制度与法理基础

可持续的方式,带来的结果必然是与公司利益相悖,一旦融入企业文化,对于一个公司的负面影响将难以估量。可以说,"末位淘汰制"是"反团队"的。①

用人单位实施"末位淘汰",法律风险增加,对劳资双方都为不利。末位淘汰制运用得当可以提高员工工作积极性、精简机构、提高企业的竞争力;但是若运用得不好,就会导致用人单位侵害劳动者合法权益,甚至因此使企业陷入诸多劳动诉讼纠纷中,与企业采用末位淘汰制的初衷背道而驰。②

在公司制度或合同中将"末位淘汰"规定或约定为劳动合同的终止条件或解除条件,与法律法规冲突,所以并无效力。③

据《劳动合同法》第44条的规定,劳动合同终止的条件并不包括"末位淘汰"。我国现行《劳动法》和《劳动合同法》虽然都并未明确规定"末位淘汰",使其游离于法律的边缘,其违法与否处于两可之间。但是最高法18号指导案例与第8次《纪要》都明确规定了"末位淘汰"之违法性,因此,"末位淘汰"现在已经可以说是明显的违法行为。但是,争议就在于其法律位阶比较低,从严格意义上说还算不上真正的法律或法规,导致"末位淘汰"违法性之法律依据仍然不足,合法性与正当性仍然还需要高层次的法律法规明确界定。

司法实践中"末位淘汰"法律风险也是巨大的,即有关"末位淘汰"案件败诉的可能性还是非常高的,这就从实践验证了"末位淘汰"合法性与非法性之边界的模糊性。

2016年12月著名劳动法学者董保华教授《不能胜任解除之殇——北京已死,上海苟活》的演讲从实证的角度解读了末位淘汰相关问题,引起了巨大反响。董保华研究团队通过对北京、上海大约500个涉及"不能胜任"解除劳动合同的判决书进行对比研究,发现用人单位胜诉率在北京为0,在上海低于5%,因而得出"不能胜任解除制度"在北京和上海两个最注重绩效管理的

---

① 魏浩征:《如何正确运用"末位淘汰"?》,载中国劳动法律网:http://www.laborlaw.com.cn/archives/7680.html,发布时间:2017年8月9日,访问时间:2017年8月21日。

② 苏静:《末位淘汰制合法化思考》,载《合作经济与科技》2017年第2期,第192页。

③ 魏浩征:《如何正确运用"末位淘汰"?》,载中国劳动法律网:http://www.laborlaw.com.cn/archives/7680.html,发布时间:2017年8月9日,访问时间:2017年8月21日。

城市已经名存实亡。这从实证的视角有力说明了"不能胜任解除制度"之管理学与法学的双重"死亡",并认定其绩效管理手段与法制精神的双重失灵。虽然此结论是有关"不能胜任解除制度"的,但是,由于"末位淘汰"与其的天然关系(后文详述),笔者同样可以得出"末位淘汰"也伴随"不能胜任解除制度"而面临管理学与法学的双重"死亡"或失灵,因为"末位淘汰"依附于"不能胜任解除制度",皮之不存毛将焉附,这不是笔者的"偷换概念"。

钱如锦的《末位淘汰制的实证分析与法律探讨——以29个司法裁判案例为分析对象》分析了"末位淘汰"的违法性。从其分析的29个案例可以看到,大多数用人单位对考核末位的劳动者予以淘汰,并以各种理由解除劳动关系,最终大部分被法院认定为违法。[①]

从上海法院2016年45份关于"不能胜任"相关案件的判决结果来看,法院认定单位合法解除的仅有5件,占比11.1%,约九成的案件法院会判单位败诉。[②] 可见,"不能胜任"解雇之违法,在上海的劳动司法实践中比较明确。

第三节 隐性立法——指导案例到《纪要》规定

由于我国"末位淘汰"一直没有直接而明确地入法,也没有相关司法解释。但是,基于"末位淘汰"与"不能胜任工作"之天然联系和实际做法,在我国没有"末位淘汰"立法之背景下,"末位淘汰"隐藏于"不能胜任工作"之立法背后,笔者称之为隐性立法。

我国有关"不能胜任工作"之立法规定是比较早且明确的。我国《劳动法》第26条第2款规定,劳动者不能胜任工作,经过培训或者调整工作岗位,仍不能胜任工作的,用人单位可以解除劳动合同,但是,用人单位需提前30日以书面形式通知劳动者本人。

《劳动合同法》基本承继了这一立法传统,只是增加了"额外支付劳动者一个月工资"和需要"支付经济补偿金"的规定,比劳动法更加有利于保护

---

① 钱如锦:《末位淘汰制的实证分析与法律探讨——以29个司法裁判案例为分析对象》,载《黑龙江省政法管理干部学院学报》2017年第1期,第67页。

② 耿启幸:《劳动合同"不能胜任"解除的反思——基于45份判决书为例的实证研究》,载《吉首大学学报(社会科学版)》2017年第3期,第19页。

劳动者的权益。

《劳动合同法》第 40 条第 3 款明确规定了"劳动者不能胜任工作，经过培训或者调整工作岗位，仍不能胜任工作的"，用人单位享有单方解除权，但是，用人单位需提前 30 日以书面形式通知劳动者本人或者额外支付劳动者一个月工资，方可以解除劳动合同，并需支付经济补偿金。

《劳动合同法》这样的强制立法，特别要注意其立法内涵，这里并不是只有一个程序，而是有两个程序。将劳动者不能胜任工作确定为用人单位合法解除劳动合同的法定正当理由，但是，并不是只要"劳动者不能胜任工作"，可以解除劳动合同，还要经过另外一个程序即"经过培训或者调整工作岗位，仍不能胜任工作"。

因此，许多用人单位普遍认为的"劳动者不能胜任工作，就可解除劳动合同"的做法，是明显违法的，是对法律的误读。还有许多用人单位为了逃避此两个程序，在劳动规章制度或劳动纪律中规定："如果劳动者不能胜任工作，就可解除劳动合同。"这样，就将法定的两个程序变成了一个程序，不管是善意的"误认为"，还是故意的，都是明显的违法行为，也就不具备任何法律效力。任何单位都无权改变法律的强制规范，这也是劳动规章制度内容是否合法的重要内容之一。那么，用人单位是否可以将其列为劳动纪律呢？答案也是否定的，因为劳动纪律是劳动规章制度的下位范畴，劳动规章制度都无权这样做，劳动纪律更不用说。

"不能胜任"包括"末位淘汰"之解除或终止劳动合同时，用人单位之证明责任太重。按我国《劳动合同法》的规定，劳动者不能胜任工作的，用人单位必须完成三次举证，一是证明劳动者不能胜任，二是证明已经培训或调整生产岗位，三是证明培训或调整生产岗位以后仍然不能胜任，之后方可实行预告解除，由此可见，雇主所负的解雇证明责任相当重。[1]

从《劳动合同法》看，我国法律没有允许用人单位与劳动者在劳动合同中约定以"末位淘汰"为由解除劳动合同，可见"末位淘汰"缺乏法律依据。[2] 此观点在学界比较盛行，劳动者也更是非常赞同此说。

2012 年的《最高人民法院关于审理劳动争议案件适用法律若干问题的解

---

[1] 董保华：《我国劳动关系解雇制度的自治与管制之辨》，载《政治与法律》2017 年第 4 期，第 119 页。

[2] 罗沙：《用人单位以"末位淘汰"单方解除劳动合同属于违法》，载《劳动保障世界》2016 年第 34 期，第 21 页。

释（四）（征求意见稿）》第 16 条规定："劳动合同存续期间，劳动者不符合劳动合同法第四十条第（一）项、第（二）项规定的情形，用人单位通过'末位淘汰'等形式单方解除劳动合同，劳动者以用人单位违法解除劳动合同为由，请求用人单位支付赔偿金的，人民法院应予支持。"

此为我国立法第一次正式将"末位淘汰"纳入法律的范畴，但是，后来的正式文本即自 2013 年 2 月 1 日起施行的《最高人民法院关于审理劳动争议案件适用法律若干问题的解释（四）》，最终还是删除了有关"末位淘汰"的规定，使得"末位淘汰"最终还是未能入法，"末位淘汰"仍然是游离于法律或司法解释之外。

值得庆幸的是，到了 2016 年年底，"末位淘汰"入法问题迎来了新的转机。2016 年 11 月 30 日，最高人民法院公布了《第八次全国法院民事商事审判工作会议（民事部分）纪要》（简称第 8 次《纪要》），明确用人单位以"末位淘汰"单方面解除劳动合同属于违法。最高法民一庭负责人表示，"末位淘汰"与解除劳动合同之间不能等同，解除劳动合同必须要依法进行。

虽然，《纪要》之"末位淘汰"规定层次比较低，还算不上真正意义上的立法，但是，其意义巨大。因为，这毕竟是"末位淘汰"的第一次正式"入法"，为解决"末位淘汰"之长期争论画上了一个基本圆满的句号，其实际运用价值也非常值得肯定，此规定将成为劳动司法实践中解决"末位淘汰"争议的直接依据。

《纪要》可谓是对"末位淘汰"的明确否定，好评如潮。最高法院的这份《纪要》并不是规定了一个新的法律条款，而是重申了一个早已存在的法律事实，即"末位淘汰"违反了《劳动法》的相关规定。[①]《纪要》不但明确指出了用人单位通过"末位淘汰"形式单方解除劳动合同的行为违法，而且还明确了劳动者可以通过要求继续履行劳动合同或支付赔偿金的两种路径依法维权。这不仅给用人单位通过"末位淘汰"单方解除劳动合同的任性行为戴上了"紧箍咒"，而且也给劳动者依法维权疏通了司法救济渠道，必将更有助于劳动者合法权益的有效保护。[②]

法学界虽然一直关注"末位淘汰"，一般都认为其属于非法解雇之一种。

[①] 施经：《"末位淘汰"为何不合法？》，载《南方日报》2016 年 12 月 6 日，第 F02 版。

[②] 张智全：《让法治缰绳套牢"末位淘汰"》，载《人民法院报》2016 年 12 月 14 日，第 002 版。

但是，由于立法的缺失，学界的基本共识并不为实践所接受，因此，对"末位淘汰"进行有效规制，除了从理论上进行充分研究外，立法之跟进，更显得重要。立法者应当正视并重视这一问题。最高人民法院关于"末位淘汰"的《纪要》，与先前的指导案例18号一样，只能说是一种权衡之计，而"治标不治本"，离真正的立法还有相当的距离。关于"末位淘汰"理论研究的支撑和立法的实现，仍然有待于学者和立法者的共同奋斗。

第四节 博弈方式——"不能胜任"到合同解除

许多用人单位都将"末位"与"不能胜任工作"同等看待，并因为劳动者"不能胜任工作"，依据劳动法的明确规定而解除劳动者的劳动合同，还时常连经济补偿金都没有。因此，"不能胜任工作"就成为"末位淘汰"之合法理由，"末位淘汰"解除合同也因此而正当合法化。这实则是对"不能胜任工作"的误读。

"末位"并不就是"不能胜任工作"，二者应当是不同的概念，不能等同；更不能将"末位淘汰"作为"不能胜任工作"解除劳动合同的手段。劳动仲裁和劳动司法也不能将"末位淘汰"作为"不能胜任工作"解除劳动合同的法定依据。

"末位淘汰"和不能胜任解除劳动合同的结果虽然都是迫使员工离开，但两者的作用机制却完全不同。末位淘汰是要按照一定标准对员工进行排序，排序的结果并不是员工工作状态和结果的直接描述。因而排在末位的员工只是在排序中处在了末位，并不能由此来推测这名员工的实际工作绩效状况，更不能由此推断该员工是"不能胜任"。[1]

"末位"只能证明劳动者在本部门的考评分数的序列，并不能作为不能胜任工作的依据。"是否胜任工作"是劳动者与其所从事业务之间的具体关系，判定的标准应该是客观的、绝对性的。而绩效考核中的末位，是对劳动者工作业绩或工作能力的一个相对性评价，是与其他劳动者相比时，处于相对劣势的问题。因此，"末位"并不等于"不能胜任工作"。即使公司的"末位淘汰"行为有劳动规章制度作为依据，但是劳动规章制度因不符合《劳动法》和《劳动合同法》的规定，属于无效的规章制度。因此，公司采取的"末位淘

---

[1] 王一任、翟继满：《论〈劳动合同法〉修改背景下的"不能胜任解除之殇"——基于逻辑推理的分析》，载《中国人力资源开发》2017年第2期，第157页。

汰"制解除合同是违法行为。①

也有人认为"所有的违纪违规行为都是不胜任工作"②。但是，反对者王文珍认为，不能胜任工作和违纪是两种不同的制度设计，两者之间恐怕不能直接吸收或替代。不能胜任工作的判断标准是岗位职责、任职条件和工作要求，判断依据是岗位考核，更看重结果；违纪的判断标准是劳动纪律，判断的依据是违纪行为的认定、查实，更看重行为。如果一个员工违纪了，并且没有按时、按质、按量地完成工作任务，当然可以减发其工资；如果一个员工违纪了，但百分百地完成了工作任务，以不能胜任工作为由减发工资（不包括绩效工资），可能就有一定问题，更别说解除劳动合同了。③

指导性案例18号是第一个严格意义上的劳动法指导性案例，而且涉及对比较敏感的"末位淘汰"制度的法律评价，值得深入分析。④

上述最高院的第18号指导性案例之裁判要点非常明确："劳动者在用人单位等级考核中居于末位等次，不等同于'不能胜任工作'，不符合单方解除劳动合同的法定条件，用人单位不能据此单方解除劳动合同。""这一结论不仅合法，而且合理。"⑤ 第18号指导案例，是对用人单位广泛实施的末位淘汰制给予的司法回应，表明了最高人民法院的立场和态度。⑥ 可见，我国目前司法实践也是支持"末位"不等同于"不能胜任工作"的。此观点，在没有"末位淘汰"立法和司法解释的情况下，具有很大的意义。"这则指导性案例的判决结论对于减少各级法院针对末位淘汰制的'同案不同判'有着积极意义。"⑦ 但是，由于我国不是判例法国家，在只有判例没有判例法的前提下，

---

① 斯宾：《用人单位能否以"末位淘汰"解雇员工》，载《中国工人》2015年第9期，第59页。
② 刘文华：《专家热议劳动纪律和惩戒制度》，载《中国劳动》2008年第9期，第13页。
③ 刘文华：《专家热议劳动纪律和惩戒制度》，载《中国劳动》2008年第9期，第13页。
④ 孙光宁：《"末位淘汰"的司法应对——以指导性案例号为分析对象》，载《法学家》2014年第4期，第99页。
⑤ 孙光宁：《"末位淘汰"的司法应对——以指导性案例号为分析对象》，载《法学家》2014年第4期，第99页。
⑥ 张家宇：《末位淘汰制的法律规制——最高人民法院第18号指导案例研究》，载《新疆大学学报（哲学·人文社会科学版）》2016年第3期，第57页。
⑦ 斯宾：《用人单位能否以"末位淘汰"解雇员工》，载《中国工人》2015年第9期，第59页。

第 18 号指导性案例只能是学理上的意义,不能作为解决"末位淘汰"的法律依据。

指导意见也产生了一些消极后果:在司法实践中,部分地方法院实际上把对劳动者倾斜保护的原则修改为对劳资双方平等保护的原则,有的地方法院甚至进行选择性保护。如果在地方各级人民法院中强行贯彻指导性案例 18 号所体现的保护劳动者权益、严格限制用人单位单方解除劳动合同权利的倾向,那么可能会引发更多的劳资纠纷。这样,在普通案件中值得强调的目标(保护劳动者权益),却在更大的范围内遭遇了实施上的困难。我们固然能够赞许个案判决的正确与妥当,却无法保证其在社会中的扩展效果也是积极的。① "就指导性案例 18 号的判决结果来说,虽然保护劳动者的倾向值得肯定,但该案例既没有给出如何判断'不能胜任工作'的指导,也很有可能会产生消极的扩展效果。"②

指导案例仅简单指出末位等级"并不完全等同于'不能胜任工作'"。言下之意必是有些时候可以等同,而有些时候不能等同。到底哪些时候能够等同,而哪些时候却又不能等同呢?如果末位不能简单作为胜任与否的评判标准,那么作为标尺的衡量体系又该如何去建立?胜任与否又当如何证明?指导案例的意义仍将停留在个案层面:从小处着眼,指导案例的指导性意义将大大受限;从大处着眼,很难为已然呈现出盛行之态的人事管理机制提供一条理性的出路。③ 因此,指导性案例 18 号,并没有明晰厘清"末位淘汰"与"不能胜任工作"的实质关系级评判标准,指导案例之指导意义也由此而极为有限。

末位淘汰在美国是解雇自由的一种表现,也是一种完全合法的做法;法国解雇要求正当事由,这一正当事由被法律规定为"严肃的理由",末位淘汰只要构成严肃的理由也是可以解雇的。④

"末位淘汰作为一种管理制度,本身还存在着运行是否规范的问题,应当相信处在司法第一线的法官、仲裁员的判断,司法在这里本身存在着纠偏机

---

① 孙光宁:《"末位淘汰"的司法应对——以指导性案例号为分析对象》,载《法学家》2014 年第 4 期,第 105 页。

② 孙光宁:《"末位淘汰"的司法应对——以指导性案例号为分析对象》,载《法学家》2014 年第 4 期,第 107 页。

③ 郑晓珊:《从"末位淘汰"看解雇语境下的"不能胜任"——以"指导案例 18 号"为背景》,载《法学》2014 年第 11 期,第 34 页。

④ 董保华著:《十大热点事件透视劳动合同法》,法律出版社 2007 年版,第 386 页。

制。"① 指导性案例 18 号的判决的指导性意义还是应当值得肯定的，其法官的判断和纠偏，使得我国"末位淘汰"和"不能胜任工作"的关系有了一个比较权威的判断，司法的纠偏机制发挥了应有的作用，弥补了立法之不足，也为劳动规章制度包括劳动纪律的制定和适用提出了可供参考的价值典范。

末位淘汰即使依托"不能胜任工作"，也不能作为解雇劳动关系的法律依据；更不能以严重违反劳动规章制度为由解除劳动关系；将末位淘汰纳入劳动纪律的范畴进行规制，也是不能行使解除权的。末位淘汰只能作为用人单位人力资源管理和绩效考核的手段，且只能进行解雇之外的、一般性的、较轻的处罚手段。

2016 年 11 月 30 日，最高人民法院的《第八次全国法院民事商事审判工作会议（民事部分）纪要》明确规定，用人单位在劳动合同期限内通过"末位淘汰"或"竞争上岗"等形式单方解除劳动合同的，劳动者可以用人单位违法解除劳动合同为由，请求用人单位继续履行劳动合同或者支付赔偿金。此《纪要》是对 2013 年最高人民法院指导性案例 18 号的重要补充，二者可以说是我国目前有关"末位淘汰"法律定性的最高文件，二者都表明了"末位淘汰"之违法性，其定纷止争效果应当明显。但是，此二者毕竟还不是真正的法律或司法解释，强制拘束力还不够；加之，我国属于成文法范畴，判例的法律效力极其有限。因此，要真正有效解决"末位淘汰"问题，还需要法律的介入，"末位淘汰"入法仍然是任重道远。

第五节　效力基础——参照效力到实际效果

我国成文法之大背景的限制，使得我国法制"生态系统"中呈现出"有判例而无判例法"之特征。即使是最高人民法院的指导案例，也并非真正意义上的判例和判例法，因此，我国指导案例表现出法理基础缺失之天然不足。由此，必然导致指导案例之效力基础的缺失，即使承认其参照效力，也使指导案例的实际效果大打折扣。

除了指导案例之效力基础缺失外，有关"末位淘汰"《纪要》之效力更是薄弱。

指导案例还可以勉强算是司法解释，笔者认为其属于学理解释，具有一定的可参照效力；但是《纪要》恐怕连参照效力都没有。因为，《纪要》属于内

---

① 董保华著：《十大热点事件透视劳动合同法》，法律出版社 2007 年版，第 389 页。

第五节 效力基础——参照效力到实际效果

部会议之文件,适用范围极其有限,从强制拘束力上看,《纪要》还算不上是政策,政策的效力都是远远高于《纪要》的。如果要研究《纪要》的效力,也只能勉强将其划归政策之范畴。

如何克服指导案例与《纪要》之法定效力性不足的缺陷,也就成为"末位淘汰"指导案例与《纪要》之效力的关键。

"自古以来,在真理生成的过程中,解释学就扮演重要的角色,在神学和法学领域尤其如此。"[①] 法律解释问题在我国法律理论和实务界越来越受重视,总体来看这与我国全面推进依法治国密切相关。法律解释学大有可为,应充分发挥其明确法律内涵的功能,增强法律的可执行性、可操作性,并针对实践中出现的新情况新问题不断作出新解释。[②]

法官将法律文本应用于具体情境时,对法律文本的意义作出变通的解释,属于"创造性的补充法律行为",这带来一个问题,即如何防止法官专断,从而确保法律的稳定性和可预见性。[③]

"指导性案例是弥补司法解释的不足,并配合司法解释发挥作用的重要措施。"[④] 我国最高人民法院之指导案例,从法理上讲,它虽然与司法解释紧密相关,但它终究不属于司法解释,至多也只能算是一种广义上的法理解释。笔者将之划归为法理解释而不是司法解释,可以将之认定为司法解释之解释的范畴。法律解释已经成为法学的重要组成部分,但是,法律解释也有一些弊端需要克服,不能让解释扩大化,不能是随意自由的解释,否则就破坏了法的稳定性与可预见性。解释本身就是这种"扩大化"的产物,其价值是非常有限的。

指导案例具有正当合法性,但是,其法律效力却是相当有限的。王利明教授曾经专门论述过:"从总体而言,我国的指导性案例不会成为法律渊源,法官也不受'先例拘束'原则的拘束。如前所述,司法解释是最高人民法院作出的一种有权解释,但指导性案例与其不同,其不具有法律约束力,不能作为裁判依据援引,只能作为裁判的参考,从这个意义上,我们说建立指导性案例制度,并非是要建立判例法制度,我们也不能照搬判例法国家普遍采纳的遵循

---

① 高鸿钧:《伽达默尔的解释学与中国法律解释》,载《政法论坛》2015年第3期,第3页。
② 张志铭:《法律解释学大有可为》,载《人民日报》2016年3月28日,第016版。
③ 高鸿钧:《伽达默尔的解释学与中国法律解释》,载《政法论坛》2015年第3期,第15页。
④ 王利明:《我国案例指导制度若干问题研究》,载《法学》2012年第1期,第73页。

先例的原则。"① 因此,指导案例虽然具有一定的价值,但是,其对法官并无强制效力。按照学界不同观点,王利明教授认为指导案例"参照功能说"更值得赞同。"指导性案例的效力是'各级人民法院在审判类似案件时应当参照',笔者认为这是对指导性案例的一种准确定位。参照的含义首先意味着其不是法律渊源,不能直接作为裁判依据。"② 但是,同时指导性案例又具有参照效力:"指导性案例一旦颁布,就应当对包括最高人民法院在内的全国法院都能够产生一定的拘束力。这就是说,所有的法官在遇到类似案件时,都应当参照指导性案例来进行裁判。""参照指导性判例作出裁判,实质上是要实现类似问题类似处理,保障裁判可预期性的实现。""指导性案例发挥作用的关键在于,通过'识别'确定系争案件与指导性案例之间是否存在类似性。"③ 指导性案例的参照效力实现的难题是:如何认定实践中不同案例的"类似性",如果实践中的案例与指导案例难以界定二者的"类似性",指导案例的参照效力将丧失。

有学者从法律解释的角度,论述了我国指导案例的合法性及"末位淘汰"指导案例的合法价值导向。从文义解释方法、目的解释方法、历史解释方法和体系解释方法、社会学解释方法四种法律解释方法上看,"指导性案例号的判决结论是合法且合理的,这也是其'升级'为指导性案例的原因"。④

指导性案例18号的判决理由和结论都能够成立,但是,一旦被最高人民法院遴选为指导性案例,该案产生的实际效果范围就将扩展。更重要的是,成功的个案未必一定能够成为成功的指导性案例,个案的判决结论未必能够在更大范围内产生同样积极的社会影响。在指导性案例这个层面上,还需要对其可能产生的扩展效果进行深入的分析。⑤ 笔者非常认同此观点,这不仅揭示了我国指导性案例的共同不足,还阐释了克服我国指导性案例不足之路径,即应当

---

① 王利明:《我国案例指导制度若干问题研究》,载《法学》2012年第1期,第76页。

② 王利明:《我国案例指导制度若干问题研究》,载《法学》2012年第1期,第76页。

③ 王利明:《我国案例指导制度若干问题研究》,载《法学》2012年第1期,第77页。

④ 孙光宁:《"末位淘汰"的司法应对——以指导性案例号为分析对象》,载《法学家》2014年第4期,第103页。

⑤ 孙光宁:《"末位淘汰"的司法应对——以指导性案例号为分析对象》,载《法学家》2014年第4期,第103页。

将指导案例进行"扩展"即"升华"。但是劳动司法实践中"扩展"的具体路径,却有很大的障碍。

如果在地方各级人民法院中强行贯彻指导性案例 18 号所体现的保护劳动者权益、严格限制用人单位单方解除劳动合同权利的倾向,那么可能会引发更多的劳资纠纷。这样,在普通案件中值得强调的目标(保护劳动者权益),却在更大的范围内遭遇了实施上的困难,无法保证其在社会中的扩展效果也是积极的。"用人单位如果了解了指导性案例号中的判决理由和主旨意图,固然会减少末位淘汰机制的适用,但更可能会加倍谨慎地用工甚至缩减用工。""对于意图通过指导性案例加强保护劳动者权益的最高人民法院来说,这种事与愿违的扩展效果可能出乎其意料。"① 可见,对指导案例 18 号的"扩展"效力,可能是消极的,它只能是一种参照效力,用如此之参照效力指导实际案例,其效果当然就难以保障。

"鉴于案例指导制度所涉及的内容十分复杂,尤其是如何与我国长期的成文法传统相互融合,还需要理论界和实务界共同努力不断推进。"②

学界目前对最高人民法院指导案例指导的研究还是比较充分的,但是,对《纪要》的研究是严重匮乏。指导案例与《纪要》二者的效力位阶应当是都是属于非法律效力,前者强于后者,即指导案例的效力高于《纪要》。二者因其效力的低下,必然导致有关"末位淘汰"之司法实践中效果的欠缺。指导案例之参照效力与《纪要》之内部效力,都不能解决"末位淘汰"的实际问题,解决二者效力严重不足的基本途径还是要从劳动立法、司法解释与劳动政策上进行。

第六节 升华路径——判例案例与劳动政策

一、"指导案例"升华为"判例案例"

笔者认为,劳动法解决"末位淘汰"问题的根本改革路径是构建劳动法之"成文法+判例法"模式,实现成文法系与判例法系之融合,此模式中需要

---

① 孙光宁:《"末位淘汰"的司法应对——以指导性案例号为分析对象》,载《法学家》2014 年第 4 期,第 105 页。
② 王利明:《我国案例指导制度若干问题研究》,载《法学》2012 年第 1 期,第 80 页。

将我国现行"指导案例"升华为"判例案例"。

笔者一直认为,构建我国比较发达的劳动法制度,需要借鉴与移植部分发达国家之发达劳动法的成功经验,即其成文法与判例法之融合。笔者在研究域外发达国家或地区的不当劳动行为规制制度时曾经总结了两大法系的基本模式。混合法模式主要是指"判例法与成文法"模式,并进一步根据各个国家的特点和主次之分,再细分为"判例法(主导)+成文法(辅助)"或是"成文法(主导)+判例法(辅助)"两大基本模式。美国的立法模式主要是"判例法(主导)+成文法(辅助)"模式,英国也属于此模式,只不过英国规制不当劳动的判例法比美国更为普遍而已。德国的模式是"成文法(主导)+判例法(辅助)"。德国作为典型的大陆法系国家,其主要的法律部门如刑法、民法和商法都有统一的联邦法典,但是劳动法却由于多种原因一直没有劳动法典,这种劳动法之分散立法体例直接导致实践中的不统一,对此,只有通过判例法来解决,劳动法领域内中的判例法比其他法律领域都多且具有重要地位。日本法深受美国和德国的影响,对不当劳动的立法模式是"成文法(主导)+判例法(辅助)"。① 虽然,这些模式是针对不当劳动的,但是其也代表了成文法与判例法的交融,这也是其劳动法的特色。因此,为了实现我国劳动法现代化,必须特别关注成文法与判例法的交融,不能仅仅受制于现行成文法,应当在我国劳动法领域内"先行先试"成文法与判例法之交融模式。

二、构建"劳动政策+劳动立法"模式

笔者纵观世界上发达国家劳动法,发现一个基本规律,即劳动法之所以不同于其他部门法,其中一个重要区别就是劳动法渊源中包含大量的劳动政策,即劳动政策与劳动立法天然不可分离。

如何处理好劳动政策与劳动立法的关系,并不仅仅是所谓法理学之政策与法律关系的简单原理,而是直接关系到一个国家劳动法之发达与否。研究劳动政策与劳动立法的互动关系,并为合法正当的劳动政策出台提供理论支撑,具有较大的理论价值和实际运用意义。

劳动政策由于其充分的灵活性和实际可操作性强的特色,更加普遍地被纳入广义之劳动法的范畴。因此,许多有关劳动关系的规定,例如劳动标准问题如最低工资标准、加班工资、工资的集体协商谈判等,由于其标准的经常变动,往往都是由劳动政策来规范的。劳动政策不仅是中央政府和地方政府工作

---

① 问清泓著:《不当劳动论衡》,中国劳动社会保障出版社2014年版,第22~23页。

的重点之一,还成为广大劳动者和用人单位共同关注的热点和焦点。可见,学界研究和实践调整劳动关系都必然不能离开劳动政策,这既是我国社会主义核心价值观之历史必然要求,更是劳动法学界之研究目标和学者基本素质之要求。

学界的理论和实践研究,不能限制在政策与法律关系的博弈上,特别是对法定性问题的纠结上。况且即使是从基本的法理上看:法律与政策的关系也不一定就是根本对立的;从国家和社会治理的角度,法律和政策也是具有同一性的。因此,应当将二者共同纳入研究的视野,特别是集体劳动法,更是应当将劳动法规与劳动政策一起纳入集体劳动法的基本范畴,共同形成劳动法与劳动政策、集体劳动争议调处之有效范式,构建集体劳动法之劳动政策新模式。

"末位淘汰"指导案例不能只是从广义的司法解释上研判其法律效力,还应当从指导案例之政策属性上确立并"升华"其效力层次。

有学者从"公共政策"的角度分析"末位淘汰"指导案例的效力问题。其将指导案例产生扩展效果的原因首先概括为"最高法院的公共政策功能":我国最高法院的地位十分独特,其采取的举措经常能够对全国法院产生重要影响,并经过地方法院的审判等工作向社会传播和扩散。可以说,最高法院具有鲜明的公共政策功能。这从美国联邦最高法院的实践中就可见一斑。从这个意义上说,最高法院的公共政策功能是其具体行为产生社会影响的根本原因。"层级越高,法条主义的影响力就越弱,而这些决定对法律权利义务的冲击力就越大。更高层级的司法部门,最高法院是最高点,就是制定大量法律并由更低层级法院以法条主义的方式实施(尽管忠诚度不完美)的地方。"[1] 虽然中国与美国不同,但是,最高人民法院也通过多种方式对地方各级人民法院及其审判活动产生重要影响。"地方各级人民法院贯彻最高人民法院意图的过程,实质上也是最高人民法院发挥公共政策功能的过程。"[2]

上述有关指导案例之公共政策的观点,实质上表明了我国最高法院之指导案例的效力来源,即指导案例的效力来源:主要不是其司法解释之效力,因为指导案例本身还算不上是司法解释;只能视指导案例为政策之一种,"末位淘汰"指导案例18号就属于劳动政策来源之范畴,"末位淘汰"指导案例18号

---

[1] [美]理查德·波斯纳:《法官如何思考》,苏力译,北京大学出版社2009年版,第42页。

[2] 孙光宁:《"末位淘汰"的司法应对——以指导性案例号为分析对象》,载《法学家》2014年第4期,第103页。

之效力"升华"路径，也就应当特别关注并提升劳动政策的效力。上升到一般劳动法法理，就是要处理好劳动政策与劳动立法之关系，并充分发挥劳动政策之灵活性优势，合法有效地解决实践中各种不同而复杂的"末位淘汰"案件。因此，笔者认为，在关注劳动政策上，不能仅仅停留在法院系统，还应当扩展到行政政策上，尤其是要上升到党中央和国务院之最高层次，使劳动政策具有非常高的"法制"地位，因为，劳动政策本身就属于劳动立法的基本范畴，劳动政策与劳动立法本身就是相互统一的，二者共同构筑起我国劳动法的基本制度。也只有如此，对"末位淘汰"之规制，才是合法正当并真正有效的路径依赖。

最后，笔者借用中国新闻名专栏湖北"经视直播"之"江涛视点"的一句经典名言："我们只作讨论，我们不下结论"，来说明"末位淘汰"之研究，以企抛砖引玉。此为本节之余论。

第九章 社会保险新论

【本章概要】 我国现行社会保险与体制内传统典型劳动关系完全"捆绑"的制度设计已经难以适应新时代共享经济的新形势,应当将社会保险与传统体制内典型劳动关系脱钩,实现分层设计与分层治理。共享经济新型劳动用工再次对多重劳动关系或兼职提出了挑战,其合法性认定与社会保险义务和责任分配亟待破解。社会保险之重复保险问题也更加凸显,社会保险应当坚持否定重复保险为一般原则,养老保险和失业保险不能有重复保险;而工伤保险、医疗保险和生育保险可以容许重复保险。社会保险账户构建与管控,应当处理好统筹账户与个人账户的关系;可以借助国家"企业年金"或"职业年金"网络信息平台,整合与构建全国统一的个人账户新系统。破解自愿弃保或协议弃保问题的主要对策是:转变思维模式;降低社保费率;创新制度设计,有效推行"企业年金"或"职业年金"制度;完善法制建设,从长期战略考虑,立法构建社会保险与劳动关系的"脱钩"、分层设计与分层治理新模式。

共享经济依托互联网,创新了灵活劳动用工新形式,对我国传统的社会保障制度带来了新的挑战,社会保险中的一些历史问题和现实矛盾日益显现,亟待加强理论与实践研究,探寻新的办法以破解新的困局,劳动法与社会保障法也应当积极响应以适用新社会保险新变化。

下文分五个部分阐述:一是社会保险与劳动关系捆绑、脱钩与分层的总体构想;二是多重劳动关系或兼职;三是重复保险;四是社会保险账户构建与管控;五是自愿弃保或协议弃保问题与对策。

第一节 社会保险制度重塑总体思路

我国现行社会保险制度的最大特色是社会保险与劳动关系完全"捆绑"。此劳动关系为狭义之劳动法上的劳动关系,即为传统体制内之典型劳动关系或标准劳动关系，并不包括由民法调整的劳务关系、雇佣关系或承揽劳动关系，与此相对的社会保险关系仅仅是指典型劳动关系，社会保险必须与典型劳动关系为基础，如果没有典型劳动关系存在，社会保险也将不复存在；如果有典型的劳动关系，那么就必须有社会保险。此即社会保险与劳动关系的"捆绑"。

我国目前的《劳动合同法》和《社会保险法》已经将劳动关系与社会保险二者关系非常明确地规定于此法之中，二者关系已经属于法律强制性规范，不属于合同可以自由约定的任意性规范，不能由合同双方当事人自由约定，只能依据《劳动合同法》①和《社会保险法》相关规定执行，否则就属于违法行为。

《社会保险法》非常详细地规定了养老保险、医疗保险、工伤保险、失业保险、生育保险五大社会保险，明确了用人单位社会保险之法定义务和法定责任。《社会保险法》的规定仍然与劳动法的规定一样，其适用主体仍然是体制内有典型劳动关系的劳动者即我国传统经典说法之"职工"，体制外的非典型劳动者之社会保险一直是社会保险的"盲点"。

共享经济下新型劳动关系最大的特色就是大量非传统的典型劳动关系"井喷"式生长，体制外非全日制劳动用工异常繁荣，劳动关系、劳务关系与雇佣关系交融难辨，传统劳动关系与社会保险紧密捆绑的制度设计已经在实践中被打破，大量劳动争议与社会保险特别是工伤保险有关，我国现行劳动法与社会保障法面对新形势已经非常滞后。改革策略可以首先是从制度上将社会保险与劳动关系"松绑"脱钩，脱钩不是降低社会保险的覆盖面，而是仍然要坚持社会保险"广覆盖"的基本原则。此"广覆盖"之"广"不能仅仅是传统体制内由劳动法调整的狭义劳动关系，而应当是所有的广义劳动关系，包括由民法调整的劳务关系和雇佣关系。

劳动关系与社会保险"松绑"脱钩的基本思路是对社会保险分层设计。

第一层次为传统典型劳动关系。应当按照现行劳动法（含《劳动合同法》）与《社会保险法》的规定，用人单位应当为劳动者购买社会保险即五险一金。在新型共享经济平台下，也同样有一部分劳动者是属于传统典型劳动

---

① 我国《劳动合同法》第17条规定的劳动合同的九大法定条款之七即为"社会保险"，可见社会保险应当是劳动合同不可或缺的法定必备条款。该法第38条第3项还明确规定，如果用人单位"未依法为劳动者缴纳社会保险费的"，劳动者可以即时解除劳动合同，不用提前告知用人单位，更不用承担任何法律责任。该法第44条第2项规定"劳动者开始依法享受基本养老保险待遇的"，劳动合同终止，此条明确了劳动关系与社会保险之养老保险的法律关系。

关系的,这部分主体仍然属于传统劳动法与《社会保险法》的调整对象。

共享经济并没有彻底颠覆我国传统劳动法与《社会保险法》,现行劳动法与《社会保险法》虽然有一些不足,但是它们仍然没有过时,也仍然是我国现行社会保险的基本制度,仍然应当严格遵守,否则就有违法之嫌。如何正确认识新型共享经济下的劳动关系,如何评价现有法律法规,正如王全兴教授所言,新型"互联网+"劳动用工模式对劳动关系的影响并没有想象中那么大,更没有颠覆我国传统劳动法的基本原理和劳动用工规律,劳动法仍然没有过时,在现有劳动法框架下,仍然还可以分析和解决"互联网+"背景下的新型劳动用工问题。[①] 劳动关系与社会保险的"松绑"与脱钩,并不针对典型劳动关系。无论劳动者是从属于传统的用人单位,还是属于新型互联网平台,只要符合传统经典劳动关系认定的基本条件,社会保险就应当按照《劳动合同法》的规定仍然与劳动关系紧密相连,用人单位不得以任何理由排除对劳动者所负社会保险之强制义务和责任。

第二层次为多重劳动关系或兼职。多重劳动关系之劳动者在与原用人单位保持传统劳动关系的基础上,利用业余时间"兼职"打工挣钱,其原用人单位毫无疑问应当让他们享有社会保险,不能因为其有多重劳动关系或兼职而推诿社会保险义务和责任。多重劳动关系无论是在传统劳动用工下,还是在新时代共享经济下都是一个非常复杂且有争议的问题,这也就成为我国社会保险之"捆绑"、脱钩与分层设计中的困局。下文专论多重劳动关系或兼职问题。

第二节 多重劳动关系或兼职之保险

多重劳动关系(包括双重劳动关系)或兼职本身就是劳动法上一个比较复杂且有很大争议的问题,多重劳动关系基本已被我国劳动法立法边缘化。新时代共享经济下新型劳动用工再次对其提出了巨大的挑战。第一个挑战是多重劳动关系的正当性与合法性认定问题;第二是社会保险义务与责任分配问题。

一、合法与否认定

多重劳动关系或兼职合法性认定包括两大内容:一是劳动者兼职即多重劳动关系的合法性;二是用人单位之社会保险义务缺失的合法性。

[①] 王全兴:《"互联网+"背景下劳动用工形式和劳动关系问题的初步思考》,载《中国劳动》2017年第8期,第7页。

1. 劳动者兼职的合法性博弈

兼职是兼有多个劳动关系的简称,指在社会需要和可能的情况下,劳动者与两个或两个以上用人单位或雇主所建立的供给、使用和实现劳动过程的社会关系。一般认为,我国在《劳动合同法》颁布之前是不承认多重劳动关系(含双重劳动关系)的,但《劳动合同法》专门规定了非全日制劳动,这样就使得非全日制用工中的多重劳动关系具有了合法性。[①] 兼职劳动者除了应当遵循现行劳动法有关一般劳动者之法定义务,如竞业限制义务、保密义务、遵守劳动规章制度或劳动纪律等外,还要遵守《劳动合同法》有关兼职的特殊性规定。[②]

在我国劳动法学界,一般认为我国法律对多重劳动关系的认可是有条件的认可,其基本认可条件是新建立的劳动关系不能对先建立的劳动关系产生损害,如果产生了损害,后建立的劳动关系就不具有合法性,劳动者就要承担相应的法律责任。[③]

在我国劳动司法实践中,多重劳动关系合法性认定的机关应当是国家公权力机关如劳动人事仲裁院或仲裁委员会与人民法院,多重劳动关系之相关用人单位并不享有合法性认定的权利,但是享有一定的惩戒权。如果多重劳动关系中有一方用人单位被认定为非法,合法用人单位只能是对相关劳动者行使惩戒权,并且解雇权的行使还应当严格遵循劳动法的规定,否则就属于非法解雇。

劳动司法实践中主审过有关多重劳动关系典型案件的法官认为,在多重劳动关系中如果前一用人单位认为后一用人单位的劳动关系损害了本单位的利益,它是有权行使自己的惩戒权的,它甚至可以解除多重劳动关系中劳动者与本单位的劳动关系,但是它无权直接否认后一用人单位之劳动关系的合法性,用人单位不享有合法性认定的权利,合法性认定权属于劳动人事仲裁院或仲裁委员会与人民法院。多重劳动关系中双重劳动关系的存在并不当然非法,也并

[①] 问清泓、何飞:《论非全日制用工中的多重劳动关系》,载《当代经济》2011年第4期,第29页。

[②] 我国《劳动合同法》第39条第4项明确规定,如果劳动者同时与其他用人单位建立劳动关系,对完成本单位的工作任务造成严重影响,或者经用人单位提出,拒不改正的,用人单位可以解除劳动合同。《劳动合同法》第69条规定:"从事非全日制用工的劳动者可以与一个或者一个以上用人单位订立劳动合同;但是,后订立的劳动合同不得影响先订立的劳动合同的履行。"

[③] 沈佳、周洪宾、陈敏:《建立多重劳动关系的风险防范》,载《中国劳动》2014年第3期,第42页。

不直接导致劳动合同无效，双重劳动关系具有合法性的一面。①

有人从有关双重劳动关系的52例实践案件研究中，得出一般结论：我国实务界对双重劳动关系持基本否定态度，即一般不承认双重劳动关系的合法性。我国各地裁判机关对双重劳动关系持否定态度的占绝大多数，其比例为80%；而只有少数20%的是持肯定态度，只有少数法院赞同并在判决时认可双重劳动关系的合法性。② 可见，在我国劳动司法实践中对多重劳动关系之合法性还不是完全认可的，否定的案例占有相当高的比例。

也有人认为我国劳动法是反对多重劳动关系，即多重劳动关系不具有合法性。北京市第二中级人民法院法官朱涛认为：从我国法律上看，劳动法律法规为保护社会成员的充分就业权，一般并不认可双重或多重劳动关系，他还认为，仅从《劳动合同法》法条上理解，似乎该法并"不倡导"多重劳动关系。③ 我国劳动立法"不倡导"多重劳动关系并不意味着多重劳动关系就是违法的，因为"法不禁止就可为"是法律的基本原理。

笔者认为，我国《劳动合同法》从总体原则上还是认可多重劳动关系（含双重劳动关系）即"兼职"的，但不是全面认可，而是属于"有条件的认可"。只要后建立的劳动关系不影响先前的劳动关系，就应当认定为合法有效。其立法缺陷是并没有明确规定"影响"的基本外延与内涵，没有界定"影响"的程度及其多个用人单位之法律义务与责任的分配问题。

在目前劳动关系之法律调整为"二分法"模式下，还有一个重大缺陷是没有界定"后建立的劳动关系"与"先前的劳动关系"中，这些劳动关系到底是狭义劳动关系即劳动法意义上，还是包括民法意义上的劳务关系或雇佣关系或承揽关系？其立法之模糊性显然违背了法律规范之确定性原理，也加剧了实践中有关多重劳动关系（含双重劳动关系）即兼职之合法性认定的不确定性和巨大分歧。

概要之，我国法律对劳动者兼职还是持认可态度的，原则上兼职具有合法性，即劳动者可以与多家用人单位建立多重劳动关系或多重劳务关系或雇佣关系。在这一基本前提条件下，新时代共享经济下多重劳动关系或兼职其本质上

---

① 王金山著：《法院审理劳动争议案件观点集成》，中国法制出版社2016年版，第45页。

② 张强南：《试论我国双重劳动关系法律制度的完善——基于整合52个判例》，载《法制与社会》2016年第17期，第26页。

③ 周国良、许建宇、朱涛：《多重劳动关系认定及其权利义务适用》，载《中国劳动》2013年第8期，第50~51页。

仍然是符合现行劳动法规定的，现行劳动法仍然没有全面过时，只不过现行法律的调整还有待进一步完善而已。

2. 用人单位保险义务缺失的合法性

在我国传统典型的劳动关系中，由于劳动关系与社会保险关系的紧密关联，用人单位负有为本单位体制内劳动者购买社会保险的法定义务，社会保险已经是用人单位当然的法定责任，否则，就具有违法性，要承担相应的法律责任。但是，劳动法并没有具体规定体制外非典型劳动关系特别是兼职劳动关系的社会保险义务与责任问题，这就造成了大量劳动者兼职的用人单位没有履行社会保险义务是否合法的争论，特别是在共享经济下的新型劳动用工主要特征就是非典型劳动关系和多重劳动关系"野蛮式"生长，社会保险问题也作为"副产品"随之而来，目前的基本现状是新型劳动用工中的劳动者之社会保险严重缺失，尤其是工伤保险的问题最为突出，有关工伤保险的劳动争议不断出现，相关的劳动仲裁或劳动诉讼成为仲裁或诉讼的"困局"，亟待理论研究与实践的有效破解。

有对共享经济下劳动用工的实践调研表明：我国当前的共享经济平台企业或用工企业很少有主动地为灵活就业劳动者提供或要求其购买社会保险或商业保险的，劳动法律规定的建立劳动关系情形下应缴纳的社会保险"五险一金"并没有适用于共享经济下的灵活就业劳动者。目前灵活就业劳动者社会保险参保率较低，调查样本中仅15%的劳动者参加了社会保险。① 其实质共享经济下劳动用工的实质研究表明大多数灵活就业劳动者没有社会保险，自愿的商业保险也是没有。共享经济下社会保险的严重缺失已经是一个非常普遍的现状，主要原因是供给侧之制度设计的缺失和需求侧之劳资双方诉求的异变，供给侧之制度设计即法律强制性规范的缺失仍然是主要原因。

理论和实践中对共享经济中新型劳动用工之社会保险的主要争议概括起来就是用人单位是否应当承担劳动者的社会保险义务，主要争论可分为三种：一是全面肯定说，认为用人单位应当无条件承担社会保险义务，无论是属于劳动法上的狭义劳动关系还是民事劳动关系即劳务关系或雇佣关系，用人单位都应当承担社会保险义务；二是部分肯定说，认为如果属于传统体制内典型劳动关系，用人单位就应当承担社会保险义务，即社会保险关系仍然按照我国现行法

---

① 何勤、邹雄、李晓宇：《共享经济平台型灵活就业人员的人力资源服务创新研究——基于某劳务平台型网站的调查分析》，载《中国人力资源开发》2017年第12期，第151页。

律的"捆绑"规定，不能"松绑"，而体制外的劳务关系或雇佣关系则无须遵循这样的规定，用人单位并无社会保险义务；三是全面否定说，共享经济平台下的用人单位没有社会保险强制义务，法律不应当强制干预，一切都应当遵循市场规律和契约自由，社会保险不应当成为强制义务，否则，就限制了共享经济的发展，不利于新型劳动用工的繁荣。

劳动仲裁或诉讼实践中，因社会保险缺失而产生的争议，特别是工伤保险争议，一般的裁审结果都是倾向于劳动者，主要原因有三：一是出于人道主义精神，二是出于保护弱者，三是出于维稳需要，最终结果一般都裁定用人单位支付劳动者工伤保险费用。这样的结果由于法定性严重不足，缺乏权威性和说服力，对用人单位来说显然是不公平的，违背了社会保险之社会公平的价值追求。正如林嘉教授所言：社会保险本身就是以实现社会公平为价值目标，其本身就具有浓厚的公平色彩。[①] 这样的裁定具有破坏法之精神的巨大嫌疑，正当合法性天生不足。

有些学者认为，如此仲裁或诉讼显然违背了法治精神，属于"有法不依"，即没有劳动关系（狭义）就应当没有社会保险义务与责任的存在。此观点在理论上似乎没有异议，但是，实践中却并非这样简单，实践中认定劳动关系并不是一件容易的事情，传统劳动关系认定之"从属性"判定标准，在共享经济下已经"失灵"，因此，最近有关共享经济下劳动关系的关注焦点和热门话题就是"共享经济下新型劳动关系的确认"，此命题无论是学界，还是实践都成为劳动争议调处的一个逻辑起点。劳动关系确认的困难必然导致与之紧密"捆绑"的社会保险关系的纠结与困惑。

新时代共享经济新型劳动用工情形下，法律对多重劳动关系以及社会保险规制的缺漏更加突现，亟待理论研究以支撑我国社会保险之立法。

二、义务责任分配

多重劳动关系都涉及保险义务与责任在不同用人单位之间的合理分配问题，这是一个非常复杂的问题，而保险义务与责任的分配首先关联到共享经济下多重劳动关系的各种不同形态即类型化问题。

许建宇教授将多重劳动关系的表现形态分为"并列形态"和"主从形态"。他认为"并列形态"指多个劳动关系并列存在互不交叉，此多个劳动关

[①] 林嘉：《公平可持续的社会保险制度研究》，载《武汉大学学报（哲学社会科学版）》2017年第4期，第20页。

系都属于非全日制劳动关系;"主从形态"是指一个劳动者既有体制内传统的典型劳动关系,又有体制外的兼职劳动关系。① 上海市劳动人事争议仲裁院的周国良认为,除了上述两种状态的多重劳动关系外还存在第三种即"共同雇佣",他认为,实践总还存在无法在时间和用工上具体进行区分的共同雇用形态。② 笔者认为,将多重劳动关系划分为"主从形态""并列形态"两种形态比较合理,而"共同雇佣"属于"并列形态"之一种。时下的所谓共享经济下新型劳动用工也不外乎这两种基本兼职形态,加上共享经济平台之少数的"一重"典型劳动关系,此劳动关系仍然属于传统标准典型劳动关系的范畴,因此,可以将共享经济下新型劳动用工形态分为三种:主从形态劳动关系、并列形态劳动关系和典型劳动关系,与传统劳动关系的区分并无特别明显之处,只不过是主从形态与并列形态占主导地位罢了。

有学者和法官将多重劳动关系分为"被动型"与"主动型"、"虚实并存"与"实实并存"两大类型。被动型多重劳动关系包括劳动者四种非主观自愿情形:劳动者停薪留职、劳动者提前退休、劳动者被迫下岗与用人单位停产倒闭,此四种情况下,劳动者又与其他新的用人单位建立了劳动关系;主动型多重劳动关系是劳动者主观上自愿地兼职工作,主要包括不定时的临时性工作制、非全日制劳动,还包括劳动者在有体制内的全日制劳动关系下,劳动者利用工作时间到其他单位另行兼职劳动;根据各个劳动关系的实际履行状况不同,又分为虚实并存与实实并存两种基本情形。③

还有学者将双重劳动关系的形态界定为"劳动关系+劳动关系",其主要观点是多重劳动关系中的两个劳动关系都必须符合劳动法之狭义劳动关系的认定,而如果有一个不符合劳动关系的构成要件,都不能称之为双重劳动关系,即如果是"劳动关系+劳务关系"则不能认定为多重劳动关系。④ 笔者完全不赞同如此狭义地划分多重劳动关系的形态。"劳动关系+劳动关系"只能算是多重劳动关系形态之一种,如果多重劳动关系是"劳动关系+劳务关系或雇佣关系"、或者两个或多个符合"劳务关系+劳务关系"或"劳务关系+雇佣关

---

① 周国良、许建宇、朱涛:《多重劳动关系认定及其权利义务适用》,载《中国劳动》2013年第8期,第50页。
② 周国良、许建宇、朱涛:《多重劳动关系认定及其权利义务适用》,载《中国劳动》2013年第8期,第51页。
③ 宋宗宇、陈丹、李勇:《双重劳动关系司法认定的理念与方法》,载《湖南社会科学》2013年第2期,第79页。
④ 杨会山:《谈规范双重劳动关系》,载《中国劳动》2011年第7期,第19页。

系"或"雇佣关系+雇佣关系"等形态都应当认定为多重劳动关系,尤其在当今共享经济下灵活劳动用工形式更具有多样性特征,我们应当充分包容与承认这些纷繁的劳动用工形态,特别是在分配不同用人单位之社会保险义务与责任时,更是应当都将其纳入相对应的体系中来,不能让任何用人单位有任何借口排除自己应当履行的法定义务与责任,逐步实现共享经济下社会保险的分层设计与分层治理的改革目标。

多重劳动关系之各个用人单位的社会保险义务与责任分配的基本原则是将劳动关系与社会保险分离,即不论是狭义之传统典型劳动关系,还是非典型劳动关系(劳务关系与雇佣关系),所有用人单位都应当负有对劳动者之社会保险义务与责任,不能因其在其他单位已经有社会保险,而排除自己的义务与责任;也不能因为兼职劳动者自愿放弃或协议放弃社会保险而排除其义务与责任。社会保险义务与责任的分配确实还是一个难以破解的难题,但是,笔者认为,有了分配原则,并在这一基本原则的指导下,再来研究并试行具体的社会保险义务与责任的分配路径,才是可行的方案。

第三节 重复保险

一、重复保险的一般法理

重复保险是一个比较复杂的"旧话重提"的历史与现实交织问题,我国新时代共享经济下的重复保险问题更加凸显,特别是社会保险之重复保险问题亟待理论研究与制度设计的及时跟进。

新时代共享经济下的重复保险有许多难题需要破解,如社会保险之重复保险是否可以存在?其法理基础如何?是否会导致有效社会保险公共资源的浪费?劳动者获得重复赔偿是否公平?一个劳动者已经有一个社会保险了,兼职的单位应当如何再为劳动者购买社会保险?缴费比例如何分配?多个社会保险关系如何衔接?

在商业保险领域内,重复保险又称复保险,复保险与单保险相对应,学理上又称为多数保险,是指数个保险人对被保险人的同一损失的补偿责任。[1] 重复保险一般有广义与狭义之分。广义重复保险指投保人就同一保险标的或保险

---

[1] 樊启荣:《复保险中损失分摊原则之现代整合——兼论〈中华人民共和国保险法〉第 56 条第 2、4 款之完善》,载《法商研究》2012 年第 6 期,第 56 页。

利益或同一保险事故，分别与数个不同的保险人签订保险合同即数个不同保险合同都指向同一个保险标的；狭义重复保险则是指数个保险合同之金额总和超过保险标的之价值额。广义重复保险除了包括狭义重复保险在内，还包括多个保险合同总额小于或等于保险价值的情形。① 重复保险中保险金额与保险价值的总数关系一直还存在较大争议。商业保险之重复保险中一些未解问题的"惯性"也直接影响到社会保险，使得社会保险之重复保险问题更加复杂化。

目前，我国大多数的观点都认为，重复社会保险导致了政府对参保者的重复补贴，造成本身就稀缺的公共资源的浪费。参保者重复享受保险待遇还严重影响到社会的公平性，损害了公平公正的价值观，还可能造成社会整体的保险福利水平下降。②

国家有关社会保险的专门审计报告已经表明：需要进一步研究完善的重要问题之一就是重复参保和衔接问题。目前，我国部分险种间尚未完全实现有效衔接，社会保险各项制度是分人群而设计，相互间还没有明确而有效的衔接办法。截至 2011 年年底，我国有 112.42 万人重复参加企业职工基本养老保险、新农保或城居保，有 1086.11 万人重复参加新农合、城镇居民或城镇职工基本医疗保险，造成财政多补贴 17.69 亿元，9.27 万人重复领取养老金 6845.29 万元，9.57 万人重复报销医疗费用 1.47 亿元；审计报告指出我国共有 240.4 万人跨省拥有两个以上企业职工基本养老保险个人账户。③ 这些权威机构的数据已经充分表明我国社会保险之重复保险问题已经非常严重，给我国社会保障制度带来了极大负面影响，亟待我国立法明确予以矫正，法律不能再无所作为。

我国对社会保险之重复保险的立法态度与商业保险之《保险法》是不同的。《保险法》对重复保险持肯定态度④，而对社会保险之重复保险是明确持

---

① 石红伟：《重复保险若干争议问题研究》，载《中国保险》2016 年第 9 期，第 53 页。

② 张国栋、左停：《福利还是权利：养老保险"重复参保"现象研究》，载《社会科学战线》2015 年第 11 期，第 215 页。

③ 《2012 年第 34 号公告：全国社会保障资金审计结果》，载中华人民共和国审计署网站，http://www.audit.gov.cn/n5/n25/c63607/content.html，发表时间：2012 年 8 月 2 日，访问时间：2018 年 2 月 8 日。

④ 我国《保险法》第 56 条第 4 款规定的重复商业保险是指"投保人对同一保险标的、同一保险利益、同一保险事故分别与两个以上保险人订立保险合同，且保险金额总和超过保险价值的保险"。

否定态度的，特别是对养老保险之重复保险持完全否定态度，如人力资源和社会保障部与财政部联合发布的《城乡养老保险制度衔接暂行办法》（2014年）中明确规定：不允许重复享受养老保险待遇。此办法虽然还不属于真正的立法，但是其对养老保险之重复保险的明确否定原则是非常值得肯定的，当然了，至于对其他社会保险之重复保险的态度还不甚明了，有待进一步完善。

重复保险本身在商业保险领域内就有多重形态，社会保险之重复保险的加入就使得重复保险更加复杂化，商业保险与社会保险的重复与交叉给社会保险制度带来了巨大挑战。第一种重复保险形态是商业保险内的重复即"商业保险+商业保险"；第二种是社会保险的重复即"社会保险+社会保险"；第三种是商业保险与社会保险两大保险的交叉，即"社会保险+商业保险"或"商业保险+社会保险"。在重复保险的这三种模式中，第一种和第三种应当是合法的重复保险，其法定性容易确定，而第二种则比较纠结，笔者认为，其原则上属于非法的重复保险，即在社会保险内原则上应当不容许重复保险，或者说至少养老保险不能有重复保险。

二、重复保险的义务责任

重复保险之义务与责任的分配比较复杂，一般可分为保费分摊与责任分配两大情形。保费分摊指保险事故前各个义务主体的缴费分摊，责任分配指保险事故发生后保险赔偿责任的分配。

商业保险之重复保险义务与责任的分配比较成熟，社会保险可以借鉴。商业保险之重复保险分摊原则主要有比例主义和顺序主义。比例主义指各个保险人按照其保险金额，按照各自的比例分担保险赔偿损失；顺序主义是根据出保的先后顺序而依次确定保险赔偿，即先由第一顺序出保人在其保险金额限度内赔偿，不足部分再由第二顺序保险人补充赔偿，依此类推。顺序主义又称优先主义，是指保险人依保险合同成立之先后顺序而负担保险赔偿金，直到被保险人之利益损失得到完全补偿。顺序主义之本质是由先缔结合同的保险人单独承担个别责任，而非数保险人全体承担共同责任。①

各国民事立法对重复保险的外部关系与效力规定了两种基本类型：按份债

---

① 樊启荣：《复保险中损失分摊原则之现代整合——兼论〈中华人民共和国保险法〉第56条第2、4款之完善》，载《法商研究》2012年第6期，第57页。

务主义与连带债务主义,其中连带债务主义属于主流。①

我国现行劳动立法没有对多重劳动关系作出明确规定,但在劳务派遣中已有一些立法规定。我国《劳动合同法》明确规定了劳务派遣单位和用工单位之义务与责任分配办法,还特别明确规定了劳务派遣单位和用工单位对被派遣劳动者承担连带赔偿责任,这些对多重劳动关系都有参考借鉴意义。为了避免多重劳动关系中各个不同雇主承担过于严苛的连带责任,实现利益平衡,立法上可考虑将之细化为"补充连带责任",即先由第一雇主承担责任,在其不能或不能完全承担责任时,再由其他雇主承担相应的连带责任。②

上述重复保险的责任分配方式有三种:按份责任、连带责任和补充连带责任,这些都是针对商业保险之重复保险的,都是针对保险事故发生后的赔偿责任的分配,且都应当由法院最终确认,体现的是权利的事后救济,属于公权力的强制行使,保险契约当事人并无自由分配权。笔者认为,社会保险完全可以借鉴商业保险这种责任分配形态,只不过有权分配公权力机关要增加劳动争议仲裁机构,因为劳动争议一般是先裁后审。但是,仍然还有个重要问题没有解决——涉及社会保险之保险费的给付分摊问题。因为重复保险义务的分配还有一种是保险事故发生前的保险费之分摊问题,此问题在单纯的商业保险中不存在。因为商业保险的给付完全属于私权利的范畴,遵循的原则是意思自治,由投保人自由决定,不存在保费分摊问题;而社会保险由国家和用人单位还要承担相当一部分的保险费用,涉及社会保险的重复保险就相应地比单纯的商业保险复杂,各个缴费单位的分摊就显得非常难以界定。由于学界对社会保险之重复保险研究的空白,立法也几乎完全没有响应,如何分配社会保险之重复保险的缴费义务,就是一个待解之难题。其中主要的问题是信息不对称,如养老保险,后面的用人单位很难了解前用人单位的缴费情况,兼职劳动者请求后用人单位缴纳保险费就涉及两大困惑:一是,后用人单位有没有缴费义务?二是,如果有缴费义务,又该缴纳多少?

笔者认为,社会保险之重复保险中不能有社会保险的重复,只能是在社会保险的基础上,增加商业保险,即前文笔者提出的社会保险之重复保险

---

① 樊启荣:《复保险中损失分摊原则之现代整合——兼论〈中华人民共和国保险法〉第 56 条第 2、4 款之完善》,载《法商研究》2012 年第 6 期,第 59 页。

② 周国良、许建宇、朱涛:《多重劳动关系认定及其权利义务适用》,载《中国劳动》2013 年第 8 期,第 51 页。

"社会保险+商业保险",而不能是"社会保险+社会保险"。重复保险中商业保险可以自由协商缴费,而社会保险则不能自由协商,应当按照法定要求缴费。保险费用应当是各个用人单位按照不同的比例缴费,共同完成一个劳动者的统一社会保险账户,避免有限社会保险资源的浪费,实现整体社会保险利益的最大化和公平。因此,其保险费应当由不同的用人单位共同承担,每一个用人单位都承担一定的保险费用才是公平合理的,相对应按照一定的比例分摊保险费用,具有一定的合理性,分摊的一个基本前提是每个劳动者只有一个全国统一的社会保险账户,统一社保账户建立和管理还是一个未知数,再增加缴费之分摊比例,更是难上加难。理论上的比例分配是可行的,但是实际中的难题却是如何确定此比例?比例由谁来分配?监督与责任如何确定?诸如此类的问题都是研究的新课题,并亟待在实践中先行试验,以寻求破局之良策。

三、重复保险之工伤保险

社会保险应当坚持以不能实行重复保险为基本原则,此原则主要是针对养老保险和失业保险。社会保险中的工伤保险、医疗保险和生育保险是否可以容许重复保险?如果容许重复工伤保险、医疗保险和生育保险,保险事故发生后如何分配赔偿责任?这些问题在共享经济下已凸显。

我国《社会保险法》还没有明确规定这些问题,反而有些部门规章和地方立法明确规定了工伤保险是可以实施重复保险的。

我国明确肯定工伤保险之重复保险的部门规章有:原劳动和社会保障部《关于实施〈工伤保险条例〉若干问题的意见》[1]、人力资源和社会保障部《实施〈中华人民共和国社会保险法〉若干规定》[2]。

我国明确肯定工伤保险之重复保险的地方立法主要有:天津《关于具有

---

[1] 原劳动和社会保障部《关于实施〈工伤保险条例〉若干问题的意见》第1条就明确规定:"职工在两个或两个以上用人单位同时就业的,各用人单位应当分别为职工缴纳工伤保险费。"此立法明确规定了工伤保险是可以实行重复保险的。

[2] 人力资源和社会保障部《实施〈中华人民共和国社会保险法〉若干规定》第9条明确规定:"职工(包括非全日制从业人员)在两个或者两个以上用人单位同时就业的,各用人单位应当分别为职工缴纳工伤保险费。职工发生工伤后,由职工受到伤害时工作的单位依法承担工伤保险责任。"该办法明确规定了多重劳动关系人员之新单位应当同时为其缴纳工伤保险费,即所有用人单位都有为劳动者购买工伤保险的法定义务。

多重劳动关系职工参加工伤保险的经办意见》①和《江西省工伤保险经办规程》。②

我国有关工伤保险之重复保险的政策层面也是对其持肯定态度的。国家审计署2012年的《全国社会保障资金审计结果》表明我国现行社会保险之养老保险与医疗保险之重复保险非常严重，我国目前养老保险和医疗保险需要完善的第一个问题都是重复保险问题。该报告指出，截至2011年年底，全国有2.24万人重复参加了新农保、城居保和城乡居保三项社会养老保险，造成了财政多补贴资金289.57万元。我国城镇职工基本医疗、新农合作医疗、城镇居民基本医疗三项基本医疗保险中，城镇职工和城镇居民基本医疗保险以个人为单位参保，新农合以家庭为单位参保，险种间保障对象有交叉，造成重复参保，截至2011年底，538.47万人重复参加了新农合、城镇职工或城镇居民基本医疗保险。③ 但是此审计报告并没有谈到工伤保险之重复保险问题，因此，笔者认为，我国对工伤保险之重复保险是持肯定态度的，至少在国家政策层面上是这样。

上述国家审计表明的重复保险之主要问题仅仅是针对养老保险与医疗保险之重复保险问题，并没有关于工伤保险之重复保险的审计问题。这似乎可以从反面推定政策层面上的基本态度——明确否定养老保险与医疗保险之重复保险的，但是并没有否定工伤保险之重复保险。

因此，从上述地方立法与审计导向上可以推定：我国地方立法与政策层面

---

① 天津市《关于具有多重劳动关系职工参加工伤保险的经办意见》（津社保征〔2008〕21号）第1条明确规定：已与原用人单位建立了劳动关系、签订了劳动合同，并已参加工伤保险，同时又与新的用人单位再建立劳动关系或订立劳动协议的在职职工（含下岗人员、内退人员，以下简称"多重劳动关系人员"），可由新单位同时为其缴纳工伤保险费。第4条还明确规定了重复工伤保险待遇赔付程序：多重劳动关系人员发生工伤时，由职工受到事故伤害的单位负责办理工伤事故备案、登记及待遇申报手续，分中心按现行工伤保险政策审核并支付相关工伤保险待遇。

② 《江西省工伤保险经办规程》（赣人社发〔2012〕46号）第12条第1项规定：属于招录外单位在册不在岗职工（含企事业单位停薪留职人员、未达到法定退休年龄人员、下岗待岗人员及经营性停产放长假人员）在本单位从事临时劳动，存在多重劳动关系参加工伤保险的，需提供劳动协议或事实劳动关系的证明。可见，江西省也是承认工伤保险之重复保险的，只不过是间接承认罢了。

③ 《2012年第34号公告：全国社会保障资金审计结果》，载中华人民共和国审计署网站：http://www.audit.gov.cn/n5/n25/c63607/content.html，发表时间：2012年8月2日，访问时间：2018年2月10日。

基本上是承认工伤保险之重复保险的。但是，这仍然不能表明工伤保险之重复保险的完全合法性，其法理基础仍显薄弱。工伤保险之重复保险还存在许多缺陷：一是无疑加大了用人单位的负担，多个用人单位都为统一劳动者承担工伤保险费，从社会整体利益上看，对用人单位是不公平的；二是由于劳动者不必承担任何的工伤保险费用，再加上不同用人单位都为其缴纳工伤保险费，容易导致劳动者不当得利；三是法定性不足，虽然我国目前的地方立法以及国家政策基本上是赞成工伤保险之重复保险的，但是这二者都不是真正意义上的法律，其法定性天生不足。

即使认定工伤保险之重复保险是合法的，其工伤保险之责任分配也仍然难以解决，特别是对于共享经济下的多重劳动关系之同一劳动者之不同用工单位之工伤保险责任分配仍然难以合理分配；即使在责任分配中适用工伤发生之"属地原则"即在哪家用工单位发生工伤就由哪家单位承担责任，但是这种责任分配仅仅是指工伤事故发生后的赔偿，并没有解决工伤事故发生前的保险费缴纳问题——分摊抑或是共同承担。此未解难题仍然有待深入研究方可破解。

第四节　社会保险账户构建与管控

一、统筹账户与个人账户的关系

我国社会保险账户实行分离之后，划分为国家账户即社会统筹账户与个人账户两大类别，我国实行社会统筹与个人账户相结合的基本原则。

我国社保账户由于发端于企业社会养老保险，因此，一般习惯上将社会保险账户与养老保险账户混同看待。我国明确要求在全国建立社会统筹与个人账户相结合的基本养老保险制度，可以追溯到国务院1991年发布的《关于企业职工养老社会保险制度改革的决定》和1997年的《关于建立统一的企业职工基本养老保险制度的决定》，这些文件初步构建起我国政府、企业、个人三者共同负担的社会养老保险制度。此即我国社会保险制度之"统账结合"模式，并直接导致我国社会保险统筹账户和个人账户之统与分、做实与做空（名义账户）、现收现支与基金积累等问题的长期争论不休与制度博弈不断。

我国社会保险个人账户一般是指养老保险和医疗保险个人账户，它是指国家社会保险经办机构为每一位参加社会养老保险和医疗保险人员建立的社会保障账户，它是参加社会保险的人员享受养老保险和医疗保险待遇的直接依据。

我国目前无论是理论与政策上，还是在实际运行中，如何处理个人账户或

"名义账户"与统筹账户的关系,特别是我国养老保险之普遍性的"空账运行—混账管理"模式,极大扰乱了个人账户与统筹账户的正常秩序。我国社会保险政策的执行者一般都默认了统筹账户对个人账户的透支,"统账结合、混账管理、空账运行"的模式使得个人账户的"空账"运转现象严重,这是我国养老社会保险制度改革的主要技术支撑。① 我国养老保险之虚拟"空账"的普遍运行严重制约了我国养老保险制度的可持续性。统计数据表明,截至2014年年底,我国养老保险空账规模已超过3.5万亿元,个人账户"空账"问题的不断叠加,必将导致严重的财政危机和良性发展。② 我国养老保险"空账运行—混账管理"模式基本上反映了我国社会养老保险统筹账户和个人账户的一般运行关系,其缺陷明显,但是又难以破解。

社会统筹账户与个人账户二者有着本质的区别。我国社会保险统筹账户由用人单位缴纳,国家再进行分配,社会统筹账户的权利属性是社会公共财产权,其社会公平与正义问题实则是代际公平问题,其分配功能的实现是在几代人中完成,往往是下代人养上代人。而个人账户实行个人缴费,本质上属于社会成员自己缴费、自己负担养老金,国家通过一些激励机制调动个人缴费积极性,以分担国家的养老负担,个人账户的法律属性当然是属于私人所有的私有财产,并不像社会统筹账户之公共所有。③

互联网共享经济下新型劳动用工之社会保险账户的构建与控制,除了应当遵循传统劳动关系的基本原理和基本规律外,还有新的特色和挑战以及新的问题亟待破解。

二、个人账户整合问题

新时代共享经济下劳动关系具有多重性,社会保险个人账户既有体制内传统典型的劳动关系账户,又有体制外多重劳动关系或兼职之个人账户,应当将个人账户统一整合为一个账户。个人账户的整合还涉及正在改革中的"企业年金"制度和机构事业单位的"职业年金"制度,应当借助国家"企业年金"或"职业年金"网络信息平台,完善个人账户的有效整合。

---

① 邓大松、刘昌平:《中国养老社会保险基金敏感性实证研究》,载《经济科学》2001年第6期,第13页。
② 孙建鹏、姜群:《我国基本养老保险个人账户"空账"问题的成因与对策分析》,载《人才资源开发》2016年第6期,第161页。
③ 杨长汉:《养老保险社会统筹与个人账户不能"混账管理"》,载《社科纵横》2011年第9期,第173页。

如何构建全国统一的社会保险账户管理平台，郑秉文的详细"中国方案"比较可行。其具体方案是：第一，首先可将职业年金账户作为基础平台，让所有机关事业单位缴费人群和省级基金受托人建立一个统一的接口，并将每个省级相对独立的子系统统一改造为一个专门账户系统。第二，将职业年金账户扩展到企业年金，成为全国第二国家服务平台，待这个平台运行正常后，企业年金就也可嫁接到这个平台上，成为公共部门与私人部门共享的平台，为人员流动提供了便利，实现企业年金和职业年金的互换性与可携带性。第三，将个人养老金账户纳入这个大平台，任何个人都可在社会保险账户平台上申请一个个人账户，此个人账户代码名称、缴费、投资、提取、税收等信息由全国统一的授权机构管理和监督，依托该机构而实现社会保险账户的运行和监管。[①] 此"中国方案"借鉴了国外的成功经验，比较具有操作性，其适用范围和对象虽然是针对养老保险和体制内的劳动者的，但是笔者认为，完全可以将其推广到整个社会保险领域，并对共享经济下的各种劳动关系都可适用。如果这样将社会保险的个人账户依附于国家平台上，充分发挥当今成熟的互联网技术与共享平台，基本可以实现社会保险个人账户与统筹账户的有效整合，为下一步的社会保险信息共享提供保障基础。

三、账户信息共享问题

共享经济下劳动者具有多重劳动关系，各个不同用人单位为劳动者支付的社会保险不同，如果社会统筹账户和个人账户信息不对称，将直接影响社会保险制度的落实，这就需要社会保险账户信息的共享，在高速发展的互联网时代应当没有多大的技术障碍，但是，如何实现账户信息共享与隐私保护的双重目标，却还要仔细考量。社保账户信息共享主要包括两大方面：一是各个用人单位共享各自的社保缴费信息；二是劳动者共享社会统筹账户信息和自己的个人账户，劳动者还应当知晓自己退休后可以享有的保险待遇是多少，这是劳动者社保信息共享的重要知情权之一，社保机构除了不得侵犯该知情权外，还应当将积极为信息共享提供服务视为自己的法定义务。

四、账户转移接续问题

我国社会保险关系的转移与接续并不是一个新命题，其原来主要是针对体

---

① 郑秉文：《机关事业单位职业年金"委托代理"中的风险与博弈》，载《开发研究》2017年第4期，第5页。

制外的流动人口特别是广大农民工或外来务工人员的,在当今共享经济新时代背景下,社会保险转移接续问题已经是非常突出的"旧话重提",现在并不再仅仅局限于农民工,共享经济下的新型劳动用工都要涉及这一问题。有效破解这一难题具有历史与现实的双重价值。我国为了有效解决养老保险关系的转移与接续问题,国务院在2010年颁布实施了我国《城镇企业职工基本养老保险关系转移接续暂行办法》。对此办法的社会评价比较高,它在我国目前的基本制度框架下,可以有效解决流动人口的社会保险之异地转移与接续问题,具有较大历史和现实意义。[1]

我国数量巨大的流动人口和长期城乡二元结构的矛盾与冲突,是我国的现实状况,因此,当户籍因素延伸和影响到社保制度设计时,它就人为不公平地筑起了城乡分割的藩篱,将体现公平正义的社保制度分为不同等级,形成了许多歧视性的制度障碍。[2] 共享经济下劳动力的流动更加频繁,新型劳动就业者的社会保险问题更加凸显,如何有效破解社会保险的转移接续问题还有待理论研究和实践。我国目前仅仅靠一个拘束力低下的《城镇企业职工基本养老保险关系转移接续暂行办法》是不能解决问题的,社会保险的转移接续立法跟进也将是迫不及待。

第五节 自愿弃保或协议弃保

一、问题因由

在我国社会保险实践中,存在着一些劳动者主要是流动劳动者特别是农民工自愿放弃社会保险的问题,前些年甚至出现了较大规模的农民工退保潮,这已经表明我国社会保险制度设计还存在一定的制度缺陷。时下共享经济下灵活劳动用工和多重劳动关系普遍,传统的社会保险与劳动关系紧密捆绑的特征已经面临巨大挑战,许多用人单位并不与劳动者签订劳动合同,社会保险也随之被严重"虚化",这些问题的出现并不完全是用人单位的责任,劳动者自愿也是重要原因。在双方自愿并乐意放弃社会保险的新形势下,共享经济下的自愿

---

[1] 郑秉文:《养老保险关系转移接续影响亿万人生活》,载《上海证券报》2010年1月30日,第010版。

[2] 郑秉文:《养老保险关系转移接续影响亿万人生活》,载《上海证券报》2010年1月30日,第010版。

第五节 自愿弃保或协议弃保

弃保或协议弃保如何克服,已经成为迫在眉睫的难题。

共享经济下劳动者自愿弃保或协议弃保问题已经引起了学界和实践界的重视和讨论,其焦点主要集中为:自愿弃保或协议弃保到底是不是一个真命题?自愿弃保或协议弃保是不是新型劳动用工之劳动者的真正诉求?公权力干预劳资双方自愿的弃保是否合适,是否"自作多情"?如果强制干预其实际效果又将如何?

劳动法学者对共享经济平台下的新型劳动者如网约车司机、外卖小哥等劳动关系及社会保险比较关注,有些学者还进行了实践调查,有部分调查结果表明这些没有劳动法意义上的劳动关系以及社会保险的劳动者,他们的幸福感与获得感还是非常不错的,有些人甚至认为社会的关注与公权力的介入是"杞人忧天""多此一举",他们并不欢迎。董保华教授在2017年11月25日由中国政法大学举办的"互联网时代新型劳动形态对劳动法的挑战"学术研讨会上,特别讲述了他调查网约车司机的一些具体情况,指出网约车司机的诉求与社会和学者们认识的极大差异,呼吁学者们要真正了解互联网时代新型劳动者的诉求,不要坐在室内搞"一厢情愿"式的研究,此观点引起了会议的热烈讨论。笔者也参加了此会,但是,笔者并不完全赞同此观点,劳动法学者们关注并研究新型劳动关系并不是为了"迎合"一些人,况且如网约车司机等劳动者的诉求大多是"短视"与"盲视"的,并不可取,从长远和法制的角度看,他们的"短视"诉求应当被摒弃。大量的实践案例已经表明:在没有发生工作事故如工伤时,他们是不需要社会保险的,但是,一旦发生事故后,情况就完全变了,他们会立即"反水",此时的社会保险诉求就变得极其强烈,甚至以前主动放弃的社会保险,反而变成了他们的最大诉求,使用人单位非常无奈。劳动争议仲裁与诉讼机关基于社会稳定与倾斜保护弱者权益的原则,将本来不应当依法享有的社会保险,不得不判定给这些已经自愿弃保的劳动者,用人单位更是无可奈何,同时也使得仲裁员和法官们遭受了有法不依和破坏法制精神的"恶名",因此,对共享经济平台下的新型劳动关系及其社会保险关系的关注与研究还是非常有价值的,公权力的适时和适度干预也是非常必要的,并非"自作多情"。只不过是探寻破解之策并非易事,需要理论研究的突破和实践的试行,然后是劳动立法的及时跟进并作出立法响应。

在我国自愿弃保其实是一个历史问题,只不过在共享经济的当下更加凸显。自愿弃保有时并不是用人单位真正逃脱了社会保险之法定义务,而是劳资双方协商将用人单位应当依法缴纳的社会保险费用直接发放给了劳动者,劳动者得到了眼前的"实惠",而用人单位并没有逃脱缴费义务。实践中还有双方协商将社会保险费用直接发放给劳动者,而用人单位可能少缴社保费的情形,此情况下,劳资双方都是更加乐意地"双赢",此时公权力的干预就显得非常尴尬和无力。

劳资双方协商约定将社保费用发放给员工,而后来被员工"反水",不仅要求经济补偿还要求赔偿损失,这些因社会保险引发的劳动争议案件不在少数。①

自愿弃保还包括"退保",这些都是我国时下令人非常难解的奇怪现象。在我国退保问题既是一个历史遗留问题,又是一个长期的现实问题,退保问题的主要对象是农民工,而农民工又将会长期存在,这表明有效解决农民工退保问题意义重大。笔者认为,农民工退保是指农民工在离开本地(户籍所在地)到异地打工时,他们要求打工所在地一次性将其社保个人账户之个人缴费部分直接退还给本人,对用人单位应当缴纳的保险费并没有强烈的诉求,甚至希望用人单位能够将这些费用直接发给本人,这样,用人单位缴纳的社会保险费,并不能惠及农民工而是留给并惠及了打工地。我国社保退保潮始于2002年的珠三角地区,退保是不得已的被动办法,如果他们不选择退保的极端方式,其社保个人账户的积累也会完全丧失。②

有关自愿弃保的实践案例并不少见,一般都最终认定用人单位败诉。这表明即使是劳动者单方弃保或劳资双方协商弃保,该自愿弃保协议或条款都是非法的,都不具有法定效力,这样的案例没有任何疑义。如北京市第一中级人民法院2016年就受理过自愿弃保案件。闫某入职时自己要求不缴纳社会保险,公司也就没有为其办理社会保险,但是后来发生医疗保险事故后,闫某诉至法院要求公司承担医疗保险责任,法院最终判定公司应当承担医疗保险责任。缴纳社会保险是该公司作为用人单位的法定义务,不因劳动者自愿不要求其缴纳社保费而免除,法院判决公司支付闫某符合医疗保险报销范围的医疗费。北京一中院民六庭庭长赵悦法官认为,社会保险具有强制性,用人单位应当按时足额为劳动者缴纳社会保险,即便劳动者申请或双方协商一致不缴纳社会保险,

---

① 赵磊、刘文华:《社会保险法律规制研究》,载《中国劳动》2018年第1期,第47页。

② 郑秉文:《养老保险关系转移接续影响亿万人生活》,载《上海证券报》2010年1月30日,第010版。

也不能免除用人单位的依法缴纳、代扣代缴的法定义务。① 山东也有类似案例②，仲裁本案例的仲裁员最终裁定：公司员工自愿放弃缴纳社会保险费的协议没有法律效力。本案焦点在于，劳动者自愿放弃缴纳社会保险费的书面承诺即自愿弃保的协议是否有效？按照一般法理，社会保险具有强制性特征，用人单位依法缴纳社会保险费和劳动者缴纳社会保险费，这是双方的法定性强制义务，任何一方均都只能是依法履行自己的法定缴费义务，而不能任意约定排除履行法律的强制规定。本案中，王某等三人所写的自愿弃保承诺书内容违反了法律法规之强制性规范，当然应属无效约定；用人单位依据无效的承诺书，以劳动者自愿弃保为由，拒绝履行自己的缴纳社会保险费义务的行为是明显的违法行为，应当承担相应的法律责任。③ 此案例属于社会保险之自愿弃保之典型案例，本案仲裁结果合法正当，没有任何疑义。此案也再次说明自愿弃保是没有法定效力的，任何形式的自愿弃保都不受法律保护。因此，无论是传统典型劳动关系，还是新时代互联网共享经济的新型劳动用工，自愿弃保都是不合法的行为，当然商业保险是例外的情形。

让人非常困惑的是，以上自愿弃保的法理和实践案例都表明了社会保险之自愿弃保的不当性和非法性，但是，在时下共享经济下此自愿弃保现象却非常普遍，为什么劳资双方都明知此行为的违法性，而仍然都"乐此不疲"？为什么用人单位明知风险存在而仍然为之呢？笔者认为，一是企业本质之成本的考量；二是我国社会保险制度之劳动关系与社会保险的"捆绑"，该"捆绑"之束缚在学理上仍然有突破的地方，此"捆绑"只能是劳动法意义上的狭义劳动关系，并不能包括属于民法调整的劳务关系或雇佣关系如劳动协议，而共享经济下的大量劳动用工是可以规避此"捆绑"的民事劳动关系，这就为用人单位与劳动者、与法律法规留下了巨大的博弈空间，况且即使有风险也不一定就绝对会发生，机会成本仍然是用人单位考量的基本因素之一。如果我们从劳

---

① 刘洋：《用工"任性"，企业当心自闯"雷区"》，载《工人日报》2017年8月26日，第005版。

② 2011年10月，王某等3人以公司未依法缴纳社会保险费为由提请劳动争议仲裁，要求与公司解除劳动合同，并要求支付经济补偿。仲裁委开庭审理查明，2000年1月，某公司招用了王某等3名职工，双方订立了书面劳动合同。2010年5月，在人社部门的督促下，该公司决定为全体职工缴纳社会保险费，但包括王某3人在内的20余名职工分别向公司作出书面承诺：本人自愿不参加社会保险，责任自负。

③ 侯力强、王健：《自愿弃保又以此索赔用人单位也得认账》，载《中国人力资源社会保障》2014年第3期，第53页。

动法与社会保障法的角度去思量,从理论上讲这些共享经济下的非传统典型劳动关系还并不属于其法定调整范畴,虽然实践中大量相关社会保险争议之判例都倾向于劳动者一方,但是,其法理依据并不充分,因此,我国共享经济下的劳动关系及其社会保险关系应当按照不同层次而区别对待,传统"一刀切"式的"捆绑"关系应当松绑,劳动关系及社保关系的分层设计与治理已经是刻不容缓。

二、对策建议

(一) 转变思维模式

第一,对体制内的传统典型劳动关系,自愿弃保或协议弃保都是不具有任何法律效力的,这在现行实然法中都有明确规定,劳动立法与劳动仲裁或司法实践都没有任何异议,劳动者与用人单位都不要抱有任何侥幸心理,时下共享经济下也有这种属于传统典型劳动关系的情形,即只要是属于劳动法上的劳动关系,社会保险就是与之"捆绑"的,自愿弃保或协议弃保在现行法律框架下都是非法的行为。

第二,对体制外的非传统典型劳动关系,即常见的劳务关系、雇佣关系、"类似雇佣关系"、多重劳动关系中的非典型劳动关系等形态,现行实然法实然没有规定一定要与社会保险关联,但是,仲裁或诉讼之实践中,自愿弃保或协议弃保也往往不被仲裁员或法官认可,其基本理由虽然其法定性不足,但是出于社会正义和维稳保护弱者利益等考虑,用人单位败诉基本上是惯例,道德层面的考虑已经取代法律层面,因此,共享经济下的自愿弃保或协议弃保对用人单位具有较大风险。其风险主要体现在工伤保险和医疗保险中,而养老保险由于其时间跨度大的原因,短期内还未出现。

(二) 降低社保费率

降低社会保险缴费费率,可以切实减轻用人单位负担,"倒逼"用人单位参与社会保险的积极性,从社会保险供给侧反面切断自愿弃保或协议弃保。关于降低社保费率,国家已经启动了这一改革。2016年4月,国务院常务会议通过了《关于阶段性降低社会保险费率的通知》,决定要求自2016年5月1日起实施阶段性降低企业社保缴费费率。这之后,国家人社部、财政部也积极响应国务院号召,颁布了《关于阶段性降低社会保险费率的通知》,明确提出了降低社会保险费率的具体要求,该通知允许部分地区的基本养老保险单位缴费比例可降到19%，失业保险个人缴费费率不超过0.5%。劳动者对国家降费政策最大的担忧是会不会影响劳动者的社会保险待遇，此担忧是多余的。降低企业社会保险费率并不仅仅是对企业有利，对劳动者也是非常有利的。人社部社会保障研究所所长金维刚指出，降低用人单位的缴费费率，参保人的社会保险待遇并不会受到影响。中国社科院世界社保研究中心秘书长房连泉也认为，国家降低社保费率，不会影响劳动者的社保待遇，社保待遇是既定的和国家承诺的，不会因为存在基金缺口而降低社保待遇。① 郑秉文也非常赞同国家降低社保费率政策，他认为，这是党的十九大提出的"就业是最大的民生"和"以人民为中心的发展思想"的体现，也是"让利于企、让利于民"的体现。杨燕绥教授认为，我国社会保险费率偏高会导致中小企业参保难和扩面难，诱使企业逃费、避费和断保的现象的发生。确定企业合理的社保缴费费率，才能要求或强制企业依法参保并缴费，实现社会保险费扩面征缴，解决约1亿名劳动人口未参保的问题，从而不断增加社会保险的收入，让我国社保制度进入良性发展的正确轨道。②

另外，从市场经济的一般规律看，我们还应当从劳动者之需求侧方面，加大改革力度，不断满足劳动者收入增长之需求，劳动者的可支配收入增加了，自愿弃保或协议弃保就将自动失去主观需求。再加上上面供给侧改革之降低社会保险费率，这样需求侧和供给侧的"双管齐下"，自愿弃保或协议弃保就有可能自动消失。

（三）创新制度设计

我国社会保险制度设计还有许多不足，在新时代共享经济下社会保险制度更是应当与日俱进，进行制度创新设计。其中"企业年金"或"职业年金"制度可以全面推行，不仅是在企业中实现年金制度，在事业单位也可以大力推行。

我国新时代下社会保险制度设计中的一个重要标志性事件是《企业年金办法》的颁布实施，它由人社部、财政部联合印发，于2018年2月1日起实施。至此"企业年金"在我国正式完成了热点之理论研究与多年试点再到

---

① 林晓洁：《降低社保费率顺势而为的智慧》，载《中国人力资源社会保障》2016年第7期，第34页。
② 李浏清：《降低社保费率不是最终目的》，载《中国劳动保障报》2018年1月19日，第003版。

"落地"之豪华转身,意义重大。

我国"企业年金"第一次出现在国家政策文件后的第19个年头,此事关我国亿万职工养老保险的词语终于"转正"了。① 正如专家学者所言,企业年金制度具有很强的公共价值和战略意义,企业年金制度也是我国非政府养老金受托人制度建设的起点。②《企业年金办法》的出台,意味着我国"五险一金"成为"五险二金"的新浪潮将会更快地到来。③

《企业年金办法》首次明确界定了"企业年金"的内涵和性质:企业年金制度属于企业自主建立的一种补充养老保险制度;④《企业年金办法》还明确了企业年金之构成与缴费比例:企业缴费为本企业职工工资总额的8%,企业和职工个人缴费合计不超过职工工资总额的12%,具体比例可由企业和职工协商确定。⑤

我国企业年金制度虽然已经开始正式构建,但是还存在许多问题需要解决。郑秉文认为,企业年金制度的关键是参与率问题,如果参与率偏低,基本养老保险就将承受巨大压力,企业年金制度应当处理好降低社会保险费和为企业减轻负担的关系,还要有利于社会经济的发展,增强老百姓的获得感和幸福感。⑥ 建立新时代中国特色社会主义保障制度的必经之路是构建多层次的混合型养老金制度,不是单一的养老金制度,多层次混合型养老金制度也是重要的民生福祉之道。但是如果企业年金之参与率问题不能得到有效解决,其多层次

---

① 李瑾:《试行18年,企业年金真的来了!》,载《中国工人》2018年第1期,第40页。

② 杨燕绥:《我国企业年金仍处在初创期》,载《中国人力资源社会保障》2017年第6期,第56页。

③ 李瑾:《试行18年,企业年金真的来了!》,载《中国工人》2018年第1期,第42页。

④ 《企业年金办法》第2条明确界定了"企业年金"的定义。企业年金,是指企业及其职工在依法参加基本养老保险的基础上,自主建立的补充养老保险制度。

⑤ 《企业年金办法》第3条规定了企业年金所需费用的构成:企业年金所需费用由企业和职工个人共同缴纳,基金实行完全积累,为每个参加企业年金的职工建立个人账户。《企业年金办法》第15条还具体规定了缴费比例:企业年金所需费用由企业和职工个人共同缴纳,基金实行完全积累,为每个参加企业年金的职工建立个人账户。企业缴费每年不超过本企业职工工资总额的8%,企业和职工个人缴费合计不超过本企业职工工资总额的12%,具体所需费用由企业和职工一方协商确定。

⑥ 郑秉文:《扩大参与率:企业年金改革的抉择》,载《中国人口科学》2017年第1期,第19页。

混合型模式必将长期处于"试点"状态,并有可能影响我国 GDP 的增长。①

可见,我国应当有效提高企业年金的覆盖面,应当揭去企业年金之"富人俱乐部"的传统标签,实现基本的社会公平与正义。

我国企业实现"企业年金"制度,而机关事业单位则可以实行"职业年金"制度,基本区别是职业年金具有较强的强制性,而"企业年金"不应当具有强制性。2015 年国务院办公厅颁布了《机关事业单位职业年金办法》,在此基础上,2016 年人力资源和社会保障部颁布了《职业年金基金管理暂行办法》,这两个文件构建起我国职业年金制度的基本框架,细化了制度的具体实施方案,从而完成了我国职业年金的全部制度设计。总体上职业年金的制度框架与企业年金大同小异。②

因此,供给侧之"企业年金"制度和机关事业单位"职业年金"制度的创新并实施,基本上完成了我国社会保险制度的顶层设计,这将有效遏制养老保险中自愿弃保或协议弃保现象。

(四) 完善法制建设

从应然法的长期战略考虑,应当通过立法实现我国社会保险与劳动关系的"脱钩"与分层设计,应当通过立法明确规制自愿弃保或协议弃保之违法性。办法之一是将所有不具有劳动法意义上的劳动关系的非典型劳动关系统统纳入商业保险的范畴,实现新时代共享经济下社会保险与商业保险的良性互动,有效保障社会保险的"全面覆盖"和"应保尽保"的基本目标。

---

① 郑秉文:《扩大参与率的历史时刻》,载《中国劳动保障报》2017 年 2 月 24 日,第 003 版。

② 郑秉文:《机关事业单位职业年金'委托代理'中的风险与博弈》,载《开发研究》2017 年第 4 期,第 2 页。

第十章 争议调裁新策

【本章概要】 第一节是"集体劳动争议",主要研究集体劳动争议一般类型化和集体劳动争议特殊类型化。第二节为"劳动争议小调解制度",笔者将劳动争议调解分为两类:一是小调解;二是大调解;我国劳动争议调解之前瞻性的改革应当是设置调解之强制性和前置性必经程序。第三节"劳动争议大调解制度",现阶段调整劳动争议应当是"大调解"与"小调解"并存。"大调解"的法理基础主要还只是劳动政策层面,其法定性问题,学界分歧严重。实践中已经出现了一些劳动争议之特殊"大调解"成功模式如"山东模式"与"天津模式",为"大调解"之合理性提供了有力的证明和支撑,也为"大调解"在劳动争议特别是集体劳动争议中广泛实施,提供了可行性的实践范式。

第一节 集体劳动争议

一、集体劳动争议一般类型化

劳动争议又称劳动纠纷,或劳资纠纷,或劳资争议。一般可分为个别或个体劳动争议和集体劳动争议两大类别。所谓个体劳动争议是指单个职工与用人单位之间的劳动争议;集体争议又称多人争议,是指多个(或称部分)职工当事人基于共同理由与用人单位发生的劳动争议。[①] 个别劳动争议是劳动者个体与用人单位劳动关系之间的纠纷,而集体劳动争议就是劳动者群体与用人单位之间的集体劳动关系的纠纷。

史尚宽先生将劳动争议分为个别争议与团体争议、权利争议与利益争议、法律上争议与事实上争议。个别争议,即权利争议,亦称法律上争议;团体争

---

① 王全兴主编:《劳动法学》,高等教育出版社2004年版,第405页。

议，又谓之利益争议，亦称事实上争议。

劳动争议的基本分类有：一是从劳动关系之主体数量分为个别争议与集体争议；二是从劳动关系之权利和义务属性分为权利争议和利益争议。

所谓权利争议，是指基于法律法规之规定，劳动关系当事人就劳动权利的产生、变更、履行等发生的纠纷，因其与劳动者之法定权利相关，又称为法律争议，是关于法令或契约遵守与否之争执。① 所谓利益争议，是指因为确定或变更劳动条件而发生的争议。利益争议通常发生在集体合同的签订与变更的谈判过程中，又称为事实争议。② 利益争议是一种"事实上之纠纷"，是劳资双方利益未来应当如何分配的争执，最后有达成新的劳动契约或团体协议之效果。③

我国台湾黄越钦先生将劳资争议依其性质分为权益事项争议及调整事项争议两种。权益事项争议，是指劳资双方当事人基于法令、团体协约、劳动契约之规定所为权利义务之争议；调整事项争议是指劳资双方当事人对于劳动条件主张继续维持或变更之争议。④

集体劳动争议也可称为集体争议，是指集体劳动关系中存在共同性或关联性的劳动者或者劳动者集体，因劳动条件、社会保障等方面的权利义务问题，与雇主发生的法律纠纷（常凯，2014）。我国对个别劳动争议和集体劳动争议都，并没有像域外那样区分权益争议与利益争议。

权利争议主要是个别争议，但也会涉及多个劳动者的情形；利益争议则主要是集体争议，是工会在集体谈判过程中为了劳动者集体利益与雇主或雇主组织之间产生的争议。利益争议源于集体谈判的失败，是劳资双方为签订、更新、修改或扩充一项集体协议的谈判最终陷入僵局而产生的争议。在多数国家，因为争议的种类不同，因而设置了不同的解决争议的机构，采用了不同的法律程序。权利争议的处理多采用仲裁、诉讼方法解决，因为既定权利的确认相对容易，而利益争议则由于其复杂性和专业性，通常由政府或专业人士进行仲裁、调解，而很少采用诉讼途径。⑤

---

① 黄越钦著：《劳动法新论》，中国政法大学出版社2003年版，第319页。
② 常凯著：《劳权论——当代中国劳动关系的法律调整研究》，中国劳动社会保障出版社2004年版，第365页。
③ 黄越钦著：《劳动法新论》，中国政法大学出版社2003年版，第319页。
④ 黄越钦著：《劳动法新论》，中国政法大学出版社2003年版，第319页。
⑤ J. Benson, Alternative Dispute Resolution in Japan: the Rise of Individualism, The International Journal of Human Resource Management, 2012, 23 (3), pp. 511-527. 转引自程延园、谢鹏鑫、王甫希：《我国集体争议处理制度：特点、问题与机制创新》，载《中国人民大学学报》2015年第4期，第28页。

我国学界现在还有一种与域外有关集体劳动争议不同的分类，将集体劳动争议与群体劳动争议区别开来。主要有两种对立观点：一是群体劳动争议不同于集体劳动争议；二是群体劳动争议是集体劳动争议之一种。

我国在集体争议种类的划分上与国外存在较大差异。根据《劳动争议调解仲裁法》，通常认为，个别争议是劳动者一方不足法定集体争议人数，争议标的不同的劳动争议；而集体争议则是劳动者一方达到法定集体争议人数，争议标的相同，并通过选出的代表提起申诉的劳动争议。在我国劳动争议处理法律制度中，还没有清晰地界定和区分个别争议和集体争议、权利争议和利益争议的类型和范围，实践中这四种类型的争议往往错综复杂地交织在一起。[1]

我国关于劳动争议的法定类型，现行立法已经明确规定。《劳动争议调解仲裁法》之"劳动争议"是指单个劳动者与用人单位就劳动关系中的权利义务发生的争议，通常是履行劳动合同的争议。其中，劳方当事人不足10人的为一般单个劳动争议，10人以上的为多人劳动争议。《劳动法》第84条和《集体合同规定》第7章所规定的集体劳动争议，包括集体协商争议和集体合同履行争议。有观点认为我国集体争议主要分为三类：一是所谓10人以上有共同请求的集体劳动争议；二是集体合同争议；三是自发性的集体行动争议。[2] 此观点认为我国集体劳动争议与国际惯例所称的集体争议不同，国际惯例之集体争议是工会或劳动者团体在集体谈判过程中为了集体利益与雇主或雇主组织之间产生的争议，并不是个体劳动者人数简单的相加。

二、集体劳动争议特殊类型化——群体劳动争议

（一）群体劳动争议研究概览

在我国目前，针对当前我国发生的集体劳动争议，学界和实务界有不同的认识，有的称之为"群体劳动争议"（王全兴，2015）或者"群体性劳动争议"，对同一社会现象，使用不同的概念或术语进行描述，往往意味着认识和判断的差异。[3]

---

[1] 程延园、谢鹏鑫、王甫希：《我国集体争议处理制度：特点、问题与机制创新》，载《中国人民大学学报》2015年第4期，第28页。

[2] 程延园、谢鹏鑫、王甫希：《我国集体争议处理制度：特点、问题与机制创新》，载《中国人民大学学报》2015年第4期，第28页。

[3] 冯喜良：《"集体劳动争议"与"劳动关系群体性事件"的对话——集体劳动争议相关概念之辨析》，载《中国人力资源开发》2015年第9期，第105页。

第一种观点认为,"群体劳动争议"有别于"集体劳动争议",应当将二者区别对待,并分别适用不同的调处机制。

王全兴、刘焱白认为群体劳动争议不是集体劳动争议。他们并认为其主要区别是:第一,集体劳动争议的劳方当事人一般是工会及其代表的全体或部分劳动者,故在境外又称之为"团体劳动争议";群体劳动争议的劳方当事人则仅是企业的部分劳动者,在争议发生时并无工会充当其代表。第二,集体劳动争议是因签订或变更集体合同而集体协商过程中的争议,或者是因履行集体合同而发生的争议;群体劳动争议则不是围绕集体合同发生的,往往是先发生群体劳动争议,而后可能启动集体协商。第三,集体协商中发生的集体劳动争议,其标的是法定或约定权利以外的利益,故称为利益争议;群体劳动争议就其标的而言,多为权利争议或权利争议与利益争议的混合。第四,集体劳动争议中的罢工仅针对雇主;而群体劳动争议中的罢工或停工事件则多在针对雇主的同时还针对政府。①

第二种观点认为,"集体劳动争议"与"劳动关系群体性事件"不同,"集体停工事件"与"劳动关系群体性事件"也不同。但是,"集体停工事件"仍然属于集体劳动争议。

冯喜良教授专门将"集体劳动争议"与"劳动关系群体性事件"进行了对比研究,其研究紧密结合了我国中共中央和国务院在2015年4月8日发布了《关于构建和谐劳动关系的意见》中有关"因签订集体合同发生的争议和集体停工事件"与"劳动关系群体性事件"区别对待,并分别规定了不同的调处模式的规定,认定"集体劳动争议"与"集体停工事件"是不同的争议。《关于构建和谐劳动关系的意见》第15条规定,需要"健全劳动争议调解仲裁机制……依托协调劳动关系三方机制完善协调处理集体协商争议的办法,有效调处因签订集体合同发生的争议和集体停工事件"。该文件第16条还规定:"完善劳动关系群体性事件预防和应急处置机制。加强对劳动关系形势的分析研判,有效防范群体性事件……健全党委领导下的政府负责,有关部门和工会、企业代表组织共同参与的群体性事件应急联动处置机制,形成快速反应和处置工作合力,督促指导企业落实主体责任,及时妥善处置群体性事件。"冯喜良教授通过比对《关于构建和谐劳动关系的意见》的相关规定认为:"从以上针对集体劳动争议处理方面的条款来看,'意见'已明确指出

---

① 王全兴、刘焱白:《我国当前群体劳动争议的概念辨析和应对思路》,载《中国劳动》2015年第2期,第28页。

了两个重要的问题。其一是要厘清有关集体劳动争议的基本概念问题；其二是要将预防协调机制落在实处的问题。"① 冯喜良教授认为第 16 条规定的"劳动关系群体性事件"是不同于集体劳动争议的，也是不同于"集体停工事件"的，他主张将"因签订集体合同发生的争议和集体停工事件"与"劳动关系群体性事件"区别对待，才更加符合当前我国劳动争议的客观现实。②

集体劳动争议和劳动关系群体性事件在其内涵、社会影响以及调处方式上有着本质的区别。集体劳动争议是由签订、变更和履行集体合同过程中发生的劳动争议，是协调劳动关系中出现的正常问题，其调处方式以劳、资、政三方协商机制为基础，通过劳资共同协商来化解争议。而劳动关系群体性事件，虽然也是劳动关系协调过程中时有发生的基本问题，但其社会影响较大，常常会冲击正常的生产和生活秩序，给社会安定带来一定的负面影响，因此，其处置方式以预防和应急处置机制为主，通过党委、政府、有关部门、工会、企业代表组织共同参与的应急联动和快速反应机制来防范和处置劳动关系群体性事件。③

冯喜良教授的观点归纳起来有几点值得注意：

第一，"集体停工事件"与"劳动关系群体性事件"不同。"集体停工事件"仍然属于集体劳动争议的范畴。他认为，我国当前所发生的集体劳动争议以及集体停工事件，与市场经济国家成熟的因集体谈判引发的劳资争议及其调处机制相比，虽然具有缺乏规范性，处理任意性等特征，但就其本质来看仍然属于集体劳动争议。④

第二，"集体劳动争议"和"劳动关系群体性事件"不同。"劳动关系群体性事件"在大多数情况下也是由集体劳动争议转化而来的。他认为："从我国劳动关系群体性事件的发展过程来看，过激的群体性事件大多数是由初期的集体劳动争议或较平和的集体停工事件，未能及时有效地得到缓解和解决，在

---

① 冯喜良：《"集体劳动争议"与"劳动关系群体性事件"的对话——集体劳动争议相关概念之辨析》，载《中国人力资源开发》2015 年第 9 期，第 104 页。
② 冯喜良：《"集体劳动争议"与"劳动关系群体性事件"的对话——集体劳动争议相关概念之辨析》，载《中国人力资源开发》2015 年第 9 期，第 105 页。
③ 冯喜良：《"集体劳动争议"与"劳动关系群体性事件"的对话——集体劳动争议相关概念之辨析》，载《中国人力资源开发》2015 年第 9 期，第 105 页。
④ 冯喜良：《"集体劳动争议"与"劳动关系群体性事件"的对话——集体劳动争议相关概念之辨析》，载《中国人力资源开发》2015 年第 9 期，第 106 页。

多种原因的激化下形成的。"① 可见，他认为"劳动关系群体性事件"是极少数劳动争议被激化的产物。

第三，冯喜良教授是反对所谓的"群体劳动争议"之说的。他认为："当前众多的集体劳动争议虽然具有一定的群体性，但是，把群体劳动争议看作是一个发展阶段，并且是介于个别劳动争议与集体劳动争议之间的一种新型劳动争议的认识有待商榷。"②

第三种观点认为，"集体停工事件"属于集体劳动争议之第三种即"集体行动争议"。该观点认为，我国的集体劳动争议与国际基本惯例不同，但是，"集体停工事件"仍然属于集体劳动争议的范畴，是一种体制外的劳动争议，可能就是一种不合法的争议。

以停工、怠工为主要形式的集体行动争议，已经逐渐成为现阶段我国集体争议的主要形式。我国目前所发生的停工、怠工事件，从启动到实施都发生在体制外。在集体行动前，通常没有工会的组织和授权，行动过程中也没有企业工会的支持，集体行动后也少有企业工会参与协调处理。大量的集体行动游离在正式的制度之外，都属于工人绕过工会采取自发行动方式提出自己的利益诉求。由于我国法律还没有明确规定集体争议权，因此，在相当长的一个时期内，集体行动争议被当成"突发性事件"、"群体性事件"或者"维稳事件"来处理，有些地方甚至动用警力、法院等国家机器来处置。③ 他们还认为，现阶段，我国劳动者在停工等自发性集体利益争议发生之前，很少有集体协商，其争议诉求是希望借助停工等集体行动倒逼政府介入，促使双方集体协商，签订集体合同。此"先停工、后协商"的行动逻辑与市场经济国家"先协商、协商不成再以停工威胁"的一般集体行动逻辑截然相反。④ 程延园、谢鹏鑫、王甫希还认为，我国的集体行动争议即停工、怠工行为到底是否合法，是一个非常复杂的话题，但是，这种集体行动争议是一种游离于我国现行制度之外的劳动争议，即此种集体行动争议虽然可以认定为集体劳动争议，但是，现阶段

---

① 冯喜良：《"集体劳动争议"与"劳动关系群体性事件"的对话——集体劳动争议相关概念之辨析》，载《中国人力资源开发》2015年第9期，第106页。

② 冯喜良：《"集体劳动争议"与"劳动关系群体性事件"的对话——集体劳动争议相关概念之辨析》，载《中国人力资源开发》2015年第9期，第107页。

③ 程延园、谢鹏鑫、王甫希：《我国集体争议处理制度：特点、问题与机制创新》，载《中国人民大学学报》2015年第4期，第28页。

④ 程延园、谢鹏鑫、王甫希：《我国集体争议处理制度：特点、问题与机制创新》，载《中国人民大学学报》2015年第4期，第29页。

它还是一种体制外的劳动争议。

董保华、李干认为,我国"集体停工"在我国学界的讨论中有时也被称为"自发罢工",这种现象以"群体性事件"的面目出现时,他们认为"集体停工"即"群体性事件"是一种不合法的争议行为。我国的立法体系建立在国家治理的有效性基础上,缺乏对劳动关系团体性的规制体系。"集体停工""群体性事件"折射出一种可称之为对现有法律框架的"高溢出"现象,大量集体停工和群体性事件发生在这种法律空白地带,使社会秩序陷入混乱。① 我国现阶段时有发生的集体停工和群体性事件往往脱离工会组织,与既有的集体合同也并无联系。制度空缺与现实需求的碰撞激发了集体停工和群体性事件的无序化、失范化。②

第四种观点认为,"群体性劳动争议"不能等同于集体劳动争议,但是,其与第一种观点不同的是,"群体性劳动争议"有的属于个别劳动争议,有的又属于集体劳动争议的范畴。该观点的基本内容是:群体性劳动争议属于群体性个人争议和集体争议的集合,而我国目前主要为群体性个人争议。因此,笔者将此说概括为"群体性劳动争议"之"混合说"。

沈建峰认为,我国群体性劳动争议并不是一个严格意义上的法律概念,更不是一个传统的劳动法概念,而是从党和政府有关群体性事件的文件中逐渐衍生出来的非学术概念。一般将其界定为劳动者一方人数众多(10人以上)有共同或者类似诉求的劳动争议现象。在分析群体性劳动争议时,由于该概念本身缺乏传统劳动法理论和规范的支撑,许多论者就从其一方人数众多这一现象出发,将其称为集体劳动争议,但这在根本上是一种对集体劳动争议的误解。③ 沈建峰还通过比较分析欧洲大陆有关集体劳动争议的三大特征,而认为我国"群体性劳动争议的基本特点是劳动者一方人数众多,诉求相同或相似;而集体劳动争议的基本特点是围绕集体合同或者为多数劳动关系建立或改变劳动条件而发生,二者概念形成的方法和内涵截然不同"。④

---

① 董保华、李干:《构建和谐劳动关系的新定位》,载《南京师大学报(社会科学版)》2016年第2期,第68页。
② 董保华、李干:《构建和谐劳动关系的新定位》,载《南京师大学报(社会科学版)》2016年第2期,第71页。
③ 沈建峰:《论处理群体性劳动争议的中国法律框架》,载《中国劳动》2013年第5期,第11页。
④ 沈建峰:《论处理群体性劳动争议的中国法律框架》,载《中国劳动》2013年第5期,第11页。

沈建峰将我国群体性劳动争议的不同类别总结为两大类：第一类是围绕劳动关系是否存在、劳动合同或者个别劳动关系中的权利和义务的实现以及劳动关系的解除和终止而发生的争议；第二类是围绕改变现有的劳动条件、劳动待遇等而发生的劳动争议。这两类争议在根本上分别属于个别劳动争议范畴和集体劳动争议的范畴。"围绕劳动关系的存续、实现和终止而发生的群体性劳动争议，属于个别劳动争议的群体化。"① 该观点提出的"个别劳动争议的群体化"即"群体性个别劳动争议"仍然属于个别劳动争议，而不是集体劳动争议。

持"混合说"观点的学者还有肖竹。他认为，所谓群体性劳动纠纷（事件）是群体性劳动争议的外延与后果，表现为罢工、上访、游行、示威等，"群体性"主要呈现出争议所涉劳动者人数众多的特点，但争议内容可能是个人争议的群体化集合，即群体性个人争议，也可能是涉及集体合同的集体争议。②

第五种观点认为，"群体性劳动争议"不具备理论价值，只是暂时现象。笔者将之概述为"伪命题"说，即群体劳动争议或群体劳动事件的说法都是不够科学的"伪命题"，没有研究价值。

段毅和何远程认为，在劳动关系集体化的过程中，虽然也存在生成、发展和成熟的不同阶段（段毅、李琪，2014），但无论是"群体性劳动争议"还是"群体化劳动关系"的概念都不具备理论上的科学性。其很大程度上是制度设计缺陷和人为扭曲而产生的结果③。

段毅和何远程认为我国群体性劳动争议出现的原因有二：一是各级政府出于"维稳"思维定式而人为地扭曲了集体劳动关系生成的规律；二是工会在集体劳动争议中的缺位与不作为。④ 他们认为群体性劳资争议是中国集体劳动关系形成过程中的一种特殊现象，其主要原因是工会在现有制度下难以发挥作

---

① 沈建峰：《论处理群体性劳动争议的中国法律框架》，载《中国劳动》2013年第5期，第12页。
② 肖竹：《群体性劳动争议应对中的政府角色》，载《行政法学研究》2014年第2期，第78页。
③ 段毅、何远程：《群体性劳动争议悖论辨考》，载《中国人力资源开发》2015年第5期，第90页。
④ 段毅、何远程：《群体性劳动争议悖论辨考》，载《中国人力资源开发》2015年第5期，第93页。

用，且制度设计本身存在缺陷；政府在面对工人自发组织的情况下未能划分工人组织行为与一般社会群体行为的区别，对工人组织行为采用了压制的措施。群体化劳动关系的概念无论在现实中还是理论上都无法得到支持，这一概念的定位显然缺少科学依据。[①]

笔者认为，此"伪命题"说不妥。我国群体性劳动争议既然在现实中大量存在，且对我国劳动关系之和谐和社会和谐稳定具有重要影响，那么对其研究并探寻破解之道，就应当具有理论价值和现实意义，是学界和实务界都应当面对的命题，不能因为目前群体性劳动争议之产生原因的非合理性和非正当性，而否定该命题的价值。尽管我国目前对群体性劳动争议或群体劳动事件说法不一，且对其类型化还存在不同的争议，但是，这些都是不能成为"伪命题"的论证，其真命题是不容置疑的。

（二）群体劳动争议之集体劳动争议类型化

上述有关"群体劳动争议"之不同学说，主要是基于我国目前劳动关系，特别是集体劳动关系失衡之现状而提出了具有相当的实践价值。但是，主要不足是缺乏法律法规的支撑，即所谓的"群体劳动争议"目前还并不是真正的法律范畴。

其法律依据是没有的，但是，政策依据并不缺乏。2015年4月，我国党中央、国务院发布了《关于构建和谐劳动关系的意见》，是我国新时期劳动关系发展的纲领性文件，对我国劳动关系面临的问题与挑战有着深刻的认识，其指出，我国劳动关系虽然总体保持和谐稳定，但"劳动关系矛盾已进入凸发期和多发期"，矛盾的凸显与多发尤其体现在"劳动争议案件居高不下，有的地方拖欠农民工工资等损害职工利益的现象仍较突出，集体停工和群体性事件时有发生"。可以说该文件之"集体停工和群体性事件"就是指所谓的"群体劳动事件或争议"。

笔者的观点是，"群体劳动争议"之类型化应当归类于集体劳动争议的范畴。这具有一定的现实价值和实践意义，反映了我国目前劳动关系的现状和面临的挑战，对其进行专门的研究并探寻解决之道，是非常必要的。目前我国对"群体劳动争议"的研究还是非常薄弱的，这应当是我国目前劳动法特别是集

[①] 段毅、何远程：《群体性劳动争议悖论辨考》，载《中国人力资源开发》2015年第5期，第95页。

体劳动法之重要研究命题。① 但是，有观点认为"群体劳动事件"不是集体劳动争议，并不恰当，我国目前的群体劳动争议或事件仍然是属于集体劳动争议之一种。主要理由如下：

第一，概念辨析。"群体劳动争议""群体劳动事件""集体停工和群体性事件""劳动关系群体事件"等这些概念之内涵其实并无多大区别，都属于集体劳动争议之范畴；但是这些概念与"群体事件"或"集体事件"却是有区别的，不能等同；集体或群体"维权事件"与集体劳动争议不同，只有"维权事件"所"维"之权为集体劳动权时，才能认定其为集体劳动争议。

"群体事件"或"集体事件"的范围比"群体劳动争议""群体劳动事件""集体停工事件""劳动关系群体事件"都要大，"群体事件"或"集体事件"并不一定就是关于劳动关系纠纷的，还包括政治事件、拆迁事件等非劳动关系事件，即"群体事件"或"集体事件"的范围大于群体劳动争议或劳动争议事件，只要是与劳动关系有关的群体性事件，都应当属于集体劳动争议的范畴，其处理方式也应当是在集体劳动关系处理的框架下进行，不能不区分性质之不同，而将所有的"群体事件"或"集体事件"都作为"维权事件"、政治事件或"维稳事件"看待，只有在"维权事件"或"维稳事件"与集体劳动关系密切相关时，才能作为集体劳动争议处理。在我国目前的现实生活中所出现的集体性有关劳动关系之事件，都应当纳入集体劳动争议的范畴，而不应当将之与"维权事件"或"维稳事件"混同。

第二，不能因为我国"群体劳动事件"或"群体劳动争议"之失范，而否认其集体劳动争议之特征。

上面认为"群体劳动事件"或"群体劳动争议"不是集体劳动争议的观点，一般都是通过对比国际上有关集体劳动争议的基本特征，认定我国"群体劳动事件"或"群体劳动争议"是一种失范的集体抗争行动，也就是一种不具有合法性的集体停工或怠工事件。从国际惯例上看，集体劳动争议都有严格规范，一般内容都是有关集体协商、谈判和集体劳动合同的，"集体劳动争议是由签订、变更和履行集体合同过程中发生的劳动争议，是协调劳动关系中出现的正常问题，其调处方式以劳、资、政三方协商机制为基础，通过劳资共

---

① 我国现在对"群体劳动争议"的研究比较少，笔者在"中国知网"通过"篇名"之"群体劳动争议"检索到了仅仅33篇（截至时间为2016年5月27日），其中，报纸有10篇，期刊论文有19篇，硕士论文有4篇。

同协商来化解争议"。① 一般都有工会的组织和领导,特别是集体产业行动(如罢工)如果没有工会的组织和领导,其集体产业行动就是非法的,属于"野猫罢工";集体产业行动都要遵循"和平义务"等,对比我国"群体劳动事件"或"群体劳动争议"基本上都不具备集体劳动争议的一般特征,既无工会的组织和领导,几乎完全属于群众自发的行动,又没有内容上的集体协商谈判或集体劳动合同之要求,还没有"和平义务"可言,往往是一种比较强烈的有碍社会程序的突发事件,因此,我国的"群体劳动事件"或"群体劳动争议"不具有集体劳动争议的一般属性,并认为其是一种失范的、不够正当合法的矛盾冲突。笔者虽然赞同我国目前的"群体劳动事件"或"群体劳动争议"不具有一定的失范性,且一些事件具有非"和平义务",但是,这些都不能否认其仍然是集体劳动争议之一种,尤其是我国有关集体劳动争议的立法还非常不健全的实然状态下,在我国工会制度还亟待顶层制度重塑的情况下,集体劳动争议之调处规范还相当不够完备,就因其所谓的失范性,而排除集体劳动争议,并不是科学的做法;如果将其不纳入集体劳动争议的范畴来处理,必然会将劳资冲突的矛盾进一步扩大,从而影响社会的和谐与稳定。

第三,不能因为我国"群体劳动事件"或"群体劳动争议"之停工、怠工等行动不具备集体产业行动之要义,而否认其为集体劳动争议。

广东劳维律师事务所主任段毅认为,发生在劳资之间与劳动关系有关的争议是劳动争议;如果劳动者一方当事人在10人以上的,就是集体劳动争议;如果集体劳动争议附带工人的集体行动,则应称为"行动型集体劳动争议"。② 段毅通过实践中的典型案例分析认为,对集体劳动争议与"行动型集体劳动争议"的处理,第三方的态度和应对策略是完全不同的。当集体劳动争议发生之后,处理争议的是仲裁机构和司法机构,它们会严格依循法律规定的步骤,在限定的时间内,根据现有的法律规定,对案件作出调解、仲裁和判决;而在"行动型集体劳动争议"处理争议的通常是地方政府有关部门,它们介入争议的直接目的是尽快平息工人的行动,恢复企业的生产秩序,减少行动带来的社会影响。政府的介入重点是放在协调双方以早日复工上,当地政府

---

① 冯喜良:《"集体劳动争议"与"劳动关系群体性事件"的对话——集体劳动争议相关概念之辨析》,载《中国人力资源开发》2015年第9期,第107页。
② 段毅:《集体谈判:一种解决行动型集体劳动争议的非诉讼途径》,载《中国工人》2012年第10期,第16页。

认为这类争议案是难以通过现行程序处理的。① 他还将近几年来,出现在东部沿海城市的工人罢工案件,划归于"行动型集体劳动争议",并认为这类案件虽然是集体劳动争议,但是又不同于一般的集体劳动争议,它们具有劳资双方保持劳动关系、劳资之间积怨较深、需要在短时间内处理完毕等特点。笔者赞同将所谓的"群体劳动事件"归类于集体劳动争议的范畴,但是,不同意将其界定为所谓的"行动型集体劳动争议",不能因为我国现行调整模式几乎对"群体劳动事件"的失灵,而否认其集体劳动争议的属性,集体劳动争议的处理可以分为实然和应然两种状态,不能因为实然的缺陷,而将其排除在集体劳动争议处理之外,现行政府对此类"群体劳动事件"介入的失范,并不影响此类争议应当实行的处理程序,更不能由此而将产业行动与集体劳动争议混为一谈。

持此观点的还有戴春、李琪,他们针对我国目前广东大量涌现的"群体劳动事件",将其归类为"行动型集体劳动争议"。他们认为,此类事件是在工人与管理方之间发生的,应当属于劳动争议,但是,他们认为因此类争议伴随有工人的集体行动,而将其称为"行动型集体劳动争议"。集体行动可以有多种形式,常见的包括厂区内的行动与厂区外的行动两类,前者多为罢工、怠工、静坐、厂区内游行、拉横幅、喊口号、封堵仓库和工厂大门、围堵高层管理人员等;后者多为游行、堵路、"散步"、到政府办公地点请愿等。②

笔者认为,他们将"群体劳动事件"或"停工、怠工集体事件"划归为集体劳动争议是比较合适的,但是,将其认定为"行动型集体劳动争议",却是不合法理的,目前劳动法学界还没有此有关集体劳动争议的分类,其"行动型集体劳动争议"实则是混淆了产业行动与集体劳动争议的区别,误将产业行动与劳动争议(集体劳动争议)等同对待。这违背了产业行动与劳动争议的逻辑关系:劳动争议可能导致产业行动如停工、怠工等,但是产业行动的重要目的是解决争议,即产业行动是到达解决争议的重要手段;产业行动中还有可能产生新的劳动争议;二者的目的和产生过程都是不同的,产业行动与劳动争议是不同的范畴。张桂梅教授认为:"集体劳动争议极易导致群体性事件,但不必然导致群体性事件,只要合理的诉求得到合理合法及时地解决,劳

---

① 段毅:《集体谈判:一种解决行动型集体劳动争议的非诉讼途径》,载《中国工人》2012年第10期,第18页。

② 戴春、李琪:《行动型集体劳动争议的影响及应对》,载《中国工人》2014年第12期,第20页。

动者就能恢复正常工作与生产。"① 此有关劳动争议与产业行动关系的论述比较恰当地表明了劳动争议与产业行动的辩证关系，也说明了产业行动与劳动争议是不同的逻辑范畴。因此，将二者混合为所谓的"行动型集体劳动争议"是不符合逻辑规范的，其进行的"制度性分析"和"政策建议"也都是属于集体劳动争议的基本范畴研究，况且劳动法学界和实践中并无此说，还是将其类型化于集体劳动争议比较合适。

按照劳动法之国际一般惯例，劳动者享有集体集体产业行动权，产业行动是集体协商、谈判和签订、变更集体劳动合同中重要的手段，也是改变劳资双方对比力量的有效措施。而我国目前在法律还没有直接赋予劳动者享有罢工权的前提下，加上工会制度的失灵，劳动者群体之停工、怠工等产业行动之合法性就没有直接的法律依据，产业行动也没有工会的组织和领导，国际惯例之集体产业行动之"和平义务"也基本缺失，这些都表明了我国目前的停工、怠工等群体性劳动事件根本不具备集体产业行动之一般要义，但是，如果因此而否定其为集体劳动产业行动，也是不恰当的，因为即使按照国际上一般劳动法原理，产业行动本身也是有合法与非法之分的，不能因为产业行动的非法性，而否定其为产业行动，否则就是一个逻辑错误。那么，我国目前之停工、怠工等产业行动，即使认定其为非法的，也不能否认其为集体产业行动。

另外，如果从争议之合法性上判断是否属于劳动争议，也是不符合基本逻辑的，因为，争议本身是否合法就是一个"伪命题"，而从劳动争议之合法性上，来判断其是否集体劳动争议，也就失去了逻辑基础。

第四，从处理程序之规范性和有效性上，"群体劳动事件"或"群体劳动争议"等应当类型化于集体劳动争议。

在处理程序上，由于认识上的根本错误，一般都将其认定为"维稳事件"、"治安事件"或"信访事件"，还有将其认定为"维权事件"，将其纳入了政府部门和公安部门的调处范畴，少有将其作为集体劳动争议并按照处理程序看待的。认识上的偏颇，必然造成实际处理的失范性和失当性，甚至使矛盾进一步激化，即使争议暂时得到了处理，但是劳资矛盾并没有化解，只不过是将争议从"路面"转移到了用人单位，政府部门和公安部门的处理任务也就相应地完结了，而相关的劳动争议仍然没有得到有效解决。

实践中，有关"群体劳动事件"或"群体劳动争议"得到了有效处理的

---

① 张桂梅：《新常态下我国集体劳资争议的特征及解决机制》，载《山东工会论坛》2015年第4期，第1页。

案件，都基本上得益于将其划归集体劳动争议，并按照我国劳动争议和集体劳动争议处理之规范程序处理的结果，这也从另外一面印证了"群体劳动事件"应当是集体劳动争议的命题。

在南海本田事件中，常凯教授作为罢工工人的法律顾问，参与了集体谈判的全过程。在南海区劳动部门的主持下，该谈判持续了6个多小时，最终达成企业提薪34%的协议，结束了持续17天的集体行动。南海本田事件的处理模式，成为当时广东各地处理集体争议事件的典范样本，各地的停工事件大部分以增长工资20%~30%达成劳资协议的方式得以解决，而具有停工风险的企业也主动通过集体协商谈判增加工资而消弭了风险。[①] 在南海本田事件中，当地政府始终没有进行直接干预，作为工人法律顾问的常凯教授认为，罢工发生后政府并没有将其归为政治事件，这启示我们不应将劳资矛盾转化为工人和政府之间的矛盾，必须避免将劳资矛盾政治化，罢工的解决要走向法制化的道路。"南海本田事件"成为将"群体劳动事件"纳入集体劳动争议处理的成功典范，从一个侧面有力印证了"群体劳动事件"应当归属与集体劳动争议的范畴。

上海市闵行区工会在利用集体协商化解群体性劳动争议过程中，取得了一定的成效。它们的主要经验是：在群体性劳动争议的调处过程中，逐步认识到有效推进集体协商、搭建劳资双方协商对话平台，已成为化解群体性劳动争议的关键。2011年1月至2014年年底，上海闵行区共发生群体性劳动争议纠纷205起，"采用集体协商和履行相应民主程序化解成为趋势，尤其在因企业关停并转迁引发解除劳动合同支付补偿金的群体性劳动争议案件中，采用集体协商及履行相应民主程序已经成为化解利益性劳动争议纠纷的主要手段"。[②] 上海化解"群体性劳动事件"的成功经验之一就是将其纳入集体劳动争议的范畴，采取集体协商的程序化解劳资冲突和矛盾，从实践再次证明"群体劳动事件"应当是集体劳动争议的范畴。

上海还有一点经验就是在争议事件的处理中，充分发挥了三方机制的作用。群体性劳动争议发生后，工会第一时间介入已成为一种共识，最重要的一点就是促成劳资双方协商对话。在上海神明电机事件中，闵行区工会在该起劳

[①] 常凯：《劳动关系的集体化转型与政府劳工政策的完善》，载《中国社会科学》2013年第6期，第103~104页。

[②] 郑华、俞莉红：《有序推进集体协商，促进群体性劳动争议化解》，载《工会理论研究》2015年第2期，第27页。

资纠纷突发的 10 天内，先后召开了六次劳资双方的沟通会，从促使企业劳资双方"沟通对话"中打开缺口，有效地推进了有关协商成果的达成。在对话中，劳资双方认识到对立不能解决问题，只有平等协商才能化解纠纷。① 三方机制在处理群体劳动事件即集体劳动争议中发挥了应有的实际价值，此实践经验再次表明"群体劳动事件"应当类型化于集体劳动争议，并按照集体劳动争议之三方机制处理，这些是有效化解纠纷的路径选择。

虽然我国有关劳动争议特别是集体劳动争议的立法还比较欠缺和落后，但是，对劳动争议和集体争议的调处还是有比较可行和有效的程序，效果也还是值得肯定的。我国劳动争议和集体争议调处之三方机制还是有非常明确的法律规定的，虽然由于工会机制的失范和失灵，加上集体劳动权制度设计上的不足如没有罢工权之制度，虚化和弱化了工会在劳动争议调处中的巨大作用，但是，在集体或群体劳动事件处理中，在将其类型化于集体劳动争议，三方机制仍然是处理的基本程序和一般要求，否则，如果不按照集体劳动争议来处理，必然毫无三方机制可言，另外，实践早已经证明和表明，没有三方机制的正当程序，"群体劳动事件"的处理也是难以或不可能有效和化解纠纷的。当然，集体劳动争议调处中应当坚持三方机制之原则，还要特别注意我国的具体国情，在工会制度暂时难以进行顶层设计的情况下，创新工会制度也还是有可行性路径的，比如笔者探寻出工会组织在集体协商谈判和集体劳动争议调处中的"换位调处"模式，就是我国目前国情下的有效对策。另外，在劳动争议特别是集体劳动争议调处程序中，在坚持和坚守三方机制的前提下，还可以进行机制创新的有效路径是实行四方机制，特别是要将中立的社会第三方如劳工NGO，纳入集体劳动争议的调处中来，这样不仅可以完善和发展传统的三方机制，还可以极大提高协商谈判的公信力和社会认可度，实现集体劳动争议之及时有效化解和化解于基层的目标。

笔者拙识，集体劳动争议的处理应当实行"调解为主"，且调解为强制性的前置程序。② 此观点在我国还属于非常稀缺的"谬论"，立法更是完全缺失；但是，域外有一些国家比如俄罗斯等，在集体劳动争议的处理中，就是实行这种"调解为强制性的前置程序"的，其立法也有明确的规定。在我国目

---

① 郑华、俞莉红：《有序推进集体协商，促进群体性劳动争议化解》，载《工会理论研究》2015 年第 2 期，第 28 页。
② 笔者之有关集体劳动争议"调解为主"，且调解为强制性的前置程序的观点，有专文详论，此处不再赘言。

前的集体劳动事件中，正当有效的处理程序还是应当坚持"调解为主"的基本原则，此原则在立法和政策中都有明确规定，只不过是没有将其界定到所谓的"群体劳动事件"或"群体劳动争议"中来，使得我国在处理这些劳动"事件"时，严重偏离了正常之调解程序，无论是劳动者"小调解"或"大调解"，行政调解都是必要的。

行政调解依靠国家行政权力作后盾，以国家公信力作担保，相比于社会性调解，更能得到劳动者的信任。这也是不少学者极力主张着重发展劳动行政调解的原因。①

集体劳动关系要发展，"协约自治"虽然是精神内核，但是对群体性劳动争议的处理，则天然地需要政府作为第三方介入，对此政府的角色安排会显得更为复杂。② 集体利益争议的处理天然地需要第三方的介入，而政府往往扮演着这样的角色。③

但是行政调解与行政手段并不完全相同，劳动争议之行政调解是三方机制或四方机制的必然要求，其调解仅仅是间接地参与劳动关系中，组织和协调劳资双方进行协商谈判，且行政调解机构并不是直接就是政府一方，而是劳动行政部门。而我国实践中处理"群体劳动事件"的行政机关主要是政府部门或公安机关，而不是劳动行政部门，因为其干预并不具备协商性，而其强制性和"应急性"比较突出，这种直接干预和强制性"化解"矛盾之行政手段，其实际效果往往"调而不解"和"化而不解"。我国"许多群体劳动争议尤其是群体罢工事件，之所以含有权利争议，之所以在针对雇主的同时针对政府，多直接或间接起因于政府干预的不当和瑕疵"。④ "现实中，政府在劳动关系协调机制中缺位和越位并存，应当有所为而不作为、不应当作为而作为或者可以作为而乱所为，往往成为群体罢工的直接或间接原因。"⑤

---

① 何伦坤：《劳动争议联动调解机制及其反思》，载《中国人力资源开发》2016年第5期，第111页。

② 肖竹：《群体性劳动争议应对中的政府角色》，载《行政法学研究》2014年第2期，第79页。

③ 肖竹：《群体性劳动争议应对中的政府角色》，载《行政法学研究》2014年第2期，第82页。

④ 王全兴、刘焱白：《我国当前群体劳动争议的概念辨析和应对思路》，载《中国劳动》2015年第2期，第30页。

⑤ 王全兴、刘焱白：《我国当前群体劳动争议的概念辨析和应对思路》，载《中国劳动》2015年第2期，第31页。

我国《劳动法》第 84 条规定:"因签订集体合同发生争议,当事人协商解决不成的,当地人民政府劳动行政部门可以组织有关各方协调处理。"我国《集体合同规定》第 49 条规定,集体协商中的争议处理,由劳动行政部门协调处理的。劳动行政部门的介入,代表了政府的介入,可依当事人申请,也可依职权主动提起。劳动行政部门的协调处理,实质上是政府主持下的三方会谈(企业组织、工会和政府)。这些规定都明确规定了政府之协调者角色,但在实践中,各级政府在集体劳动关系协调处理中没有将自己定位在"第三方"角色地位,而是积极而盲目地直接介入。各级政府,尤其是地方政府多倾向于维护和保障社会的安全与稳定,如果哪里出现了劳动争议事件,出现了工人静坐、罢工事件就紧张,加上媒体推波助澜的宣传,政府就草木皆兵,害怕事情进一步扩大化,害怕影响社会的安全与稳定,对集体劳动争议处理往往采取不恰当的方式方法。有时简单粗暴地干涉制止劳动争议群体事件,有些地方甚至动用警察等进行强力压制,常常导致劳资矛盾更加激化和复杂,甚至把一部分工人推到政府的对立面上去。①

常凯教授认为,对于工人集体行动的性质要有一个比较准确的判断,不当成"维稳事件",这是事件妥善解决的前提。"对于政府而言,劳资集体争议发生后,政府不要急于强制工人复工,也不要去压制企业提薪,而是作为第三方协调人的身份为劳资的协商谈判创造条件。"②

正如某学者所言:很多情况下因地方政府的维稳考量,使劳资双方陷入零和博弈,劳方的利益要求由于缺少有效的制度疏导累积成疾,政府如同对待不定时炸弹一样习惯于从维稳的角度出发一事一议、各事各论地处理罢工和停工事件,这就失去了集体谈判与"劳动三权"在建立稳定、和谐劳动关系中本应能够发挥的巨大作用。因此,正视、确认并规范"集体争议权",不可逃避且迫在眉睫。③"集体争议权"的规范确认,在我国目前的"群体劳动事件"中,首先就是要确认"群体劳动事件"属于集体劳动争议的范畴。

政府在劳资关系运行中主要扮演着协调者和监管者的角色。在我国当前现实条件下,集体协商主要取决于政府的强力推动。政府职能转换在劳资关系领

---

① 张桂梅:《新常态下我国集体劳资争议的特征及解决机制》,载《山东工会论坛》2015 年第 4 期,第 4 页。
② 常凯:《劳动关系的集体化转型与政府劳工政策的完善》,载《中国社会科学》2013 年第 6 期,第 103 页。
③ 肖竹:《群体性劳动争议应对中的政府角色》,载《行政法学研究》2014 年第 2 期,第 84 页。

域的体现应该是由行政化管理过渡到以提供服务为核心的制度化、法制化和规范化的管理，由单方抑制劳资冲突过渡到推动劳资集体协商。具体来说，劳动行政部门可以从集体协商的四个关键环节入手，进一步强化政府协调和监督职能。① 此有关我国政府在集体劳动关系中角色定位，同样应当成为"群体劳动事件"中之政府职能。

目前有关"群体劳动事件"处理中政府介入和行政手段的失范，其根本原因还是首先对"群体劳动事件"之类型化的认识偏颇，其次是集体劳动争议处理之制度障碍。但是，这些问题仍然不能从根本上改变"群体劳动事件"类型化于集体劳动争议之有效处理，否则，并无其他有效路径可供选择。因此，从"群体劳动事件"调处之实际有效路径上看，只有将"群体劳动事件"纳入集体劳动争议的范畴，才是可行和有效的制度选择和实践选择。

第二节　劳动争议小调解制度

我国劳动争议特别是集体劳动争议之调解制度基本属于"休眠"制度，亟待"唤醒"。我国立法、学界和实践中常常忽视了劳动争议之调解程序，亟待修正。劳动争议处理"调解为主"或"着重调解"的原则长期处于"休眠"状态，"唤醒"已是时不我待。劳动争议小调解之前瞻性改革应当是设置调解之强制性和前置性必经程序，可以借鉴域外的经验，实现我国劳动争议特别是集体劳动争议调解之前置性与强制性的制度构建。我国现行立法和实践一直将劳动争议调解与协商分离成了两个独立的程序，实在不妥，应当将协商、协调统一整合为调解即"小调解"。实行调解免费制度，但恢复仲裁收费制，可以有效发挥小调解抑制劳动争议仲裁和诉讼膨胀的功能。我国调解的法律效力非常低下，使得调解程序变成了没有强制力、可有可无的"鸡肋"，解决对策是将调解设置为强制性和前置性程序，实行"先调后裁审"。

笔者将劳动争议含集体劳动争议之调解分为两类：一是小调解②，二是大

---

① 高正：《我国劳资集体协商机制的构建与完善——以群体性劳动争议集体协商为例》，载《中国劳动》2016 年第 1 期，第 13 页。

② "小调解"为笔者之拙见，学界并无此说。学界有关劳动争议特别是集体劳动争议之调解的专题研究并不丰富和成熟，更几乎没有关于劳动争议特别集体劳动争议之"小调解"的研究。

调解①。我国现行劳动争议调解制度弊端明显，亟待理论研究之破解和立法之修正。小调解与大调解的共同特征及缺漏是：第一，都属于自愿性程序；第二，都属于非前置性程序；第三，都属于非强制性程序；第四，实践中认可度都不高。无论小调解还是大调解，制度创新性重塑的基本路径都应当是构建调解之强制性和前置性程序。

小调解与大调解都属于一种非诉讼解决方式，即都是一种解决劳动争议的非司法程序；都具有将劳动争议解决或化解于诉讼之前，并都具有能够比较及时有效处理争议的特征；二者的价值追求都是可以实现"和为贵"之社会和谐稳定，并都能够最大限度地节约社会成本特别是司法成本；二者都可以抑制劳动争议"裁累"或"诉累"。

笔者将劳动争议处理之"小调解"界定为狭义的调解，是指包括协商在内的调解，仅仅是经过劳动争议专门的调解机构实施的协商和调解，是指劳动争议仲裁或诉讼之外或之前的协商和调解。在我国是指仅仅经劳动争议调解委员会实施的调解，包括协商，但是并不包括劳动争议仲裁或诉讼中的调解。

"小调解"所对应的立法是我国《劳动争议调解仲裁法》之调解。《劳动争议调解仲裁法》第5条规定："发生劳动争议，当事人不愿协商、协商不成或者达成和解协议后不履行的，可以向调解组织申请调解；不愿调解、调解不成或者达成调解协议后不履行的，可以向劳动争议仲裁委员会申请仲裁；对仲裁裁决不服的，除本法另有规定的外，可以向人民法院提起诉讼。"我国《劳动争议调解仲裁法》将劳动争议处理的程序明确规定为协商、调解、仲裁和诉讼，并没有区分个体劳动争议和集体劳动争议，也没有区分权利争议和利益争议，因此，"小调解"的范围应当包括个体劳动争议和集体劳动争议。

我国"小调解"现行立法所规定的程序仍然是原来劳动法和法规所规定的非强制程序，即调解程序为自愿程序，并不是仲裁或诉讼的前置程序。这就是我国现行劳动争议调解制度最大缺陷，急需修正。

我国劳动争议"小调解"制度改革的主要思路：一是实施换位调解，充实工会职能；二是新增劳工NGO，试行四方机制；三是重整协商协调，统一调解程序；四是新设前置程序，强化调解原则；五是重构调解效力，增设时效制度。下面分而论之。

---

① "大调解"为普遍说法，国家政策、理论界和实践都有关于"大调解"之说，学界对"大调解"的研究比较丰富，但是，专门从劳动法特别是从集体劳动争议的角度研究"大调解"的却少有。

一、调解程序被忽略成因

笔者认为,我国立法、学界和实践中长期忽略了劳动争议之调解程序,更忽略了调解与仲裁、诉讼的有效衔接,其主要原因如下:

一是,我国现行劳动法规定调解程序为自愿程序、非强制程序,更不是前置程序,这样就直接导致对调解存在价值的判断错误,使得调解程序成为可有可无的、无关紧要的"鸡肋"制度,对其再谈与仲裁和诉讼的衔接问题,就完全是无价值和实践意义的"伪命题"。

二是,我国现行劳动法规定了仲裁为前置程序,长期以来立法和实践中已经完全形成了"先裁后审"之制度依赖和路径依赖,劳动争议的仲裁与诉讼的这种关系必然要涉及仲裁与诉讼的衔接问题,因此,研究劳动争议之衔接问题也就必然是研究仲裁与诉讼的衔接,当然就特别缺乏调解与仲裁或诉讼的衔接研究,即导致了调解与仲裁或诉讼衔接之命题研究的价值虚化,使得研究调解之衔接问题成为"伪命题"。

三是,我国目前有关劳动争议之调解的研究和实践中对调解的运用,都还存在一个模糊不清的界分,没有将调解类型化于"小调解"与"大调解"。笔者首创之"小调解"就是指与劳动争议仲裁、诉讼相并列的调解,即是仲裁或诉讼之前的调解,不包括进入仲裁程序或诉讼程序之后所进行的调解。谈到调解之衔接问题,现行研究和实践往往认为是指已经进入了仲裁或诉讼程序后,调解与仲裁诉讼的衔接。这样就导致了对劳动争议调解之误判,使劳动争议调解之衔接问题的泛化,而被仲裁与诉讼的衔接所掩盖和取代。

四是,我国劳动政策长期以来就提出了"着重调解""调解为主"的原则,但是一直以来并没有将其真正"落地",特别是其一直没有"入法"成为法定原则,这就使得"着重调解""调解为主"没有的得到学界和实践的坚持和坚守,让这样好的原则完全被忽视和忽略了。其中的深层次原因就与"着重调解""调解为主"是劳动政策,不是劳动立法密切相关,其中就要涉及政策与法律关系问题的博弈,政策当然是让位于法律,法律的缺失就使得该政策即便是党中央最高政策之"着重调解""调解为主"仍然停留在"一纸空文"上,劳动争议调解与衔接仍然不会引起理论界和实践的重视。"着重调解""调解为主"之立法的缺失,导致理论研究的严重匮乏;同时,理论研究的严重不足,又导致立法的支撑不足,而难以"入法",造成了一种恶性循环的被动局面。本书对劳动争议调解之衔接问题的研究,特别提出改"调解自愿,先裁后审"为"调解强制,先调后裁审"的创新性观点,也正是为了改变这种局面。

二、调解原则的重新审视

我国劳动争议含集体劳动争议的处理，应当充分发挥调解的作用，让调解成为解决劳动争议的主要手段，即便是劳动争议不得不进入仲裁或诉讼程序，其中仍然要坚持和坚守以"调解为主、裁审为辅"的原则，特别是集体劳动争议的调处应当"重调解轻裁审"。

在劳动争议处理中实行"调解为主"的原则，并不是一个新命题，笔者现在提出这一原则，只不过是"旧事重提"。但是，这一已经被学界和实践完全忽略了并早已被"湮没"的历史命题，非常有重提的价值和必要。

早在1993年7月国务院发布的《企业劳动争议处理条例》第4条就规定了处理劳动争议的原则，其第3款明确规定了"调解为主"的原则。设计者的初衷是以调解机制解决、过滤掉大量的劳动争议，有效地降低社会成本，促进劳资双赢。此规定虽然不是真正的法律规定，法律效力偏低；虽然其在劳动争议处理实践中也基本是"空谈"，但是，其理论价值还是相当高的。在当今改革进入深水区之际，对其进行修正并真正组织实施，特别是对我国现阶段经济新常态下，下岗失业、经济性裁员现象普遍，集体劳动争议频发的新情况下，在劳动争议处理中重读并坚持"调解为主"的原则，具有新的学术价值和实践意义。

劳动争议调解制度在整个劳动争议的处理中有着非常重要的地位，对于稳定劳动关系有着不可替代的作用。虽然学界和实践中对劳动争议之调解的重要性有一定的认识，但是，对"调解为主"原则的肯定及其具体改革路径的研究，长期以来还是非常滞后，更难企及共识之达成。

在我国"调解为主"一直是劳动立法和劳动政策的共同价值目标，但是，一直以来却并没有真正成为劳动争议调解之基本原则，原则"落地"路径研究更没有得到足够的重视。笔者提出的将调解之自愿规范改为强制规范，并将调解作为必经之前置程序的观点，在学界和实践中暂时还没有任何响应。劳动争议特别是集体劳动争议之此原则的理论研究匮乏，必然直接影响了立法的有效跟进。

我国2008年实施的《劳动争议调解仲裁法》是目前劳动争议调解所依据的主要法律规范，其第3条规定了解决劳动争议的原则："解决劳动争议，应当根据事实，遵循合法、公正、及时、着重调解的原则，依法保护当事人的合法权益。"这是以立法的形式确定了劳动争议处理"着重调解"的原则。

《劳动争议调解仲裁法》虽然从立法上基本沿袭了劳动争议应当"着重调解"的原则,仅仅从语义上看"着重"并不等同于"为主",可以说从语义上看《劳动争议调解仲裁法》的此规定还没有原来法规规定的"为主"恰当。另外,这也仍然仅仅是"口号"式的宣示而已,缺乏实际可操作性。因此,仍然没有真正构建起劳动争议特别是集体劳动争议处理之"调解为主"的基本原则。

三、调解前置的创新构想

(一) 调解前置总体思路

笔者认为,我国劳动争议小调解之制度创新,要特别注重将调解之自愿程序改为必经性前置程序。这将是我国有关劳动争议特别是集体劳动争议或群体劳动争议之理论研究中最具有挑战性的创新观点。

我国劳动争议调处因为调解没有法律强制力,而成为可有可无的程序,这就使得长期以来劳动法律和劳动政策所倡导的"着重调解"和"调解为主"的原则常常处于"休眠"状态,实则成为休眠原则。实现劳动争议调解之前置性强制程序,将是破解这一困局的最有效的手段之一。

有学者认为,虽然调解具有很强的化解纠纷的功能,但还是不应将调解设置为必经程序,调解程序在设计上应规范化,而不应该过度程式化。[1] 此观点反对将调解设置为必经程序,此与笔者的观点完全不同。还有学者指出了我国劳动争议调解制度的主要缺陷包括:发展理念滞后、调解制度设计非普适性、劳动争议调解制度设计非专业性、劳动争议调解制度公信力不强、劳动争议调解制度实用性不足。[2] 其比较详细地提出了我国劳动争议调解制度改革的总体思路,具有一定的价值。但是,遗憾的是,对我国劳动争议特别是集体劳动争议之调解制度的程序性研究还是严重不足,其仅仅提出:借鉴我国香港地区经验,在对劳动争议案件分类的基础上,对部分案件实行仲裁前强制调解,从而改观目前劳动争议事实上"涌"向仲裁而仲裁又"推"向法院的调裁失灵局面。目前可以考虑的一个重点是,在对劳动争议分类的基础上,适时建立诉前

---

[1] 沈建峰:《劳动争议调解及裁审体制改革路径探析》,载《工人日报》2016年2月2日,第007版。

[2] 李雄:《我国劳动争议调解制度的理性检讨与改革前瞻》,载《中国法学》2013年第4期,第160~163页。

强制调解制度。① 至于，如何构建诉前强制调解制度，并没有展开论述。但是，其提出将调解作为诉前强制调解，还是非常可取的。同时，这也是笔者目前能够找到与笔者观点类似，即将调解改为必经性前置程序的唯一"同仁"。

笔者认为，不仅要将调解作为诉前强制程序，还要将调解作为裁前强制程序，即我国劳动争议调解制度改革的前瞻性措施应当是：改调解之自愿为强制，将调解作为裁前、诉前之必经前置性程序。

（二）域外法的有益启示

上述笔者的观点，虽然目前还很难找到"同行"支持，但是，这也并非"痴人说梦"，从域外有关立法还是可以寻觅出对笔者观点的支撑。

劳动争议调解制度已经是域外许多国家或地区劳动法发达之重要标志之一，其调解优先原则比较普遍。调解优先原则为我国实施"调解为主、裁审为辅"原则提供了理论依据和可借鉴的范例。

在调解程序与诉讼程序的关系上，各国普遍采取的是调解优先的原则，鼓励当事人选择调解而不是诉讼。

集体劳动争议之强制性调解程序作为市场经济国家劳动争议处理制度的一种独特做法，对我国具有重要借鉴意义。

1. 俄罗斯法的典型经验

对个别劳动争议的处理并没有规定调解为必经程序，但是其对集体劳动争议却明确规定了调解是必经程序，其立法尤其值得我们思量和借鉴。

《俄罗斯联邦劳动法典》第61章"审理和解决集体劳动争议"第401条规定："解决集体劳动争议的程序由以下阶段组成：调解委员会审理②集体劳动争议，通过调停人和（或）劳动仲裁庭审理集体劳动争议。调解委员会审理集体劳动争议是必经阶段。"③ 其第3款就非常明确规定，调解委员会的调解是必经程序。该条第4款还明确规定："集体劳动争议的如何一方都无权回避参加调解程序。"④ 第402条明确规定"在调解委员会未能达成一致的情况

---

① 李雄：《我国劳动争议调解制度的理性检讨与改革前瞻》，载《中国法学》2013年第4期，第165页。
② 此"审理"不同于法院的诉讼审理，是指非诉讼审理，即我国法上所指的非司法审理，与我国的"调解"含义相同——笔者注。
③ 蒋璐宇译：《俄罗斯联邦劳动法典》，北京大学出版社2009年版，第215页。
④ 蒋璐宇译：《俄罗斯联邦劳动法典》，北京大学出版社2009年版，第216页。

下，集体劳动争议的双方即可就邀请调停人和（或）建立劳动仲裁庭进行协商"。① 第403条规定，"如果在3个工作日内集体劳动争议双方对调停人候选人未达成一致意见，则他们即可对建立劳动仲裁庭进行协商"。② 这些规定表明，在俄罗斯，集体劳动争议的调解是劳动仲裁的前置程序，只有对调解不服的情况下，才能进行劳动仲裁。

细观《俄罗斯联邦劳动法典》，笔者发现俄罗斯规定的集体劳动争议处理的调解制度还有一个重要特色：集体劳动争议的调解分为两大类：一是由调解委员会进行调解；二是由调停人进行调解。第一，调解委员会进行调解。调解委员会应当自集体劳动争议开始之日起3个工作日内建立，调解委员会由集体劳动争议双方代表在平等基础上组成，集体劳动争议双方无权规避建立调解委员会，调解委员会作出的调解决定对双方都具有强制力，双方应当按照调解委员会的决定执行。第二，调停人进行调解。在调解委员会未能达成一致的调解情况下，集体劳动争议的双方即可就邀请调停人进行二次调解，集体劳动争议双方还可以要求国家有关机关推荐调停人之候选人。如果这两次调解都没有达成一致，则争议处理进入劳动争议仲裁程序。自调解委员会或调停人结束调解集体劳动争议之日起3个工作日内，由集体劳动争议双方和调解集体劳动争议的有关国家机关建立劳动仲裁庭。

《俄罗斯联邦劳动法典》还特别规定了集体劳动争议经过调解和仲裁之后，如果双方仍然没有达成协议，员工或代表有权依法组织罢工，这就将罢工作为解决集体劳动争议的另外一种处理方式。依照《俄罗斯联邦宪法》第37条规定，确认员工的罢工权是解决集体劳动争议的一种方式。《俄罗斯联邦劳动法典》第409条还规定，如果调解程序未能解决集体劳动争议，或者雇主或雇主代表回避参加调解程序，不执行在解决集体劳动争议过程中达成的协议，或者不履行对双方具有约束力的劳动仲裁的裁决，则员工或其代表有权组织罢工。③《俄罗斯联邦劳动法典》第412条规定，在举行罢工期间，集体劳动争议双方必须通过调解程序继续解决争议。④ 这表明，调解仍然是解决集体劳动争议包括罢工的基本手段，而不是诉讼，除非是非法罢工，集体劳动争议的处理仍然要坚持调解的规定，有点类似于我国所谓的"调解为主"的原则。

---

① 蒋璐宇译：《俄罗斯联邦劳动法典》，北京大学出版社2009年版，第216~217页。
② 蒋璐宇译：《俄罗斯联邦劳动法典》，北京大学出版社2009年版，第217页。
③ 蒋璐宇译：《俄罗斯联邦劳动法典》，北京大学出版社2009年版，第220页。
④ 蒋璐宇译：《俄罗斯联邦劳动法典》，北京大学出版社2009年版，第222页。

笔者将俄罗斯集体劳动争议处理模式概括为:"调解—仲裁—罢工—调解"之非诉讼模式。需要进入诉讼解决的一般只是非法罢工,即集体劳动争议的处理一般是没有诉讼程序之规定的。俄罗斯集体劳动争议调处非诉讼程序的具体模式是:调解委员会之调解—调停人之调解—仲裁。其中"调停人之调解"为其独有特色之一;调解为必经程序,为仲裁之前置程序为其独有特色之二;罢工中仍然必须通过调解解决争议,是其特色之三。

2. 其他国家或地区的启示

(1)我国香港地区将调解作为一部分案件仲裁的前置性程序①。我国香港地区法律规定,凡到小额仲裁处申诉的案件,必须经过劳动关系科调解,未经调解的不予受理。② 我国香港的劳动争议处理机制是尽量使案件通过法院之外的程序解决,促进了案件的及时解决。

(2)法国规定,一般情况下,集体劳动争议应当经过调解程序。法国的强制性集体劳动争议调解程序,可以最大限度地化解劳资纠纷,疏导和预防集体劳动争议。③

(3)日本调解制度的设计也体现了尽量鼓励当事人首先利用调解来解决纠纷的精神,并且提供了一些能够诱导当事人选择调解的程序规定。日本在民事调解中适当引入了强制性因素,即在由一方当事人向法院申请进行调解而开始的程序中,即使另一方当事人并不情愿,法院也可以强制其进入调解程序。④

(4)意大利对集体劳动争议的处理,通常是按照由国家层面的集体劳动合同所规定的和解方式解决的。"作为解决权利争议的一种方式,仲裁虽然得到法律的认可和规范,但几乎不可能在集体协议中有规定并且被当事人使用。"⑤ "为了解决权利争议和利益冲突,公共和解和调解起了重要作用,即更新了集体协商。"⑥ 可见,意大利劳动法也是非常重视劳动争议调解的。

---

① 谢增毅著:《劳动法的比较与反思》,社会科学文献出版社 2011 年版,第 212 页。
② 《香港小额薪酬索偿仲裁处条例》第 14 条。
③ 潘泰萍:《集体劳动争议调解制度构建中存在的问题及对策建议》,载《科技情报开发与经济》2011 年第 2 期,第 158 页。
④ 章武生:《论我国大调解机制的构建——兼析大调解与 ADR 的关系》,载《法商研究》2007 年第 6 期,第 114 页。
⑤ [意] T. 特雷乌著:《意大利劳动法与劳资关系》,刘艺工、刘吉明译,商务印书馆 2012 年版,第 257 页。
⑥ [意] T. 特雷乌著:《意大利劳动法与劳资关系》,刘艺工、刘吉明译,商务印书馆 2012 年版,第 258 页。

(5) 韩国劳动争议分为个体争议与集体争议，进一步再分为权利争议和利益争议，取决于是一项现存的权利还是一份订立的协议未得到遵守或实施，或者争议的某一方是否要求对现有协议的变更。① 在韩国一个集体争议被公开宣之后，必须首先提交进行调解，且调解是强制的。"在韩国，无论是个体争议还是集体争议，均归入劳动关系委员会的授权范围。"② 韩国《工会与劳动关系调整法》规定，劳动争议各方中的一方提出调解申请，在调解期限内（私营部门为10天，公共服务部门为15天），产业行动是被禁止的。韩国集体劳动争议调解最大的特色是：第一，调解是强制的程序；第二，将调解分为"公共调解"与"私人调解"两种类别。"公共调解"就是指由劳动关系委员会进行的调解，"私人调解"是指发生在劳动关系委员会之外的调解。如果各方同意，或者倘若一份协议预先订立了而如今受到质疑，工会与雇主可以请求劳动关系委员会之外的一个第三方来主持调解过程，其与"公共调解"具有同等的效力。③ 在韩国，集体劳动争议也可以进行仲裁，但前提条件是争议双方均需申请仲裁，或倘若集体协议明确要求仲裁。

概言之，我国劳动争议特别是集体劳动争议调解制度可以借鉴上述成功经验，换言之，在我国，将调解之非前置性强制程序改为必经前置程序具备相当的可行性。先行先试之后，可以考量今后出台《集体劳动法》或修改《劳动争议调解仲裁法》时，再实时入法。

四、协商协调重整为调解

（一）协商程序立法现状

我国现行立法和实践一直将劳动争议调解与协商分离成为两个独立的程序。笔者认为，将协商作为一个单独程序实在不妥，亟待修正。

---

① ［韩］尹英模：《韩国的劳动争议与争议解决机制》，载［德］鲁道夫·特劳普-梅茨、张俊华编：《劳动关系比较研究：中国、韩国、德国/欧洲》，中国社会科学出版社2010年版，第81页。
② ［韩］尹英模：《韩国的劳动争议与争议解决机制》，载［德］鲁道夫·特劳普-梅茨、张俊华编：《劳动关系比较研究：中国、韩国、德国/欧洲》，中国社会科学出版社2010年版，第83页。
③ ［韩］尹英模：《韩国的劳动争议与争议解决机制》，载［德］鲁道夫·特劳普-梅茨、张俊华编：《劳动关系比较研究：中国、韩国、德国/欧洲》，中国社会科学出版社2010年版，第84页。

我国劳动法一直都是沿袭将劳动争议处理之协商作为单独的一个程序,协商与调解是两个分离的不同程序。

我国《劳动法》第 77 条规定,用人单位与劳动者发生劳动争议,当事人可以申请调解、仲裁、提起诉讼,还可以协商解决。可见,我国劳动法是将协商与调解分离的不同程序。

我国《劳动法》第 84 条规定,如果因签订集体合同发生争议,当事人协商不成,当地劳动行政管理部门可以组织有关各方协调处理。此规定虽然是专门针对集体劳动争议的,但还是将协商与调解分离开来。

我国原《企业劳动争议处理条例》第 6 条规定,劳动争议发生后,当事人应当协商解决;不愿协商或者协商不成的,可以向本企业劳动争议调解委员会申请调解;调解不成的,可以向劳动争议仲裁委员会申请仲裁。当事人也可以直接向劳动争议仲裁委员会申请仲裁。对仲裁裁决不服的,可以向人民法院起诉。其第 11 条规定,调解委员会调解劳动争议应当遵循当事人双方自愿原则,经调解达成协议的,制作调解协议书,双方当事人应当自觉履行;调解不成的,当事人在规定的期限内,可以向劳动争议仲裁委员会申请仲裁。该条例完全继承了《劳动法》的惯例:协商与调解是两种不同的程序;调解仍然是自愿和非强制性程序。

(二) 协调程序立法解析

让人困惑的是:"协商与调解"分离还好理解,而"协商"与"调解"之外还出现了集体劳动争议处理中的"协调"程序规定。难道"协调"又是一种劳动争议特别是集体劳动争议处理的另外一个程序吗?难道"协调"与"协商"或"调解"有区别吗?

我国 2004 年 5 月 1 日起施行《集体合同规定》第七章专门规定了"集体协商争议的协调处理",反复多次出现了"协调"二字。其第 49 条规定:"集体协商过程中发生争议,双方当事人不能协商解决,当事人一方或双方可以书面向劳动保障行政部门提出协调处理申请;未提出申请的,劳动保障行政部门认为必要时也可以进行协调处理。"第 50 条规定:"劳动保障行政部门应当组织同级工会和企业等三方面的人员,共同协调处理集体协商争议。"《集体合同规定》第 53 条还规定了集体协调的具体程序:受理协调处理申请;调查了解争议的情况;研究制定协调处理争议的方案;对争议进行协调处理;制作《协调处理协议书》。

我国《劳动合同法》的有关规定与《集体合同规定》有所不同。《劳动合同法》第56条规定："用人单位违反集体合同，侵犯职工劳动权益的，工会可以依法要求用人单位承担责任；因履行集体合同发生争议，协商解决不成的，工会可以依法申请仲裁、提起诉讼。"此立法优点是《劳动合同法》并没有出现《集体合同规定》集体劳动争议之"协调"；其缺陷是没有具体界定集体劳动争议的范围，而仅仅是履行集体合同发生的争议；没有区分权利争议与利益争议；完全遗漏了集体劳动争议处理程序之调解程序。

《劳动争议调解仲裁法》第4条规定："发生劳动争议，劳动者可以与用人单位协商，也可以请工会或者第三方共同与用人单位协商，达成和解协议。"第5条规定："发生劳动争议，当事人不愿协商、协商不成或者达成和解协议后不履行的，可以向调解组织申请调解；……"第7条规定："发生劳动争议的劳动者一方在十人以上，并有共同请求的，可以推举代表参加调解、仲裁或者诉讼活动。"我国《劳动争议调解仲裁法》既规定了协商，又重点规定了调解；并明确规定，解决劳动争议，应当"着重调解"的原则。但是，仍然将劳动争议之协商与调解分离开来。特别值得注意的是并没有出现《集体合同规定》的集体劳动争议处理程序之"协调"。

"协调"一词着实让人费解！"协调"是在协商不成的情况下，由当地人民政府劳动行政部门组织进行的另一集体劳动争议处理程序，此处的"协调"实则是不包括前面之协商程序的，笔者只能妄自推断其"协调"就应当是调解。

（三）协商、协调整合为调解

笔者认为，协商与调解不能分离为两个程序，"协调"更不应当成为解决劳动争议的一个程序。

协商根本不能被作为程序看待，协商更不应当成为劳动争议处理之一个独立的程序，协商应当被包括在调解程序之中。"协调"不能作为集体劳动争议处理的一个程序性规定，我国立法应当将协商、调解与协调三者合并立法，统一为调解；即使不改变协商程序，至少也应当考量将"协调"归化于调解。

现行立法将协商或协调作为一种程序规定是极不妥当的。其理由如下：

（1）不符合基本法理。任何争议的处理都不能摒弃协商，协商是法治社会基本价值追求之一，协商也是法治社会之契约精神的重要表象之一。协商是实现由"身份到契约运动"有效路径；协商是法律解决争议的最原始、最直接、最经济、最有效的争议处理模式。但是，协商并不能独立于调解、仲裁或诉讼而单独存在，即协商应当贯穿于所有争议处理的全部程序与过程之中。

法律救济从来就没有规定争议包括劳动争议的解决必须仅仅依靠仲裁和诉讼，即协商也是法律救济的一种基本手段，因此，将协商排除在法律救济之外，并误认为争议的协商解决与法律是对立与不兼容的观点和实践，完全是对法律之协商功能的误读，应当摒弃。劳动争议是最重要的社会关系，它关系到广大劳动者和用人单位的根本利益，劳动关系是社会和谐与稳定的基础，它直接关系到社会发展、经济振兴的国家战略，因此，在劳动争议的处理中，协商之法理价值尤其重要，特别是在集体劳动关系的规制中，协商是集体合同签订、履行和变更中集体谈判的基石，集体劳动争议出现后，协商更是不可或缺的基本程序。

(2) 单列协商程序的实际操作性较差。我国劳动争议处理的立法并没有明确规定协商的具体操作程序，更没有规定协商是否应当有第三方加入。当然，有关三方机制的原则规定还是有的；也没有规定协商是否需要主持人，或者是协商的主持人应当是谁。如果将协商程序纳入调解程序之中，这些问题就都迎刃而解了。

(3) 单列协商程序增加和延长了劳动争议处理时间，不利于我国劳动政策和劳动立法所规定的及时处理劳动争议的基本原则。因此，将协商与调解合并为调解，是及时处理和化解集体劳动争议的必然要求。

(4) 协商与调解的分离，非常容易导致协商程序是可有可无的认识。既然协商程序可有可无，那么在实践中对劳动争议进行协商的价值几乎被全部否定，根本难以得到争议当事人认可，更遑论其效力和效果。因此，只有将协商与调解合并，才可以直接将协商纳入法律的范式，解决协商之法定依据不足的问题。①

(5) 集体劳动争议所谓"协调"程序缺陷巨大：一是，与上位法是相违背的，有违法之嫌。二是，将"协调"与"协商"并列，从语境上看极不周延。三是，"协调"应当是协商与调解两词的综合，立法上既然用的是协商或调解，再使用"协调"，就显得逻辑不严密并造成混乱；用"调解"一词更好，这样才能符合成文法的基本语言规范，与我国劳动政策和劳动立法中一贯使用的"调解为主"原则相一致，从而保持立法语言的一致性和立法的严肃性。

---

① 调解包括"大调解"的一个主要的争论是法定性问题，即法律依据问题。许多观点认为"大调解"不具有法律依据或依据不足，甚至有观点认为"大调解"有违法之疑。

五、小调解抑裁审之功能

劳动争议调解制度不但是有效及时化解劳资冲突、解决劳动争议，构建和谐劳动关系之基础，它还可以是抑制劳动争议仲裁和诉讼膨胀的有效手段，而其收费与否具有重要的实际导向作用。

我国目前劳动争议仲裁和诉讼呈不断上升势态，劳动争议已经成为仲裁和诉讼案件的主要部分，处理劳动争议也已经成为各地劳动人事仲裁院和法院的主要工作。

自我国《劳动合同法》和《劳动争议调解仲裁法》实施以来，由于立法之"倾斜"保护劳动者权益的基本理念，特别是《劳动合同法》之"双倍工资"赔偿金和劳动合同解除和终止之经济补偿金的规定，加大了劳动者获得经济利益（赔偿金和经济补偿金）的"道德风险"，多年的实践也已经表明了大量的劳动争议仲裁和诉讼案件都与此有关，加上《劳动争议调解仲裁法》之"一裁终局"制度的不足，共同直接导致了劳动争议之"不良"或恶意诉讼的恶性膨胀。

我国现行的劳动仲裁免费也是"不良"或恶意诉讼的主要诱因。董保华教授曾经指出，我国《劳动合同法》失衡之一就是"用人单位与劳动者争议解决成本的失衡"。他认为，用人单位面对劳动争议处理成本高，而劳动者几乎没有成本的制度设计导致劳动争议激增，不利于社会稳定。伴随劳动争议激增，滥诉现象严重。仲裁法院不收费制度，减轻了对违法者的惩罚力度，削弱了对案件数量的调控功能，给无理和恶意仲裁诉讼者留下了很大的空间，仲裁和法院却为此耗费了本来就很有限的仲裁和审判资源，同时也过度消耗了用人单位的成本。[①] 不收费制度让整个社会承担了本应由争议当事人承担的费用，这样做是不公平的，对于违法当事人来说，没有起到通过缴纳仲裁费用所欲实现的制裁作用。[②] 因此，要改变劳动争议之调解机制的失灵，凸显调解之重要作用，应当恢复劳动争议仲裁收费制，加大劳动争议仲裁和诉讼的成本，以有效防止劳动争议仲裁和诉讼膨胀之势。

有效的制度设计是将调解作为劳动争议处理的前置必经程序，并实行调解

---

① 董保华：《〈劳动合同法〉的十大失衡与修法建议》，载爱思想网站：http://www.aisixiang.com/data/97856-2.html，访问时间：2016年5月18日。

② 翟玉娟：《劳动争议ADR研究——兼及〈中华人民共和国劳动争议调解仲裁法〉之解读》，载《法学评论》2009年第4期，第139页。

免费制；取消仲裁之前置程序，并恢复仲裁收费制。如此构建的我国劳动争议特别是集体劳动争议之"先调解后仲裁或诉讼"模式，将集体劳动争议化解在调解阶段，是抑制劳动争议仲裁和诉讼膨胀之制度保障，更是构建和谐劳动关系之必然要求。

六、小调解法律效力重构

我国劳动争议调解的法律效力非常低下，使得调解程序变成了没有强制力的、可有可无的程序，这也进一步使得劳动争议之"着重调解"或"调解为主"的原则处于"休眠"状态。

我国劳动争议调解制度实施多年来，个体劳动争议当事人通过劳动争议委员会达成调解并制作协议书后，如果争议一方不履行，在后期的仲裁和诉讼中，对以前的调解协议的效力基本是不予认可的。

为解决此"顽疾"，《最高人民法院关于审理劳动争议案件适用法律若干问题的解释（二）》第17条明确规定："当事人在劳动争议调解委员会主持下达成的具有劳动权利义务内容的调解协议，具有劳动合同的约束力，可以作为人民法院裁判的根据。"这样就直接而明确赋予了劳动争议调解之"劳动合同"效力。但是，随后2008年实施的《劳动争议调解仲裁法》却仍然沿袭了旧做法，没有将上述司法解释之调解"劳动合同"效力纳入。

《劳动争议调解仲裁法》第15条规定："达成调解协议后，一方当事人在协议约定期限内不履行调解协议的，另一方可以依法申请仲裁。"但是，该法没有规定在劳动争议仲裁中如何认定调解协议书的法律效力，有可能会影响到调解书在诉讼程序中的效力，有可能使调解协议书的效力又回到司法解释前的原状，将会影响劳动争议调解作用的发挥。[①]《劳动争议调解仲裁法》如此有关调解效力的规定，仍然是沿袭了我国劳动法的传统，几乎没有实质性改变，可以说是一种立法之倒退。按照法律位阶的一般原理，法律的效力是高于司法解释的，况且《劳动争议调解仲裁法》比上述司法解释更新，依据新法的效力高于旧法的一般法理，劳动争议调解之"劳动合同"效力仍然是空谈。这表明我国劳动争议调解的法律效力问题仍然没有解决。特别是有关集体劳动争议处理之调解，更是立法之空白，亟待探觅和构建我国劳动争议调解法律效力的新机制。

[①] 翟玉娟：《劳动争议ADR研究——兼及〈中华人民共和国劳动争议调解仲裁法〉之解读》，载《法学评论》2009年第4期，第137~138页。

关于调解法律效力的缺失，学界基本上已经达成一致。我国劳动争议调解严重弱化的重要原因是调解协议约束力较弱，缺乏权威性。我国劳动立法一直以来都没有明确规定调解之法律效力问题。劳动争议调解制度能否得到社会认同的一个决定因素是调解协议效力能否得到法律确认和有效保障。国外相关制度，无论是实行劳动争议调解前置模式的国家，还是实行劳动争议调解选择模式的国家，都赋予调解协议相当的法律效力，如果一方当事人拒绝履行，另一方当事人可以申请强制执行。① 《劳动争议调解仲裁法》没有规定仲裁机构如何认定调解协议书的效力，如果一方不履行，另一方并不能直接向法院起诉，而且仲裁机构也不认可人民调解达成的协议，与司法解释中将人民调解协议书认定为具有民事合同效力存在冲突（翟玉娟，2009；王琦，2010；王全兴、林欣，2012）。② 我国现行劳动争议调解协议是在双方当事人自愿的基础上达成的，实践中经常发生当事人在签订调解协议后又反悔，拒不履行协议的情形，此时另一方当事人只能申请仲裁，之前的调解资源被浪费。由于劳动争议调解协议的效力规定仅仅限于合同效力，强制执行力很差，难以有效拦截劳动争议流向仲裁、诉讼的制度目标，因此，需要对其效力进行"加固"。③ 有人将调解的效力分为法律效力和执行效力，并认为"劳动争议调解不具有法律效力"是混淆了二者的区别，如果立法上仅仅承认它的法律效力，而不承认对这种方案的可直接申请执行的效力，那么会使当事人产生"调解无用，最终还是用仲裁或诉讼"的观念，因而会轻视调解。④ 不管是否区分法律效力或执行效力，现行调解因其效力低下，而使得调解制度形同虚设，这是被学界和实践所公认的缺陷。

调解效力的缺失虽然已被学界认同，但是，其法律效力的重构路径却仍无定论，仍然还是一个有待深入探讨的课题。有人认为，调解协议书是双方在自愿的基础上达成的，是双方意思表示一致的结果，相当于合同，应当具有合同的效力。对此，应该在现行的法律中规定调解协议具有合同约束双方当事人的

---

① 李雄：《我国劳动争议调解制度的理性检讨与改革前瞻》，载《中国法学》2013年第4期，第162页。

② 谢鹏鑫：《近年来国内劳动争议调解的研究综述与展望》，载《中国人力资源开发》2015年第1期，第34页。

③ 王蓓：《劳动争议调解：实证分析与改革建言》，载《社会科学研究》2012年第6期，第88~89页。

④ 陈步雷：《劳动争议调解机制的构造分析与改进构想》，载《中国劳动关系学院学报》2006年第4期，第13页。

效力，不得随便反悔。由于劳动争议的特殊性确实需要反悔或不履行调解协议的，应当给予正当合适的理由，从而强化劳动争议调解协议的法律效力。① 比较国外经验，修改路径可以是：一是承认调解协议相当于合同，具有民事合同的效力；二是除非发生法定的无效或可撤销情形，当事人不得反悔，仲裁机构、法院在应当维护调解协议的内容，不得变更；三是法律应当明确规定调解协议具有法律强制力，如果一方不履行，另一方可以申请法院强制执行。② 笔者认为，这三点建议从短期来看，特别是在解决个体劳动争议上还是比较可行的，但是，从长远和解决集体劳动争议来看，还是治标不治本。前瞻性的改革路径是：将小调解设置为强制性和前置性程序，实行"先调后裁审"，法律应当明确赋予调解之效力，特别是集体劳动争议可以先行先试，这在域外已经有许多成功的经验值得借鉴，只有这样，才能"倒逼"调解法律效力和权威性之提升。

七、小调解时效制度设置

时效制度是法律的重要制度之一，狭义的时效一般是指消灭时效，是权利行使的时间限定，是权利人不及时行使权利而导致权利消灭的期间。通俗地说就是"有权不用，过期作废"。

劳动争议调解与协商一样，都没有时效的规定。笔者认为，这与调解是自愿的、非强制程序密切相关。如果将调解制度改为强制性、必经程序，那么按照一般的法理，就应当构建调解之时效制度。

笔者认为，劳动争议调解的时效可以参照我国《劳动争议调解仲裁法》有关仲裁时效的规定，将调解的一般时效规定为1年。

我国《劳动争议调解仲裁法》第27条明确规定了劳动争议仲裁时效的一般时效和特别时效。一般时效是劳动争议申请仲裁的时效期间为1年。仲裁时效期间从当事人知道或者应当知道其权利被侵害之日起计算。特别时效的规定是：劳动关系存续期间因拖欠劳动报酬发生争议的，劳动者申请仲裁不受本条仲裁时效期间的限制；但是，劳动关系终止的，应当自劳动关系终止之日起1年内提出。劳动争议调解的时效可以参照仲裁时效的规定，拖欠劳动报酬争议

---

① 何平：《我国劳动争议调解制度功能缺失之反思》，载《河北法学》2014年第1期，第77~78页。
② 何平：《我国劳动争议调解制度功能缺失之反思》，载《河北法学》2014年第1期，第78页。

的仲裁时效应适用特别时效,即便是集体劳动争议也可以如此。劳动争议仲裁时效的中断、终止等规定也同样适用于劳动争议之调解。

概述上文,笔者认为,我国劳动争议特别是集体劳动争议的处理,应当高度重视调解之价值,并探觅有效改革之新路径。我国劳动争议"小调解"制度重塑之基本思路是:第一,重新类型化调解机构,除了在企业建立专门的劳动争议调解委员会之外,还应当在其他单位如事业单位建立专门的调解机构。第二,实行"换位调解",充分发挥三方机制之工会组织调解劳动争议之巨大作用。第三,新增劳工 NGO 参与劳动争议调解,可以在集体劳动争议调解中先行先试四方机制。第四,将协商、协调与调解程序重整,统一为调解即"小调解"。第五,将调解程序纳入强制规范,并将调解作为仲裁和诉讼的必经与前置程序;改劳动仲裁之前置程序为选择性程序;在集体劳动争议中构建劳动争议"先调解后仲裁或诉讼"模式,以提高调解的公信力和权威性,并增强调解的法律效力。第六,实行调解免费制,而恢复仲裁收费制。第七,参照现行劳动争议仲裁时效制度,增设调解时效。

第三节 劳动争议大调解制度

笔者将劳动争议调解分为两类:一是小调解,二是大调解;大调解又分为一般"大调解"和劳动争议之特殊"大调解"。现阶段调整劳动争议应当是"大调解"与"小调解"并存。"大调解"的法理基础主要还只是劳动政策层面,对其法定性问题分歧严重。反对或质疑"大调解"的声音不绝于耳,使得"大调解"在学界和实践中都有极大争论,并延伸到劳动争议中来。实践中已经出现了一些劳动争议之特殊"大调解"成功模式,如"山东模式"与"天津模式",为"大调解"之合理性提供了有力的证明和支撑,也为"大调解"在劳动争议特别是集体劳动争议中广泛实施,提供了可行性的实践范式。

一、大调解之一般界分

笔者将劳动争议含集体劳动争议之调解分为小调解①与大调解,将"大调解"再分为一般大调解和特殊大调解。普遍通行的"大调解"即为一般大调解,而劳动争议之大调解称为特殊大调解。

---

① "小调解"为笔者之见,学界并无此说;学界关于劳动争议"小调解"的研究比较匮乏。

一般大调解为普遍说法，国家政策、理论界和实践都有其界定，学界对一般大调解的研究也是比较丰富。但是，专门从劳动法特别是从集体劳动争议的角度研究"大调解"即笔者之"特殊大调解"却少有。

小调解与大调解（一般大调解和特殊大调解）都属于一种非诉讼方式，都是一种解决争议的非司法程序；都具有将争议解决或化解于诉讼之前或之外，并都具有能够比较及时有效处理争议的特征；二者的价值追求都是可以实现"和为贵"之社会和谐稳定，并都能够最大限度地节约社会成本特别是司法成本；二者都是解决争端的第一道防线和"隔离墙"，都可以预防或减少"裁累"或"诉累"。

学界和实践中有关"大调解"的界定，几乎都是指一般大调解，即缺乏劳动争议大调解的界定。

所谓"大调解"一般是指人民调解、行政调解与司法调解的大联合，属于一种替代性纠纷解决方式（ADR），但又有一些区别。与传统调解不同的主要是法院和法官始终以司法身份出现，并在调解中居主导地位。[1]"大调解"是由各级党委、政府及有关职能部门与社会组织等其他民间组织所构成包括人民调解、行政调解、司法调解在内的联合处置模式。[2]

"大调解"的概念界定还可以分为广义和狭义。广义是指在各级党委、政府统一领导下，由政法部门牵头组织司法、行政部门等职能部门，整合社会各种调解资源而进行的纠纷调解。狭义的大调解是指由市、县、乡、镇成立的各级各类调解中心所组织的纠纷调解。[3]

特殊大调解与一般大调解的概念界定具有明显不同。特殊大调解仅仅是指劳动争议之"小调解"（由专门的劳动争议调解委员会之调解）之外的调解，特殊大调解包括劳动仲裁和劳动诉讼过程中的调解，还包括其他形式如民间组织的劳动争议调解。

二、大调解之制度基础

我国现阶段劳动争议的调解是"大调解"与"小调解"并存。"大调解"

---

[1] 苏力：《关于能动司法与大调解》，载《中国法学》2010年第1期，第5页。
[2] 熊征：《"大调解"中的司法：表达与实践的悖论》，载《北京社会科学》2017年第9期，第62页。
[3] 章武生：《论我国大调解机制的构建——兼析大调解与ADR的关系》，载《法商研究》2007年第6期，第111页。

的制度基础还只是政策层面,而不同于"小调解"之法律层面。因此,大调解包括一般大调解之制度基础弱于"小调解",其法定性还不能与"小调解"相比。

我国劳动争议调解制度经历了不同阶段,其特征各异。有人认为,我国劳动争议调解制度之历史变迁可以分为三个阶段:一是,1987—1992年的企业内部的争议调解;二是,1993—2007年专门劳动仲裁机构的仲裁与调解;三是,2008—2012年各种调解资源整合与联动的社会大调解。[①] 有学者认为我国现阶段正处于劳动争议特别是集体劳动争议之大调解时期。但是,笔者认为,我国现阶段劳动争议"小调解"也是同样存在,不能只见"大调解"而不见或忽略"小调解"。

(一) 现有立法缺陷

我国有关"大调解"的立法并不多见。无论是"大调解"还是"小调解",因为现行法律并没有这样类型化,目前调解之法律依据都是《劳动争议调解仲裁法》的有关法律规定。但是,我国《劳动争议调解仲裁法》有关调解制度的立法还存在许多立法缺陷亟待修正。

第一,调解原则"虚化"。劳动争议处理的基本原则应当是"调解为主"。在劳动争议处理中实行"调解为主"的原则,并不是一个新命题,笔者现再提出这一原则,只不过是"旧事重提"。显然这一已经被学界和实践完全忽略了并早已被"湮没"的历史命题,非常具有重提的价值和必要。

早在1993年7月国务院发布的《企业劳动争议处理条例》第4条就规定了处理劳动争议的原则,其第3款明确规定了"调解为主"的原则。此原则设计的初衷是通过采取调解机制而先行过滤掉大量的劳动争议,达到有效降低社会成本,促进劳资双赢的目的。此规范虽然还不属于真正的法律层面规定,法律效力层面偏低,其在劳动争议处理实践中也基本是"空谈",但是,其理论价值还是相当高的。

虽然学界和实践对劳动争议之调解的重要性有一定的认识,但是,对"调解为主"原则的肯定及其具体改革路径的研究,长期以来还非常滞后,更难企及共识之达成。

在我国"调解为主"一直是劳动立法和劳动政策的共同价值目标。但是,

[①] 庄文嘉:《"调解优先"能缓解集体性劳动争议吗?——基于1999—2011年省际面板数据的实证检验》,载《社会学研究》2013年第5期,第150页。

一直以来却并没有真正成为劳动争议调解之基本原则，原则"落地"路径研究更没有得到足够的重视。笔者提出的将调解之自愿规范改为强制规范，并将调解作为必经之前置程序的观点，在学界和实践中暂时还没有任何响应。劳动争议特别是集体劳动争议之此原则的理论研究匮乏，必然直接影响了立法的有效跟进。

目前我国劳动争议调解与仲裁之法定依据是2008年实施的《劳动争议调解仲裁法》，其第3条非常明确地规定了劳动争议处理的基本原则是"着重调解"①，这是我国以高规格立法形式确定的劳动争议处理"着重调解"之基本原则。

《劳动争议调解仲裁法》虽然从立法上基本沿袭了劳动争议应当"着重调解"的原则，仅仅从语义上看"着重"并不等同于"为主"，可以说从语义上看《劳动争议调解仲裁法》此规定还没有原来法规规定的"为主"恰当。另外，这也仍然仅仅是"口号"式的宣示立法而已，缺乏实际可操作性。因此，无论是"小调解"还是"大调解"，仍然没有真正构建劳动争议特别是集体劳动争议处理之"调解为主"的基本原则。

第二，调解程序"弱化"。我国劳动争议调处因为调解没有法律强制力，而成为可有可无的程序，这就使得长期以来劳动法律和劳动政策所倡导的"着重调解"和"调解为主"的原则常常处于"休眠"状态，实则成为休眠原则。实现劳动争议调解之前置性强制程序，将是破解这一困局的最有效的手段之一。笔者认为，不仅要将调解作为诉前强制程序，还要将调解作为裁前强制程序，即我国劳动争议调解制度改革的前瞻性措施应当是改调解之自愿为强制，将调解作为裁前、诉前之必经前置性程序。

第三，调解机构"泛化"。我国《劳动争议调解仲裁法》第10条明确规定了我国劳动争议调解机构的三大类型：一是企业劳动争议调解委员会；二是各基层人民调解组织；三是在乡镇、街道设立的具有劳动争议调解职能的其他调解组织。此即为我国法律规定的劳动争议调解之法定组织，此等规定并非新创，仍然沿袭了劳动争议之传统界分。即既没有区分个体劳动争议和集体劳动争议（含群体劳动事件），也仍然没有权利劳动争议和利益劳动争议之别，也没有区分"大调解"和"小调解"。第一类调解机构企业劳动争议调解委员会属于传统的专门劳动争议调解机构，实则为"小调解"之调解机构，其在我

---

① 《劳动争议调解仲裁法》第3条规定："解决劳动争议，应当根据事实，遵循合法、公正、及时、着重调解的原则，依法保护当事人的合法权益。"

国已经形成了长期的运行范式；第二类和第三类都是一种非专门的劳动争议调解机构，属于非专业组织和附属性的机构，劳动争议之调解仅仅是其中的职责之一，而不是全部或重要职责，此两类机构应当划归"大调解"的范畴。可见，我国劳动争议"大调解"机构并不明确，比较泛化，缺乏明确而统一的名称。

《劳动争议调解仲裁法》虽然增加了两大类调解机构即基层人民调解组织和乡镇、街道劳动争议调解组织，但在现实中这两类调解组织很难有效发挥作用。这些劳动争议调解组织都是一种群众性组织，缺乏权威性和公信力。[1] 调解组织之间缺乏有效统一整合，难以形成真正意义上的联动机制。调解组织在管理制度上，企业劳动争议调解委员会归属于企业内部的工会组织管理，基层人民调解组织和乡镇、街道劳动争议调解组织则分别由地方司法行政部门和劳动保障部门管理，各调解组织之间相互独立，难以形成有效而统一的调解机制。[2]

《劳动争议调解仲裁法》规定的"基层人民调解组织"和"乡镇、街道劳动调解组织"都属于附属性的调解组织，但是，它们都属于法定的调解机构，即法定的"大调解"的组织机构；而我国《人民调解法》规定的调解组织所使用的法定名称是"人民调解委员会"[3]，那么两法的冲突和矛盾就出现了："基层人民调解组织"与"人民调解委员会"是什么关系？二者的机构组织人员是否相同？二者的职能是否一致？如果是两个机构是否可以整合？

《人民调解法》并没有规定劳动争议之具体调解问题，因此，我国劳动争议之后两类附属机构的立法和实践都具有严重边缘化趋势。笔者建议将劳动争议"小调解"机构仅仅规定为专门的劳动争议调解委员会；但是，应当扩大

---

[1] 徐银香、程远凤、袁炜：《"大调解"格局下的劳动争议基层调解研究》，载《山东人力资源和社会保障》2016年第3期，第27页。

[2] 王剑：《我国现行劳动争议调解制度的分析及重构》，载《南京航空航天大学学报（社会科学版）》2017年第1期，第58页。

[3] 2011年1月1日起施行的《人民调解法》规定的调解组织是指"人民调解委员会"，其第7条规定，人民调解委员会是依法设立的调解民间纠纷的群众性组织。第8条规定了人民调解委员会的构成：村民委员会、居民委员会设立人民调解委员会；企业事业单位根据需要设立人民调解委员会；人民调解委员会由委员三至九人组成，设主任一人，必要时，可以设副主任若干人；人民调解委员会应当有妇女成员，民族居住的地区应当有人数较少民族的成员。第9条还规定，村民委员会、居民委员会的人民调解委员会委员由村民会议或者村民代表会议、居民会议推选产生；企业事业单位设立的人民调解委员会委员由职工大会、职工代表大会或者工会组织推选产生。

其主体,不能仅仅限于企业,其他单位特别是事业单位也应当包括在内;将后两类非专门调解机构纳入"大调解"的范畴。

为了加强基层调解组织建设,2017年3月21日,国家人社部会同中央综治办、最高人民法院、司法部、财政部、全国总工会等多个部门颁布了《关于进一步加强劳动人事争议调解仲裁完善多元处理机制的意见》(人社部发〔2017〕26号)。姜颖教授认为其重要作用是为了推进县(市、区)基层调解组织建设。文件要求加强最基层乡镇(街道)劳动就业社会保障服务所(中心)调解组织建设,要求在争议多发领域和区域建立调解组织。该意见明确提出要在争议多发的制造、餐饮、建筑、商贸服务以及民营高科技等行业和开发区、工业园区等区域建立调解组织,使调解组织直接建立在基层,以实现争议与组织的"无缝对接"。[①] 如此规定,将有望改变我国现行劳动争议调解机构的"泛化"问题,也将逐渐实现劳动争议大调解机构"大而不泛"。

第四,调解人员"非职业化"。我国《劳动争议调解仲裁法》第11条专门规定了调解人员的基本素质要求:调解员要求由公道正派、联系群众、热心调解工作,并具有一定法律知识、政策水平和文化水平的成年公民担任。此规定仅仅停留在一般性抽象层面,实际可操作性极差。对劳动争议调解员的资格认定和职业准入要求都没有规定,导致调解员之准入门槛几乎缺失,更遑论调解员之专业性或职业性;法律也没有规定调解员的专业调解培训。

《关于进一步加强劳动人事争议调解仲裁完善多元处理机制的意见》对调解员提出了专业化建设要求。为了加强调解员队伍专业化建设,提出了四项具体而非常"接地气"的可行方案:第一,调解员实施政府采购,通过政府购买服务、调剂事业编制等方式,拓展调解员来源渠道;第二,专职调解员与兼职调解员同时并存;第三,鼓励专业人员如企业人力资源、法务、工会组织人员参与调解;第四,对调解员持续开展各种类别的专业化培训,全面提高调解员素质和能力,并使之有职业发展的空间和渠道。[②] 这些具体规定必将克服我国劳动争议调解人员的"非职业化"缺陷。

第五,调解效力"碎片化"。我国劳动争议无论是"小调解"还是"大调

[①] 李华:《加强调解仲裁多元化解纠纷——专家解读〈关于进一步加强劳动人事争议调解仲裁完善多元处理机制的意见〉》,载《中国劳动保障报》2017年4月7日,第006版。

[②] 李华:《加强调解仲裁多元化解纠纷——专家解读〈关于进一步加强劳动人事争议调解仲裁完善多元处理机制的意见〉》,载《中国劳动保障报》2017年4月7日,第006版。

解"的法律效力都非常低下，调解协议都不具有法律强制力，如果当事人都认可调解，则劳动争议就此打住；相反，则劳动争议将进入劳动仲裁程序，直至诉讼程序，调解的效力也就因此"碎片化"，效力时有时无。这不仅使得调解变成了没有强制拘束力的、可有可无的程序，还使得劳动争议"着重调解"或"调解为主"的原则处于"休眠"状态。

我国劳动争议的调处，无论是"小调解"还是"大调解"都属于自愿性程序，不是前置性与强制性的程序。我国劳动争议调解制度实施多年来，个体劳动争议当事人通过劳动争议委员会达成调解并制作协议书后，如果争议一方不履行，在后期的仲裁和诉讼中，对以前的调解协议的效力基本是不予认可的。

为了有效克服此"顽疾"，增强调解协议的拘束力，最高人民法院出台了有关司法解释①，明确赋予了调解协议之"劳动合同约束力"和后续诉讼与裁判之证据。这样将调解协议纳入劳动合同的范畴，加大了调解协议的约束力，立法意义值得肯定。但是，随后2008年实施的《劳动争议调解仲裁法》不但没有明确矫正调解协议之强制效力问题，反而仍然沿袭了以前的落后做法，没有通过立法确认上述司法解释之调解协议的"劳动合同"效力。

我国《劳动争议调解仲裁法》不但缺失有关调解协议的法律效力规定，还没有规定调解协议与后续仲裁的衔接问题。该法没有规定在劳动争议仲裁中如何认定调解协议书的效力问题，也没有规定调解协议在后续诉讼中的效力，这些都有可能使调解协议书的效力又回到了司法解释前的原状态。②《劳动争议调解仲裁法》如此有关调解效力的规定，仍然是沿袭了我国劳动法的传统，几乎没有实质性改变，可以说是一种立法之倒退。按照法律位阶的一般原理，法律的效力是高于司法解释的，况且《劳动争议调解仲裁法》比上述司法解释更新，依据新法的效力高于旧法的一般法理，劳动争议调解之"劳动合同"效力仍然是空谈。这表明我国劳动争议调解的法律效力仍然是没有解决的遗留问题。特别是有关集体劳动争议处理之调解，更是立法之空白，亟待探觅和构建我国劳动争议调解法律效力的新机制。

---

① 《最高人民法院关于审理劳动争议案件适用法律若干问题的解释（二）》第17条规定："当事人在劳动争议调解委员会主持下达成的具有劳动权利义务内容的调解协议，具有劳动合同的约束力，可以作为人民法院裁判的根据。"

② 翟玉娟：《劳动争议ADR研究——兼及〈中华人民共和国劳动争议调解仲裁法〉之解读》，载《法学评论》2009年第1期，第137~138页。

关于调解法律效力的缺失，学界基本上已经形成一致。我国劳动争议调解严重弱化的重要原因是调解协议约束力较弱，缺乏权威性。我国劳动立法长期以来都没有构建起劳动争议调解的效力制度。劳动争议调解制度能否得到社会的广泛认同，其中一个决定因素是调解协议是否具有法律强制力。国外劳动争议调解制度，无论是实行劳动争议调解前置模式的国家，还是实行劳动争议调解选择模式的国家，都赋予了调解协议相当大的法律效力，如果一方当事人拒绝履行调解协议，另一方当事人可以申请强制执行。① 我国现行劳动争议调解程序是可有可无的非强制和非前置程序，调解本身就严重缺乏效力基础，天然导致调解协议的效力严重弱化。调解协议是双方当事人在自愿的基础上达成的，一方当事人不履行协议的情况时有发生，另一方当事人只能申请劳动仲裁，以前的调解全部作废且合法正当，导致调解资源的浪费。即使是司法解释规定了调解协议之劳动合同效力，仍然不能改变调解协议强制执行力较差的现状，也更加难以达到有效拦截劳动争议流向仲裁、诉讼的制度目标，因此，需要对调解效力进行"加固"。② 现行调解因其非强制性而导致效力低下，使得我国现行调解制度形同虚设，这是被学界和实践所公认的缺陷。

笔者认为，解决劳动争议大调解的法律效力问题，前瞻性的改革路径应当同小调解一样，将调解设置为强制性和前置性程序，实行"先调后裁审"新模式。

（二）中央政策支撑

中央立法几乎完全缺失"大调解"，"大调解"的渊源及制度基础、主要政策层面严重缺失狭义的法律基础。无论是一般大调解，还是特殊大调解，其法定性的主要表象是政策；劳动争议之特殊大调解更是如此。

无论是政策层面，还是法律层面，在劳动争议处理之调解中，都具有存在价值和实践需求，二者都不可偏废，都是我国劳动争议处理的基本制度渊源和基础，在构建和谐劳动关系中都有重要意义。

笔者认为，劳动法具有其他部门法所不具备的重要特色之一：在规制劳动关系中，劳动政策含部门规章占有较大比例，劳动政策常常成为劳动法之

---

① 李雄：《我国劳动争议调解制度的理性检讨与改革前瞻》，载《中国法学》2013年第4期，第162页。
② 王蓓：《劳动争议调解：实证分析与改革建言》，载《社会科学研究》2012年第6期，第88~89页。

"软法"，成为非常实用的"实施细则"；劳动政策的可操作性一般强于劳动法律。域外劳动法也大多如此。

我国劳动争议"大调解"更是主要为劳动政策。究其原因如下：

第一，按照一般的基本法理，政策可以作为行政规章和部门规章之一种，而行政规章和部门规章本身就是法律的重要渊源之一，只不过劳动法更明显而已。

第二，劳动政策立法成本低，劳动政策的出台和修改程序简易方便；而劳动法律立法和修法程序复杂，立法成本较高，难以经常启动。

第三，法律本身具有稳定性特征，启动立法或修法并不是常规性的程序；而劳动政策具有更强的现实应对性，可以针对劳动关系现实之急需，适时出台临时性劳动政策。如我国目前，在经济新常态和供给侧改革之新背景下，特别是在钢铁煤炭行业去产能的环境下，大规模的经济性裁员已经是或正在是不可避免的，必然导致劳动关系之大量变动，为了使本次"裁员潮"顺利而平稳实施，劳动政策必然是最佳和最及时的制度选择。而狭义之劳动法律，在此时就基本上是无能为力了，当然，劳动政策必须坚持法律的基本制度，具体的调整政策不能违法，至少，也必须是"游走"在法律的"边界"和"空白"上。这也是改革与法治的基本课题之一，劳动争议特别是集体劳动争议之调解政策和实施，更加要摆正政策与法律的关系，以及时调整和化解大规模的集体劳动争议或群体劳动事件，维护互联网共享经济下之劳动关系的新变化。

第四，劳动政策由于其充分的灵活性和实际可操作性强的特色，更加普遍被纳入广义之劳动法的范畴。因此，许多有关劳动关系的规定，例如劳动标准问题如最低工资标准、加班工资、休息休假、社会保险、集体协商谈判等，由于其标准的经常变动，往往都是由劳动政策来规范。劳动政策不仅是中央政府和地方政府工作的重点之一，还成为广大劳动者和用人单位共同关注的热点和焦点。可见，学界研究和实践调整劳动关系都必然不能离开劳动政策，这既是我国社会主义核心价值观之历史必然要求，更是劳动法学界之研究目标和学者基本素质之要求。

学界的理论和实践研究，不能限制在政策与法律关系的博弈上，特别是法定性问题的纠结上。况且即使是从基本的法理上看：法律与政策的关系也不一定就是根本对立的；从国家和社会治理的角度，法律和政策也是具有同一性的。因此，应当将二者共同纳入研究的视野，在集体劳动争议之"大调解"上，更是应当将劳动法规与劳动政策一起纳入调解的基本范畴，共同形成劳动法与劳动政策、大调解与小调解齐头并进的有效范式，开创集体劳动争议之"大调解"的新局面。

关于构建劳动争议之特殊"大调解"，首先可以从党中央文件中找到高层次的政策支撑即制度基础渊源。

党中央和国务院一直非常重视和谐劳动关系的构建，多次下文为和谐劳动关系构建确立基本方略。

《中共中央关于构建社会主义和谐社会若干重大问题的决定》（2006年10月中共第十六届中央委员会第六次全体会议通过），明确了大调解的基本构架："建立党和政府主导的维护群众权益机制，实现人民调解、行政调解、司法调解有机结合"；还具体规定了大调解的主要方法："更多采用调解方法，综合运用法律、政策、经济、行政等手段和教育、协商、疏导等办法，把矛盾化解在基层、解决在萌芽状态。"

为了构建和谐劳动关系，2015年党中央和国务院专门出台了《中共中央、国务院关于构建和谐劳动关系的意见》，将和谐劳动关系构建上升到了国家治国理政的基本方略。其确立的大调解基本方针是"坚持预防为主、基层为主、调解为主的工作方针"；大调解的组织建设思路是"加强企业劳动争议调解委员会建设，推动各类企业普遍建立内部劳动争议协商调解机制。大力推动乡镇（街道）、村（社区）依法建立劳动争议调解组织，支持工会、商（协）会依法建立行业性、区域性劳动争议调解组织"；大调解的基本目标是"完善劳动争议调解制度，大力加强专业性劳动争议调解工作，健全人民调解、行政调解、仲裁调解、司法调解联动工作体系，充分发挥协商、调解在处理劳动争议中的基础性作用"。

中央政策如此高规格提出了坚持"预防为主、基层为主、调解为主"的处理劳动争议的基本原则，特别是"调解为主"的调解原则具有重要价值和指导意义，无论小调解还是大调解，都应当贯彻落实"调解为主"的基本原则。此调解原则的"落地"，不仅仅是具体劳动争议处理的实践，还应当特别成为我国劳动争议处理之立法原则。

以习近平总书记为核心的党中央，如此高规格提出了坚持"预防为主、基层为主、调解为主"的处理劳动争议的基本原则，具有重要意义。如此将劳动争议调解原则上升到国家方略的高度，已经足以表明调解政策的巨大引领价值和作用，足以说明调解在劳动争议中具有多么重要的地位。

第三节 劳动争议大调解制度

（三）部门规章

我国劳动争议大调解的主要政策依据是人社部的相关部门规章，它是中央政策的具体化，是我国劳动争议调解的重要制度基础。

人社部颁布的有关大调解的部门规章是《关于加强劳动人事争议调解工作的意见》（人社部发〔2009〕124号），其对大调解的体系构建是：企事业单位内部调解、乡镇街道基层调解；行业调解、人民调解、行政调解等调解体系。这就是劳动争议大调解的基本体现构架，体现了劳动争议之调解为主的原则要求。

国家人社部部长田成平强调指出，劳动争议处理的基本原则应当把握和坚持"调解为主"的基本原则，调解工作以基层调解为主。调解是有效降低争议双方的矛盾与对抗的重要途径，这已经成为世界各国劳动争议处理的共同理念，我国《劳动争议调解仲裁法》也确立了此调解原则。[1] 他还为我国劳动争议大调解的体系构建提出了具体要求：组织上要求各级劳动保障部门、工会组织与企业代表共同参与，此即为调解三方机制；依托基层如街道、乡镇和社区劳动保障工作平台，构建基层人民调解组织；规范调解程序；加大调解工作制度化、规范化建设力度。

2017年是我国大调解制度特别是集体劳动争议之调解制度构建的新起点，国家人社部会同中央综治办、最高人民法院、司法部、财政部、全国总工会等多家单位出台了《关于进一步加强劳动人事争议调解仲裁完善多元处理机制的意见》（人社部发〔2017〕26号）。明确了劳动人事争议处理的五大基本原则，其中第二大原则是"坚持源头治理、注重调解"，再次重申了我国劳动争议之"注重调解"基本原则。该意见再次重申了"预防为主、基层为主、调解为主"争议处理工作的基本方针，再次强调了协商、调解在劳动人事争议处理中的重要价值和作用。

笔者认为，该意见最大的价值还在于明确提出了集体劳动争议处理的基本程序与要求，[2] 是对我国集体劳动争议处理之立法缺失的重要填补，可以说是

---

[1] 2008年1月，人社部部长田成平在贯彻实施《劳动争议调解仲裁法》电视电话会议上的讲话"贯彻实施《劳动争议调解仲裁法》促进劳动关系和谐稳定"中指出，坚持"预防为主，基层为主，调解为主"，是处理劳动争议的重要原则。

[2] 《关于进一步加强劳动人事争议调解仲裁完善多元处理机制的意见》第7条最后1款规定："建立健全集体劳动争议应急调解机制，发生集体劳动争议时，人力资源社会保障部门要会同工会、企业代表组织及时介入，第一时间进行调解，调解不成的及时引导当事人进入仲裁程序。"

我国集体劳动争议之大调解制度构建的雏形。此意见首次明确规定了集体劳动争议调处的第一个程序是调解，这对调处我国集体劳动争议具有重要引领作用，其价值极大！笔者认为，这将是我国今后构建集体劳动争议调解之强制性与前置性程序的重要和关键一步。这也是笔者历来主张的"劳动争议特别是集体劳动争议应当将调解作为强制性与前置性程序"的唯一的"立法"佐证与依据。当然，此意见并非就是已经确认了集体劳动争议调解之强制性与前置性，仍然还需要相关理论与实践的支撑，仍然还是我国今后集体劳动立法的重要价值目标之一。

（四）地方立法

我国目前有关劳动争议大调解制度的中央立法一直缺失，现行劳动争议大调解的制度渊源主要还是政策类别。但是，我国地方立法或地方政策已经比较多，许多省市都出台了有关劳动人事争议调解仲裁条例或办法。纵观比较这些地方立法，可以看出它们的共性：都是如出一辙地"照抄照搬"了中央政策或《劳动争议调解仲裁法》，虽然这完全符合中央政策或立法的统一性要求，但是，地方立法的宣示性条文太多，实践创新性和可操作性并不是很强，对我国劳动争议之大调解制度的构建并无太大借鉴价值。

许多省市地方立法都强调并重申了劳动争议调解的一般原则是"着重调解"，争议调解的组织架构是"人民调解、行政调解、仲裁调解、司法调解之联动"。

地方立法的代表主要是《浙江省劳动人事争议调解仲裁条例》①《北京市劳动人事争议调解组织工作办法》《山东省劳动人事争议调解仲裁条例》等。

《北京市劳动人事争议调解组织工作办法》明确规定了劳动争议调解组

---

① 《浙江省劳动人事争议调解仲裁条例》自2016年1月1日实施，其第3条明确规定："解决劳动人事争议案件应当遵循着重调解的原则，依法保护当事人的合法权益，形成人民调解、行政调解、仲裁调解、司法调解联动的工作机制。"其第7条规定："发生劳动人事争议，当事人可以下列调解组织申请调解：（一）用人单位劳动人事争议调解组织；（二）人民调解组织；（三）乡镇（街道）劳动人事争议调解组织；（四）区域性、行业性劳动人事争议调解组织；（五）其他依法设立的具有劳动人事争议调解职能的组织。"这些规定都将劳动争议的调解界定为"大调解"的范畴即本书之特殊大调解，"大调解"的机构也是多元化的组织。

织、调解员及其职责,还专章规定了非常具体的调解程序、调裁衔接等。① 这些区域性、行业性的调解组织将形成劳动争议大调解的多元机构。

《山东省劳动人事争议调解仲裁条例》规定的五类调解组织中,后四个即为笔者之大调解机构,此山东立法也与其他地方立法一样,强调了构建劳动争议调解处理之多方联动机制。②

山东省的条例与其他地方立法一样都还没有突破劳动争议特别是集体劳动争议之调解,还不是强制性与前置性程序的既有框架,其强化先行调解、并将矛盾化解在基层的调解目标仍然难以实现。

由此,在我国劳动争议处理中实行"大调解"制度,从中央的最高政策,到人社部的部门规章,都将"大调解"纳入全国性的战略目标。

在我国有关劳动争议处理中实行"大调解"制度,法理基础还是比较充分的。但是,非常遗憾的是在具体政策的操作上,还没有形成有效化解劳动争议特别是集体劳动争议的基本"范式"。真正实现劳动争议之大调解,由"范畴"到"范式"还需要一定的过程。

三、大调解之理论博弈

任何制度都有好与坏、优与劣之两面性,"大调解"当然也不例外,有关"大调解"之论争一直不休,也没有达成一致,肯定与反对之辩博弈不断。

(一) 认同"大调解"

"大调解"作为我国当前"维稳"思维与治理模式的一种司法响应,具有历史必然性。从政治与司法的关系上看,"大调解"属于司法之政治依附性的

---

① 《北京市劳动人事争议调解组织工作办法》自 2017 年 11 月 8 日实施,其第 9 条规定,工业园区、产业园区可成立区域性劳动人事争议调解中心;行业(商会、协会)可成立行业性劳动人事争议调解中心。第 10 条规定了乡镇(街道)应设立调解组织,设置接待窗口,指定专人负责调解工作。

② 《山东省劳动人事争议调解仲裁条例》自 2017 年 10 月 1 日实施,其第 9 条规定了调解组织有五大类别:用人单位劳动人事争议调解组织;行业性、区域性劳动人事争议调解组织;在乡镇、街道设立的具有劳动人事争议调解职能的组织;依法设立的人民调解组织;其他具有劳动人事争议调解职能的组织。此条例规定了劳动人事争议调解组织负责聘任、解聘调解员;建立调解员名册;对调解员进行劳动人事争议调解业务培训等。此条例还规定,县级以上人民政府应当加强对劳动人事争议调解仲裁工作的领导,推动劳动人事争议仲裁调解与人民调解、行政调解、司法调解衔接联动机制。

表象，也是现实中解决争议的必然要求。"大调解"虽然还有许多不足之处，但它仍然具有重要的政治意义与现实意义，是新形势下争议解决模式的一种尝试。①

我国大力推行大调解，应当说有其历史与现实的因由：一是由中国特色国情所决定；二是因为我国社会转型期和谐社会构建之需求；三是因为法治资源与司法能力的有限性。因此采用调解方式，可以避免执行不能等尴尬。②

"大调解"机制在重构我国劳动争议调解制度中具有重要意义，劳动争议调处机制需要多层次与全方位、诉与非诉相互协调与衔接的运行机制。"大调解"应当实施联动协调模式；"大调解"可以有效整合调解资源；"大调解"还要赋予争议当事人充分的选择权，实现多层次、全方位的调解机制。③

大调解制度在全国得到了普遍推广，大调解成效显著，受到了国家综合治理委员会的高度评价。虽然大调解工作得到社会认可，但是，理论研究还明显滞后。④

我国社会治理需要选择多元化的争议解决机制，争议之非诉讼调解如人民调解、行政调解、行业调解等都取得了显著成效，为我国"大调解"提供了实证性参考。⑤

劳动争议多元化的调解机制将劳资纠纷在仲裁程序前进行了有效化解，工会介入集体劳动争议的调解，集体协商谈判是预防和处理集体劳动争议的重要手段。⑥

"大调解"得到了我国新闻媒体舆论的广泛和一致的好评。笔者通过中国知网检索发现，我国许多报纸都是非常肯定"大调解"的。截至2017年1月12日，通过"全文"检索"大调解"，共有31452篇，其中报纸有20665篇，

---

① 艾佳慧：《"大调解"的运作模式与适用边界》，载《法商研究》2011年第1期，第19页。

② 龙宗智：《关于"大调解"和"能动司法"的思考》，载《政法论坛》2010年第4期，第98~100页。

③ 王剑：《我国现行劳动争议调解制度的分析及重构》，载《南京航空航天大学学报（社会科学版）》2017年第1期，第60~61页。

④ 章武生：《论我国大调解机制的构建——兼析大调解与ADR的关系》，载《法商研究》2007年第6期，第113页。

⑤ 梁平：《"大调解"衔接机制的理论建构与实证探究》，载《法律科学》2011年第5期，第160页。

⑥ 徐永革、陈思：《大调解视域下民间劳动争议调解组织的功能与实践》，载《中国人力资源开发》2015年第12期，第83页。

占比高达65.7%；通过"主题"检索"大调解"，共有2431篇，其中报纸有1448篇，占比高达59.6%。笔者跟踪"大调解"至2018年1月18日，经过了一年再次"全文"检索"大调解"，共有57145篇，其中报纸有21556篇，占比达37.7%；通过"主题"检索"大调解"，共有4084篇，其中报纸有2884篇，占比高达70.6%。此大数据分析表明，我国新闻媒体报纸对"大调解"仍然是充分肯定的。

作为媒体的报纸对"大调解"肯定，基本上也就代表了实践中对"大调解"的认同，因为，许多报纸的肯定都是来源于对现实中调解的实践情况的报道，加上新闻媒体之报道的真实性原则要求，完全可以说媒体之评说具有相当的实践代表性，这说明一般"大调解"已经得到了实践的广泛认同。相对应，劳动争议之特殊大调解也是如此。

(二) 质疑或反对"大调解"

质疑或反对一般"大调解"的观点，主要是从调解之法理基础和合法性上解读调解的。一般都认为，大调解虽然对解决实际纠纷具有一定的实效，也乐于为纠纷双方接受，还可以降低经济或司法成本，特别有益于社会的和谐与稳定。但是，如果从合法性来看，调解或大调解之合法性严重不足，甚至与依法治理之法治精神相悖。

"大调解"作为一种司法方法，在司法逻辑上是难以成立的。更为原则性的问题在于其与法治相悖，恰恰是"大调解"饱受诟病之处。①

苏力教授从能动司法的角度，并结合实践中的具体案例，比较深刻地分析了大调解之不足。他认为，"依法调解"是我国当代调解中的一个政治命题，表面上看非常正确，因而也就无人质疑。但是，如果仔细思量，此说法在理论上并不恰当，实践中也难以成立，如果依此而行，必将出现问题。如果真正强调"依法"，为什么还需要进行调解呢，法官直接进行判决不就完了吗？在争议调解实践中，调解与依法的矛盾更加突出，真正成功的调解案例却往往并不是严格符合法律规定的，即调解与依法并不一致有时甚至相反，只是成功调解的背后不再有人探究是否严格依法而为了，因此，我们就逻辑推定调解是依法调解了。②苏力教授的上述观点，并非其主观臆断，他是有实践调解案例作为

---

① 熊征：《"大调解"中的司法：表达与实践的悖论》，载《北京社会科学》2017年第9期，第63页。

② 苏力：《关于能动司法与大调解》，载《中国法学》2010年第1期，第12页。

理论支撑的。他曾经分析过媒体报道的金桂兰法官之成功调解案例，研究指出了其中有很多地方是"违法"或政治上有问题的，其最为核心的关键点是，要想使调解获得成功，实践中往往一定是依靠了调解人与当事人之"背靠背"的私下交往，如此一来就涉嫌违反了法官不得私下接触当事人的基本办案准则，调解与依法就产生了冲突，依法调解将不复存在。

苏力教授对一般"大调解"的质疑，主要是从司法或法官角度实施的调解，并不是指其他包括非司法或非法官之调解，而此类大调解之违法性并不一定具备。因此，笔者认为，第一，从某些方面如司法审判或法官身份之调解，或许存在非法之嫌，但是不能由此而全面推断"大调解"之违法性；第二，苏力教授所言之"大调解"为笔者之一般大调解，并不是具体指劳动争议之特殊大调解，更不是针对集体劳动争议的，集体劳动争议"大调解"的价值并不能因此而否定。

笔者认为，无论是什么争议或纠纷，注重调解之合法性都是正确的，这是法制社会的基本要求，劳动争议特别是集体劳动争议处理之"大调解"，在我国目前的实际现状下，其法律依据确实不够充分，但是，其政策依据还是非常充分的。在今后，加强"大调解"之法定性，克服"大调解"之法律依据缺陷，还是非常有必要的，也是新时代社会治理之必然要义。

周永坤教授认为，强制性的调解很容易侵犯公民程序性权利与实体性权利。程序性权利包括诉权与诉讼中的程序性权利两大方面。强制性的人民调解阻断了公民走向法院的权利——诉权，涉嫌违反宪法。① 他还批判了我国实践中非常普遍的所谓大调解中的行政调解、司法调解、人民调解之联调机制，大调解由基层行政权力主导本地方的调解，实行"包干"的调解办法，有可能严重侵犯了公民的诉权。调解制度是现实中人们认为调解比判决"好用"，而忽略了它的基础与优势都属于人治的范畴。强制调解与社会主义法治国家难以兼容，应当抛弃。② 他对调解（强制调解）的基本结论是：强制调解与法治相背离，调解只能是自愿基础上自由选择，禁止公权力介入调解；必须坚持和保障调解自愿原则。③

---

① 周永坤：《论强制性调解对法治和公平的冲击》，载《法律科学》2007年第3期，第22页。

② 周永坤：《论强制性调解对法治和公平的冲击》，载《法律科学》2007年第3期，第23页。

③ 周永坤：《论强制性调解对法治和公平的冲击》，载《法律科学》2007年第3期，第24页。

笔者并不敢苟同上面周永坤教授的说法。调解制度并不是建立在人治社会之上的，法治社会同样需要调解；无论是强制调解，还是自愿调解，也不管是"小调解"，还是"大调解"包括人民调解；也无论是一般大调解，还是特殊大调解，在当今法制社会仍然具有特别的价值和作用。特别是集体劳动争议中，调解之意义更是非其他程序所能取代。笔者认为，集体劳动争议更应当实施调解制度，并应当将其调解规定为强制调解，而非自愿调解；国家公权力机关还应当主动介入集体劳动争议的调解，成熟而普遍的劳动关系三方机制原理离不开国家公权力机关的直接介入，否则，三方机制乃至四方机制将何以立足！

有人结合武汉市张家湾的大调解实践，分析指出了大调解在实践中存在的两个困局：一是强制性调解，为了维稳，相关公权力机关可能强力压制当事人，这对程序正义和司法公平造成了巨大冲击。二是妥协性调解，在实际调解中，为了维稳，妥协性地滥用政府维稳基金（实则是纳税人支付）。这种无原则的妥协性调解不但无益于争议的有效化解，更易"诱导"无理取闹，并破坏了调解制度的基础，使调解变成了"和稀泥"的被动局面。[①] 这可谓是一般大调解的在实践中的根本缺陷，亟待破解。

反对调解者还认为，调解实际上是在劳动法执行中以"讨价"方式将法律规则程序和劳动标准边缘化；调解只能是暂时性地压制了争议而不是化解了争议；调解的非专业化和简单化，加之基础调解与资方利益的联结而不公正，可能会催生更多的街头抗争事件。另外，"大调解"之"基层为主、调解为主"的基本原则与司法理念不兼容，与"依法治国"理念也不相符。如果长期用调解方式代替法律途径，可能会出现更多的争议"调而不解"。[②] 笔者认为，劳动争议大调解具有正当性与合法性，并不违背"依法治国"理念。

笔者后来研读持此观点的作者的另外一篇论文，发现其新观点与其前面否定"大调解"的观点相反。其观点是充分肯定了"大调解"：中国选择以柔性的调解机制来处理和疏导社会矛盾，这种社会治理方式在劳动争议处理中具有创新性和有效性。我国各级政府主导的大调解制度是一项具有潜力又亟待完善的社会治理方式。"全程调解""诉前联调"等新调解方式有效地将矛盾化解

---

① 邹英、向德平：《大调解模式的实践困境与政策建议——基于张家湾司法所的案例分析》，载《山东社会科学》2016年第3期，第91页。

② 庄文嘉、岳经纶：《从法庭走向街头——"大调解"何以将工人维权行动挤出制度化渠道》，载《中山大学学报（社会科学版）》2014年第1期，第155页。

第十章 争议调裁新策

在了基层。这种调解机制不仅适用于劳资争议，也广泛地应用到医患冲突、城市管理纠纷、征地拆迁等其他领域。① 此等观点说明了大调解已经成为解决劳动争议之主要手段的现实必然。

无论是依法治国，还是社会治理；无论是从法律法理，还是道德伦理；也不论是所谓"能动司法"，还是ADR之非诉讼机制，"大调解"的正当性还是非常充分的，也是具有广泛实践价值的制度，我们应当特别注重"大调解"的理论与实践研究。劳动争议特别是集体劳动争议调处应当摒弃争论，在实践中大力普遍实施"大调解"制度，这也是集体劳动争议调处以"调解为主"原则的必然要求。

四、大调解之实践范式

我国许多地方已经试行了劳动争议之大调解模式，并取得了显著的社会成效。在社会实践中摒弃了上文有关大调解的理论纠结与博弈，从现实实践有力验证了大调解的存在价值与合理性，也为构建我国劳动争议特别是集体劳动争议之特殊大调解的展开，积累了有益的实践经验。

我国各地劳动争议"大调解"之成功模式，主要有"山东模式"和"天津模式"。这些成功范例为我国劳动争议特殊大调解制度，提供了实践证明和支撑，具有相当的实践价值典范，值得其他地方参考与借鉴。

（一）山东模式

山东省青岛市"大调解"成效显著。青岛市全面完善大调解工作体系，有效实现了人民调解、行政调解、司法调解的有效衔接和联动，有效预防和化解了大量社会纠纷。2011年以来，调处各类矛盾纠纷4.93万起，调处成功率达到了98.6%。② 据悉，青岛市于2015年9月还专门出台了《关于加强行业性、专业性人民调解组织建设的意见》，要求继续拓展人民调解的组织覆盖面，并实施人民调解、行政调解、司法调解之联动大调解机制。要求在2015年年底前，大调解机制基本覆盖交通、医疗、劳动、物业、食品药品、消费者权益保护等重点行业和领域。

青岛市黄岛区的劳动人事争议仲裁院以创建仲裁品牌为重点，构建和谐劳

---

① 岳经纶、庄文嘉：《国家调解能力建设：中国劳动争议"大调解"体系的有效性与创新性》，载《管理世界》2014年第8期，第76页。

② 刘成龙：《矛盾调解"大调解"格局》，载《青岛日报》2016年1月4日。

动关系为目标,以大调解为主要格局,建立完善了"分庭办案、责任到人""纵向分化、横向调解""专职担责、兼职分忧"的新机制。2016年黄岛区劳动争议仲裁院共立案受理劳动争议案件2469件,截至当年12月底已按期结案2188件,结案率高达99%,其中调撤案件1554件,调撤率达71%,10人以上集体案件数达45件。①

山东省威海市也构建了劳动人事争议"大调解"新格局。其主要经验是创新机制,营造了劳动争议大调解的有利环境。它们在大调解中坚持实行"三调联动"机制即人民调解、仲裁调解、司法调解之联动;在大调解中创新性地实行"调解前置"之新调解程序,对立案的争议当事人,并不是立即进入劳动争议处理之法定"先裁后审"模式,而是"调解前置"即由劳动人事争议人民调解工作室先行进行调解,立调立结,调解中还采用多种方式如自愿选择调解、委托调解、转移调解、邀请调解等,充分有效地化解了绝大多数案件,共调解处理争议纠纷359起,双方当事人回访满意率达100%。目前,全市基本形成了"调解方式多渠道、调解组织多样化,调解人员多元化"之劳动争议调解全覆盖的大调解新格局,其中建立各类基层劳动争议调解组织3103个,聘请专兼职调解员3530名。②

山东模式的主要经验有:一是,实行调解程序前置,并不将劳动仲裁作为第一道程序,而是先行调解,此做法具有很大的创新性,突破了传统劳动争议调解之非前置性程序的限制,这与笔者主张的将劳动争议特别是集体劳动争议之调解改为前置性、强制性程序"暗合"。但是,山东模式虽然将调解程序前置了,但是仍然只是自愿性的"规劝",而非强制性的程序,并没有真正突破现有的制度安排,与实现笔者之劳动争议调解程序为强制性前置程序的目标还有很远的距离,不过其改革调解程序之举还是具有很大的尝试性价值。二是,实行多种调解的联动机制,这也是大调解的基本特征。没有多部门、多形式的联动,就不是真正的大调解了。联动调解机制已经成为我国各地劳动争议大调解的普遍机制,实践已经证明此机制还是非常有价值的。

---

① 李明奎、丁尚英:《区劳动争议仲裁院以大调解格局为主线创建三大机制》,载青岛新闻网:http://xihaian.qingdaonews.com/content/2017-02/25/content_11948801.htm,发布时间:2017年2月25日,访问时间:2018年1月17日。

② 《威海市构建劳动人事争议"大调解"格局》,载威海市人力资源社会保障局网站:http://www.sdwh.lss.gov.cn/html/201709/201709151440517884.html,发布时间:2017年9月15日,访问时间:2018年1月17日。

（二）天津模式

我国各地劳动争议大调解的典型案例已经不少，虽然调解模式各有不同，但是，都从实际印证了劳动争议特殊大调解的价值和意义，而"大调解"之"天津模式"更值得细细研读。

"天津模式"特色之一：民间组织介入劳动争议之特殊大调解。

天津市人力资源劳动人事争议调解中心是天津市首家民间性质的劳动争议调解组织。2014年8月5日，调解中心由天津市人社局、工会、工商联三方在人力资源经理俱乐部揭牌成立。该中心是首家专业、独立、社会化的第三方民间调解组织。

天津市劳动人事争议调解中心的组织构架非常独特，其下面首先设置了"经理俱乐部"，此俱乐部是外商投资企业人力资源管理者自发联合而成的民间组织，简称HRCLUB。调解中心联结了各个基层调解组织，形成了广泛的调解网络。调解员的组成中大量吸收了劳动关系领域中的专业人士。该中心创新性提出了不能将法律作为解决劳动争议的唯一手段，法律仅仅是底线。调解中心坚持的基本理念是紧紧抓住"调解"二字，本质上解决"劳动关系"问题，而非仅仅解决法律问题。① 该调解中心自成立以来，已经受理了几十起劳动争议案件，案件调解成功率较高并得到社会广泛认同，有效发挥了调解程序在化解劳动争议中首道防线的作用。

有人比较全面地总结了天津市调解中心之成功的可复制经验，调解的关键因素还是人——调解员。天津调解中心对调解员的要求非常科学：调解员必须具有企业人力资源管理和劳资关系处理的丰富经验；在调解员选择上应当完全中立，不与劳资争议任何一方相关联；劳动争议当事人双方均有自主选择调解员的权利。天津调解中心采取了社会化运作模式，广泛吸收社会资源特别是将民间组织纳入调解员的范畴，搭建了较为通畅的沟通平台，提升了调解的中立性和可信性。②

"天津模式"特色之二：建立"四方联动"大调解机制。

"天津模式"除了上面民间组织参与特殊大调解外，还包括"四方联动"

---

① 徐永革、陈思：《大调解视域下民间劳动争议调解组织的功能与实践》，载《中国人力资源开发》2015年第12期，第83~84页。

② 徐永革、陈思：《大调解视域下民间劳动争议调解组织的功能与实践》，载《中国人力资源开发》2015年第12期，第85页。

大调解机制。天津"四方联动"大调解机制的特色是：第一，总工会牵头，人社、司法等多部门一并参与，实现争议调解之"一站式"解决模式；第二，"四方联动"大调解机制还包括基层联动，具体由四级即企业、社会、街乡镇、区县"四级递进"调解模式；第三，"四方联动"大调解包括四大调解即工会调解、人民调解、仲裁调解、诉讼调解，有效实现了劳动争议大调解的"调解组织之大""调解员之大""覆盖面面之大""调解方式之大""调解效率之大"。

至调解中心成立以来，已经调解劳动纠纷58233件，代理劳动争议案件1800多起，挽回经济损失2000多万元，劳动争议调解成功率高达98%。目前，天津已经建立劳动争议调解组织16622个、工会法律援助站283个、从事调解的专兼职调解员61416人，覆盖了3.5万个企业事业单位，覆盖面可谓之广。[1]

一些地方为应对劳动争议的多发化、群体化，通过政策手段，对以往的行政调解、人民调解、仲裁调解、司法调解等多元调解予以整合，而建构的一种多部门参与联动的新型大调解模式。从实践来看，该模式已逐渐被推广，理论界和实务界对其点赞较多，但对其存在的缺陷和问题缺乏足够的关注。[2] 劳动争议特殊大调解之联动调解机制，是一般"大调解"的实践具体化，值得研究并全面推行。

笔者将"大调解"之"天津模式"概括为两大类：一是有民间组织参与的调解，运用非常成功的是天津市人力资源劳动人事争议调解中心，其民间组织积极参与争议调解，使得调解工作具有较强的灵活性，并实质提升了调解的可信度，这种独立民间组织第三方介入调解的模式，不但可以使劳动争议双方当事人更加易于达成调解协议，而且提高了调解效率，开创了民间组织介入我国劳动争议调解的成功先例，该模式具有特别高的推广和复制价值。二是由天津市总工会与人社、司法等部门建立"四方联动"调解机制，实现了工会、人民、仲裁、诉讼调解等"大调解"之全覆盖，有效化解了大量的劳动争议，并有效预防了集体劳动争议的发生，对构建和谐劳动关系具有重要意义。因此，我国在实行劳动争议特别是集体劳动争议之"大调解"时，可以借鉴天

---

[1] 姜明、姜书范：《天津大调解平台"一站式"化解劳动争议》，载《工人日报》2014年8月13日，第001版。

[2] 何伦坤：《劳动争议联动调解机制及其反思》，载《中国人力资源开发》2016年第5期，第107页。

津模式的成功经验。

(三) 其他模式

深圳市龙岗区人民调解"龙岗模式"中也包括劳动争议大调解机制。深圳龙岗区司法局之"龙岗模式"主要构架是"人民调解"+"劳动争议调解"+"四位一体"（人民、行政、仲裁、司法调解）+"多方参与"（政府、企业、员工和社会）。

深圳龙岗将人民调解融入全区的大调解格局中，建立起人民调解与劳动争议调解联动并衔接的机制，为了加大争议调解的效力和权威，还创新性确立了人民调解之司法确认制度。"龙岗模式"将大调解之联动机制具体化为人民调解、行政调解、仲裁调解和司法调解之"四位一体"联动机制，还不断构建政府、企业、员工和社会之多方共同参与调解的"多方参与"机制①，逐步形成劳动争议大调解体系，在促进社会和谐与劳资和谐中发挥了重要作用。②"龙岗模式"之大调解联动模式很有价值，值得其他地方参考借鉴。

北京市和江苏省无锡市还建立了"党委领导、工会主导、多方配合"劳动争议大调解机构，整合了工会组织、人力资源和社会保障部门局、司法部门、法院等多方资源而形成的大调解（孙晓萍、吴式兵，2010）。

江苏南通市设立了"南通市劳动争议调解工作领导小组"，大调解成员单位包括市人力资源和社会保障局、市总工会、市中级法院、市司法局、市信访局、市工商联等多个职能部门，发挥了"社会矛盾纠纷大调解机制"的作用（孙德强等，2009）③，将劳动争议的大调解上升到市政府的基本职能和职责范畴。

概言之，我国目前劳动争议大调解制度的实践，为寻觅劳动争议特别是集体劳动争议或群体劳动事件之有效调解路径，提供了基本范式，也为进一步的理论研究提供了实践支持。劳动争议之特殊大调解，虽然还有许多缺陷需要研

---

① 调解"多方参与"机制可谓是笔者前文之"四方机制"的具体表象，只不过此"第四方"的构成为"社会"，太过于抽象化和不确定性，非彼第四方即笔者一贯主张的劳工 NGO。但是，将大调解"龙岗模式"之"多方参与"机制视为"四方机制"的新尝试或雏形，还是具有一定的开拓性改革价值的。

② 王宝冬：《勇于创新 打造人民调解"龙岗模式"》，载《深圳侨报》2017 年 7 月 3 日，第 A11 版。

③ 谢鹏鑫：《近年来国内劳动争议调解的研究综述与展望》，载《中国人力资源开发》2015 年第 1 期，第 35 页。

究和克服，但是，劳动争议之"大调解"制度的理论与实践特别是"天津模式"，特别值得劳动法学界和社会各界之特别关注。

第四节 换位调解之制度创建

我国调解制度重塑之重要路径是实行"换位调解"，以充分发挥工会组织调解劳动争议之巨大作用。我国工会制度已经形成了非常稳定的运行范式，在暂时不能对其进行顶层改革设计的大前提下，我国的工会制度仍然具有较大的"可塑性"。工会组织在三方机制或未来的四方机制中具有巨大潜力，在劳动争议调处三方机制中，尝试性的新改革可以是"换位调解"。"换位调解"是规制我国劳动关系之改革新举措，其具体适用范围可以是个体劳动争议处理、集体协商谈判和集体劳动争议处理三大方面。

一、工会介入调解的必然

我国《劳动争议调解仲裁法》规定的专业调解机构是企业劳动争议调解委员会。此即为笔者本书之"小调解"调解机构之主体部分。企业劳动争议调解委员会属于传统的劳动争议专门调解机构，在我国已经形成了长期的运行范式。

法律规定的专业调解机构的人员构成是职工代表和企业代表。职工代表由工会成员担任或者由全体职工推举产生，企业代表由企业负责人指定。企业劳动争议调解委员会主任由工会成员或者双方推举的人员担任。

实践中，企业劳动争议调解委员会主任通常由本单位的工会主席兼任，其主要问题是难以取得劳动者的信任，进而直接影响争议调解的积极作用。因为，劳动者一般认为其往往是站在企业的一边，这样的企业调解机构本身就是企业的一个职能下属部门，谈何调解的客观性与公正性。"小调解"专业调解机构及其负责人因独立性不够，而影响了调解的社会认同性和权威性。因此，工会作为独立第三方直接介入劳动争议的处理就显得极其必要。

工会在三方机制中扮演着均衡劳资力量的重要一方。在劳资双方的博弈过程中，作为第三方的工会比政府权力直接介入更符合市场运行的规律。① 我国目前的企业劳动争议调解委员会由职工代表和企业代表组成，几乎不存在独立

---

① 朱芝洲：《工会组织：劳资博弈中的均衡力量》，载《人力资源》2007年第1期，第57~61页。

第三方，完全与三方机制相悖。所谓的企业调解其实就是职工代表和企业代表一起就劳资纠纷的解决进行"协商"。① 这不符合三方机制的基本要求，也直接导致了我国劳动争议处理中三方机制的虚化以及劳动争议调解制度的可信度低下和可行性不强的缺陷，调解效果大打折扣。笔者认为，最有效的解决办法就是工会作为独立第三方直接介入劳动争议的处理。

劳动争议调解之三方机制的实现，既是立法宗旨的具体化，又是真正实现劳动关系三方机制之基本原则的实际举措，还是解决劳动争议特别是解决集体劳动争议的第一道防线。在这第一道防线上应当通过三方机制有效化解集体劳动争议，减少过滤后的劳动争议仲裁或诉讼，实现劳动关系的和谐和社会稳定。在劳动争议调解机构构建中，还必须充分体现第三方之独立性和中立性，否则即使有一个第三方，也是发挥不了作用的摆设。

我国目前，只要谈及三方机制，就不可避免地要触及并诟病我国的工会制度，因为工会组织是三方机制不可或缺的第三方。学界和实践中的强烈呼声是重构工会制度，重新进行顶层设计。此呼声具有较强的合理性和必要性，也应当是我国工会制度之应然追求和要求，但是，重构工会制度而进行顶层制度设计，其改革成本非常高且在短时间内根本难以实现。劳动法学者的历史担当还是要立足现实，从现实入手，努力探寻和试验在现有制度框架下的比较可行而又有效的实际方案。

二、换位调解的一般构想

我国工会制度已经形成了非常稳定的范式，在暂时不能对其进行顶层改革设计的大前提下，我国的工会制度仍然具有较大的"可塑性"。工会在三方机制中具有巨大潜力，笔者认为，在劳动争议调处三方机制中，尝试性的新探可以是"换位调解"。

"换位调解"是我国劳动争议调处之改革新举措。其具体适用范围可以是个体劳动争议处理、集体协商谈判和集体劳动争议三大方面。

"换位调解"的一般构想（详见图10.1）：在我国工会现行体制不变的情况下，为了将工会真正纳入三方机制或四方机制的范畴，可以考虑在统一地方总工会的领导下，对其下属工会，在调处劳动关系时，进行"对调"换位，即由甲单位的工会参与乙单位的集体协商谈判和劳动争议的调处，而乙单位工

---

① 王蓓：《劳动争议调解：实证分析与改革建言》，载《社会科学研究》2012年第6期，第86页。

会参与丙单位，依此类推。

在"换位调解"中，可以实行"平行原则"即不"跨行业"的调解，以便保证工会对劳动关系调解的熟悉性。即根据不同性质的工会，而选择同行业工会。例如，如果是事业单位，就对应在事业单位中进行"换位调解"；如果是企业，就选择基本类似的企业进行"换位调解"，这样更容易"接地气"，可以使得工会在调解劳动关系中得心应手。在"换位调解"中还可以采取建立同行业同性质工会组织之大数据库，在劳动行政部门的组织监督下，由职工代表在电脑中随机抽取相应的将参加"换位调解"的工会组织。

在"换位调解"中，可以不"跨行业"换位调解，但是，为了更加公平和增强工会之可信赖性，可以考虑"跨地区"换位调解，甚至可以考虑跨省进行，以便保证调解的公正性。

因此，笔者认为，我国工会组织在三方机制和四方机制中实现"换位调处"之改革创新，正是在新常态下完善和改革工会制度之新的切入点，应当积极试行。

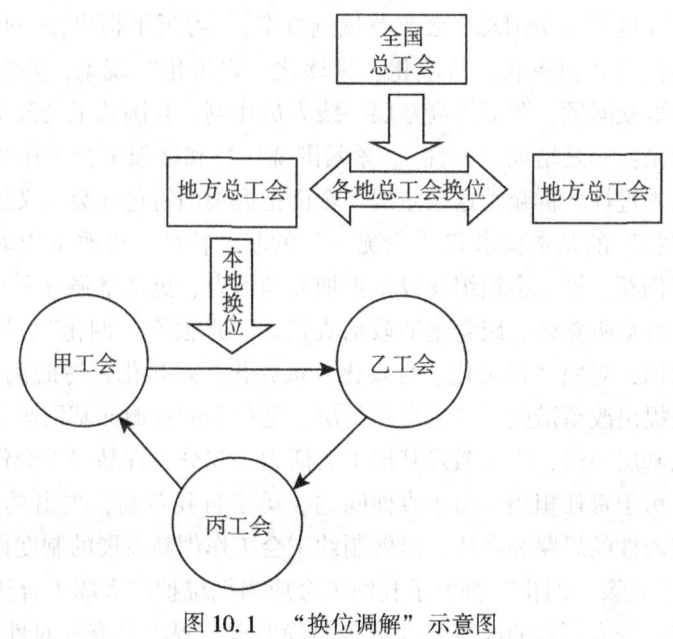

图 10.1 "换位调解"示意图

三、换位调解的价值判断

(一)"换位调解"是改革创新方略的新选择

我国工会组织在三方机制或四方机制中方实现"换位调解",是响应党中央的改革创新之伟大号召,落实习近平主席重要讲话精神之必然选择。

2014年11月9日,习近平主席在APEC工商领导人峰会上指出:"我们要不断发掘经济增长新动力。生活从不眷顾因循守旧、满足现状者,而将更多机遇留给勇于和敢于、善于改革创新的人们。在新一轮全球增长面前,唯改革者进,唯创新者强,唯改革创新者胜。我们要拿出'敢为天下先'的勇气,锐意改革,激励创新,积极探索适合自身发展需要的新道路、新模式,不断寻求新增长点和驱动力。"2015年,习近平主席在十二届全国人大三次会议上海代表团审议时再次强调:"唯改革者进,唯创新者强,唯改革创新者胜。"随着我国进入经济新常态,劳资矛盾和劳动争议更加凸显,改革创新对中国劳动关系之和谐更加重要。

2015年11月9日,习近平主席主持的中央全面深化改革领导小组第十八次会议审议通过了《全国总工会改革试点方案》。习近平指出,一些群团组织不同程度存在着"机关化、行政化、贵族化、娱乐化"现象,并要求解决群团工作脱离群众问题,明显提高基层一线人员比例。我国总工会改革试点方案的总体目标是:一是增强"三性"。紧紧围绕保持和增强工会工作和工会组织的政治性、先进性、群众性这条主线,全面把握中国特色社会主义群团发展道路"六个坚持"的基本要求和"三统一"的基本特征,以改革为动力推进工会工作全面创新,把工会组织建设得更加充满活力、更加坚强有力,切实承担起引导职工群众听党话、跟党走的政治责任。二是去除"四化"。强化问题意识、改革意识,对照"机关化、行政化、贵族化、娱乐化"等脱离群众现象,有针对性地提出改革措施。三是做强基层。把更多的资源向基层倾斜,把更多的精力投入基层一线,不断激发基层工会活力,充分发挥基层工会作用。四是着力创新。勇于责任担当、勇于直面问题、勇于自我革新,提出具有针对性、前瞻性、突破性的思路和办法,破解制约工会工作创新发展的制度性障碍。增强"三性"、去除"四化"都要求我国工会应当把维护广大职工合法权益作为改革的重点,着力创新的改革要求更是明确要求,提出具有针对性、前瞻性、突破性的思路和办法,笔者认为,在三方机制和四方机制中实行"换位调解",正是一种非常具有针对性、前瞻性、突破性的路径,应当在我国当下的工会制度改革中进行全面的试点，积极创造可复制可推广的经验，试点之后再全面推行。

因此，笔者认为，我国工会组织在三方机制和四方机制中方实现"换位调解"之改革创新，正是在新常态下完善和改革工会制度之新的切入点，应当积极试行。

（二）"换位调解"是工会模式运行的新表象

我国现行工会制度的基本运行模式是"党政主导"的工会模式。此模式的运行具有更大的统一性和权威性，借用公权力的强大推力，实现三方机制和四方机制更具有优势，这就使得"换位调解"在现行模式下更加具有可行性之价值判断。

各级工会在上级工会的领导下，实行各工会组织行业或单位之"换位"，甚至省级"换位调解"，都是非常具有实际可操作性的。这也是西方工会或民间工会所不可能达到的高度，因此，我国现行的工会制度模式的优越性是十分巨大的，并不是像许多人批判的那样一无是处。

在我国学界，对工会模式及工会的双重身份，一般都是持反对意见的。如"在实践中，正是这种夹在国家与工人之间的尴尬位置以及由此而来的角色冲突阻碍着工会职能的履行"[1]，此观点比较普遍。只有极少数学者认同我国工会运行模式。例如有学者通过浙江温岭工资集体协商的实证研究指出，与西方工会角色独立的做法相反，中国工资集体协商取得成效的必要条件恰恰是以"准政府"角色出现的地方总工会的介入，其称之为政府"在场"的改革逻辑。在企业主对组建行业工会及开展工资集体协商有抵触等情况下，贯彻政府意图、以"准政府"身份出现的地方总工会，在工资集体协商的产生以及推广过程中发挥了不可替代的基础性作用。[2] 可见，在我国现行工会制度下，工会的双重身份（代表政府和职工）也是有着存在的合理性的，正如黑格尔所说"存在就是合理的"，我国目前的集体协商确实还需要工会的"准政府"身份，即需要借助强势政府的权力支撑与推动，如果缺乏这样的强力，雇主一般是不会接受的，而现行的工会正好可以扮演这样的角色，这就表明我国现行工

---

[1] 李戈：《社会转型与中国工会的改革路径探析》，载《社会主义研究》2015年第6期，第70页。

[2] 龙宁丽：《准政府身份：工会工资集体协商的"罪与罚"？基于浙江温岭的个案研究》，载《黑龙江社会科学》2013年第4期，第84页。

会制度还是可以在三方机制和四方机制中发挥重要作用的。

其实,我国工会模式还是有非常有利的,特别是工会可以利用自己合法的双重身份,充分借助政府的行政力量,对劳动关系进行强力调解,"在充分注意自身独立性的培养的基础上,善于通过工作机制创新来借用政府行政力量和相关资源达成组织目的"①。体制的支持是改革创新得以顺利实施的稀缺政治资源,同时,以"准政府"的身份出场也是抵抗强势一方、为弱势群体进行有效利益代言的客观需求。我国现阶段地方总工会的"准政府"身份是其组织、发展和联合企业工会委员会(行业工会),抵抗单个或联合的雇主的有利条件,从这个视角出发,要解决其他地区工资集体协商流于形式的做法,首先要加以利用的资源优势就是地方总工会的"准政府"身份。② 工资集体协商是这样,工会在三方机制和四方机制中也应当是这样,工会的双重身份之价值还是非常巨大的,也是西方工会组织所欠缺的地方,我们要充分肯定和发挥我国工会制度中的合理成分,不要一味追求西方所谓的工会独立性。"换位调解"模式既可以充分发挥现有制度的优势,又可以体现工会活动的公平性;既能够传继现行工会制度,又能够节约改革成本,有效完成三方机制和四方机制之工会使命,我们没有理由不选择这样的路径。

我国这种工会制度选择本身是具有强大优势的,问题是我们应当如何真正有效发挥其优势,当我们不能选择某种制度时,就应当在这种制度模式下,努力探寻制度下的具体有效的可行性路径,这也是学者应有的担当和责任。"换位调解"正是制度之下的创新性路径选择。

概言之,实行"换位调解"可以改变工会在三方机制或四方机制中社会认可度低的现状,可以取得劳动者的信任,并保证调解程序之正当性,使得工会在参与三方机制或四方机制中保持中立性和公正性。这样就可以克服我国目前工会"既是裁判员又是运动员"的缺陷,还可以使工会从"单位代言人"变成广大劳动者的"代言人"。

实行换位调解,还可以在工会组织总体结构框架不变的前提下,完成工会制度的改革,实现工会职能与独立性的不断转变,真正"盘活"我国工会组织,使之在劳动关系中发挥出巨大的积极作用。

---

① 李戈:《社会转型与中国工会的改革路径探析》,载《社会主义研究》2015年第6期,第70页。

② 龙宁丽:《准政府身份:工会工资集体协商的"罪与罚"?基于浙江温岭的个案研究》,载《黑龙江社会科学》2013年第4期,第85页。

实行换位调解，也是工会改革的重要制度供给之一，可以弥补工会在劳动争议调处中制度供给的不足。因此，笔者认为，"换位调解"可行性较大，相对于所谓工会制度顶层改革设计，要容易和现实得多。在集体协商谈判、签订集体劳动合同和集体劳动争议调解中，实行工会组织之"换位"调解，是真正发挥工会一方之巨大作用的重要措施。在集体劳动争议处理之调解中，实行这样的"换位"法，既可以节约制度改革成本，又可以节约立法成本；还可以增强工会之可信度，提高劳动争议调解之公信力，实现化解劳动争议尤其是集体劳动争议（含群体劳动争议）在基层与调解为主的价值目标。各级工会的领导们应当思量这一简便易行的创新之举。

在我国劳动争议"小调解"中可以实行"换位调解"，在"大调解"中也同样可以实行。只不过是"大调解"之换位的主体范围更大，不仅仅是停留在工会组织的换位上，其他的调解组织都可以实行"换位"。

我国劳动争议调解组织的"行政化"并不是就完全不好，相反，笔者认为，我国有关组织特别是劳动争议调解组织如工会组织不但不能"去行政化"①，还应当充分发挥工会组织"行政化"的巨大优势即具有社会组织所完全不具有的超强组织能力，以保障劳动争议"换位调解"的有效和有力实施。

第五节 "一裁终局"制度重塑

我国劳动争议"一裁终局"制度，是我国劳动争议解决机制的重要改革，但实施以来，劳动仲裁"终难终局"困局明显，亟待修正。比照劳动争议二分法，相对于个体劳动争议之"一裁终局"制度，可以在集体劳动争议中试行"调解终局"制度。"调解终局"与"一裁终局"的相对论是：第一，集体劳动争议不能适用"一裁终局"；"一裁终局"不利于实施调解的基本原则；不利于落实调解的大政方略；不利于及时化解集体冲突；不符合"一裁终局"适用条件。第二，个体劳动争议完全可以适用"一裁终局"，但是具体程序应当重塑：拓展"一裁终局"适用范围；厘清小额争议认定标准；均衡劳动者与用人单位权益；有效防止不良或恶意诉讼；纠正裁决生效时间。

---

① 在我国现有制度的基本框架下，"去行政化"的改革成本是非常巨大的，实现"去行政化"的目标也是非常困难的，因此，笔者认为，在基本不能"去"或"去不了"的前提下，想办法发挥"行政化"的有利一面，变被动为主动、变劣势为优势，还是比较可行的。

劳动争议之二分法，就是将劳动争议分为集体劳动争议与个体劳动争议两种基本类别。这是国际上普遍通行的劳动法原理，具有广泛的适用价值。相对而言，我国劳动法特别是集体劳动法还处于不够发达的初级阶段，集体劳动法的许多制度设计，应当充分借鉴和移植域外的成功经验。结合我国现状，与二分法相呼应，分别对应构建不同的争议处理模式，亟待学界提供理论支撑。

相对于个体劳动争议之"一裁终局"制度，在集体劳动争议中实行"调解终局"制度，具有创新性价值。"一裁终局"与"调解终局"相对而并存，既是克服我国目前个体劳动争议"一裁终局"之"终难终局"立法缺陷的有效路径，又是探寻集体劳动争议之前瞻性改革的新举措。

一、我国劳动争议"一裁终局"立法缺陷

我国长期坚守并实施的劳动争议"先裁后审"具有极大的弊端，诟病声一直不绝于耳，改革呼声也从未间断过。"先裁后审"的前置性程序使得劳动争议之调解、仲裁与诉讼基本上脱节。"先裁"倒逼了前面的调解程序完全虚化，使得劳动争议之重要手段——调解失去了存在的价值，更遑论其法律效力；"后审"又几乎直接否定了仲裁本身的非诉讼价值目标追求，直接导致我国劳动争议之"诉累"；既不利于争议的及时而有效化解，又剥夺了权利人的自由选择权，不利于维护当事人的权益，并造成社会资源的严重浪费。

为了克服劳动争议"先裁后审"之积弊，立法者不得不进行了"微创手术"式改革创新，实施"补丁"式程序升级。"补丁"程序是实施少部分劳动争议之"一裁终局"制度。

立法之"微创手术"是在《劳动争议调解仲裁法》中明文规定了"一裁终局"条款，正式确立了劳动争议之"一裁终局"制度。《劳动争议调解仲裁法》明确规定了"一裁终局"。其第47条规定，追索劳动报酬、工伤医疗费、经济补偿或者赔偿金，不超过当地月最低工资标准12个月金额的争议；因执行国家的劳动标准在工作时间、休息休假、社会保险等方面发生的争议，仲裁裁决为终局裁决，裁决书自作出之日起发生法律效力。

由此，我国劳动争议之调处形成了"一裁终局"与"先裁后审"并列之新格局。这也是《劳动争议调解仲裁法》的最大亮点之一；同时，也产生了许多"一裁终局"难解之困局。实施"一裁终局"的实践已经表明：我国劳动争议特别是集体劳动争议调处并没有因为"一裁终局"而带来新局面，反而，新格局带来了更多迷局，局面更加混乱。

以上局面应当引起学界和立法界的深度反思。"一裁终局"制度设计缺陷

明显，改进空间巨大，亟待重塑。

笔者将我国"一裁终局"之立法缺陷概括如下：

第一，立法理念和价值目标追求相互矛盾。

"一裁终局"是为了对部分劳动争议实施仲裁，该仲裁结果为最终结论，争议当事人必须无条件执行，以节约社会成本，及时高效化解劳动争议，构建和谐劳动关系。"一裁终局"之终局性的裁定一般是不能再进入诉讼程序的，否则，"终局"就根本不存在了。但是，我国"一裁终局"之立法规定并没有体现出"一裁终局"制度的基本立法理念和基本价值追求，按照我国《劳动争议调解仲裁法》的规定①，"一裁终局"案件是可以上诉的，即仍然可以不履行仲裁之"终局"，而进入诉讼程序。因此，笔者用一句话概括我国"一裁终局"制度的特色为"一裁终局"终难终局，诉讼才是"一审或二审终局"。"一裁终局"的价值目标追求已经荡然无存了。悲观地看，我国劳动争议之"先裁后审"制度，并没有因为"一裁终局"而予以根本改变；过分地说，"一裁终局"之"终难终局"之立法，仍然是"先裁后审"的"陪葬品"。

第二，"一裁终局"类型化缺失，不同争议边界模糊。

我国劳动争议一直以来都没有区分争议的类型，劳动争议并没有区分个体劳动争议还是集体劳动争议（含群体劳动争议或群体劳动事件），类型化极其单一；劳动争议调解、仲裁和诉讼之程序规定也是统一化立法。如此一来，后出现的"一裁终局"制度也就顺理成章地沿袭了传统，即"一裁终局"仍然没有区分个体劳动争议与集体劳动争议。因此，从法律依据上看，完全可以认为不论是个体劳动争议还是集体劳动争议，都是可以适用"一裁终局"的。个体劳动争议与集体劳动争议是性质根本不同的两类争议，世界上其他国家或地区的普遍做法一般都是将劳动争议分为个体的和集体的，还有权利与利益之别，相对应的争议解决程序也是有所区别的，与我国劳动法历来"重个体轻集体"②根本不同。因此，在经济全球化和"互联网+"时代，前瞻性的改革可以是将我国劳动争议界分为个体劳动争议与集体劳动争议，探寻不同争议之调解、仲裁和诉讼程序及其衔接途径。其中"一裁终局"制度应当区分劳动争议的类别，立法也应当明确规定不同争议的适用范围。

---

① 《劳动争议调解仲裁法》第48条规定："劳动者对本法第四十七条规定的仲裁裁决不服的，可以自收到仲裁裁决书之日起十五日内向人民法院提起诉讼。"

② 我国劳动法"重个体轻集体"，在立法上表象特别明显，如个体劳动法立法发达，而集体劳动法立法极其薄弱，《集体劳动法》或《集体劳动合同》一直没有出台。

我国劳动立法应当明确规定集体劳动争议是否适用"一裁终局",不能回避。笔者认为,集体劳动争议不能适用"一裁终局"。集体劳动争议应当坚守"调解为主"之基本原则,集体劳动争议应当将调解而不是仲裁修改为必经程序。这也是笔者之一贯主张"集体劳动争议应当以调解为主"观点之具体化。

第三,"一裁终局"争议适用范围狭小。

"一裁终局"之具体适用范围狭小。我国现行劳动争议"一裁终局"制度,只有两种情况下适用:一是小额争议;二是有关劳动标准的争议。其他情况是不适用终局裁决的。

"二倍工资"之赔偿金与"代通知金"之补偿金,应当考量是否纳入"一裁终局"的范畴。扩大"一裁终局"的具体适用范围可以解决"二倍工资"之惑。"二倍工资"之惑主要是它是否"一裁终局"适用范围。"代通知金"是指用人单位在提出解除或终止劳动关系时应该提前一个月通知,如果用人单位没有依法提前一个月通知,以给付劳动者一个月工资作为经济补偿。

第四,"一裁终局"争议认定标准操作性差。

"一裁终局"之小额争议认定标准不明确。我国《劳动争议调解仲裁法》所规定的"一裁终局"条款没有明确"不超过当地最低工资标准十二个月金额"的计算标准是单项请求标的,还是所有请求总标的之和;更没有明确规定是争议申请者之申请金额,还是仲裁之最终裁决数额。

《最高人民法院关于审理劳动争议案件适用法律若干问题解释(三)》(以下简称《司法解释(三)》)规定了追索劳动报酬、工伤医疗费、经济补偿或者赔偿金,如果仲裁裁决涉及数项,每项确定的数额均不超过当地月最低工资标准12个月金额的;应当按照终局裁决处理。《司法解释(三)》解决了两大问题:一是,统一了终局裁决限制金额的认定标准,限制金额以仲裁最终裁决金额而不是申请金额为标准;二是,明确规定,如果仲裁裁决涉及多项,每一项均不超过当地月最低工资标准12个月金额,不论数项之和是否超过,该仲裁裁决为终局裁决。但是,其法律位阶太低,法律效力还显不足,容易诱导"碎片化"问题。

"碎片化"是指争议当事人为了使劳动争议之金额标的符合"一裁终局"的小金额之要求,而可能将原本一个仲裁案件分成两个甚至是数个案件。如果劳动者不服仲裁结果,按照《劳动争议调解仲裁法》第48条的规定是可以行使上诉权的。劳动者如果上诉,原来的一个仲裁案件,就分成了两个甚至是数个诉讼案件。其缺陷是:一方面大大增加了当事人尤其是劳动者的诉讼成本;另一方面也浪费了社会资源特别是司法资源,人为增加了争议解决的程序,与

"一裁终局"制度的立法价值目标追求"南辕北辙"。

第五，权益分配失衡不对称。

我国《劳动争议调解仲裁法》对不服"一裁终局"裁决的当事人设计了不同的两种救济途径：一是，赋予劳动者之起诉权；二是，赋予用人单位之申请撤销权。两种完全不同的救济途径，极不对称，直接导致了对劳动者和用人单位权益保护的失衡，有失公平公正。

单方面赋予劳动者之诉权，更易诱导不良或恶意诉讼；单方面赋予劳动者之诉权，剥夺了用人单位的诉权。此非对称性救济设计，有违法理之嫌，不利于均衡保护争议双方权益。

我国《劳动合同法》之"双倍工资"赔偿金和劳动合同解除和终止之经济补偿金的规定，本来就加大了劳动者获得经济利益（赔偿金和经济补偿金）的"道德风险"，再加上"一裁终局"制度赋权之失衡，极易导致不良或恶意诉讼。

针对上述缺陷，以劳动争议二分法为国际视野，有效破解"一裁终局"之"终难终局"之困局、开创集体劳动争议"调解终局"新局面的创新路径：第一，集体劳动争议不能适用"一裁终局"，集体劳动争议应当以调解为主，并修正调解为必经性前置程序；第二，个体劳动争议完全可以适用"一裁终局"，但是具体程序应当重构。

二、集体劳动争议应排斥适用"一裁终局"

我国劳动争议之立法一直以来都没有区分个体劳动争议和集体劳动争议，也无权利争议与利益争议之别。与之对应的"一裁终局"制度也没有区分个体劳动争议和集体劳动争议。这些都是我国劳动争议处理立法的制度缺陷，亟待破解。

劳动立法应当明确规定集体劳动争议是否适用"一裁终局"，不能遗漏或避而不谈。笔者的基本观点是，集体劳动争议不能适用"一裁终局"。这也是笔者之一贯主张"集体劳动争议应当以调解为主"并实行"调解终局"的具体化内容之一。下面阐述理由。

（一）不利于实施调解的基本原则

在我国劳动争议含集体劳动争议处理中应当充分发挥"调解"的作用，让调解成为解决集体劳动争议的主要手段，即便是劳动争议不得不进入仲裁或诉讼程序，其中仍然要坚持和坚守以"调解为主、裁审为辅"的原则，特别是集体劳动争议的调处应当"重调解轻裁审"。

在我国,"调解为主"一直是劳动立法和劳动政策的共同价值目标。但是,一直以来,却并没有真正成为劳动争议调解之基本原则。相关学理研究没有得到足够的重视。笔者提出的劳动争议特别是集体劳动争议处理应当坚持"调解为主、裁审为辅"的原则和将调解之自愿规范改为强制规范,并将调解作为必经之前置程序的观点,在学界和实践中还没有得到任何的响应。

集体劳动争议的处理,域外的一些成功经验是以调解为基本原则,将矛盾和冲突尽量解决在调解之中,并不一定要进行仲裁或诉讼,因而,仲裁在集体劳动争议调处中并无特别价值,"一裁终局"因其依附于仲裁,也就成为无本之木和无源之水。

集体劳动争议即使是一次调解不成,还可以实施第二次调解。在域外,调解不成,工会可以组织合法的产业行动如罢工,但是罢工的目的还是为了谈判即协商调解,最终仍然要进行的程序是集体协商谈判,仍然离不开有效的调解。

在调解程序与诉讼程序的关系上,各国普遍采取的是"调解优先"的原则,鼓励当事人选择调解而不是诉讼解决劳动争议。即使案件已经到了法院,也尽量鼓励当事人选择司法调解。

美国法院在鼓励当事人选择调解和推行ADR方面可谓不遗余力。[1]

法国规定,一般情况下,集体劳动争议应当经过调解程序。建立与实施强制性集体劳动争议调解程序,一定要加强和完善基层劳动争议调解委员会和各级劳动行政部门在实施强制性争议调解中的作用和工作机制,以最大限度地化解劳资纠纷,疏导集体劳动争议,预防集体劳动争议行为。[2]

意大利对集体劳动争议的处理,通常是按照由国家层面的集体劳动合同所规定的和解方式解决的。"大多数国家集体协议中规定的和解程序在处理大多数冲突中通常是有效的""作为解决权利争议的一种方式,仲裁虽然得到法律的认可和规范,但几乎不可能在集体协议中有规定并且被当事人使用。"[3]"为了解决权利争议和利益冲突,公共和解和调解起了重要作用,即更新了集

---

[1] 章武生:《论我国大调解机制的构建——兼析大调解与ADR的关系》,载《法商研究》2007年第6期,第114页。

[2] 潘泰萍:《集体劳动争议调解制度构建中存在的问题及对策建议》,载《科技情报开发与经济》2011年第2期,第158页。

[3] [意] T. 特雷乌著:《意大利劳动法与劳资关系》,刘艺工、刘吉明译,商务印书馆2012年版,第257页。

体协商。"①

俄罗斯对个别劳动争议的处理并没有规定调解为必经程序,但是其对集体劳动争议却明确规定了调解是必经程序,其立法值得我们思量和借鉴。

《俄罗斯联邦劳动法典》第 61 章"审理和解决集体劳动争议"第 401 条规定:"解决集体劳动争议的程序由以下阶段组成:调解委员会审理②集体劳动争议,通过调停人和(或)劳动仲裁庭审理集体劳动争议。调解委员会审理集体劳动争议是必经阶段。"③ 其第 3 款就非常明确规定:调解委员会的调解是必经程序。该条第 4 款还明确规定:"集体劳动争议的如何一方都无权回避参加调解程序。"④ 第 402 条还明确规定,"在调解委员会未能达成一致的情况下,集体劳动争议的双方即可就邀请调停人和(或)建立劳动仲裁庭进行协商"。⑤ 第 403 条还规定,"如果在 3 个工作日内集体劳动争议双方对调停人候选人未达成一致意见,则他们即可对建立劳动仲裁庭进行协商"。⑥第 403 条第 2 款规定,"自调解委员会或调停人结束审理集体劳动争议之日起 3 个工作日内,由集体劳动争议双方和调解集体劳动争议的有关国家机关建立劳动仲裁庭"。⑦ 这些规定表明,在俄罗斯集体劳动争议的调解是劳动仲裁的前置程序,只有对调解不服的情况下,才能进行劳动仲裁。

细观《俄罗斯联邦劳动法典》,笔者发现俄罗斯规定的集体劳动争议处理的调解制度还有一个重要特色:集体劳动争议的调解分为两大类:一是由调解委员会的调解;二是由调停人的调解。调解委员会应当自集体劳动争议开始之日起 3 个工作日内建立,调解委员会由集体劳动争议双方代表在平等基础上组成,集体劳动争议双方无权规避建立调解委员会,调解委员会作出的调解决定对双方都具有强制力,双方应当按照调解委员会的决定执行。⑧ 在调解委员会

---

① [意] T. 特雷乌著:《意大利劳动法与劳资关系》,刘艺工、刘吉明译,商务印书馆 2012 年版,第 258 页。
② 此"审理"不同于法院的诉讼审理,是指非诉讼审理,即我国法上所指的非司法审理,与我国的"调解"含义相同——笔者注。
③ 蒋璐宇译:《俄罗斯联邦劳动法典》,北京大学出版社 2009 年版,第 215 页。
④ 蒋璐宇译:《俄罗斯联邦劳动法典》,北京大学出版社 2009 年版,第 216 页。
⑤ 蒋璐宇译:《俄罗斯联邦劳动法典》,北京大学出版社 2009 年版,第 216~217 页。
⑥ 蒋璐宇译:《俄罗斯联邦劳动法典》,北京大学出版社 2009 年版,第 217 页。
⑦ 蒋璐宇译:《俄罗斯联邦劳动法典》,北京大学出版社 2009 年版,第 216~217 页。
⑧ 《俄罗斯联邦劳动法典》第 402 条。蒋璐宇译:《俄罗斯联邦劳动法典》,北京大学出版社 2009 年版,第 216 页。

未能达成一致的调解情况下，集体劳动争议的双方即可就邀请调停人进行二次调解，集体劳动争议双方还可以要求国家有关机关推荐调停人之候选人。如果这两次调解都没有达成一致，则争议处理进入劳动争议仲裁程序。

《俄罗斯联邦劳动法典》还特别规定了集体劳动争议经过调解和仲裁之后，如果双方仍然没有达成协议，员工或代表有权依法组织罢工，这就将罢工作为解决集体劳动争议的另外一种处理方式。《俄罗斯联邦劳动法典》第409条规定，如果调解程序未能解决集体劳动争议，或者雇主或雇主代表回避参加调解程序，不执行在解决集体劳动争议过程中达成的协议，或者不履行对双方具有约束力的劳动仲裁的裁决，则员工或其代表有权组织罢工。① 《俄罗斯联邦劳动法典》第412条规定，在举行罢工期间，集体劳动争议双方必须通过调解程序继续解决争议。② 这表明，调解仍然是解决集体劳动争议包括罢工的基本手段，而不是诉讼，除非是非法罢工，集体劳动争议的处理仍然要坚持调解的规定，有点类似于我国所谓的"调解为主"的原则。

笔者将俄罗斯集体劳动争议处理模式概括为"调解—仲裁—罢工—调解"之非诉讼模式。需要进入诉讼解决的一般只是非法罢工，即集体劳动争议的处理一般是没有诉讼程序之规定的。俄罗斯集体劳动争议调处非诉讼程序具体是调解委员会之调解—调停人之调解—仲裁。其主要特征是：调解为必经程序，为仲裁之前置程序；调解必须经过二次调解：一是调解委员会之调解，二是调停人之调解；罢工中仍然必须通过调解解决争议。

韩国劳动争议分为个体争议与集体争议，进一步再分为权利争议和利益争议，取决于是一项现存的权利还是一份订立的协议未得到遵守或实施，或者争议的某一方是否要求对现有协议的变更。③ 在韩国一个集体争议被公开宣告之后，必须首先提交进行调解，且调解是强制的。"在韩国，无论是个体争议还是集体争议，均归入劳动关系委员会的授权范围。"④

韩国集体劳动争议调解最大的特色是：第一，调解是强制的程序；第二，

---

① 蒋璐宇译：《俄罗斯联邦劳动法典》，北京大学出版社2009年版，第220页。
② 蒋璐宇译：《俄罗斯联邦劳动法典》，北京大学出版社2009年版，第222页。
③ ［韩］尹英模：《韩国的劳动争议与争议解决机制》，载［德］鲁道夫·特劳普-梅茨、张俊华编：《劳动关系比较研究：中国、韩国、德国/欧洲》，中国社会科学出版社2010年版，第81页。
④ ［韩］尹英模：《韩国的劳动争议与争议解决机制》，载［德］鲁道夫·特劳普-梅茨、张俊华编：《劳动关系比较研究：中国、韩国、德国/欧洲》，中国社会科学出版社2010年版，第83页。

将调解分为"公共调解"与"私人调解"两种类别。"公共调解"就是指由劳动关系委员会进行的调解;"私人调解"是指发生在劳动关系委员会之外的调解。如果各方同意,或者倘若一份协议预先订立了而如今受到质疑,工会与雇主可以请求劳动关系委员会之外的一个第三方来主持调解过程,其与"公共调解"具有同等的效力。① 在韩国,集体劳动争议也是可以进行仲裁的,但是条件是争议双方均需申请仲裁,或倘若集体协议明确要求仲裁。

因此,比较借鉴域外有关集体劳动争议处理的成功经验,我国集体劳动争议应当坚持"调解为主"的基本原则。还要将调解改为必经程序,仲裁和诉讼都应当是辅助手段。因此,调解在集体劳动争议中价值巨大,"调解终局"或"一调或二调终局"抑或非常可行。相对而言,所谓"一裁终局"制度在集体劳动争议处理中并没有多大的存在价值,应当直接摒弃。

(二) 不利于落实调解的大政方略

笔者认为,劳动法具有其他部门法所不具备的重要特色之一是:在规制劳动关系中,劳动政策含部门规章占有较大比例,劳动政策常常成为劳动法之"软法",成为非常实用的"实施细则";劳动政策的可操作性一般强于劳动法律。域外劳动法也大多如此。

究其原因,主要是:第一,按照基本法理,政策含部门规章本身就是法律的重要渊源之一,只不过劳动法更是如此。第二,劳动政策立法成本低,劳动政策的出台和修改程序简易方便;而劳动法律立法和修法程序复杂,立法成本较高。第三,劳动政策由于其充分的灵活性和实际可操作性强的特色,更加普遍被纳入广义之劳动法的范畴。因此,许多有关劳动关系的规定,例如劳动标准问题如最低工资标准、加班工资,工资的集体协商谈判等,由于其标准的经常变动,往往都是由劳动政策来规范的。劳动政策不仅是中央政府和地方政府工作的重点之一,还成为广大劳动者和用人单位共同关注的热点和焦点。可见,在学界和实践中,研究和调整劳动关系都必然不能离开劳动政策,这既是我国社会主义政治之基本要求,更是劳动法学界之研究目标和基本要求。

如果集体劳动争议实行"一裁终局",将与我国长期以来实行的"调解为

---

① [韩]尹英模:《韩国的劳动争议与争议解决机制》,载[德]鲁道夫·特劳普-梅茨、张俊华:《劳动关系比较研究:中国、韩国、德国/欧洲》,中国社会科学出版社2010年版,第84页。

主"或"着重调解"的劳动政策即大政方针相悖①,特别不利于贯彻落实党中央之和谐劳动关系之大政方针。

2006年10月中共第十六届中央委员会第六次全体会议通过了《中共中央关于构建社会主义和谐社会若干重大问题的决定》,明确指出:"建立党和政府主导的维护群众权益机制,实现人民调解、行政调解、司法调解有机结合,更多采用调解方法,综合运用法律、政策、经济、行政等手段和教育、协商、疏导等办法,把矛盾化解在基层、解决在萌芽状态。"

2015年《中共中央、国务院关于构建和谐劳动关系的意见》指出:"坚持预防为主、基层为主、调解为主的工作方针,加强企业劳动争议调解委员会建设,推动各类企业普遍建立内部劳动争议协商调解机制。大力推动乡镇(街道)、村(社区)依法建立劳动争议调解组织,支持工会、商(协)会依法建立行业性、区域性劳动争议调解组织。完善劳动争议调解制度,大力加强专业性劳动争议调解工作,健全人民调解、行政调解、仲裁调解、司法调解联动工作体系,充分发挥协商、调解在处理劳动争议中的基础性作用。"

以习近平总书记为核心的党中央,如此高规格提出了"坚持预防为主、基层为主、调解为主"的处理劳动争议的基本原则,具有重要意义。如此将劳动争议调解原则上升到国家方略的高度,已经足以表明调解政策的巨大引领价值和作用,足以说明调解在劳动争议中具有多么重要的地位。

由此,在我国劳动争议处理中实行"大调解"制度,从中央的最高政策,到人社部的部门规章,都将"大调解"纳入构建和谐劳动关系的重要战略目标。虽然遗憾的是,在具体立法或操作上,还没有形成有效化解劳动争议特别是集体劳动争议的基本"范式",真正实现集体劳动争议之有效调解。但是,在集体劳动争议中如果实行所谓的"一裁终局",无论从政治上,还是从法制上,都不利于彻底贯彻执行党中央的大政方略。

(三)不利于及时化解集体冲突

集体劳动争议往往是短时间内的集中爆发,具有突发公共事件的特征,如果不能及时有效化解矛盾,将对公共安全和社会秩序等造成恶劣影响,对社会的和谐和稳定将直接构成一定的威胁。这就急需争议之及时有效的调解,哪里还能等到进入仲裁程序。因此,劳动仲裁对集体劳动争议只能是争议发生后,

---

① 我国有关劳动争议之调解政策主要是指"大调解",但是笔者认为"小调解"同样适用。

且争议已经基本得到调解处理之后,事后的劳动仲裁对本次争议的处理其实已经意义不大。虽然可能对下次再次发生争议有一些的预防作用,但是,调解仍然是及时化解劳资矛盾的主要手段。

《广州劳动争议诉讼情况白皮书(2011—2013年)》通过大量案件的统计分析指出:群体性劳动争议仲裁案件近年来呈逐步上升的态势,说明劳动者认为通过群体性行动能增强与用人单位的博弈能力,有利于实现其诉求。[①] 群体性劳动争议案件中,涉案劳动者人数众多,波及面广,社会敏感性强,争议事项涉及加班费、经济补偿金、社会保险等与劳动者切身利益密切相关的问题,一旦处理不善,可能演变成为影响稳定的公共安全和群体性事件。该劳动争议白皮书还认为,劳动争议未能在发生的初始阶段得到化解,继而启动仲裁、诉讼程序,使得争议双方当事人更加对立,加大了矛盾的调处难度,客观上增加了仲裁和诉讼的案件数量。因此,从《广州劳动争议诉讼情况白皮书》可以看出,劳动争议的实践对及时化解集体劳动争议是多么重要。

单独设计集体劳动争议之"一裁终局"制度,由于不能及时化解争议,"一裁终局"的价值和意义就会大打折扣。反言之,如果将集体劳动争议与个体劳动争议一同适用"一裁终局",是不能及时有效地解决集体劳动争议的,即使是已经进入仲裁程序,已经是仲裁终局了,但是仍然有可能导致集体劳动者的不予接受,甚至会进一步激化矛盾和"火上浇油",导致进一步的产业行动特别是非法产业行动如罢工、堵路、非法游行等,哪里还谈得上仲裁之"终局",如此的"终局"裁定也是毫无价值可论的。

(四)不符合"一裁终局"适用条件

我国现行劳动争议"一裁终局"的适用,只有两种情况:一是小额劳动争议;二是有关劳动标准的争议。其他情况是不适用终局裁决的。

虽然现行劳动争议"一裁终局"立法并没有明确排除集体劳动争议的适用,但是,集体劳动争议一般都不属于小额争议的范畴。即使按照《司法解释(三)》适用"一裁终局"时分项、单项计算,不按照争议标的总额来确定是否超过当地月最低工资标准12个月金额,但问题是集体劳动争议往往是人数众多、诉求一致,如果对每一个人的金额都要进行计算,无疑是一项复杂繁琐的工作,会耗费大量资源,且将会直接影响到争议仲裁的时效。

[①] 广州市中级人民法院课题组:《广州劳动争议诉讼情况白皮书(2011—2013年)》,载《社会法学研究》2014年年刊第2期,第173页。

因此，相对于个体劳动争议，集体劳动争议由于不能划归于小额劳动争议和劳动标准争议，"一裁终局"是难以适用的。

概而言之，基于上文四个方面的分析，笔者得出的基本结论是：劳动争议"一裁终局"制度并不适用于集体劳动争议。集体劳动争议的调解，才是最重要和最有效的手段。我国集体劳动争议的处理应当坚守"调解为主"的基本原则，实行集体劳动争议的"调解—调解—再调解"。集体劳动争议可以先行先试"调解终局"制度，而不是"一裁终局"。

三、个体劳动争议"一裁终局"重塑路径

（一）拓展"一裁终局"适用范围

在我国现行法律没有改变"先裁后审"的总体框架下，"一裁终局"范围的扩大，无疑是暂时的最佳选择。这样可以极大克服我国目前劳动争议先裁后审、裁审脱节的制度弊端。笔者这里所说的扩大"一裁终局"范围，并不是指将其适用到集体劳动争议中，而是如前文所述，笔者坚持认为集体劳动争议是不能适用"一裁终局"的。"一裁终局"范围的扩大仍然是指在个体劳动争议中拓展。

第一，扩大"一裁终局"的适用范围，可以解决"二倍工资"之惑。"二倍工资"之惑主要是它是否"一裁终局"的适用范围。

我国《劳动合同法》规定的"二倍工资"赔偿，是我国《劳动合同法》的一大制度创新，对保障劳动者权益发挥了重要作用。有关"二倍工资"的性质，争议较大，还无定论。一般认为，"二倍工资"是不能等同于劳动报酬的，它应当是赔偿金的范畴。当"二倍工资"的金额未超过"一裁终局"适用的金额范围时，能否以其性质与经济补偿或赔偿金类似而确定为终局裁决事项呢？① 笔者认为，应当明确将"二倍工资"赔偿纳入"一裁终局"的适用范围。

第二，扩大"一裁终局"的适用范围是可以解决"代通知金"之困。

"代通知金"是非法律用语，是指用人单位在提出解除或终止劳动关系时应该提前1个月通知的情况下，如果用人单位没有依法提前1个月通知的，以

---

① 施丹薇：《劳动争议一裁终局适用范围问题探析》，载《品牌》2015年第1期，第298页。

给付1个月工资作为补偿。①

《劳动合同法》第40条规定,劳动者患病或者非因工负伤,在规定的医疗期满后不能从事原工作,也不能从事由用人单位另行安排的工作的;劳动者不能胜任工作,经过培训或者调整工作岗位,仍不能胜任工作的;劳动合同订立时所依据的客观情况发生重大变化,致使劳动合同无法履行,经用人单位与劳动者协商,未能就变更劳动合同内容达成协议的。此三种情形用人单位提前30日以书面形式通知劳动者本人或者额外支付劳动者1个月工资后,可以解除劳动合同。此规定中额外支付劳动者的1个月工资即所谓"代通知金"。

对"代通知金"的法律性质是有争议的。一种意见认为属于劳动报酬,另一种则认为属于经济补偿或赔偿金的范畴。有人认为代通知金的性质更接近后一种意见。应当将存在争议的代通知金、未订立书面劳动合同2倍工资争议等纳入终局裁决事项,因这两类争议具有经济补偿金或赔偿金性质,且与诉争的劳动争议往往具有不可分性,一并纳入终局裁决范围将大大扩展"一裁终局"制度的范围。② 对于"代通知金"是否属于"一裁终局"范畴的界定,存在着两种截然不同的意见:一种是持否定意见,理由是《劳动争议调解仲裁法》没有明文规定;另一种则持肯定意见,理由是法条虽没有明文规定,但因解除由经济补偿而引发"代通知金",故也应当属于"一裁终局"之范畴。③ 笔者认为,不论"代通知金"的法律性质如何,都应当考虑将其纳入"一裁终局"的适用范围。

中国劳动科学研究所"劳动争议案件一裁终局制度实施效果评估"课题组,对一裁终局制度的实施效果的评估报告就认为应当适当扩大"一裁终局"的适用范围:双倍工资中超出双方约定的劳动报酬部分、竞业限制期限内用人单位按月给予劳动者的经济补偿、代通知金(替代通知期工资)等可以考虑纳入"一裁终局"的范围;加班工资和带薪年休假工资的争议,是作为小额争议还是劳动标准类案件来适用终局条款等;也可将因确认劳动关系发生的争议纳入一裁终局范围,以更好地保护劳动者权益。④ 可见,劳动科学研究所

---

① 吴尧:《"代通知金"的适用》,载《中国劳动》2015年第19期,第51页。
② 施丹薇:《劳动争议一裁终局适用范围问题探析》,载《品牌》2015年第1期,第298页。
③ 周清:《"代通知金"也属于一裁终局范畴》,载《中国劳动》2010年第4期,第56页。
④ 劳动争议案件一裁终局制度实施效果评估课题组:《劳动争议案件一裁终局制度实施效果评估》,载《中国劳动》2014年第5期,第10页。

"劳动争议案件一裁终局制度实施效果评估"课题组通过实践调查得出的结论也是支持扩大"一裁终局"适用范围的,立法者应当考量此问题。

上海已经将双倍工资超出双方约定的劳动报酬部分、竞业限制补偿、替代通知期工资也纳入了"一裁终局"的范围。① 上海的做法是可以在全国范围内复制推广的,但是,这需要中央立法的明确规定或授权,否则有违宪或违法之嫌。

(二) 厘清小额争议认定标准

现行法律有关之"一裁终局"的金额认定标准有两大缺陷:一是单项还是多项之和;二是,是申请数额还是最终裁定金额。

我国《劳动争议调解仲裁法》所规定的"一裁终局"条款没有明确"不超过当地最低工资标准12个月金额"的计算标准是单项请求标的,还是所有请求总标的之和;更没有明确规定是争议申请者之申请金额,还是仲裁之最终裁决数额。

2010年9月14日起施行的《最高人民法院关于审理劳动争议案件适用法律若干问题解释(三)》第13条规定:"劳动者依据调解仲裁法第四十七条第(一)项规定,追索劳动报酬、工伤医疗费、经济补偿或者赔偿金,如果仲裁裁决涉及数项,每项确定的数额均不超过当地月最低工资标准十二个月金额的,应当按照终局裁决处理。"该《司法解释(三)》细化了《劳动争议调解仲裁法》一裁终局的规定,具有一定的实际可操作性。其第13条主要价值是解决了两大问题:第一,统一了终局裁决限制金额的认定标准,限制金额以仲裁最终裁决金额而不是以申请金额为标准。《劳动争议调解仲裁法》第47条规定的"不超过当地月最低工资标准12个月金额的争议"是法律规定的"一裁终局"的限制条件。但是,较大的争议是这一金额是以劳动者仲裁请求数额(申请金额),还是以仲裁机构最终裁决数额(裁决金额)为依据?《劳动争议调解仲裁法》没有规定此问题,《司法解释(三)》解决了此问题。第二,如果仲裁裁决涉及数项,是以数项之和的金额为依据进行判断,还是以分项计算数额为依据进行判断?《劳动争议调解仲裁法》没有规定此问题,此司法解释作出了明确规定,即按照单项进行计算,每项确定的数额均不超过当地月最低工资标准12个月金额。如果仲裁裁决涉及多项,每一项均不超过当地

---

① 陈建华、张庆普:《息讼止争快捷维权——上海市推行劳动争议"一裁终局"制度工作纪实》,载《中国人力资源社会保障》2014年第9期,第21页。

月最低工资标准 12 个月金额，不论数项之和是否超过，该仲裁裁决为终局裁决。但是，还有以下不足仍然需要克服：

1. 法律位阶问题

司法解释的法律位阶太低，法律效力仍显不足。最终还是得靠修改《劳动争议调解仲裁法》来完成。笔者建议，要尽快启动修法程序，对《劳动争议调解仲裁法》进行一次全面大修，劳动争议之"一裁终局"就是其修正目标之一，将多个问题一并修正，可以最大化节约立法成本。

2. "碎片化"问题

虽然解决了多项问题，即如果涉及数项，每项确定的数额均不超过当地月最低工资标准 12 个月金额，但是其又带来了新的"次生"问题——"碎片化"问题。如可能将原本一个仲裁案件分成了两个甚至是数个案件，如果劳动者不服仲裁结果，按照《劳动争议调解仲裁法》第 48 条"劳动者对本法第四十七条规定的仲裁裁决不服的，可以自收到仲裁裁决书之日起十五日内向人民法院提起诉讼"的规定，是可以行使上诉权的，姑且不论这样规定本质上是与"一裁终局"是相矛盾的，劳动者如果上诉，原来的一个仲裁案件就被分成了两个甚至是数个诉讼案件。这些案件不仅受案法院不同，审级也不同。当事人不仅要在不同的法院奔波数次，而且每个法院均会对劳动者与用人单位之间的劳动关系等基础事实进行审理，一方面大大增加了当事人尤其是劳动者的诉讼成本，另一方面也浪费了有限的司法资源，与设立"一裁终局"制度的立法初衷"南辕北辙"。① 此观点为具有劳动实践审判经验的法官之言，其在实践中接触到的此类案件当事人，无一例外地对此做法表示了强烈不满。可见，即使将认定标准规定为每一个单项均不得超过最低工资标准 12 个月的金额，但是，必须克服将一个案件之多项请求"碎片化"问题。

修正的办法是将"一裁终局"案件，规定为不可再进入诉讼程序。申请人的请求权只能有一个：要么仲裁，要么诉讼，即"或裁或审"，此方案的最大法律障碍就是我国一直以来坚守的劳动争议"先裁后审"制度，这几乎是目前还难以逾越的鸿沟。此路不通，只能另想他法，笔者认为，可以考虑明确规定此类"一裁终局"案件不得诉讼，这样既符合劳动争议"先裁后审"一般原则之现行立法，又可以克服我国《劳动争议调解仲裁法》第 47 条与第 48 条"一裁终局"之立法矛盾。

---

① 吕文柱：《劳动争议"一裁终局"制度若干问题探究》，载《山东审判》2010 年第 2 期，第 112 页。

(三) 均衡劳动者与用人单位权益

我国《劳动争议调解仲裁法》对不服"一裁终局"裁决的当事人设计了不同的两种救济途径：一是，对劳动者赋予了劳动者之起诉权；二是，对用人单位赋予了用人单位之申请撤销权。两种完全不同的救济途径极不对称，直接导致了对劳动者和用人单位权益保护的失衡和非对称性。

关于劳动者之起诉权，我国《劳动争议调解仲裁法》第48条规定，劳动者不服仲裁裁决的，可自收到仲裁裁决书之日起15日内向人民法院提起诉讼。此规定的适用主体明确规定为劳动者，而不是用人单位。对于劳动者而言，当其不服生效的仲裁裁决有权向法院提起诉讼时，即意味着其若不服一审判决当然地享有上诉权。

关于用人单位之撤销权，我国《劳动争议调解仲裁法》第49条规定了用人单位的救济办法即申请撤销。用人单位不服仲裁裁决的，可自收到仲裁裁决书之日起30日内向劳动争议仲裁委员会所在地的中级人民法院申请撤销裁决。当中级人民法院作出裁定撤销仲裁裁决或驳回当事人申请后，该裁定是否为终审裁定，即当事人对该裁定是否还享有上诉权呢？争议较大：一种意见是当事人应当享有上诉权，以充分保护当事人的救济权利；另一意见是当事人不享有上诉权，该裁定为终审裁定。① 有人认为，"立法保留了劳动者的诉讼权利，作为法院对仲裁程序的监督和补充，符合司法最终解决原则"。②

由于我国《劳动争议调解仲裁法》对不服"一裁终局"裁决的当事人设计了不同的两种救济途径：赋予劳动者的是起诉权，而赋予用人单位的是申请撤销权。两种完全不同的救济途径，引起了学界和实践对"一裁终局"制度的巨大批判，也成为反对"一裁终局"制度的重要理由之一。

有人认为，我国的"一裁终局"法理基础先天不足，主要就是剥夺了用人单位的诉权。在法治社会，权利人需借助诉权才能获得司法救济，诉权的重要性不言而喻。③ 对于诉权的保护，必须以平等保护为基本原则。但目前，我国的一裁终局制度的设计违反了平等保护原则，侵害了用人单位的诉权。正是

---

① 孙付：《论劳动争议一裁终局案件中的上诉权》，载《人民司法》2009年第17期，第100页。

② 高嵩：《简析劳动争议解决机制中的一裁终局制》，载《金融经济》2016年第4期，第87页。

③ 谭玲：《劳动争议案件一裁终局制度的现实困境与未来转型》，载《人民司法》2012年第1期，第68页。

基于此原因，劳动争议调解仲裁法确立的一裁终局并非真正意义上的一裁终局，它同时赋予了劳动者起诉权和用人单位申请撤销权，一方面侵害了用人单位的诉权，另一方面因劳动者之诉权，可随时废弃终局裁决，致使一裁终局成为一个"两不像"的机制。

第48条与第49条亦不合法理，同样针对该仲裁裁决，用人单位不能提起诉讼，显然是法律对用人单位诉权的直接剥夺，造成了劳动者与用人单位之间诉权的不平等。立法者显然是为了给劳动者提供更大力度的保护，因为劳动者在劳动关系中经常处于弱势地位。[1]

我国《劳动争议调解仲裁法》第48条和第49条规定了劳动者与用人单位之不同的救济权，其立法宗旨是为了更好地保护劳动者的合法权益，但是，用人单位的权益也应当是法律保护的内容，不能顾此失彼，因此，要均衡保护双方的合法利益。单方面赋予劳动者之诉权，更易诱导不良或恶意诉讼；单方面赋予劳动者之诉权，剥夺了用人单位的诉权。如此非对称性救济设计，有违法理之嫌，不利于均衡保护争议双方权益。

（四）有效防止不良或恶意诉讼

自我国《劳动合同法》和《劳动争议调解仲裁法》实施以来，由于立法上之"倾斜"保护劳动者权益的理念，特别是《劳动合同法》之"双倍工资"赔偿金与劳动合同解除和终止之经济补偿金的规定，加大了劳动者获得经济利益（赔偿金和经济补偿金）的"道德风险"，再加上《劳动争议调解仲裁法》之"一裁终局"制度，实践也已经表明大量的劳动争议仲裁和诉讼案件都与此有关，并直接导致了不良或恶意诉讼。因此，个体劳动争议适用"一裁终局"时，应当有效防止不良或恶意诉讼。

《广州劳动争议诉讼情况白皮书（2011—2013年）》通过大量案件的统计分析，指出"劳资双方恶意诉讼日趋严重"。[2] 该白皮书指出："诉请劳动关系终结的经济补偿（赔偿金）、确认劳动关系和索要未签订劳动合同双倍工资的案件一直是劳动争议的主要类型。"[3]

---

[1] 张永兵：《我国部分劳动争议一裁终局制度研究》，载《湖北行政学院学报》2008年第5期，第52页。

[2] 广州市中级人民法院课题组：《广州劳动争议诉讼情况白皮书（2011—2013年）》，载《社会法学研究》2014年年刊第2期，第173页。

[3] 广州市中级人民法院课题组：《广州劳动争议诉讼情况白皮书（2011—2013年）》，载《社会法学研究》2014年年刊第2期，第171页。

该白皮书特别指出了劳动者之三类有关劳动报酬的恶意诉讼：一是，部分劳动者推诿拒签劳动合同，事后反而以未签订书面劳动合同为由向用人单位索要双倍工资；二是，部分劳动者以各种理由表示无须用人单位为其缴纳社会保险以获取相应现金，事后又以用人单位未为其缴纳社会保险为由，提出解除劳动合同，以获取经济补偿；三是，部分劳动者在办理住房按揭或者其他事务中，要求用人单位开具高于其实际收入的证明，在离职后以该收入证明向用人单位索要工资差额等。此三类情形基本上都可以归为"一裁终局"的适用范围。

该白皮书还指出用人单位恶意诉讼的基本表象：恶意刁难离职员工，恶意拖延支付劳动报酬或相关补偿，滥用诉权，耗尽所有处理程序，对明知必败无疑的案件，拒不接受调解，也要将"一裁二审"程序全部走完，拖延履行用人单位的法定义务等。

我国《劳动争议调解仲裁法》创设了部分劳动争议案件"一裁终局"制度，该制度实施 6 年以来，褒贬不一。为此，中国劳动科学研究所成立了"劳动争议案件一裁终局制度实施效果评估"课题组，对"一裁终"局制度的实施效果开展了评估。评估报告认为，"一裁终局"制度导致了少数劳动者的恶意诉讼。[①] 虽然，"一裁终局"制度本身是对劳动者的倾斜保护，但是，由于劳动争议诉讼的成本极低（10 元/案），实践中，劳动者在收到终局裁决之后起诉的比例也不低（虽然低于一般案件）。我国目前的"一裁终局"制度，虽然导致的恶意诉讼还是少数，但是，其危害和影响却是不容忽视的，在完善我国的"一裁终局"制度时，应当重视此问题，并有效防止恶意诉讼的发生。

有效预防对策应当从两方面入手：一是实体法上的反思，特别是要对《劳动合同法》所规定的"双倍工资"赔偿金和合同解除、终止之"经济补偿金"制度进行检视；二是要从程序法上改良，即从《劳动争议调解仲裁法》中将"一裁终局"案件纳入不得诉讼之列；还可以在将调解作为强制程序和免费制的前提下，实行仲裁和诉讼的双收费制，比照一般的民事诉讼案件收费，加大仲裁和诉讼的解决成本，从经济上以有效抑制不良或恶意诉讼。

（五）纠正裁决生效时间之矛盾

我国《劳动争议调解仲裁法》"一裁终局"立法，还有一个立法缺陷就是

[①] 劳动争议案件一裁终局制度实施效果评估课题组：《劳动争议案件一裁终局制度实施效果评估》，载《中国劳动》2014 年第 5 期，第 9 页。

有关仲裁生效时间规定的前后矛盾。

《劳动争议调解仲裁法》第48条与第47条相矛盾，第47条规定裁决自作出之日起发生法律效力，而第48条则规定劳动者对裁决不满的提起诉讼，这意味着该裁决对劳动者来说并不是自作出之日起发生法律效力，足见两条之矛盾。① 还有人分析认为，终局裁决的生效条件其实是当事人不起诉，劳动终局裁决作出后并不生效，需等待劳动者起诉期限届满才生效。然而，《劳动争议调解仲裁法》第47条却明确规定"裁决书自作出之日起发生法律效力"。

另外，根据《劳动争议调解仲裁法》第48、49条，劳动争议仲裁的终局效力对于不同当事人而言，并不相同：对于劳动者而言可起诉，裁决在送达时并未生效；对于用人单位而言，裁决送达即生效。② 有人建议取消第47条关于"裁决书自作出之日起发生法律效力"的规定，统一劳动者提起诉讼和用人单位申请撤销仲裁裁决的期限，期限届满当事人均未起诉或申请撤销，"一裁终局"裁决在期限届满时生效。③ "一裁终局"案件"裁决书自作出之日起发生法律效力"的规定急需与诉讼进行合理的衔接。

笔者认为，个体劳动争议为了遵循"一裁终局"的价值目标，应当明文规定"一裁终局"案件一般不得进入诉讼程序，并规定仲裁裁决生效时间。应当按照《劳动争议调解仲裁法》第47条的规定，仲裁生效时间为"裁决书自作出之日起发生法律效力"，但是，在立法技术上，特别要纠正第48条之诉讼生效的立法。

四、小结与展望

（一）我国现行"一裁终局"立法主要缺陷总结

（1）立法理念和价值目标追求相互矛盾，"一裁终局"之终难"终局"。

（2）"一裁终局"类型化缺失，不同争议边界模糊。"一裁终局"仍然没有区分个体劳动争议与集体劳动争议。我国劳动立法应当明确规定集体劳动争议是否适用"一裁终局"。

---

① 张永兵：《我国部分劳动争议一裁终局制度研究》，载《湖北行政学院学报》2008年第5期，第52页。

② 高嵩：《简析劳动争议解决机制中的一裁终局制》，载《金融经济》2016年第4期，第89页。

③ 吕文柱：《劳动争议"一裁终局"制度若干问题探究》，载《山东审判》2010年第2期，第112页。

(3)"一裁终局"争议适用范围狭小。"二倍工资"之赔偿金与"代通知金"之补偿金边缘化严重。

(4)"一裁终局"争议认定标准操作性差。"一裁终局"之小额争议认定标准不明确,司法解释虽然统一了认定标准,但其法律位阶太低,并容易诱导"碎片化"问题。

(5)权益分配失衡不对称,"一裁终局"设计了两种救济途径:赋予劳动者之起诉权,而赋予用人单位之撤销权,直接导致权益分配失衡。

(二)破解"一裁终局"之"终难终局"困局之创新路径

(1)集体劳动争议应当实行"调解终局",而不能适用"一裁终局"。集体劳动争议应当以调解为主,并修正调解为必经性前置程序。基本理由是:一是,"一裁终局"不利于实施调解的基本原则;二是,不利于落实调解的大政方略;三是,不利于及时化解集体冲突;四是,不符合"一裁终局"适用条件。

(2)个体劳动争议完全可以适用"一裁终局",但是具体程序应当重塑:一是,拓展"一裁终局"适用范围,可以解决"二倍工资"和"代通知金"之困惑;二是,厘清小额争议认定标准;三是,均衡劳动者与用人单位权益;四是,有效防止不良或恶意诉讼;五是,纠正裁决生效时间。

概而言之,依据劳动争议之二分法(集体劳动争议与个体劳动争议)之国际通行原理,结合我国具体实践,与二分法相呼应,应当分别对应构建不同的模式。相对于个体劳动争议之"一裁终局"制度,可以在集体劳动争议中试行"调解终局"制度。构建"一裁终局"与"调解终局"相对而并存新格局,既是克服我国目前个体劳动争议"一裁终局"之"终难终局"缺陷的有效路径,又是探寻集体劳动争议调处制度之前瞻性改革的新举措。

劳动争议"一裁终局"制度不适用于集体劳动争议,调解才是最重要和最有效的手段,应当坚守"调解为主"的基本原则,并在集体劳动争议处理中可以先行先试"调解终局"制度。由此,笔者企及本书之愚见,可以为我国今后出台《集体劳动法》或《集体劳动合同法》和修改《劳动争议调解仲裁法》提供一定的理论支撑;或为学界与实践之"口诛笔伐"树立起一个"有的"之靶,这也算是笔者为构建和谐劳动关系贡献的一点微薄之力吧。

参考文献

一、著作类

[1] [比] 罗杰·布兰潘著：《欧洲劳动法》（第二册），付欣等译，商务印书馆2017年版。

[2] [德] 杜茨著：《劳动法》，张国文译，法律出版社2005年版。

[3] [德] 黑格尔著：《小逻辑》，贺麟译，商务印书馆1980年版。

[4] [德] 鲁道夫·特劳普-梅茨、张俊华编：《劳动关系比较研究：中国、韩国、德国/欧洲》，中国社会科学出版社2010年版。

[5] [德] 曼弗雷德·魏斯、马琳·施米特著：《德国劳动法与劳资关系》，倪裴译，商务印书馆2012年版。

[6] [德] 沃尔夫冈·多伊普勒著：《德国劳动法》（第11版），王倩译，上海人民出版社2016年版。

[7] [荷] 科伊内、[匈] 高尔戈齐主编：《欧洲：工资和工资集体协商——自二十世纪九十年代以来的发展》，崔钰雪译，中国工人出版社2012年版。

[8] [美] 博登海默著：《法理学：法律哲学与法律方法》，邓正来译，中国政法大学出版社1999年版。

[9] [美] 博西格诺著：《法律之门》，邓子滨译，华夏出版社2002年版。

[10] [美] 黄征宇著：《征途美国》，中信出版集团股份有限公司2017年版。

[11] [美] 迈克尔·C. 哈珀等著：《美国劳动法：案例、材料和问题》（下），李坤刚、闫冬、吴文芳、钟芳译，商务印书馆2015年版。

[12] [美] 约翰·W. 巴德著：《人性化的雇佣关系：效率、公平与发言权之间的平衡》，解格先、马振英译，北京大学出版社2007年版。

[13] [日] 荒木尚志著：《雇佣体系与劳动条件变更法理》，田思路译，上海人民出版社2016年版。

[14] [意] T. 特雷乌著：《意大利劳动法与劳资关系》，刘艺工、刘吉明译，

商务印书馆2012年版。
[15] [英]丹宁勋爵著：《法律的正当程序》，群众出版社1984年版。
[16] [英]卡尔·波兰尼著：《大转型：我们时代的政治与经济起源》，冯钢、刘阳译，浙江人民出版社2007年版。
[17] [英]凯瑟琳·巴纳德著：《欧盟劳动法》（第2版），付欣译，中国法制出版社2005年版。
[18] [英]史蒂芬·哈迪著：《英国劳动法与劳资关系》，陈融译，商务印书馆2012年版。
[19] 常凯著：《劳动关系学》，中国劳动社会保障出版社2005年版。
[20] 董保华著：《劳动合同立法的争鸣与思考》，上海人民出版社2011年版。
[21] 董保华著：《社会法原论》，中国政法大学出版社2001年版。
[22] 董保华著：《十大热点事件透视劳动合同法》，法律出版社2007年版。
[23] 关怀主编：《劳动法》（第2版），中国人民大学出版社2005年版。
[24] 关怀著：《劳动法学》，群众出版社1992年版。
[25] 国家法官学院案例开发研究中心：《中国法院2018年度案例：劳动纠纷（含社会保险纠纷）》，中国法制出版社2018年版。
[26] 黄程贯著：《劳动法》，台湾新学林出版股份有限公司2009年版。
[27] 黄越钦著：《劳动法新论》，中国政法大学出版社2002年版。
[28] 姜颖著：《劳动合同法论》，法律出版社2006年版。
[29] 蒋璐宇译：《俄罗斯联邦劳动法典》，北京大学出版社2009年版。
[30] 金曦、朱涛、田璐著：《劳动争议法律适用解答与典型案例解析》，人民法院出版社2018年版。
[31] 李英、王棣、瞿彬彬著：《中外工会法比较研究》，知识产权出版社2011年版。
[32] 梁漱溟著：《中国文化要义》，上海人民出版社2011年版。
[33] 林嘉著：《劳动法的原理、体系与问题》，法律出版社2016年版。
[34] 林晓云著：《美国劳动雇佣法》，法律出版社2007年版。
[35] 吕荣海著：《劳动法法源及其适用关系之研究》，台北蔚理法律出版公司2002年版。
[36] 《马克思恩格斯全集》（第24卷），人民出版社1972年版。
[37] 沈同仙著：《劳动法学》，北京大学出版社2009年版。
[38] 台湾劳动法学会：《劳资圣经——经典劳动六法》，台湾新学林出版股份有限公司2011年版。

[39] 王金山主编：《法院审理劳动争议案件观点集成》，中国法制出版社 2016 年版，第 45 页。

[40] 王黎黎著：《集体劳动关系法律实证研究：以集体协商为例》，法律出版社 2018 年版。

[41] 王全兴主编：《劳动法学》，高等教育出版社 2004 年版。

[42] 王泽鉴著：《民法学说与判例研究（八）》，中国政法大学出版社 1998 年版。

[43] 问清泓著：《不当劳动论衡》，中国劳动社会保障出版社 2014 年版。

[44] 问清泓著：《劳动关系和谐论》，湖北人民出版社 2012 年版。

[45] 问清泓著：《劳动合同法制度与实践研究》，湖北人民出版社 2011 年版。

[46] 问清泓著：《劳动合同制度研究——以期限"三分法"为视野》，OmniScriptum Marketing SGP Pte. Ltd.，2016 年版。

[47] 问清泓著：《体面劳动调控论》，武汉大学出版社 2013 年版。

[48] 习近平：《决胜全面建成小康社会，夺取新时代中国特色社会主义伟大胜利》，人民出版社 2017 年版。

[49] 叶静漪、[瑞典] Ronnie Eklund 主编：《瑞典劳动法导读》，北京大学出版社 2008 年版。

[50] 张守文著：《经济法学》（第 6 版），北京大学出版社 2014 年版。

[51] 郑爱青主编：《劳动合同法十大热点评析》，中国劳动社会保障出版社 2008 年版。

[52] 郑尚元著：《劳动法与社会法理念探索》，中国政法大学出版社 2008 年 10 月版。

[53] 郑玉波著：《民法总则》，台湾三民书局 1979 年版。

[54] 中共中央宣传部：《习近平总书记系列重要讲话读本》，学习出版社、人民出版社 2016 年版。

[55] 最高人民法院民事审判第一庭编：《劳动争议案件审判指导》，法律出版社 2018 年版。

二、论文类

[1]《国务院正抓紧制定〈工资法〉》，载《经济研究参考》1995 年第 1 期。

[2] 艾佳慧：《"大调解"的运作模式与适用边界》，载《法商研究》2011 年第 1 期。

[3] 蔡唱:《公序良俗在我国的司法适用研究》,载《中国法学》2016 年第 6 期。

[4] 常凯:《劳动关系的集体化转型与政府劳工政策的完善》,载《中国社会科学》2013 年第 6 期。

[5] 陈步雷:《劳动争议调解机制的构造分析与改进构想》,载《中国劳动关系学院学报》2006 年第 4 期。

[6] 陈昶洁、陈力峰:《关于明星限薪令的冷思考》,载《视听》2017 年第 4 期。

[7] 陈龙帝:《劳动规章制度立法比较研究》,2011 年华东政法大学博士学位论文。

[8] 陈期然、杨轩:《浅谈我国司法与舆论的关系》,载《商》2014 年第 20 期。

[9] 陈述:《不死的"阴阳合同"》,载《新财经》2011 年第 5 期。

[10] 陈玉萍:《国外的劳动监察制度》,载《中国劳动保障》2007 年第 9 期。

[11] 闫彭:《中国企业工资集体谈判关系研究》,西南财经大学 2014 年博士学位论文。

[12] 程延园:《劳动合同立法:寻求管制与促进的平衡》,载《中国人民大学学报》2006 年第 5 期。

[13] 程延园、谢鹏鑫、王甫希:《我国集体争议处理制度:特点、问题与机制创新》,载《中国人民大学学报》2015 年第 4 期。

[14] 崔子龙:《国外过度劳动治理经验借鉴与启示》,载《商业时代》2014 年第 26 期。

[15] 戴春、李琪:《行动型集体劳动争议的影响及应对》,载《中国工人》2014 年第 12 期。

[16] 邓大松、刘昌平:《中国养老社会保险基金敏感性实证研究》,载《经济科学》2001 年第 6 期。

[17] 丁华:《劳动纪律及惩戒问题的思考》,载《中国劳动》2011 年第 7 期。

[18] 丁建安:《论"根据二分说"的优越性——再议企业劳动规章的法律性质及其制定、变更程序》,载《法制与社会发展》2013 年第 3 期。

[19] 丁建安:《论企业劳动规章不利变更法律制度的完善》,载《东方法学》2014 年第 1 期。

[20] 丁建安、张秋华:《企业惩戒权的法律规制》,载《社会科学战线》2013 年第 10 期。

[21] 董保华：《〈劳动合同法〉的十大失衡问题》，载《探索与争鸣》2016年第4期。

[22] 董保华：《论劳动合同法的立法宗旨》，载《现代法学》2007年第6期。

[23] 董保华：《试析劳动关系的多重性》，载《工会理论研究》1999年第4期。

[24] 董保华：《我国劳动关系解雇制度的自治与管制之辨》，载《政治与法律》2017年第4期。

[25] 董保华、李干：《构建和谐劳动关系的新定位》，载《南京师大学报（社会科学版）》2016年第2期。

[26] 董泽华：《企业惩戒制度研究——以德、法、日三国为借鉴》，载《天津师范大学学报（社会科学版）》2014年第3期。

[27] 段毅、何远程：《群体性劳动争议悖论辨考》，载《中国人力资源开发》2015年第5期。

[28] 樊启荣：《复保险中损失分摊原则之现代整合——兼论〈中华人民共和国保险法〉第56条第2、4款之完善》，载《法商研究》，2012年第6期。

[29] 冯喜良：《"集体劳动争议"与"劳动关系群体性事件"的对话——集体劳动争议相关概念之辨析》，载《中国人力资源开发》2015年第9期。

[30] 冯彦君：《论劳动法的基本原则》，载《法制与社会发展》2000年第2期。

[31] 甘春华、周志宁：《共享经济模式下劳动关系的变异、影响及规制——以广州滴滴出行公司为例》，载《工会理论研究》2017年第6期。

[32] 高鸿钧：《伽达默尔的解释学与中国法律解释》，载《政法论坛》2015年第3期。

[33] 高圣平：《用人单位劳动规章制度的性质辨析——兼评〈劳动合同法（草案）〉的相关条款》，载《法学》2006年第10期。

[34] 高嵩：《简析劳动争议解决机制中的一裁终局制》，载《金融经济》2016年第4期。

[35] 高艳红、迈克尔·毕肖普：《论末位淘汰制与企业竞争力的关系》，载《中国商论》2017年第16期。

[36] 高正：《我国劳资集体协商机制的构建与完善——以群体性劳动争议集体协商为例》，载《中国劳动》2016年第1期。

[37] 耿启幸：《劳动合同"不能胜任"解除的反思——基于45份判决书为例的实证研究》，载《吉首大学学报（社会科学版）》2017年第3期。

[38] 顾培东：《论对司法的传媒监督》，载《法学研究》1999年第6期。

[39] 广州市中级人民法院课题组：《广州劳动争议诉讼情况白皮书（2011～2013年）》，载《社会法学研究》2014年年刊第2期。

[40] 郭昌盛：《逃税罪的解构与重构——基于税收制度的整体考量和技术性规范》，载《政治与法律》2018年第8期。

[41] 郭勇平：《〈刑法修正案（七）〉对〈税收征管法〉第六十三条的影响》，载《税务研究》2009年第12期。

[42] 何家弘：《领导干部财产申报制度之改进》，载《理论视野》2016年第2期。

[43] 何伦坤：《劳动争议联动调解机制及其反思》，载《中国人力资源开发》2016年第5期。

[44] 何平：《我国劳动争议调解制度功能缺失之反思》，载《河北法学》2014年第1期。

[45] 何勤、邹雄、李晓宇：《共享经济平台型灵活就业人员的人力资源服务创新研究——基于某劳务平台型网站的调查分析》，载《中国人力资源开发》2017年第12期。

[46] 何远程：《社会组织介入与集体劳动关系运行——一种劳动争议调处的探索性模式》，载《中国人力资源开发》2015年第15期。

[47] 何云峰：《马克思劳动幸福理论的当代诠释和时代价值——再论劳动人权马克思主义》，载《上海师范大学学报（哲学社会科学版）》2018年第5期。

[48] 侯力强、王健：《自愿弃保又以此索赔用人单位也得认账》，载《中国人力资源社会保障》2014年第3期。

[49] 胡立峰：《劳动规章制度与劳动合同之效力冲突》，载《法学》2008年第11期。

[50] 黄昆、王全兴、孙瑞玺：《惩戒争议应纳入劳动争议受案范围》，载《中国劳动》2008年第4期。

[51] 黄岩：《创制公民权：劳工NGO的混合策略》，载《国家行政学院学报》2012年第4期。

[52] 纪雯雯、赖德胜：《从创业到就业：新业态对劳动关系的重塑与挑战——以网络预约出租车为例》，载《中国劳动关系学院学报》2016年第2期。

[53] 江必新：《严格依法办事：经由形式正义的实质法治观》，载《法学研究》2013 年第 6 期。

[54] 江峰、刘文华：《边界型民事雇佣劳动法律规制研究》，载《中国劳动》2017 年第 7 期。

[55] 姜明安：《行政法基本原则新探》，载《湖南社会科学》2005 年第 2 期。

[56] 姜颖、沈建峰：《正确评估〈劳动合同法〉适时修改〈劳动法〉》，载《中国劳动关系学院学报》2017 年第 3 期。

[57] 蒋大兴、王首杰：《共享经济的法律规制》，载《中国社会科学》2017 年第 9 期。

[58] 蒋月：《论兼职劳动关系的劳动法律规制》，载《福建政法管理干部学院学报》2007 年第 3 期。

[59] 孔繁斌、杨淑玲：《中国官员财产申报制度的政策分析：趋势、可行性与立法议程》，载《理论探讨》2017 年第 3 期。

[60] 兰世民：《双重劳动关系中未签订劳动合同不应支付二倍工资》，载《人民司法》2014 年第 2 期。

[61] 李东：《"阴阳合同"的司法认定》，载《中国招标》2012 年第 46 期。

[62] 李戈：《社会转型与中国工会的改革路径探析》，载《社会主义研究》2015 年第 6 期。

[63] 李广瑞：《双重劳动关系问题探讨》，载《山东劳动保障》2009 年第 Z1 期。

[64] 李瑾：《试行 18 年，企业年金真的来了!》，载《中国工人》2018 年第 1 期。

[65] 李丽林、袁青川：《国际比较视野下的中国劳动关系三方协商机制：现状与问题》，载《中国人民大学学报》2011 年第 5 期。

[66] 李培智：《建立多重劳动关系的管理与责任》，载《中国劳动》2011 年第 6 期。

[67] 李钦：《从自然权利到制度权利——透视西方新闻法中自由观念的演进》，载《当代传播》2002 年第 1 期。

[68] 李全云：《"阴阳合同"的法律效力问题》，载《建设监理》2005 年第 2 期。

[69] 李帅：《非税之税：NBA 奢侈税的逻辑廓清及法律移植路径》，载《中国体育科技》2018 年第 4 期。

[70] 李双元、杨德群：《论公序良俗原则的司法适用》，载《法商研究》2014

年第 3 期。

[71] 李松龄：《发展马克思主义必须坚持和发展劳动价值论》，载《经济问题》2018 年第 9 期。

[72] 李馨：《"有利原则"在劳动争议案件中的适用》，载《人民司法》2015 年第 14 期。

[73] 李雄：《我国劳动争议调解制度的理性检讨与改革前瞻》，载《中国法学》2013 年第 4 期。

[74] 李岩：《公序良俗原则的司法乱象与本相——兼论公序良俗原则适用的类型化》，载《法学》2015 年第 11 期。

[75] 李永超：《企业劳动规章制度中的八大误区》，载《人力资源》2015 年第 11 期。

[76] 梁平：《"大调解"衔接机制的理论建构与实证探究》，载《法律科学》2011 年第 5 期。

[77] 林嘉：《公平可持续的社会保险制度研究》，载《武汉大学学报（哲学社会科学版）》2017 年第 4 期。

[78] 林嘉：《劳动法视野下社会协商制度的构建》，载《法学家》2016 年第 3 期。

[79] 林嘉、陈文涛：《论劳动基准法的法律效力》，载《清华法学》2014 年第 4 期。

[80] 林晓洁：《降低社保费率顺势而为的智慧》，载《中国人力资源社会保障》2016 年第 7 期。

[81] 刘权：《论比例原则的规范逻辑》，载《广东行政学院学报》2004 年第 2 期。

[82] 刘荣：《刑事政策视野下的逃税罪》，载《中国刑事法杂志》2010 年第 12 期。

[83] 刘容、王磊：《四方机制下的劳资权力谱系——基于购并重组整合的跨案例研究》，载《财经问题研究》2011 年第 7 期。

[84] 刘绍宇：《劳动合同法与民法适用关系的法教义学分析——以〈劳动合同法〉修改和民法典编纂为背景》，载《法学》2018 年第 3 期。

[85] 刘文华：《专家热议劳动纪律和惩戒制度》，载《中国劳动》2008 年第 9 期。

[86] 刘晓晓：《推进公职人员财产申报制度立法》，载《中国党政干部论坛》2017 年第 12 期。

[87] 刘焱白：《劳动基准法权利救济程序的冲突及其协调》，载《法商研究》2010 年第 3 期。

[88] 刘正山：《"天价片酬"及其治理的思考与建议》，载《中国电影市场》2018 年第 7 期。

[89] 龙宁丽：《准政府身份：工会工资集体协商的"罪与罚"？——基于浙江温岭的个案研究》，载《黑龙江社会科学》2013 年第 4 期。

[90] 龙宗智：《关于"大调解"和"能动司法"的思考》，载《政法论坛》2010 年第 4 期。

[91] 卢霜、吴冬晴：《从崔永元怼阴阳合同看媒体和网民关注点的差异》，载《网络传播前沿》2018 年第 7 期。

[92] 陆佳：《构建和谐劳工 NGO，促进我国劳动关系健康发展》，载《职业》2011 年第 2 期。

[93] 吕文柱：《劳动争议"一裁终局"制度若干问题探究》，载《山东审判》2010 年第 2 期。

[94] 罗培新：《论劳动者损害赔偿请求权中的特殊法律问题——兼谈我国相关劳动立法之完善》，载《天津市政法管理干部学院学报》2000 年第 1 期。

[95] 罗沙：《用人单位以"末位淘汰"单方解除劳动合同属于违法》，载《劳动保障世界》2016 年第 34 期。

[96] 孟续铎：《劳动者过度劳动的成因研究：一般原理与中国经验》，2013 年首都经济贸易大学博士学位毕业论文。

[97] 孟续铎：《劳动者过度劳动的若干理论问题研究》，载《中国人力资源开发》2014 年第 3 期。

[98] 莫洪宪、黄鹏：《科学对待财产申报制度的反腐功能》，载《吉首大学学报（社会科学版）》2017 年第 1 期。

[99] 穆随心：《当代中国劳动法"倾斜保护原则"正义价值的实现与超越——基于马克思主义正义观视域》，载《山东社会科学》2016 年第 10 期。

[100] 穆随心：《我国劳动法"倾斜保护原则"：辨识、内涵及理据》，载《学术界》2012 年第 12 期。

[101] 聂嫄芳：《劳动法为什么要倾斜保护弱势群体》，载《人民论坛》2017 年第 14 期。

[102] 潘泰萍：《集体劳动争议调解制度构建中存在的问题及对策建议》，载

《科技情报开发与经济》2011年第2期。

[103] 彭诚信：《从法律原则到个案规范——阿列克西原则理论的民法应用》，载《法学研究》2014年第4期。

[104] 彭礼堂：《税宪法原则与遗产税的开征》，载《经济法研究》2018年第1期。

[105] 钱如锦：《末位淘汰制的实证分析与法律探讨——以29个司法裁判案例为分析对象》，载《黑龙江省政法管理干部学院学报》2017年第1期。

[106] 钱叶芳：《劳动规章制度若干问题辨析》，载《中国劳动》2015年第4期。

[107] 乔健：《中国特色的三方协调机制：走向三方协商与社会对话的第一步》，载《广东社会科学》2010年第2期。

[108] 乔亚南：《我国公职人员财产申报制度的实践、困惑及其法制化路向》，载《河南财经政法大学学报》2014年第4期。

[109] 秦文献：《也谈企业罚款权》，载《中国劳动》2005年第4期。

[110] 任社宣：《央企负责人薪酬改革箭在弦上——人社部副部长邱小平解答中央管理企业负责人薪酬制度改革热点问题》，载《劳动保障世界》2014年第10期。

[111] 沈佳、周洪宾、陈敏：《建立多重劳动关系的风险防范》，载《中国劳动》2014年第3期。

[112] 沈建峰：《论处理群体性劳动争议的中国法律框架》，载《中国劳动》2013年第5期。

[113] 施丹薇：《劳动争议一裁终局适用范围问题探析》，载《品牌》2015年第1期。

[114] 石红伟：《重复保险若干争议问题研究》，载《中国保险》2016年第9期。

[115] 石克春：《多重劳动关系及其业余兼职的演进与意义》，载《改革与战略》2008年第11期。

[116] 石美遐：《对我国企业部劳动规则立法的几点初步建议》，载《中国劳动》1999年第7期。

[117] 斯宾：《用人单位能否以"末位淘汰"解雇员工》，载《中国工人》2015年第9期。

[118] 宋晓波、问清泓：《我国工资集体协商制度探析》，载《北京市工会干

部学院学报》2011 年第 3 期。

[119] 宋宗宇、陈丹、李勇：《双重劳动关系司法认定的理念与方法》，载《湖南社会科学》2013 年第 2 期。

[120] 苏号朋、朱家贤：《论英国法中的合同默示条款》，载《法商研究》1996 年第 5 期。

[121] 苏静：《末位淘汰制合法化思考》，载《合作经济与科技》2017 年第 2 期。

[122] 苏力：《关于能动司法与大调解》，载《中国法学》2010 年第 1 期。

[123] 孙付：《论劳动争议一裁终局案件中的上诉权》，载《人民司法》2009 年第 17 期。

[124] 孙光宁：《"末位淘汰"的司法应对——以指导性案例号为分析对象》，载《法学家》2014 年第 4 期。

[125] 孙建鹏、姜群：《我国基本养老保险个人账户"空账"问题的成因与对策分析》，载《人才资源开发》2016 年第 6 期。

[126] 孙笑侠：《法的形式正义与实质正义》，载《浙江大学学报（人文社会科学版）》1999 年第 5 期。

[127] 谭金可：《论过度劳动的法律治理》，载《法商研究》2017 年第 3 期。

[128] 谭玲：《劳动争议案件一裁终局制度的现实困境与未来转型》，载《人民司法》2012 年第 1 期。

[129] 刘植荣：《中国需要一部〈工资法〉》，载《检察风云》2017 年第 2 期。

[130] 涂伟：《对我国产业行动的立法思考——基于德国的经验》，载《中国工人》2013 年第 3 期。

[131] 王蓓：《劳动争议调解：实证分析与改革建言》，载《社会科学研究》2012 年第 6 期。

[132] 王怀新：《依法治国视阈下的双重劳动关系法律问题探究》，载《中国集体经济》2018 年第 10 期。

[133] 王建国：《NBA 球员工资的限制制度》，载《体育学刊》2006 年第 3 期。

[134] 王剑：《我国现行劳动争议调解制度的分析及重构》，载《南京航空航天大学学报（社会科学版）》2017 年第 1 期。

[135] 王利明：《我国案例指导制度若干问题研究》，载《法学》2012 年第 1 期。

参考文献

[136] 王林清：《劳务派遣用工单位惩戒权问题探讨》，载《现代法学》2016年第4期。

[137] 王琳：《论法律原则的性质及其适用——权衡说之批判与诠释说之辩护》，载《法制与社会发展》2017年第2期。

[138] 王全兴：《"互联网+"背景下劳动用工形式和劳动关系问题的初步思考》，载《中国劳动》2017年第8期。

[139] 王全兴、刘焱白：《我国当前群体劳动争议的概念辨析和应对思路》，载《中国劳动》2015年第2期。

[140] 王一任、翟继满：《论〈劳动合同法〉修改背景下的"不能胜任解除之殇"——基于逻辑推理的分析》，载《中国人力资源开发》2017年第2期。

[141] 温松、刘剑：《社会治理视阈下和谐劳动关系的构建——以深圳市的政策实践为例》，载《广东行政学院学报》2015年第2期。

[142] 问清泓：《"末位淘汰"之司法与政策应对——以最高法"指导案例号18号"和第8次〈纪要〉为视野》，载《中国人力资源开发》2017年第10期。

[143] 问清泓：《惩戒权之经济罚博弈论研究》，载《信息与决策》2018年第6期。

[144] 问清泓：《惩戒权之适用对象相对论》，载《中国劳动关系学院学报》2017年第5期。

[145] 问清泓：《惩戒权之特殊类型化评判》，载《决策与信息》2017年第4期。

[146] 问清泓：《共享经济下劳动规章制度异变及规制》，载《社会科学研究》2018年第3期。

[147] 问清泓：《劳动法与农民工权益保障研究——兼评〈劳动合同法（草案）〉有关规定》，载《武汉大学学报（哲学社会科学版）》2006年第5期。

[148] 问清泓：《劳动争议"一裁终局"制度改良路径新探》，载《湖北警官学院学报》2017年第5期。

[149] 问清泓：《内部劳动规则与集体合同比较研究——兼析我国〈劳动合同法〉的相关规定》，载《武汉科技大学学报（社会科学版）》2009年第1期。

[150] 问清泓、何飞：《论非全日制用工中的多重劳动关系》，载《当代经济》

2011年第4期。

[151] 翁玉玲：《由双重劳动关系引起的过错辞退：立法、缺失与完善》，载《中国劳动》2014年第7期。

[152] 吴寿仁：《科技成果转化若干热点问题解析（十八）——科技人员兼职政策要点解读》，载《科技中国》2018年第11期。

[153] 吴涛、石艳波：《NBA与NFL联盟工资帽应用比较研究》，载《浙江体育科学》2008年第4期。

[154] 吴尧：《"代通知金"的适用》，载《中国劳动》2015年第19期。

[155] 夏雪：《论企业惩戒权的完善》，载《金陵科技学院学报（社会科学版）》2013年第4期。

[156] 肖唯：《用人单位以劳动者违反倡导性规章制度为由解除劳动合同系违法解除》，载《中国劳动》2015年第1期。

[157] 肖竹：《群体性劳动争议应对中的政府角色》，载《行政法学研究》2014年第2期。

[158] 谢鹏鑫：《近年来国内劳动争议调解的研究综述与展望》，载《中国人力资源开发》2015年第1期。

[159] 谢强：《论我国集体谈判中的博弈——以南海本田罢工事件为例》，载《攀枝花学院学报》2013年第1期。

[160] 谢新水、刘晓天：《共享经济的迷雾：丛生、真假及规制分歧》，载《江苏大学学报（社科版）》2017年第4期。

[161] 谢增毅：《用工成本视角下的劳动合同法修改》，载《法学》2017年第11期。

[162] 谢增毅：《用人单位惩戒权的法理基础与法律规制》，载《比较法研究》2016年第1期。

[163] 辛夷、雷广臣：《"单保护"与"双保护"之辩》，载《中国人力资源社会保障》2016年第5期。

[164] 熊征：《"大调解"中的司法：表达与实践的悖论》，载《北京社会科学》2017年第9期。

[165] 徐道稳：《企业罚款惩戒之第三条道路》，载《中国劳动》2015年第2期。

[166] 徐世勇、张丽华、许春燕、Xiaoyu Huang、Anil Verma：《中国工人罢工的四方层级解决机制：基于案例研究的一种新诠释》，载《管理世界》2014年第4期。

[167] 徐银香、程远凤、袁炜：《"大调解"格局下的劳动争议基层调解研究》，载《山东人力资源和社会保障》2016年第3期。

[168] 徐永革、陈思：《大调解视域下民间劳动争议调解组织的功能与实践》，载《中国人力资源开发》2015年第12期。

[169] 徐志强、吴芳：《德国劳资共决制度立法及对我国建构和谐劳动关系的启示》，载《中国劳动》2015年第4期。

[170] 许冬艳：《"互联网+"时代的双重劳动关系认定》，载《中国劳动》2018年第4期。

[171] 许建宇：《"有利原则"的提出及其在劳动合同法中的适用》，载《法学》2006年第5期。

[172] 许建宇：《论劳动者违纪赔偿责任》，载《中国劳动》2014年第3期。

[173] 许建宇：《再谈规章制度、集体合同与劳动基准的关系》，载《中国劳动》2015年第3期。

[174] 杨长汉：《养老保险社会统筹与个人账户不能"混账管理"》，载《社科纵横》2011年第9期。

[175] 杨高峰：《修改后刑法第201条的理论发展及争议问题》，载《广州大学学报（社会科学版）》2010年第9期。

[176] 杨河清、王欣：《新常态下我国过度劳动法律规制问题研究》，载《南京大学学报（哲学人文社会科学）》2017年第5期。

[177] 杨会山：《谈规范双重劳动关系》，载《中国劳动》2011年第7期。

[178] 杨立新：《把公序良俗作为民法基本原则体现了当代法治精神》，载《中国司法》2017年第4期。

[179] 杨丽、赵小平、游斐：《社会组织参与社会治理：理论、问题与政策选择》，载《北京师范大学学报（社会科学版）》2015年第6期。

[180] 杨青、王亚男、唐跃军：《"限薪令"的政策效果：基于竞争与垄断性央企市场反应的评估》，载《金融研究》2018年第1期。

[181] 杨圣坤：《合同法上的默示条款制度研究》，载《北方法学》2010年第2期。

[182] 杨文伟、吴忠民：《劳资矛盾研究的进展及问题——近年来学术界劳资矛盾问题研究述评》，载《东岳论丛》2012年第4期。

[183] 杨燕绥：《我国企业年金仍处在初创期》，载《中国人力资源社会保障》2017年第6期。

[184] 易定红：《国泰君安"天价薪酬"VS奥巴马"限薪令"》，载《世界

知识》2009 年第 6 期。

[185] 易江、谭红：《劳动关系协调机制研究——基于劳动关系四方的思考》，载《中国劳动关系学院学报》2012 年第 3 期。

[186] 余敏：《单位制形成早期国企的劳动纪律问题》，载《江海学刊》2015 年第 4 期。

[187] 喻术红：《网络信息化对劳动者权益的影响及其应对——基于美国的立法与实践考察》，载《四川大学学报（哲学社会科学版）》2016 年第 6 期。

[188] 岳经纶、庄文嘉：《转型中的当代中国劳动监察体制：基于治理视角的一项整体性研究》，载《公共行政评论》2009 年第 5 期。

[189] 岳伟、邢来顺：《劳资共决与联邦德国的现代社会安全管理体制》，载《武汉大学学报（人文社科版）》2014 年第 2 期。

[190] 翟玉娟：《劳动争议 ADR 研究——兼及〈中华人民共和国劳动争议调解仲裁法〉之解读》，载《法学评论》2009 年第 4 期。

[191] 翟玉娟：《中国劳动监察的困境与挑战——以劳动行政部门的屡屡败诉为例》，载《行政与法》2008 年第 8 期。

[192] 张桂梅：《新常态下我国集体劳资争议的特征及解决机制》，载《山东工会论坛》2015 年第 4 期。

[193] 张国栋、左停：《福利还是权利：养老保险"重复参保"现象研究》，载《社会科学战线》2015 年第 11 期。

[194] 张宏亮、王靖宇、李慧聪：《限薪、晋升激励与国企高管风险承担》，载《现代经济探讨》2017 年第 8 期。

[195] 张家宇：《末位淘汰制的法律规制——最高人民法院第 18 号指导案例研究》，载《新疆大学学报（哲学·人文社会科学版）》2016 年第 3 期。

[196] 张建军：《我国异种自由刑并罚原则的反思与重构》，载《法学杂志》2017 年第 9 期。

[197] 张立新：《用人单位内部劳动规则浅析》，载《内蒙古大学学报（人文社会科学版）》1999 年第 6 期。

[198] 张敏：《美国职业体育奢侈税探微》，载《体育文化导刊》2015 年第 2 期。

[199] 张明楷：《逃税罪的处罚阻却事由》，载《法律适用》2011 年第 8 期。

[200] 张楠、卢洪友：《薪酬管制会减少国有企业高管收入吗——来自政府

"限薪令"的准自然实验》,载《经济学动态》2017年第3期。

[201] 张强南:《试论我国双重劳动关系法律制度的完善——基于整合52个判例》,载《法制与社会》2016年第17期。

[202] 张权、谢荻帆:《天价薪酬与限薪令——管窥我国影视行业的发展》,载《中国发展观察》2017年第2~3期。

[203] 张荣芳、郭凤郡:《职工双重基本养老保险关系之处理规则》,载《湖北警官学院学报》2018年第4期。

[204] 张爽:《劳动纪律和规章制度竞合的处理》,载《中国劳动》2015年第10期。

[205] 张永兵:《我国部分劳动争议一裁终局制度研究》,载《湖北行政学院学报》2008年第5期。

[206] 张玉胜:《叫停"末位淘汰"是一种理性纠偏》,载《工会信息》2017年第5期。

[207] 章惠琴、郭文龙:《从倾斜保护原则审视〈劳动合同法〉之修改》,载《学术界》2017年第1期。

[208] 章武生:《论我国大调解机制的构建——兼析大调解与ADR的关系》,载《法商研究》2007年第6期。

[209] 赵磊、刘文华:《社会保险法律规制研究》,载《中国劳动》2018年第1期。

[210] 赵新:《劳动者因"末位淘汰"解除合同之维权研究》,载《法制与社会》2017年第6期。

[211] 郑爱青:《法国劳动合同立法的启示》,载《法学杂志》2002年第5期。

[212] 郑秉文:《机关事业单位职业年金"委托代理"中的风险与博弈》,载《开发研究》2017年第4期。

[213] 郑秉文:《扩大参与率:企业年金改革的抉择》,载《中国人口科学》2017年第1期。

[214] 郑风田:《获得感是社会发展最优衡量标准——兼评其与幸福感、包容性发展的区别与联系》,载《人民论坛·学术前沿》2017年第2期。

[215] 郑华、俞莉红:《有序推进集体协商,促进群体性劳动争议化解》,载《工会理论研究》2015年第2期。

[216] 郑丽珍:《TPP劳动标准议题的后续谈判与中国的选择》,载《国际经贸探索》2014年第3期。

[217] 郑鹏程、聂长建：《以司法公正塑造现代法治下的法律观》，载《中南民族大学学报（人文社会科学版）》2014 年第 5 期。

[218] 郑尚元、王艺非：《用人单位劳动规章制度形成理性及法制重构》，载《现代法学》2013 年第 6 期。

[219] 郑显文：《公序良俗原则在中国近代民法转型中的价值》，载《法学》2017 年第 11 期。

[220] 郑晓珊：《从"末位淘汰"看解雇语境下的"不能胜任"——以"指导案例 18 号"为背景》，载《法学》2014 年第 11 期。

[221] 郑准镐：《非政府组织的政策参与及影响模式》，载《中国行政管理》2004 年第 5 期。

[222] 种项谭：《坚持和发展马克思劳动价值论：基于对价值源泉争论的思考》，载《中国社会科学院研究生院学报》2018 年第 5 期。

[223] 周长征：《企业误读了〈劳动合同法〉吗？——兼论劳动立法中的三方合作原则》，载《政法论丛》2010 年第 5 期。

[224] 周国良：《论规章制度、集体合同与劳动基准的关系》，载《中国劳动》2015 年第 1 期。

[225] 周国良、许建宇、朱涛：《多重劳动关系认定及其权利义务适用》，载《中国劳动》2013 年第 8 期。

[226] 周清：《"代通知金"也属于一裁终局范畴》，载《中国劳动》2010 年第 4 期。

[227] 周永坤：《论强制性调解对法治和公平的冲击》，载《法律科学》2007 年第 3 期。

[228] 周月萍：《"阴阳合同"的法律风险》，载《施工企业管理》2011 年第 11 期。

[229] 朱海龙：《论美国劳动关系三方协调法律机制及其对中国的启示》，载《政治与法律》2014 年第 2 期。

[230] 朱海龙、唐辰明：《互联网环境下的劳动关系法律问题研究》，载《社会科学》2017 年第 8 期。

[231] 朱军：《论我国劳动规章制度的法律性质——"性质二分说"的提出与证成》，载《清华法学》2017 年第 3 期。

[232] 朱鸣：《"网约工权益保障研讨会"综述》，载《工会理论研究》2017 年第 3 期。

[233] 朱芝洲：《工会组织：劳资博弈中的均衡力量》，载《人力资源》2007

年第1期。

[234] 庄文嘉：《"调解优先"能缓解集体性劳动争议吗？——基于1999—2011年省际面板数据的实证检验》，载《社会学研究》2013年第5期。

[235] 庄文嘉、岳经纶：《从法庭走向街头——"大调解"何以将工人维权行动挤出制度化渠道》，载《中山大学学报（社会科学版）》2014年第1期。

[236] 邹英、向德平：《大调解模式的实践困境与政策建议——基于张家湾司法所的案例分析》，载《山东社会科学》2016年第3期。

三、报纸类

[1]《中国足球"工资帽"来了》，载《沧州晚报》2018年11月21日，第14版。

[2] 曹改青：《执行综艺限薪令要严防"作弊"》，载《北京青年报》2018年11月13日，第A02版。

[3] 曹艳春：《劳动合同法修改应坚持六个原则》，载《检察日报》2016年11月16日，第003版。

[4] 陈海翔：《四顶"帽子"虽好，执行监管却难》，载《文汇报》2018年11月26日，第6版。

[5] 陈华：《"工资帽"调控来得有些晚》，载《解放日报》2018年10月23日，第6版。

[6] 陈杰人：《保护劳工NGO是政府义不容辞的责任》，载《南方日报》2007年12月17日，第A02版。

[7] 陈默：《用人单位制定规章能否劳资共决》，载《21世纪经济报道》2007年12月12日，第005版。

[8] 葛爱平：《中超要不要限薪》，载《东方体育日报》2018年11月14日，第A03版。

[9] 龚宏龄：《发挥财产申报制度效用重在"申惩结合"》，载《中国县域经济报》2016年1月28日，第003版。

[10] 龚卫锋、李依桐：《综艺也开始"限薪"网民称"大快人心"》，载《羊城晚报》2018年10月5日，第A06版。

[11] 郭明龙：《立法规制"阴阳合同"》，载《天津日报》2017年7月27日，第015版。

[12] 韩哲：《明星"限薪令"靠谱吗》，载《北京商报》2014年11月13日，

第 002 版。

[13] 何勇海：《"明星限薪"靠市场也要靠政策》，载《西安日报》2014 年 11 月 13 日，第 012 版。

[14] 姜明、姜书范：《天津大调解平台"一站式"化解劳动争议》，载《工人日报》2014 年 8 月 13 日，第 001 版。

[15] 蒋毅：《数罪并罚中对管制宜适用吸收原则》，载《检察日报》2018 年 1 月 8 日，第 003 版。

[16] 李红海：《裁判文书说理：激活案例指导制度之举》，载《人民法院报》2018 年 8 月 11 日，第 002 版。

[17] 李华：《加强调解仲裁多元化解纠纷——专家解读〈关于进一步加强劳动人事争议调解仲裁完善多元处理机制的意见〉》，载《中国劳动保障报》2017 年 4 月 7 日，第 006 版。

[18] 李浏清：《降低社保费率不是最终目的》，载《中国劳动保障报》2018 年 1 月 19 日，第 003 版。

[19] 李夏至：《综艺不再是高片酬的避风港》，载《北京日报》2018 年 9 月 27 日，第 16 版。

[20] 刘耿：《戴顶铁帽子》，载《东方体育日报》2018 年 10 月 19 日，第 A03 版。

[21] 刘昕：《国企高管限薪度与效》，载《中国企业报》2016 年 5 月 3 日，第 G01 版。

[22] 刘学民：《深化收入分配制度改革的重大战略举措——浅论〈中央管理企业负责人薪酬制度改革方案〉》，载《中国劳动保障报》2014 年 9 月 13 日，第 003 版。

[23] 刘洋：《用工"任性"，企业当心自闯"雷区"》，载《工人日报》2017 年 8 月 26 日，第 005 版。

[24] 刘垠、李丽云：《兼职兼薪：让科研人员生财有道》，载《科技日报》2018 年 5 月 17 日，第 003 版。

[25] 龙卫球：《准确把握"禁止违反法律和公序良俗"原则》，载《检察日报》2017 年 3 月 28 日，第 003 版。

[26] 沈彬：《劳动纪律要以法律为边界》，载《深圳特区报》2015 年 11 月 23 日，第 A02 版。

[27] 沈建峰：《劳动争议调解及裁审体制改革路径探析》，载《工人日报》2016 年 2 月 2 日，第 007 版。

[28] 施经:《"末位淘汰"为何不合法?》,载《南方日报》2016年12月6日,第F02版。

[29] 水波、郭征海:《境内外双重劳动关系问题探析》,载《人民法院报》2017年6月7日,第007版。

[30] 涂永前:《〈劳动合同法〉修改要达到劳资两利》,载《社会科学报》2016年12月8日,第004版。

[31] 王宝冬:《勇于创新 打造人民调解"龙岗模式"》,载《深圳侨报》2017年7月3日,第A11版。

[32] 王军荣:《演员"限薪令"更要成为"透明令"》,载《城市导报》2018年11月15日,第11版。

[33] 王向明:《利用"阴阳合同"逃税会追刑责吗?》,载《北京日报》2018年6月13日,第014版。

[34] 王早霞:《"明星限薪令"这个真该有》,载《山西日报》2014年11月17日,第A04版。

[35] 闻效仪:《正确认识和把握共享经济对劳动关系的影响》,载《工人日报》2017年8月29日,第007版。

[36] 吴欢:《能否以"末位淘汰制"解除劳动合同》,载《江苏法制报》2015年11月3日,第00C版。

[37] 吴为忠:《期盼明星"限薪令"尽早出台》,载《解放日报》2014年11月17日,第005版。

[38] 徐冰倩:《综艺"限薪令"剑指真人秀,明星出场费至少缩水八成》,载《南方都市报》2018年10月5日,第A15版。

[39] 徐蕾:《"阴阳合同"乱象当休矣》,载《南昌日报》2018年6月5日,第007版。

[40] 杨玉龙:《狙击明星天价片酬不能只靠"限薪令"》,载《中国商报》2018年11月16日,第P02版。

[41] 袁春湘:《确立案例指导推动制度完善》,载《人民法院报》2018年11月18日,第002版。

[42] 张权、谢荻帆:《天价薪酬与限薪令——管窥我国影视行业的发展》,载《中国发展观察》2017年第2~3期,第91页。

[43] 张树习:《"阴阳合同"的法律效力》,载《学习时报》2018年6月25日,第003版。

[44] 张腾:《限薪打头阵,组合拳还在后面》,载《东方体育日报》2018年

11月23日,第A09版。
[45] 张玉胜:《"明星限薪"主要靠什么》,载《中国商报》2014年11月18日,第P02版。
[46] 张志铭:《法律解释学大有可为》,载《人民日报》2016年3月28日,第016版。
[47] 张智全:《让法治缰绳套牢"末位淘汰"》,载《人民法院报》2016年12月14日,第002版。
[48] 郑秉文:《养老保险关系转移接续影响亿万人生活》,载《上海证券报》2010年1月30日,第010版。

四、外文类

[1] Ingrid Landau, Petra Mahy, Richard Mitchell. The Regulation of Non-standard forms of Employment in India, Indonesia and Viet Nam Ingrid Landau, Petra Mahy, Richard Mitchell International Labour Office, Inclusive Labour Markets, Labour Relations and Working Conditions Branch. -Geneva: ILO, 2015 Conditions of Work and Employment, Series No. 63.

[2] Derek H. Wilson. Labor Relations in The United States and Japan: The Role of the Enterprise in Labor-Management Relations, Loyola of Los Angeles International and Comparative Law Review, 1987, Vol. 9, p. 589.

[3] Atsushi Tsuneki Manabu Matsunaka. Labor Relations and Labor Law in Japan. Washington International Law Journal, 2011 (20), pp. 48-50.

[4] Kyungbae Cho. Legal Problems and Assignments of Non-Standard Workers, Journal of Korean Law, Vol. 2, No. 2, 2002, p. 133.

[5] Mark Deeks. Complete History of NBA Luxury Tax Payments, 2001-2014. http://www.shamsports.com/, July 10th, 2014.